आध्यात्मिक राष्ट्रवाद

(आधुनिक भारतीय राजनीतिक चिंतन के परिप्रेक्ष्य में)

डॉ. कन्हैयालाल राजपुरोहित

एसोशिएट प्रोफेसर, (से.नि.) राजनीति विज्ञान

जयनारायण व्यास विश्वविद्यालय, जोधपुर

साईन्टिफिक
पब्लिशर्स

प्रकाशक

साईन्टिफिक पब्लिशर्स (इण्डिया)

5–ए, न्यू पाली रोड़, पो.बो. नं. 91
जोधपुर – 342 001 (राज.)
टेलिफोन: 0291–2433323
E-mai: info@scientificpub.com
Web: www.scientificpub.com

द्वितीय संस्करण : 2021

ISBN: 978-93-89412-24-6
eISBN: 978-93-89412-26-0

भारत में मुद्रित

समर्पण

पूज्य दादाजी

स्व. श्री रतनसिंहजी

की पुनीत स्मृति में

भूमिका

भारतीय संस्कृति मानव इतिहास के प्रारम्भ से चली आ रही है। प्राचीन युग में जो अन्य महान सभ्यताएँ उभरीं, वे विलीन हो चुकी हैं और उनका अस्तित्व अब केवल शोध-कर्ताओं के मस्तिष्क में अथवा संग्रहालायों की चारदीवारी में ही शेष रह गया है। भारतीय संस्कृति में अध्यात्म का एक महत्वपूर्ण स्थान है। वेद अनगिनत प्रबुद्ध ऋषियों की सम्मिलित प्रज्ञा और आध्यात्मिक दृष्टि का प्रतिनिधित्व करते हैं और उन्होंने हिन्दुत्व को एक अनोखी व्यापकता और समन्वयकारी सामर्थ्य प्रदान की है।

एक विशेषता जो हिन्दू धर्म की रही है वह यह कि प्रत्येक युग में बदलती हुई सामाजिक, आर्थिक और मानसिक आवश्यकताओं की पूर्ति के लिए उसमें पुनर्व्याख्या और समाकलन की अद्‍भुत क्षमता है। वेदों और उपनिषदों के समय से ही भारत में ऐसे अनोखे व्यक्ति जन्म लेते रहे हैं जिन्होंने अपनी आध्यात्मिक और बौद्धिक उपलब्धियों के बल पर वेदांत के शाश्वत सत्यों को बदलती हुई परिस्थितियों के साँचे में ढालकर नए रूपों में प्रस्तुत किया। बुद्ध और महावीर से लेकर दक्षिण के महान आचार्यों और मध्ययुग के संत गायकों ने समय-समय पर इस दिशा में योगदान दिया है। उसी का परिणाम है कि हिन्दुत्व की यह धारा सामाजिक और राजनीतिक उथल-पुथल के बावजूद अजस्र रूप से प्रवाहमान होती चली आई है।

19 वीं शताब्दी के मध्य में जो महान् हिन्दू नवजागरण हुआ था उसी ने स्वतंत्रता आन्दोलन की और अन्ततोगत्वा बीसवीं सदी में प्राप्त स्वाधीनता की

वास्तविक नींव रखी थी। दो महान् धाराएं, एक राजा राममोहन रॉय के नेतृत्व में हिन्दू समाज सुधारकों की, जिसमें बंगाल में देवेन्द्र नाथ ठाकुर और केशवचन्द्र सेन; महाराष्ट्र में एम.जी. रानडे और आर.जी. भंडारकर और पंजाब में स्वामी दयानन्द सरस्वती जैसे महापुरुष थे और दूसरी धारा श्री रामकृष्ण परमहंस के नेतृत्व में महान् आध्यात्मिक नेताओं की थी, जिसमें स्वामी विवेकानन्द, श्री अरविन्द और रमण महर्षि जैसे महापुरुष थे।

महात्मा गाँधी, जो हमारे स्वाधीनता आन्दोलन के अप्रतिम नेता थे, स्वयं एक निष्ठावान पुरुष थे जिन्हें हिन्दू धर्म के प्रति गहरी आस्था थी। वस्तुतः उन्होंने कांग्रेस आन्दोलन के दोनों तटों को मिलाकर एक सम्मिलित शक्ति में परिवर्तित कर दिया था। हरिजनों के उद्धार और सभी धर्मों की एकता के महान् आदर्शों के प्रति गाँधी जी की निष्ठा उनकी हिन्दू धर्म के प्रति प्रतिबद्धता की ही सीधी उपज थी। उन्होंने धर्मनिरपेक्षता का समर्थन इसलिये किया कि वे उसे सभी धर्मों के प्रति सम्मान के हिन्दू धर्म के सिद्धान्त का आवश्यक अंग मानते थे। इसी प्रकार अस्पृश्यता को वे मानव मात्र की एकता और प्रत्येक व्यक्ति में निहित ईश्वरत्व के वेदांत के सिद्धांतों के विपरीत मानते थे।

स्वतंत्रता के पश्चात् भारत के तत्कालीन नेतृत्व विशेषकर जवाहरलाल नेहरू, सरदार पटेल, मौलाना आज़ाद और डॉ. राजेन्द्र प्रसाद ने विभाजन के बावजूद भारत का निर्देशन कर उसे एक विवेकपूर्ण और तर्कसम्मत पथ पर लाकर खड़ा किया और एक ऐसे संविधान को अंगीकार किया जिसमें सभी धार्मिक संप्रदायों के लिए समान अधिकारों को सुनिश्चित कर दिया गया था। मैं डॉ. कन्हैयालाल राजपुरोहित को बधाई देता हूँ कि उन्होंने आधुनिक भारतीय राजनीतिक चिंतन में आध्यात्मिक राष्ट्रवाद के उदय और विकास का गहन अध्ययन कर अपना यह शोध प्रबंध प्रस्तुत किया है, जो पाठकों के लिए उपयोगी होगा।

नई दिल्ली

कर्णसिंह

पुरोवाक्

कुछ बात है कि हस्ती मिटती नहीं हमारी।
सदियों रहा है दुश्मन दौरे जहाँ हमारा।।

आधुनिक युग के महान् इतिहासज्ञ एवं मनीषी विलडूरां ने अपनी कृति 'लेसन्स ऑफ हिस्टरि' (Lesson of History) के प्रारम्भ में ही विनय को इतिहास की प्रथम शिक्षा होने का गौरव प्रदान किया है। उनके अनुसार अनन्त ब्रह्माण्ड में पृथ्वी एक नगण्य बिन्दु है और हमारे जीवन के लिए क्षणभंगुर शब्द का प्रयोग भी अतिशयोक्ति है। अनन्त चेतना से स्पन्दित इस विश्व के कार्य व्यापार और विकास प्रक्रिया में अनेक सभ्यताएँ फली -फूलीं और पुरातत्व का विषय बनकर रह गयीं। यह एक आश्चर्यजनक तथ्य है कि काल के अनेक थपेड़े खाने के बावजूद भारतीय संस्कृति आज भी जीवित है और आज भी व्यास व मनु और उनसे भी आगे प्रजाति के धुँधले अतीत में विद्यमान पूर्वजों की थाती को हम सँभाले हुए हैं। इस सभ्यता को अनेक घातक प्रहारों का सामना करना पड़ा किन्तु वह अपने अस्तित्व की रक्षा करने में समर्थ हुई। जब हमारे सामने संकट आए, हमने अपने राष्ट्रीय जीवन के आधारभूत मूल्यों से नवशक्ति प्राप्त की। यही हमारी जीवन्तता का रहस्य रहा है।

भारतीय संस्कृति अपने उषाकाल से ही आध्यात्मिक चेतना से अनुप्राणित रही है। एक राष्ट्र के रूप में हमारी विशिष्टता का यही आधार है। पिछली सदी में जो आँधी भारतीय संस्कृति को लीलने के लिए पश्चिम से उठी थी, उस झंझा में भी हमारी नौका सागर के ऊपर संतरण करती रही, उसमें निमज्जित नहीं हुई। इस चमत्कार का मूल कारण था–हमारे द्वारा अपनी शाश्वत जीवनधारा से स्फूर्ति व बल की पुनः प्राप्ति। हमने अपनी अमूल्य विरासत से जीवनरक्षक तत्वज्ञान प्राप्त किया और प्रारम्भिक संभ्रम के बाद संभल गए। अतीत में अवगाहन की यह प्रक्रिया रूढ़िवादिता नहीं, अपने मूल

को खोजने का प्रयास था। उसका प्रभाव जीवन के प्रत्येक क्षेत्र में परिलक्षित हुआ। राजनीतिक चिंतन भी इसका अपवाद नहीं रह सका। फलतः हमने राष्ट्र, राष्ट्रीयता व राष्ट्रवाद जैसे मसलों पर अपने जातीय जीवन के मार्गदर्शक आदर्शों के सन्दर्भों में विचार करना प्रारम्भ किया। इस प्रक्रिया ने आध्यात्मिक राष्ट्रवाद की चिंतनधारा को प्रवाहित किया।

प्रस्तुत शोधप्रबंध में इस धारा के उद्‍गम, उसके प्रवाह मार्ग में आने वाले विभिन्न मोड़ों तथा उनकी विशिष्टताओं का विश्लेषण करने का नम्र प्रयास किया गया है। सर्वप्रथम आध्यात्मिक चेतना से समन्वित हमारी राष्ट्रवादी परम्परा का विवेचन किया गया है। श्रुति से पौराणिक साहित्य तक इसकी उपस्थिति उद्‍घाटित की गयी है। साथ ही पश्चिमी साम्राज्यवाद के पंजे के नीचे दब जाने के बाद पुनर्जागरण के उषाकाल की प्रकृति स्पष्ट की गयी है।

द्वितीय अध्याय में आधुनिक बंगला साहित्य के जनक बंकिम की राष्ट्रवादी विचारधारा का विवेचन है। वे आधुनिक भारत में आध्यात्मिक राष्ट्रवादी चिंतन के सुकरात थे। उन्होंने जो भावसरिता प्रवाहित की, परवर्ती राष्ट्रीय आन्दोलन उससे पुष्टि प्राप्त करता रहा। उनके पश्चात् इस दिव्य ज्योतिशिखा के वाहक राष्ट्रभक्त संत विवेकानन्द बने।

तृतीय अध्याय राष्ट्रवासियों को 'उत्तिष्ठत जागृत' का उद्‍बोधन देने वाले आधुनिक समय के वीर ऋषि विवेकानन्द की राष्ट्रवादी अवधारणाओं के विवेचन से सम्बद्ध है। बंकिम द्वारा उद्‍घोषित मातृमंत्र भारत के सभी भागों से प्रतिध्वनित हुआ। विवेकानन्द ने सुप्त राष्ट्र को जगाया और इस कार्य में स्वामी रामतीर्थ ने उनका हाथ बटाया। ईश्वरीय उन्माद से आत्मविस्मृति की सीमा तक पहुँच जाने वाले इस सन्त ने मातृभूमि को कभी विस्मृत नहीं किया। उसकी व्यथा से वे व्यथित हुए। उसके उद्धार के लिए उन्होंने संकल्प लिया और राष्ट्र के लिए जीवनादर्श प्रस्तुत किया। चौथा अध्याय आत्मज्ञान के अरण्य में तपलीन स्वामी राम की विचारधारा का दिग्दर्शन है।

उन्नीसवीं सदी के नौवें दशक तक यह विचार धारा सशक्त हो चुकी थी और व्यावहारिक राजनीति में इसके सिद्धान्तों का प्रभाव दिखाई देने लगा।

कर्मयोग के दिव्य सन्देश से समन्वित करके लोकमान्य टिळक ने इस आदर्श को व्यावहारिक जीवन के अनुकूल बोधगम्य रूप प्रदान किया। इसकी तार्किक परिणति स्वराज्य के मंत्र में हुई। पाँचवें अध्याय में स्वराज्य मंत्र के प्रदाता लोकमान्य टिळक के विचार दर्शन का विश्लेषण किया गया है।

टिळक के घनिष्ठ सहयोगी श्री अरविन्द स्वराज्य के बलिपंथी बने। तीव्र आध्यात्मिक चेतना से युक्त उनके व्यक्तित्व ने राष्ट्रवाद को अत्युच्च धरातल पर अवस्थित कर दिया। उनके कार्य क्षेत्र में उतरने पर राष्ट्र को सर्वथा नवीन प्रकाश का अनुभव हुआ। उन्होंने बंकिम व विवेकानन्द के स्वप्न को साकार करने का प्रयत्न किया। भारतीय राजनीतिक गगन के इन प्रकाशमान नक्षत्र की दीप्ति ने सभी को चकित कर दिया। छठा अध्याय उनकी वैचारिक प्रभा से द्युतिमान है।

श्री अरविन्द के समकालीन विपिनचन्द्र पाल ने स्वदेशी के युग में राष्ट्र को अपनी दैवीय वाग्मिता से रोमांचित कर दिया। जागृत राष्ट्र की आकांक्षाओं के ओजस्वी प्रवक्ता के रूप में पाल सामने आए। उन्होंने आध्यात्मिक राष्ट्रवाद को सार्वभौम मानवतावाद का नया आयाम प्रदान किया।

तात्विक दृष्टि से ये सभी चिंतक एक ही पथ के पथिक थे। इनके प्रयासों से हमारे राष्ट्रीय आन्दोलन को निश्चित दिशा, तेजस्विता व गरिमा प्राप्त हुई। हम कल्पनालोकीय कुहासे से बाहर निकल आए। इन विभूतियों के कालजयी चिन्तन के विश्लेषण का यत्किंचित् प्रयास इस शोध प्रबन्ध में किया गया है।

इस शोध-प्रबन्ध की सामग्री जुटाने के लिए मैंने देश के अच्छे पुस्तकालयों का लाभ उठाया। इस सिलसिले में सर्वप्रथम तो मैं डेढ़ महीने पुणें में रहा। वहाँ पुणें विद्यापीठ के जयकर ग्रन्थालय, फर्ग्युसन कॉलेज व डेक्कन कॉलेज के पुस्तकालयों में काफी सामग्री प्राप्त हुई। मैं जयकर ग्रन्थालय के पुस्तकालयाध्यक्ष श्री कृ.श. हिंगवे व फर्ग्युसन कॉलेज के श्री माडीवाडे का अत्यन्त आभारी हूँ। मुझे पुस्तकालय सम्बन्धी सभी प्रकार की सुविधाएँ उन्होंने उपलब्ध करायीं। तदनन्तर दो महीने पटना रहकर मैंने सामग्री जुटाई।

मेरे पटना प्रवास के दौरान आधुनिक भारतीय राजनीतिक चिंतन के मूर्धन्य विद्वान डॉ. वी.पी. वर्मा का जो मार्गदर्शन मुझे प्राप्त हुआ उसके लिए

मैं उनके प्रति हार्दिक कृतज्ञता ज्ञापित करता हूँ। अपने निजी पुस्तकालय से कई दुर्लभ पुस्तकें उन्होंने मुझे प्रदान करने की अनुकम्पा की। पटना की एस.एन. सिन्हा लाइब्रेरी के अधिकारियों व कर्मचारियों का मैं आभारी हूँ जिन्होंने मुझे वहाँ अध्ययन की सुविधाएँ प्रदान कीं। तत्पश्चात् राजस्थान विश्वविद्यालय जयपुर के ग्रंथालय में उपलब्ध सामग्री का भी मैंने लाभ उठाया। वि.वि. ग्रंथालय के अधिकारी व कर्मचारी मेरे धन्यवाद के पात्र हैं।

इस शोध-प्रबन्ध को प्रामाणिकता प्रदान करने के लिए मैंने मराठी भाषा सीखी। तत्पश्चात् लोकमान्य टिळक के चिन्तन के सम्बन्ध में मूल मराठी ग्रन्थों से सामग्री एकत्र की। एक नई भाषा सीखने का मुझे परितोष है। लोकमान्य टिळक पर स्थानीय महाराष्ट्र समाज पुस्तकालय में बहुमूल्य मराठी ग्रन्थ उपलब्ध हैं। समाज पुस्तकालय के प्रभारी श्री काळे का मैं आभारी हूँ। इस सम्बन्ध में श्री जयन्त वि. गडकरी का योगदान सर्वाधिक उल्लेखनीय है। उन्होंने लगातार दो महीनों तक टिळक के मराठी लेखों का हिन्दी अनुवाद करने, कठिन भाषागत प्रसंगों, व्याकरण सम्बन्धी जटिलताओं व पारम्परिक महाराष्ट्रीय जीवन से सम्बन्धित शब्दों की व्याख्या करके समझाने में अपना बहुमूल्य समय दिया। उनकी इस अहैतुकी कृपा के लिए मैं उनका कृतज्ञ हूँ। उनके सहयोग के बिना लोकमान्य पर सन्तोषजनक शोध कार्य हो पाना सम्भव नहीं था।

आधुनिक भारतीय चिंतन के मूर्धन्य विद्वान डॉ. कर्णसिंह का आभार मैं किन शब्दों में व्यक्त करूँ? शोध प्रबन्ध की भूमिका लिखकर उन्होंने इसकी गरिमा में जो श्री वृद्धि की है, वही मेरे परिश्रम का सर्वोच्च पुरस्कार है।

शोध प्रबन्ध के लक्ष्य की प्राप्ति के मार्ग में आयी भीषण बाधा के निवारण में मेरे परम हितैषी श्री मरूधरजी मृदुल एवं डॉ. राममोहन वर्मा से मिली अमूल्य सहायता के लिए मैं उनके प्रति हार्दिक कृतज्ञता ज्ञापित करता हूँ।

महान् चिंतनधारा के प्रस्तुतीकरण के इस प्रयास का मूल्यांकन तो विज्ञजन ही कर सकेंगे। इन मनीषियों के चिंतन सरोवर में सन्तरण का जो सौभाग्य मिला, मेरे लिए वही परम परितोष का विषय है।

कन्हैयालाल राजपुरोहित

जोधपुर
जनवरी, 2020

विषय सूची

1.

आध्यात्मिक राष्ट्रवाद और भारतीय परम्परा

मानव जाति के दृश्यमान जीवन प्रवाह के पीछे कार्यरत अनेक शक्तियों में विचारों और भावना समवाय की शक्ति का अत्यन्त महत्वपूर्ण स्थान है। सूक्ष्म तरंगों के रूप में, प्रभाव की व्यापकता और गहराई की दृष्टि से विचारों की सामर्थ्य अद्भुत है। आत्मिक निष्ठा व दृढ़ता से संयुक्त होने पर उनकी शक्ति अप्रतिरोद्य बन जाती है। वे प्रेरित करते हैं, उद्वेलित करते हैं, क्रियाशीलता का संचार करते हैं और अन्तःस्थ क्षमताओं को उजागर करते हैं। भौतिक शक्ति तो दमनीय है किन्तु विचारों की शक्ति अदम्य है। आन्तरिक और बाह्य कारणों से हुए मानस मंथन से उद्भूत उन महान् विचारों के अमिट चिह्न इतिहास की सिकता पर दिखाई पड़ते हैं जिन्हें युगादर्श के रूप में अपना कर लोगों के उनके लिए बड़े-बड़े बलिदान दिए हैं। ऐसे आदर्शों में राष्ट्रवाद का अत्यन्त महत्वपूर्ण स्थान है।

राष्ट्रवाद का अभिप्राय

राष्ट्रवाद एक सशक्त भावना है। फ्रांस की राज्यक्रांति से लेकर अब तक राजनीतिक चिन्तन व अधिकांश लोगों के कार्य इससे आच्छादित रहे हैं।[1] वस्तुतः इतिहास में इससे अधिक जटिल और बलवत्तर मानवीय प्रवृत्ति दिखाई नहीं पड़ती। अपनी धरती से स्वाभाविक लगाव पर आधारित देशभक्ति एक या दूसरे रूप में अति प्राचीन समय से विद्यमान रही है। किसी राजनीतिक इकाई से व्यक्तिगत तादात्म्य भी मानवता के लिए जानी-पहचानी बात रही है। राष्ट्रवाद भावात्मक लगाव की इन दो अत्यन्त प्राचीन अनुभूतियों का संयोजन

है। यह मूलतः मस्तिष्क की एक अवस्था और अपने चारों ओर विद्यमान लोगों के दीर्घकालीन साहचर्य से उद्भूत व्यक्तिगत तादात्म्य की गहन अनुभूति एवं उनके साथ सामान्य नियति की चेतना है।[2]

राष्ट्रवाद एक मानवीय संवृत्ति है। यह सामूहिकता की भावना का दृढ़ीकरण है। जिस अनुपात में सामूहिकता की भावना क्रमशः तीव्रता, घनीभव और रागात्मक अभिवृद्धि प्राप्त करती है, उसी अनुपात में राष्ट्रवाद दृढ़ और पुष्ट होता है। समष्टि की कल्पना में जिस देश काल गत तथा संकल्पात्मक आधार की आवश्यकता है उसका परिपाक हमें राष्ट्रवाद में मिलता है।[3] यह द्रष्टव्य है कि राष्ट्रवाद की परिभाषाएँ सामान्यतः भावनाओं एवं दृष्टिकोण की शब्दावली में प्रस्तुत की जाती हैं। इसे अनेक रूपों जैसे एक अनुभूति, एक आकांक्षा, एक मूल्य या राष्ट्र की सर्वोच्चता की चेतना के रूप में माना जाता है। उदाहरणार्थ कार्लटन हेज लिखते हैं–सरलतम शब्दों में राष्ट्रवाद को राष्ट्रीयता की चेतना से देशभक्ति के संयोजन के रूप में परिभाषित किया जा सकता है।[4] हान्स कोहन राष्ट्रवाद का वर्णन मस्तिष्क की एक अवस्था के रूप में करते हैं, जिसमें व्यक्ति सर्वोच्च निष्ठा की अनुभूति राष्ट्र के प्रति करता है।[5]

इस सन्दर्भ में कहा जा सकता है, राष्ट्रवाद का अर्थ है विशाल समष्टि के साथ सर्जनात्मक तादात्म्य। इस प्रकार का तादात्म्य तभी संभव है जब हम क्षुद्रता का अतिक्रमण करें। मनुष्य के आत्मिक प्रसारण में राष्ट्रवाद का महत्वपूर्ण स्थान है। मानव हृदय में विद्यमान आत्म-अतिक्रमण की वृत्ति ही राष्ट्रीय भावना का मूल है। एक सूक्ष्म दृढ़ रागात्मक वृत्ति के रूप में अहं पाशबद्धता से महत्तर व्यापक समष्टि का हित ही इसका प्रेरक मंत्र है।[6]

राष्ट्रवाद के उद्भव के भौतिक, मनोवैज्ञानिक एवं नैतिक आधार

जब मनुष्य का सामूहिक जीवन इतना विकास कर लेता है कि जनपद और प्रदेश उसके जीवन के क्षेत्रीय आधार नहीं रह जाते तब शनैः-शनैः राष्ट्रवाद का विकास होता है। विशाल जनसमूह का मिल-जुलकर जीवन के

अनेक सर्वसामान्य प्रश्नों का समाधान खोजना इसके लिए अपेक्षित है। सामूहिक सम्बन्धों के दृढ़ीकरण से राष्ट्र का आभ्यन्तरिक विकास होता है। आधुनिक राष्ट्रवाद को अनुप्राणित करने वाली वृत्ति अपने मौलिक और आधारभूत स्वरूप में वही है जो कभी यूनानी राज्य में 'भ्रातृत्व' या सामष्टिक चैतन्य के रूप में, कभी मनु के 'एतद्देश प्रसूतस्य सकाशादग्रजनमः' के रूप में तथा कभी धार्मिक संगठनों के 'वयम स्याम पतयो रणीयाम' में उद्घोषित 'वयम भावना' आदि के द्वारा युग-युग में व्यक्त होती रही है।[7] इसके विकास में दो परस्पर विरोधी भावनाएँ कार्य करती हैं। एक ओर तो सामूहिकता का वृद्धिमान बोध व दूसरी ओर अन्य राष्ट्रों की तुलना में पृथकता की अनुभूति। मनुष्य में सामाजिकता नैसर्गिक है और इस वृत्ति को पूर्ण चेतन बनाकर अपना स्वतंत्र राजनीतिक संगठन बनाने की भावना से जब जनसमाज एकता की ओर अग्रसर होता है तब राष्ट्रवाद का उदय होता है। यद्यपि इसका उद्गम स्थल मनुष्य का हृदय है तथापि इसकी पुष्टि बाह्य साधनों पर निर्भर करती है। इन्हें राष्ट्रवाद का भौतिक आधार कहा जा सकता है। इनमें भूमि, भाषा, धर्म, आर्थिक आवश्यकताएँ आदि उल्लेखनीय हैं।

मातृभूमि के साथ गहरा भावात्मक लगाव व्यक्ति के लिए स्वाभाविक है। उसे उसके रजकणों से अपनत्व की गन्ध आती है। अपनी माटी के प्रति प्रेम हृदय में कहीं बहुत गहरे अवस्थित होता है और इस प्रकार प्रदेश विशेष का, राष्ट्रवाद का प्रतीक स्थापित करने में महत्वपूर्ण स्थान है। उस धरती से जुड़ी प्रत्येक चीज व्यक्ति को प्रिय लगती है। उसके क्रोड़ में ही उसे असीम तृप्ति मिलती है। इसलिए दूसरी धरती के भौतिक आकर्षणों से मुँह फेर कर जन्मभूमि के प्रति निष्ठा इन शब्दों में अभिव्यक्ति होती है–

अपि स्वर्णमयी लंका न मे रोचते लक्ष्मणः।
जननी जन्मभूमिश्च स्वर्गादपि गरीयसी॥

मातृभूमि की स्वतंत्रता व अखंडता को अक्षुण्ण बनाए रखने की इच्छा ने बलिदानों की महान् परम्परा को जन्म दिया है। जन्मभूमि को जननी के समान

ही पूज्य माना गया है। इससे अपने वैशिष्ट्य की अनुभूति होती है जिसकी परिणति राजनीतिक स्वतन्त्रता की आकांक्षा में होती है इससे राष्ट्रवाद कीआधारभूमि तैयार होती है।

भूमि के अतिरिक्त भाषा भी राष्ट्रीय चैतन्य के विकास में महत्वपूर्ण स्थान रखती है। समाजीकरण की प्रक्रिया में भाषा प्रमुख भूमिका निभाती है। आल्हादजनक उपलब्धियों एवं दुःखद कठिनाईयों की अभिव्यक्ति भाषा के माध्यम से ही होती है, अतः राष्ट्रवाद के विकास में इसका स्थायी मूल्य है। यह अतीत और वर्तमान के बीच सेतु का कार्य करती है। भाषा के सहारे ही सभ्यता और संस्कृति की रक्षा होती है। इसके द्वारा न केवल प्राचीन विचारों का संरक्षण होता है, अपितु इसकी शब्दराशि, रस व छन्द के सहारे सामूहिक वृत्तियों व संकल्पों का प्रकटीकरण होता है।

धर्म भी राष्ट्रवाद से गहरे जुड़ा हुआ है। धार्मिक चेतना राष्ट्रवाद को पुष्ट करने में सहायक होती है। धर्म नैतिक कर्त्तव्य का जनक है और सामूहिक हित की सिद्धि के लिए आत्म बलिदान की शिक्षा देकर वह राष्ट्रीय उन्नति का मार्ग प्रशस्त करता है। धार्मिक नियमों का नैतिक अनुवर्तन वैयक्तिक तथा सामाजिक जीवन को संगठित और शक्तिशाली बनाता है। धर्म, मातृशक्ति का महत्व उजागर करता है और मातृभूमि के प्रति माँ के समान ही श्रद्धा जागृत करने में सहायक होता है। वह जातीय संस्कृति और परम्परा का रक्षण करके राष्ट्रवाद का ठोस सांस्कृतिक आधार पुष्ट करता है। व्यक्ति को क्षुद्रता और स्वार्थ से ऊपर उठने का सन्देश तथा विशाल वृत्तों से तादात्म्य प्राप्त कराने वाले कर्मयोग का सन्देश भी धर्म से प्राप्त होता है।

सर अर्नेस्ट बार्कर और रेनान जैसे लेखकों ने राष्ट्र सिद्धांत की दार्शनिक व्याख्या की है। रेनान के अनुसार राष्ट्र का निर्माण करने में भूतकालीन कार्यों की स्मृति तथा भविष्य कर्म को सिद्ध करने की महत्वाकांक्षा उल्लेखनीय है। राष्ट्र एक आत्मा है, एक आध्यात्मिक सिद्धान्त है जिसकी जड़ें लोगों के हृदय में गहरी जमी हुई हैं। राष्ट्र व्यक्ति की भाँति परिश्रम, बलिदान व भक्ति से निर्मित अतीत का परिणाम होता है। उपलब्धि व कष्ट सहन की गाथाएँ राष्ट्रवासियों

को एक साथ बाँधती हैं। जब विशाल साँस्कृतिक राशि का संरक्षण करने की भावना जनसमाज को आप्लावित करती है तो राष्ट्रीय कल्पना का विस्तार होता है।[8] रेनान का खण्डन करते हुए मैकाइवर ने कहा कि रेनान ने राष्ट्र के जो लक्षण बताए हैं, वे एक परिवार, जहाज के कर्मचारियों या षड्यंत्रकारियों के गिरोह में भी घट सकते हैं।[9] स्पष्ट है उन्होंने रेनान के आशय को समझने में भूल की है। रेनान ने संस्कृति व इतिहास के उस विशाल आदर्शवाद का उल्लेख किया है जिसके बिना राष्ट्र प्राणहीन हो जाता है। इतिहास की गौरव गाथाएँ जातीय आदर्श को अक्षुण्ण रखती हैं। स्पेंगलर ने भी राष्ट्र का आध्यात्मिक स्वरूप स्वीकार किया है। उसके अनुसार राष्ट्र न तो भाषायी, न राजनीतिक न जैविक वरन् आध्यात्मिक एकता होता है।

राष्ट्रवाद का वास्तविक सन्देश है–राष्ट्रीय आत्मा का प्रसारण और राष्ट्रीय संस्कृति का ज्ञान। यह तभी सम्भव है जब राष्ट्रवासी राष्ट्रीय आध्यात्म धारा से आप्लावित हों। जिसने राष्ट्र की संस्कृति का आस्वादन किया है उसे ही देश के साथ सात्विक प्रेम हो सकता है। छोटे-छोटे जनपदों व प्रदेशों तक सीमित न रहकर विशाल राष्ट्र के साथ ऐक्य भाव स्थापित करने का मंत्र हमें राष्ट्रवाद से प्राप्त होता है। यह एक व्यापक भावना है। व्यापक सांस्कृतिक व आध्यात्मिक चैतन्य से सम्पन्न जनसमूह में सामाजिक स्तरों को कम करना इस ध्येय है। राष्ट्रवाद का मूल आधार ऐतिहासिक और मनोवैज्ञानिक चैतन्य है जो संस्कृति निष्ठता व समष्टि चेतना के द्वारा स्वयं को उद्घाटित करता है। मूलतः यह एक नैतिक व आध्यात्मिक वृत्ति है। न तो यह सामूहिक अहंकार का प्रदर्शन है और न मिथ्या जातीय अहंकार का पोषण। उसका शुद्ध रूप तभी प्रकाशित हो सकता है जब व्यापक मानवहित चेतना से वह आप्लावित हो।

भारत में राष्ट्रवादी चैतन्य

राष्ट्रवाद का राजनीतिक स्वरूप इतनी प्रधानता प्राप्त कर चुका है कि हम इसके मूल आधार की प्रायः अनदेखी कर देते हैं। हमारे अपने देश में राष्ट्रीयता की भावना को लेकर प्रायः यह मिथक चल पड़ा है कि यह ब्रिटिश शासन की

देन है। मानो पहिले हम अपनी सांस्कृतिक विशिष्टता से सर्वथा अनभिज्ञ थे। हमें अपनी मातृभूमि के प्रति कोई गौरवभाव नहीं था। एक आध्यात्मिक प्रवृत्ति के रूप में इसके आधारभूत लक्षणों से हम वंचित थे। इस सम्बन्ध में तथ्यों का ज्ञान प्राचीन भारतीय वाङ्मय का अध्ययन करने से ही हो सकता है।

यह कहना सही नहीं कि राष्ट्रीयता की चेतना ब्रिटिश सम्पर्क का प्रभाव था और पहिले भारतीय राष्ट्रीय स्वरूप से अनभिज्ञ थे। सामान्य देश और सामान्य संस्कृति की चेतना पर आधारित समूह भावना के अर्थ में राष्ट्रवाद , भारतीय जीवन का प्रारंभ से ही एक विशिष्ट लक्षण रहा है। यह चेतना प्रारंभ से ही विद्यमान रही है और दैनंदिन कार्यों में उच्चारित पवित्र मंत्रों से राष्ट्रीय ऐक्य की भावना प्रकट होती है। इसका प्रकटीकरण अनेक रूपों में हुआ है और इस विशाल और विविधता युक्त देश के जीवन को इसने आधारभूत एकता प्रदान की है। राजनीतिक एकता भी कोई सर्वथा नवीन वस्तु नहीं थी। प्रत्येक शक्तिशाली भारतीय शासक की महत्वाकांक्षा हमेशा चक्रवर्ती अर्थात् भारत का शासक बनने व उसके लोगों की साम्राज्यीय एकता का संस्थापक बनने की रही है।

भारतीय इतिहास का सावधानी से अध्ययन करने पर प्रतीत होगा कि यहाँ राष्ट्रीय एकता व भवितव्यता की चेतना का अभाव नहीं रहा। अठारहवीं सदी में व्याप्त विघटन एक अस्थायी व्यतिक्रम था जब ब्रिटिश शासन की स्थापना हुई। अपने शासन का औचित्य सिद्ध करने व अपनी श्रेष्ठतर प्रशासनिक प्रतिभा का प्रमाण देने हेतु ब्रिटिश इतिहासकारों द्वारा इसे भारतीय समाज के स्थायी लक्षण के रूप में चित्रित किया गया। इस अव्यवस्था पर आवश्यकता से अधिक बल दिया गया जबकि यह राष्ट्र के सुदीर्घ और उतार-चढ़ाव वाले इतिहास में एक झोंका मात्र था। इसे भारतीय इतिहास का प्रमुख चिन्ह मानना और ब्रिटिश लोगों को इस देश को प्रथम बार ऐक्य प्रदान करने का श्रेय देना, तथ्यों को जान-बूझकर तोड़ना-मरोड़ना है। भारत की राष्ट्रीय आत्मचेतना तो एक ऐसी वस्तु है जिसकी जीवन परम्परा अतीतकाल से ही

अविच्छिन्न और सम्पूर्ण रही है। जिस प्रकार फसल कटने के बाद और नई फसल बोने से पहिले, खेतों में बचे हुए झाड़ झंखाड़ को फूँक दिया जाता है, उसी प्रकार भारत में ब्रिटिश सत्ता की स्थापना भी एक नई व्यवस्था की स्थापना की भूमिका थी।[10] भौगोलिक दूरियों व भाषायी भेदों के बावजूद एक ही जन होने की आन्तरिक चेतना युगों से भारतीय जीवन का विशिष्ट लक्षण रहा है। भारतीय राष्ट्रवाद के बीज एकता की इस चेतना में निहित हैं। कश्मीर से कन्याकुमारी तक विस्तृत भू भाग को भारतवर्ष नाम दिया गया है। राष्ट्रवादी भावना के विकास में इस नामकरण का विशेष महत्व है। अनेक विभिन्नताओं से युक्त, अनेक नस्लों के लोगों द्वारा आवासित, नाना धर्मों व संस्कृतियों से आच्छादित एक विशाल भूखंड का एक विशिष्ट नामकरण सम्पूर्ण देश का एक अविभाज्य मातृभूमि व राष्ट्रीय सेवा के जीवन्त लक्ष्य के रूप में आत्मसात्करण की दिशा में पहिला कदम था।[11]

मातृभूमि का गौरवगान : वैदिक और पौराणिक साहित्य में

भारतीय राष्ट्रवाद का सर्वाधिक उल्लेखनीय प्रकटीकरण भारत भूमि भारतवासियों की होने की धारणा व उसके प्रति श्रद्धा व गौरव की भावना के माध्यम से हुआ है। जाति व धर्म के भेदभाव के बिना भारत के सभी भारतीय लोगों की मातृभूमि और पूज्य भूमि होने का बोध, भारतीय इतिहास के साथ विकसित हुआ है। अतः यह कहना भूल है कि राष्ट्रवाद का उद्भव पश्चिम में हुआ और पूर्वी मानस मातृभूमि के प्रति कर्त्तव्यों की चेतना से अनभिज्ञ था। दूरस्थ पुराकाल में भी हमें मानवता के प्रथम उद्गार ऋग्वेद के मन्त्रों में राष्ट्रवाद के आधारभूत सिद्धान्तों का अस्तित्व दिखाई पड़ता है।[12] अथर्ववेद के पृथ्वी सूक्त में आर्यों की निवास भूमि के रूप में धरती माता का यशोगान किया गया है।[13A] यह मातृभूमि के प्रति आवेगपूर्ण भक्ति का प्रकटीकरण है। प्राचीन भारतीय साहित्य में भूमि का माता के रूप में स्तुतिगान करने के अनेक प्रसंग मिलते हैं। राष्ट्रभक्त आर्य की यह कामना थी कि पृथ्वी माता मुझ बालक के लिए दूध चुआवे–सानो भूमि विसृजतां माता पुत्रस्य मे पयः।[13B] भूमि के

मातृत्व की भावना में राष्ट्रप्रेम की भावना सन्निहित है और इसी में वह भावना समाहित है जिससे आकर्षित हो मनुष्य सदैव अपनी ही भूमि पर मरना चाहता है और मृत्यु के उपरान्त उसी में समा जाना चाहता है।

मातृभूमि के प्रति श्रद्धा और भक्ति भावना केवल वैदिक साहित्य तक सीमित नहीं है। संस्कृत साहित्य की विपुल राशि में से ऐसे स्थल बहुतायात से मिलते हैं जिनमें मातृभूमि का भाव विभोर होकर गुणगान किया गया है। पुराण साहित्य के अतिरिक्त मनुस्मृति, महाभारत आदि ग्रन्थों में ऐसे प्रसंग हैं। मनु, जो सामान्य तौर पर कानून व आचरण के नियमों की रुक्षता के प्रतिपादक माने जाते हैं, जहाँ मातृभूमि का सन्दर्भ आया है वहाँ स्वयं परमात्मा के हाथों से निर्मित देश के रूप में उससे प्राप्त अवर्णनीय लाभों और आशीर्वादों का कृतज्ञतापूर्ण उल्लेख करते हैं।[14]

मातृभूमि के प्रति श्रद्धाभाव विष्णुपुराण के उस परिच्छेद में अपने चरमोत्कर्ष पर दिखाई देता है जिसमें भारतवर्ष का इस रूप में स्तुतिगान किया गया है–

अत्रापि भारतं श्रेष्ठं जम्बूद्वीपे महागुने।
यतोहि कर्म भूरेषा ह्यतोऽन्या भोगभूमयः।।22।।

अत्र जन्म सहस्रणां सहस्रैरपि उत्तम।
कदाचिल्लभते जन्तुर्मानुष्यं पुण्यसञ्चयात् ।।23।।

गायन्ति देवाः किल गीतकानि धन्यास्तु ते भारत-भूमि भागे।
स्वर्गापवर्गास्पदमार्ग भूते भवन्ति भूयः पुरुषाः सुरत्वात्।।[15]

अन्य किसी भाषा में इस अवतरण की भाँति देशभक्ति की इतनी उदात्त अभिव्यक्ति कदाचित ही दिखाई दे। इसमें देश का यशोगान दिव्य शिल्पियों के सृजन, देवताओं के निवास योग्य भूमि और पृथ्वी पर स्वर्ग के रूप में किया गया है। मातृभूमि का यह दैवीकरण और उस पर दिव्यत्व का गुणारोपण संस्कृत साहित्य की विशिष्टता है।

विष्णु पुराण इस बात पर बल देता है कि केवल भारत में ही मनुष्य को दिव्य आनन्द व भौतिक सुखों की प्राप्ति हो सकती है क्योंकि भारत ही पुण्य कार्यों की दृष्टि से अधिक उपयुक्त है। अतः इसे कर्मभूमि कहा गया है। विष्णु पुराण अपनी जन्मभूमि के साथ गहरे लगाव की भी चर्चा करता है। जिसे कोई व्यक्ति भूल नहीं सकता–तथापि केन चा जन्मभूर्मि न स्मर्यते।[16] कूर्म पुराण भी भारतवर्ष का पवित्र कर्मभूमि के रूप में गुणगान करता है।[17] वायु पुराण के अनुसार समुद्र के उत्तर व हिमालय के दक्षिण में अवस्थित भारती धरा या भारत अद्वितीय देश है जो कर्मभूमि है। जहाँ अच्छाई व बुराई के फल तथा साथ ही साथ स्वर्ग व मुक्ति की प्राप्ति सम्भव है।[18] मत्स्य पुराण ने भारत के सागर तट, मधुर फलों व जड़ी-बूटियों एवं हरीतिमा युक्त वनों के साथ कृषि सम्पदा विशेषकर चावल से भरपूर भाग की प्रशंसा की है। इसी पुराण में मातृभूमि के दैवीय स्वरूप के बारे में कहा गया है–

तच्च पद्मं पुराणज्ञाः पृथिवी रूप मुत्तमम्।
या पद्मा सारसा देवी पृथिवी परिचक्षते।।[19]

भागवत पुराण में देशभक्ति पूर्वकालिक पुराणों की अपेक्षा अधिक तीव्र रूप में प्रकट हुई है। इसमें भारत के बारे में कहा गया है–यह (भारत) सम्पूर्ण विश्व में पवित्रतम भूमि है क्योंकि यहाँ लोग सत्कर्म करते हैं और विष्णु अवतार का गुणगान करते हैं–

अहो भुव सप्तम समुद्रवत्या
द्वीपेषु स वर्षे ष्वधि पुण्यमेतत्।
गायन्ति यत्र जना मुरारेः
कर्माणि भद्राण्यव तारयन्ति।।[20]

देवता लोग भी भारत का गुणगान करते हैं–

एतदेव हि देवा गायन्ति
अहो अमीषा किमकारी शोभनं।

प्रसन्न एषां स्विदुत स्वय हरिः।
यैजन्म लब्धे नृषु भारताजिरेः।।[21]

इस पवित्र भारतभूमि पर देवता भी जन्म धारण करने हेतु लालायित रहते हैं ताकि सत्कर्म करके वैकुण्ठधाम को प्राप्त कर सकें–

कदा वयं हि लप्स्यामो जन्म भारत-भूतले।
कदा पुण्येन महता प्राप्यस्यामः परमं पदं।।[22]

इन्हीं कारणों से लोग इस पवित्र भूमि को इतने आदर की दृष्टि से देखते हैं। नारद पुराण के अनुसार–

एवं भारतभूमागं प्रशसन्ति दिवौकसः।
सन्तकुमार-ब्रह्माद्याः स्वभोगक्षय-भीरवः।।

तस्मात् पुण्यतमो ज्ञेय सर्वकर्मफलप्रदः।
भारताख्यो महाभाग् देवनामपि दुर्लभः।।

अस्मिन् वै पुण्य-भू-भागे यस्तु सत्कर्मसूद्यतः।
न तस्य सदृशः कश्चिात्त्रिषु लोकेषु विद्यते।।[23]

गरुड़ पुराण म्लेच्छों और मतंगों के आक्रमण से उत्पन्न संकट और घोर विपदा के युग का प्रतिनिधित्व करता है। इसमें राष्ट्रीयता स्वतंत्रता की अभिलाषा इस प्रकार व्यक्त हुई है–

स्वाधीन वृत्तेः साफल्यं न पराधीनवृत्तिता।
ये पराधीनकर्माणो जीवन्तोऽपि ते मृताः।।[24]

उपर्युक्त उद्धरणों से स्पष्ट है कि पृथ्वी माता के देशभक्ति पूर्ण सिद्धान्त ने भारतीयों के राष्ट्रवादी सिद्धान्तों की उत्तेजना प्रदान की है और देशभक्ति की वही चेतना राष्ट्रवादी आन्दोलन को प्रेरित करती रही है। राष्ट्रवाद की चेतना देश की एकता व स्वतंत्रता पर आधारित थी।[25] इस सन्दर्भ में डॉ. राधामुकुद मुकर्जी का कथन है भारतवर्ष उस समय राष्ट्रवाद का सन्देश प्रसारित कर रहा

था, जब यूरोप अपने इतिहास के अन्धकार युग से गुजर रहा था और एक अभिनव जन्म की पीड़ा अनुभव कर रहा था।[26]

पुराणों से भी पूर्व विश्वकोष के रूप में अभिहित ग्रन्थ महाभारत में भीष्म पर्व में भारतवर्ष की महिमा का गान इस प्रकार किया गया हैं–

अत्र ते कीर्तिष्यामि वर्ष भारत भारतम्
प्रियमिन्द्रस्य देवस्य मनोर्वैवस्वतस्य। 9/5

पृथोस्तु राजन्वैयस्य तथेक्ष्वार्को महात्मनः।
यथातेरम्बीषस्य मान्धातुनहुषस्य च।9/6

अन्येषां च महाराजक्षत्रियाणां बलीयसाम्।
सर्वेषामेव राजेन्द्र प्रियं भारतमारतम्।9/9

उपर्युक्त पद्यांश को महाकाव्य युगीन राष्ट्रगीत की संज्ञा दी गई है।[27] इसी पद्यांश की किचिंत् परिवर्तन के साथ पद्म पुराण में प्रस्तुत किया गया है–

सर्वेषाम् भूतानाम् प्रियं भारत मुत्तमम्।[28]

इस प्रकार स्पष्ट है कि बहुप्रशंसित देश भारतवर्ष सभी लोगों का प्रिय था। प्राचीन भारतीय लेखकों की यह सामान्य धारणा थी कि भारतवर्ष पृथ्वी पर सर्वाधिक निवास योग्य स्थान व संसार का सबसे आल्हदाजनक भाग है। इसकी रेणु वायु की अपेक्षा पवित्र है और वायु स्वयं पवित्रता से पवित्र है।[29] अतः यह स्वयंसिद्ध है कि भारतीय मानस अपने देश की चेतना से कभी वंचित नहीं रहा। देश पवित्र भूमि के रूप में उसे अपील करता था जो उसकी जन्मभूमि थी। जहाँ उसे जीवन, संरक्षण और सर्वोपरि सांस्कृतिक वैशिष्ट्य की उपलब्धि होती थी।[30] मातृभूमि की सेवा में जीवन अर्पित करने और उसी के कल्याण के लिए भौतिक व मानसिक शक्तियों के विकास की कामना, प्राचीन भारत में 'राष्ट्रभृत्य' की अवधारणा में व्यक्त हुई।

भारत के लिए गहनतम प्रेम एवं सेवा भावनाओं का सरित्प्रवाह वैदिक साहित्य से लेकर पुराणों तक सतत रूप से प्रवाहित हुआ।[31A] यह उल्लेखनीय

है कि हमारी मूलभूत जीवन दृष्टि और सांस्कृतिक परम्परा के अनुरूप देश को केवल भौगोलिक इकाई के रूप में नहीं वरन् आध्यात्मिक सत्ता के रूप में उपास्य माना गया। मातृभूमि को प्रारम्भ से ही दिव्यता से मंडित किया गया। आधुनिक राष्ट्रवाद के अंग यथा–विशेष भौगोलिक इकाई के निवासी होने और उसकी विशिष्टता की चेतना, मातृभूमि के प्रति श्रद्धा व गौरव भावना, उसे समुन्नत देखने व बनाने की साध, राजनीतिक स्वतंत्रता की आकांक्षा–ये सभी बातें भारत में परम्परा से विद्यमान रही हैं। जीवन की आध्यात्मिक दृष्टि ने मातृभूमि के प्रति भक्तिभाव को बढ़ाने में सहयोग दिया।

चिंतन के क्षेत्र में भारत के योगदान को समझने के लिए उस जीवन दृष्टि को समझना आवश्यक है जिसने हमारी संस्कृति को ढ़ाला है। प्रत्येक राष्ट्र की एक मूलभित्ति होती है जिस पर वह अवस्थित होता है, जीवन रागिनी का एक मूल स्वर होता है। उसी के अनुसार विश्व इतिहास में उसका योगदान होता है। भारत का अवदान धर्म और दर्शन, विवेक और आध्यात्मिकता का अवदान है। अश्रुत व अदृश्य रूप से गिरने वाली सुन्दरतम गुलाबों को कुसुमित करने वाली मृदु ओस की भाँति चिंतन के क्षेत्र में भारत का योगदान रहा है।[31B]

आध्यात्मिकता : राष्ट्रीय जीवन का केन्द्र बिन्दु

आध्यात्मिक जीवन भारत की सच्ची प्रतिभा है। भारत के अन्तःकरण को सर्वाधिक अपील करने वाले सैनिक विजेता, धनाढ्य व्यापारी या महान् राजनयज्ञ न होकर पुण्यात्मा सन्त व ऋषि हैं। भारत को इस बात का गौरव है कि अभिलिखित इतिहास के प्रारम्भ से प्रायः प्रत्येक भाग में ऐसे पावन मनुष्यों का जन्म हुआ है जो देश के लिए सर्वाधिक प्रिय और पवित्र बातों का प्रतिनिधित्व करते हैं।[32] यहीं सबसे पहले मनुष्य, प्रकृति तथा अन्तर्जगत के रहस्योद्घाटन की जिज्ञासाओं के अंकुर उगे थे। आत्मा का अमरत्व, अन्तर्यामी ईश्वर एवं जगत्प्रपंच और सर्वव्यापी परमात्मा विषयक मतवादों का सर्वप्रथम यहाँ उद्भव हुआ तथा धर्म व दर्शन के आदर्शों की चरम उन्नति हुई।

आत्मतत्व की खोज में संलग्न ऋषि-मुनियों के प्रति इस देश में कितना श्रद्धा भाव है यह इसी से स्पष्ट है कि यहाँ बड़े-बड़े राजा भी स्वयं को यूरोपीय राजाओं की भाँति प्राचीन राजाओं या पथिकों को लूटने वाले डाकू बैरनों के वंशधर न बताकर अरण्यवासी तपस्वियों की सन्तान कहने में अधिक गौरव अनुभव करते रहे हैं।[33] ऋषियों और आध्यात्मिक उपदेशकों के इर्द-गिर्द हमारे राष्ट्रीय जीवन का प्रस्फुटन हुआ। प्राचीन भारत में बौद्धिकता और आध्यात्मिकता ही राष्ट्रीय जीवन का केन्द्र बिन्दु थी, राजनीतिक गतिवधियाँ नहीं। यही एक ऐसा राष्ट्र है, मानव समाज में एक ऐसी जाति है जिसने श्रद्धापूर्वक सदैव यही विश्वास किया है कि सत्य तो ईश्वर है, इसलिए सुख और दुःख में उसी को पकड़े रहें। उपनिषद्‌युगीन सुदूर अतीत में, हमने इस संसार को एक चुनौती दी थी : 'न प्रजया धनेन त्यागेनैके अमृतत्व मान शुः'—न तो सन्तति द्वारा और न सम्पत्ति द्वारा, वरन् त्याग द्वारा ही अमृत्व की उपलब्धि होती है। हिन्दू जाति ने कभी धन को श्रेय नहीं माना यद्यपि धन उन्हें खूब प्राप्त हुआ। युगों तक भारत शक्तिशाली बना रहा फिर भी शक्ति उसका श्रेय नहीं बन सकी। धन और शक्ति इस जाति के आदर्श कभी नहीं बन सके।[34]

प्रारम्भ से ही भारतीय दार्शनिकों और वैदिक ऋषियों का यह प्रयास रहा कि लोगों को नैतिक प्रवृत्ति और आध्यात्मिक वृत्ति के विकास हेतु प्रेरित किया जाए। उनको अतीन्द्रिय चेतना के विकास के प्रारम्भ की ओर उन्मुख किया जाए। यह भारतीय जीवन का सतत प्रवाहमान आदर्श रहा है। आध्यात्मिक सत्यों की ओर झुकाव और उन्हें अनुभूत करने की आकांक्षा भारतीय जीवन की नियंत्रक शक्ति है।[35] अपनी सभ्यता के विकास के प्रत्येक चरण में भारत आध्यात्मिक चेतना व उद्देश्य की महत्ता से भली भाँति परिचित रहा है। इस सम्बन्ध में उसकी दृष्टि कभी धुंधली नहीं हुई।

भारतीय इतिहास के सर्वाधिक गौरवशाली पृष्ठ वे ही हैं जिनमें आध्यात्मिक अनुभूति व चिंतन भी ऊँचाई पर पहुँचे, चाहे वह महाकाव्यकाल रहा हो या गुप्तकाल। आध्यात्मिक चेतना की शिथिलता ने

उसे भौतिक रूप से क्लीव बना दिया। अठाहरवीं सदी के पतनपूर्ण दिनों में ऐसा ही हुआ था। भारतीय समाज ने भौतिक इच्छाओं व हितों की पूर्ति में संलग्न रहते हुए भी परम सत्य को, उसकी महत्ता को कभी दृष्टि से ओझल नहीं होने दिया और इस तथ्य के प्रति सचेत रहा कि अन्तिम ध्येय आध्यात्मिक मुक्ति है।

प्रत्येक संस्कृति की मानवता के लिए विशिष्ट देन रही है। उस उपलब्धि से उसकी पहिचान होती है, उसकी स्थायी महत्ता की सृष्टि होती है। उदाहरण के तौर पर यूनान ने बौद्धिक तर्कणा व समरसतापूर्ण सौन्दर्य का उच्च स्तरीय विकास किया, रोम ने शक्ति व देश भक्ति तथा कानून एवं व्यवस्था की दृढ़तापूर्वक स्थापना की, आधुनिक यूरोप ने व्यावहारिक तर्कणा, विज्ञान, कार्यकुशलता एवं आर्थिक क्षमता का प्रभूत रूप से विकास किया है। भारत ने मनुष्य की अन्य शक्तियों को क्रियाशील करते हुए आध्यात्मिक मानस का विकास किया।[36]

सांस्कृतिक अध्ययन के इस मापदण्ड के अनुसार यदि भारतीय संस्कृति का अध्ययन किया जाए तो इसके आधारभूत सिद्धान्तों व आदर्शों का अधोवर्णित स्वरूप उभरता है–

प्रारम्भ से ही भारतीय संस्कृति कतिपय उदात्त व श्रेष्ठ आदर्शों व आकांक्षाओं पर फली फूली है 'आ नो भद्राः कृतवो यन्तु विश्वतः,[37A] में निहित भव्यता और सदाशयता के उत्तुंग शिखरों को स्पर्श करने वाली सर्व मंगलकारी भावना और चेतना इस राष्ट्र के उषाकाल में ही उसके जातीय जीवन का मार्गदर्शक मंत्र बन, इसके गन्तव्य और पाथेय का निश्चय कर चुकी थी। इसके सुदीर्घ जीवन में हम ऐसे आदर्शों की अनुभूति की तीव्र अभीप्सा के दर्शन करते हैं। भारतीय संस्कृति, आत्मा को हमारे अस्तित्व का सत्य और हमारे जीवन को आत्मा का विकास मानती है। वह शाश्वत का, अनंत का, सर्वोच्च का दर्शन करती है।

अन्य क्रियाकलापों के बावजूद भारत ने अपने लम्बे इतिहास में जीवन के आध्यात्मिक मूल्य की अवहेलना नहीं की है। उसने सत्य की खोज पर सदैव

बल दिया है और सत्य के अन्वेषकों को हमेशा सम्मान प्रदान किया है।[37] वह मानव को प्रकृति में स्थित परमात्मा के अस्तित्व की शक्ति के रूप में देखती है। मनुष्य की सीमित चेतना का इस स्व की ओर, सर्वव्यापी शाश्वत अनंत की ओर प्रगतिशील प्रयाण भारतीय चिंतन के लिए जीवन का महत्त्व और मानवीय अस्तित्व का उद्देश्य है।[38]

हमारी संस्कृति ने सदैव धर्म एवं नैतिक मूल्यों पर जोर दिया है। उसका दृष्टिकोण सदैव यह रहा है कि अधर्म से व्यक्ति को क्षणिक उपलब्धि भले ही हो जाए किन्तु उसकी परिणति अपूरणीय क्षति में होती है। धर्म शाश्वत है। सुख या दुःख क्षणिक है। अतः किसी भौतिक इच्छा या लाभ और उपलब्धि के लिए धर्म का परित्याग नहीं किया जाना चाहिए। न तो भय के कारण और न सांसारिक लाभों के लिए इसका परित्याग किया जाना है। युगों से यह भारत की आधिकारिक वाणी है।[39]

यदा-कदा ह्रास के क्षणों में भारत को प्राणदायिनी स्फूर्ति किसी न किसी आध्यात्मिक आन्दोलन व इस क्षेत्र की सक्रियता से प्राप्त हुई है। उसकी पुराकालीन परम्परा की अविच्छन्नता का रहस्य आध्यात्मिक सक्रियता में निहित है। यह देश आध्यात्मिक अनुभवों की भव्य कर्मशाला एवं आत्मा की प्रयोगशाला है जहाँ प्रत्येक पीढ़ी में महान् आत्माओं ने जन्म लिया है।[40]

भारतीय संस्कृति के ताने-बाने के इस विश्लेषण के पश्चात् एक महत्वपूर्ण प्रश्न यह उभरता है कि आध्यात्मवाद या आध्यात्मिकता से हमारा तात्पर्य क्या है। यह प्रश्न इस कारण और अधिक संगत बन जाता है कि आध्यात्मिकता को लेकर प्रायः लोग भ्रान्त मान्यताओं के शिकार हैं और इसी कारण इसे भारत के पतन के लिए उत्तरदायी बताया जाता है। आध्यात्मवाद शब्द की व्युत्पत्ति आत्मा शब्द से हुई है। दार्शनिक चिन्तन के क्षेत्र में स्वयं आत्मा की व्याख्या अनेक तरीकों से की गयी है–जैसे (1) आत्मा (लेटिन स्प्रिटस) का अभिप्राय है–श्वास, जीवन, मस्तिष्क। ब्रह्माण्ड का शक्ति संचारी अनुप्रेरक सिद्धान्त (2) एक चेतनशील प्राणी जो सामान्यतः

इच्छा व बुद्धियुक्त माना जाए। (3) अपूर्व (निराकार सत्ता) (4) देहयुक्त या अशरीरी चेतन सत्ता।

आध्यात्मिकता क्या है?

आध्यात्मवाद वह सिद्धांत है जिसके अनुसार विश्व का चरम सत्य आत्मा है। कई बार इस शब्द का प्रयोग इस आदर्शवादी दृष्टिकोण को प्रस्तुत करने हेतु किया जाता है कि केवल एक सर्वोच्च आत्मा का अस्तित्व है।[41]

आध्यात्मिकता का अर्थ यह नहीं है कि इहलौकिक जीवन को असार वस्तु मानकर, सभी लोग जितना जल्दी हो सके मठवासी बन जाएँ और हमारे सामाजिक जीवन को किसी मठ या कन्दरा के जीवन के अनुरूप ढ़ालकर प्रगतिशील आदर्शों से विरहित जड़ जीवन बना दें और ऐसा उद्देश्य सम्मुख रखें जिसका इस जीवन से कोई वास्ता नहीं हो।

न ही आध्यात्मिकता का यह अर्थ है कि सम्पूर्ण राष्ट्रीय जीवन को किसी धर्म विशेष के सीमित सिद्धान्तों, मान्यताओं व बाह्य आचरणों के अनुकूल ढ़ाल दिया जाए। आध्यात्मिकता किसी धर्म की विशेष की अपेक्षा बहुत व्यापक है और इसके वृहत्तर विचारों के सन्दर्भ में महान धर्म भी एक विश्वजनीन धर्म की शाखा या बड़े पंथ के रूप में प्रतीत होगा। न ही इसका अभिप्राय मानव जीवन के महत् उद्देश्यों में से किसी उद्देश्य, आधुनिक विश्व की बड़ी समस्याओं और मानवीय क्रियाकलापों के किसी रूप को हमारे अध्ययन क्षेत्र से परे रखना है।

जीवन के आध्यात्मिकता दृष्टिकोण की मान्यता यह है कि मस्तिष्क, शरीर और जीवन साधन हैं, उद्देश्य नहीं। साधनों के रूप में भी वे अंतिम नहीं है। वह उन्हें बाह्य उपकरण मानता है। वह सभी सीमाबद्ध चीजों के पीछे असीम के दर्शन करता है और असीम के अपूर्ण स्पष्टीकरण के रूप में असीम वस्तुओं का मूल्य आंकता है। यह न केवल मनुष्य और संसार के पीछे विद्यमान प्रकटतः वास्तविकता से महत्तर वास्तविकता को देखता है वरन् मनुष्य व संसार के भीतर स्थित सत्ता के दर्शन करता है।

भारत के जीवनदर्शन के सन्दर्भ में उपर्युक्त विवेचन की दृष्टि से इस बात उल्लेख करना आवश्यक है कि निवृतिपरकता को भारतीय संस्कृति का सार मान लेना भूल है और न यह आध्यात्मिकता का पर्याय है। भारत ने सदैव चरम सत्य के अनुसंधान का प्रयास किया और जहाँ तक संभव था उसने चेतना के सम्पूर्ण क्षेत्र को दृष्टिपथ में रखा। प्रत्येक स्थिति को आजमाया, सत्य को प्रत्येक कोण से देखा। इस कारण निवृतिपरकता भी सत्य की खोज और प्राप्ति के अनेक प्रयासों व तरीकों में एक प्रयास था।[42] इस सम्बन्ध में वास्तविकता यह रही है कि हमारी संस्कृति ने जीवन के भौतिक पक्ष को कभी हीन नहीं माना बल्कि उसके सर्वतोमुखी विकास पर बल दिया। भारत व्यावहारिक जीवन की महत्ता से भली भाँति परिचित था। उसने उन तथ्यों को नजर अन्दाज नहीं किया जो जीवन को सुखी बनाने हेतु अनिवार्य थे। भारत ने सार्वत्रिक बहुलता एवं विपुलता के मध्य आध्यात्मिकता की उपलब्धि की। जहाँ जड़ भौतिकवाद स्थूल चीजों से परे नहीं जाता, वहाँ हमारी संस्कृति जीवन के महत्तर उद्देश्य की चेतना से स्पन्दित रही। उसे आंतरिक सत्यों की खोज थी। मनुष्य अपने विराट स्वरूप को नहीं भूले, शरीर की, इच्छाओं की सीमा से ही आबद्ध न रहकर अपने आत्म का साक्षात्कार करे। यही महत्वाकांक्षा उसे प्रेरित करती रही।

आधुनिक भारतीय राजनीतिक चिन्तन में आध्यात्मिक राष्ट्रवाद

इतिहास चक्र की गति से ऐसा भी समय आया जब परम सत्य की खोज में संलग्न यह राष्ट्र स्वयं अविद्या के अन्धकार से आच्छादित हो गया। इसकी जीवन शक्ति निःशेष हो गयी। अनेक कारणों से पतन की जो प्रक्रिया मध्यकाल में प्रारम्भ हुई थी वह अठारहवीं सदी में पराकाष्ठा पर पहुँच गई। उस समय सार्वजनिक पतन की रजनी अवतीर्ण हो चुकी थी और एक भीषण सांस्कृतिक संकट हमारे सम्मुख उपस्थित हो गया। हमारी सृजनात्मक प्रतिभा, क्रियाशीलता जैसे मृत हो गए थे और मिथ्या विश्वासों व अन्ध विश्वासों के दलदल में देश धँस रहा था। ऐसे संकटकाल में भारत में ब्रिटिश आधिपत्य की स्थापना हुई। विदेशी शासन व आक्रमण की लम्बी परम्परा में

यह अन्तिम कड़ी बहुत घातक सिद्ध हुई। ब्रिटिश शासन स्वतन्त्रता का लोप मात्र न रहकर दो संस्कृतियों का संघर्ष बन गया। पश्चिमी प्रभाव ने भारतीय संस्कृति के आधारभूत मूल्यों पर ही प्रहार प्रारम्भ कर दिया। एक सर्वथा भिन्न संस्कृति से टकराहट उस समय हुई जब हम उस चुनौती का सामना करने में सर्वथा अक्षम थे। ब्रिटेन की भौतिक उपलब्धियों की वजह से भारतवासी अपनी नजर में ही बौने बन गए और यहाँ पश्चिमी दुनिया से आने वाली प्रत्येक चीज को ईश्वरीय उपहार के रूप में ग्रहण किया जाने लगा। प्रत्येक भारतीय चीज की अविचारपूर्ण अवमानना प्रारम्भ हो गयी। महान् चिंतन-दर्शन एवं आस्थाओं जीवन मूल्यों और विश्वासों की खिल्ली उड़ायी जाने जाने लगी। राष्ट्र की अस्मिता खतरे में पड़ गयी। प्रारंभिक धक्के के बाद हम संभले तो अपने अतीत की ओर हमने देखा और अपनी राष्ट्रीय विशिष्टता के संरक्षण की चेतना का उदय हुआ।

चूँकि धर्म और आध्यात्मिकता हमारे राष्ट्र जीवन के आधार रहे हैं, अतः विदेशी प्रभाव की प्रतिक्रिया सर्वप्रथम धार्मिक व आध्यात्मिक क्षेत्र में दृष्टिगोचर हुई। यूरोपीय सभ्यता और मूल्यों के रूप में जो चुनौती सामने आई, उसका मुकाबला इसी धरातल पर हुआ क्योंकि यह चुनौती हमारी जड़ों पर कुठाराघात करने वाली थी। देश में नवोत्थान की प्रक्रिया शुरू हुई। जिसका प्रारम्भ धर्म से हुआ। धार्मिक क्षेत्र में जो हलचल शुरू हुई उसी से राष्ट्र का मानस चैतन्य हुआ। विदेशी शासन की पीड़ा की अनुभूति की तीव्रता के साथ-साथ स्वतन्त्रता की आकांक्षा भी प्रबल होती गई। अतीतकालीन राष्ट्रीय गौरव की पुनर्प्राप्ति की आकांक्षा एक प्रेरक शक्ति बन गयी। विचार और चिंतन के क्षेत्र में जो विभूतियाँ सामने आयीं उन्होंने राष्ट्र के पुनर्निर्माण की दिशा दिखायी। भारतीय मानस अपने रक्त में समाये हुए जीवनादर्शों के सन्दर्भ में ही नवीन युग के लिए आवश्यक सन्देश को ग्रहण कर सकता था। धर्म व आध्यात्म क्षेत्र के अग्रणी व्यक्ति ही जनमानस से गहरे पैठ पाए। अतः पाश्चात्य प्रभाव की चुनौती का जवाब देने हेतु हलचल इसी क्षेत्र में हुई।

ईसाई मिशनरियों व अनेक पश्चिमी लेखकों के द्वारा भारतीय जनता के धार्मिक विश्वासों व परम्पराओं के असह्य उपहास ने हमें आत्मविश्लेषण करके अपना वास्तविक स्वरूप व आधार ढूँढने हेतु प्रेरित किया। यह एक दुःखद तथ्य है कि यूरोप जब हमारे द्वार पर दस्तक दे रहा था, हमारी जीवन शक्ति का ह्रास हो चुका था। आसन्न संकट का सामना करने हेतु उसे जागृत करना आवश्यक था। पश्चिमी प्रभुत्व के प्रारम्भिक धक्के के बाद थोड़ा सम्हलने पर भारत ने अपने अतीत की पूँजी टटोली और अपने प्राचीन ज्ञान को नवीन करके नये मार्ग पर अग्रसर होने लगा।[43] प्रबुद्धिकरण और नवीनीकरण की इस प्रक्रिया का नेतृत्व बंगाल ने सँभाला। सत्य के नये द्वीप के अन्वेषण के इस प्रयास के 'कोलम्बस' राजा राममोहनराय सिद्ध हुए। जीवन का कोई पहलू जागरण की उषा के प्रभाव से अछूता नहीं रहा। शनैः शनै आत्म गौरव की भावना जागृत हुई। इसका प्रमाण साहित्य के क्षेत्र में परिलक्षित हुआ। जब बंकिमचन्द्र चटर्जी ने अपने उपन्यासों के माध्यम से अतीत के गौरव पर आधारित राष्ट्रीय स्वाभिमान का मंत्र फूँका। उनकी रचनाओं में मातृभूमि के दैवीय स्वरूप का प्रस्तुतीकरण अपनी सम्पूर्ण विराटता और भव्यता के साथ किया गया। अनुवर्ती समय में विकसित होने वाले आध्यात्मिक राष्ट्रवाद के सभी पहलुओं का स्पष्ट दिग्दर्शन उनके चिंतन से होता है। इस चिंतनधारा को उनके पश्चात् आगे बढ़ाने में स्वामी विवेकानन्द व स्वामी रामतीर्थ जैसे देशभक्त सन्तों, लोकमान्य टिळक प्रभृति दुधुर्ष योद्धा, ईश्वरीय पंथ के पथिक श्री अरविन्द और विपिनचन्द्र पाल जैसे प्रखर चिंतक का योगदान उल्लेखनीय है। आधुनिक भारतीय राजनीतिक चिंतन की इस विशिष्ट धारा के प्रकाशस्तम्भ का प्रथम दीपक बंकिम द्वारा प्रज्ज्वलित किया गया और उससे विकीर्ण प्रकाश हमारे स्वाधीनता संग्राम की अमूल्य कालजयी थाती है।

टिप्पणियां एवं सन्दर्भ–

1. लुई एल. साइन्डर–मीनिंग ऑफ नेशनेलिज्म, पृ.-74-84
2. डी.पी. सिंघल–नेशनेलिज्म इन इंडिया एण्ड अदर हिस्टोरिकल एसेज, पृ.-5

3. डॉ. वी.पी. वर्मा–राजनीति और दर्शन, पृ.-225
4. कार्लटन हेज–नेशनेलिज्म ए रिलीजन
5. हान्स कोहन–नेशनेलिज्म : इट्स मीनिंग एण्ड हिस्ट्री
6. डॉ. वी.पी. वर्मा–पूर्वोक्त, पृ.-227
7. उपर्युक्त
8. रेनान द्वारा 1832 में सारबोर्न में दिया गया अभिभाषण
9. मैकाईवर–द मॉर्डन स्टेट, पृ.-123-124
10. डॉ. नन्दलाल चटर्जी–स्मृति समुच्चय प्रकाशन में लेख, पृ.-3 (भारतीय स्वतंत्रता संग्राम के सौ वर्ष–कांग्रेस के 62 वें अधिवेशन पर प्रकाशित)
11. डॉ. राधाकुमुद मुखर्जी–नेशनेलिज्म इन हिन्दू कल्चर, पृ.-69
12. उपर्युक्त, पृ.-52

13A –पृथ्वी सूक्त–माता भूमिः पुत्रो अहं पृथिव्याः

13B –अथर्ववेद 12-1-10 (डॉ. निर्मला उपाध्याय के लेख–भारतीय राष्ट्रीयता की आध्यात्मिक संचेतना, पृ.-2 पर उद्धृत) लोकतंत्र समीक्षा– जनवरी-मार्च 1875

13. –ऋग्वेद 10.18.10

वृहत्स्तोत्र रत्नाकर, भारतभूमातृस्तोत्रम् श्लोक संख्या 17

14. डॉ. राधाकुमुद मुकर्जी–पूर्वोक्त, पृ.-15
15. विष्णु, पुराण–प्रथम खण्ड, द्वितीय अंश, अध्याय 3
16. उपर्युक्त, 11.12.38
17. कूर्म पुराण– XLVII 19
18. वायु पुराण XXXIII-XVL 72

19. मत्स्य पुराण CLXIX-4(1)

20. भागवत पुराण–5 : 6.13

21. भागवत पुराण–5 :19.21

22. वृहद्नारदीय पुराण–5 : 53

23. उपर्युक्त–3 :71–3 : 74-3 : 75

24. गरुड़ पुराण–1-115.37

25. डॉ. ए.बी.एल. अवस्थी–इन्डियन नेशनेलिजम–प्रथम खण्ड, पृ. 18

26. डॉ. राधाकुमुद मुकर्जी–पूर्वोक्त, पृ.-47-48

27. डॉ. ए.बी.एल. अवस्थी–पूर्वोक्त, पृ.-18

28. पद्म पुराण–आदि खंड, 616

29. इलियट और डाऊनसन कृत 'हिस्ट्री ऑफ इण्डिया' खंड3 पृ.-38 पर उद्धृत

30. एम.एल. बुच–राइज एण्ड ग्रोथ ऑफ मिलिटेन्ट इंडियन नेशनेलिजम, पृ. 185

31. –प्रतिजन्मनि मे चित्तं वित्तं देहश्च सन्ततिः।
तत्सेवानिरता भूर्यमाता त्वं करुणामयी।।

वृहत्स्तोत्ररत्नाकर, पूर्वोक्त, श्लोक 20

न मे वांछाऽस्ति यशसि विद्वत्वे न ज वा सुखे।
प्रभुत्वे नैन वा स्वर्ग मोक्षेऽत्यानन्ददायके।।

परं च भारते जन्म मानवस्या च वा पशोः।
विहंगस्य च वा जन्तोंवृक्षपाषाणयोरपि।।

–उपर्युक्त, श्लोक 21-22

31ब. –स्वामी विवेकानन्द–विवेकानन्द साहित्य खण्ड 5, पृ.-215 एवं 218

32. डॉ. एस. राधाकृष्णन्–आसपेक्टस ऑफ इंडियन लाइफ–टैगोर सन्टेनरी वॉल्यूम खण्ड, पृ.-4

33. विवेकानन्द साहित्य, खण्ड 5, पृ.-49-50

34. विवेकानन्द साहित्य खण्ड 10, पृ.-4 (मेरा जीवन तथा ध्येय)

35. श्री अरविन्द–फाऊन्डेशन्स ऑफ इण्डियन कल्चर, पृ.-149

36. उपर्युक्त, पृ.-176

37. पं. जवाहरलाल नेहरू–20 मार्च 1949 को रामकृष्ण मिशन दिल्ली में दिया गया भाषण–(श्री रामकृष्ण एण्ड विवेकानन्द, पृ.-2)

37.B –ऋग्वेद 1.89.1

38. श्री अरविन्द–पूर्वोक्त, पृ.-156

39. डॉ. राधाकुमुद मुकर्जी–द कल्चर एण्ड आर्ट ऑफ इण्डिया, पृ.-8

40. श्री अरविन्द–'स्प्रिचुरलिटी एण्ड नेशनेलिजम'–हरिदास एवं उमा मुखर्जी–श्री अरविन्द एण्ड न्यू थॉट इन इण्डियन पॉलिटिक्स, पृ.-323-24

41. डेगोबर्ट डी. रोन्स (सम्पादक) द डिक्शनरी ऑफ फिलासॉफी, पृ.-299- 300

42. श्री अरविन्द–पूर्वोक्त, पृ.-180

43. रामधारीसिंह दिनकर–संस्कृति के चार अध्याय, पृ.-533

❑❑❑

2.

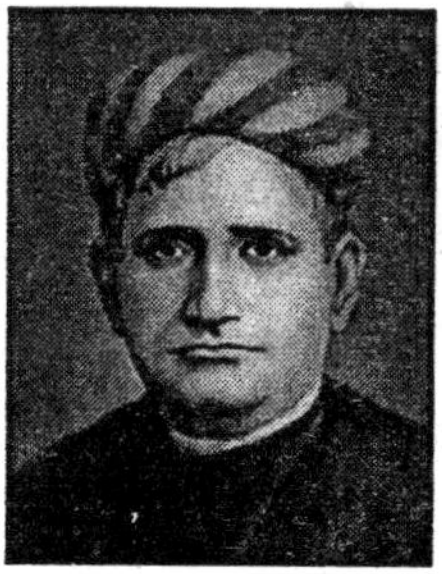

मातृमंत्र के द्रष्टा : बंकिमचन्द्र चटर्जी

राष्ट्रीय भावनाओं के विकास और राष्ट्र के अतीत के प्रति गौरवभाव जागृत करने में उस समय बंकिम का महत्वपूर्ण योगदान रहा, जब पश्चिम का दासतापूर्ण अन्धानुकरण हमारे देश के शिक्षित वर्ग की सर्व-मान्य जीवन पद्धति बन चुका था और राष्ट्र की संस्कृति व परम्परा का भारी अवमूल्यन हो रहा था। वस्तुतः एक उच्चस्तरीय सृजनात्मक देशभक्ति का प्रतिनिधित्व करने वाली उनकी समस्त चिन्तनराशि विदेशी शासन के अन्तर्गत निष्प्राण व क्षयग्रस्त हो चुके समाज के लिये संजीवनी सिद्ध हुई। वे राजनेता नहीं, वरन् चिंतन व भावना-जगत् के कुशल शिल्पी थे।

उनके व्यक्तित्व में बहुविज्ञता का चूड़ान्त विकास दिखायी पड़ता है।[1]

एक उच्च कोटि के उपन्यासकार, निबंधकार, धर्मशास्त्री व बंगला गद्य के सर्जक व सिरमौर के रूप में बंकिम ने पुनर्जागरण के द्वितीय चरण में राष्ट्र की अस्मिता के संरक्षण का स्तुत्य कार्य सम्पन्न किया। पश्चिम के अविवेकपूर्ण अनुकरण की निष्फलता की जो चेतना उन्नीसवीं सदी के सातवें दशक में भारतीय मानस को आन्दोलित कर रही थी उसमें अति से बचकर संश्लेषण के प्रयास का स्वर मुखर था क्योंकि पश्चिम से पूर्णतः सम्बन्ध विच्छेद करना इस कारण संभव नहीं था कि पाश्चात्य संस्कृति व तर्कणावाद शिक्षित वर्ग में गहरे पैठ चुका था। अतः अतीताभिमुख बुद्धिजीवियों ने प्राचीन धर्म और विश्वासों के प्रति पश्चिम से ग्रहण किये गये विचारों के प्रकाश में तर्कणावादी दृष्टिकोण अपनाकर इस दुविधा में से रास्ता निकालने का प्रयास किया। बंकिम पाश्चात्य तर्कणावाद से पौर्वात्य चेतना के इस संश्लेषण के प्रतीक थे। अपने युग में सन्निहित असमंजस को उन्होंने पश्चिमी जिज्ञासा प्रवृत्ति का पूर्वीय श्रद्धा के साथ ताल-मेल बिठाकर दूर करने का प्रयत्न किया।

मूलतः एक साहित्यकार होने पर भी बंकिम ने रम्य कल्पनालोक में विचरण करने के स्थान पर राष्ट्र निर्माण के कठिन मार्ग पर चलने का निश्चय किया और यह उनकी अन्तःप्रेरणा की परिणाम था। देश में उदीयमान राष्ट्रवाद को उन्होंने शक्ति, गरिमा एवं सृजनात्मक भाव बोध प्रदान करने का प्रयास किया। उन्होंने विदेशी भाषा के माध्यम से दी जाने वाली शिक्षा और उसमें रचित साहित्य के अपने देश की मिट्टी से विमुख करने वाले हानिकारक प्रभाव को भली-भाँति समझकर बंगला गद्य के उद्धार का बीड़ा उठाया क्योंकि 'कोई भी राष्ट्र अपने स्व की उपयुक्त एवं सन्तोषजनक अभिव्यक्ति के माध्यम को खोजे बिना, एक ऐसी भाषा के बिना जो उसके विचारों एवं अनुभूतियों को स्थायी आकृति देने और प्रत्येक नवीन अन्तःप्रेरणा को सभी की अन्तःश्चेतना में त्वरित व उल्लखित रूप से संचारित करने में समर्थ हो, विकसित नहीं हो सकता।'[2]

प्रबुद्ध चिंतन एवम् जन-जागरण का अग्रदूत : बंगदर्शन

देश भक्ति को अपने राजदर्शन का प्रथम सिद्धान्त[3] मानने वाले बंकिम के सम्पादन में प्रारंभ किया गया 'बंगदर्शन' बंगला पत्रकारिता में मील का पत्थर था। यद्यपि इसके पूर्व बंगला में अन्य कई पत्रिकाएँ संवाद कौमुदी (1821) समाचार चन्द्रिका (1839) सर्वशुभकारी पत्रिका (1850) आदि प्रकाशित हो रही थीं किन्तु 'बंगदर्शन' वह कार्य करने में कृतकार्य हुआ जो इसकी वे पूर्वगामी पत्रिकाएँ नहीं कर पायीं। इसकी पूर्ववर्ती पत्रिकाएँ बौद्धिक तेजस्विता से युक्त भावनात्मक ऊष्णता एवं आकर्षण की सर्वव्यापकता की दृष्टि से उसके पासंग में कहीं नहीं थीं। इसके माध्यम से बंकिम ज्ञान को पाण्डित्य के कारागार से मुक्त कर उसे जनसाधारण के स्तर पर ले आए। इसमें उनकी सर्वोत्तम सृजनात्मक प्रतिभा रूपायित हुई एवं इसके माध्यम से वे दुर्लभ बौद्धिक क्षमतायुक्त चिंतक के रूप में उभरे। अपनी चार वर्ष की प्रकाशन अवधि में बंगदर्शन का समकालीन मानस एवं चिंतन पर प्रभूत प्रभाव पड़ा। विभिन्न वर्गों के पाठकों की अभिरुचियों के अनुरूप इसमें बंकिम स्वयं उपन्यास, लेख, व्यंग्य रचनाएं, विनोदपूर्ण रेखाचित्र एवं ज्ञानवर्द्धक पुस्तक समीक्षाएँ लिखते थे। उनके सभी प्रारंभिक उपन्यास इसी में धारावाहिक रूप में प्रकाशित हुए।

यह प्रश्न उठना स्वाभाविक है कि इस पत्रिका के प्रकाशन में बंकिम किसी अभीष्ट से प्रवृत्त हुए? बंगदर्शन के प्रथम अंक में ही उन्होंने शिक्षित बंगालियों की मातृभाषा के प्रति उदासीनता पर क्षोभ व्यक्त किया था। उनका कहना था कि "इस पत्रिका का उद्देश्य इसे बुद्धिजीवी वर्ग का मुखपत्र बनाने के साथ-साथ जन सामान्य को उनकी मातृभाषा के माध्यम से ज्ञान प्रदान करने का साधन बनाना है।[4A] वैसे बहरामपुर में अपने सेवाकाल के दौरान[4B] उन्होंने 'ए पॉपुलर लिटरेचर फोर बंगाल एण्ड ऑन द ऑरिजिन ऑफ द हिन्दू फेस्टीवल', सहित अंग्रेजी में अनेक लेख लिखे किन्तु उनकी दृढ़ मान्यता थी

कि जनसाधारण में ज्ञान-प्रसार उनकी अपनी भाषा में किया जाना चाहिये ताकि उनके जीवन और दृष्टिकोण में निश्चित रूप से सुधार किया जा सके।

बंगदर्शन के प्रकाशन के कुछ समय पूर्व ही उन्होंने मुखर्जीज मेगजीन के सम्पादक शंभुचन्द्र मुखर्जी के नाम पत्र में शिक्षित और अशिक्षित वर्ग के बीच सहानुभूति एवं सम्प्रेषण का माध्यम बनाने और अंग्रेजी परस्ती का निवारण करने के उद्देश्य से 'एक बंगला पत्रिका निकालने के निश्चय की बात कही थी।[5] वस्तुतः इसने (बंगदर्शन) पाठकों के सम्मुख एक नया क्षितिज अनावृत किया। विपिनचंद्रपाल ने बंगदर्शन की देन का उल्लेख करते हुए लिखा, ''बंगदर्शन ने समकालीन बंगाल के लिये वही कार्य किया जो फ्रांसीसी विश्वज्ञानविशारदों (Encyclopaedist) ने 18 वीं सदीं में यूरोपीय चिंतन और फ्रांसीसी साहित्य हेतु किया।[6]

बंगदर्शन के माध्यम से उन्होंने दो मोर्चों पर कार्य प्रारंभ किया। एक तो स्वदेश और स्वभाषा के प्रति उन्होंने लोगों की निष्ठा व अनुराग को जागृत किया जो राष्ट्रवाद का मूल आधार हैं और दूसरे भारतीय संस्कृति पर किये जाने वाले आक्षेपों का मुँह तोड़ उत्तर देते हुए उसकी महत्ता को उजागर किया। सितम्बर 1882 में रेवरेण्ड हेस्टी नामक स्कॉटिश चर्च मिशनरी ने, स्टेट्समेन के, सम्पादक के नाम पत्र स्तम्भ में प्रकाशित लेखों में हिन्दू धर्म पर कठोर प्रहार किया।[7] बंकिम हिन्दुत्व के शाश्वत सत्यों के प्रति सश्रद्ध थे अतः हेस्टी के पत्र उन्हें अत्यन्त अपमानजनक प्रतीत हुए। तब रामचन्द्र के छद्म नाम से लिखते हुए ''हिन्दुत्व पर पत्र'' में उन्होंने हेस्टी को चुनौती दी। यह भी एक उल्लेखनीय तथ्य है कि हेस्टी विवाद शुरू होने से पूर्व बंकिम अपने देशभक्तिपूर्ण उपन्यास 'आनन्दमठ' की रचना का श्रीगणेश कर चुके थे और इस विवाद के थोड़े समय बाद ही उसका प्रकाशन हुआ। जहाँ हेस्टी विवाद से उनका गहन धार्मिक रुझान उभर कर सम्मुख आया, 'आनन्दमठ' उनकी विशुद्ध राष्ट्रभक्ति का प्रकाशन है। उन्होंने धार्मिक विवाद को एक राजनीतिक

दिशा प्रदान की तथा धर्म का राजनीति से संयोजन किया। इस कार्य ने आगे चलकर युवा पीढ़ी को त्याग और बलिदान के लिये प्रेरित किया। उनका विश्वास था कि राष्ट्र की मुक्ति सामाजिक सुधारों के इक्के-दुक्के कार्यों में नहीं वरन् पूर्वजों के आध्यात्मिक आदर्शों के पुनरुत्थान में निहित है।

बंकिम के राष्ट्रवाद की प्रकृति : राष्ट्रवाद का धर्म के रूप में प्रस्तुतिकरण

बंकिम का प्रमुख कार्य राष्ट्रवाद को धर्म की महिमा से मंडित करना था। वे इस तथ्य से पूर्णतः अवगत थे कि धर्म के समान भारतीयों के हृदय को अन्य कोई चीज आड़ोलित नहीं कर सकती। उन्होंने राष्ट्रभक्ति का एक लोकोत्तर गुण के रूप में उदात्तीकरण किया और उसे सर्वोच्च धर्म के रूप में प्रस्तुत किया। उनकी यह मान्यता थी कि राष्ट्रवाद के प्रति भारतीयों की उदासीनता की सहजात भावना पर उनके सम्मुख नवीन आदर्श प्रस्तुत करके ही विजय प्राप्त की जा सकती थी।

राष्ट्रवाद की आध्यात्मिक रूप से व्याख्या करने के अतिरिक्त बंकिम ने एक अमूर्त विचार के रूप में राष्ट्रवाद का दार्शनिक अध्ययन किया।[8] अपने लेख भारत पराधीन क्यों हैं?'' में उन्होंने राष्ट्रवाद के निर्मायक तत्वों का सूक्ष्मता से विश्लेषण किया। उनके अनुसार राष्ट्रवाद के दो आवश्यक उपादान हैं। व्यक्ति के हितों का एक समुदाय के हितों से एकात्मीकरण इसका प्रथम तत्व है। इसकी अनुभूति समुदाय का हित संवर्धन करना व्यक्ति का कर्त्तव्य बना देगी। जब प्रत्येक व्यक्ति इस उद्देश्य से प्रेरित होता है जब समाज के विभिन्न सदस्य एकमत होकर साथ-साथ कार्य करते हैं। यह राष्ट्रवाद का प्रथम भाग है किन्तु यह केवल आधा भाग है। इसका दूसरा अवयव एक समुदाय (राष्ट्र) विशेष के हितों से विभेदीकरण है।[9] वे स्वाजति[10] (राष्ट्र) प्रतिष्ठा को राष्ट्र की उन्नति के लिये अनिवार्य मानते हुए जर्मनी व इटली के एकीकरण को इसी का परिणाम बताते हैं।[11] इस विचार

के पीछे उनका मुख्य उद्देश्य भारत के मामले की ओर लोगों का ध्यान आकृष्ट करना था।

भारत के अतीत विषयक अपने ज्ञान के आधार पर उन्होंने राष्ट्र के दैवीकरण का सूत्र ढूँढ निकाला। वे राजा राममोहनराय के उन विचारों से सहमत नहीं थे जो यूरोपीय व एशियाई राष्ट्रवाद को समानपदी मानते हुए उन्हें विश्वव्यापी आन्दोलन का अंग समझते थे। **घोर स्वार्थपरता पर आधारित यूरोपीय राष्ट्रवाद को वे तिरस्कार की दृष्टि से देखते थे। उनके अनुसार दूसरों के अमंगल द्वारा अपने मंगल की कामना निन्दनीय है।** वे लिखते हैं, 'इस प्रकार की मनोवृत्ति निष्पाप शुद्धभाव कहकर स्वीकार नहीं की जा सकती। इसमें भारी दोषपूर्ण विकार है। इस विकार से राष्ट्र के सर्व-साधारण को ऐसी भ्रान्ति हो सकती है कि परायी जाति के मंगल मात्र से अपना अमंगल है। इसी कुसंस्कार के वशवर्ती होकर यूरोपीय राष्ट्रों ने अनेक दुःख भोगे हैं और अनेक बार युद्ध की अग्नि में दग्ध हुए हैं।[12]

बंकिम का राष्ट्रवाद नैतिक मूल्यों से समन्वित है। उनके राष्ट्रवाद के दो महत्वपूर्ण अंग हैं–प्रेम एवं समदर्शन। वे एक आत्म सन्तुष्ट राष्ट्रवाद की कल्पना करते हैं। स्वराष्ट्र का कल्याण निश्चित रूप से उनका अभिप्रेत है किन्तु दूसरे देशों को रौंदकर उसकी सिद्धि उन्हें अभिप्सित नहीं। उन्होंने यूरोपीय राष्ट्रवाद की इस कारण उग्र आलोचना की कि वह अन्य देशों के मूल्य पर समृद्धि के सोपान पर चढ़ने में विश्वास रखता है।[13] वे इसे 'पाप' कहते हैं। अन्तर्राष्ट्रीय सम्बन्धों के विषय में वे प्रशान्त सर्वमुक्तिवादी सिद्धान्त को मानते हैं। यह एक आदर्शवादी दृष्टिकोण है जो उन दुष्टतापूर्ण शक्तियों व प्रतिशक्तियों की अवहेलना करता है जिनसे सामान्यतः विश्व राजनीति का ताना-बाना बुना जाता है। युद्ध एवं विनाश को जन्म देने वाली स्वार्थान्ध शक्तियों को तीव्र तिरस्कारपूर्ण दृष्टि से देखने वाले बंकिम ने राष्ट्रवाद के एक स्वस्थ एवं उत्कृष्ट सिद्धान्त के निर्माण हेतु नैतिक मूल्यों को अंगीकार करने की महती आवश्यकता पर बल दिया।

राष्ट्र प्रेम सर्वोच्च कर्त्तव्य

बंकिम का राष्ट्रवाद दार्शनिक सिद्धान्त पर आधृत है। उनके लिये राष्ट्रवाद राजनीतिक उत्तेजना या भावुकतापूर्ण कल्पनामात्र नहीं है। इस सम्बन्ध में उनके विचार उनकी दार्शनिक एवं नीति-शास्त्रीय मान्यताओं में गहरे पैठे हुए हैं। राष्ट्रवाद का तात्विक विश्लेषण प्रस्तुत करते हुए उन्होंने स्वदेश प्रेम को सर्वोच्च कर्त्तव्य के रूप में प्रतिष्ठित किया है। बंकिम ने मानव जीवन के संगठन सम्बन्धी अपने विचारों में डार्विन और हरबर्ट स्पेन्सर से ग्रहण की गयी मान्यताओं का समावेश किया है।[14]

विकासवादी सिद्धान्त की व्याख्या करते हुए उन्होंने पृथ्वी पर जीवन के ये चार चरण निर्धारित किये–जड़-जगत्, जीव-जगत्, मनस्–जगत, समाज-जगत्।[15] इन चारों में अन्तिम चरण विकासवादी सीढ़ी में सर्वोच्च है। इन्हीं के समानान्तर वे मानवीय स्नेह के चार अवस्थाएँ बतलाते हैं–आत्म प्रीति, स्वजन प्रीति, स्वदेश प्रीति, जागतिक प्रीति। उनका कहना है कि ये चारों एक-दूसरे की विरोधी नहीं वरन् मानव समाज के विकास के अन्तर्गत वे महत्ता के आरोही क्रम में हैं। उनके अनुसार "जब प्रेम निखिल विश्व को अंगीकार कर लेता है तब वह धर्म बन जाता है और धर्म स्वयं तब तक अधूरा रहता है जब तक वह सम्पूर्ण विश्व के प्रति प्रेम के रूप में प्रकट नहीं होता।[16] मूलरूप से वे मानवता के पुजारी हैं। वे धर्म को निःस्वार्थ प्रेम के समकक्ष मानते हैं। वे प्रेम के निरन्तर वृद्धिमान् क्षेत्र के सन्दर्भ में सोचते हैं।

उनके अनुसार प्रेम की शुरुआत मनुष्य के अपने 'स्व' से होकर उसका विस्तार रिश्तेदारों, समाज, देश व अन्ततः सम्पूर्ण विश्व तक होना चाहिये। वे व्यक्ति के संकीर्ण रूप से ऊपर उठकर उच्चतर इकाईयों के लिये बलिदान पर जोर देते हैं क्योंकि मानवीय सम्बन्धों में संघनन स्थापित करने हेतु सामाजिक संगठन आवश्यक है और इस दृष्टि से आत्मरक्षा की अपेक्षा देशरक्षा उच्चतर कर्त्तव्य है। यही कारण है कि हजारों व्यक्ति अपना जीवन दाँव पर लगाकर भी

स्वराष्ट्र रक्षा में प्रवृत्त होते हैं। उनकी यह मान्यता थी कि जिस प्रकार राष्ट्ररक्षा आत्मरक्षा से श्रेष्ठतर कार्य है, उसी प्रकार वह परिवार रक्षण से भी उच्चतर कर्त्तव्य है क्योंकि परिवार समाज का नगण्य अंग मात्र है। अतः सम्पूर्ण के लिये अंश का बलिदान समीचीन है।

'धर्मतत्व' के अंतिम अध्याय में बंकिम यह निष्कर्ष प्रस्तुत करते हैं कि आदर्श के रूप में तो समस्त जीवधारियों के प्रति प्रेम सर्वोत्तम धर्म है किन्तु मानवीय सभ्यता की अपूर्ण अवस्था को ध्यान में रखते हुए देशभक्ति सर्वोच्च धर्म माना जाना चाहिये। उनके अनुसार, 'ईश्वर का सभी प्राणियों में निवास है। यही कारण है कि समस्त जीवधारियों के लिये प्रेमभाव भक्ति का एक आवश्यक अंग है। समस्त प्राणियों के प्रति प्रेम के बिना ईश्वरभक्ति धर्मपरायणता और मानवतावाद का अस्तित्व सम्भव नहीं है। इन सभी में मनुष्य की स्थिति को दृष्टिगत रखते हुए देशभक्ति सर्वोच्च धर्म माना जाना चाहिए।[18] इस सन्दर्भ में **अमलेश त्रिपाठी** का यह मत स्वीकार नहीं किया जा सकता कि देशभक्ति उनकी (बंकिम) दृष्टि में कभी धर्म की स्थानापन्न नहीं बन पायी।[19] वे इस तथ्य से अवगत थे कि संसार में आक्रामक व सत्ता-लोलुप देशों की कमी नहीं है जो अपने संकीर्ण स्वार्थों की पूर्ति हेतु दूसरों की जमीन हड़पने से नहीं हिचकिचाते। उनके अनुसार, ''यदि ऐसी शक्तियाँ सफल हो जाती हैं तो सम्पूर्ण मानव समाज संकट में पड़ जाएगा और नैतिकता के शासन का अन्त निश्चित है। उस स्थिति में अपने राष्ट्र की रक्षा करना मनुष्य का प्रमुखतम कर्त्तव्य बन जाता है।[20] **कहीं देशभक्ति का सिद्धान्त किसी दार्शनिक प्रतिबन्ध से दुर्बल नहीं हो जाए इसलिए उन्होंने स्पष्टतः कहा–'सकल धर्मेर ऊपरे स्वदेश प्रीति एहा विस्मृत होओ ना।**[21]

उन्होंने भारत की दीर्घकालीन पराधीनता के कारणों का मनोवैज्ञानिक और समाजशास्त्रीय दृष्टि से गहराई से विश्लेषण किया और वे इस निष्कर्ष पर पहुँचे थे कि राष्ट्रवाद को एक आध्यात्मिक आदर्श के रूप में प्रस्तुत किये

बिना, मातृभूमि को उपास्य देवी के रूप में प्रस्तुत किये बिना भारतीयों की जड़ता का निवारण सम्भव नहीं है। उनके अनुसार राष्ट्र के प्रति गौरवभाव और बलिदान की चेतना को जागृत करना परम आवश्यक था क्योंकि 'भारत में जाति (राष्ट्र) की प्रतिष्ठा तिरोहित हो जाने के कारण हिन्दू समाज द्वारा किसी जातीय कार्य का संपादन नहीं हुआ और जातीय प्रतिष्ठा के अभाव के कारण भारतीयों ने विदेशी शासन स्वीकार किया है।[22] वे विदेशी शासन की बुराईयों के प्रति देशवासियों को सचेत करके उनमें स्वाधीनता की अदम्य आकांक्षा जागृत करना चाहते थे। उन्हें इस बात का खेद था कि हिन्दू समाज की फूट, समाज में राष्ट्रीय भावना का तथा राष्ट्र हितैषणा का अभाव पराधीनता के कारण बन गए थे।[23] अतः बंकिम ने अपनी रचनाओं में राष्ट्रीय परम्परा एवं इतिहास के प्रति आदर एवं गौरव की भावना से परिपोषित, राष्ट्रीय नैतिक आदर्शों के सुदृढ़ ताने-बाने से निर्मित, देश की मिट्टी में बद्धमूल राष्ट्रवाद का चित्रण किया। मातृभूमि के साथ पूर्ण तादात्म्य स्थापित करने का जनसाधारण को आह्वान करते हुए उन्होंने राष्ट्रवाद को आध्यात्मिक शक्ति प्रदान की। उनके दर्शन में महत्ता की दृष्टि से ईश्वर के पश्चात् राष्ट्र का ही स्थान है। देश प्रेम रहित ईश्वरोपासना का उनकी चिंतन प्रणाली में कोई स्थान नहीं है।

उन्होंने देवी तथा माता के रूप देश (मातृभूमि) की उपासना पर बल दिया क्योंकि 'जब तक मातृभूमि एक भूखण्ड मात्र या व्यक्तियों की भीड़ मात्र से श्रेष्ठतर किसी वस्तु के रूप में मानस चक्षु के सम्मुख प्रकट नहीं होती, जब तक वह मस्तिष्क पर छा जाने वाले सौन्दर्य के रूप में एक महान् दैवी व मातृशक्ति का रूप ग्रहण नहीं करती और हृदय पर इस प्रकार आधिपत्य नहीं जमा लेती कि समस्त तुच्छ प्रलोभन और भय माँ और उसकी सेवा की सर्वग्राही उत्कंठा में विलीन हो जाएँ, तब तक नष्टप्राय देश का उद्धार करने में सक्षम व विस्मयकारी सफलता प्रदान करने वाली देशभक्ति का अवतरण नहीं होता।[24] उन्होंने एक ऐसे समय में प्रबल देशभक्ति का सन्देश दिया जब भारतीय राष्ट्रवाद की गति में साहसिकता और निश्चयात्मकता का अभाव था। उन्होंने

राष्ट्रवाद की व्याख्या इस रूप में की कि वह एक उच्च आध्यात्मिक आदर्श बन जाए।

बंकिम द्वारा राष्ट्र के गौरवशाली अतीत के पुनरुत्थान ने आध्यात्मिक राष्ट्रवाद की आधारशिला के रूप में कार्य किया। उनके अनुसार किसी राष्ट्र की प्रगति का आधार है उसका अपना इतिहास। जिस राष्ट्र का इतिहास नहीं है उसे अनंत काल तक कष्ट उठना ही होगा। अपने अतीत से अनभिज्ञ राष्ट्र कभी महान् नहीं बन सकता। जब राष्ट्र, संस्कृति के संकट के दौर से गुजर रहा था तब उन्होंने तर्कणा वाद के आधार पर हिन्दूधर्म की सशक्त पुनर्व्याख्या कर उसके प्रति गौरवभाव जागृत किया। उनकी समस्त रचनाएँ भारतीय जीवन और चिंतन की आभ्यान्तर चेतना के प्रकटीकरण[25] के विशिष्ट लक्ष्य से प्रेरित हैं और इस दृष्टि से उनकी उपन्यासत्रयी का विश्लेषण करना अत्यावश्यक है। इसमें उन्होंने 'विदेशी अत्याचार के विरुद्ध हिन्दू शौर्य को भावप्रवण मानवीय उत्साह से चित्रित किया जिसने भारतीय जनता के समक्ष सौन्दर्य एवं कल्पना के नवीन परिदृश्य उपस्थित करने के साथ-साथ राष्ट्रीय चेतना को जागृत किया।[26]

राष्ट्रवाद और उपन्यासत्रयी

वे एक बड़े दिवास्वप्न से देश को बचाना चाहते थे, अतः 'आनंदमठ', 'देवी चौधरानी', और 'सीताराम' में, जिसे सामूहिक रूप से उपन्यासत्रयी कहा जाता है, उन्होंने इतिहास के धुँधले समय को चुना है ताकि उनकी रम्य कल्पना पूर्णोत्कर्ष प्राप्त कर सके। ऐतिहासिक दृष्टि से, सामजिक सन्दर्भ में उन्होंने ऐसे पात्र चुने हैं जिन्हें वे अपनी आवश्यकतानुसार ढाल सकें और एक नया आयाम दे सकें। इन तीनों विशिष्ट कृतियों के माध्यम से वे एक सन्देश देना चाहते हैं। जीवन और समाज की जटिल समस्याओं पर गहन चिंतन-मनन की मनोदशा में लिखित यह त्रयी राष्ट्रनिर्माण की दृष्टि से विशेषतः उल्लेखनीय है।

ये तीनों उपन्यास सबल के अत्याचारों से दुर्बल की रक्षा करने में, सभी

को न्याय दिलाने में असमर्थ एक सड़ी-गली सामाजिक राजनीतिक व्यवस्था के प्रति विद्रोह की भावना का प्रतिनिधित्व करते हैं। यह भावना अराजकता, सामाजिक असन्तुलन व अन्याय के प्रति बंकिम की तीव्र जुगुप्सा की परिचायिका है। ये उपन्यास राष्ट्र और व्यापक रूप से मानवता की सेवा की उनकी आदर्शवादी आकांक्षा तथा नैतिकता, समदर्शिता व ईमानदारी पर आधारित सामाजिक व्यवस्था के प्रति उनके अनुराग के द्योतक हैं।

'आनन्दमठ' में उन्होंने देश भक्ति की गाथा का प्रस्तुतिकरण इस रूप में किया कि वह देशवासियों को विद्युत संचार की भाँति उत्साहयुक्त बनाने वाला सिद्ध हुआ। 'देवी चौधरानी' में मानवता की सेवा का प्रस्तुतिकरण परोपकारी डाकेजनी के उत्तेजक संदर्भ में किया गया है। 'सीताराम' में एक न्याय संगत व्यवस्था की उत्कंठा एक उच्च आकांक्षा का रूप धारण करती है। यद्यपि अन्त में व्यक्तिगत दुराचार के कारण उसकी पूर्ति में अवरोध उत्पन्न हो जाता है।

एक उच्चतर स्तर व आयाम में इसी त्रयी के माध्यम से उभरने वाला सन्देश दार्शनिक एवं नैतिक है। 'आनन्दमठ' की समाप्ति पर इस बात का स्पष्ट संकेत उभरता है कि साधन अपवित्र होने पर उत्तम साध्यों को भी न्याय संगत सिद्ध नहीं किया जा सकता। दिगन्त प्रतिश्रुत सफलता के मध्य सत्यानंद को हिमालय के मननशील मौन में ध्यानस्थ होने का आग्रह किया जाता है क्योंकि डकैती व लूट-मार के जो साधन उन्होंने अपनाए थे वे उनकी देशभक्ति की पूर्ण उच्च अन्तःप्रेरणा के अनुकूल शुचिता से युक्त नहीं थे। बंकिम ने सामाजिक व राजनीतिक सेवाकार्यों में नैतिकता का समावेश किया। उन्होंने आधुनिक देशभक्ति को भारतीय नीतिशास्त्र की पुरातन भावना से अनुप्राणित कर दिया। बंकिम के राजनीतिक चिंतन में नैतिक परिशुद्धता की ओर विशेष आग्रह दिखायी पड़ता है। आनंदमठ के उपसंहार में यही बात उभरती है। वे यह कहकर कि "अब पाप के द्वारा पवित्र उपलब्धि नहीं हो सकती" राष्ट्र निर्माण व मुक्ति के लिये श्रेष्ठ भौतिक व मानसिक गुणों के व नैतिक मूल्यों के विकास पर ही बल देते हैं।

"देवी चौधरानी", उनकी अनेक रचनाओं विशेषकर 'धर्मतत्व' में प्रतिपादित आत्म संस्कृति के सिद्धान्त का एक अन्य उदाहरण है। यह सिद्धान्त समस्त मानवीय मनीषा के सुसंगतिपूर्ण विकास पर बल देता है। इस उपन्यास में भी 'आनंदमठ' की भाँति साधन और साध्य का प्रश्न सम्मुख आता है, क्योंकि कहानी के आश्चर्यजनक समापन में अन्ततः भवानी पाठक जब गलती का एहसास करते हैं जो डकैतियों के रूप में की गयी थी भले ही उनका प्रयोजन शुभ रहा हो और वे स्वयं को ब्रिटिश सैनिकों के हवाले कर देते हैं।

'सीताराम' में उच्च नैतिक मूल्य न्यायपूर्ण सामाजिक-राजनीतिक व्यवस्था एवं सन्तुलित व्यक्तित्व की आधारशिला के रूप में प्रस्तुत किये गये हैं। 'सीताराम' में नायक संतुलित नहीं है क्योंकि उसमें आत्मनियंत्रण के मूलभूत गुण का अभाव है। यह सांघातिक कमी उसका विनाश कर देती है। **इस उपन्यासत्रयी में बंकिम की प्रतिभा सर्वोत्कृष्ट रूप में अभिव्यक्त हुई है। इसमें उनके राष्ट्र निर्माणकारी सन्देश और दार्शनिक चिंतन का सार निहित है।**

'आनन्दमठ' : आध्यात्मिक राष्ट्रवाद की भव्य गाथा

रॉबर्ट क्लाईव द्वारा बंगाल में स्थापित 'डाकू राज्य'[27] में किसानों व जनसाधारण के निर्मम शोषण के विरुद्ध सन्यासियों के विद्रोह से सम्बन्धित, 'आनन्दमठ' के कथानक का प्रारंभ अत्यन्त कारुणिक परिस्थिति में होता है। इसकी पृष्ठभूमि सन् 1770 के दशक के बंगाल की अराजकतपूर्ण अवस्था है, जो 'उत्तरदायित्व रहित सत्ता' व 'करुणा रहित सभ्यता' का काल था, जिसमें एक विचित्र प्रकार के दोहरे शासन के अंतर्गत नवाब नाम मात्र का शासक था और ईस्ट इंडिया कंपनी दीवानी का कार्यभार संभाले हुए थी। नवाब अपने प्रजाजनों की रक्षा करने में असमर्थ था, जबकि कम्पनी जिसका एक मात्र कार्य राजस्व वसूली करना था, शान्ति-व्यवस्था की ओर कोई ध्यान नहीं देती थी। परिणामतः दोहरी व्यवस्था में जनसाधारण पर दोहरा अत्याचार ढ़ाया जा रहा था। कोढ़ में खाज के समान सन् 1770 के बंगाल के भीषण दुर्भिक्ष ने एक

दयनीय स्थिति उत्पन्न कर दी थी। एक इतिहासकार ग्लेग के अनुसार इस विनिपात के फलस्वरूप हुई जन-हानि अत्यन्त भीषण थी। अनुमान किया जाता है कि बंगाल की एक तिहाई आबादी काल-कवलित हो गयी।[28]

इस पृष्ठभूमि में रचित 'आनंदमठ' का प्रमुख ऐतिहासिक आधार 'सन्यासी विद्रोह' है। विख्यात गीत 'वन्दे मातरम्' इन्हीं सन्यासियों के मुख से उद्गीर्ण हुआ है। ये सन्यासी कौन थे? इस बारे में अलग-अलग विवरण प्राप्त होते हैं। 'एनल्स ऑफ रूरल बंगाल' में उल्लिखित तथ्यों के अनुसार 'ये सन्यासी बंगाल के ऊपरी जिलों की यात्रा करने वाले देहाती क्षेत्र से बड़ी संख्या में आने वाले घूमन्तू तीर्थ यात्री थे। हन्टर उन्हें "अराजक लुटेरों का गिरोह" कहता है, जो तीर्थ यात्रियों के आवरण के नीचे मार्ग में पड़ने वाले सभी क्षेत्रों में लूट-मार करते थे।[30] अकाल के दिनों में क्षुधा पीड़ित लोगों के आ मिलने से उनकी संख्या में अतिशय वृद्धि हुई। वॉरेन हेस्टिंग्ज के अनुसार, "इन भ्रमणशील सन्यासियों के घर-परिवार नहीं थे। वे अत्यन्त उत्साही और साहसी थे एवं लोग उन्हें बड़े आदर की दृष्टि से देखते थे। इनमें कुछ मुस्लिम फकीर भी थे जो हिन्दू सन्यासियों की भाँति संगठित हो गए थे और कभी-कभी कम्पनी की सेनाओं के विरुद्ध वे संयुक्त रूप से संघर्ष करते थे।[31] डॉ. रमेशचन्द्र मजूमदार सन्यासी विद्रोह की व्याख्या अलग ढंग से करते हैं। उनके अनुसार, "इस आन्दोलन का प्रारम्भ दो भिन्न समूहों–हिन्दू सन्यासियों व मुस्लिम फकीरों की ब्रिटिश विरोधी कार्यवाहियों से हुआ किन्तु क्षुधा पीड़ित कृषक वर्ग, बेदखल जमींदारों तथा विघटित सैन्य टोलियों से मिलने वाले समर्थन से उनके कार्य को गति प्राप्त हुई।"[32] इन तथ्यों से यह प्रकट होता है कि सन्यासी ऊपरी तौर पर भ्रमणशील तीर्थयात्री थे जो प्रतिवर्ष उत्तरी बंगाल के कई स्थानों की यात्रा करते थे। कभी कभार वे बंगाल के निचले भागों में भी पहुँच जाते थे और लूट-मार करते थे। इस क्रम में उनकी अनेक बार कम्पनी के सैन्य दलों से मुठभेड़ होती थी जिसमें गोरे सैनिकों को कई बार पराजय का सामना करना पड़ा था।

आनंदमठ की रचना का उद्देश्य

इन विद्रोही यायावर सन्यासियों को बंकिम देशभक्तों की गौरवपूर्ण मंडली के रूप में चित्रित करते हैं जिन्होंने तत्कालीन अन्यायपूर्ण व क्रूर व्यवस्था के विरुद्ध विद्रोह का नेतृत्व किया। इतिहास द्वारा प्रदत्त कच्ची सामग्री का उन्होंने एक देदीप्यमान रूपान्तरण कर दिया है। आनंदमठ में सन्यासियों का देशभक्तों के रूप में चित्रण करने में वे इतिहास से परे हटते नजर आते हैं पर उनका उद्देश्य ऐतिहासिक उपन्यास लिखना नहीं वरन् ऐतिहासिक सामग्री का अपने उद्देश्य की पूर्तिहेतु उर्वरकल्पनायुक्त रूपान्तर करना था। आनंदमठ कोई साधारण उपन्यास नहीं है। वह सोद्देश्य है। विशुद्ध कलात्मक दृष्टि से इसमें भले ही कुछ कमियाँ हो सकती हैं किन्तु मुख्य चीज है इसका अभीष्ट सन्देश। इसमें कथानक, चरित्र चित्रण आदि अन्य सभी बातें कहानी के मूलभाव अर्थात् मातृभूमि की मुक्ति के अधीन हैं। इस महत् उद्देश्य को पूरा करने हेतु त्याग के कठोर व्रत में दीक्षित होकर माँ की पराधीनता के कलंक के न मिटने तक सर्वोच्च बलिदान का आह्वान किया गया है।

चितरंजन वंद्योपाध्याय का मत है कि आनंदमठ की रचना की प्रेरणा बंकिम को सम्भवतः वासुदेव बलवन्त फड़के की गुप्त क्रांतिकारी कार्यवाहियों से प्राप्त हुई[33] जिसे डॉ. आर.सी. मजूमदार 'उग्र राष्ट्रवाद का जनक' मानते हैं। फड़के को 1879 में बन्दी बनाया गया और 1880 में उन्हें आजीवन कैदी के रूप में अदन भेज दिया गया। लगभग इसी समय बंकिम ने आनंदमठ लिखना प्रारंभ किया था। फड़के की गाथा व गतिविधियों का ब्यौरा कलकत्ते के बंगला पत्र-पत्रिकाओं में प्रकाशित हुआ था। इसका प्रेरक चाहे कुछ भी रहा हो, (सन्यासी विद्रोह या फड़के का क्रांतिकारी जीवन) यह स्पष्ट है कि इसे लिखने में बंकिम विशुद्धतम देशभक्तिपूर्ण उद्देश्यों से प्रेरित हुए। 'देशभक्ति का धर्म' बंकिम की रचनाओं में निहित केन्द्रीय विचार है। इसका पूर्वाभास 'देवी चौधरानी में मिल चुका था। आनंदमठ में यह विचार सम्पूर्ण पुस्तक का मूलभाव है।[34] बंकिम का मत था कि राष्ट्रीयता और देशभक्ति की

भावना की प्रबल चेतना का उदय होने पर भारत अतुल शक्तिशलीा बन जाएगा।[35] आनंदमठ में उन्होंने प्राचीन धार्मिक प्रतीकों के माध्यम से देश भक्ति की अभिनव चेतना का सृजन किया है। वैसे 1869 में लिखित बंकिम के तृतीय उपन्यास 'मृणालिनी' में उनकी देशभक्तिपूर्ण ललक सर्वप्रथम चेतनरूप में अभिव्यक्ति पाती है। इसके एक पात्र माधवाचार्य में निरंकुश आततायी शासन से मुक्ति दिलाने के लक्ष्य को समर्पित, 'आनंदमठ' के उग्रवादी सन्तानों का पूर्वाभास दिखायी पड़ता है।[36]

आनंदमठ की समाप्ति ब्रिटिश सत्ता के अनुवर्तन न कि उसके स्वीकरण में होती है। इसका कारण कुछ आलोचक राजकीय पदाधिकारी के नाते बंकिम की अन्तर्बाधा बताते हैं किन्तु इसे सही नहीं माना जा सकता। अपने युग के अन्य लोगों की भाँति व्यक्तिगत रूप से बंकिम यह मानते थे कि देश के काया कल्प, विशेषकर विज्ञान व भौतिक क्षेत्र में उन्नति के लिए ब्रिटिश शासन कुछ समय के लिए आवश्यक था किन्तु वे विदेशी शासन को देश के इतिहास की चरम परिणति के रूप में स्वीकार करने को तैयार नहीं थे।

सन्तान धर्म

आनंदमठ का केन्द्रीय भाव सन्तान धर्म है और उसी के अनुरूप उसका कथानक विकसित हुआ है। देश भक्ति के जिस धर्म[37] का बंकिम ने प्रतिपादन किया है उसका मूलमंत्र देश की माँ के रूप में वन्दना और देशवासियों की संतान के रूप में उसके हितार्थ सर्वस्वार्पण की उत्सुकता है। इसी भाव ने आनंदमठ को भारत में देशभक्ति की बाईबिल का वैशिष्ट्य प्रदान किया है। भारत के स्वाधीनता संग्राम पर आनंदमठ और उसकी आत्मा 'वन्दे मातरम्' गीत का प्रभाव, अठाहरवीं सदी के उत्तरार्द्ध में फ्रांस के इतिहास पर पड़े रूसो के 'सामाजिक समझौते' के प्रभाव से किसी तरह कम नहीं था।[38] मातृभूमि की एकनिष्ठ सेवा की जो दीपशिखा स्वामी विवेकानन्द ने प्रज्ज्वलित की, उसकी प्रेरणा उन्होंने बंकिम से ही ग्रहण की थी।[39] उन्होंने अपने अनुयायियों से बंकिम के सन्तान धर्म और देश भक्ति का पालन करने का आग्रह किया था।[40]

सन्तान धर्म के माध्यम से बंकिम ने राष्ट्रवाद को एक नवीन अर्थवत्ता, गुणवत्ता और अकल्पनीय नैतिक, आध्यात्मिक आयाम प्रदान किया। यह कहा जा सकता है कि उनका परवर्ती राष्ट्रवादी चिंतन व आन्दोलन इस अभिनव धर्म में दीक्षित भिक्षुओं की जय यात्रा थी जिसका पताका पर वन्दे मातरम् के शब्द द्वय उज्जवल रूप में अंकित थे। **यह बंकिम की विचक्षणता और सूक्ष्म अंतर्दृष्टि का ही परिणाम था कि निराशा, अवसाद, असहायता व भय के अवसन्नकारी कोहरे को उन्होंने हमारी जातीय स्वभाव को पहिचानते हुए सन्तानधर्म की रश्मियों से दूर करने का प्रयास किया। मातृभूमि के देवत्व में विश्वास, एक चेतन शक्ति के रूप में मातृभूमि की आराधना, चारित्रिक निर्मलता और त्याग व बलिदान की तत्परता के चौखम्भे पर आधारित यह सन्ताधर्म आध्यात्मिक राष्ट्रवाद का प्रस्थान बिन्दु था जिसकी चरम परिणति हमें श्री अरविन्द के चिन्तन में दिखायी पड़ती है।**

उनके दैवीय मातृभूमि के सिद्धान्त और देश प्रेम की ईश्वर प्रेम से समता ने राष्ट्रवाद को एक राजनीतिक सिद्धान्त मात्र के धरातल से ऊपर उठाकर एक धर्म और संजीवनी का रूप दे दिया जिसकी स्वाभाविक परिणति थी भक्ति और उत्साह। उन्होंने सर्ववंद्य हिन्दू देवियों की व्याख्या राष्ट्रीय विकास के विभिन्न चरणों के प्रतीक के रूप में की और रोमां रोलां के अनुसार, 'बंगाल के रोजेट डि लिस्ले बंकिमचन्द्र ने भारतीय मार्सेलीज में जिस भारत माता का स्तवन किया है, वह राष्ट्र के शरीर में अवतरित माँ काली है।[41]

बंकिम ने शक्ति के तीन रूपों (जगद्धात्री, काली, दुर्गा) का विश्लेषण इस प्रकार किया–

जगद्धात्री

'जिसने सिंह पर आरुढ़ होकर कुंजर आदि वन्य पशुओं को पैरों तले दलित कर उनके निवास स्थान में अपना पद्मासन प्रतिष्ठित किया है। बाल रवि

की आभावली, सर्व अलंकारों से शोभित, हास्यमयी सुन्दरी[42] ये देवी मातृभूमि की उस प्रारम्भिक अवस्था का प्रतिनिधित्व करती हैं जब वनों को साफ कर बस्ती बसायी जा रही थी। यह बंकिम के अनुसार माँ जो थीं।'

काली

बंकिम ने देवी काली की प्रतिमा की एक मौलिक व्याख्या की। उनके अनुसार काली भारत की पतनावस्था की प्रतीक है। काली अन्धकार समाच्छन्ना कालिमामयी। स्र्वस्वहत है इसलिए नग्ना हैं।[43] देश में व्याप्त घोर कष्ट व अभाव के कारण वह कृष्णवर्णा हैं। आज देश में श्मशान है इसलिये माँ कंकालमालिनी है[44] तथा भूशायी शिव या शुभ पर नृत्य कर रही है। नरमुंडों की माला उनकी अपनी सन्तानों की है जो अकाल व महामारी में नष्ट हो गये हैं। भू-निपातित शिव का अभिप्राय यह है कि भारतीय स्वयं इस समय पददलित हैं। बंकिम के अनुसार यह "माँ (मातृभूमि) जो है। वे देवी की वर्तमान (तत्कालीन) अवस्था का प्रतिनिधित्व करती हैं।

माँ की ऐसी दीन-हीन अवस्था से व्यथित बंकिम ने अपने देशवासियों से उसके उद्धार के लिये अनुरोध किया। सन्तानों का यह परम कर्त्तव्य है कि पतन के इस अतल गह्वर में डूबी माँ को पुनः महिमा मंडित करने हेतु तत्पर हो जाएँ। अत्यन्त विह्वल रूप से उन्होंने कहा—बन्धुओं आओ। हम इस असीम गहराई वाले समुद्र में, अज्ञात रसातल में से माँ को निकालने हेतु कूद पड़ें और उसे अपने घर ले आएँ। निस्सन्देह सर्वत्र अन्धकार छाया हुआ है पर कौनसा भय हमें बाधित कर पाएगा? उधर सितारे उदित व अस्त हो रहे हैं हमें प्रकाश दिखाएँगें? भय क्या है? प्रबलतम भीति है डूब जाने की—किन्तु उस व्यक्ति के जीवन का मूल्य क्या है जिसकी माँ रसातल में निमज्जित हो।[45] इस प्रकार बंकिम के सन्तानधर्म का यह आधारभूत विचार है कि मातृभूमि की मुक्ति ऐसा महत् लक्ष्य है जिसकी पूर्ति में मृत्यु का वरण भी गौण चीज है क्योंकि दासतापूर्ण जीवन निस्सार है।

दुर्गा

वे माँ की दुर्दशा से खिन्न अवश्य थे किन्तु निराश नहीं। सन्तानों के बलिदान व उत्सर्ग से निर्मित होने वाले उसके सुनहरे भविष्य के प्रति भी वे पूर्ण आश्वस्त थे। इसीलिये दुर्गा के रूप में वे माँ की भावी महानता की मनोहारी झाँकी प्रस्तुत करते हैं। उन्होंने "माँ जो होंगी उसका चित्रण इस प्रकार किया है–दशभुजधारिणी देवी जिनकी भुजाएँ दसों दिशाओं में प्रसारित हैं। उनमें नाना आयुधों के रूप में नाना शक्तियाँ शोभित हैं। पैरों तले शत्रु निमर्दित है। पदाश्रित वीर केसरी शत्रु पीड़न कर रहा है। उस माँ का यह स्वरूप है–दिग् भुजा, नाना प्रहरण धारिणी, शत्रु विमर्दिनी वीरेन्द्र पृष्ठ विहारिणी, दायें लक्ष्मी भाग्यरूपिणी, बायें वाणी विद्याविज्ञानदायिनी, साथ बलरूपी कार्तिकेय, कार्यसिद्धि रूपी गणेश। माँ की ऐसी गौरवशाली तेजस्विनी मूर्ति का दर्शन उनके अनुसार तभी सम्भव था जब सन्तान कर्मभूमि में पूर्ण भक्तिभाव से प्रविष्ट हों। जब माँ के सभी सन्तान माँ को माँ कहकर पुकारेंगे, उसी दिन वे प्रसन्न होंगी।[46]

देश की माँ के रूप में यह व्याख्या यद्यपि आनंदमठ में अपने भव्यतम रूप में प्रकट हुई कि किन्तु इसका पूर्वाभास उनकी एक अन्य रचना **कमला कान्तेर दफ्तर** के ग्याहरवें अध्याय **आमार दुर्गोत्सव** में दृष्टिगोचर होता है। इसी में बंकिम ने सर्वप्रथम मातृभूमि की माँ के रूप में कल्पना की थी और इसी कृति में वन्दे मातरम् गीत का विचार हमें प्रारम्भिक स्वरूप में दिखायी पड़ता है–सम्भवतः इस स्रोत की रचना इस कृति के सृजनकाल के आसपास ही हुई थी।[47] आधुनिक भारतीय राष्ट्रवाद की धुँधली व प्रारम्भिक अवस्था में कमलाकान्त सच्चे देशभक्त के रूप में उभरते हैं, जो इस आल्हादकारी रचना में माँ के रूप में कल्पित देवी दुर्गा की पूजा में हर्षोन्मत्त हो जाते हैं। गौर से अध्ययन करने पर ज्ञात होगा कि वन्दे मातरम् गीत और कमलाकान्त के ध्यान में भी देशमाता का चिरन्तन सौन्दर्य तथा भावी गौरव दर्शन जनित आनन्द विद्यमान है। माता की सुजलां, सुफलां, मलयज शीतलां मूर्ति मानषचक्षु के

सम्मुख प्रत्यक्ष कर बंकिम पुलिकत हुए हैं। भविष्य में माँ की शौर्य, ऐश्वर्य बल एवम् सिद्धि की मोहिनी प्रतिमा कल्पना नेत्रों में देखकर वह विस्मय विमुग्ध हो उठे थे।

वार्षिक दुर्गा पूजा के उत्सव के पहिले दिन कमलाकांत अफीम की पीनक में दुर्गा की प्रतिमा के दर्शनार्थ जाते हैं, जिसका वर्णन बंकिम ने स्वगत शैली में इस प्रकार किया है–

एक दिव्य संगीत मेरे कानों से टकराया, चारों ओर फैला क्षितिज एक द्युतिमान रक्त वर्ण प्रकाश से दीप्त हो उठा जैसा प्रातःकाल सूर्योदय के समय होता है : एक मृदु एवम् स्फूर्तिदायक समीर प्रवाहित होने लगा और तरंगित जल की सतह पर मैंने सुदूर अवस्थित देवी दुर्गा की सुनहरी छवि देखी। हाँ मैं उसे अपनी माँ के रूप में पहिचान सकता था, वस्तुतः मेरी माँ–मातृभूमि–यह पार्थिव इहलौकिक देवी असंख्य रत्नों से अलंकृत थी किन्तु समय की अथाह गहराई में छिपी हुई थी।

मैंने करबद्ध होकर अश्रुपूरित आँखों से प्रार्थना करना प्रारम्भ कर दिया, प्रकट होओ माँ, समुद्र से प्रकट होओ। हम इस बार वचन देते हैं कि भविष्य में हम योग्य सन्तान बनेंगे, हम सही मार्ग पर चलेंगे, हम तुम्हारे मातृत्व को यशस्वी बना देंगे। ओ माँ पुनः प्रकट होओ। हम जब स्वयं को भूल जाएंगे। हम अपने बन्धुओं के लिए पूर्ण प्रेमभाव रखेंगे, हम दूसरों के लिये सर्वोत्तम कार्य करेंगे, हम पाप, आलस्य और विषय वासना का परित्याग करेंगे। प्रकट होओ माँ प्रकट होओ।[49]

स्पष्ट है 'आनंदमठ' में पराकाष्ठा को प्राप्त 'सन्तानधर्म' की पूर्वपीठिका हमें 'आमार दुर्गोत्सव' में दिखायी पड़ती है। आनंदमठ में–सन्तानधर्म का विश्लेषण सत्यानन्द, भवानन्द, जीवानन्द आदि पात्रों के माध्यम से, उसके विविध अंग उपांगों व आवश्यक मूलभूत तत्वों सहित उभरता है जिसमें आध्यात्मिक राष्ट्रवाद के मन्त्र 'वन्दे मातरम्' की अनुगूँज सर्वत्र व्याप्त है। सन्तानधर्म के माध्यम से राष्ट्रवाद को धर्म और धर्म

को राष्ट्रवाद में परिवर्तित करने का बंकिम का यह विलक्षण प्रयत्न था। सामान्य हिन्दू काली और दुर्गा की उपासना की बात भली भाँति समझ सकता था और वह इसका अभ्यस्त भी था। उसे अब यह कहा गया कि राष्ट्र ही दुर्गा माँ है। वस्तुतः यह हिन्दुओं की धार्मिक मानसिकता को उसके पुरातन एवं पवित्र स्वरूप को गँवाए बिना राजनीतिक मानसिकता में परिवर्तित करने का अत्यधिक कल्पनापूर्ण एवं साहसिक प्रयास था।[50] इस सन्तान धर्म ने जनसाधारण को मातृभूमि की सेवा के नवीन पन्थ से परिचित कराया।

मातृसेवा : कठोर व्रत

देश की प्रगति हेतु धार्मिक व आध्यात्मिक पुनरुत्थान को प्रमुख आवश्यकता[51] बताते हुए बंकिम ने राष्ट्रभक्ति का प्रस्तुतिकरण दिव्य मातृभूमि की आराधना के रूप में किया। एक ऐसी आराधना जो जनशून्य अरण्य में स्वान्तः सुखाय नहीं की जानी थी वरन् सन्तान धर्म के साधक के रूप में मातृभूमि के उद्धार हेतु एक कर्मयोगी की निष्ठा से की जानी थी। यह एक व्रत था जिसमें दीक्षित होने वालों को सांसारिक मोह बन्धन से किनारा कर अपनी समस्त वृत्तियों को मातृसेवा की ओर उन्मुख करना अनिवार्य था। सन्तानों के लिये अतिशय कठोर शर्तें रखी गयी थीं जिनका पालन सहर्ष करने पर ही वे इस धर्म में दीक्षित होने योग्य हो सकते थे। मातृसेवा का व्रत परम रमणीय अपार्थिव पवित्रता से भरा हुआ था।[52] बंकिम ने मातृसेवा का व्रत गहण करने वालों के लिये सांसारिक प्रलोभन और आकर्षण को सर्वथा त्याज्य करार देते हुए कहा—जो इस व्रत को ग्रहण करता है उसे स्त्री, कन्या, पुत्र, स्वजन किसी से सम्बन्ध नहीं रखना चाहिये। स्त्री, पुत्र, कन्या का मुँह देखने पर भी प्रायश्चित करना पड़ता है।[53]

चूँकि सन्तानों ने माँ के उद्धार का केवल निश्चय ही नहीं किया है वरन् 'व्रत' लिया है, अतः व्रत धारण के बाद व्यक्ति की समस्त चेष्टाएँ और

शक्तियाँ उसी ओर केन्द्रित हो जाती हैं। वह उसके साथ जैसे एकाकार हो जाता है अतः उसकी पूर्ति के मार्ग में बाधक बन सकने वाले कारकों का पहिले से ही निवारण आवश्यक है। सन्तानों के लिये पारिवारिक सुख जैसी किसी वस्तु की कल्पना नहीं की जा सकती। जो स्त्री सुख के सम्मोहन से ऊपर नहीं उठ सकते, जो ऋषि मुनियों की साधना को भंग करने वाली इस सर्वग्रासी मोहिनी से मुँह नहीं फेर सकते, नारी सौन्दर्य एवम् संसर्ग के साथ जुड़ी हुई समस्त मोहक कल्पनाओं के जाल में जिनके मन बँधे हुए हैं, वे सन्तान धर्म में दीक्षित होने योग्य नहीं हैं। मोह का त्याग सबसे बड़ी शूरवीरता है और यही शौर्य सन्तान धर्म की पहली आवश्यकता है। कहा जा सकता है कि सन्तान धर्म की अत्यधिक कठोर साधना का प्रथम चरण व इस यज्ञ में पड़ने वाली प्रथम समिधा मोहपाश का नाश ही है। स्पष्ट है कि अत्युच्च नैतिक गुणों व योग्यताओं से भूषित होने पर ही इस कठिन व्रत को धारण करने का साहस हो सकता है। इस व्रत में दीक्षित होने वालों के लिये पारिवारिक सम्बन्धों की रज्जु को काट फेंकना आवश्यक था क्योंकि पुत्र का मुँह देखने पर हम लोग देवता का काम भूल जाते हैं। संतानधर्म का नियम यह है कि जिस दिन प्रयोजन होगा, उसी दिन सन्तान को जान की बाजी लगानी पड़ेगी।[54] सन्तानों के लिए माँ की सेवा से श्रेष्ठतर, कुछ भी नहीं है। ज्ञान व मुक्ति भी इसके समक्ष नगण्य हैं। आनंदमठ के प्रमुख पात्र सत्यानन्द के माध्यम से बंकिम ने यह भाव इस प्रकार व्यक्त किया है–"मैं ज्ञान प्राप्ति की इच्छा नहीं रखता–ज्ञान की मुझे आवश्यकता नहीं। मैं जिस व्रत में व्रती हुआ हूँ उसी का पालन करूँगा। आशीर्वाद दीजिये मेरी मातृभक्ति अचला हो।[55]

सन्तानधर्म का उद्देश्य माँ का उद्धार करना था और जब तक इस लक्ष्य की सिद्धि नहीं हो उन्हें आत्मानुशासनबद्ध नितान्त कठोर त्यागमय जीवनयापन करना था। कुछ नियमों का पालन और आदर्शों का अनुसरण आवश्यक था तभी लक्ष्य प्राप्ति के लिये आवश्यक मानसिक व आत्मिक गुण और योग्यताएँ उनमें विकसित हो सकती थीं।

मातृभूमि को अपने श्री सम्पन्न दिव्य स्वरूप में उच्चासन पर आरूढ़ करवाने के ध्येय से प्रेरित इस सन्तानधर्म के पथिकों का पाथेय था उनका दृढ़ निश्चय, पूर्ण समर्पण, स्व के लिये हर विचार का परित्याग और अविचल धृति। उनका सम्बल था अपने ध्येय की उच्चता में अटल विश्वास। यह धर्म सामान्य जीवनक्रम से सर्वथा परे हटकर पार्थिव मातृभूमि के दैवीकरण की, सर्वत्र महानता के अकल्पनीय श्रृंगों को छूती हुई वह भावगाथा हैं जिसकी हर पंक्ति और विकास का हर चरण बलिदान व सेवा, त्याग व निष्ठा के प्रखर तेज से द्युतिमान है। माँ की विद्यमान हतश्री दशा से खिन्न और उसके ऐश्वर्यशाली भविष्य की सम्भावना से निरन्तर प्रेरित सन्तान भौतिक कष्टों और बाधाओं की हर कदम पर अवमानना करते हुए अपनी संकल्पसिद्धि में संलग्न हैं। सन्तानधर्म के भीष्मव्रत को सफलतापूर्वक धारण करने और उसकी सिद्धि करने हेतु कुछ विशिष्ट गुणों और योग्यताओं का उपार्जन आधार के रूप में आवश्यक था ताकि उन्हें कोई प्रलोभन, कोई भय डिगा नहीं सके।

सन्तानधर्म में माँ कोई अलौकिक सत्ता अथवा कोई अपार्थिव देवी नहीं है। उसमें जन्मभूमि को ही माँ के रूप में आराध्य माना गया है। इस धर्म में दीक्षित सन्तान जिसे भावनालोक में विचरण कर रहे थे उसमें उनकी प्रेरक शक्ति यह विचार था कि ''हम दूसरी माँ नहीं मानते। जननी जन्मभूमिः स्वर्गादपि गरीयसी। हम कहते हैं कि जन्मभूमि ही जननी है, हमारे माँ नहीं, बाप नहीं, भाई नहीं, स्त्री नहीं, पुत्र नहीं, घर नहीं, द्वार नहीं। हमारे है सिर्फ व ही सुजला सुफला मलयज समीरण शीतला माँ।''[56] सन्तानों को प्रभु में पूर्ण विश्वास था। जिस महान् व दुष्कर कार्य का बीड़ा उन्होंने उठाया था उसमें सफलता की आशा परमेश्वर की कृपा पर ही निर्भर थी और वे भली-भाँति आश्वस्त थे कि वे प्रभुकृपा से अवश्य कृतकार्य होंगे। उनका दृढ़ विश्वास था, 'जिन्होंने मधु-कैटभ का विनाश किया है, जिन्होंने हिरण्यकशिपु, कंस, दन्तवक्र, शिशुपाल आदि दुर्जेय असुरों को मारा है, जिनके चक्र के घर्घर घोष से मृत्युञ्जय शम्भु भी डर गए थे, जो अजेय हैं, युद्ध में जयदाता,

हम उनके उपासक हैं उनके बल से हमारी बाहों में अनन्त बल है। वे इच्छामय हैं, इच्छा करने से ही हम लड़ाई में जीतेंगे।[57]

प्रभु के प्रति पूर्ण समर्पण ही सन्तानों के अजेय आत्मबल, आशावादिता और निरहंकारिता का आधार था। सम्पूर्ण जगत को विष्णुमय मानने वाले[58] सन्तानों के इष्ट देवता विष्णु थे किन्तु मातृभूमि के उद्धार के अपने महत् लक्ष्य के अनुरूप वे चैतन्य महाप्रभु की भाँति केवल प्रेम और भक्ति में आत्मविस्मृत होने वाले नहीं थे। वे विष्णु को शक्तिमय मानते थे[59] सन्तान विष्णु की उपासना करते हैं किन्तु वे वैष्णव अहिंसा में विश्वास नहीं करते। यह एक ऐसा नया पंथ था जिसमें मातृभूमि की मुक्ति के लिये-शक्ति प्रयोग की सम्भावना को नकारा नहीं गया है। संसार के रक्षक के रूप में विष्णु स्वयं शक्ति के प्रतीक हैं।

आनन्दमठ में सन्तानधर्म के रूप में मातृसेवा की जो एकनिष्ठ ललक, सर्वस्व त्याग की जो तत्परता उभरी है, उसके सामने एक बड़ा प्रश्न चिन्ह इस उपन्यास के अन्तिम परिच्छेद में उल्लिखित विवरण से लग जाता है जहाँ बंकिम सन्तानधर्म के पुनरुद्धार के लिये, बहिर्विषयक ज्ञान के लिये अंग्रेजी शासन की अनिवार्यता बतलाते हैं।[60] आलोचकों का यह कहना है कि यद्यपि सन्तानों ने अन्तिम लड़ाई अंग्रेजों से लड़ी, बड़े बलिदान दिये तथापि अंग्रेजों को करारी हार देने के पश्चात् भी अज्ञात महात्मा द्वारा कही गयी बात आनन्दमठ के केन्द्रीय ध्येय व प्रेरणास्रोत से मेल नहीं खाती। सत्यानन्द को संघर्ष से विरत होने की सलाह देते हुए महात्मा के मुँह से बंकिम द्वारा यह कहलवाया जाना कि "तुम्हारा कार्य सिद्ध हो चुका है। मुसलमानों का राज्य ध्वस्त हो चुका है। अब तुम्हारा और कोई काम नहीं। व्यर्थ की जीवहत्या की आवश्यकता नहीं"[61] मातृभूमि की स्वाधीनता के लिये मण्डरा रहे दूसरे प्रबल खतरे की ओर उदासीनता दर्शाता है क्योंकि सन्तान केवल जातीय द्वेष से प्रेरित नहीं थे कि मुसलमानों का राज्य ध्वस्त हो जाने पर उनका लक्ष्य पूरा हो जाय। उनका लक्ष्य तो मातृमुक्ति था। इसी प्रकार माँ को मुक्त कराने में

असफलता के कारण शोक सन्तप्त सत्यानन्द को, चिकित्सक द्वारा अंग्रेजों की अजेयता व उनसे गुण ग्रहण करने की बात कहना, हिमालय के एकांत में माँ की शोभा के दर्शन की सलाह आदि प्रसंगों से लगता है कि मातृभूमि की हीनदशा से अनुतप्त चिंतक पर सरकारी पदाधिकारी की उनकी मर्यादा छा गयी थी, इसीलिये वे सन्तानधर्म को उसकी स्वाभाविक परिणति के रूप में नहीं उभार सके। टी.डब्लू. क्लार्क का मत है कि सम्पूर्ण रूप में अन्तिम अध्याय लेखक के मस्तिष्क में चल रहे संघर्ष को प्रकट करता है।[62]

सम्पूर्ण उपन्यास और इसके अन्तिम परिच्छेद की अन्य व्याख्याएँ भी प्रस्तुत की गयी हैं और चूँकि उनसे यह प्रकट होता है कि बंगाली लोग अपासी वार्तालाप में 'आनन्दमठ' के बारे में एक-दूसरे से क्या कहते हैं, अतः वे महत्वपूर्ण हैं। इनमें से नीरद चौधरी ने अपनी आत्मकथा में निम्नांकित को उद्धृत किया है–समकालीन और परवर्ती पाठकों ने यह सम्मति प्रकट की है, यद्यपि किसी ने उसे लिखित रूप में प्रकट करने का साहस नहीं किया है कि ऊपर से दिखायी देने वाली दलील इसकी (आनन्दमठ की) वास्तविक दलील नहीं है। चटर्जी वस्तुतः क्रांतिकारी विद्रोह की तकनीक व सिद्धान्त में अपने देशवासियों को दीक्षित करने को उत्सुक थे। उन्होंने ब्रिटिश शासन के बारे में एक लम्बा भाषण अनुबोध के रूप में जोड़ा था ताकि ब्रिटिश शासकों द्वारा राजद्रोह का उपदेश देने का अभियोग चलाए जाने पर इसे अपने नेक इरादे की सफाई के रूप में प्रस्तुत कर सके।[63] नीरद चौधरी इस दृष्टिकोण की इस आधार पर आलोचना करते हैं कि यह हमारे एक महानतम शिक्षक को निकृष्टतम प्रकार की कायरता धोखाधड़ी व झांसापट्टी के लिये उत्तरदायी मानना है।' टी. डब्लू. क्लार्क ने नीरद से पूर्ण सहमति व्यक्त करते हुए लिखा है कि 'उपर्युक्त तर्क एक घोर मिथ्या अपवाद है क्यों कि इस लम्बे भाषण में बंकिम ने जो तर्क दिये हैं वे उनकी शेष शिक्षाओं से मेल खाते हैं। फिर भी ऐसा मत अनेक लोगों ने प्रकट किया है अतः यह इतिहास का एक ऐसा सत्य है जिसके मूल्यांकन का प्रयास इतिहासज्ञों को करना चाहिए।[64]

आनन्दमठ के उपसंहार में वर्णित सत्यानन्द को दिये गये चिकित्सक के प्रबोधन का यदि गहराई से अध्ययन करें तो यह तथ्य उभरता है कि बंकिम ब्रिटिश सत्ता की अधीनता को अस्थायी मानते हैं, भले ही यह आवश्यकता हो या अनिवार्यता। अन्तिम मुक्ति की प्रत्याशा सन्निहित है। अपने सर्वोत्तम रूप में बंकिम के लिये ब्रिटिश शासन एक साधन मात्र है। वे इसे अभिनव वैज्ञानिक प्रगति के कारण–भौतिकज्ञान के माध्यम से राष्ट्र के त्वरित नवीनीकरण का साधन मानते हैं।

आनन्दमठ के अन्तिम परिच्छेद से उभरे इस विवाद का स्पष्टीकरण बंकिम की अन्य रचनाओं के अनुशीलन से हो सकता है। सामयिक घटनाचक्र के प्रति पूर्ण जागरुक होने के कारण उन्होंने भौतिकवाद की उभरती हुई शक्ति व उसकी निस्सीम सम्भावनाओं को भली भाँति पहिचान लिया था और वे देश के कायाकल्प के लिये वैज्ञानिकता का प्रश्रय अनिवार्य मानते थे। अपने देश की जड़ता व पिछड़ापन उनसे छिपा नहीं था। समय के साथ कदम मिलाकर न चलने की भारतीय समाज को बहुत महँगी कीमत चुकानी पड़ी थी। वे यह बात महसूस करते थे कि आधुनिक यूरोप की शक्ति व समृद्धि का कारण विज्ञान है। भारत पर ब्रिटिश आधिपत्य के लिये भी उन्होंने ब्रिटेन की वैज्ञानिकता श्रेष्ठता को उत्तरदायी माना। अपने वैज्ञानिक ज्ञान की सहायता से अंग्रेज भारतीयों को क्लीवता की ओर ढ़केल रहे थे। बंकिम ने ब्रिटिश शासन के दौर का स्वागत किया ताकि भारतीय मानस में, जो अत्यधिक निवृत्तिवादी बन चुका था, कुछ वैज्ञानिक चेतना और पाश्चात्य भौतिकवाद का प्रवेश हो सके और भारतीयों का पौरुष सिंहनाद कर उठे।

देशभक्ति का मंत्र– 'वन्दे मातरम्'

देशभक्ति की नीतिकथा[65] वन्दे मातरम् जिसे श्री अरविन्द ने राष्ट्रीय जागृति के मन्त्र[66] का अभिधान प्रदान किया है, आनन्दमठ में अत्यन्त उपयुक्त स्थलों पर सन्तानों के मुख से उद्गीर्ण हुआ है। राष्ट्रीय कीर्ति के इस शक्तिशाली

मन्त्र की प्रेरणा स्रोत भारत की आध्यात्मिक साहित्यिक निधि थी। इस गीत की सर्वाधिक उल्लेखनीय विशेषता इसमें निहित माँ और मातृभूमि को अवधारणा है। माँ के रूप में पृथ्वी की धारणा भारत में एक प्राचीन विचार है। उर्वरा और सर्वविध बाहुल्य से युक्त पृथ्वी को प्राचीन ग्रन्थों में मातृत्व के गुणों से युक्त माना गया है।[67] हमारे अनेक धर्म ग्रन्थों में जननी व जन्मभूमि को स्वर्ग से भी बढ़कर बतलाते हुए भारतवर्ष में जन्मधारण को सौभाग्य माना गया है।[68] किंतु यह बंकिम की प्रतिभा की देन थी कि उन्होंने मातृभूमि को आधुनिक देशभक्ति के संदर्भ में माँ के रूप में प्रस्तुत किया। आनंदमठ में भवानन्द[69] अत्यन्त विभोर होकर माँ का गुणगान करते हैं। महेन्द्र[70] उत्सुकतावश ब्रह्मचारी भवानन्द से पूछते हैं–माँ कौन है? इसका उत्तर प्रसिद्ध गीत 'वन्दे मातरम्' है। इसमें वर्णित माँ कोई अलौकिक सत्ता नहीं है वरन् इसी वसुन्धरा की माँ के रूप में अर्चना की गयी है।

'वन्दे मातरम्' का प्रेरणा स्रोत

वन्दे मातरम् गीत के उद्भव और प्रेरणास्रोत के बारे में अनेक विवरण प्राप्त होते हैं किन्तु इतना निश्चित है कि इस गीत की रचना आनन्दमठ से काफी पूर्व सितम्बर 1876 में हुई थी जिसे बाद में आनन्दमठ में जोड़ा गया।[71] बंकिम पर उनके पितामह की जुबानी कहानियाँ, 1857 के स्वाधीनता संग्राम, उनके साहित्यिक गुरु ईश्वरचन्द्र गुप्त की रचनाओं और राजनारायण बोस द्वारा प्रारम्भ किये गये हिन्दू मेला[72] आदि का काफी असर पड़ा।

बंकिम द्वारा 'वन्दे मातरम्' मन्त्र का प्रयोग उनकी अपनी एक विशिष्टता है क्योंकि पूर्ववर्ती और अनुवर्ती सभी लेखकों ने भारत शब्द का प्रयोग किया है। स्वाभाविक रूप से यह जिज्ञासा होती है कि उन्हें इसकी प्रेरणा कहाँ से प्राप्त हुई? इस सम्बन्ध में श्री अयोध्यासिंह की प्रसिद्ध पुस्तक 'भारत का मुक्ति संग्राम' में कुछ प्रकाश डाला गया है। उन्होंने डॉ. भूपेन्द्रनाथ दत्त की पुस्तक 'भारतेर द्वितीय स्वाधीनता संग्राम' के प्रथम

खण्ड (द्वितीय संस्करण) का उद्धरण देते हुए बताया है कि 1772 ई. में जब बंगाल में सन्यासी विप्लव प्रारम्भ हुआ था, तब ढाका में ईस्ट इण्डिया कम्पनी का कार्यालय था। वहीं रमना स्थित काली मन्दिर के स्वामीजी महाराष्ट्रीय थे। उन्होंने उन सन्यासियों को हमला करते समय 'ओऽम् वन्दे मातरम्' का नारा लगाते हुए सुना था। वे बराबर इसी नारे से रणनाद करते थे।[73] 'वन्दे मातरम्' नामक एक अन्य पुस्तक में इस बात का उल्लेख किया गया है कि सुन्दरवन में अघोरियों का सम्प्रदाय था जो अघोनाम्नाय के उपासक थे और उनका एक मन्त्र था जिसके मध्य में 'वन्दे ही मातरम्' शब्द का प्रयोग होता था किन्तु इस बात से इन्कार नहीं किया जा सकता कि बंकिम के हृदय में देशभक्ति का ज्वार प्रारम्भ से ही उफान ले रहा था। 1873 ई. में 'बंगदर्शन' में श्री राजनारायण बोस की पुस्तक 'हिन्दूधर्म की श्रेष्ठता' की समालोचना करते हुए बंकिम ने लिखा था–पदाक्रान्त हिन्दू जाति निद्रा से जाग उठी है और उसका वीरकुन्डल स्पन्दन कर रहा है। देवक्रम से वह उन्नति की ओर बढ़ रही है। मैं स्पष्ट रूप से देख रहा हूँ कि यह जाति पुनः नवयौवन प्राप्त कर ज्ञान, धर्म और सभ्यता से उज्जवल होकर पृथिवी को सुशोभित कर रही है। हिन्दू जाति की गरिमा से पृथ्वी पुनः विस्तारित हो रही है।[74]

इस लेख से स्पष्ट है कि उत्कट देशप्रम की भावना उनके अन्तर्मन में परिव्याप्त थी। आगे चलकर यही भावना आमार दुर्गोत्सव व एकटी गीत में प्रकट हुई, जो 'वन्दे मातरम्' की पूर्वपीठिका सिद्ध हुए। बंगला भाषा के अधिकांश आलोचक यह स्वीकार करते हैं कि 'आमार दुर्गोत्सव' और 'एकटी गीत' नामक निबन्धों के रचनाकाल के दौरान ही 'वन्दे मातरम' गीत का जन्म हुआ। दूसरी ओर श्री हेमचन्द्र घोष का मत है कि 'वन्दे मातरम्' गीत लिखने की प्रेरणा वस्तुतः उन्हें चुँचड़ा यात्रा में प्राप्त हुई थी। बंगालियों के लिए चूँचड़ा साहित्यिक तीर्थ भूमि है। चूँचड़ा की एक घटना के सम्बन्ध में बंकिम ने लिखा है कि–एक दिन वर्षाकाल में गंगा तटवर्ती एक भवन में बैठा था। चाँदनी

से विस्तीर्ण भागीरथी की अनंत लहरें क्रीड़ा कर रही थीं। मैं बरामदे में बैठा था और नीचे वर्षा की तीव्रगामी जलराशि हल्की आवाज के साथ दौड़ रही थी। आकाश में नक्षत्र और भागीरथी के वक्ष पर नौकाओं का प्रकाश, तरंगों पर चन्द्रमा की किरणें। काव्य का राज्य समुपस्थित हो गया। सोचा कविता पाठ करते हुए मन तृप्त करूँ। अंग्रेजी कविता से काम नहीं चला। अंग्रेजी काव्य में भागीरथी के बारे में कुछ भी नहीं मिलता। कालिदास और भवभूति दूर रहे। मधुसूदन, हेमचन्द्र, नवीनचन्द्र से तृप्ति नहीं मिली तो फिर चुपचाप बैठा सोचता रहा। ठीक इसी समय गंगावक्ष से मधुर संगीत ध्वनि उठी। मछुए गा रहे थे–

साधे आछे मा मने
दुर्गा बले प्राण त्यजिब जाहन्वी जीवने।

प्राण तृप्त हो गया। मन को सुर मिला। बंगला भाषा के माध्यम से बंगालियों के मन की अभिव्यक्ति हुई, यह भी समझ गया कि यह जान्ह्वी जीवन दुर्गा कहकर प्राण त्यागने लायक है तब शोभामयी जान्ह्वी और यह सौन्दर्यमय जगत अपने लगने लगे।[75]

इस सम्बन्ध में प्रो. भवदत्त घोष ने लिखा कि इसमें सन्देह नहीं कि 'आमार दुर्गोत्सव' नामक निबन्ध लिखते समय 'वन्दे मातरम्' गीत का जन्म हुआ था। बंकिम गम्भीर देशप्रेम की भावना और मातृभूमि की जननी के रूप में कल्पना कर तीव्र भावावेग से अभिभूत हो उठे थे और फलस्वरूप मातृभूमि के स्तवन के रूप में 'वन्दे मातरम्' मन्त्र उनके कंठ से फूट पड़ा।[76] श्री अक्षयकुमार दत्त के अनुसार ''वन्दे मातरम्'' गीत आनन्दमठ में प्रकाशित होने से कई वर्ष पूर्व बंकिम ने लिखा था।

बंकिम ने 'आनंदमठ' उपन्यास अपने घनिष्ट मित्र बंगला नाट्यकार श्री दीनबन्धु मित्र को समर्पित किया है। श्री दीनबन्धु के पुत्र ललितकुमार मित्र बंकिम के सान्निध्य में रह चुके थे और बराबर उनके साहित्य के सम्बन्ध

में अपनी जिज्ञासा प्रकट करते थे। उन्होंने बंकिम के अनुज श्री पूर्णचन्द्र चटजी तथा बंगदर्शन प्रेस के कार्याध्यक्ष श्री रामचन्द्र बन्द्योपाध्याय से वन्दे मातरम् गीत के रचनाकाल के बारे में पूछकर एक लेख में लिखा– एक दिन बंगदर्शन के प्रबन्धक, सम्पादक (बंकिम) के पास आए और प्रति की माँग करते हुए कहा मुझे लगभग दो पृष्ठ की सामग्री चाहिये। सम्पादक ने आधा घन्टा बाद आने का कहा। आधा घंटा व्यतीत होने के बाद प्रबन्धक आए तो देखा कि प्रति सम्पादक की मेज पर तैयार थी। यह बंगला और संस्कृत मिश्रित भाषा में रचित एक कविता थी। उसका अवलोकन करते हुए उन्होंने कहा–आपने क्या खिचड़ी भाषा लिखी है? आधी बंगला आधी संस्कृत?

बंकिम–आप इसकी गुणवत्ता की चिन्ता नहीं करें।

रामचन्द्र–गीत चाहे जैसा भी है वन्दे मातरम् से पेट नहीं भरेगा। आप जल्दी एक उपन्यास लिखना प्रारम्भ कर दें।

प्रत्युत्तर में बंकिम ने कहा–"इस गीत की महत्ता अभी आप अनुभव नहीं कर सकते किन्तु आप पच्चीस वर्ष और जीवित रहे तो देखेंगे कि सारा बंगाल इस गीत पर हर्षोत्फुल्ल हो रहा है।[77]

इस गीत की रचना के बारे में, बंकिम के जीवन के अन्तिम काल में इस सम्बन्ध में उनकी पुत्री से उनकी जो बातचीत हुई थी, उससे एक अन्य तथ्य उभरता है। जैसाकि ऊपर कहा जा चुका है बंकिम को इस बात का पूर्ण विश्वास था कि उनके द्वारा रचित इस गीत को देशवासी सही समय पर राष्ट्रगीत के रूप में स्वीकार कर लेंगे। इस बात का लिखित विवरण उपलब्ध है कि उनकी मृत्यु से कुछ महीने पूर्व ही बंकिम की बड़ी पुत्री ने उनसे इस गीत के सम्बन्ध में बातचीत की थी, जिसने अपने पिता को अनेक बार उदीयमान साहित्यकारों से इस गीत की भावी सम्भावना के बारे में चर्चा करते सुना था करीब दो दशाब्दी व्यतीत हो जाने पर भी बंकिम की भविष्यवाणी खरी उतरने के कोई आसार नजर नहीं आ रहे थे। पुत्री ने रुग्ण पिता से इसका जिक्र किया।

बंकिम का प्रति प्रश्न था–तुम्हारा अभिप्राय वन्दे मातरम् से है? पुत्री का उत्तर था–हाँ। दत्त चाचा (रमेशचन्द्रदत्त) के अनुसार आपकी प्रतिभा का सर्वोत्कृष्ट सृजन। बंकिम का प्रश्न था–'क्या तुम्हें वाकई विश्वास है कि इस गीत की रचना तुम्हारे पिता ने की? पुत्री के सहमति प्रकट करने पर उन्होंने कहा–'नहीं। यह माँ स्वयं हैं जिनकी छवि अठारह वर्ष पूर्व उस स्मरणीय प्रातःकाल में मेरे नेत्रों के सम्मुख उस समय कौंधी, जब मैं उस दिन का साहित्यिक कार्य प्रारम्भ करने वाला ही था। मैंने कलम उठायी और प्रायः आत्म विस्मृति (भाव समाधि) की अवस्था में कागज पर कुछ लिख डाला। मैं नहीं जानता मैंने क्या लिखा, मैंने सोचा मेरी अंगुलियाँ किसी दैवीशक्ति द्वारा संचालित हो रही थीं। मुझे ज्ञात नहीं मैं कितनी देर इस अवस्था में रहा क्योंकि प्रूफ रीडर जब बंगदर्शन के लिये ताजा प्रति माँगने आया तब मेरा ध्यान भंग हुआ। किन्तु यह कहानी आपने मुझे पहिले नहीं कही। पुत्री का प्रश्न था। किसी और से भी नहीं कही–उत्तर देते हुए बंकिम बोले–शीघ्र ही मुझे इस संसार से विदा होना है, अतः मैं महसूस करता हूँ कि मुझे इस गीत के सृजन का रहस्य तुम्हें बता देना चाहिये। मैं मन में स्पष्टतः देख सकता हूँ कि शीघ्र ही 'आनंदमठ' से चुनकर यह गीत विशाल जनसमूह के सम्मुख गाया जाएगा।[78]

वन्दे मातरम् गीत के सम्बन्ध में लगभग यही बातें बंकिम के अनुज श्री पूर्णचन्द्र चटर्जी ने बंकिमचन्द्र बाल्यकथा निबन्ध में लिखी हैं।[79] इन सब बातों से यह स्पष्ट हो जाता है कि वन्दे मातरम् की रचना बंगदर्शन के प्रकाशन के प्रारम्भिक वर्षों में हुई थी। वन्दे मातरम् के उद्‌भव विषयक मत वैभिन्य के बावजूद यह तो असंदिग्ध है कि जिन लोगों ने इस गीत को ध्यानपूर्वक पढ़ा है या गाए जाते सुना है उन्होंने अवश्य अनुभव किया होगा कि जिन शब्दों से इस गीत की रचना हुई है वे शब्द मात्र नहीं है–वे वस्तुतः मन्त्र हैं जिनके द्रष्टा बंकिम थे। यदि वे वन्दे मातरम् के अतिरिक्त और कुछ भी नहीं लिखते तब भी अमरत्व का उनका दावा सुनिश्चित था।[80]

बड़ी धूमधाम से मनाए जाने वाले बंगाल के सर्वाधिक महत्वपूर्ण धार्मिक त्यौहार देवी दुर्गा की चार दिवसीय पूजा ने, बंकिम को बहुत प्रभावित किया। उस देवी में उन्होंने वे गुण और विशेषताएँ देखीं जो उनकी अवधारणा के अनुसार किसी राष्ट्र की श्री व समृद्धि के लिये आवश्यक हैं। अतः यह स्वाभाविक है कि उन्होंने उसे मातृभूमि के समरूप माना। इस प्रकार उन्होंने अपनी आराध्या मातृभूमि को न केवल एक दृश्यमान, सुबोध एवं ठोस मूर्त अभिव्यक्ति प्रदान की वरन् इसे एक धार्मिक उपासना के साथ जुड़ी पवित्रता और गांभीर्य भी प्रदान कर दिया। वन्दे मातरम् माँ को निवेदित प्रार्थना है, उसकी भावी देदीप्यमान छवि के लिए आशा की किरण है जिसका दीप्तिमान् रूप सत्यानन्द ने महेन्द्र को आनंदमठ में बताया है। कतिपय लेखकों का मत है कि यह गीत गीता के सुस्पष्ट आदेशों व कॉम्टे के प्रत्यक्षवाद के सम्मिश्रण से उद्भूत आदर्शवाद का प्रतीक कहा जा सकता है जो सम्पूर्ण उपन्यास (आनंदमठ) में व्याप्त है।[81] विनयकुमार सरकार इस गीत पर कॉम्टेवादी प्रभाव की चर्चा[82] करते समय जिस सीमा तक जाते हैं उसे स्वीकार नहीं किया जा सकता क्योंकि मातृभूमि का दैवीकरण बंकिम का अभीष्ट था। वे उसे दुर्गा के रूप में प्रस्तुत करते हैं जिसकी प्रतिवर्ष बंगाल में पूजा होती है। वह उन सभी गुणों का प्रतिनिधित्व करती है जो किसी कौम या राष्ट्र के सुख समृद्धि के लिये अपेक्षित है। इस महान् गीत का विश्लेषण करने पर इसके सम्बन्ध में अधोलिखित उल्लेखनीय तथ्य उभरते हैं–

(1) बंकिम ने हमें माँ की दिव्य झाँकी प्रदान की जो प्रथम बार कमलाकान्त के मुख से उद्गीर्ण हुई है। वन्दे मातरम् किसी भी विज्ञ पाठक को उनके प्रारम्भिक गद्यांश (आमार दुर्गोत्सव) की गीतात्मक अभिव्यक्ति प्रतीत होगी।

(2) इस गीत के माध्यम से बंकिम हमें इस तथ्य से अवगत कराना चाहते थे कि मातृभूमि का बौद्धिक विचारमात्र स्वयं में कोई महत् प्रेरक शक्ति नहीं है। यह कहा जा सकता है कि इस गीत ने राष्ट्रीय जागृति हेतु अत्यन्त आवश्यक स्फुरण प्रदान किया।

(3) देशभक्ति का धर्म इस गीत का प्रधान तत्व है।

वन्दे मातरम् में मातृभूमि की जैसी प्रभावपूर्ण वन्दना की गयी है यह अन्यत्र दुर्लभ है। सौन्दर्य, ममता, भक्ति, शक्ति और त्याग की उदात्त भावनाओं का सुन्दर समन्वय इसमें समुज्जवल रूप में हुआ है।

मातृभूमि के दैवीकरण की प्रक्रिया इस गीत में सभी दृष्टियों से पूर्णता को छूती है। बंकिम आराधना का प्रारम्भ माँ को सुजलां-सुफलां के रूप में वर्णित करके करते हैं।

वन्दे मातरम् गीत की व्याख्या

माँ को नमन! उस माँ को सुजलां अर्थात् पवित्र, उत्तम पापहारी जीवनदायी जल से युक्त है। जो सुफलां अर्थात् पुष्टिदायक आरोग्यवर्धक अच्छे फलों से युक्त है। जो मलयज शीतलां हैं अर्थात् मलयानिल के समान उसका अंक शीतलता एवं विश्रान्तिदायक है। जो शस्यश्यामला अर्थात् हरीतिमा से परिपूर्ण होने के कारण प्रसन्नवदना और अन्नपूर्णा होने के कारण जीवनदायिनी है। इस रूप में मातृभूमि की छवि के वर्णन के प्रारम्भ का कारण यह है कि उत्पादन प्राचुर्य किसी भी देश की सर्वप्रथम आवश्यकता है।

यह माँ अनिर्वचनीय शोभा से युक्त है। प्रकृति के काव्यमय सौन्दर्य की आभा से इसकी छवि इतनी नयनाभिराम बन गयी है कि वह स्वतः हृदय में आशा एवं उमंगों को तरंगित करती है। तिमिराच्छन्न रात्रि जो अवसाद और नैराश्य को जैसे मूर्तिमान कर देती है किन्तु वही निशा चन्द्र ज्योत्स्ना की विश्रांतिदायक रश्मियों से खिल उठती है, वैसे ही क्लेशहारिणी सुखसंवर्धिनी चन्द्रज्योत्स्ना से माँ का आनन पुलकित है, विभोर है।

खिले हुए पुष्प हर पादप व वृक्ष की श्रीवृद्धि करते हैं। पुष्पों के विकसन से जीवन संगीत निसृत होता है। सौरभ व कोमलता से युक्त पुष्प स्थावर जगत की जिजीविषा के प्रतीक हैं। उन्हीं से जीवन क्रम की प्रक्रिया तरंगित होने के कारण वे स्वभावतया उल्लास व आल्हाद विकीर्ण करते हैं। यह माँ ऐसी ही पुष्प राजि से शोभित है।

सौन्दर्यशास्त्र में विभिन्न मानवीय क्रियाओं व अंग-उपांगों के संचालन में एक विशिष्ट प्रकार के लालित्य की अपेक्षा की जाती है क्योंकि इसी से जो सुदर्शन है वह मनोहारी हो सकता है, कोमल भावनाओं को जागृत कर सकता है। अतएव हास्य एवं संभाषण दोनों में कुछ वैशिष्ट्य मानवीय कार्य व्यापार को श्रेष्ठता, उच्चता एवं गरिमा प्रदान कर सकता है। यह माँ ऐसी ही असाधारण गुणावलि से विभूषित है। इसका मधुर मन्द हास्य और कर्णप्रिय संभाषण दोनों ही आल्हादजनक हैं। इसकी वाणी पीयूषवर्षिणी है। वात्सल्य रस में पगे इसके वचन क्लान्ति व कुंठा, नैराश्य एवं निरुत्साह सभी को दूर करते हैं।

माँ यह गुरु गम्भीर एक शब्द, सृजन की निस्सीम सम्भावनाओं को उजागर करता है। सृजन में अन्तर्निहित अकथनीय कष्ट और निःशब्द रहकर वेदना झेलने की तत्परता इसमें समुज्जवल रूप में विद्यमान है। अपनी साधना के अमूल्य प्रसाद के रूप में प्राप्त सिद्धि के प्रति माँ का अनुपम निःस्वार्थ स्नेह, अन्तःस्तल से प्रतिक्षण निकलती मंगलकामना, अपना अस्तित्व निःशेष करके सन्तान के संवर्द्धन की ललक, निरन्तर अनुराग से युक्त व्यवहार, निज के प्रत्येक विचार को विस्मृत कर सन्तान हेतु सुख साधन जुटाने की लगन और शिशु को सतत अभयदान देती हुई उसकी समस्त क्रियाएँ—यही माँ की मंगलमूर्ति है। जिस प्रकार माँ के अंक में शिशु को असीम आनन्द व सुरक्षा की अनुभूति होती है उसी प्रकार यह पार्थिव माँ (मातृभूमि) भी सुखदायिनी है। उसके वरदहस्त सन्तानों की सुरक्षा के लिये सदैव तत्पर हैं। ऐसी माँ को नमन।

प्रायः मातृजाति को अबला कहकर उसके प्रति करुणा भाव दर्शाया जाता है। उसकी विवशताएँ जैसे इस शब्द में पूँजीभूत हो गयी हैं किन्तु इस सर्वप्रचलित मान्यता को नकारते हुए स्वयं माँ को शक्ति का अजस्र स्रोत बताते हुए बंकिम यह उद्घोष करते हैं कि माँ तुम्हें अबला कहना सर्वथा अनुचित है क्योंकि यह माँ हमारे शरीर में प्राण है। उसकी महिमा का गान सात करोड़ सन्तानों के कण्ठ से निनादित हो रहा है और चौदह करोड़ खड्गधारी भुजाएँ उसकी रक्षा के लिए सदैव तत्पर हैं। दूसरी ओर सन्तानों से रक्षिता माँ स्वयं

सन्तानों को अपने विविध रूपों में शक्तिदान दे रही है।[84] बंकिम प्रत्येक व्यक्ति का देश के साथ तादात्म्य स्थापित करते हैं। देशवासी अपना जीवन, शक्ति, भौतिक एवं नैतिक गुण सभी देश से अर्थात् उसके पर्यावरण व परम्पराओं से ग्रहण करते हैं। वस्तुतः माँ समग्र रूप से लोगों की प्रकृति (ethos) का प्रतिनिधित्व करती है। बंकिम राष्ट्र के न केवल मानसिक नैतिक व उत्पादक पहलुओं पर जोर देते हैं वरन् उसकी प्रतिरक्षात्मक शक्ति पर भी जोर देते हैं जो राज्यत्व का मूल आधार है। अतः यह मानना तार्किक है कि 'इस गीत में बंकिम देश के बारे में केवल भौगोलिक इकाई या भावनात्मक प्रतीक के रूप में ही नहीं सोचते वरन् पूर्ण राज्यत्व के अर्थों में भी उस पर विचार करते हैं जिसमें भूमि और ऐसे लोगों का समावेश है जो अपने मानसिक, भौतिक व नैतिक गुणों का पूर्ण विकास करने के इच्छुक हैं।[85] जो माँ स्वयं शक्ति स्रोत है जिसकी ऊर्जस्विता से ही सन्तानों के मुख दमक रहे हैं वह अबला कैसे हो सकती है? शक्ति स्वरूपा माँ लक्ष्मी, सरस्वती व दुर्गा के रूप में अपनी प्राण शक्ति की त्रिवेणी से सन्तानों की जीवन वाटिका का सिंचन करती है। श्री के रूप में भौतिक सुख, समृद्धि एवं बाहुल्य का, सरस्वती के रूप में विवेक और धर्म बुद्धि का और दुर्गा के रूप में हर बाधा का सामना करने में समर्थ शक्ति का वरदान सन्तान को देकर उन्हें कृतकार्य कर रही है।

उन राजनीतिक चिंतकों के विपरीत जो राज्य पर प्रायः पुरुषोचित गुणों का आरोपण करते हैं बंकिम ने देश की कल्पना मातृत्व के सन्दर्भ में करते हुए उसे सौन्दर्य व उर्वरता जैसे स्त्रियोचित गुणों से विभूषित किया है किन्तु शक्ति व तेज जैसे पुरुषोचित्त गुणों से भी उसे रहित नहीं मानते। ऐसे परस्पर विरोधी गुणों का समन्वय वे देवी दुर्गा की अवधारणा में आसानी से कर सकते थे।

संसार सागर की आधि-व्याधि से सन्तान का रक्षण माँ ही करती है। उसका आंचल उसे कष्टों की धूप से बचाता है। अनेक शक्तियों से युक्त यह माँ उद्धारकर्त्री है। अभाव व दारिद्रय से उत्पन्न कष्टों, अज्ञान व अविवेक से उद्‌भूत

विविध दुःखों और निर्बलता जो सभी बुराईयों की जड़ है, उन सभी को दूर करने वाली यह माँ सन्तानों का उद्धार करने में समर्थ है। मनुष्य षड्रिपुओं से सदैव घिरा रहता है। बाह्य शत्रुओं की अपेक्षा ये आन्तरिक शत्रु अधिक घातक होते हैं। वे जीवनशक्ति और सम्भावनाओं का नाश करते हैं। माँ अपनी शुचिता व मंगलकारिणी शक्ति से ऐसा प्रकाश सन्तानों के हृदय प्रदेश में फैलाती है कि वे इन रिपुओं के पाश से मुक्त हो सकते हैं। बाह्य शत्रुओं को वे अपने भौतिकबल से नष्ट करने में पूर्ण समर्थ हो सकते हैं। इस प्रकार यह माँ आन्तरिक व बाह्य सभी क्षेत्रों में सन्तानों को रक्षा करती है। इस रक्षिणी माँ को नमन।

माँ सर्वव्यापिनी है–जीवन में जो स्तुत्य है, वरेण्य है, ऊर्ध्वारोहण अभिमुख है सभी का आधार माँ है। उसी के प्रकाश से हम प्रकाशित हैं। हमारे मनुष्यत्व को सार्थक करने वाले दो प्रमुख तत्व विद्या और धर्म इसी माँ के वरदान हैं। विद्या वह है जो हमें विमुक्त करे। अपने ज्ञान से तमस, क्षुद्र अहं और हेय प्रवृत्तियाँ से मुक्त करे। धर्म हमें कर्त्तव्य का पाठ पढ़ाता है। माँ से प्राप्त सद्मार्ग दर्शन व सत्‌शिक्षा से इस मुक्तिपथ व कर्त्तव्य पथ की ओर सन्तान अग्रसर हो रहे हैं। माँ केवल लक्ष्य ही नहीं, उसकी प्राप्ति का मार्ग भी बताती है।

हमारी मानवता का सार करुणा और परपीड़ा को समझने में निहित है। हमारी जीवन्तता का प्रमाण हमारी सहृदयता है। माँ ही इन प्रवृतियाँ की प्रतीक है और उसी ने सन्तानों को इस मर्म से परिचित कराया है कि आत्यन्तिक आत्मग्रस्तता त्याज्य है।

सन्तानों का बाहुबल माँ की ही अनुकम्पा है। उस बाहुबल का प्रयोग उन्हें माँ के निमित्त करना है, उसके विलुप्त गौरव की पुनर्प्राप्ति ही जिस बल का ध्येय है वह माँ का ही प्रसाद है तथा वह अविचल भक्ति जो आत्मोसर्ग के लिये प्रेरणा देती है, जो विश्वास की दृढ़भिति पर अवस्थित होने के कारण बाधाओं के सम्मुख नतशिर नहीं होती वह भक्ति भी माँ का ही रूप है। प्रत्येक सन्तान के हृदय मन्दिर में माँ की भव्य प्रतिमा विराजमान है जिसकी अर्चना वे त्याग, भक्ति, समर्पण एवं बलिदान के पुष्पों से कर रहे हैं।

जीवन निर्माण और इसके मार्ग में आसन्न संकट से त्राण हेतु मनुष्य में शौर्य, विवेक और ज्ञान प्रभृति गुणों व प्रवृत्तियों का विकास आवश्यक है। आसुरी शक्तियों के नाश और सत्य व न्याय की स्थापना के लिये माँ ने दुर्गा स्वरूप धारण किया, ऐसी पौराणिक मान्यता है। विकट, दुर्जेय असुरों का संहार उसने विभिन्न प्रकार के दस आयुधों से सज्जित होकर किया। शक्ति की अधिष्ठात्री और संकटविमोचिनी देवी के रूप में माँ की सन्तान आराधना करते हैं कि उन्हें वह बल एवं निर्भयता का दान देकर कृतार्थ करें। यह माँ ही दुष्टदल विनाशिनी है और कमल दल पर राजित होने वाली समृद्धि की प्रदात्री लक्ष्मी भी इसी दयालु माँ का अन्य वन्दनीय रूप है।

माँ के वरद् हस्त के तले अभाव, मलिनता व दारिद्र्य का कहीं नामोनिशान नहीं क्योंकि वह स्वयं बाहुल्य एवं साफल्य प्रदान करने वाली शक्तियों की स्वामिनी है, वह उस शतदल पर आसीन है जो अपने विविध वर्णों—यथा राजीव (गुलाबी रंग), इन्दीवर (नीलवर्ण) अरविन्द (श्वेतरंग) में निराली शोभा व छटा विकीर्ण करता है, समूची जलराशि में जिसके विकसित होने से जैसे प्राण संचार हो जाते हैं, उसी कमलदल में विहार करने वाली यह माँ विविध प्रकार के सुख एवं ऐश्वर्य की दात्री है। सभी प्रकार की पूर्णता से उद्‌भूत परितोष की अनुभूति इसी का प्रसाद है।

आत्मप्रकाश प्रदान करने वाली, कंठ को सार्थक वाणी प्रदान करने वाली माँ को नमन! ज्ञान, भक्ति, विवेक आदि के रूप में व्याप्त समस्त चेतना और उसके स्वर माँ से ही स्पन्दन प्राप्त करते हैं। माँ वाग्देवी है और चेतना एवं ज्ञान के प्रतीक श्वेत परिधान धारिणी है अतः इसकी सुछवि सर्वथा अम्लान एवं निष्कलंक है। जहाँ माँ की दिव्य छवि की आभा विकीर्ण है वहाँ अज्ञान, जड़ता एवं दुःखरूपी तिमिर का कहीं अस्तित्व नहीं।

इस माँ का भौतिक स्वरूप शुद्ध जलराशि से स्निग्ध है। जल ही जीवन है और उसका प्रवाह से ही उसकी निर्मलता और उसका जीवनदायी स्वरूप अक्षुण्ण रहते हैं। परिबद्ध जलराशि जुगुप्साजनक ही होती है। लेकिन यह माँ

निरन्तर प्रवाहमान जलराशि से शोभित है। साथ ही इस माँ की काया पुष्टिदायक आरोग्यवर्धक फलों से भी निराली शोभा पा रही है। खेतों में उगे हुए शस्य से इसकी देह को श्यामलतायुक्त सौन्दर्य की प्राप्ति हो रही है। उसी झूमती हुई शस्यराशि से जैसे उसका हास्य प्रकट हो रहा है। जैसे माँ अपनी संतानों को अपनी देह में धारण करती है, उनके हितार्थ अनेक कष्ट हँसते हुए उठाती है वैसे ही यह देशरूपी माता अपनी सन्तानों का परिपालन करती है। ऐसी दयामयी माँ को नमन!

माँ (मातृभूमि) का ऐसा भव्य चित्रण प्रस्तुत किया है बंकिम ने। माँ की यथोगाथा का जो प्रभविष्णु स्वरूप है वही आनंदमठ का केन्द्रबिन्दु है। इसका एक मनोवैज्ञानिक एवं व्यावहारिक औचित्य है क्योंकि यह तो एक सर्वकालिक तथ्य है कि एक महत् उद्देश्य की पूर्ति के लिए आवश्यक साधना, संघर्ष एवं बलिदान के लिए व्यक्ति तभी उद्यत होगा, अपने क्षुद्र निजी स्वार्थों के मोह बन्धन को वह तभी तोड़ सकेगा जब भावनात्मक रूप से उसके समस्त अस्तित्व पर छा जाने वाला, आड़ोलित करने वाला कोई आदर्श उसके सम्मुख हो। दीन-हीन, भूलुंठित, आतताईयों द्वारा पददलित मातृभूमि के उद्धार से बढ़कर कर्मक्षेत्र से उतरने हेतु प्रेरित करने वाला आदर्श कौनसा हो सकता था? दैवीय मातृभूमि के सिद्धान्त ने, जिसमें देशप्रेम को भगवत्प्रेम के समकक्ष माना गया है, धर्मप्राण भारतीय जनता को अत्यधिक प्रभावित किया जिसके लिये लौकिक सुधार वाद और मितवादी नेताओं का पाश्चात्य पद्धति का राष्ट्रवाद समझ से परे था।

इस अत्यधिक अर्थगर्भित गीत के विषय में अनेक महत्वपूर्ण बातें विचारणीय हैं–

(1) बंकिम न केवल मातृभूमि के अद्वितीय सौन्दर्य की झाँकी प्रस्तुत करके कल्पना को अनुप्राणित करते हैं वरन् उसकी शक्ति का वर्णन कर पाठाकों के हृदय को ओजस्विता से परिपूर्ण कर देते हैं।

(2) उसे यह शक्ति किसी वर्ग विशेष से नहीं वरन् समस्त देशवासियों से प्राप्त हुई है। एकता परम आवश्यक है। माँ के पुत्रों के संयुक्त प्रयासों से ही कोई संकल्पसिद्धि सम्भव है।

(3) सम्पूर्ण भव्यता से युक्त माँ की प्रतिष्ठापना हेतु धर्मनिष्ठा (कर्त्तव्यनिष्ठा) से कार्यक्षेत्र में उतरना आवश्यक है।

(4) बंकिम व्यक्ति का देश के साथ एकात्मीकरण कर देते हैं। देश को उसके निवासियों के शरीर के प्राण के समान बताया गया हैं। ज्ञान, चरित्र, प्रेम, विश्वास प्रभृति मनुष्य के विविध गुण मातृभूमि से उद्‌भूत बताए गए हैं। यदि हम व्यक्ति को अपने वातावरण की देन मानें तो उपर्युक्त वर्णन को महज कल्पना नहीं कहा जा सकता। व्यक्ति और राष्ट्र के बीच ऐसा तादात्म्य भारत के लिये विशेष रूप से आवश्यक है क्योंकि अतीत में एकात्मता की इस भावना के अभाव के कारण उसे बहुत नुकसान उठाना पड़ा है।

(5) इस महान् गीत के माध्यम से उन्होंने राष्ट्र को निर्भय शक्ति का, राष्ट्र के लिये सम्पूर्ण आत्म बलिदान एवं मुक्ति यज्ञ के लिये आत्मोसर्ग का पाठ पढ़ाया जिसने भारतीय लोगों को इस प्रकार प्रेरित किया कि विश्व के इतिहास में ऐसा अन्यत्र उदाहरण नहीं मिलता।

(6) इस गीत में ऐसे सार्वभौम तत्व सन्निहित हैं जो श्रोता को तुरन्त प्रादेशिक धरातल से उठाकर राष्ट्रीय धरातल पर अवस्थित कर देते हैं। यह गीत अपनी अद्‌भुत साहचर्य भावना के अतिरिक्त एक राष्ट्रीय इच्छा को अभिव्यक्ति करता है—अधिकतम ऊँचाई तक भारत का उत्थान।[86]

'वन्देमातरम्' का प्रभाव

'वन्दे मातरम्' आधुनिक युग का सर्वाधिक भावना समन्वित नारा बन गया। स्वयं बंकिम को इस गीत के भविष्य के विषय में पैगम्बरी पूर्व ज्ञान था। जैसा कि पहले कहा जा चुका है उन्होंने गीत की रचना के बाद आने वाले पच्चीस वर्षों में इसके सर्वव्यापी प्रभाव की सम्भावना के बारे में स्पष्ट रूप से

कहा था। वन्देमातरम् के प्रभाव सम्बन्धी अपनी इस भविष्यवाणी के मामले में वे दाँते से भी आगे निकल गये क्योंकि जब दाँते ने इटली की एकता की रागिनी छेड़ी तब उन्हें इस बात का गुमान नहीं था कि मैजिनी और गैरी बाल्डी उनके गीत का व्यावहारिक उपयोग किस प्रकार करेंगे या इटलीवासियों के राजनीतिक विकास में उसकी क्या भूमिका रहेगी। बंकिम को हमारी राष्ट्रीय जागृति व आन्दोलन में इस गीत की भावी भूमिका का स्पष्ट आभास था। आनन्दमठ के प्रकाशन के तीस वर्ष के भीतर इस गीत का कल्पनानीत प्रभाव देखने में आया जब स्वदेशी आन्दोलन के दौरान 'वन्दे मातरम्' युद्ध घोष बन गया। देशभक्तिपूर्ण हलचल के उन दिनों में यह रक्तस्रावी बंगाल का अन्याय के विरुद्ध एकताकारी जयघोष बन गया।' विदेशी धृष्टता से विदीर्ण राष्ट्र का दुःखाक्रान्त हृदय ऐसे जयघोष से खिल उठा जिसकी अनुगूँज दिगन्त में फैल गयी, जिसके कारण राष्ट्र की चेतना को प्रदीप्त करने वाले दैवी प्रकाश का अवतरण हुआ, समस्त प्रकार के विरोध को निरस्त करने के निश्चय को सुदृढ़ता मिली और माँ को पुनः अपने गरिमामय सिंहासन पर प्रतिष्ठित देखने की आकांक्षा का पथ प्रशस्त हुआ।[87]

'वन्दे मातरम्' हमारे स्वाधीनता संघर्ष का अविच्छेद्य अंग बन गया। हजारों स्वाधीनता सेनानियों ने हृदयकुसुम उत्फुल्लकारी वन्दे मातरम् घोष का उच्चारण करते हुए सभी कष्ट सहन किये। यह गीत नहीं वरन् एक पिघली आग थी जिसकी प्रत्येक पंक्ति व शब्द श्रोतामंडली को आप्लावित कर देता था। उसने बीसवीं सदी के प्रथम दशक में स्वाधीनता के लिये राष्ट्र की इच्छा को तीव्रता प्रदान की जब सम्पूर्ण देश लॉर्ड कर्जन जैसे दुर्मति साम्राज्यवादी के अविवेकपूर्ण कृत्य के फलस्वरूप आड़ोलित हो रहा था।[88] 7 अगस्त 1905 को कलकत्ता के टाऊनहॉल में हुई विशाल आमसभा में जहाँ बहिष्कार प्रस्ताव पारित किया गया था वन्दे मातरम् गाया गया। 1905 से कांग्रेस के प्रत्येक अधिवेशन में वन्दे मातरम् को माँ को सम्बोधित एक पवित्र स्तोत्र के रूप में सम्पूर्ण गांभीर्य के साथ गाय जाने लगा। इसकी देशव्यापी

मान्यता स्वतः स्फूर्त प्रेरणा का परिणाम थी। यह मातृभूमि की पुकार का स्वाभाविक उत्तर था। भगिनी निवेदिता, जो कांग्रेस के बनारस अधिवेशन (1905) में उपस्थित थीं, के अनुसार जब वन्देमातरम् गाया गया तब सम्पूर्ण उपस्थित जनसमूह प्रचण्ड किन्तु गरिमामय उत्तेजना से आवेष्टित हो गया।[89]

इसने जनसाधारण में एक नवीन स्फूर्ति, साहस व जीवनशक्ति का संचार किया मानो वे किसी विद्युत संचार से तरंगित हो गए हों। ज्यों-ज्यों बंग भंग विरोधी आन्दोलन गतिशील हुआ, शहरी और देहाती क्षेत्र एक समान 'वन्दे मातरम्' के युद्ध घोष से प्रतिध्वनित हुए। ऐसा प्रतीत हुआ मानो कोई उत्तेजक द्रव्य लोगों के मस्तिष्क में पहुँच गया था और वे आकस्मिक उल्लास की इस अनुभूति को अभिव्यक्ति प्रदान करने में सोत्साह जुट गये। माँ दुर्गा की पारम्परिक धार्मिक पूजा माँ के रूप में घुलमिल गयी। वैसे स्वदेशी आन्दोलन से पूर्व बौद्धिक राष्ट्रवाद की प्रवृत्तियाँ देश में पिछले दो-तीन दशकों से विद्यमान थीं। लोग राष्ट्रीय एकता, सेवा की वाँछनीयता और बलिदान की संभाव्य आवश्यकता के बारे में बात करते थे किन्तु इनसे राजनीतिक स्थिति को ठोस रूप से बदलने में कोई सहायता नहीं मिली। इसके लिये किसी अन्य चीज की आवश्यकता थी। यद्यपि तार बिछाने और विद्युद्दीप लगाने का कार्य हो चुका था किन्तु विद्युतप्रवाह की अभी तक कमी थी। एक विशिष्ट मनोवैज्ञानिक क्षण में गाए गए 'वन्दे मातरम्' गीत ने यह कार्य सम्पन्न किया और तुरन्त दीप प्रकाशित हो उठे।[90]

वन्दे मातरम्! इन दो शब्दों ने जनसाधारण की हृदय तंत्री को झंकृत कर दिया क्योंकि 'माँ और मातृभूमि इन दो शब्दों का उत्स निसर्गत : हमारे अन्तःस्थल में होता है। वन्दे मातरम् के माध्यम से बंकिम ने मातृभूमि की सर्वोच्चता के बारे में हमारी आँखें खोलीं।[91] रेशम की भाँति कोमल ये शब्द द्वय अनंत शक्ति से युक्त थे और उन्होंने सम्पूर्ण भारत को तरंगित किया। यह घोष न केवल बंगाल वरन् पूरे देश में एक नवीन आन्दोलन का प्रतीक बन गया। समय

गुजरने के साथ वन्दे मातरम् में निहित माँ सम्पूर्ण भारत के रूप में समझी जाने लगी। वन्दे मातरम् की यह प्रतिष्ठा उद्‌भव की दृष्टि में एक प्रांतीय भाषा में लिखे गये एक गीत के राष्ट्रीय उद्‌घोष के रूप में उभरने का उल्लेखनीय उदाहरण है।[92] इस कारण लो. टिळक ने यह मत व्यक्त किया कि इस मन्त्र में भारतीय राष्ट्रवाद के मौलिक तत्वों का समावेश है।[93] सन् 1906 में कलकत्ता में मनाया गया शिवाजी उत्सव अत्यन्त महत्त्वपूर्ण घटना थी जिसने महाराष्ट्र व बंगाल को भावनात्मक रूप से निकट लाने में सहयोग किया। इस अवसर पर 'वन्दे मातरम्' का बारम्बार उद्‌घोष किये जाने पर लो. टिळक ने टिप्पणी करते हुए कहा–वन्देमातरम् के जिस घोष द्वारा आपने आज प्रातःकाल मेरा और मेरे सुहृद खापर्डे का स्वागत किया उससे हम अनभिज्ञ नहीं हैं क्योंकि इसे मराठों (महाराष्ट्रवासियों) ने भी अपना लिया है। 'वन्दे मातरम' शब्द शिवाजी महान् के रायगढ़ स्थित स्मारक पर अंकित देखे जा सकते हैं।[94] स्पष्ट है कि देश के अन्य भाग भी 'वन्दे मातरम्' भावना से अभिभूत थे। इस भावना का प्रभाव ऐसा ही था जैसे एक दीर्घकालीन सूखे के कारण झुलसी हुई धरती जीवनदायिनी फुहार से स्नात होकर खिल उठी हो। इसने भारतवासियों के सोए स्वाभिमान को जगा दिया और मातृभूमि को माँ के रूप में प्रस्तुत करके दृढ़ निश्चय से आसन्न संकट का मुकाबला करने हेतु कटिबद्ध कर दिया।

इस घोष के द्वारा माँ के आँचल की लाज रखने के भारतीयों के निश्चय का प्रकटीकरण होता था, यह एक अद्‌भुत मनोवैज्ञानिक प्रक्रिया थी जिसने देश के रजकणों को पवित्रता व गरिमा प्रदान करके देशवासियों को क्षुद्र 'स्व' से ऊपर उठकर मातृभूमि की सुरसरि में अवगाहन का आल्हाद प्रदान किया था। यह एक नवीन चेतना थी जिसने जनमानस को आन्दोलित किया था। बंकिम का स्वप्न साकार हो चुका था। उनकी भविष्यवाणी खरी उतर चुकी थी। यही कारण था कि ब्रिटिश सरकार 'वन्दे मातरम्' के उच्चारण के प्रति ही पूर्वाग्रह से पीड़ित थी। इस स्थिति का सटीक वर्णन करते हुए ए.सी. मजूमदार ने लिखा है–'वन्दे मातनम्' की निर्दोष अभिव्यक्ति ब्रिटिश अधिकारियों के

लिये साँड को लाल कपड़ा दिखाने के समान थी और अधिकारियों के एक वर्ग विशेष के लिये तो यह असह्य बन चुका था। कुछ ने इसकी व्याख्या 'बन्दर को बन्दी बनाने व प्रताड़ित करने (seize and beat the monkey) के रूप में की। कुछ इसे हिंसात्मक कार्यवाहियों के लिये गुप्त संकेत वाक्य समझते थे जबकि वास्तविकता यह थी कि यह एक निर्दोष अभिव्यक्ति थी जिसका अभिप्राय था माँ को नमन्।[95] चूँकि यह गीत राष्ट्रीय जागृति के पीछे एक महान् शक्ति के रूप में कार्य कर रहा था अतः ब्रिटिश सरकार ने इसके उच्चारण पर भी प्रतिबन्ध लगा दिया और इसी रोक के कारण बंगाल का आकाश राष्ट्र के स्पन्दनशील हृदय से निसृत माँ की साहसपूर्ण आराधना के जयघोष से गुँजायमान हो उठा।[96]

'वन्दे मातरम्' के प्रति कतिपय विद्वानों की भ्रान्त धारणा

न केवल ब्रिटिश सरकार वरन् कुछ यूरोपीय लेखकों ने भी राजनीतिक पूर्वाग्रह से ग्रस्त होकर वन्दे मातरम् की गलत व्याख्या की। वे इसे 'प्रतिशोध का गीत'[97] बताते हैं जो 'मृत्यु व नाश की देवी काली की प्रशस्ति'[98] है। एक लेखक इसे 'भयानक देवी की आराधना'[99] कहकर पुकारता है। एनसाईक्लोपीडिया ब्रिटेनिका भी इसे 'आध्यात्मीकृत काली के रूप में बंगाल के मानवीकरण[100] के (personificatoin of Bengal as a spiritua lised kali) रूप में वर्णित करता है। अमरीकन लेखन टी. वॉल्टर बैंक ने तो इस गीत की रचना की पृष्ठभूमि, प्रकृति व वर्ण्य विषय के बारे में पूरी तौर पर अनभिज्ञता का परिचय देते हुए इसे 'लोकगीत' की संज्ञा दे डाली है।[101] वे व्याख्याएँ कितनी गलत हैं यह दिन के उजाले की भाँति स्पष्ट है।

'वन्दे मातरम्' एक देशभक्तिपूर्ण गीत है और देवी दुर्गा के रूप में मानवीकृत मातृभूमि की आराधना है जिसकी पूजा अर्चना की भारतीय मानस में नैसर्गिक प्रवृत्ति पायी जाती है।[102] न तो यह प्रतिशोध का गीत है और न ही कोई कराल आनुष्ठानिक आकर्षण है जैसा कि विदेशी लेखक मानते हैं।

बंकिम का मूर्तिपूजा की ओर झुकाव नहीं था। वस्तुतः उनका विश्वास था कि मूर्तिपूजा आराधना का सबसे पिछड़ा रूप है। फिर वे इस तथ्य से भी अवगत थे कि मात्र अमूर्त प्रत्यय मानवीय कल्पना को जागृत करने में असमर्थ होते हैं। मनुष्य की सर्वोत्तम प्रसुप्त भावनाओं को उन्मेष प्रदान करने हेतु उसकी (भक्ति की लक्ष्य) उपास्य सत्ता का प्रतीकों व प्रतिमाओं के रूप में प्रतिनिधित्व होना चाहिये। श्री अरविन्द ने इसकी व्याख्या अत्यन्त सुन्दर ढंग से की है। वे लिखते हैं–''उन्होंने (बंकिम) हमें अपनी माँ की स्थूल कल्पना प्रदान की। मातृभूमि का मात्र बौद्धिक विचार स्वयं में कोई महान् संचालिका शक्ति नहीं है, न ही स्वतन्त्रता की वांछनीयता की स्वीकृति मात्र प्रेरक है।[103] वस्तुतः केवल वन्दे मातरम् में ही नहीं वरन् स्वयं 'आनन्दमठ' में माँ अर्थात् मातृभूमि प्रतीकात्मक अर्थ से तीन रूपों से प्रस्तुत की गयी–पहिले जगद्धात्री या माँ जैसी थी, फिर काली या माँ जैसी है और अन्ततः दुर्गा या माँ जैसी होंगी। ये तीनों रूप माँ की अतीतकालीन गौरवपूर्ण स्थिति, वर्तमान हीनावस्था और सन्तानों द्वारा माँ की मुक्ति के बाद उसके देदीप्यमान भावी स्वरूप का लाक्षणिक वर्णन है।

वन्दे मातरम् और मुस्लिम-आपत्ति

हमारे स्वाधीनता संग्राम के प्रत्येक चरण में 'वन्दे मातरम्' प्रेरणा का अक्षय स्रोत सिद्ध हुआ किन्तु दुर्भाग्यवश बीसवीं सदी के तीसरे दशक में मुस्लिम लीग की पृथकतावादी राजनीति के उत्कर्ष काल में मुसलमानों के एक वर्ग ने यह आपत्ति उठाई कि 'वन्दे मातरम्' से प्रतिमा पूजन ध्वनित होता है अतः यह इस्लाम के सिद्धान्तों के विरुद्ध है। वन्दे मातरम् और उसके रचयिता की कड़ी आलोचना की गयी और 'आनन्दमठ' एवं 'राजसिंह इन दोनों उपन्यासों पर प्रतिबन्ध लगाने की माँग की गयी। उस समय अनेक विवेकी लोगों ने वन्दे मातरम् पर प्रतिमापूजन का प्रतीक होने के लगाए गए आरोप का तीव्र रूप से खंडन किया। महात्मा गाँधी ने वन्दे मातरम् को बंगाल द्वारा दिया गया अमूल्य उपहार बताते हुए लिखा–'...इसमें (वन्देमातरम्) विशुद्ध राष्ट्रीय भावना है और यह कभी ध्यान में भी नहीं आता कि यह मात्र

हिन्दुओं के लिये है। दुर्भाग्य से हमारे दुर्दिन आ गये हैं और हम खरे सोने को खोटा सिक्का समझने लगे हैं। सभी समितियों में 'वन्दे मातरम्' गीत का विरोध मुझे सह्य नहीं है। इसने बंगाल और उसके बाहर करोड़ों लोगों के हृदय में देशभक्ति की भावना जागृत की है।[104]

मुसलमानों द्वारा उठायी गयी आपत्ति का उत्तर देते हुए डॉ. राजेन्द्र प्रसाद ने कहा–"यह (वन्दे मातरम्) प्रतिमापूजन का आग्रह नहीं है। इसमें वर्णित दुर्गा कोई मूर्ति नहीं वरन् मातृभूमि के लिये ही एक अन्य नाम है।[105] पं. जवाहरलाल नेहरू ने इसकी समस्त शब्दावलि को हानिरहित बताते हुए कहा कि कोई भी सदाशय व्यक्ति उसके तात्पर्य के विषय में आपत्ति नहीं उठा सकता।[106]

मॉर्डन रिव्यू के तत्कालीन सम्पादक ने जो ब्रह्म समाजी होने के नाते स्वभावतया प्रतिमापूजन के विरोधी थे, वन्दे मातरम् का समर्थन करते हुए लिखा कि इसमें इस्लाम के प्रति विद्वेष के कोई तत्व नहीं हैं तथा इनमें जिन सप्तकोटि कण्ठों का उल्लेख किया गया है वह वस्तुतः तत्कालीन बंगाल की हिन्दू मुसलमान समेत कुल आबादी है जिसमें उस समय बिहार और उड़ीसा भी शामिल थे।[107] आनन्दमठ के सन्दर्भ से इसे अलग करके देखा जाए (जिसमें उसका सन्निवेश बाद में किया गया था) तो यह स्पष्ट हो जाएगा कि यह गीत सर्वथा निर्दोष है। यदि इसे आनन्दमठ की कहानी के सन्दर्भ में भी परखा जाए तो भी धार्मिक और साम्प्रदायिक आधार पर इस बारे में कोई आपत्ति उठाना अनुचित है। इस उपन्यास के कथानक में वर्णित संघर्ष वस्तुतः अन्याय, अत्याचार और दमन की पाशविक शक्तियों के विरुद्ध है। इसके अतिरिक्त इस रचना के अन्त में चिकित्सक मूर्तिपूजन का समर्थन करने के बजाय उसकी आलोचना करता है। वह सत्यानन्द से कहता है कि तैतीस करोड़ देवताओं का पूजन शाश्वत धर्म नहीं है।[108] वास्तविकता यह है कि वन्दे मातरम् अपने वर्ण्य विषय की दृष्टि से न तो हिन्दू है और न मुस्लिम। तीव्र

राष्ट्रवाद की ही इस गीत में अभिव्यक्ति हुई है। बंकिम ने देशभक्ति के धर्म की खोज की और वन्दे मातरम् के रूप में उसे अमर वाणी भी प्रदान कर दी।

यह सन्तोष का विषय था कि सभी मुसलमान उस मान्यता से सहमत नहीं थे कि वन्दे मातरम् प्रतिमा पूजन का प्रतीक था और इस प्रकार इस्लाम के दृष्टिकोण से आपत्तिजनक था। बंगाल के वयोवृद्ध नेता व लेखक जनाब रिजाउल करीम ने इस आरोप का खंडन किया। उनके मतानुसार 'वन्दे मातरम्' उस क्रिया का प्रतिनिधित्व नहीं करता है जिसे अरबी में इबादत या ईश्वर की पूजा कहा जाता है। उनकी दृष्टि में इस्लाम मातृभूमि को माँ के रूप में देखने की मनाही नहीं करता क्योंकि अनेक अरबी व फारसी कवियों की रचनाओं में इसके प्रमाण मिलते हैं।[109] इसी प्रकार मौलाना सैय्यद फजलुर रहमान ने बिहारी मुसलमानों से कहा कि इस गीत (वन्दे मातरम्) में बुतपरस्ती (मूर्ति पूजा) की गंध नहीं आती वरन् यह मादरे-वतन (मातृभूमि) के प्रति अनुराग की अभिव्यक्ति है।[110]

इन बेबुनियाद आपत्तियों के बावजूद स्वाधीनता आन्दोलन के दौरान इसकी लोकप्रियता व महत्ता में कोई कमी नहीं आयी। अक्टूबर 1937 में कांग्रेस कार्य समिति द्वारा पारित एक प्रस्ताव में संक्षिप्त रूप में यह विवरण प्रस्तुत किया गया कि किस प्रकार वन्दे मातरम् स्वाधीनता संघर्ष के साथ अभिन्न रूप से जुड़ चुका था। प्रस्ताव में कहा गया कि 1906 में सम्पन्न बरीसाल कॉन्फ्रेन्स में जब प्रथम बार 'वन्दे मातरम्' के नारों के बीच भूमि के लिये खून बहाया गया तब से सम्पूर्ण देश में बलिदान एवं कष्ट सहन की असंख्य घटनाएँ वन्दे मातरम् के साथ जुड़ी हुई हैं और इस मन्त्र का उच्चारण करते हुए स्त्री-पुरुषों ने मृत्यु का वरण करने में हिचक नहीं दिखायी है।[111]

बंकिम के राष्ट्रवादी चिंतन पर मुस्लिम विरोध का आरोप और उसका अनौचित्य

प्रायः विदेशी लेखकों ने और कतिपय भारतीय मुस्लिम लेखकों ने

उनके उपन्यासों में वर्णित कुछ प्रसंगों के आधार पर उन पर हिन्दू राष्ट्रवादी और मुस्लिम विरोधी होने का आरोप लगाया है। यह प्रश्न उनकी उपन्यास त्रयी व एक अन्य उपन्यास राजसिंह संदर्भ में महत्त्वपूर्ण हो जाता है। टी. डब्लू. क्लार्क और लियोनार्ड ए. गोर्डन ने स्पष्टयता यह अभिमत प्रकट किया है बंकिम मुस्लिम विद्वेषी थे। क्लार्क के मतानुसार ''बंकिम द्वारा किया गया मुसलमानों का उल्लेख सामान्यतया अमैत्री पूर्ण और अनेक स्थानों पर निश्चित रूप से विरोधपूर्ण है। जहाँ तक मैं उनके निबन्धों और उपन्यासों की जाँच कर पाया हूँ उन्होंने 'हिन्दू' और 'भारतीय' इन शब्दों को पर्यायवाची अर्थ में प्रस्तुत किया है। मैंने ऐसा कोई संदर्भ नहीं पाया है जिसमें 'भारतीय' की व्याख्या इस प्रकार की जा सके उसमें 'मुसलमानों' का भी समावेश हो।[112] लगभग इसी बात का समर्थन करते हुए गोर्डन लिखते हैं–इस उपन्यास (आनंदमठ) व बंकिम की अन्य कृतियों पर सम्मिलित रूप से विचार करने पर यही निष्कर्ष निकलेगा कि वे असंदिग्ध रूप से हिन्दू राष्ट्रवादी थे जो मुसलमानों को विघटनकारी और निर्मम विदेशी मानते हैं। जिन्होंने अपनी संस्कृति का हिन्दुओं की स्वदेशी संस्कृति से समन्वय नहीं किया तथा जिनका भारतीय जीवन में कोई योगदान नहीं था।[113] यह भी कहा गया है कि उन्होंने जिस प्रतीकवाद का प्रयोग किया उसका हिन्दू पाठकों पर सतत और गहरा प्रभाव पड़ा किन्तु साथ ही उसने मुस्लिम शासकों को विमुख कर दिया[114] और उनकी रचनाओं से जिस राष्ट्रवाद का पूर्वाभास मिलता है वह हिन्दू राष्ट्रवाद था।[115]

बंकिम पर मुस्लिम विद्वेष का भ्रांतिपूर्ण दोषरोपण केवल विदेशी लेखकों ने ही किया हो ऐसी बात नहीं है। मूर्धन्य भारतीय इतिहासज्ञ डॉ. आर.सी. मजूमदार ने भी उन्हें दृष्टि संकीर्णता से ग्रस्त मानते हुए उनके राष्ट्रवाद को हिन्दू राष्ट्रवाद करार दिया है। उनके अनुसार बंकिम का राष्ट्रवाद भारतीय नहीं हिन्दू राष्ट्रवाद था। यह उनकी अनेक रचनाओं से स्पष्ट हो जाता है जिनमें भारत के मुस्लिम आधिपत्य के विरुद्ध तीव्र आक्रोश व्यक्त किया गया है–उनके कुछ उपन्यासों की कथावस्तु हिन्दुओं और मुसलमानों के बीच

ऐतिहासिक संघर्षों पर आधारित है।[116] कई मुस्लिम लेखक भी उन्हें मुस्लिम द्वेषी के रूप में मानते थे इस बात को दो बंगाली मुसलमानों मुस्तफा नूरूल इस्लाम और सूफिया अहमद के शोध प्रबन्धों में भी भली भाँति दर्शाया गया है ऐसा गोर्डन का मत है।[117]

इस मामले पर बंकिम साहित्य व दर्शन के मर्मज्ञों ने गहराई से विचार किया और इस निष्कर्ष पहुँचे कि बंकिम पर मुस्लिमद्वेष का आरोप लगाना निराधार है और यह आक्षेप केवल राजनीति से प्रेरित है। इसमें तो सन्देह नहीं कि उन्हें प्राचीन हिन्दू गौरव के प्रति अगाध श्रद्धा थी और उसकी विद्यमान दुरावस्था से वे खिन्न भी थे और उनकी यह खिन्नता 'सीताराम' में भली भाँति प्रकट हुई है।[118] यह भी सही है कि उपन्यासत्रयी में आततायी व निर्दयी तत्कालीन मुस्लिम शासकों के प्रति आक्रोश का भाव दिखायी पड़ता है किन्तु मुस्लिम विरोध उनका लक्ष्य नहीं था। लक्ष्य था सभी प्रकार के अत्याचार, अनाचार व दमन का विरोध। मुस्लिम विरोध तो उसमें प्रसंगवश ही झलका है–क्योंकि उस समय वे सत्ताधरी थे और प्रजापीड़न करते थे। एक वर्ग या सम्प्रदाय के रूप में मुसलमानों का विरोध उनका अभीष्ट नहीं था। उनकी रचना 'राजसिंह' के उपसंहार में उनके निवेदन से यह बात स्पष्ट है। वे लिखते हैं–''हिन्दू होने से ही कोई अच्छा नहीं होता, और न मुसलमान होने से कोई बुरा होता है। अच्छे-बुरे दोनों में हैं वरन् यह भी स्वीकार करना होगा कि जब मुसलमानों का इतने दिनों तक भारत पर प्रभुत्व था, तब राजकीय विषय में वे उस समय हिन्दुओं से अवश्य श्रेष्ठ थे।[119] आनन्दमठ, 'सीताराम' और 'देवी चौधरानी' में उन्होंने पृष्ठभूमि के रूप में मुस्लिम ह्रास की कालावधि का चयन मुसलमानों के प्रति किसी द्वेष भाव के कारण नहीं बल्कि इस कारण किया है कि यह कालखण्ड उनकी कलात्मक एवं वैचारिक आवश्यकताओं के अत्यधिक अनुकूल हैं। रज़ाऊल करीम का मत है कि ''इसी पृष्ठभूमि में उन्होंने कतिपय जीवन्त चरित्र प्रस्तुत किये है। अतः प्रेम और घृणा का प्रश्न उनके संदर्भ में बिल्कुल बेमानी है।[120]

यद्यपि बंकिम को हिन्दुत्व के विशुद्धतम रूप से गहरा लगाव था। किन्तु अपने धर्म के प्रति उनकी निष्ठा का तात्पर्य अन्य धर्मों के प्रति किसी प्रकार का द्वेष भाव नहीं था। उनकी समस्त कृतियों में धार्मिक कट्टरता किसी भी रूप में दिखायी नहीं पड़ती। इसके विपरीत उन्होंने हिन्दू विचारों की ही व्याख्या इतने उदार रूप में की कि वे सर्वमान्य बन सकें। इसी प्रकार अपनी रचनाओं में वे कहीं भी एक धर्म के रूप से इस्लाम या जन के रूप में मुसलमानों की रंचमात्र भी निंदा करते दिखायी नहीं पड़ते। सर जादुनाथ सरकार ने लिखा है–आज तक कोई यह सिद्ध नहीं कर सका है कि बंकिमचंद्र ने इस्लाम के सत्यों व सिद्धान्तों को असत्य घोषित करने का प्रयास किया है या इसके संस्थापक को बुरा-भला कहा है।[121] यदि उनकी रचनाओं का ध्यानपूर्वक अध्ययन किया जाय तो स्पष्ट हो जाएगा कि उपन्यासकार के रूप में बंकिम का रोष ब्रिटिश सत्ता के विरुद्ध प्रकट हुआ है न कि मुसलमानों के विरुद्ध। आनंद मठ में संतान मुख्यतया कम्पनी के सिपाहियों से ही संघर्षरत होते हैं, 'देवी चौधरानी' में भी भवानी पाठक और देवी को पकड़ने का प्रयत्न अंग्रेजी ही करते हैं। मुस्लिम शासक पृष्ठभूमि में तिरोहित दिखायी पड़ते हैं। उन्होंने पतनोन्मुख मुस्लिम शासन की आलोचना उसके मुस्लिम होने के कारण नहीं बल्कि उसकी गुणवत्ताहीनता के कारण की है।

गुणावगुण के आधार पर शासकों के मूल्यांकन का उनका दृष्टिकोण सीताराम के चरित्र चित्रण से स्पष्ट है, जिसका सलाहकार चाँदशाह नामक मुसलमान फकीर है और उसी के परामर्श पर वह अपनी राजधानी का नामकरण मोहम्मदपुर करता है।[122] इसी उपन्यास में बंकिम हिन्दू आदर्शों से सीताराम के पतन का, श्री को प्राप्त करने में विफलता से खीझकर उसके द्वारा लोमहर्षक प्रजापीड़न का भी स्पष्ट चित्रण करते हैं। इस सन्दर्भ में सीताराम द्वारा श्री की साथिन भिक्षुणी जयन्ती को नग्न करके सार्वजनिक रूप से कोड़े लगाने का भीषण अहिन्दू आदेश उसके पतन की पराकाष्ठा का प्रतीक होने के कारण विशेष रूप से उल्लेखनीय है।[123] एक नायक के पतन व भ्रष्टता का इससे

अधिक विकराल चित्रण और क्या हो सकता है? बंकिम ने इस मामले में सीताराम को भी नहीं बख्शा है जिसे वे मुख्यतः बंगाल में मुस्लिम आधिपत्य का सफलतापूर्वक सामना करने वाले अंतिम हिन्दू शूरवीर के प्रस्तुत करना चाहते हैं। सीताराम के राज्य की घोर पतनावस्था से उद्भूत नैराश्य की मनःस्थिति में, फकीर चाँदशाह यह कहते हुए मक्का के लिये प्रस्थान कर देता है–जिस देश में हिन्दू रहते है। वहाँ न रहूँगा, यह मुझे सीताराम ने सीखा दिया है।[124] एक पतित हिन्दू राजा की क्या इससे तीव्रतर भर्त्सना हो सकती है? यदि बंकिम मुस्लिम विरोधी होते तो एक मुसलमान फकीर द्वारा हिन्दू राजा की ऐसी घोर निंदा नहीं करवाते। स्पष्ट है कि वे मानवीय मूल्यों से रहित शासन व्यवस्था के प्रति अत्यन्त कठोर रुख अपनाते हैं चाहे वे हिन्दू हों या मुसलमान।

'राजसिंह' उनका एक अन्य उपन्यास है कि जिस पर मुस्लिम विरोध का आरोप गलती से लगाया जाता है। ऐतिहासिक दृष्टि से यह मेवाड़ के राणा और मुगल सम्राट के बीच संघर्ष की कहानी है किन्तु इसमें जाति, धर्म या मुसलमानों के प्रति विद्वेष का कोई प्रश्न ही नहीं है। इसमें एक छोटे राज्य के शासक द्वारा शक्तिशाली मुगल सम्राट के आक्रमण के विरुद्ध अपनी स्वाधीनता की रक्षा के शौर्यपूर्ण प्रयास का चित्रण किया गया है। मूलतः इसमें साम्राज्यवादी आक्रमण के विरुद्ध अपनी स्वाधीनता की रक्षा के शौर्यपूर्ण प्रयास का चित्रण किया गया है। मूलतः यह साम्राज्यवादी आक्रमण के विरुद्ध देशभक्तिपूर्ण संघर्ष की शाश्वत गाथा है। राजसिंह एक शक्तिशाली ताकत के उग्र साम्राज्यवाद के शौर्यपूर्ण प्रतिरोध के प्रतीक हैं। पाठकों को किसी प्रकार की गलतफहमी न हो अतः उपन्यास के अन्त में बंकिम ने यह स्पष्ट कर दिया है–मात्र हिन्दू या मुसलमान होने का अच्छाई या बुराई से कोई सम्बन्ध नहीं है। बंकिम साहित्य में उभरने वाले चरित्रों में दोनों ही सम्प्रदायों के उत्तम व निकृष्ट पात्र दृष्टिगोचर होते हैं। कलात्मक दृष्टि से यह देखना रोचक प्रतीत होता है कि बंकिम द्वारा प्रस्तुत किये गये कुछ सर्वोत्कृष्ट पात्र मुस्लिम हैं।

आयशा[125] अपने सौन्दर्य, प्रेम व एक हिन्दू व्यक्ति जगतसिंह के प्रति एक निष्ठ अनुरक्ति का श्रेष्ठ उदाहरण है। बंकिम के नारी पात्रों में वह सर्वाधिक आकर्षक व प्रभावोत्पादक नायिका है। उस्मान और मुबारक[126] दोनों शूरवीर हैं और शौर्य में उदात्त गुणों से युक्त है। 'मृणालिनी' में मोहम्मदवली जैसा मामूली पात्र भी अपनी उदात्त भावनाओं के कारण उद्‌भासित दिखायी पड़ती है जबकि एक हिन्दू मन्त्री पशुपतिनाथ को घृणित देशद्रोही के रूप में चित्रित किया गया है।[127] बंकिम मूलभूत नैतिक मूल्यों में विश्वास रखते हैं, साम्प्रदायिक भेदभाव में नहीं। इन मूल्यों की वे धर्म की संज्ञा देते हैं।[128]

बंकिम पर बंगीय राष्ट्रवाद के प्रतिपादन का आरोप एवं उसका अनौचित्य

कुछ क्षेत्रों में यह धारणा प्रचलित है कि बंकिम का राष्ट्रवादी चिंतन सम्पूर्ण भारत के सन्दर्भ में न होकर केवल बंगाल के सन्दर्भ में था। डॉ. वामनबिहारी मजूमदार और डॉ. शंकर घोष ने दृढ़ता से इस मान्यता का प्रतिपादन किया हैं। डॉ. मजूमदार बंकिम के राष्ट्रवाद को एक उदात्त आध्यात्मिक आदर्श पर आधृत मानते हुए भी उसे एक गम्भीर दोष युक्त मानते हैं और वह है उसमें प्रान्तीयता का आत्यन्तिक समावेश। उनके अनुसार वे सदैव केवल बंगाल के सन्दर्भ में ही सोचते थे और भारतीय राष्ट्रवाद के समर्थन की वृहत्तर समस्याओं के बारे में उदासीन थे।[129] लगभग यही बात डॉ. घोष कहते हैं। उनके अनुसार 'वन्दे मातरम्' में बंकिम का माँ का सिद्धान्त बंगाल की धरती और हिन्दू देववाद के नारी पक्ष से सम्बद्ध है।[130] यह सही है कि उन्होंने बंगला भाषा, साहित्य व इतिहास के पुनरुद्धार के लिए निष्ठापूर्वक कार्य किया फिर भी यह कहना अनुचित होगा कि उनका दृष्टिकोण प्रांतीय था, अथवा यह कि भारतीय राष्ट्रवाद की वृद्धिमान चेतना से वे अछूते थे। थियोडर डी ब्रे का मत है कि चूँकि उन्होंने अपनी अपनी रचनाएँ बंगला भाषा में लिखी हैं इस आधार पर उनके साथ बंगाली राष्ट्रवाद के प्रेरक का विशेषण जोड़ देना

उचित नहीं है।[131] उनकी कृतियों में एक तीव्र भारतव्यापी चेतना, देशव्यापी अपील और उपयुक्तता दिखायी पड़ती है और इसके पक्ष में अनेक प्रमाण प्रस्तुत किये जा सकते हैं–

(1) 1873 ई. बंगदर्शन में उन्होंने श्री राजनारायण वसु की पुस्तक हिन्दू धर्म की श्रेष्ठता की समालोचना के सन्दर्भ में लिखा था–भारत का जयोच्चारण करते हुए मेरा वक्तव्य है–

मिले सब भारत सन्तान, एक तान मन प्राण
भारत भूमिर तुल्य आछे कौन स्थान?
कौन अद्रि हिमाद्रि समान?
फलवती बसुमती स्रोतवती पुण्यवती,
शतखनि रतनेर निधान।
होक भारतेर जय, जय भारतीय जय...।

राजनारायण बाबू की लेखनी पर पुष्पचंदन की वृष्टि हो। यह महागीत सम्पूर्ण भारत के लिये राष्ट्रगीत बने। हिमालय की कन्दराएँ गूंज उठें। गंगा, जमुना, सिन्धु, नर्मदा और गोदावरी के तटों पर स्थित प्रत्येक वृक्ष मर्मरित हो उठे। पूर्व और पश्चिम के सागर के गम्भीर गर्जन से मंद्रीभूत हो विंशति कोटि भारतवासियों का हृदयतन्त्र उसके साथ बजता रहे।[132]

(2) बंकिम राष्ट्र में एकानुभूति के अभाव से बहुत व्यथित थे। अपने लेख 'भारत कलंक'' में इस बारे में उन्होंने लिखा भारत में भाषा भेद, राज्यभेद, धर्मभेद के कारण एक जातीयता कहाँ टिक सकती थी। सागर के भीतर मत्स्य दल की तरह भारतवर्ष के लोग एकता से शून्य हो गये।[133]

(3) भारत में राष्ट्रीय एकता के मार्ग में बाधक तत्वों का उल्लेख व उनके निराकरण पर बल देते हुए एक अन्य लेख में उन्होंने लिखा ''इस समय हम लोगों के भीतर उच्च श्रेणी और निम्न श्रेणी के बीच कुछ भी सहृदयता नहीं है। उच्च श्रेणी के सुशिक्षित लोग मूर्ख दरिद्र लोगों के किसी दुःख से दुःखी

नहीं होते। मूर्ख दरिद्र लोग सुशिक्षित लोगों के किसी सुख से सुखी नहीं हैं। इस समय पर परस्पर सहृदयता का अभाव ही देशोन्नति के लिये प्रधान रुकावट है।...अगर शक्तिशाली लोग अशक्त लोगों के दुःख में दुःखी और सुख में सुखी न हुए तो, फिर उनको उबारेगा कौन? और अगर सर्वसाधारण का उद्धार न हुआ तो फिर शक्तिशाली लोगों की उन्नति कहाँ हुई?[134] एक अन्य लेख 'बंगदर्शनेर' पत्र सूचना में उन्होंने भारत में विद्यमान विविध प्रजाति व भाषा समूहों के प्रयत्नों व चिंतन में एकरूपता लाने पर बल दिया है।[135]

(4) ''भारतकलंक'' नामक लेख में उन्होंने भारतवर्ष की पराधीनता के कारणों का विवेचन करते हुए इस सम्बन्ध में प्रचलित अनेक मिथ्या धारणाओं का खंडन किया है। वे हिन्दुओं को 'हीनबल' कहे जाने की मान्यता का खोखलापन स्पष्ट करते हैं। उनकी सुदृढ़ मान्यता है कि प्राचीन भारत ने सदैव विदेशी हमलों का कड़ा विरोध किया। इस पंक्तियों में उनका राष्ट्रीय स्वाभिमान झलकता है–पृथ्वी पर ऐसी कोई जाति नहीं है और शायद कभी न थी जिसने पन्द्रह सौ वर्षों तक प्रबल जातियों के आक्रमण रोककर इतने दिनों तक अपनी स्वतंत्रता की रक्षा की हो।[136]

(5) वे स्पष्टतया राष्ट्रनिर्माण के सन्दर्भ में अन्तरप्रान्तीय एकता पर बल देते हैं। उनके अनुसार ऐसे अनेक विचार हैं जो बंगाल की सीमाओं से परे सम्पूर्ण भारत में प्रसारित होने चाहिये। बंकिम भारत के सही इतिहास अर्थात् भारतीय दृष्टिकोण से लिखित भारतीय इतिहास के अभाव पर दुःख प्रकट करते हैं।

(6) अमलेश त्रिपाठी ने अपनी कृति 'दि एक्स्ट्रीमिस्ट चेलेंज' में बंकिम के व्यापक दृष्टिकोण पर बल देते हुए उन पर प्रादेशिकता के आरोप का बहुत सटीक खंडन किया है। उसके अनुसार आनंदमठ के सम्मोहन के अन्तर्गत हम प्रायः भूल जाते हैं कि स्वयं बंकिम ने इस उपन्यास के अन्त में प्रादेशिक राष्ट्रवाद की पूर्ण व्यर्थता को दर्शाया है।[137]

उपर्युक्त उदाहरण यह दर्शाते हैं कि बंकिम निर्भ्रान्तरूप से भारतीय एकता व राष्ट्रत्व की नवोदित चेतना के प्रति जागरूक थे। इस रोमांचक अन्तःप्रेरणा ने उनके सम्पूर्ण व्यक्तित्व को प्रभावित किया। वे राष्ट्रीय एकता व राष्ट्रीय पुनरुत्थान के लिये उत्कंठित थे ताकि सम्पूर्ण भारत वर्ष एकता के सूत्र में बंध सके।

क्या बंकिम पुनरुत्थानवादी थे?

कतिपय लेखकों द्वारा बंकिम को हिन्दू नवोन्मेषवादी का अभिधान भी प्रदान किया गया है। उदाहरण के तौर पर टी. डब्लू. क्लार्क के इस कथन में 'बंकिम की रचनाओं में राष्ट्रवाद की जिस अवधारणा का पूर्वाभास मिलता वह है हिन्दू राष्ट्रवाद था'[138] यही स्वर उभरता है। अनेक भारतीय बुद्धिजीवी और लेखक भी उन्हें नवोन्मेषवादी के रूप में देखने समझने के आदी हैं। क्या वस्तुतः वे हिन्दू नवोन्मेषवाद के अगुआ थे? बंकिम की इस लोकछवि पर निष्पक्ष रूप से विचार करना आवश्यक है।

नवोन्मेष में अतीताभिमुख होना सन्निहित है। उस अर्थ में इस प्रक्रिया का प्रारम्भ राजा राममोहनरॉय से हुआ, जिन्होंने पश्चिम की ओर अपने समस्त झुकाव के बावजूद हिन्दुत्व की वास्तविक और सही चेतना की पुनः स्थापना का प्रयास किया। भारतीय पुनर्जागरण की इच्छा, न्यूनाधिक रूप से सभी सुधारकों में विद्यमान थी। पुनर्जागरण के पहिले दौर में पश्चिम का प्रभाव अधिक परिलक्षित हुआ जबकि दूसरे दौर में हिन्दुत्व का प्रभाव मुखरित हुआ। चूँकि बंकिम इस दूसरे दौर से सम्बद्ध थे फलतः हिन्दूधर्म की श्रेष्ठता में उनका विश्वास था और अपने देशवासियों के सामाजिक, नैतिक व आध्यात्मिक मार्गदर्शन के रूप में वे इनके पुरातन सार के पुनरुद्धार के इच्छुक थे। यदि इसका अभिप्राय नवोन्मेष है तो बंकिम को नवोन्मेषवादी कहा जा सकता है किन्तु उनकी दृष्टि किसी प्रकार के सम्प्रदायवाद या रूढ़िवादिता से कभी धुँधली नहीं हुई। परिणामतः उनका हिन्दुत्व सम्बन्धी सिद्धान्त उदार व

सार्वभौम है जिसमें उसकी समान बाह्य व अनावश्यक निष्ठाओं के लिये कोई स्थान नहीं है। हिन्दूत्व की पुनर्व्याख्या करते समय उन्होंने अपने देशवासियों के सम्मुख तुष रहित दाना[139] रखा।

ये पुनरुत्थानवादी चिंतन के लक्षण नहीं कहे जा सकते। अनेक बार अतीत की ओर सश्रद्ध दृष्टि से देखने का अर्थ होता है वर्तमान और भविष्य से मुँह फेर लेना। कई मामलों में पुनरुत्थान चुनौतियों से बचने का आसान उपाय बन जाता है लेकिन बंकिम न तो पलायनवादी हैं और न वास्तविकता का सामना करने से कतराते हैं। अतीत से ग्रहण किये गये अपने विचारों की वे समकालीन समाज से संगति स्थापित करते हैं। वस्तुतः भारत के भव्य अतीत को पुनर्जीवित करने के उनके प्रयास विद्यमान सामाजिक व नैतिक दशाओं की तीव्र अनुभूति से जुड़े हुए हैं। जिस तरीके से उन्होंने पाश्चात्य तर्कणावाद से गहरी प्रेरणा ग्रहण की और अन्त तक उससे प्रभावित रहे, एक महत्वपूर्ण विचारणीय तथ्य है। उनके द्वारा धर्मशास्त्रीय अलौकिकता या तत्त्वशास्त्रीय प्रत्यय का प्रबल अस्वीकरण एक सकारात्मक धर्म व नैतिकता के लिये उनकी तर्क संगत योजना, आध्यात्मिक आधारयुक्त वैज्ञानिक भौतिकवाद का उनका समर्थन आदि ऐसे तथ्य हैं जो उन्हें तीव्र समकालीन चेतनायुक्त व्यक्ति के रूप में प्रतिष्ठित करते हैं।[140] जब कभी वे हिन्दू धर्म और नीतिशास्त्र का विवेचन करते हैं, वे यह बताने से नहीं चूके हैं कि एक हिन्दू का आध्यात्मिक और आधि भौतिक जीवन उसे पूर्ण मनुष्य बनाने हेतु पूरक रूप में परस्पर सुसम्बद्ध किया जाना चाहिये। दूसरे शब्दों में उन्होंने हिन्दू धर्म और नीतिशास्त्र का प्रयोग सुदूर अतीत की और उन्मुख होने के समर्थन के रूप में नहीं किया वरन् उनकी व्याख्या इस रूप में की है कि वे राष्ट्र के सामाजिक व राजनीतिक चिंतन की प्रगति की ओर ले जा सकें।

इस तथ्य को भी दृष्टिगत रखना आवश्यक है कि बंकिम पुनर्जागरण के दूसरे चरण में कार्यक्षेत्र में उतरे थे जब तक नवोन्मेषवाद की अनुगूँज वातावरण

में व्याप्त हो चुकी थी। बंकिम ने उस भावना को आत्मसात् कर अपनी रचनाओं के माध्यम से उसका प्रतिबिम्ब समाज पर डाला जिसका समकालीन चिंतन पर गहरा असर पड़ा किन्तु उन्होंने हिन्दुत्व को एक संतुलित तार्किक व परिष्कृत रूप में प्रस्तुत किया। उन्होंने तर्क और विवेक को रूढ़िवादिता या अप्रबुद्ध विश्वासों से आच्छादित नहीं होने दिया जैसा कि डॉ. ताराचंद का मत है–''उनके हिन्दुत्व में मानव के साकल्य (whole) का समावेश है और उनका उद्देश्य है पाश्चात्य चिंतन के प्रभुत्व को उतार फेंकने व जनसाधारण से उनकी भाषा में बात करने हेतु एक स्वतन्त्र दृष्टिकोण का विकास करना।

बंकिम और क्रांतिकारी आन्दोलन

यह कहना अतिशयोक्ति न होगी कि बंकिम के विचार और चिंतन, उनके स्वप्न और कल्पना शक्ति, उनकी आशाओं व आकांक्षाओं ने स्वदेशी उथल-पुथल और बंगभंग विरोधी आन्दोलन की सैद्धान्तिक पृष्ठभूमि का निर्माण किया। स्वदेशी आंदोलन के दमन की प्रतिक्रिया स्वरूप क्रांतिकारी आन्दोलन की प्रेरणा स्रोत बंकिम की रचनाएँ बनीं। दमनचक्र के बढ़ने के साथ ही यह आन्दोलन (स्वदेशी) भूमिगत हो गया और सम्पूर्ण बंगाल में कई क्रांतिकारी समितियों का निर्माण हुआ। इनमें सर्वाधिक शक्तिशाली थी अनुशीलन समिति। शीर्षस्थ क्रांतिकारी इससे सम्बद्ध थे। इस समिति का नामकरण ही बंकिम के 'धर्मतत्व अनुशीलन' के आधार हुआ था। न केवल अभिधान वरन् ठोस कार्य की दृष्टि से भी इस समिति ने इस पुस्तक में निरूपित आदर्शों के अनुकूल बनने की चेष्टा की अर्थात् शारीरिक बल संवर्द्धन पर विशेष बल देते हुए व्यक्तित्व का सर्वांगीण विकास। यह भी उल्लेखनीय है कि 'वन्दे मातरम्' क्रांतिकारियों के लिये आवश्यक शपथ का अंग था। यह शपथ स्वयं, जिसमें सदस्यों के लिये कठोर अनुशासन, सांसारिक बंधनों का पूर्ण त्याग और आत्म बलिदान के लिये सन्नद्धता का समावेश था–ठीक उसी शपथ की भांति थी जो 'आनंदमठ' के संतानों द्वारा ग्रहण की जाती थी।

बंकिम के विचारों को गहनरूप से आत्मसत् करने वाले श्री अरविन्द

क्रांतिकारी गतिविधियों के प्रेरणा स्रोत थे, जबकि उनके अनुज वारीन्द्र इन कार्यों के अगुआ थे। श्री अरविन्द द्वारा लिखित पुस्तिका 'भवानी मंदिर' जिसमें सुदूर वन्य प्रान्तर में धार्मिक मठ की स्थापना की बात कही गयी है, जो मातृभूमि की मुक्ति के लिये समर्पित राजनीतिक सन्यासियों की आश्रय स्थली के रूप में चित्रित हुआ है।[142] निस्सन्देह यह सारी कल्पना बंकिम के आनन्दमठ के अनुरूप ही थी। स्वदेशी आन्दोलन के दौरान जागरण का शंखनाद करने वाले श्री विपिनचंद्रपाल द्वारा स्थापित और श्री अरविन्द द्वारा सम्पादित पत्र का नाम भी 'वन्दे मातरम्' रखा गया था।

क्रांतिकारियों के मानस और गतिविधियों को समझने में देवी चौधरानी और आनंदमठ काफी हद तक सहायक सिद्ध होते हैं। क्रांतिकारी राष्ट्र की स्वतंत्रता हेतु पूर्ण आत्म बलिदान की भावना से आप्लावित थे। वे 'आनंदमठ' के सन्तानों की भाँति 'करो या मरो' में विश्वास रखते थे। मैं स्वदेश के लिये अपने जीवन का बलिदान करूँगा इस मर्मस्पर्शी प्रतिज्ञा ने, जो 'आनंदमठ' के पुरोवाक् में गहन अरण्य की अर्द्ध रात्रिकालीन भयावह निस्तब्धता को भंग करती है, युवा क्रांतिकारी के हृदय को आलोड़ित अवश्य किया होगा जिन्होंने राष्ट्र की मुक्ति के लिए संकटापन्न मार्ग चुना था। इस सन्दर्भ में यह उल्लेखनीय है कि लन्दन में सर कर्जन वॉयली की हत्या के फलस्वरूप मृत्युदण्ड से दण्डित मदनलाल धींगड़ा ने 'वन्दे मातरम्' का उच्चारण करते हुए ही मृत्यु का वरण किया था।

स्वाभाविक रूप से एक प्रश्न यह उठता है कि यदि बंकिम इस समय (क्रांतिकारी आन्दोलन का समय) तक जीवित होते तो इन सभी बातों के प्रति उनकी प्रतिक्रिया क्या होती? क्या वे अपनी कतिपय रचनाओं के आतंकवादी प्रयोग को उचित मानते अथवा नहीं, यह तो अनुमान का विषय है किन्तु इस बात को समझने के लिये बंकिम के 'शक्ति सिद्धान्त' का सन्दर्भ देना आवश्यक है। उन्होंने राज्यतन्त्र में शक्ति प्रयोग निषेध कभी नहीं किया, और न ही वे विशुद्ध अहिंसा में विश्वास करते थे। उदाहरण के लिये 'दुर्गेशनंदिनी',

'मृणालिनी', 'राजसिंह' और 'आनंदमठ' प्रभृति उनके उपन्यास एक ही भावना से ओतप्रोत हैं।—स्वतन्त्रता या आत्मरक्षा के लिये संघर्ष। दूसरे शब्दों में बाह्य आक्रमणों या एक अन्यायी शासन के दमन के विरुद्ध और अपने देश व समाज की रक्षा करने हेतु लोगों को देशभक्तिपूर्ण दायित्व का बोध कराना। इसी प्रकार धर्मतत्व में वे यह विचार प्रकट करते हैं कि यदि देश की रक्षार्थ युद्ध लड़ना पड़े तो उसे अनैतिक या अन्यायपूर्ण नहीं का जा सकता।[143] उन्होंने शारीरिक प्रशिक्षण एवं दृढ़ता पर भी बल दिया। 'देवी चौधरानी' में प्रफुल्ल को देवी चौधरानी बनने हेतु कठोर शारीरिक प्रशिक्षण प्राप्त करना पड़ा था। कृष्ण चरित्र में वे अपने सिद्धान्त की व्याख्या कृष्ण के सन्देश के सन्दर्भ में करते हैं अर्थात् सभी प्रकार की हिंसा आवश्यकतः पाप नहीं होती तथा अनैतिक हिंसा का मुकाबला करने हेतु बल प्रयोग सर्वथा उचित है किन्तु वे शक्तिलिप्सा या निजी स्वार्थ के लिये बल प्रयोग को कभी उचित नहीं ठहराते।

यदि बल प्रयोग की आवश्यकता पड़ ही जाए तो ऐसा केवल धर्म की रक्षार्थ अर्थात् लोक कल्याण के लिये किया जाना चाहिये। आनन्दमठ और देवी चौधरानी दोनों में मुख्य कार्य विधि के रूप में प्रयुक्त बल अन्ततः अनावृत होता है जब आनन्दमठ में चिकित्सक यह कहता है कि बुरे साधनों से उत्तम लक्ष्य प्राप्त नहीं किये जा सकते और देवी चौधरानी दस्युनेत्री बने रहने से इन्कार करके एक सामान्य गृहिणी के जीवन को अंगीकार करती है। वस्तु स्थिति यह है कि कुछ परिस्थितियों के अन्तर्गत बल प्रयोग की आवश्यकता से इन्कार न करते हुए भी बंकिम इसे बुराईयों के निराकरण का एक मात्र या प्रमुख उपाय नहीं मानते थे एवं भौतिक बल को बौद्धिक शक्ति की अपेक्षा हीन मानते थे। उन्होंने लोक कल्याण के आदर्श पर आधारित एक नैतिक समाज का स्वप्न देखा था जिसमें भौतिक बल के स्थान पर प्रबुद्ध जनमत द्वारा मानवीय सम्बन्धों का नियमन होगा।

वे मूलतः एक सृजनात्मक चिंतक थे। उनका यह मन्तव्य कभी नहीं रहा कि उनकी कृतियाँ क्षणिक उत्तेजना या आकस्मिक हिंसा की प्रेरणा स्रोत बनें।

वे तो चाहते थे कि उनके विचार राष्ट्र के मानस में गहरे रूप से उतर जाएँ और उसकी नैतिक ऊर्जस्विता का निर्माण करें ताकि राष्ट्र अपने जातीय आदर्शों के अनुकूल बन सके। उनकी यह मान्यता थी कि हिंसक क्रोध एवं उत्तेजना के आकस्मिक दौरे मूलतः राष्ट्र की समस्याओं को हल करने में समर्थ नहीं हो सकते।

बंकिम विषयक कतिपय भ्रान्त मान्यताएँ और उनका खोखलापन

देश की मुक्ति के लिये आवश्यक उपादानों के बारे में दूरदृष्टि रखने वाले बंकिम के बारे में जिन्हें योगी अरविन्द "ऋषि" का विशेषण प्रदान करते हैं, कुछ ऐसी हास्यास्पद बातें कही गयी हैं जिसकी समालोचना करना आवश्यक है ताकि आध्यात्मिक राष्ट्रवाद के मंत्र प्रदाता के रूप में उनकी अम्लान छवि सम्मुख आ सके। एक व्यस्त सरकारी अधिकारी के संकीर्ण घेरे से बाहर निकल कर उन्होंने राष्ट्रनिर्माण का पथ प्रशस्त किया। अतः यह कहना कि उन्हें लाखों जनसाधारण के भाग्य को प्रभावित करने वाले प्रश्नों पर सोच-विचार करने का न तो अवकाश था न अवसर। अतः उनके विचारों में हमें भारत की आर्थिक दशा, वांछनीय संवैधानिक परिवर्तन आदि के रूप में कुछ दिखायी नहीं पड़ता[144] तथ्यों के प्रति पूर्ण अनभिज्ञता का कारुणिक प्रदर्शन ही कहा जा सकता है क्योंकि बंकिम निबंधावलि में अनेक ऐसे निबन्ध हैं जिनमें उन्होंने देश की राजनीतिक पराधीनता, आर्थिक दुरावस्था आदि का भली-भाँति विश्लेषण किया है।

कांग्रेस के मितवादी नेताओं द्वारा चलाये जा रहे संवैधानिक आन्दोलन के खोखलेपन को उन्होंने काफी उग्र भाषा में प्रकट किया। अपनी रचनाओं 'लोक रहस्य' एवं 'कमलाकांतेर दफ्तर' में उन्होंने निर्मम रूप से इसकी निस्सारता का पर्दाफाश किया। यहीं नहीं 'अनुकरण' नामक लेख में बंकिम ने शिक्षित वर्ग द्वारा अपनी संस्कृति व परम्परा की अवहेलना व पश्चिमी जीवन पद्धति का अन्धानुकरण किये जाने की तीव्र भर्त्सना की है और उनका तीखा

व्यंग्य सम्बद्ध व्यक्तियों को मर्माहत और प्रबुद्ध पाठक को सोचने हेतु विवश करने में पूर्ण समर्थ है। 'नव्य बाबूओं के चरित्र का विश्लेषण करते हुए वे लिखते हैं 'विधाता ने शृगालों से शठता, श्वानों से खुशामद और भिक्षानुराग, भेड़ों से भीरुता, वानरों से अनुकरण पटुता और गर्दभों से गर्जन–इन सब गुणों का संग्रह करके दिग् मंडल को उज्जवल करने वाले, भारतवर्ष के एकमात्र भरोसे और भट्ट मोक्षमूलर के आदर के स्थान, नव्य बाबुओं को समाजाकाश में उदित किया है...। जिस तरह क्षीर सागर का मन्थन करने से जगत्प्रकाशक चन्द्र निकला था, उसी तरह पशु चरित्र सागर के मन्थन से ये अनिन्दीय बाबू चन्द्रमा निकल कर भारतवर्ष को उजाला दे रहे हैं।[145] इन पंक्तियाँ में कितना प्रहार और तीखा व्यंग्य है, इसे आसानी से समझा जा सकता है।

'लोक शिक्षण' नामक लेख में उन्होंने लोकशिक्षण की महती आवश्यकता को भली-भाँति समझाया है। उसके अभाव से होने वाले अनिष्ट की चर्चा करते हुए प्राचीन भारत में उसके प्रचलन की विधि को भी स्पष्ट किया है। शिक्षित वर्ग की जनसाधारण के प्रति घोर उदासीनता पर उन्होंने कड़ा प्रहार किया है। वे लिखते हैं–"जो लोग भारत की तरह-तरह की उन्नति करने में लगे हैं, वे लोक-शिक्षा की बात पर ध्यान नहीं देते। अपनी विद्या बुद्धि प्रकट करने में ही लगे रहते हैं।" किसानों के प्रति उनकी चिन्ता की अभिव्यक्ति इस प्रकार हुई है–"शिक्षित लोग अशिक्षितों के ऊपर दृष्टि नहीं डालते। कल्लू किसान के दिन किस तरह बीतते हैं? उसे क्या सुख है और क्या दुःख है उस पर हमारे यहाँ के शिक्षित बाबू लोग रत्ती भर भी ध्यान नहीं देते।[146]

स्वभाषा और साहित्य के प्रति उन्हें तीव्र अनुराग था। उनका विचार था कि स्वभाषा की उन्नति के अभाव में हम मूक बन गये हैं और अपनी पीड़ा निःशब्द झेलने को मजबूर हो गये हैं। जनसाधारण की व्यथा से विगलित उनका स्वर फूट पड़ा–"करोड़ों अशिक्षितों के मूक रुदन से आकाश फटा जाता है पर वे क्या करें? उनके पास भाव प्रकट करने को भाषा नहीं है

सुशिक्षित लोग उनसे मिलकर, देशी भाषा में अपना वक्तव्य प्रकट कर उन्हें शिक्षित नहीं बनाते।[147] स्वभाषा की प्रतिष्ठा की आवश्यकता को उजागर करते हुए उन्होंने लिखा, हम चाहे जितना अंग्रेजी पढ़ें, अंग्रेजी में बात-चीत करें और लिखें लेकिन वह सियार के सिंह की खाल ओढ़ने से सिवाय और कुछ नहीं होगा। गिल्ट से खालिस पीतल अच्छी...। देश के सब लोग अंग्रेजी नहीं समझते और उनके कभी समझने की आशा नहीं की जा सकती। जिस बात को देश के सब लोग नहीं सुनते या समझते, उससे समाज की कोई विशेष उन्नति नहीं हो सकती।[148] उपर्युक्त सभी तथ्य उन्हें देश की विभिन्न समस्याओं के प्रति एक जागरूक चिंतक के रूप में प्रस्थापित करते हैं।

जहाँ तक राजनीति का प्रश्न है, उन दिनों जिस प्रकार का आन्दोलन प्रेस व मंच के माध्यम से संचालित किया जा रहा था उसके प्रति उन्हें रोष था। लोकाधारित न होने की वजह से उनके अनुसार वह अवास्तविक था। ये आन्दोलन आंग्लभाषी शिक्षित वर्ग तक सीमित थे। नगराधारित व पोषित इन आन्दोलनों की पिछड़े हुए देहाती इलाकों में निवास करने वाले विशाल जनसमुदाय के जीवन में कोई प्रतिध्वनि सुनायी नहीं पड़ती थी। जन-साधारण के जीवन से दूर सम्मेलनों, सभाओं में निस्तेज प्रस्ताव पारित करने की राजनीति के लिये वे कठोर शब्दों का प्रयोग करते हैं। व्यर्थ की भाषणबाजी पर करारा व्यंग्य कमलाकांत में इस प्रकार उभरा है। एक बुद्धिमान भौंरा कमलाकान्त के कानों में कुछ सच्चाईयाँ का गुँजन करता है–'भौंरा गुँजन करता है, शहद इकट्ठा करता है, आवश्यकता पड़ने पर डंक मारता है, किन्तु इस देश में लोग केवल चिल्लपौं मचाते हैं, निरर्थक बातों में समय गँवाते हैं, डंक मारना तो दूर कोई सार्थक काम भी नहीं करते। किन्तु बंकिम ध्वंसात्मक आलोचना मात्र से सन्तुष्ट रहने वाले नहीं थे। देश की मुक्ति के लिये आवश्यक कार्यों के विषय में उनकी भावनात्मक दृष्टि थी। उन्होंने स्पष्टतः देख लिया था कि 'ऊपरी शक्ति का मुकाबला प्रबलतर प्रतिकारी निम्नस्थ शक्ति द्वारा होना चाहिये अर्थात् दमनकारी राजकीय शक्ति का सामना विद्रोही राष्ट्रीय शक्ति

द्वारा किया जाना आवश्यक है।[149] बंग देशेर कृषक में उन्होंने लॉर्ड कॉर्नवालिस के स्थायी बन्दोबस्त के शिकार गरीब किसानों के प्रति गहरी सहानुभूति प्रकट की है। उन्होंने इसे अंग्रेजों के नाम पर स्थायी धब्बा बताया।[150]

बंकिम पर एक आरोप यह भी लगाया जाता है कि 'उनकी दृष्टि में कोई राजनीतिक कार्यक्रम नहीं था। उन्हें देश में विद्यमान शासन व्यवस्था से इतनी शिकायत नहीं थी, जितने कि वे अपने ही देशवासियों के दोषों से खिन्न थे।[151] यह बात भी असत्य है क्योंकि बंकिम ने तत्कालीन प्रशासन व्यवस्था की कठोर आलोचना की है। इस बारे में उनकी प्रतिक्रिया उनकी अनेक रचनाओं में विकीर्ण है। बंगाल में प्रचलित ब्रिटिश प्रशासन की अमानवीयता का उन्होंने बांगला शासनेर काल में अत्यन्त सजीव चित्रण किया है। उनके व्यंग्यात्मक रेखाचित्र "मुन्शीराम गुरेर जीवन चरित" में डिप्टी मजिस्ट्रेट पद का खोखलापन प्रकट किया गया है। उस समय विद्यमान न्याय व्यवस्था के बारे में तो उन्होंने निर्भीकतापूर्वक कहा—न्यायालय और वेश्यालय एक समान हैं। दोनों में बिना पैसे प्रवेश नहीं मिल सकता।[152] इन तथ्यों के आधार पर यह सिद्ध किया जा सकता है कि बंकिम के बारे में संकीर्ण दृष्टि, देश काल के प्रति उदासीनता बरतने आदि की बातों का उल्लेख तथ्यों को जान-बूझकर झुठलाना है। वस्तुतः वे अत्यन्त व्यापक दृष्टिकोण एवं सूक्ष्म अन्तर्दृष्टि वाले चिन्तक थे जिन्होंने एक साथ कई मोर्चों पर काम किया और सव्यसाची की भांति शर संधान करके राष्ट्र निर्माण के पथ कंटकों को दूर करने का पूर्ण रूप से प्रयत्न किया। समाज के विभिन्न वर्गों में एकानुभूति के अभाव से बंकिम व्यथित थे। समकालीन परिस्थिति पर टिप्पणी करते हुए 'बंगदर्शन' के प्रथम अंक में ही उन्होंने लिखा था, इस समय हमारे निम्नवर्गीय और उच्च वर्गीय लोगों में परस्पर कोई सहानुभूति नहीं है। उच्च और निम्न वर्ग के बीच सहानुभूति का यह अभाव देश की प्रगति में सबसे बड़ी बाधा है...। यदि सम्पूर्ण जनता का उत्थान नहीं होता है तो शक्तिशाली वर्ग का सुधार भी

कैसे संभव है।[153] उनके जीवनकार्य एवं देन के सम्बन्ध में श्री अरविन्द का कथन सर्वथा उपयुक्त है कि 'जब भावी पीढ़ियाँ भारत के निर्माताओं का स्तुतिगान करेंगी तो वे अपने भव्यतम जयपत्र न तो पदलोभी राजनीतिज्ञों के प्रस्वेदित ललाट और न ही किसी मुखर समाज सुधारक के संकीर्ण भाल पर चढ़ाएँगी वरन् वे यह सम्मान उस कृपालु बंगाली को देंगी जिसने प्रकृति की भाँति मौन रहकर अपना कार्य किया और चूँकि उनका (बंकिम) एक मात्र उद्देश्य अपना सर्वोत्तम देश को अर्पित करना था, वे एक भाषा, साहित्य एवं राष्ट्र का सृजन करने में समर्थ हुए।[154]

जिस युग में ब्रिटिश आधिपत्य को भारत में शिक्षित समुदाय द्वारा एक दैवी विधान व ईश्वरीय कृपा के रूप में स्वीकार किया जा रहा था और राष्ट्रीय स्वाभिमान की लौ बिल्कुल निष्प्रभ हो चुकी थी, बंकिम ने राष्ट्रवाद को, देशभक्ति की भावनाओं को ऐसे उदात्त रूप में प्रस्तुत किया कि वह जड़ हो चुके राष्ट्र को स्फूर्ति प्रदान करने में सफल हुआ, उनकी रचनाओं में जहाँ विदेशी सत्ता के सम्मुख पराभव की व्यथा उभरी है वहीं अपने त्याग एवं बलिदान द्वारा उस हीनस्थिति से उबारने का सन्देश भी निहित है। देशवासियों में राजनीतिक मानसिकता उत्पन्न करने हेतु उन्होंने धार्मिक प्रतीकों व आध्यात्मिक आदर्शों का प्रयोग किया। वे अपने राष्ट्र के मानस को भली-भाँति समझते थे। अतः राजनीतिक दृष्टि से अपने सर्वाधिक प्रभावशाली उपन्यास आनंदमठ में उन्होंने धार्मिक व देशभक्ति परक प्रतीकों का संयोजन किया जिसमें बंगाल की दो महत्वपूर्ण धार्मिक परम्पराओं वैष्णव और शाक्त का समन्वय दिखायी पड़ता है। आनंदमठ की प्रेरणा देशकालातीत है और जनसाधारण के अधिकारों व सुविधाओं हेतु चलने वाले सभी आन्दोलनों का आधार बन सकती है। इसी दृष्टिकोण से महान् गीत वन्देमातरम् का सही मूल्यांकन हो सकता है।

उनके द्वारा वन्दित माँ केवल मातृभूमि नहीं वरन् देवत्व का अधिष्ठान है। एक दैवीय व्यक्तित्व के रूप में माँ अपनी सन्तानों को ही शक्ति प्रदान करती

है, न किसी राजा या अधिनायक को। एक अन्य उल्लेखनीय बात यह है कि सन्तानों की अदम्य आवाज युद्धघोष के साथ-साथ राष्ट्रीय आकांक्षाओं को भी उच्च स्वर से घोषित करती है। माँ के रूप में वह उन सभी बातों का प्रतिनिधित्व करती है जो घरेलू जीवन में पवित्रतम हैं। उससे श्रेष्ठतर कुछ नहीं है। बंकिम ने आनंदमठ में सन्तानधर्म को एकनिष्ठ साधना के रूप में प्रस्तुत किया है। ईश्वरत्व के बारे में समस्त विचारों की प्रतीक, एक सर्वव्यापी परमशक्ति के रूप में वह अन्य सभी बन्धनों से मुक्ति की माँग व अपनी आराधना में अन्य सभी निष्ठाओं का निषेध करती है। उसके प्रति समर्पण खंडशः होने की कोई गुँजाइश नहीं है। माँ की पुकार कितनी पूर्ण और अनन्य है, इसका प्रमाण सत्यानंद के दो प्रमुख सहायकों भवानंद और जीवानंद में देखा जा सकता है। भवानंद की फिसलन व जीवानंद का अत्युच्च संयम सन्तानधर्म में निहित कठिनाई व त्याग की पराकाष्ठा के प्रतीक हैं। आनंदमठ और वन्दे मातरम् का हमारे राष्ट्रीय आन्दोलन के इतिहास में अनन्य स्थान है। यथार्थ में आकार ग्रहण करने से पूर्व भावों और कल्पनालोक में किसी राष्ट्र का उद्‌भव अनिवार्य है। रोमांचक घटनाओं व क्रियाशीलता के दृश्य से परे रहकर चिंतनशील मनीषी सामाजिक गतिशीलता हेतु आवश्यक सामग्री प्रदान करते हैं। आनंदमठ ने समकालीन भारत को एक लघु स्तर पर ऐसी ही सामग्री प्रदान की। आधुनिक भारतीय राजनीतिक चिंतन में बंकिम एक ऐसे चिंतक के रूप में उभरते हैं जो इस सदी के प्रारंभिक दशक में राष्ट्रीय आंदोलन में प्रबल रूप से उभरने वाली शक्तियों और विचारों के जनक सिद्ध हुए। उनका राष्ट्रवाद का सिद्धान्त देश की सर्वतोमुखी प्रगति व कल्याण के इच्छुक लोगों के लिये प्रातःकालीन नक्षत्र सिद्ध हुआ। स्वामी विवेकानन्द ने जो कार्य हाथ में लिया और अपने देशवासियों को उन्होंने जो सन्देश दिया उसमें बंकिम की वाणी प्रतिध्वनित हुई।

उन्हें भारत में अंग्रेजी शासन के प्रारंभिक दिनों में राज्यतंत्र से जुड़ने का जो अवसर मिला, उससे उन्होंने भारत की दुर्दशा के कारणों को बहुत निकट से

देखा व समझा और तब जातीय चरित्र के निर्माण के उद्देश्य से उन्होंने लेखनी उठायी। सशक्त लेखनी व गहरी भावना के फलस्वरूप राष्ट्रीय जीवन पर उनकी भावधारा का अत्यधिक प्रभाव पड़ा। बंकिम ने यह घोषित करके कि दयालु देवी दुर्गा की प्रतिमा को मातृभूमि की भावी महानता के रूप में देखा जा सकता था, मातृभूमि के विचार को एक आध्यात्मिक महत्ता प्रदान की। एक पैगम्बर सी अन्तर्दृष्टि वाले बंकिम ने यह अनुभव कर लिया था कि केवल यशस्वी अतीत के पुनरुत्थान के आधार पर ही राष्ट्र के देदीप्यमान भविष्य का निर्माण हो सकता है। इसी अनुभूति ने उन्हें देशवासियों के सम्मुख मातृभूमि की गौरवमंडित छवि प्रस्तुत करने हेतु प्रेरित किया जो उनकी आशाओं व आकांक्षाओं की पूर्ति हेतु सामान्य मिलन बिन्दु सिद्ध होगी।

वे केवल अतीत की महानता के दिवास्वप्नों में खोए रहने वाले व्यक्ति नहीं थे। अपनी समकालीन समस्याओं के प्रति वे पूर्णतः सचेत थे। इतिहास के अपने विशद् ज्ञान के आधार पर राष्ट्र के उत्थान के लिये बंकिम ने समाज के सभी वर्गों में एकता की आवश्यकता को सहज रूप से अनुभव किया। वन्दे मातरम् में ऐक्य की इस अनुभूति को उन्होंने ओजस्वी रूप में अभिव्यक्ति दी है। पावन जननी के आशीर्वाद से पोषित एक सशक्त भारतीय राष्ट्र का निर्माण लोगों के पारस्परिक प्रेम व एकानुभूति की नींव पर ही हो सकना संभव था। इसी कारण उन्होंने शिक्षित उच्च वर्ग द्वारा निम्न वर्ग की उपेक्षा पर गहरा खेद व्यक्त किया क्योंकि उनका विश्वास था कि जब तक समस्त भारतीय प्रजातियाँ एक मंत्रणा और उत्साह से प्रेरित नहीं होतीं तब तक भारत के लिये कोई आशा नहीं है।

'कृष्ण चरित्र' में बंकिम ने इस बात पर बल दिया कि देश की प्रगति के लिये प्रधान आवश्यकता धार्मिक एवं आध्यात्मिक पुनरुत्थान है। उनकी मान्यता थी कि हम समाज की समस्याओं पर अलग-अलग विचार करके समस्याएँ पैदा करते हैं। धार्मिक उन्नति राजनीतिक उन्नति का भी आधार है। अतः प्रत्येक को धर्म की प्रगति के लिये प्रयास करना चाहिये। यदि ऐसा हो

जाए तो समाज सुधार के लिये अलग से प्रयत्नों की कोई आवश्यकता नहीं रहेगी। बंकिम की विभिन्न कृतियाँ जैसे आनंदमठ, सीताराम, देवी चौधरानी, दुर्गेश नंदिनी, राजसिंह आदि का विश्लेषण करने पर हमें अधोलिखित निष्कर्ष प्राप्त होते हैं–

– भारतीय जनता का लक्ष्य देश को दासता से मुक्त कराना होना चाहिये।

– स्वतंत्रता प्राप्ति के लिये ईमानदारी व भक्तिपूर्ण प्रयत्नों में व्यक्ति को अपने सर्वस्व अर्पण हेतु तैयार रहना चाहिये।

– एकता परम आवश्यक है। माँ की सन्तानों को अपने संयुक्त प्रयासों से उद्योगशील होना चाहिये।

– किसानों व गरीब वर्ग की उपेक्षा नहीं होनी चाहिये।

– भीतरी क्षेत्र में ज्ञान प्राप्त करने हेतु बाह्य क्षेत्र का ज्ञान प्राप्त करना आवश्यक है।

– संपूर्ण भव्यता से युक्त माँ की प्रतिष्ठापना हेतु धर्मनिष्ठा पर आधारित कार्य एकमात्र साधन होंगे।

बंकिम उस युग में कार्यक्षेत्र में उतरे जब पश्चिम के अन्धानुकरण के विरुद्ध प्रतिक्रिया प्रारंभ हो चुकी थी। इसीलिये बंकिम की रचनाओं में भारतीय संस्कृति के शाश्वत मूल्यों के प्रति गौरव भावना एवं उनकी पुनः प्रतिष्ठा के भाव मुखर हैं। आध्यात्मिक राष्ट्रवाद की गंगा के भगीरथ बंकिम ने राष्ट्र की कल्पना को अनेक सुन्दर विचारों एवं अनेक मृदु व भावप्रवण भावनाओं से परिपूर्ण कर दिया।

टिप्पणियाँ एवं सन्दर्भ

1. श्री अरविन्द–द हारमनी ऑफ वर्च्यू पृष्ठ-75 जन्म शताब्दी ग्रन्थावलि खंड 3
2. श्री अरविन्द–द अवर ऑफ गाड में (ऋषि) बंकिमचंद्र, पृ.-345 जन्म शताब्दी ग्रन्थावलि, खंड 17

3. उपर्युक्त, पृ.-168

4a. एस.के. बोस–पूर्वोक्त, पृ. 30 एवं डब्लू थियोडर डी ब्रे–सोर्सेज ऑफ इंडियन, ट्रेडीशन, पृ.-709

4b. बरहामपुर में अपने प्रवास के दौरान उन्होंने अनेक विद्वानों की मंडली जुटायी जिनमें भूदेव मुखर्जी, दीन बंधु मित्र, गुरुदास बनर्जी आदि के नाम उल्लेखनीय हैं। उन्होंने राष्ट्रीय समस्याओं, सामाजिक सुधारों, संस्कृति व साहित्य पर वादविवाद के लिये एक समिति की स्थापना की–डॉ. ताराचंद–हिस्ट्री ऑफ द फ्रीडम मूवमेंट इन इंडिया, भाग 2, पृ.-595

5. बंकिम वर्क्स (शताब्दी संस्करण) बंगीय साहित्य परिषद्–एस.के. बोस की पूर्वोक्त पुस्तक में उद्धृत, पृ.-30-31

6. विपिनचंद्र पाल–माई लाईफ एण्ड टाइम्स भाग 1, एस.के. बोस कृत बंकिमचंद्र चटर्जी में उद्धृत, पृ.-30

7. इस घटना के दो अलग-अलग विवरण प्राप्त होते हैं। जहाँ एस.के.बोस (बंकिमचंद्र चटर्जी पृ.-40.41) ने पूरे विवाद का विस्तृत विवरण देते हुए सम्पादक के नाम पत्र में व्यक्त हिन्दुत्व की आलोचना को इसके उत्तरदायी माना है, वहीं दूसरी ओर ओंकार शरद् ने। (बंकिम ग्रन्थावलि हिन्दी अनुवाद भाग दो) की भूमिक में शोभा बाजार राजावाड़ी के धार्मिक अनुष्ठान में हेस्टी द्वारा हिन्दू धर्म पर प्रहार की बात लिखी है।

8. डॉ. रमेशचन्द्र मजूमदार–द ब्रिटिश पेरेमाऊण्टसी एण्ड इंडियन रिनेसां खण्ड दो, पृ.-487

9. बंकिम रचनावलि–विविध प्रबन्ध (वासुमती संस्करण) खण्ड 2, पृ.-127-128

10. बंकिम ने जाति शब्द का प्रयोग राष्ट्र व राष्ट्रीयता के अर्थ में किया है।

11. बंकिम निबंधावलि (भारत कलंक लेख) पृ.-82
12. उपर्युक्त, पृ.-82
13. बंकिम–धर्मतत्व अध्याय 24, वामन बिहारी मजूमदार कृत हिस्ट्री ऑफ इंडियन सोशियल एंड पॉलिटिकल आइडियाज में, पृ.-177 पर उद्धृत
14a. अपनी कृति "धर्म तत्व" में बंकिम ने हरबर्ट स्पेन्सर का यह कथन उद्धृत किया है कि "एक साध्य के रूप में सामाजिक अवयवी का जीवन उसकी समस्त इकाईयाँ से ऊपर माना जाना चाहिये।
14b. अपनी कृति 'धर्म तत्व' अध्याय 24, वामन बिहारी मजूमदार कृत पूर्वोक्त पुस्तक में, पृ.-177 पर उद्धृत
15. बंकिम रचनावलि, भाग 2, पृ.-443
16. बंकिम–भालो बासार अत्याचार–(विविध प्रसंग) एस.के. बोस कृत पूर्वोक्त में पृ.-120 पर उद्धृत
17. बंकिम रचनावलि, भाग 2, पृ.-660
18. बंकिम धर्मतत्व अध्याय 24
19. अमलेश त्रिपाठी–द एक्सट्रीमिस्ट चेलेन्ज, पृ.-18
20. बंकिम–धर्मतत्व, अध्याय 24
21. एस.के. बोस कृत–पूर्वोक्त में उद्धृत, पृ. 120 अर्थात् यह बात भुला नहीं दी जाय कि सब धर्मों से ऊपर स्वदेश प्रेम है।
22. बंकिम निबन्धावलि, पृ.-84
23. उपर्युक्त, पृ.-81
24. श्री अरविन्द–द आवर ऑफ गॉड (अरविन्द साहित्य जन्मशताब्दी संस्करण) खण्ड 17, पृ.-347
25. आर.डब्लू. फ्रेजर–'लिटरेरी हिस्ट्री ऑफ इंडिया'–रोनाल्डशे कृत–द हार्ट ऑफ आर्यावर्त–पृ.-105 पर उद्धृत

26. डॉ. राधाकुमुद मुखर्जी –द कल्चर एण्ड आर्ट ऑफ इंडिया (इन्डो ब्रिटिश रिनेसां अध्याय), पृ.-370
27. लियोनार्ड ए. गोर्डन–बंगाल एण्ड द नेशनल मूवमंट पृ.-80
28. ग्लेन–मेमायर्स ऑफ वॉरेन हेस्टिंग्ज–एस.के. बोस कृत बंकिमचन्द्र चटर्जी पृ.-69-70 पर उद्धृत
29-30. एनल्स ऑफ रूरल बंगाल–एस.के. बोस कृत पूर्वोक्त पुस्तक पृ.-70 पर उद्धृत
31. जे.एम. घोष–सन्यासी एण्ड फकीर रेडर्स इन बंगाल–उपर्युक्त में उद्धृत
32. डॉ. आर.सी. मजूमदार–हिस्ट्री ऑफ फ्रीडम मूवमंट इन इंडिया खण्ड (प्रथम) एस.के. बोस कृत पूर्वोक्त में उद्धृत
33. चितरंजन बंद्योपाध्याय–'आनंदमठ उत्स'–युगान्तर पूजा अंक बी.एस. 1374–एस.के. बोस कृत पूर्वोक्त में पृ.-76 पर उद्धृत
34. श्री अरविन्द–द अवर ऑफ गॉड, पृ.-346-47
35. बंकिम निबंधावलि पृ.-85
36. एस.के. बोस–पूर्वोक्त, पृ.-27
37. श्री अरविन्द–द अवर ऑफ गॉड (जन्मशती साहित्य) खण्ड 17 पर पृ.-346-47
38. वामनबिहारी मजूमदार–पूर्वोक्त, पृ.-175
39. भूपेन्द्रनाथ दत्त–पेट्रियॉट प्रोफेट स्वामी विवेकानन्द, पृ.-418-19
40. स्वामी विवेकानन्द के अनुज श्री दत्त ने लिखा है कि महेन्द्रनाथ (स्वामीजी के अनुज) के अनुसार नरेन्द्रनाथ बंकिम की पुस्तकें बड़े मनोयोग से पढ़ते थे। श्री हेमचन्द्र घोष ने भी स्वीकार किया है कि स्वयं स्वामीजी ने उन्हें इस बारे में कहा था। श्री दत्त के अनुसार परिवार के पुराने पत्रों में दुर्गेशनंदिनी की एक फटी पुरानी प्रति उन्हें प्राप्त हुई थी।

श्री घोष की स्वामीजी से मुलाकात ढ़ाका में हुई थी। (श्री भूपेन्द्रनाथ दत्त कृत पूर्वोक्त पुस्तक, पृ.-334–हेमचन्द्र घोष द्वार प्रेषित विवरण)

41. रोमां रोलां–प्रोफेट्स ऑफ न्यू इंडिया–पृ.-501

रोजेड डि लिस्ले द्वारा 1782 ई. में रचित 'मार्सेलीज' गणतंत्रीय फ्रांस का राष्ट्रगीत था जिसे सर्वप्रथम 10 अगस्त 1792 की क्रांति की सहायतार्थ मार्सेलीज से आने वाले लोगों ने गाया था।

42. बंकिमचंद्र चटर्जी–आनंदमठ, बंकिम ग्रन्थावलि भाग 3, पृ.-183 (सत्यानन्द द्वारा महेन्द्र को माँ के तीनों स्वरूपों से अवगत कराते समय) सम्पादक– ओंकार शरद

43. उपर्युक्त, पृ-182

44. उपर्युक्त

45. बंकिमचंद्र–मातृहीनेर जीवने काज की–एच.एन. दास गुप्ता कृत इंडियन नेशनल कांग्रेस खण्ड 1, पृ.-97 पर उद्धृत

46. बंकिम–उपर्युक्त

47. एस.के. बोस–पूर्वोक्त, पृ.-67

48. अक्षयकुमार दत्त–(बंकिमचंद्र चटर्जी, पृ. 310 विश्वनाथ मुकर्जी के साप्ताहिक हिन्दुस्तान (15 से 21 अगस्त 1976) में प्रकाशित लेख में उद्धृत

49. बंकिम–कमला कान्तेर दफ्तर, ग्यारहवाँ अध्याय–आमार दुर्गोत्सव–शार्ट सिलेक्शन्स फ्राम बंकिमचन्द्र–के.एम. पुरकायस्थ द्वारा संगृहित एस.के. बोस– पूर्वोक्त में पृ.-67-68 पर उद् धृत

50. मगनलाल बुच–राइज एण्ड ग्रोथ ऑफ इंडियन मिलिटेंट नेशनेलिज्म, पृ.-184

51. बंकिम चंद्र चटर्जी–'कृष्ण चरित्र' पृ.-263–बी.एन.बंद्योपाध्याय और एस.के. दास द्वारा सम्पादित

52. बंकिम–आनंदमठ–बंकिम ग्रन्थावलि, भाग–3, पृ.-114
53. उपर्युक्त, पृ.-213
54. उपर्युक्त, पृ.-214
55. उपर्युक्त, पृ.-272
56. बंकिम, आनंदमठ (निराला कृत अनुवाद) पृ. 26
57. बंकिम, आनंदमठ–बंकिम ग्रन्थावलि भाग–3, पृ.-204
58. उपर्युक्त, भाग–3, पृ.-215
59. उपर्युक्त, भाग–3, पृ.-215
60. उपर्युक्त, भाग–3, पृ.-271-272

    आनंदमठ के अन्त में चिकित्सक द्वारा सत्यानंद को दिया गया प्रबोधन अंग्रेजों के राजा हुए बिना सन्तान धर्म के पुनरुद्धार की संभावना नहीं ...इस समय देश में बहुत दिनों से बहिर्विषयक ज्ञान लुप्त हो गया है फलतः सनातन धर्म ही लुप्त हो गया है। सनातन धर्म का पुनरुद्धार करना हो तो पहिले बहिर्विषयक ज्ञान का प्रचार आवश्यक है–इसलिये भिन्न देश में बहिर्विषयक ज्ञान का प्रचार आवश्यक है–इसलिये भिन्न देशों से बहिर्विषयक ज्ञान लाना होगा। अंग्रेज इस ज्ञान में बड़े पंडित हैं–लोकशिक्षा में बड़े दक्ष। इसलिये हम अंग्रेजों को राजा बनाएँगे।

61. बंकिम–आनंदमठ–बंकिम ग्रन्थावलि भाग–3, पृ.-271
62. टी.डब्लू. क्लार्क–दि रोल ऑफ बंकिम इन द डेवलपमेंट ऑफ नेशनेलिजम सी.एच. फिलिप्स (संपादक) हिस्टोरियन्स ऑफ इंडिया, पाकिस्तान एण्ड सीलोन में पृ.-444
63. नीरद चौधरी–एन ऑटोबायोग्राफी ऑफ एन अननोअन, इंडियन, पृ.-429
64. टी. डब्लू. क्लार्क–पूर्वोक्त

65. रोनाल्ड शे–दि हार्ट ऑफ आर्यावर्त में

66. श्री अरविन्द–द अवर ऑफ गॉड–(जन्मशती संस्करण, खण्ड सं. 17) पृ.-17

67. अथर्ववेद 12-1-10 महाभारत अनुशासन पर्व 62, 11, 62, 66, 62, 30, ब्रह्मवैवर्त पुराण 17, 56

(अ) पृथ्वी माता मुझ बालक के लिये दूध चुआवे।

(ब) पृथ्वी माता के समान पावन, क्षेमकारी, वत्सला तथा त्यागमयी है। जिस प्रकार माता अपने शिशु को निःस्वार्थ भाव से दुग्धपान करवाकर उसका पालन करती है, उसी प्रकार पृथ्वी सब प्रकार के रस देकर व्यक्ति पर अनुग्रह करती है।

(स) हे भूमि माता! तू मंगलमयी मंगलों की आधार और मंगल प्रदाता है। मंगलाकार्यरूपिणी तू मेरा मंगल कर।

(डॉ. निर्मला उपाध्याय के लेख–भारतीय राष्ट्रीयता की आध्यात्मिक संचेतना–लोकतन्त्र समीक्षा (जनवरी-मार्च 1975) में उद्धृत)

68. विष्णु पुराण 2.3.36, विष्णु पुराण 2.3.24

गायन्ति देवाः किलगीतकानि धन्यास्तु ते भारतभूमि भागे।

स्वर्गपवर्गास्पद मार्ग भूते भवन्ति भूयः पुरुषाः सुरत्वात्।।

69,70 आनंदमठ के दो महत्वपूर्ण पात्र।

71. मोनी बागची–वन्दे मातरम् पृ.-12

72. श्री राजनारायण बोस श्री अरविन्द के मातामह (नाना) थे। उन्हीं के प्रयत्नों से हिन्दू मेला का आयोजन ठाकुर परिवार के सहयोग से प्रारम्भ हुआ था, जिसमें देशभक्तिपूर्ण नाटकों तथा गीतों आदि का आयोजन होता था।

73. अयोध्यासिंह–भारत का मुक्ति संग्राम पृ.-20 (विश्वनाथ मुखर्जी के

साप्ताहिक हिन्दुस्तान (15 से 22 अगस्त 1976) में (पृ.-40-41) प्रकाशित लेख में उद्धृत।

74. बंकिम–बंगदर्शन-चैत्र 1276 (बांगला सन् पृ.-571-76 विश्वनाथ मुखर्जी के उपर्युक्त लेख में उद्धृत।

75. बंकिमचन्द्र विविध रचनावलि, पृ.-100 मुकर्जी पूर्वोक्त लेख में उद्धृत

76. प्रो. भवदत्त घोष–आनन्द बाजार पत्रिका दैनिक 12, आश्विन फसली 1376

77. बंकिम प्रसंग–पृ.-52-53 मोनी बागची कृत वन्दे मातरम् पृ.-12 पर उद्धृत।

78. मोनी बागची–उपर्युक्त, पृ.-15-16

79. विश्वनाथ मुखर्जी–पूर्वोक्त लेख

80. मोनी बागची–पूर्वोक्त, पृ.-13

81. हरिदास एवं उमा मुखर्जी–वन्दे मातरम् एण्ड इंडियन नेशनेलिजम पृ.-1-शंकर घोष-रिनेसां टू मिलिटेन्ट नेशनेलिजम इन इंडिया पृ.-248 घोष लिखते हैं–"उपास्य के रूप में राष्ट्र सम्बन्धी बंकिम का देशभक्ति का सिद्धान्त उनके कॉम्टेवादी धर्म से अभिन्न रूप से जुड़ा हुआ है जिसमें मानवता और देवत्व श्रद्धेय माने गये हैं।

82. विनयकुमार सरकार–विलिज एण्ड टाऊन एज सोशल पेटर्न–पृ.-357 आराध्य के रूप में राष्ट्र को चित्रित करने का चटर्जी का देशभक्तिपूर्ण सिद्धान्त कॉम्टेवादी धर्म से अनिवार्यतः सम्बद्ध है जिसमें मानवता की न कि देवत्व की आराधना अभीष्ट है। वन्दे मातरम् एक कॉम्टेवादी मन्त्र है, तर्कणावाद कर धर्म सापेक्षता विरोधी सम्बोध नीति है जो देववाद से मुक्त है।

83. इस गीत में सप्तकोटि शब्द का प्रयोग बंकिम ने उस समय की बंगाल

की जनसंख्या के सन्दर्भ में किया है जिसमें वर्तमान बिहार, उड़ीसा और बांगला देश सम्मिलित थे। जब राष्ट्रीय आंदोलन के दौरान 'वन्दे मातरम्' राष्ट्रगीत के रूप में अपना लिया गया तो सप्तकोटि के स्थान पर त्रिविंशककोटि शब्द रखा दिया गया। देखिये–मन्मथनाथ गुप्त कृत–अंडमान की गूंज–पृ.-64

84. श्री अरविन्द के अनुसार बंकिम के चिंतन लोक में माँ के द्विसप्तकोटि हाथों में सुदृढ़ इस्पात है। किसी याचक का भिक्षा पात्र नहीं। आनंदमठ और 'देवी चौधरानी' में उन्होंने विभिन्न स्वरूपों में निडर शक्ति का सन्देश किया।

85. एस.के. बोस–पूर्वोक्त, पृ.-81

86. महात्मा गाँधी–दि नेशनल क्राइम–यंग इंडिया 8 सितम्बर 1920

87. बाल गंगाधर टिळक–बागची कृत वन्दे मातरम्, पृ.-72-73 पर उद्धृत (वन्दे मातरम् एज सीन बाई अदर्स)

88. रविन्द्रनाथ ठाकुर–बागची–पूर्वोक्त, पृ.-73 पर उद्धृत

89. भगिनी निवेदिता–बागची–पूर्वोक्त, पृ. 16 पर उद्धृत

90. बागची–पूर्वोक्त, पृ.-61

91. सर जगदीशचन्द्र बसु–बागची कृत पूर्वोक्त में परिशिष्ट 3 पृ.-72 पर उद्धृत

92. निर्मल सिन्हा–फ्रीडम मूवमेंट इन बंगाल–एस.के. बोस कृत–ब.च. चटर्जी, पृ.-86 पर उद्धृत

93. बागची–पूर्वोक्त, पृ.-72-73

94. हिन्दुस्तान स्टेण्डर्ड–31 अक्टूबर 1937, एस.के. बोस–पूर्वोक्त

95. ए.सी. मजूमदार–इंडियन नेशनल इवोल्यूशन

96. रविन्द्रनाथ ठाकुर– पूर्वोक्त

97, 98, 99, 100. एस.के.बोस कृत पूर्वोक्त में उद्धृत, पृ.-81

101. टी. वाल्टर वालबैंक–इण्डिया इन न्यू इरा (संक्षिप्त संस्करण) पृ.-110
102. श्री अरविन्द का मत है कि भारतीय मानस का झुकाव मातृभूमि की उपासना की ओर है।
–वन्दे मातरम्– अर्ली पॉलिटिकल राईटिंग्ज, पृ.-362
103. श्री अरविन्द–दि अवर ऑफ गॉड पृ.-347
104. महात्मा गाँधी–हरिजन 1 जुलाई 1938 अवर नेशनल सोंग्ज में पृ.-24 पर उद्धृत
105. डॉ. राजेन्द्रप्रसाद का लेख–अमृत बाजार पत्रिका 27 सितम्बर 1939 बागची कृत पूर्वोक्त में उद्धृत, पृ.-87-88
106. पं. जवाहरलाल नेहरू–मार्डन रिव्यू नोट्स–नवम्बर 1937
107. मार्डन रिव्यू नोट्स–नवम्बर 1937
108. बंकिम–आनन्दमठ पृ.
109. एस.के. बोस–पूर्वोक्त, पृ.-88
110. सैयद फजलुर रहमान का लेख–अमृत बाजार पत्रिका, 1 अक्टूबर, 1939 एस.के. बोस–पूर्वोक्त, पृ.-88 पर उद्धृत
111. मार्डन रिव्यू–नवम्बर 1937
112. टी.डब्लू. क्लार्क–पूर्वोक्त, पृ.-439
113. लियोनार्ड ए. गोर्डन–बंगाल द नेशनेलिस्ट मूवमेंट (1876-1940) पृ.-81
114. उपर्युक्त
115. टी. डब्लू. क्लार्क–पूर्वोक्त
116. मुस्तफा नूरुल हसन के शोध प्रबन्ध का शीर्षक है–बैंगाली मुस्लिम पब्लिक ओपिनियन एज रिफ्लेक्टेड इन द वर्नाक्यूलर प्रेस बिटविन 1901 एण्ड 1930 (लन्दन यूनिवर्सिटी 1971)

–सूफिया अहमद के शोध प्रबन्ध का अभिधान है–सम आसपेक्ट्स ऑफ हिस्ट्री ऑफ मुस्लिम कम्यूनिटी इन बंगाल (1884-1912)

–लन्दन यूनिवर्सिटी (1860)

117. आर.सी. मजूमदार–द ब्रिटिश पेरेमाऊण्टसी एण्ड इंडियन रिनेसां द्वितीय खण्ड, पृ.-479

118. भारतीयों द्वारा विविध क्षेत्रों में अपनी परम्परा व संस्कृति की अवहेलना व पश्चिम की नकल से बंकिम खिन्न थे। उनकी यह खिन्नता सीताराम में इस प्रकार व्यक्त हुई है–"हाय आज हिन्दू इन्डस्ट्रियल स्कूलों में मूर्ति गढ़ना सीखते हैं। कुमार सम्भव को छोड़कर रचाई नवन पढ़ते हैं, गीता को छोड़कर साहब के चीनी मिट्टी के खिलौने को देखकर वाह वाह करते हैं। कह नहीं सकता हमारे कपाल में और क्या-क्या लिखा है।"

–सीताराम–बंकिम ग्रन्थावलि, भाग 3, पृ.-307

119. बंकिम–राजसिंह (उपसंहार, ग्रन्थकार का निवेदन) बंकिम ग्रन्थाविल, भाग 3, पृ.-571

120. रजाऊल करीम–बंकिम चन्द्र ओ मुसलमान समाज–एस.के. घोष पूर्वोक्त में पृ.-98 पर उद्धृत

121. सर जादुनाथ सरकार–बंकिमचंद्र सेन्टेनरी सप्लीमेंट हिन्दुस्तान स्टेण्डर्ड 26 जून 1938

122. बंकिम–सीताराम–बंकिम ग्रन्थाविल भाग 3, पृ.-298

चाँदशाह नामक एक मुसलमान फकीर भी सीताराम के दरबार में आने जाने लगा। वह फकीर विद्वान, बुद्धिमान, त्यागी और हिन्दू-मुसलमानों के प्रति समदृष्टि रखने वाला था। सीताराम के साथ उसकी विशेष घनिष्टता हो गयी थी। उसी की राय से उसने राजनगर का नाम मुहम्मदपुर रखा था।

123. बंकिम–उपर्युक्त, पृ.-385–आज जयन्ती को बेंत लगाए जाएंगे। राज्य भर में मुनादी कर दी गयी है कि उसे नंगा करके बेंत लगाए जाएंगे। सवेरा होते ही लोग आने लगे। क्षण भर में सारा दुर्ग भर गया...क्रुद्ध राजा ने अग्निमूर्ति होकर गम्भीर स्वर से चांडाल को हुक्म दिया, कपड़े हटाकर बेंत लगा। पृ.-386

124. बंकिम उपर्युक्त पृ.-389–उद्भ्रांत चित्त हो सीताराम ने निम्न श्रेणी के नौकरों को हुक्म दिया कि राज्य में जहाँ कहीं सुन्दर स्त्रियां मिलें, उन्हें पकड़कर मेरे चित्त विश्राम में ले आओ...। यह सब देखकर चन्द्रचूड़ महाराज बिना कुछ कहे तीर्थाटन को चले गये। रास्ते में चाँदशाह मिले। पूछने पर उन्होंने बताया कि मक्का जा रहा हूँ।

125. बंकिमकृत–दुर्गेशनंदिनी में एक प्रमुख पात्र

126. उपर्युक्त, दो पात्र

127. बंकिम–मृणालिनी–बंकिम ग्रन्थाविल भाग 1, पृ. 369-70

पशुपति (मोहम्मद अली से) में यवनों के हाथ में यह राज्य सौंपने का पूर्ण विरोधी नहीं हूँ। एक प्रकार से मैं ही गौड़ देश का राजा हूँ...लेकिन लोग मुझे गौड़ेश्वर नहीं कहते। मैं अपने को राजा कहलवाना चाहता हूँ। चाहता हूँ कि सेनवंश का लोप हो और पशुपति गौड़ेश्वर हो। जब मोहम्मद अली को बख्तियार खिलजी के धोखे का (पशुपति को मुसलमान बनाने विषयक) पता चलता है तो उसे गहरा सदमा लगता है और इससे अनभिज्ञ होने के कारण गहरा पश्चाताप प्रकट करता है।

(मृणालिनी–पृ.432–बंकिम ग्रन्थावलि भाग 1)

128. बंकिम की धर्म सम्बन्धी मान्यता ईश्वर के विचार पर केन्द्रित हैं। यद्यपि वे भी कॉम्टे की भाँति धर्म की परिभाषा जीवन के सभी तत्वों में पूर्ण समरसता के रूप में करते हैं किंतु शांडिल्य भक्ति सूत्र की सहायता से वे यह स्पष्ट करते हैं कि किस प्रकार सभी क्षमताओं को इस प्रकार से निर्देशित किया जाना है कि वे ईश्वर के प्रति भक्तिभाव को जन्म दे

सकें। साथ ही वे इस बात पर भी बल देते हैं कि मानवता के प्रति प्रेम के बिना ईश्वर भक्ति भी जागृत नहीं हो सकती।

129. डॉ. वामनबिहारी मजूमदार–पूर्वोक्त, पृ.-179
130. डॉ. शंकर घोष–पॉलिटिकल आइडियाज एण्ड मूवमेंट्स इन इन्डिया, पृ.-47
131. थियोडर डीब्रे–सोर्सेज ऑफ इन्डियन ट्रेडीशन–पृ.-707
132. बंकिम–बंगदर्शन चैत्र 1279 पृ.-571-76 विश्वनाथ मुखर्जी–पूर्वोक्त में उद्धृत
133. बंकिम–"भारत कलंक" निबंधावलि पृ.-83
134. बंकिम–"सुशिक्षित बंगाली और बंगला भाषा"–बंकिम निबंधावलि, पृ.-46-37
135. एस.के. बोस, पूर्वोक्त, पृ.-103
136. बंकिम निबंधावलि, पृ.-75
137. डॉ. अमलेश त्रिपाठी–पूर्वोक्त पृ.-8
138. टी.डब्लू. क्लार्क–पूर्वोक्त, पृ. 472
139. हेस्टी विवाद में बंकिम द्वारा लिखे गये पत्र III बंकिमवलि ग्रन्थावलि शताब्दी संस्करण–बंगीय साहित्य परिषद्–एस.के. कृत पूर्वोक्त में उद्धृत, पृ.-122
140. एस.के. बोस–पूर्वोक्त, पृ.-122
141. डॉ. ताराचन्द–हिस्ट्री ऑफ फ्रीडम मूवमेंट, खण्ड 2
142. श्री अरविन्द–वन्दे मातरम् अर्ली पॉलिटिकल राइटिंग्ज। (जन्म शताब्दी खण्ड। पृ.-61-71 भवानी मन्दिर में भवानी की जो व्याख्या की गयी है वह वन्दे मातरम् गीत में माँ के विविध रूपों की व्याख्या से बहुत मिलती-जुलती है। जैसे भवानी अनन्त शक्ति है, राष्ट्र अपने लाखों देशवासियों की शक्ति का ही नाम है आदि।

143. बंकिम–धर्म तत्व अध्याय 8

144. डॉ. एम.एस. भट्टाचार्य–बंकिमचंद्र चटर्जी रशब्रुक विलियम्स द्वारा सम्पादित ग्रेट मेन ऑफ इन्डिया (ऑथर्स एण्ड पोयट्स), पृ.-543-559 पर लेख।

145. बंकिम निबंधावलि, पृ.-117

146. उपर्युक्त, पृ.-141, 144

.147. उपर्युक्त, पृ.-44

148. उपर्युक्त, पृ.-45

149. श्री अरविन्द–द अवर ऑफ गॉड, पृ.-345

150. बंकिम–बंग देशेर कृषक 4 एस.के. बोस कृत पूर्वोक्त में पृ.-106

151. डॉ. एम.एम. भट्टाचार्य–पूर्वोक्त लेख

152. बंकिम–बंगदेशेर कृषक II पूर्वोक्त पृ.-105–इस सम्बन्ध में उनके और उपयोगितावादी विचारक जरमी बेन्थम के विचारों में अद्‌भुत साम्य दिखायी पड़ता है। बेन्थम ने भी अपने समय की अंग्रेजी न्याय व्यवस्था की इसलिए तीव्र आलोचना की कि वहाँ न्याय बिकता था। वे वकीलों और न्यायाधीशों को जज एण्ड को. कहकर सम्बोधित करते हैं।

153. एच.एन. दास गुप्ता कृत– हिस्ट्री ऑफ इंडियन नेशनल कांग्रेस, भाग 1, पृ.-100 पर उद्‌धृत

154. श्री अरविन्द–द हारमनी ऑफ वर्च्यू पृ.-102

□□□

3.

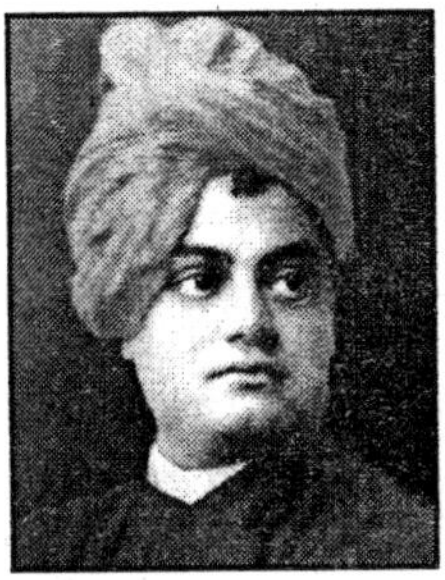

वेदान्ताधारित राष्ट्रवाद का उद्‌घोष : राष्ट्रभक्त सन्त स्वामी विवेकानन्द

समय की माँग को समझने की सूझ-बूझ, ऐतिहासिक प्रवाह के सार को ग्रहण करने की क्षमता और अन्त में कार्य को समाप्त करने के लिए महत्तम सृजनात्मक प्रयास के दृढ़ संकल्प पर मानव व्यक्तित्व की महानता और सफलता निर्भर करती है। उपनिषद् की अमृतवाणी के उद्‌गाता स्वामी विवेकानन्द उन्नीसवीं सदी के सन्ध्याकाल में भारत के राष्ट्रीय रंगमंच पर उपर्युक्त गुणों से वेष्टित मार्गदर्शक विचारक के रूप में उभरते हैं। उन्होंने बंकिम प्रणीत 'सन्तानधर्म' को एक व्यापक आयाम प्रदान करते हुए, राष्ट्रवाद को वेदान्त के सुदृढ़ आधार पर स्थापित किया। बंकिम ने विदेशी आधिपत्य व शोषण से हतश्री मातृभूमि के उद्धार के संकल्प की सफलता के लिए 'वन्दे मातरम्' के रूप में जो दीक्षामन्त्र और 'सन्तानधर्म' के रूप में जो आचार संहिता प्रदान की थी, वह राष्ट्रभक्त सन्त स्वामी विवेकानन्द के व्यक्तित्व एवं दर्शन में साकार रूप ग्रहण करती है।

स्वामीजी का अल्प किंतु घटनाबहुल जीवन आध्यात्मिक राष्ट्रवाद के उन्मेष का प्रतीक है। उन्होंने राष्ट्रवाद को उस समय मितवादी क्षेत्र में प्रचलित बौद्धिक वाद-विवाद की शुष्कता से ऊपर उठाकर देशभक्ति के सुललित काव्य का रूप दे दिया जिसमें मातृभूमि के प्रति अविचल भक्ति, उसके स्वर्णिम भविष्य के प्रति पूर्ण आस्था व राष्ट्रोत्थान के सृजनात्मक प्रयास माधुर्य की सृष्टि करते हैं।

स्वामी विवेकानन्द के कर्मभूमि में अवतरण के समय की परिस्थितियाँ

स्वामी विवेकानन्द के कार्य के स्वरूप और विचार दर्शन का समुचित आकलन उस परिस्थिति के संदर्भ में ही हो सकता है जिसने, अपना सम्पूर्ण जीवन अपने राष्ट्र व मानवता के नैतिक व आध्यात्मिक उत्थान हेतु समर्पित करने वाले, ईश्वरीय नगर के तीर्थयात्री[1] और दलितों लिए के संघर्ष करने वाले, इस महान् सन्त के उस व्यक्तित्व के निर्माण में अहम् भूमिका अदा की जो अपने प्रेम में निस्सीम, अपनी प्रतिभा में सर्वतोमुखी और अपनी भावनाओं में उल्लासपूर्ण था।[2] उनकी बौद्धिक दृष्टि बड़ी स्वच्छ थी। भारतीय इतिहास में व्यक्त विविध जीवनधाराओं को वे गहराई से समझ सकते थे।[3] उनके व्यक्तित्व में हमें एक उच्चतम आध्यात्मिक स्तर के योगी और दुर्धुर्ष राष्ट्रवादी का समन्वय दिखायी देता है। सन्यासी होने के बावजूद वे देशभक्तों के शिरोमणि थे। जनसाधारण की सुप्तप्रायः आध्यात्मिक ओजस्विता को पुनर्जीवित करके भारत की पूर्वकालीन महिमा की पुनः स्थापना का विचार उनके मानस में सर्वोपरि था। उन्होंने वेदान्त द्वारा प्रतिपादित आध्यात्मिक विचारसरणी की महानता और सम्पूर्ण मानव जाति के उत्थान में इसकी महत्वपूर्ण भूमिका पर बल दिया किंतु उन्होंने यह भी स्पष्ट किया कि जब तक भारत दासता व घोर दरिद्रता की अपनी वर्तमान अवस्था में बना रहेगा उसका महान् व्रत (मिशन) पूरा नहीं हो सकेगा। अतः भारत की राजनीतिक व भौतिक महानता अविच्छेद्य रूप से स्वयं उसके व मानव समाज के आध्यात्मिक पुनरुत्थान से जुड़ी हुई है।

विवेकानन्द का वेदान्त दर्शन व उसका प्रचार समूची भारतीय संस्कृति के इतिहास में एक युगान्तकारी और विलक्षण घटना थी। उनके द्वारा वेदान्त का उद्घोष एक अत्यन्त व्यापक प्रभाव के साथ निक्षिप्त हुआ जिसने समूची भारतीय जनता को जागृत और उद्बुद्ध किया। यद्यपि उनसे पूर्व भी हिन्दुत्व के महान् व्याख्याकार हुए है किन्तु स्वामीजी के कार्य की महत्ता को भली भाँति तभी समझा जा सकता है, जब हम इस तथ्य को ध्यान में रखें कि उन्हें यह महत्वपूर्ण कार्य सदियों की बौद्धिक जड़ता व सन्नाटे के बाद हाथ में लेना पड़ा था।[4] हिन्दुत्व के जीवनदायी सिद्धान्त बौद्धिक म्रियमाणता के वातावरण में धुँधले हो चुके थे। निर्मूल धारणाओं व अन्धविश्वासों ने समाज की दृष्टि को धुँधला कर दिया था। शाश्वत सत्यों के स्थान पर प्रतिभासी बातें समाज में छायी हुई थीं।

उनके कर्मभूमि में उतरने से पहिले यह देश अनेक धार्मिक पंथों व विदेशी मिशनरियों की धूर्तताओं का अखाड़ा बना हुआ था। राष्ट्रीय स्वाभिमान की चेतना लुप्तप्राय: हो चुकी थी। प्रगतिशील कहलाने वाली संस्थाएँ अपनी शिकायतों का निवारण कराने हेतु सरकार से याचना मात्र कर रही थीं। विदेशी शासन को दैवीय विधान के रूप में स्वीकार करके उसकी नियामतों का यशोगान हो रहा था। भारतीय कवियों को हिमालय में कोई सौन्दर्य नजर नहीं आता था। वे 'केप्टिव लेडी' में सीडरेड लेबनान (cedred lebnan) के गीत गाते थे। भारतीय लोग बौनों की प्रजाति के रूप में उपहास के पात्र बने हुए थे, वे अपने भावी स्वतन्त्र अस्तित्व के विषय में निराशावादी बन चुके थे।[5] प्रहेलिकाओं और विरोधाभासों के इस विशाल क्षेत्र को पार करके अभ्रान्त सहज बुद्धि से जीवनदायी सिद्धान्तों, आदर्शों व विचारों का चयन करने हेतु जिन मानसिक क्षमताओं की आवश्यकता होती है, उन्हें स्वामी विवेकानंद अपने व्यापक अध्ययन और परमहंस रामकृष्ण[6] के सान्निध्य से अर्जित करने में सफल हुए। इसके लिये न केवल एक दार्शनिक के सही-सही विश्लेषण की वरन् एक वैज्ञानिक के धैर्यशील व बौद्धिक निष्काम कर्म की,

एक इतिहासज्ञ के साहसी कदम की, एक राजनेता की दूरदृष्टि व विलक्षणता और सर्वोपरि एक सामाजिक विधिकर्ता के विशिष्ट ज्ञान व बुद्धि की आवश्यकता होती है। एक वैज्ञानिक अन्तर्दृष्टि व विश्लेषणात्मक प्रवृत्ति की सहायता से स्वामीजी तुस व दाने को अलग-अलग करने में कृतकार्य हुए। विदेशियों द्वारा भारतीयों में हीनभावना पैदा करने हेतु रचे गये माया के पर्दे को छिन्न-भिन्न करने के लिये विवेकानन्द ने निद्रित महाकाय को जगाने में सहायक सिद्धान्त ढूँढने के लिये नृतत्वशास्त्र, समाजशास्त्र, इतिहास व अपने देश की अतीतकालीन संस्कृति को छान डाला।[7]

वेदान्त की भित्ति पर आधारित राष्ट्रवाद

भारत के सांस्कृतिक इतिहास के अध्ययन के आधार पर वे इस निष्कर्ष पर पहुँचे कि भारतवासी अपने मूल धार्मिक ग्रन्थ वेदान्त के उदात्त आदर्शों के अनुकूल स्वयं को ढ़ाल लें तो मनुष्यों को विभाजित करने वाली सभी बाधाओं का वे निवारण कर सकते हैं। इस प्रक्रिया के द्वारा वे संसक्ति की ऐसी भीमकाय शक्ति का विकास कर सकेंगे जो विभिन्न भारतीय जातियों व वर्गों को एक शक्तिशाली राष्ट्र के रूप में संगठित कर सकेगी। उन्होंने यह भी स्पष्ट किया कि 'आत्मा की दिव्यता, ब्रह्माण्ड की एकता और परिणामतः निर्भयता के वेदान्ती आदर्श, समस्त भेदभावों का अन्त करके न केवल भारतीय लोगों में ऐक्य स्थापित कर सकेंगे वरन् वे राष्ट्र में प्रभूत शक्ति का संचार करके उसे प्रमाद व हताशा के दलदल से भी उबार सकेंगे।[8] उन्होंने वेदान्त को व्यक्तिगत मोक्ष प्राप्त करने के मार्ग के रूप में नहीं, वरन राष्ट्रीय मुक्तिमार्ग, पुनर्जागरण और पुनर्निर्माण की विचारधारा के रूप में लोगों के सम्मुख प्रस्तुत किया। वस्तुतः वे देशवासियों के सम्मुख एक दिव्य सन्देशवाहक के रूप में प्रकट हुए जिन्होंने एक ओर तो मातृभूमि के गौरवशाली अतीत एवं दूसरी ओर देदीप्यमान भविष्य की ओर संकेत किया।

उन्होंने वेदान्त के प्राचीन विचारों को नवीन रूप में प्रस्तुत किया। वेदान्त का मूलभूत सिद्धान्त है ईश्वर और मनुष्य की आधारभूत एकता और

अपने अज्ञान व भ्रम का निराकरण करके इस सत्य का अनुभव करना। अतीत में इस अनुभूति के लिये तत्वशास्त्रीय प्रत्यय और सांसारिक जीवन के परित्याग का मार्ग अपनाया जाता था। इस प्रचलित निवृत्तिपरक मान्यता का विवेकानन्द ने विरोध किया। उनके अनुसार भगवत्प्राप्ति गिरि कन्दराओं व अरण्य में एकांत वास एवं तपश्चर्या तथा ऐहिक जीवन के निषेध द्वारा नहीं वरन् जीवन की वास्तविकताओं और विभिन्न अंगों के आध्यात्मीकरण द्वारा हो सकती है। उन्होंने इसे और ठोस रूप में प्रस्तुत करने हेतु इस बात पर बल दिया कि व्यक्ति को ईश्वर अपने साथी मनुष्यों में ढूँढने का प्रयत्न करना चाहिए जो वेदान्त के अनुसार ईश्वर की प्रतिमाएँ हैं। भगवान् की सच्ची पूजा उन लोगों की सेवा है जिन्हें हमने अब तक ठुकराया और उपेक्षित रखा है। अतः उन्होंने प्रत्येक भारतीय को राष्ट्र में ईश्वर के दर्शन करने व समस्त पार्थिव परिणामों की परवाह किए बिना, निर्भयता व अहंकारशून्यता अपना कर राष्ट्र की सेवा में स्वयं को समर्पित करने का आह्वान किया। उनकी यह उत्कट अभिलाषा थी कि वेदान्त को मात्र अमूर्त चिंतन व रहस्यमयता के आवरण से बाहर निकालकर उसमें निहित उल्लास एवं अनन्त आशा की निर्झरिणी को, शैथिल्य एवं हताशा से मरूभूमि बन चुके राष्ट्र के जीवन में प्रवाहित किया जाए क्योंकि इस जीवनदायी सन्देश के वास्तविक स्वरूप को समझे बिना भारतवासियों की स्थिति कस्तूरी मृग के समान हो रही थी। भारत की सांस्कृतिक विजय के लिये रचे गए षड्यन्त्र की वास्तविकता को भली-भाँति समझकर विवेकानन्द ने 'अमृतस्य पुत्राः' का सम्बोधन देकर राष्ट्रवासियों को व्यावहारिक जीवन में वेदान्त का अनुसरण करने हेतु प्रेरित किया। उनके लिये मानव की सेवा और ईश्वर की पूजा, पौरुष तथा श्रद्धा, सच्चे नैतिक बल और आध्यात्मिकता में कोई अन्तर नहीं है। एक दृष्टि से उनकी सम्पूर्ण वाणी को इसी केन्द्रीय दृढ़ आस्था के रूप में पढ़ा जा सकता है।[9]

मातृभूमि की सेवा : मातृभूमि से पूर्ण तादात्म्य

बंकिम प्रणीत सन्तानधर्म के आदर्श का भव्य साक्षात्कार हमें स्वामी

विवेकानन्द में होता है। मातृमन्त्र के इस उपदेष्टा ने सन्तानधर्म को एकनिष्ठ साधना के रूप में प्रस्तुत किया है। इस बात के प्रमाण उपलब्ध हैं कि अपनी किशोरावस्था में विवेकानन्द ने बंकिम की रचनाओं का ध्यानपूर्वक अध्ययन किया[10] और उनमें निहित तीव्र भावात्मक देशानुराग की भावनाओं को आत्मसात् किया। देश के युवावर्ग को 'बंकिम की रचनाओं के पारायण और उनकी देशभक्ति व सन्तानधर्म का अनुकरण[11] करने के उनके आग्रह में, मातृमन्त्र में दीक्षित सहस्र युवक[12] प्राप्त करने की उनकी आकांक्षा में, यह बात स्पष्टतः परिलक्षित होती है। राष्ट्रभक्त सन्त ने नरेन्द्रनाथ के रूप में दक्षिणेश्वर के योगी से मातृभूमि की सेवा का जो मन्त्र ग्रहण किया, उनके मानस में उसका बीजवपन बंकिम की रचनाओं से हो चुका था।

ईश्वर की खोज और मुक्ति की तुलना में मातृभूमि की सेवा व उन्नति को वरीयता देते हुए, अपने गुरु भाईयों को अपने जीवन का उद्देश्य समझाकर उन्होंने कहा कि भारत के कल्याण की कामना से एक ऐसे नवीन सन्यासी सम्प्रदाय की स्थापना करनी होगी–जो मानव की सेवा के व्रत में अपनी मुक्ति की कामना का परित्याग तो करेंगे ही, साथ ही साथ आवश्यक हो तो आनंद के साथ नरक में जाने को तैयार होंगे। स्वामी जी ने तत्कालीन परिस्थितियों में सन्यास के एक नवीन आदर्श का प्रतिपादन किया। आत्म मुक्ति को त्याज्य बताते हुए उन्होंने कहा, जीवों के गगनभेदी क्रन्दन को दूर करने के लिए, विधवाओं के आंसू पोंछने के लिए, पुत्र के वियोग में तड़पती हुई माता के प्राणों को शांति देने के लिए, अज्ञ जनसाधारण को जीवन संग्राम के योग्य बनाने के लिए, सभी के इहलौकिक व पारमार्थिक कल्याण के लिए संसार में सन्यासी का जन्म हुआ है।[13] उनका कहना था, बहुजनहिताय, बहुजनसुखाय ही श्रीरामकृष्ण अवतीर्ण हुए थे, उनके शिष्य होकर यदि हम दूसरों के लिये आत्मोसर्ग नहीं कर सके, उनके द्वारा प्रचारित महान् युगादर्श की उपलब्धि करने में असमर्थ रहे तो साधारण व्यक्ति और हममें अन्तर ही क्या है।[14] उन्होंने सब प्रकार के आत्मनिर्वाण के विरुद्ध अपना वक्तव्य दिया

और जननिर्वाण की साधना,[15] मातृभूमि के पुनरुद्धार व भारत के आध्यात्मिक संजीवन[16] को लक्ष्य बनाने पर जोर दिया।

राष्ट्र की वस्तुस्थिति का प्रत्यक्ष ज्ञान प्राप्त करनें के लिये उन्होंने परिव्राजक के रूप में आसेतु हिमालय निरन्तर भ्रमण किया। सुकरात की मृत्यु के बाद प्लेटो की भाँति उन्होंने भी लम्बी-लम्बी यात्राएँ शुरु कीं। प्राकृतिक सौन्दर्य से प्रेम, आन्तरिक बेचैनी, भारत को यथासम्भव पूर्णता से जानने की इच्छा और रामकृष्ण के सन्देश के प्रचार की प्रेरणा, इन सब बातों ने मिलकर उन्हें एक परिव्राजक बना दिया। उन्होंने अपने आप को भारत की विराटता में विलीन हो जाने दिया। परिव्राजक अवस्था में उन्होंने अपने जीवन का ध्येय निश्चय कर लिया। हिमालय यात्रा की ओर प्रस्थान करने से पूर्व उन्होंने काशी में प्रमदादास बाबू से कहा था–"जब मैं लौटूँगा तो समाज के ऊपर बम की तरह फूट पड़ूँगा और समाज मेरे पीछे चलेगा।[17] उनके गुरुदेव का जीवन और व्यक्तित्व जिस विराट परिपूर्णता का अल्पकालिक एवं प्रखर प्रतीक था, उसकी परिव्याप्ति को आत्मसात् करने के लिये हिमालय से कन्याकुमारी तक समग्र भारत का भ्रमण करना, सर्वत्र साधु सन्त, विद्वानों और जनसाधारण से समभाव से मिलना, सबसे शिक्षा ग्रहण करना, सबके साथ जीवन बिताना और भारत के अतीत और वर्तमान का यथार्थ परिचय प्राप्त करना अनिवार्य था।[18] भारत के परिभ्रमण के दौरान वह जन के जीवन से एकाकार हो गए, जीवन के महाग्रन्थ में उन्हें वह मिला जो पुस्तकालय की समस्त पोथियाँ में नहीं मिला था और जिसका रामकृष्ण की प्रखर करुणा भी केवल स्वप्न सा धुँधला दर्शन कर पायी थी–वह था वर्तमान का व्यथित आनन, मनुष्य में संघर्षरत ईश्वर, भारत के और संसार के जन की त्राहि त्राहि। वह निरन्तर सीख रहे थे और अपने को धीरे-धीरे भारत की आत्मा, उसकी एकता और नियति का प्रतीक बनाते जा रहे थे।[19] परिव्राजक के रूप में विवेकानन्द ने भारत को पीसती हुई गरीबी, सामाजिक पिछड़ेपन और मानसिक जड़ता को देखा, पर साथ ही उन्होंने उसकी सांस्कृतिक सम्पदा, उसकी परम्पराओं की शक्ति व

उसकी निहित आध्यात्मिक ऊर्जा को भी पहिचाना।[19A] सर्वत्र (भ्रमण के दौरान) उन्होंने दलित वर्गों के दैन्य और अपमान में हिस्सा बटाया और आत्मनिष्ठ धर्म के बौद्धिक कल्पनाविलास से ऊबकर उन्होंने धर्म का पहला कर्त्तव्य स्थिर किया—दरिद्र जन की सेवा और उनका उद्धार। उन्होंने धनाढ्यों, राजन्यवर्ग को इस कर्त्तव्य का ज्ञान दिया और एक दिन उनके विगलित कंठ से यह उदात्त स्वर फूटा—यदि अपने एकमात्र भगवान और परमात्मा, दरिद्र, पीड़ित, निर्धन मनुष्य की आराधना के लिये मुझे बार-बार जन्म लेकर सहस्राधिक यातनाएँ भोगनी पड़ें तो निश्चय ही भोगूँगा।[20]

परिव्राजक के रूप में सम्पूर्ण देश के भ्रमण की कष्टपूर्ण साधना के अन्तिम पड़ाव के रूप में वे कन्याकुमारी पहुँचे। वहाँ भारत खण्ड की अन्तिम प्रस्तर शिला[21] पर बैठे, आशा-आनन्द व उद्वेग से उद्वेलित हृदय सन्यासी की ध्यान दृष्टि के सामने वर्तमान भारत साकार हो उठा। बोधिवृक्ष के नीचे बैठे शाक्यकुमार गौतमबुद्ध की तरह उनका हृदय लाखों अज्ञ, मोहान्ध, अत्याचार पीड़ित व उपेक्षित देशवासियों के लिये रो उठा।[22]

कन्याकुमारी में उन्होंने अपने जीवन का लक्ष्य अन्तिम रूप से स्थिर किया। उन्होंने यह आत्मज्ञान उपलब्ध किया कि अद्वैत वेदान्त के महानिनाद द्वारा भारत के सोये मनुष्यत्व को जगाये बिना तथा समष्टि मुक्ति को प्राप्त किये बिना अपनी मुक्ति तुच्छ है। प्रत्येक महान् व्यक्ति के जीवन में जो कुछ होता है, यहाँ भी वही हुआ। एक ओर व्यक्तिगत मुक्ति की कामना दूसरी ओर राष्ट्रीय जीवन में उन्नतिशील गतिवेग का संचार कर समष्टि मुक्ति—इन दो परस्पर विरोधी आदर्शों का संघर्ष उनके साधक और परिव्राजक जीवन में बारम्बार दिखायी देता है। मुक्ति के इस महान् प्रयत्न की सर्वश्रेष्ठ चेष्टा में उन्होंने भारत के अंतिम शिलाखण्ड पर बैठकर देहत्याग का संकल्प किया था, परन्तु नाम रूपविहीन ब्रह्म-समाधि के स्थान पर उनके ध्यान में जननी जन्मभूमि का रूप प्रकट हुआ। अश्रुपूर्ण नेत्रों से उन्होंने कहा—जननी! मैं मुक्ति नहीं चाहता, तुम्हारी सेवा ही मेरे जीवन का एक मात्र अवशिष्ट कर्म है। इस साधना से प्राप्त

स्वदेश प्रेमयज्ञ के उद्‌बोधन के लिये महाभाग ऋत्विक ने उदात्तकंठ से अपने प्रिय यजमान भारतीय युवकों को पुकारा। विवेकानन्द का मानसिक विकास एक स्तर को छोड़कर दूसरे में आ पहुँचा। संसार विमुख योगी लाखों करोड़ों मनुष्यों के कल्याण के लिये सत्य का चन्द्रहास लिये योद्धा के रूप में उभरे। भारतवर्ष कीओर अभिमुख हो विवेकानन्द की नयी यात्रा का प्रारंभ हुआ।

राष्ट्रीय जागृति : मील का पत्थर शिकागो धर्म महासभा

अपने भ्रमण के दौरान उन्होंने देश के इस दुःख-दैन्य के लिये उत्तरदायी एवं उसे अधोगति में ढ़कलने वाले कारणों पर गहराई से चिंतन किया। उन्होंने देख लिया था कि भारतीय समाज का पौरुष पारस्परिक झगड़ों, अन्धविश्वास व अज्ञानता के गह्वर में निमज्जित हो गया है। सामने मुँह बाये खड़े संकट को देखकर उन्होंने राष्ट्र को नवीन चेतना से पूर्ण करने और जीवन शक्ति का क्षय करने वाले आधारभूत कारणों का निराकरण करने का निश्चय किया ताकि वह सभी चुनौतियों का सफलता से मुकाबला कर सके और विश्व इतिहास में अपने मिशन को पूरा कर सके। इस लक्ष्य की सिद्धि के लिये आवश्यक था कि भारतीयों को बलिदान और देश के उत्थान हेतु श्रम की आवश्यकता के प्रति सचेत किया जाए। उन्हें आत्मा के भावुकतापूर्ण और सुकुमार दारिद्र्य से तीव्र घृणा थी–जो प्रायः भाग्यवाद या दार्शनिक उदासीनता के छद्‌मवेश में प्रकट होता है।

युवा सन्यासी के हृदय को मथने वाली समकालीन घोर अवसादपूर्ण स्थिति ने ही उनके भावी जीवनकार्य की रूपरेखा निर्धारित की, उस कठिन पथ का निर्धारण किया जिसमें असीम कष्ट व त्याग गन्तव्य तक पहुँचा सकते थे। सर्वत्यागी शंकर की भांति गरल पान करके विवेकानन्द को अपना महत् कार्य करना था। अब उनके लिये मातृभूमि एकमात्र ध्रुव सत्य बन चुकी थी। नवीन भावबोध से प्रेरित जीवन्मुक्त विवेकानन्द के हृदय में अब एक ही प्रेम था मातृभूमि के प्रति प्रेम और एक ही व्यथा थी उसकी हीनदशा। अप्रतिम अनुराग, दलित शोषित जनसाधारण के उत्थान का दृढ़ संकल्प, राष्ट्र की

काया को सर्वजयी पौरुष व अदम्य उत्साह से स्फुरित देखने की अभिलाषा, उफनती हुई जीवनशक्ति से दोलायमान राष्ट्र को बहुविध सक्रियता से ध्वनिमय देखने की आकांक्षा जैसी विविध धाराओं से निर्मित उनकी देशभक्ति की सलिला का प्रवाह 'उत्तिष्ठत् जाग्रत प्राप्य वरान्निबोधत' की शुभ्र फेनिल राशि से मण्डित दृष्टिगोचर होता है।

अब भारत का चिंतन उनके लिए प्राणवायु बन चुका था। उसके प्रति वे गौरव भावना से अभिभूत हो कह उठे, 'उन बीसों ज्योतिर्मय शताब्दियों की अटूट शृंखला के बीच मैं तो विस्मयाकुल खड़ा हूँ, जिनके बीच यहाँ वहाँ एकाध धूमिल कड़ी है, जो अगली कड़ी को और भी अधिक ज्योतिर्मय बना देती है और इनके बीच इनकी गति में अपने सहज महिमामय पदक्षेप के साथ प्रगतिशील है मेरी यह जन्मभूमि–अपने यशोपूरित लक्ष्य सिद्धि के लिये–जिसे धरती या आकाश की कोई शक्ति रोक नहीं सकती।[23] स्वजाति या स्वदेश की निंदा उनके लिए असह्य थी। स्वधर्म या स्वजाति का पक्ष समर्थन कर दृप्तसिंह की तरह वे ग्रीवा उठाकर खड़े होते थे तो उन्हें देखकर ऐसा लगता, मानो वे अहंकार शून्य उदासीन सन्यासी नहीं, बल्कि मध्ययुग में कोई गर्वित जात्याभिमानी क्षत्रिय वीर हैं।

भारत के करोड़ों दीन हीन जनों की दारुण स्थिति से उन्हें जो मर्मान्तक पीड़ा पहुँची थी, उस व्यथा का भार लिये वे उनकी उनकी मुक्ति के उपाय खोजने हेतु प्राणपण से चेष्टा कर रहे थे तभी उन्हें कोलम्बस द्वारा अमरीका की खोज की चतुःशती समारोह[24] के अवसर पर शिकागो में आयोजित विराट धर्म महासभा के बारे में सूचना मिली। इस सभा की तैयारियाँ बहुत बड़े पैमाने पर की गयीं और विश्व के विभिन्न भागों से अनेक लोगों का सहयोग लिया गया। भारत में प्रसिद्ध समाचारपत्र 'हिन्दू' के सम्पादक श्री जी.एस. अय्यर के लेखों के माध्यम से लोगों को इस महासभा की जानकारी हुई और सम्भवतः इसी माध्यम से स्वामी विवेकानन्द को इसके बारे में ज्ञात हुआ क्योंकि वे किसी सम्प्रदाय या संघ से सम्बद्ध नहीं थे।[25]

स्वामीजी का धर्ममहासभा में जाने का उद्देश्य

यह विश्वधर्म महासभा उन्हें अपने उद्देश्य की पूर्ति में ईश्वर नियोजित सहायक घटना प्रतीत हुई। भारत भ्रमण के दौरान वे श्रीमन्त एवं राजन्यवर्ग की दीनहीन के प्रति घोर उदासीनता को भली-भाँति देख चुके थे। अतः वे इस सभा के मंच का उपयोग अपने कार्य में समृद्ध राष्ट्रों की सहायता व सहयोग प्राप्त करने हेतु करना चाहते थे। अमरीका प्रस्थान हेतु बम्बई जाते समय आबू रोड़ स्टेशन पर अपने गुरुभाई अभयानंद व ब्रह्मानंद से उनकी भेंट होने पर उन्हें अमरीका प्रवास का अपना उद्देश्य बताते हुए कहा–मैं समस्त भारत की प्रदक्षिणा कर चुका हूँ–मेरे बन्धु, अपनी आँखों से जनसमुदाय की भयंकर दरिद्रता व पीड़ा देखने की वेदना मैंने अनुभव की है, आँसू सम्हाल नहीं सका हूँ। अब मैं दृढ़ता से कह सकता हूँ कि जनसमुदाय का क्लेश, उसका काठिन्य दूर करने का यत्न किए बिना उसको धर्मशिक्षा देना व्यर्थ है। इसी कारण भारत के दरिद्र जनों की मुक्ति का साधन जुटाने मैं अब अमरीका जा रहा हूँ।[26] धर्म महासभा में जाने के अपने उद्देश्य को स्पष्टकरते हुए अपने एक मद्रासी शिष्य आलासिंगा पेरुमल को लिखे पत्र में उन्होंने अत्यन्त मार्मिक शब्दों में लिखा–हृदय का रक्त बहाते हुए मैं आधी पृथ्वी का चक्कर लगाकर इस अजनबी देश में सहायता माँगने आया...मैं इस देश में भूख या जाड़े से भले ही मर जाऊँ, परन्तु युवको! मैं गरीबों, मूर्खों और उत्पीड़ितों के लिये इस सहानुभूति और प्राणपण प्रयत्न को थाती के तौर पर तुम्हें अर्पण करता हूँ।...कार्य गुरुतर है और हम लोग साधनहीन हैं तो भी हम अमृतपुत्र और ईश्वर की सन्तान हैं। हम अवश्य सफल होंगे।[27]

उपेक्षित जनसाधारण के उत्थान को सर्वोपरि राष्ट्रीय कर्तव्य बताते हुए उन्होंने यह स्पष्ट किया कि जब तक वे पददलित हैं, राष्ट्र की प्रगति के लिये किये जाने वाले सभी प्रयास निष्फल होंगे। अपनी इस यात्रा के सम्बन्ध में हरिपद मित्र को लिखे पत्र में स्वामीजी ने लिखा–मैं इस देश में कौतूहलवश नहीं आया, न नाम के लिये, न यश के लिये, परन्तु भारत के दरिद्रों की उन्नति

करने का उपाय ढूँढने आया।"[28] युगाचार्य एवं मानव मित्र के रूप में उन्हें उभारने वाले इस प्रवास की श्री अरविन्द ने अन्य ढंग से व्याख्या की है। उनके अनुसार अपने गुरुदेव के आशीर्वाद से अभिषिक्त एक शूर आत्मा के रूप में विवेकानन्द का प्रस्थान, विश्व को इस बात का प्रथम दृश्यमान संकेत था कि भारत न केवल जीवित रहने के लिये वरन् विजेता बनने हेतु जागृत हुआ है।[29] इसे भी भाग्य की विडम्बना कहना होगा कि विदेशी मंच से ही भारतीयों को बोध दिया जा सकता था। आत्महीनता के भाव से ग्रस्त भारतवासी किसी भी बात को उस समय तक स्वीकार करने को तैयार नहीं थे जब तक पाश्चात्य जन उसका अनुमोदन न कर दें। इस दृष्टि से शतपथ ब्राह्मण के विदेह माधव और अति प्राचीन युग के कम्बुऋषि की भाँति स्वामी विवेकानन्द विदेशी भूमि को विजय करने निकल पड़े और प्रत्येक अर्थ में यह नैतिक विजय थी।[30A] वे उस प्रथम हिन्दू सन्यासी के रूप में स्मरण किए जाएंगे, जिन्होंने पश्चिम को उस बात का सन्देश पहुँचाने के लिए समुद्र पार जाने का साहस किया था, जिसे वे धार्मिक शांति समझते हैं।[30B]

धर्म महासभा का स्वरूप

इसमें कोई सन्देह नहीं कि शिकागो धर्म महासभा स्वयं स्वामीजी के जीवन व भारत में राष्ट्रीयता के विकास में मील का पत्थर सिद्ध हुई। 11 सितम्बर 1893 से आयोजित यह महासभा एक अभूतपूर्व सम्मेलन था। असहिष्णुता एवं उदीयमान भौतिकवाद के उस युग में जब इसका प्रस्ताव रखा गया था तो अनेक लोगों को मानवीय उपलब्धि की दृष्टि से यह एक असंभव कार्य प्रतीत हुआ। विश्व धर्म महासभा का आयोजन अन्य धर्मों की तुलना में ईसाईयत की श्रेष्ठता सिद्ध करने के लिये किया गया था, ऐसी अनेक लोगों की मान्यता है। दूसरी ओर उन लोगों की दृष्टि में, जिनके इस आयोजन से सम्बद्ध कोई स्वार्थ नहीं थे, यह सत्य के समस्त जिज्ञासुओं में सद्भावना का संवर्द्धन करने हेतु एक अभूतपूर्व अवसर था।[31] ऐसे व्यक्तियों में एक थे अध्यक्ष बोनी,

जिनके बारे में स्वामीजी ने लिखा है, उस व्यक्ति के मानस की कल्पना करो जिसने इतने बड़े कार्य की योजना बनायी और उसे सफलतापूर्वक कार्यान्वित किया और वह कोई पादरी नहीं बल्कि एक अधिवक्ता था।[32]

धर्म महासभा के प्रस्तावित मुख्य उद्देश्य निम्नलिखित थेः–

1. इतिहास में प्रथम बार संसार के महान् ऐतिहासिक धर्मों के अग्रणी प्रतिनिधियों को एक स्थान पर एकत्र करना।

2. अत्यन्त प्रभावी तरीके से लोगों को भी यह विश्वास दिलाना कि विभिन्न धर्म कौन-कौन से सामान्य सत्यों की शिक्षा प्रदान करते हैं।

3. सर्वाधिक योग्यजनों द्वारा प्रत्येक धर्म और ईसाईयत की मुख्य शाखाओं में सन्निहित महत्वपूर्ण सत्यों और विश्वासों को उजागर करवाना।

4. इस बात की खोज-पड़ताल करना कि प्रत्येक धर्म संसार के अन्य धर्मों को कौनसी प्रकाश रश्मियाँ प्रदान कर सकता है।

5. सुयोग्य जनों से यह बात करना कि धर्म वर्तमान युग की प्रबल समस्याओं को हल करने के लिए क्या रास्ता सुझा सकता है, विशेषकर नशाबन्दी, श्रम, सम्पत्ति व गरीबी के साथ जुड़े हुए प्रश्न।

6. स्थायी अन्तरराष्ट्रीय शांति की स्थापना की आशा से विश्व के राष्ट्रों को अधिक मैत्रीपूर्ण सहयोग की ओर अग्रसर करना।[33]

धर्म महासभा का अधिवेशन शिकागो के आर्ट इन्स्टीट्यूट में 11 (ग्यारह) सितम्बर 1893 को प्रातःकाल प्रारंभ हुआ जिसे भ्रमवश 'आर्ट पेलेस' कह दिया जाता है[34] जो कि मेला स्थल पर ही भव्य किंतु अस्थायी रूप से तैयार की गयी एक इमारत थी। इस इन्स्टीट्यूट के 'ग्रेट हॉल ऑफ कोलम्बस[35] में महासभा के प्रतिनिधि गण उस स्मरणीय प्रातःकाल को समवेत हुए। दस बजे नवस्वातंत्र्य घड़ी के दस टंकोरे बजे जिस पर खुदा हुआ था–एक नवीन आदेश मैं तुम्हें देता हूँ कि तुम एक दूसरे से प्रेम करो।[36] इस घंटा

ध्वनि ने महासभा के प्रारंभ का उद्घोष किया। प्रत्येक टंकार संसार के दस उल्लिखित प्रमुख धर्मों का प्रतिनिधित्व करती थी।[37]

धर्म महासभा में स्वामीजी का सन्देश और उसका महत्व

महासभा के सम्मुख जब स्वामीजी भाषण देने के लिये मंच पर खड़े हुए तो उनकी प्रकृति की गहन शक्तियाँ पूर्णतः सक्रिय थीं, उस विशाल जनसमूह के साथ अपनी आध्यात्मिक एकात्मता का अभिज्ञान उनके मस्तिष्क में सर्वोपरि था जो उनकी वाणी से झंकृत हो रहा था, किंतु यह भी ज्ञातव्य है कि सम्मेलन की गरिमा से अभिभूत हुए बिना वे भी न रह सके।[38] उन्होंने धर्मों में सबसे पुरातन वैदिक सन्यासी धर्म की ओर से राष्ट्रों में नवीनतम राष्ट्र[39] को सम्बोधित किया।

महासभा में उनके पूर्ववर्ती सभी वक्ताओं ने चिर परिचित रीतियों के अनुसार ही श्रोताओं को सम्बोधित किया था किन्तु विश्व मानव के मिलन मन्दिर के केन्द्र स्थल से खड़े होकर विवेकानन्द ने ही पहले पहल उस विराट सभा को 'भगिनी व भातृगण' कहकर सम्बोधित किया था। हृदय के अंतःस्तल से उठे हुए इस निर्मल आह्वान ने सभी के हृदय में छिपी हुई प्रेमनिर्झरिणी के मुखावरण को उन्मुक्त कर दिया। भ्रातृ सम्बोधन से प्रीति उत्फुल्ल श्रोतृवृन्द ने सुना—आगत प्रायः बीसवीं सदी के नवयुग का आदर्श, सब प्रकार के धर्म द्वन्द्व का परित्याग, जातीयता के नाम पर दूसरों की सम्पत्ति पर दृष्टि का निषेध, धर्म के नाम पर दूसरों के धर्म के प्रति अकारण आक्रमण का घोर निषेध। श्रोताओं के हृदय में यह बात भी पहुँचायी गयी कि प्रत्येक व्यक्ति की जातीय, धार्मिक व सामाजिक स्वतंत्रता की रक्षा करते हुए आपस में भावों का आदान-प्रदान करना होगा, ईर्ष्या तथा संकीर्णता को छोड़ अपने सामर्थ्य के अनुसार दूसरों की लौकिक व आध्यात्मिक उन्नति के लिये सहायता करनी होगी।

मानवीय वाग्मिता के सर्वोच्च स्तर[40] को प्रकट करने वाले अपने

अभिभाषण में अखण्ड आस्था से नये तर्क देकर उन्होंने उस विश्वधर्म की अपनी कल्पना का निरूपण किया जो देशकाल से परे है। बर्बरों की अन्धी अनुरक्ति से लेकर आधुनिक विज्ञान की विशालतम सृजनात्मक स्थापनाओं तक समस्त मानव-जाति के आस्था जगत् को उन्होंने एकाकार कर दिया।[41] उन्होंने महासभा के सम्मुख वेदांत के सिद्धान्तों की व्याख्या और हिन्दुत्व की महानता का प्रतिपादन ऐसी विश्वासोत्पादक वाग्मिता से किया कि सम्मेलन के प्रथम दिन से ही उन्होंने विशालमण्डली का हृदय जीत लिया।[42] यह कहने में कोई अतिशयोक्ति नहीं कि इस सम्मेलन में हिन्दुत्व ने झंझावत[43] पैदा कर दिया और स्वामी विवेकानन्द ने आधुनिक विश्व के सांस्कृतिक नक्शे में उसके लिये स्थान बना दिया। अब तक पश्चिमी देश हिन्दुत्व को अन्ध विश्वासों , बुरी संस्थाओं व अनैतिक प्रथाओं के समूह के रूप में ही देखते थे जो वर्तमान प्रगतिशील विश्व का ध्यान आकृष्ट करने में असमर्थ था। अब प्रथम बार उन्होंने स्वामी विवेकानन्द द्वारा प्रतिपादित हिन्दुत्व के उदात्त सिद्धान्तों का न केवल समर्थन किया वरन् विश्व की संस्कृति व सभ्यता में उच्च स्थान प्रदान किया। शिकागो महामेला की अंगरूपी विज्ञानसभा के सभापति श्री स्नेल के अनुसार इस देश में हिन्दुत्व की कार्यकारी शक्तियों ने स्वामी विवेकानन्द के परिश्रम से विशेष रूप से प्रेरणालाभ किया है। इस देश में वर्तमान में प्रचलित अंग्रेजी भावापन्न, शक्तिहीन, सारविहीन अप्राकृत हिन्दू धर्म के प्रतिवाद के रूप में प्राकृत हिन्दू धर्म का इस प्रकार कोई विश्वस्त प्रतिनिधि इससे पूर्व अमेरिका में तत्व जिज्ञासुओं के सम्मुख उपस्थित नहीं हुआ है।[44]

उन्होंने इस अवसर का उपयोग अपने गुरुदेव की कथा सुनाने निमित्त नहीं किया वरन् भारत की धार्मिक चेतना, सम्पूर्ण अतीत द्वारा निर्धारित उनके समग्र देशवासियों का सन्देश ही उनके माध्यम से मुखर हुआ था और जब वे पश्चिम के यौवन और मध्याह्न में बोल रहे थे, तब प्रशान्त के दूसरी ओर, तमसाच्छन्न गोलार्द्ध की छायाओं में प्रसुप्त एक राष्ट्र अपनी ओर गतिमान अरुणोदय के पंखों पर आने वाली और उसके प्रति स्वयं उसके ही महत्व और

शक्ति का रहस्य उद्घाटित करने वाली वाणी की प्रतीक्षा अपनी आत्मा में कर रहा था।[45]

मानवता को बारम्बर रक्त स्नात करने वाली साम्प्रदायिक हठधर्मिता और उसकी वंशधर धर्मांधता पर गहरा क्षोभ व्यक्त करते हुए उन्होंने यह अभिलाषा प्रकट की कि इस सभा के सम्मान में हुई घंटा ध्वनि एक ही लक्ष्य की ओर अग्रसर होने वाले मानवों की पारस्परिक कटुताओं का मृत्यु निनाद सिद्ध हो।[46] यही वजह है कि क्रिटिक नामक पत्र ने 7 अक्टूबर 1893 के अपने अंक में लिखा था, ''जितनी अच्छी तरह सम्मेलन की भावनाओं, सीमाओं और सुन्दर प्रभावों को हिन्दू सन्यासी ने व्यक्त किया, इतना और किसी ने नहीं किया।[47] हिन्दुत्व को प्राप्त इस सम्मान के विशाल हिन्दू समाज पर पड़े प्रभाव की सहज ही कल्पना की जा सकती है। हिन्दू बौद्धिक वर्ग मिशनरियों द्वारा की जाने वाली आलोचना के सम्मुख सदैव रक्षात्मक रुख अपनाता था और उसका स्वर उस स्थिति में सदैव क्षमायाचना का होता था। शिकागो धर्म महासभा में स्वामी विवेकानन्द की विजयी भूमिका ने अपनी संस्कृति व सभ्यता में न केवल उनके डगमगाते आत्म विश्वास को पुनर्स्थापित किया वरन् राष्ट्रीय स्वाभिमान व देशभक्ति के भावों को भी तीव्रता प्रदान की। वे हमारी मातृभूमि को नया आत्मविश्वास प्रदान करने में सफल हुए। उनके रूप में इस देश के यूरोपीयकरण की कुटिल चाल को प्रबल चुनौती का सामना करना पड़ा। वे भारत के सांस्कृतिक जीवन के निर्माण में एक गत्यात्मक, ओजमय, आध्यात्मिक उत्साह का पुट देने में सफल हुए।[48]

आचार्य विवेकानन्द : सुदूर पश्चिम में भारतीय मिशन का प्रारम्भ

पश्चिम के ध्वनि तख्ते से प्रकट उनकी ओजस्वी वाणी की प्रतिध्वनि भारत में सुनायी पड़ी। भारत की आत्म चेतना व दृढ़ता बढ़ने शुरू हुए। अब तक सुधारक लोगों के सम्मुख सप्रतिबन्ध निराशावाद का दृश्य ही प्रस्तुत करते आ रहे थे। 'चरैवैति' का प्राचीन भारतीय आदर्श स्वामीजी के माध्यम से

ही देश में पुनः प्रतिध्वनित हुआ। शिकागो सम्मेलन और उसके पश्चात् उनके व्यापक भ्रमण के दौरान दी गई वक्तृतओं ने हिन्दुत्व को उन्नत भाल होने के योग्य बनया। एक ऐसे स्तर पर जो गवेषणातीत है फिर भी जिसके बारे में हम जानते हैं कि उसका अस्तित्व है, उन्होंने राष्ट्र के सामूहिक मानस में निःशब्द रूप से चिंतन की एक नवीन तरंग प्रवाहित करके एक पैगम्बर व आचार्य की भूमिका अदा की। यह एक ऐसी तरंग थी जिसके लाभकारी प्रभाव मानवीय कार्यों में शनैः शनैः दृष्टिगोचर होंगे किन्तु जिनकी वास्तविकता से इन्कार नहीं किया जा सकता क्योंकि स्वामी विवेकानन्द की आध्यात्मिक महत्ता ऐसी थी कि विश्व चिंतन के ताने-बाने को बिना बदले, समृद्ध किये और प्रकाशमन् बनाए उनकी क्रियाशीलता शान्त नहीं हो सकती थी।[49]

अतीत में बद्धमूल और भारत की परम्परा के प्रति गौरवशील, विवेकानन्द का जीवन की समस्याओं के प्रति आधुनिक दृष्टिकोण था। अपने अमरीका प्रवास के दौरान, दिगन्तव्यापी यश के कोलाहल के मध्य भी अपना मूल लक्ष्य कभी उनकी आँखों से ओझल नहीं हुआ। मातृभूमि की हीन अवस्था के सुधार के साधनों की खोज का विचार उनके मस्तिष्क में सर्वोपरि था। उन्होंने सन्यास भी व्यक्तिगत मुक्ति के उद्देश्य से नहीं वरन् दीन-दलितों की सेवा में स्वयं की पूर्णरूपेण नियोजित करने हेतु लिया था।

उनकी दीप्तियुक्त बौद्धिकता, उनका अनंत ज्ञान वैभव, चिंतन की उच्चतम पहुँच से भी उन्नत उनका उदात्त आदर्शवाद, उनकी प्रकट आध्यात्मिक श्रेष्ठता और हृदय की महानता[50] उनके व्यक्तित्व की इन समस्त विशिष्टताओं और साथ ही 'अपनी मातृभूमि विषयक प्रेरक वार्ताओं' ने भारत विषयक उन सभी गलत बातों की कलई खोल दी[51] जिनके बारे में अब तक अमरीकन जनता को विश्वास दिलाय जा रहा था और अब तक जिन्हें चुनौती नहीं दी गयी थी।

विश्व धर्म महासभा से पूर्व भी करीब छः सप्ताह के दौरान, स्वामीजी ने अपना ध्येय स्थिर कर लिया था कि अमरीकन लोगों को इस बात की

जानकारी दी जाय कि भारतीयों की सर्वोपरि आवश्यकता धर्म नहीं वरन् रोटी व तकनीकी शिक्षा है। धर्म महासभा में उन्होंने ईसाई मिशनरियों की अच्छी खबर ली। वे भारत की दरिद्रता का वीभत्स चित्र प्रस्तुत करने, यहाँ के रीति रिवाजों की कुत्सित निंदा करने में लगे रहते थे और धर्म परिवर्तन कराना ही उनका एक मात्र उद्देश्य था। भूख से पीड़ित लोगों की उपेक्षा का जिक्र करते हुए स्वामीजी ने कहा–भारतवर्ष में जब भयानक अकाल पड़ा था तो लाखों मनुष्य क्षुधा से पीड़ित होकर मर गये, पर आप ईसाईयों ने उनके लिये कुछ नहीं किया। आप लोग सारे हिन्दुस्तान में गिरजे बनाते हैं, पर पूर्व की प्रधान आवश्यकता रोटी है धर्म नहीं–क्षुधातुरों को धर्म का उपदेश देना उनका अपमान करना है।[52] उनकी इस निर्भीक स्पष्टोक्ति से जाहिर है कि देश के आर्त जनसाधारण की पीड़ा उन्हें किस भाँति व्यथित कर रही थी। इस अभिभाषण से ठीक एक माह पूर्व लिखे गये पत्र में उन्होंने दरिद्र वर्ग पर होने वाले अत्याचारों व परिणामतः उनकी घोर दुर्दशा दुःख प्रकट करते हुए लिखा था 'भारत के दरिद्रों, पतितों का कोई साथी नहीं, कोई सहायता देने वाला नहीं। वे दिन पर दिन डूबते जा रहे हैं। क्रूर समाज उन पर जो लगातार चोटें कर रहा है, उसका अनुभव तो वे खूब कर रहे हैं पर वे नहीं जानते कि वे कहाँ से आ रही हैं। वे भूल गये हैं कि वे भी मनुष्य हैं[53]। जब तक वे यूरोप व अमरीका की प्रगतिशील, तेजस्वी व सुव्यस्थित जातियों (Races) के मध्य रहे, धनाढ्य प्रबुद्ध, लोगों की सहानुभूति से वंचित भारत के असहाय, निरक्षर, दलित व दरिद्र जनसाधारण की दयनीय स्थिति उनके कोमल देशभक्तिपूर्ण हृदय को निरन्तर सालती रही।

वस्तुतः अमरीका और इंग्लैण्ड से लिखे गये स्वामीजी के पत्र जिनमें उन्होंने अपने विचारों, अपनी योजनाओं व आशाओं का निरूपण किया है, जिनमें उन्होंने नियमावलि निश्चित की है, कार्यारंभ का निर्देश दिया है, झिड़की सुनायी है और इतनी शक्ति प्रवाहित की है कि मुद्रित शब्द भी गुँजायमान प्रतीत होते हैं–वे 1897 में स्वदेश लौटने के पश्चात् उनके

भारतीय मिशन के 'अंगरूप भाषणों'[54] के समान ही महत्वपूर्ण हैं। उनके अमरीका प्रवासकाल में ही उनका भारतीय मिशन अंकुरित हुआ। इस काल के दौरान उस मिशन ने उनके चिंतन की श्वेत ऊष्णता में आकार ग्रहण किया और 'राष्ट्र को गतिशील बनाने वाली प्रभूत तेजस्विता से उद्दीप्त होना प्रारंभ हो गया था।'[55] अनेक भाषणों व अनौपचारिक वार्तालापों के माध्यमों से उन्होंने चिंतन एवं क्रियाशीलता के सभी स्तरों पर तेजस्वी तथा आध्यात्मिकताभिमुख सुदृढ़ भारत के पुनरुत्थान का अपना कार्यक्रम प्रस्तुत किया।

मानव में सुप्त ईश्वर व आत्मा की शक्ति को आह्वान

चिरकाल से शान्त प्रायः कुम्भकर्णी निद्रा में मग्न भारतीय जनसमूह में आविर्भूत होकर इस हिन्दू नेपोलियन[56] ने शिकागो से लौटकर कर्मक्षेत्र में प्रवेश किया। कोलम्बो से अल्मोड़ा तक उनका प्रत्येक भाषण नवीन भारत का उद्बोधन मन्त्र था। बारम्बार एक शब्द प्रपात में उन्होंने देशवासियों को उन आदर्शों को कार्यरूप में परिणत करने व उनके अनुरूप जीवन ढ़ालने का आग्रह किया जो स्वयं राष्ट्र की आत्मा से उद्भूत हुएं थे। अपने समस्त भ्रमण के दौरान अपने प्रवचनों व स्फूर्तिदायक वार्ताओं के माध्यम से उन्होंने उन विचारों को प्रकीर्ण किया जो उनकी दृष्टि में प्राणाधिक मातृभूमि की मुक्ति के लिये अत्यावश्यक थे।

उनके उपदेशों व शिक्षाओं के माध्यम से भारतवासियों ने अपने यशस्वी व महान् अतीत का रोमहर्षक स्पर्श अनुभव किया। उन्होंने अपनी प्राचीन संस्कृति की प्रभविष्णुता एवं पूर्वजों से विरासत में प्राप्त आध्यात्मिक साहित्य की उपयोगिता, उत्कृष्टता एवं आश्चर्यजनक शक्ति का अनुभव किया। उनके उद्बोधन के प्रकाश में ही देशवासी अपनी पतितावस्था का सही अनुमान लगा सके और वे यह स्पष्टतः देख सके कि किस प्रकार 'उनकी भौतिक अधोगति, जड़ता व प्रमाद ने तथा पौरुष, आत्म सहायता, गांभीर्य व

आज्ञा पालन की भावना एवं प्रेम, दयालुता व सांस्कृतिक सत्यनिष्ठा के घोर अभाव ने उन्हें दयनीय अवस्था में ले जा पटका है।''[57]

सम्पूर्ण राष्ट्र उनकी वाणी से झंकृत हो उठा। उनकी सिंह गर्जना जिसमें ललकार और आह्वान दोनों सम्मिलित थे, जिसमें त्याग और कर्मठता का आग्रह था, जिसमें हुँकार व सन्ताप के मिश्रित भाव थे, जिसमें समुज्वल भविष्य की ओर उन्मुख दृष्टि और आत्मनिरीक्षण की अन्तर्मुखता सम्मिलित थी, जिसमें भूलुँठित मातृभूमि के पुनरुद्धार एवं मानवता को हतश्री करने वाली संकीर्णताओं से ऊपर उठने की प्रेरणा थी–एक ऐसे सन्त के अन्तःस्तल को मथने वाली उन भावनाओं व भावों के उद्रेक का परिणाम थी जिसने अपनी सूक्ष्म अन्तर्दृष्टि से धर्म के मर्म को पहिचान कर उसे समकालीन परिवेश में वैयक्तिक आस्थाओं व निष्ठाओं के अनुरूप अमूर्त सत्ता के पार्थिव पूजन से ऊपर उठाकर राष्ट्रोद्धार के महत् कार्य का रूप दे दिया था। यह उनकी युग दृष्टि का चमत्कार था कि उन्होंने दलित-पीड़ित वर्ग की मूक व्यथा को स्वर देते हुए उसे जीवन्त गतिशील धर्म का रूप देकर राष्ट्रोत्थान की दिशा में सृजनात्मक कार्य की प्रेरणा दी।

यदि हम उनके भाषणों, वार्तालापों, पत्रों आदि का ध्यानपूर्वक अनुशीलन करें तो वे वेदान्त को राष्ट्रोद्धार का आधार स्वीकार करते हुए आशा, स्फूर्ति व प्रकाश के मन्त्रदाता नजर आते हैं। उन्होंने अनेक बार यह इच्छा व्यक्त की कि, 'मैं देशवासियों की प्रेरित करके उनमें जीवन संचार करना चाहता हूँ। इस उद्देश्य के लिये मैंने अपना जीवन समर्पित कर दिया है। मैं उन्हें वेदमन्त्रों की अमोघ शक्ति द्वारा जागृत करूँगा। मेरा जन्म उन्हें यह निर्भीक संदेश देने के लिये हुआ है कि उठो, जागो।'[58] विवेकानन्द हिन्दुत्व की परम्परा में सन्निहित पुरातन औजारों के प्रयोग द्वारा एक अभिनव वस्तु की प्राप्ति के इच्छुक थे। उन्होंने यह बात स्पष्टतः देख ली थी कि सदियों के शोषण व गुलामी के फलस्वरूप अपनी ऊर्जस्विता से वंचित हुए राष्ट्र में पुनः जीवनशक्ति का संचार भारतीय चिंतन में प्रकीर्ण प्रेरक सिद्धान्तों के माध्यम से

ही सम्भव था।[59] यही कारण है कि वे अद्वैतवादी थे। उन्होंने वेदान्त की मूलभूत शिक्षाओं के मन्थन से प्राप्त राष्ट्र निर्माण के कुछ व्यावहारिक उपाय प्रस्तुत किये। ऐसा करने से पूर्व उन्होंने बड़ी गहराई से उन कारणों पर विचार किया जो भारत के पतन के लिये उत्तरदायी थे और तत्पश्चात् अत्यन्त विशद रूप से राष्ट्रोत्थान व नवनिर्माण के सिद्धान्तों का विवेचन किया। इस विवेचन में उनकी प्रचण्ड तार्किकता, औपनिषदिक सत्यों को अपनाने हेतु आग्रह, विद्यमान राष्ट्रीय आन्दोलन की प्रकृति से निराशा और विश्वजनीनता की भावना दृष्टव्य है।

राष्ट्रवाद का स्वरूप : राष्ट्र दैवीय विधान की पूर्ति का माध्यम

विवेकानन्द प्रणीत राष्ट्रवाद का दार्शनिक आधार है आक्रामक आध्यात्मिकता और भारत के जनसाधारण इसके भौतिक आधार हैं[60]। डॉ. मजूमदार ने उनके राष्ट्रवाद के सिद्धान्त को पाँच आधारशिलाओं पर अवस्थित माना है–राजनीतिक स्वाधीनता के लिये उत्कंठा, भारत की प्राचीन महानता व भव्यता के लिये गौरव भावना भ्रातृत्व के सिद्धान्त के आधार पर भारतीयों की एकता, जनसाधारण की जागृति, शारीरिक शक्ति व सामर्थ्य का विकास।[61]

भारत की गतिशील आध्यात्मिकता पर अवलंबित उनके राष्ट्रवाद की प्रकृति व विविध आयामों को समझने के लिये यह देखना आवश्यक है कि वे राष्ट्र के जीवन की व्याख्या को किस रूप में देखते हैं? हीगल की भाँति विवेकानन्द का भी विश्वास था कि प्रत्येक राष्ट्र का जीवन किसी एक प्रमुख तत्व की अभिव्यक्ति है। उनके अनुसार प्रत्येक व्यक्ति की भाँति प्रत्येक राष्ट्र का भी एक विशेष जीवनोद्देश्य होता है वही उसके जीवन का केन्द्र और प्रधान स्वर होता है, जिसके साथ अन्य अब स्वर मिलकर समरसता उत्पन्न करते हैं।[62] उन्होंने 'हीरामनतोते'[63] का उदाहरण देते हुए बताया कि राष्ट्र विशेष का जीवन भी ठीक उसी प्रकार किसी बिन्दु में केन्द्रित रहता है, वहीं उस राष्ट्र की राष्ट्रीयता

रहती है और जब तक उस मर्मस्थान पर चोट नहीं पड़ती, तब तक राष्ट्र मर नहीं सकता।[63A] उनकी मान्यता है कि प्रत्येक जाति (राष्ट्र) को किसी न किसी दैव निर्दिष्ट उद्देश्य को पूरा करना पड़ता है, प्रत्येक जाति को संसार में एक सन्देश देना पड़ता है और व्रत विशेष का उद्यापन करना पड़ता है।[64] यह भी कि 'प्रत्येक राष्ट्र में पुरुष या स्त्री किसी एक आदर्श को व्यक्त करते हैं जिसकी पूर्ति ज्ञात या अज्ञात भाव से होती रहती है। व्यक्ति विशेष अभिप्रेत आदर्श का बाह्यरूप मात्र है। ऐसे व्यक्तियों के समूह को राष्ट्र कहते हैं और ऐसा राष्ट्र भी किसी महान् आदर्श का प्रतीक होता है जिसकी ओर वह बढ़ता रहता है। इसलिये किसी राष्ट्र को समझने के लिये पहिले उस आदर्श को समझना आवश्यक है।[65] यही कारण है कि यदि कोई राष्ट्र अपनी स्वाभाविक जीवन शक्ति को दूर फेंक देने की चेष्टा करे–शताब्दियों से जिस दिशा की ओर उसकी विशेष गति हुई है, उससे मुड़ जाने का प्रयत्न करे और यदि वह अपने इस कार्य में सफल हो जाए तो वह राष्ट्र मृत हो जाता है।[66] प्रत्येक जाति[67] अपनी निजी विशेषताएँ लेकर जन्म ग्रहण करती है। सब जातियाँ मिलकर एक सुमधुर एकतान संगीत की सृष्टि करती हैं और संभवतः सुदूर भविष्य में विभिन्न जातियों की आश्चर्यजनक जातीय पूर्णताओं का समन्वय होकर एक ऐसी अद्‌भुत नयी जाति की उत्पत्ति होगी, जिसकी विश्व ने अभी तक कल्पना ही नहीं की है[68] परन्तु प्रत्येक जाति मानों राष्ट्रों के स्वर सामंजस्य में एक पृथक-पृथक स्वर का प्रतिनिधित्व करती है। वही उसकी जीवन शक्ति है, वही उस के जातीय (राष्ट्रीय) जीवन का मेरुदण्ड या मूलभित्ति होती है।[69] प्रत्येक राष्ट्र के विशिष्ट ध्येय के सम्बन्ध में उनकी मान्यता है कि वह उसके लिये संजीवन स्वरूप होता है।[70] मानव समाज की अन्योन्याश्रितता पर बल देते हुए वे यह धारण प्रस्तुत करते हैं कि मानव जाति की सर्वांग सम्पूर्णता प्रत्येक राष्ट्र द्वारा व्रत विशेष के पालन पर निर्भर करती है।[71] यही व्रत और आदर्श विशेष राष्ट्र के शरीर में जीवन संचार करता है।[72]

धर्म ही भारत का मेरुदण्ड : आध्यात्मिकता जीवन रक्त

इस सन्दर्भ में उनका यह कहना था कि धर्म ही इस राष्ट्र (भारत) के हृदय का मर्मस्थल,[73] और मेरुदण्ड[74] है तथा वह नींव है[75] जिस पर राष्ट्र रूपी इमारत खड़ी है। हमारे राष्ट्र की जीवनी शक्ति धर्म में केन्द्रीभूत है,[76] ऐसा उनका विश्वास था। उनका मत था किप्रत्येक राष्ट्र का, जैसा कि संगीत में होता है, एक मुख्य स्वर होता है, एक केन्द्रीय वस्तु होती है, जिस पर अन्य सभी बातें घूमती हैं। भारत की विशिष्टता धर्म है। समाज सुधार और अन्य सब बातें गौण हैं।[77] भारत में सदैव धर्म सर्वोपरि समझा जाता है। धर्म व आध्यात्मिकता ही ऐसे मुख्य आधार रहे हैं जिसके ऊपर भारतीय जीवन निर्भर रहा है।[78] उनकी मान्यता है कि प्रायः अन्य राष्ट्रों की राष्ट्रीय शक्ति का प्रकटीकरण प्रबल राजनीति अथवा बौद्धिक खोज, सैन्यवाद या वाणिज्यवाद के रूप में हुआ है[79] किंतु मनुष्य जाति के सम्पूर्ण ज्ञान भंडार में भारत का योगदान आध्यात्मिकता व दर्शन का रहा है।[80] भारत की गौरवपूर्ण आध्यात्मिक परम्परा का उल्लेख करते हुए उन्होंने कहा कि भारतीय मनीषा ने अति प्राचीन युग में एकमेव सद्‌विप्रा बहुधा वदन्ति[81] के महान् सत्य की खोज की थी और यही महान् सत्य हमारे राष्ट्र के राष्ट्रीय जीवन का मेरुदण्ड स्वरूप हो गया[82] और हमारा राष्ट्रीय जीवन उससे ओतप्रोत हो गया है।

स्वामीजी की मान्यता थी कि प्रत्येक राष्ट्र, व्यक्ति व संस्था के चित्त का निर्माण तीन मूलभूत गुणों से होता है। वे हैं—सत्व अर्थात् प्रबुद्ध अवस्था, रजस् अर्थात् गतिशील अवस्था तथा तमस् अर्थात् अन्धेरी जड़ता की अवस्था।[83] उस समय घोर तमोगुण में डूबे भारत का पुनरुत्थान उनकी चिंता का मुख्य विषय था। उनकी राष्ट्र निर्माण की योजना को इसी परिप्रेक्ष्य में समझना होगा।

विवेकानन्द आध्यात्मिकता को भारत का जीवन रक्त मानते थे। अतः उनकी दृष्टि में यदि वह शुद्ध व स्वस्थ रूप से प्रवाहित होता रहे तो सब कुछ ठीक रहेगा। यदि वह रक्त शुद्ध है तो राजनीतिक, सामाजिक व दूसरे भौतिक

दोष दूर किये जा सकेंगे।[84] उन्होंने हमारे पुराकालीन इतिहास, भारतीय संस्कृति व सभ्यता में निहित राष्ट्र निर्माण के आश्चर्यजनक सिद्धान्तों की ओर ध्यान आकृष्ट करते हुए उन सिद्धान्तों का राष्ट्र के मानस को मथने वाली समस्याओं के संदर्भ में व्यावहारिक उपयोग का दिग्दर्शन कराते हुए, एक दुर्लभ अन्तर्दृष्टि एवं विचक्षणता से व्याख्या की।[85] भारत में राष्ट्रीय पुनर्निर्माण के मौलिक सिद्धान्त की ओर इंगित करते हुए अपने एक पत्र में स्वामीजी ने लिखा–'भारत में राष्ट्रीय एकता बिखरी हुई आध्यात्मिक शक्तियों के एकीकरण से सम्भव होगी। भारत में राष्ट्र उन लोगों का संघ होना चाहिये जिनके हृदय समान आध्यात्मिक स्वरलहरी से स्पन्दित होते हैं।'[86]

उन्होंने दृढ़तापूर्वक यह विश्वास व्यक्त किया कि भारत का पुनरुत्थान जड़ की शक्ति से नहीं वरन् आत्मा की शक्ति द्वारा होगा। उस उत्थान की प्रक्रिया की व्याख्या करते हुए उन्होंने कहा–'वह उत्थान विनाश की ध्वजा लेकर नहीं, वरन् शांति और प्रेम की ध्वजा से–सन्यासियों के वेश से–भिक्षा पात्र की शक्ति से सम्पादित होगा। उसे (भारत को) न तो किसी वस्तु का त्याग ही करना है और न किसी वस्तु को प्राप्त करने के लिये इधर-उधर भटकना ही है वरन् उसके लिये इतना ही पर्याप्त है कि वह अपने पूर्वजों से उत्तराधिकार में पाए हुए अनंत कोष में से केवल थोड़ा सा निकाल कर अपने उपयोग में लाए।'[87]

सन्यास का राष्ट्रवादी आदर्श

परमहंस के मार्गनिर्देश के अनुसार वे यह मानते थे कि क्षुधातुर व्यक्ति का ईश्वर रोटी में निवास करता है। इसलिये वे ऐसा सन्यासी संगठन खड़ा करना चाहते थे जो आनंदमठ के 'सन्तानों' की भाँति सभी प्रकार की कामनाओं के विरत रहकर मातृभूमि के उद्धार के लिये पूर्णतः समर्पित होगा। वे इस अति प्राचीन सन्यास संस्था को 'ऐसी संगठित शक्ति के रूप में परिवर्तित करना चाहते थे जो सेवा के माध्यम से राष्ट्र का भौतिक, बौद्धिक, साँस्कृतिक व सर्वोपरि आध्यात्मिक दृष्टि से पुनरुत्थान करने में कृतकार्य हो सके।'[88] इस

ध्येय की सिद्धि के लिये उन्होंने रामकृष्ण मिशन व मठ की स्थापना की। इस सम्बन्ध में स्वामीजी को अपने गुरुभाइयों के विरोध का सामना करना पड़ा। उन्हें इस बात का विश्वास दिलाना कठिन सिद्ध हुआ कि मिशन की स्थापना सन्यासी परम्परा के अनुकूल थी अथवा रामकृष्ण परमहंस जीवित होते तो ऐसी कार्य प्रणाली का समर्थन करते या नहीं। गुरुभाइयों की शंका का निवारण करते हुए उन्होंने जो कुछ कहा उससे यह भली भाँति स्पष्ट हो जाता है कि गरीबी में आकंठ डूबे, जीवन को एक अभिशाप के रूप में झेलते हुए देशवासियों की पीड़ा उनके मस्तिष्क में घनीभूत थी और वे अपनी सम्पूर्ण शक्तियों व क्षमताओं को उनके जीवन को आल्हाद व सार्थकता के प्रकाश से दीप्तिमान करने के लिये प्रयुक्त करने हेतु कृत संकल्प थे। यही उनके राष्ट्र निर्माण योजना की आधारशिला थी। गुरुभाइयों को उनका उत्तर जहाँ जनसाधारण के दुःखों से द्रवित उनके हृदय की पीड़ा को उजागर करता है–वहीं राष्ट्र कलधौत की नींव को मजबूत बनाने की व्यावहारिक अनिवार्यता को समझने वाले राष्ट्रनिर्माता के रूप में उनकी सूझबूझ को भी स्पष्ट करता है। स्वामीजी ने कहा था–यदि मैं घोर तमोगुण में डूबे हुए स्वदेशवासियों को कर्मयोग के द्वारा अनुप्राणित कर वास्तव में मनुष्य की तरह अपने पैरों पर खड़ा कर देने में समर्थ हूँ, तो मैं आनंद के साथ लाख बार नरक जाऊँगा...। जो लोग भक्ति-मुक्ति की कामना छोड़ दरिद्र नारायण की सेवा में जीवन की उत्सर्गित करेंगे मैं उन्हीं का चेला, भृत्य, क्रीतदास हूँ।[89]

स्वामीजी विवेकानन्द के राष्ट्रवाद के सिद्धान्त की इयत्ताएँ बहुत विस्तृत हैं। डार्विन, मिल व स्पेन्सर के बुद्धिवाद से पोषित अपनी देश की मिट्टी से कटे हुए बौद्धिकों के वाग्विलास के विपरीत इसमें अपनी माटी की सौंधी महक है, एक आत्मविस्मृत राष्ट्र के पुनरुत्थान का पूर्णदर्शन है। एक ओर इसमें एक आलोचक की निर्ममता भी है तो दूसरी ओर साधक की भक्ति भी है। इस महावृक्ष का तना है, अद्वैत का आदर्श।

यह एक श्रुतिमधुर करुण व उदात्त संगीत है, देशभक्ति की ऋचा है,

जिसमें सेवाधर्म का भाव प्रधान है। इसका ध्यानपूर्वक अध्ययन करने पर मुख्य रूप से निम्नलिखित विशेषताएँ उभरती हैं जिनकी व्याख्या करने पर इसकी मूल प्रकृति को समझा जा सकता है–

(1) मातृभूमि सर्वोच्च उपास्य देवी–अद्वैतवाद से ही मातृभूमि की कल्पना, भारत भक्ति आदि इसके विवेच्य विषय हैं।

(2) अक्लान्त लोकहितैषणा–इसमें उच्च वर्गों द्वारा राष्ट्र के जनसाधारण के शोषण व उपेक्षा से हुए सर्वनाश की विवेचना और दरिद्र नारायण की सेवा के महत् आदर्श और जनसाधारण की महत्ता के विवेचन का समावेश है।

(3) राष्ट्रीय चरित्र के दोषों का विश्लेषण–वे दोष जिनके फलस्वरूप भारत की अधोगति हुई। ये दोष हैं–ईर्ष्या, दुर्बलता, अस्पृश्यता, दासता, गरीबी, भय आदि।

(4) राष्ट्रोत्थान के विविध उपायों का विश्लेषण–परानुकरण के घातक प्रभाव का विवेचन, स्वधर्म पालन का आग्रह, उपनिषदों के आदर्श को अपनाने पर बल (महावीर व महाकाली की उपासना पर बल)–राष्ट्रीय एकता के आधार आत्मश्रद्धा प्रसारशीलता की प्रवृत्ति, रजोगुण के विकास पर बल आदि इसके मुख्य अंश है।

(5) तत्कालीन समाजसुधार कार्यप्रणाली व राजनीतिक प्रणाली से असंतोष।

मातृभूमि सर्वोच्च उपास्य देवी

बंकिम की भाँति विवेकानन्द भी भारत माता को एक आराध्य देवी मानते थे और उसकी देदीप्यमान प्रतिमा की कल्पना और स्मरण से उनकी आत्मा जगमगा उठती थी।[90] भारत का चिंतन उनके लिये प्राणवायु की भाँति था।[91] भारत की धूलि और हवा को पावन[92] और भारत भूमि को अपने लिए तीर्थ[93] मानने वाले विवेकानन्द ने मातृभूमि की महत्ता का प्रतिपादन इस प्रकार

किया है–'मनुष्य अपनी व्यक्ति चेतना को सार्वभौम चेतना में लीन कर देना चाहता है, वह अपने समस्त बन्धनों की माया काटकर संसार से दूर भाग जाना चाहता है। वह सम्पूर्ण दैहिक पुराने संस्कारों को छोड़ने की चेष्टा करता है। यहाँ तक कि वह एक देहधारी मनुष्य है, इसे भी भूलने का भरसक प्रयत्न करता है परन्तु अपने अन्तर में सदा ही एक मृदु अस्फुट ध्वनि उसे सुनायी पड़ती है, उसके कानों में सदा ही एक स्वर बजता रहता है, न जाने कौन दिन रात उसके कानों में मधुर स्वर से कहता रहता है, पूर्व में हो या पश्चिम में, 'जननी जन्मभूमिश्च स्वर्गादपि गरीयसी'।[94]

समग्र भारतवासियों को राष्ट्ररूपी देवी की आराधना हेतु उद्बोधित करते हुए उन्होंने अत्यन्त भावपूर्ण शब्दों में कहा–आगामी पचास वर्षों के लिये यह जननी जन्मभूमि भारतमाता ही मानों आराध्य देवी बन जाए। तब तक हमारे मस्तिष्क से व्यर्थ के देवी-देवताओं के हट जाने में कोई हानि नहीं है। अपना सारा ध्यान इसी एक ईश्वर पर लगाओ, हमारा देश ही हमारा जाग्रत देवता है। समझ लो कि दूसरे देवी-देवता सो रहे हैं। जिन व्यर्थ के देवी देवताओं को हम देख नहीं पाते, उनके पीछे तो हम बेकार दौड़ें, और जिस विराट् देवता को हम अपने चारों ओर देख रहे हैं, उसी की पूजा न करें? जब हम इस प्रत्यक्ष देवता की पूजा कर लेंगे, तभी हम दूसरे देव-देवियों की पूजा करने योग्य होंगे, अन्यथा नहीं।[95] उन्होंने चारों ओर विद्यमान मनुष्यों और पशुओं में ईश्वर का दर्शन करने का आग्रह करते हुए, देशवासियों को सर्वप्रथम पूज्य बताया।[96]

मातृभूमि की हीन अवस्था से उन्हें हार्दिक व्यथा थी किन्तु उसके समुज्ज्वल भविष्य के प्रति वे पूर्ण आस्थावान थे। यद्यपि प्रारम्भ में अन्य लोगों की भाँति वे भी महसूस करते थे कि भारत का पतन हो गया है किंतु बाद में उन्होंने अनुभव की अग्रभूमि पर खड़े होकर पूर्व परिकल्पनाओं से मुक्त होकर विनम्रता से अपनी गलती स्वीकार की।[97] अगस्त 1898 में उन्होंने प्रबुद्ध भारत के प्रति शीर्षक कविता में लिखा–एक बार पुनः जाग! यह तुम्हारी मृत्यु

नहीं थी, यह तो केवल निद्रा थी, तुम्हें जीवन देने के लिये और तुम्हारे कमल नेत्रों को विश्राम देने हेतु, जिससे वे नये दृश्यों को देखने का साहस कर सकें। हे सत्य! तुम्हारे लिये मृत्यु नहीं है।[98] समय-समय पर अपने पत्रों, वार्तालाप और उद्‌बोधन में उन्होंने आशा का सन्देश ही दिया। उन्होंने सुदीर्घ रजनी के समाप्त होने व सुनहरे प्रभात के आगमन की भविष्यवाणी करते हुए उस जीवनदायी वाणी के पुनः मुखरित होने की बात कही जिसने ऋषियों के अन्तःस्तल से प्रकट हो, गिरिराज हिमालय के शिखर से प्रतिध्वनित हो, कृष्ण बुद्ध व चैतन्य में से होते हुए समस्त देश को प्लावित कर दिया था।[99] पश्चिमी सभ्यता की प्रबल झंझा के सम्मुख भी भारत स्थिर होगा, ऐसा उनका विश्वास था क्यों कि उनकी आस्था थी कि यह जातिवृक्ष ऐसा है जिसने कई शताब्दियों की सभ्यता देखी है। उस वृक्ष ने सहस्रों वर्षों तक झंझावत के आघातों को सहन किया है फिर भी वह सनातन यौवन की अक्षुण्ण शक्तियों से भरा हुआ खड़ा है।[100] उनकी मान्यता थी कि मानव जाति के जीवन प्रवाह में भारत कुछ अत्यन्त स्पृहणीय मूल्यों का प्रतीक है, उसका अवदान जीवन को आभ्यन्तरिक रूप से मनोरम बनाने में रहा है। इस कारण भारत के जातीय जीवन मूल्यों का लोप सम्पूर्ण मानवजाति के लिये दुर्भाग्य का विषय होगा क्योंकि उस स्थिति में संसार से सारे आध्यात्मिक मूल्यों का नाश हो जाएगा, धर्मों के प्रति सारी मधुर सहानुभूति नष्ट हो जाएगी, सारी भावुकता का भी लोप हो जाएगा और उसके स्थान में कामरूपी देव और विलासिता रूपी देवी राज्य करेगी।...ऐसी दुर्घटना कभी नहीं हो सकती।[101]

अक्लान्त लोकहितैषणा

'यत्र जीव तत्र शिव' का मन्त्र प्रदान करते हुए, बहुत्व के बीच एकत्व के दर्शन को जीवन का चरम लक्ष्य जानकर उन्होंने अद्वैतवाद की सुदृढ़ नींव पर सेवाधर्म का प्रासाद खड़ा किया। उन्होंने देश के कल्याण के इच्छुक कर्मयोगियों से तमोह्रद में डूबे हुए करोड़ों जनों का ज्ञानालोक द्वारा उद्धार करने का व्रत लेने के लिए बार-बार आकुल भाव से अनुरोध किया है। मूर्खता और

गरीबी के दलदल में फँसे आर्त जनों को ही अपना ईश्वर मानने का आग्रह करते हुए अपने गुरुभाई को उन्होंने लिखा–'लोकहित के लिए घास खाना भी अच्छा है। गेरुआ वस्त्र भोग के लिये नहीं है, यह वीर कार्य का वेश है। अपने तन, मन और वाणी को 'जगद्हिताय' अर्पित करो। गरीब, मूर्ख, निरक्षर और दुःखी इन्हें अपना ईश्वर मानो। इनकी सेवा करना ही परमधर्म समझो।[102] स्वयं के लिये 'तत्वमीमांसक', 'दार्शनिक', 'सन्त', जैसे अभिधानों को अस्वीकार[103] करते हुए, अपने को निस्व[104] और सर्वहारा का मित्र[105] बताते हुए उन्होंने प्रत्येक व्यक्ति से उन लोगों के कल्याण के लिये रात दिन प्रार्थना करने का आग्रह किया जो दरिद्रता व अत्याचार के पाश में बंधे हुए थे। राक्षस की तरह निर्दयी समाज जिन पर लगातार आघात करता आ रहा है जिसकी वजह से वे यह भी भूल चुके थे कि वे मनुष्य हैं। उन्हें इस बात का गहरा खेद था कि राष्ट्र के मेरुदण्ड स्वरूप, अपने परिश्रम से अन्न पैदा करने वाले[106] गरीब दुखियों के लिये कोई नहीं सोचता। उनके सुख दुःख से किसी को लेना देना नहीं। इस स्थिति को देखकर उनकी व्यथा इन शब्दों में फूट पड़ी, देश के लोगों को दोनों समय दो दाने अन्न न पाते देख मन में आता है–छोड़ दूँ यह शंख फूँकना और घंटा हिलाना, छोड़ दूँ लिखना-पढ़ना और स्वयं से मुक्त होने की चेष्टा भी।[107] वे इन हतभाग्य लोगों की दरिद्रता के पंक से मुक्ति को कितना महत्वपूर्ण मानते थे, यह उनके इस कथन से स्पष्ट है कि 'उसी को मैं महात्मा कहता हूँ जिसका हृदय गरीबों के लिये द्रवीभूत होता है, अन्यथा यह दुरात्मा है। ...जब तक करोड़ों भूखे और अशिक्षित रहेंगे, तब तक मैं उस प्रत्येक आदमी को विश्वास घातक समझूँगा जो उनके खर्च पर शिक्षित हुआ है किन्तु उन पर तनिक भी ध्यान नहीं देता।[108] उनका कहना था कि 'राष्ट्र झोंपड़ियों में बसा हआ है।[109] परन्तु उन लोगों के लिये कभी किसी ने कुछ नहीं किया। राष्ट्र की भावी उन्नति 'आम जनता की अवस्था पर निर्भर' है। उन्होंने जनसाधारण की उपेक्षा को देश के पतन और गर्हित अवस्था का सबसे प्रधान कारण बताते हुए कहा कि 'जिस देश में करोड़ों मनुष्य महुआ खाकर दिन गुजारते हैं' उनकी उन्नति के लिये कोई चेष्टा नहीं करता, वह देश है या नरक?[110]

उनके अनुसार हमारे अभिजात पूर्वज साधारण जनसमुदाय को जमाने से पैरों तले कुचलते रहे। इसके फलस्वरूप वे बेचारे एकदम असहाय हो गए। सदियों तक धनी मानियों की आज्ञा सिर आँखों पर रखकर वे केवल लकड़ी काटते और पानी भरते रहे हैं। उनकी यह धारणा बन गयी है कि मानों उन्होंने गुलाम के रूप में ही जन्म लिया है। यही हमारी राष्ट्रीय अवनति का कारण है।[111] हिन्दू, मुसलमान, ईसाई सभी ने उन्हें पैरों तले रौंदा है।[112] इस कारण सामान्यजन यह समझ बैठे हैं कि जिस किसी के पास पैसा हो, वे उसी के पैरों से कुचले जाने के लिये ही पैदा हुए हैं।[113] उच्च वर्ग के लोगों द्वारा जनसाधारण के विरुद्ध रचे गए मनोवैज्ञानिक षड्यंत्र का पर्दाफाश करते हुए उन्होंने बताया कि वेदान्त की इस जन्मभूमि में हमारा जनसाधारण शत-शत वर्षों से सम्मोहित बनाकर हीन अवस्था में डाल दिया गया है। उनसे कहा जा रहा है कि निराशा के अन्धकार में तुम्हारा जन्म हुआ है और सदा इसी अन्धेरे में पड़े रहो। परिणामतः वे लगातार डूबते चले जा रहे हैं और अन्त में मनुष्य जितनी निकृष्ट अवस्था तक पहुँच सकता है, वहाँ तक वे पहुँच चुके हैं।[114]

स्वामीजी को इस बात की गहरी वेदना थी कि 'एक राष्ट्र के रूप में हमारे कपटपूर्ण आचरण ने सार्वजनिक पतन की अन्तहीन प्रतीत होने वाली दुःख रजनी का विस्तार किया है।' लाखों प्राणियों का शाप हमारे सिर पर है। सदा ही अजस्र जलधारा वाली नदी के समीप रहने पर भी तृषा के समय पीने के लिए हमने जिन्हें नाबदान का पानी नहीं दिया, सामने भोजन का भंडार होते हुए भी जिन्हें हमने भूखों मार डाला'[115] उनका दुःख दूर किये बिना हमारे उद्धार का कोई उपाय नहीं चाहे हजारों समितियाँ गढ़ ली जाएँ।[116] उन्होंने इस बात पर बल दिया कि इन दीनहीन लोगों को इन पदालितों को अपना वास्तविक रूप समझा देना परम आवश्यक है। जात-पाँत का भेद छोड़कर, कमजोर और मजबूत का विचार छोड़कर, हर एक स्त्री पुरुष को यह सन्देश सुनाना होगा सिखाना होगा कि ऊँच, नीच, अमीर, गरीब, बड़े-छोटे सभी में उस एक अनन्त आत्मा का निवास है, जो सर्वव्यापी है।[117] जब तक निर्बलता के

व्यामोह को दूर नहीं किया जाता, जब तक भारत को बुद्ध का हृदय प्राप्त नहीं होता और भगवान् श्रीकृष्ण की वाणी व्यावहारिक जीवन में परिणत नहीं की जाती, तब तक हमारे लिये कोई आश नहीं।[118] दीन-हीन जनसाधारण की उन्नति को राष्ट्रोत्थान की योजना का केन्द्र बिन्दु बताते हुए स्वामीजी ने कहा, इन लोगों के उठे बिना माँ नहीं जागेगी...। सभी अंगों में रक्त संचार हुए बिना किसी भी देश को कभी उठते देखा है? एक अंग के दुर्बल हो जाने पर, दूसरे अंग सबल होने पर भी उस देह से कोई बड़ा काम नहीं होता।[119] दलितों की सेवा को परम कर्त्तव्य बताते हुए अपने शिष्यों को उन्होंने लिखा—गरीब, मूर्ख एवं पददलित मनुष्यों के दुःख को तुम महसूस करो, जब तक तुम्हारे हृदय की धड़कन रुक न जाए, मस्तिष्क चकराने न लगे और तुम्हें ऐसा प्रतीत होने लगे कि तुम पागल हो जाओगे।[120] उनका स्पष्ट मत था कि जनसाधारण के उत्थान के बिना राजनीतिक मुक्ति सम्भव नहीं है। जनसमुदाय की उपेक्षा को सबसे बड़ा राष्ट्रीय पाप बताते हुए, स्वामीजी ने इसे भी हमारे पतन का कारण बताया। अतः भारत के पुनर्जागरण के लिए आवश्यक कार्यों के बारे में पूछे जाने पर उन्होंने बताया कि हम कितनी ही राजनीति बरतें उससे उस समय तक कोई लाभ नहीं होगा, जब तक भारत का जनसमुदाय एक बार फिर सुशिक्षित, सुपोषित नहीं होता...। हमने जनसमुदाय की इतनी अवज्ञा की है व उनसे इतनी घृणा की है कि उनका अपने ऊपर से विश्वास उठ गया है। वे समझने लगे हैं कि वे जन्मजात दास हैं।[121] उन्होंने तत्कालीन राष्ट्रीय कांग्रेस की इसीलिये आलोचना की कि जनता की दशा में सुधार करने हेतु उसके पास कोई भावात्मक कार्यक्रम नहीं था। एक बार अश्विनीकुमार दत्त द्वारा यह पूछे जाने पर कि 'क्या आपको जो कुछ कांग्रेस कर रही है, उसमें विश्वास नहीं है? उनका उत्तर था–'नहीं, मुझे विश्वास नहीं है।...क्या आप मुझे बतला सकते हैं कि कांग्रेस जनता के लिये क्या करती आयी है? क्या आपका विचार है कि केवल कुछ प्रस्ताव पास करने से स्वतंत्रता मिल जाएगी? मेरा उसमें विश्वास नहीं है। सबसे पहले जनता को जगाना होगा।उसे भरपेट भोजन मिलने दीजिए, फिर वह अपना उद्धार स्वयं कर लेगी।[122]

राष्ट्रीय चरित्र के दोषों का विश्लेषण

एक समाजशास्त्री की विश्लेषणात्मक प्रतिभा का परिचय देते हुए उन्होंने भारत के राष्ट्रीय चरित्र के अन्य दोषों का भी विश्लेषण किया जिन्होंने उसकी पुराकालीन तेजस्विता का अपहरण कर लिया था। इनके सन्दर्भ में ही उन्होंने राष्ट्रोत्थान का अपना सांगोपांग कार्यक्रम प्रस्तुत किया।

भारत की दुर्दशा के कारणों पर विचार करते हुए उन्होंने मुख्य रूप से तीन-चार दोषों को उत्तरदायी ठहराया जो राष्ट्र की जीवन शक्ति को सोख रहे थे। इनमें सर्वप्रथम दोष था ईर्ष्या, जिसकी वजह से भारत राष्ट्र अपनी अद्भुत बुद्धि व अन्यान्य गुणों के रहते हुए भी टुकड़े-टुकड़े हो गया।[123] यही हमारे दाससुलभ राष्ट्रीय चरित्र का धब्बा था।[124] और इसके रहते परमात्मा भी हमारी मदद करने में असमर्थ था। उनके अनुसार प्रत्येक दास जाति का मुख्य दोष ईर्ष्या होता है। मेल का अभाव और ईर्ष्या ही पराधीनता उत्पन्न करते हैं और उसे स्थायी बनाते हैं। जितना ही कोई राष्ट्र निर्बल या कायर होगा, उतना ही उसमें यह अवगुण अधिक प्रकट होगा।[125]

स्वामीजी ने स्पष्ट तौर पर कहा कि हम अपने कीर्तिवान् पूर्वजों पर चाहे जितना गर्व करें किन्तु यह स्वीकार करना होगा कि हम शारीरिक रूप से भी अत्यन्त दुर्बल हो चुके हैं और यह शारीरिक दुर्बलता कम से कम हमारे एक तिहाई दुःखों का कारण है।[126] हम आलसी हैं, बड़े स्वार्थी हैं और हममें पारस्परिक एकता का नामोनिशान नहीं है।[127] हमारा रक्त पानी जैसा हो चुका है और मस्तिष्क मुर्दार।[128] सब अनर्थों का मूल कारण, सब अनिष्टों की जड़[129] यह दुर्बलता ही है। हमारे देश में सैकड़ों सदियों से ऊँची जातियों, राजाओं व विदेशियों ने जनशक्ति को चकनाचूर कर दिया था। हमारे स्वजनों ने ही हमारे बल का अपहरण कर लिया था।[130] उनके अनुसार दुर्बल मस्तिष्क कुछ नहीं कर सकता। इसी कारण उन्होंने शारीरिक दृढ़ता पर जोर देते हुए गीता पाठ की उपेक्षा फुटबाल खेलने से स्वर्गसुख के सुलभ होने की बात कही थी।[131]

उनका विश्वास था कि शरीर में ताजा रक्त होने पर कृष्ण की महती प्रतिज्ञा व तेजस्विता को समझा जा सकता है।[132] शरीर बलवान होने पर ही अपने मनुष्यत्व का भान हो सकना, उपनिषद् व आत्मा की महिमा को भली भाँति समझ सकना सम्भव है।

देश के पतन और दुःख दारिद्र्य का तीसरा महत्वपूर्ण कारण स्वामीजी के अनुसार यह था कि हमने घोंघे की तरह अपना सर्वांग समेटकर अपना कार्यक्षेत्र संकुचित कर लिया तथा आर्येतर दूसरी मानव जातियों के लिये जिन्हें सत्य की खोज थी, अपने जीवनप्रद सत्य रत्नों का भण्डार नहीं खोला।[133] राष्ट्र की अवनति का एक अन्य मुख्य कारण यह भी था कि हम लोगों ने बाहर जाकर दूसरे राष्ट्रों से अपनी तुलना नहीं की।[133A] हमें कभी दूसरों के साथ अपने अनुभवों के मिलान करने का अवसर प्राप्त नहीं हुआ था। हम कूप मंडूक बने रहे।[133B] उनका विश्वास था कि 'कोई भी मनुष्य या राष्ट्र अपने को दूसरों से अलग रखकर जी नहीं सकता और जब कभी भी गौरव, नीति या पवित्रता की भ्रान्त धारणा से ऐसा प्रयत्न किया गया है, उसका परिणाम उस पृथक होने वाले पक्ष के लिये सदैव घातक सिद्ध हुआ है।[134A] इस कारण अपने चारों ओर दूसरों से घृणा की भित्ति पर आधारित रीति-रिवाजों की दीवार खड़ी करना हमारे पतन की शुरुआत थी क्योंकि कोई भी अपने को अधःपतित किये बिना दूसरे से घृणा नहीं कर सकता।[134B] उनके अनुसार विस्तार ही जीवन है और संकोच मृत्यु। हमने उसी दिन से मरना शुरु कर दिया, जब से हम अन्य जातियों से घृणा करने लगे[135] क्योंकि लेन देन ही संसार का नियम है। इस पतन से उबरने हेतु आवश्यक है कि फिर से विस्तार को अपनाएँ जो कि जीवन का चिह्न है। अपने रत्नों को बाहर लाकर संसार के अन्य राष्ट्रों के सम्मुख प्रस्तुत करें और इसके बदले में वे कुछ दे सकें सहर्ष ग्रहण कर लें।[136A] प्रसारशीलता को जीवन का प्रथम लक्षण बताते हुए उन्होंने देश बन्धुओं से कहा कि 'अगर तुम जीवित रहना चाहते हो तो तुम्हें विस्तार करना ही होगा। जिस क्षण से

तुम्हारे जीवन का विस्तार बन्द हो जाएगा, उसी क्षण से जान लेना कि मृत्यु ने तुम्हें घेर लिया।[136B]

आत्म श्रद्धा एवं आत्मविश्वास की कमी, विवेकानन्द की दृष्टि में हमारे राष्ट्रीय चरित्र का एक घातक दोष था[137] क्योंकि श्रद्धा ही एक मनुष्य को बड़ा और दूसरे को कमजोर व छोटा बनाती है। वे पश्चिमी देशों की भौतिक उपलब्धियों को आत्म श्रद्धा व विश्वास की ही देन मानते थे। आत्म विश्वास की महत्ता के सन्दर्भ में उन्होंने लिखा–जो व्यक्ति दिन रात अपने को दीन-हीन या अयोग्य समझे हुए बैठे रहेगा, उसके द्वारा कुछ नहीं हो सकता। हमारे पूर्वजों को इसी दृढ़ आत्म विश्वास रूपी प्रेरणा शक्ति ने सभ्यता के उच्च सोपानों पर चढ़ाया कि हम अनंत ब्रह्माग्नि की चिनगारियाँ हैं।[138] जिस दिन से हमने यह आत्मविश्वास गँवाया उसी दिन से हमारी अवनति प्रारम्भ हो गयी। आत्मविश्वास हीनता का मतलब है ईश्वर में अविश्वास।[139] उस अनंत आत्मा पर विश्वास न रहने के कारण ही हमारे जातीय खून में एक भयानक रोग का बीज समा गया और वह था प्रत्येक विषय को हँसकर उड़ा देना अर्थात् गाम्भीर्य का अभाव।[140]

स्वामीजी ने आलस्य व दुर्बलता की जननी तमोगुण को भी राष्ट्र का विनाशकारी घुन बताया और कहा कि इसके फलस्वरूप ही भारतभूमि को विदेशी पददलित करते रहे।[141] उसके अनुसार जहाँ जड़बुद्धि पराविद्या के अनुराग के छल से अपनी मूर्खता छिपाना चाहते हैं, जहाँ जन्मभर का आलसी वैराग्य के आवरण को अपनी अकर्मण्यता के ऊपर डालना चाहता है,...जहाँ दूसरे के विचारों को दुहराना ही प्रतिभा है[142] इससे अधिक तमोगुण में निमज्जित होने का और क्या प्रमाण चाहिये?

देश में सर्वत्र व्याप्त छुआछूत हमारी शक्ति के क्षय का एक अन्य कारण था, ऐसा उन्होंने स्पष्टतापूर्वक कहा। उनके अनुसार अस्पृश्यता एक प्रकार की मानसिक व्याधि है। सब प्रकार का विस्तार ही जीवन है और सब प्रकार की

संकीर्णता मृत्यु है।...जो प्रेम करता है वही जीवित है।[143A] इसी के कारण 'पुण्यभूमि भारत' मत छुओ और 'जो हुकुम' की भूमि बन गया था।[143B] इसकी वजह से भारतीय लोग धर्म व आध्यात्मिकता से कोसों दूर जाकर मतिभ्रम के जंगल में भटक गये थे। स्वामीजी का कहना था कि इस समय हममें से अधिकांश मनुष्य न तो वेदान्ती हैं, न पौराणिक, हम हैं छूतधर्मी। हमारा धर्म रसोईघर में है। हमारा ईश्वर है 'भात की हांड़ी' और 'हमें न छुओ',[144] जबकि समस्त ब्रह्माण्ड में एक ही आत्मा विद्यमान् है—सब कुछ उसी की सत्ता है। विश्व ब्रह्माण्ड की जड़ वास्तव में एकत्व है, इस महान् सत्य को सुनकर बहुतेरे लोग डर जाते हैं:[145] इस अमानवीय प्रथा ने हमारी दयालुता व सहानुभूति को सोख लिया है। जब तक यह घोर अनैतिक मनोवृत्ति समाप्त नहीं होती, स्वामीजी के अनुसार देश के कल्याण की कोई आशा नहीं। इसलिये उन्होंने उत्प्रेरित शब्दों में देशवासियों को ललकारा। "तुम मत भूलना कि नीच, अज्ञानी, दरिद्र, चमार और मेहतर तुम्हारा रक्त और तुम्हारे भाई हैं। साहस का आश्रय लो। गर्व से बोलो कि मैं भारतवासी हूँ ब्राह्मण भारतवासी, चाण्डाल भारतवासी सब मेरे भाई हैं... भारतवासी मेरे प्राण हैं, भारत का समाज मेरी शिशु सज्जा, मेरे यौवन का उपवन और मेरे वार्धक्य की वाराणसी है—रात दिन कहते रहो कि हे गौरीनाथ! हे जगदम्बे! मुझे मनुष्य बना दो।[146A]

राष्ट्रोत्थान के विविध उपायों का विश्लेषण

स्वामीजी की यह सर्वोच्च अभिलाषा थी कि भारत जीवन शक्ति से भरपूर होकर विश्व समाज में पुनः प्रतिष्ठा प्राप्त करे। इसके लिये उन्होंने अपने अनेक प्रवचनों, पत्रों व लेखों में इस लक्ष्य की सिद्धि के लिये आवश्यक उपादानों का विश्लेषण किया। अत्यन्त प्रारम्भ में ही उन्होंने स्पष्ट कर दिया कि वेदान्त को हमें आधारभूत आदर्श स्वीकार करना होगा तभी हम सफल हो सकेंगे। उनका समस्त दार्शनिक प्रयास अद्वैत वेदान्त को बुद्धिगम्य, व्यावहारिक और प्रेरणादायक रूप में प्रस्तुत करने की ओर था। वे उस परम्परा

से बहुत असन्तुष्ट थे जो मानती थी कि वेदान्त ऐसे अत्यन्त जटिल, दुरूह और तत्व मीमांसीय सिद्धान्तों का पुंज है जिन्हें कुछ लोग ही समझ सकते हैं। विवेकानन्द भारतीय जनता के बीच उठे बैठे थे और उनकी कहावतों, तुकबन्दियों और गीतों को सुन चुके थे इसलिये उनकी धारणा थी अमूर्त विचारों को समझने की क्षमता जनसाधारण में उतनी कम नहीं है जितनी साधारणतः मानी जाती है।[146B]

धर्म के आधार पर ऐक्य

चूँकि राष्ट्रनिर्माण के किसी भी प्रयास की शुरुआत व सफलता की पहली शर्त ऐक्य की भावना है। अतः विभिन्न प्रकार के मतभेदों व कलह से ग्रस्त भारतीय समाज में एकता की स्थापना पर उन्होंने जोर दिया। इस संबंध में उनका कहना था कि धर्म ही भारतीय जीवन का मूल मंत्र है, एक मात्र वही सामान्य आधार है और उसी पर हमें संगठन कायम करना होगा। पहले उस पथ को सुदृढ़ किये बिना, दूसरे मार्ग से कार्य करने पर उसका फल घातक होगा।[147] धर्म को एक मात्र संभाव्य उपाय बताते हुए उन्होंने कहा कि वह पहला सोपान, जिसे युगों के महाचल पर खोदकर बनना होगा, भारत की यह धार्मिक एकता ही है।[148]

धर्म को जातीय जीवन की मूलभित्ति बताते हुए उन्होंने उसे सशक्त बनाने का आह्वान किया। धर्म ने ही युगों तक प्रतिकूलताओं के थपेड़ों से भारत की रक्षा की। अतः भारत में राष्ट्र निर्माण की शुरुआत इसी क्षेत्र से होना आवश्यक था। विवेकानन्द के अनुसार धर्म में ही हमारा जातीय मन और प्रवाह है, अतः इसका अनुसरण 'गौरव की ओर' व परित्याग 'मृत्यु' की ओर ले जाएगा।[149A] उनका विश्वास था कि जब तक देशवासी सच्चे अर्थों में धार्मिक नहीं होते, उनका तथा देश का उद्धार होना असम्भव है।[149B] धर्म पर इतना जोर देने से उनका तात्पर्य यह नहीं था कि सामाजिक या राजनीतिक क्षेत्र की उपेक्षा की जाय पर उनकी दृष्टि में वे इसकी तुलना में गौण थे।

यहाँ पर यह समझ लेना आवश्यक है कि उन्होंने धर्म को क्रिया अनुष्ठानों से पृथक कर समन्वय व संग्रन्थन के प्रतीक के रूप में प्रस्तुत किया है और जीवन के दोनों पक्षों अभ्युदय व निःश्रेयस के समतुलित विकास की आवश्यकता प्रतिपादित की है।[150] उन्होंने धर्म को लोकाभिमुख बनाया। धर्म के नाम पर चलने वाले कुसंस्कारों को जो राष्ट्र की देह पर बुरे धब्बे और घाव[151] थे, निकाल फेंकने का उन्होंने आग्रह किया। ऐसा करने पर ही हमारा आध्यात्मिकता रूपी जीवन रक्त शुद्ध व सशक्त[152] बना रह सकता था।

अतीत को जानने की आवश्यक्ता

राष्ट्रीय जीवन के ताने-बाने को समझने के लिये अतीत की जानकारी आवश्यक है। इसलिये स्वामीजी का विचार था कि भारत को महत्तर, उज्ज्वल व उच्चतर बनाने के लिये हमारे पीछे जो चिरन्तन निर्झर बह रहा है–आकंठ उसका जलपान[153] करना होगा। हमें यह समझना होगा कि हम किन उपादानों से बने हैं, कौनसा खून हमारी नसों में बह रहा है। उस खून पर हमें विश्वास करना होगा और अतीत के उसके कृतित्व पर भी। इस विश्वास और अतीत के गौरव के ज्ञान से हम अवश्य एक ऐसे भारत की नींव डालेंगे जो पहिले से श्रेष्ठ होगा।[154]

रजोगुण के विकास से उन्नति सम्भव

स्वामीजी ने रजोगुण को देश के उत्थान के लिए आवश्यक बताया। पश्चिमी देशों की चहुँमुखी भौतिक उन्नति के लिए रजोगुण की प्रधानता को ही वे मुख्य कारण बताते हैं। वे भारतवर्ष को प्रवृत्तिपरक बनाना चाहते थे क्योंकि 'भोग के द्वारा योग समय पर आएगा।'[155] किन्तु भाग्य की विडम्बना यह थी कि देशवासियों को योग की प्राप्ति तो दूर रही, थोड़ा सा भोग भी नसीब नहीं था। ऐसी बुरी स्थिति में उनके अनुसार भारतीयों का तात्कालिक कर्त्तव्य था कि वे अपनी जड़ता को दूर कर, बीती बातों की उधेड़ बुन छोड़कर उद्यम, स्वाधीनता प्रेम, आत्मनिर्भरता, अटल धैर्य व एकता और कार्यदक्षता[156]

विकसित करें जिससे यूरोप स्पन्दित हो रहा था अर्थात् आपाद मस्तक नसनस में बहने वाला रजोगुण अर्जित करना हमारी अभिलाषा होनी चाहिये। रजोगुण में निहित उद्यमशीलता को उन्नति का आधार बताते हुए भी उन्होंने पाश्चात्य भौतिकवाद की अति से भारतीयों को आगाह किया क्योंकि अपने जातीय जीवन के मूल आदर्श को विस्मृत करने से उनके अनुसार 'तीन ही पीढ़ियों में हमारा अस्तित्व-लोप निश्चित था।'[157] पूर्णतया भौतिकवाद में सरोबार होने से तो हम कहीं के न रहोंगे, हमारी राष्ट्रीय पहिचान समाप्त हो जाएगी।[158A]

परानुकरण अनिष्टकारी

विवेकानन्द ने राष्ट्र के चहुँमुखी भौतिक विकास पर बल दिया। गरीबी को सभी अनर्थों की जड़ बताते हुए उसके निवारण के लिये अथक प्रयत्नों की आवश्यकता को स्पष्ट किया। जापानी लड़कियों द्वारा अपने गुड़ियाओं को हार्दिक प्यार किए जाने पर जीवन्त हो उठने के विश्वास का उदाहरण देते हुए स्वामीजी ने कहा–'मेरा विश्वास है यदि हतश्री, अभागे, पददलित बुभुक्षित भारतवासियों को हम हृदय से प्यार करने लग जाएँ तो भारत पुनः जागृत हो जाएगा।[158B] इसका अर्थ यह नहीं था कि विश्व के समृद्धिशाली राष्ट्रों जैसा जीवन स्तर प्राप्त करने के प्रयास में हम अपने 'स्व' की पहिचान खो बैठें। आवश्यकता केवल इस बात की थी कि हम अपने संस्कारों पर जमी धूल को झाड़कर राष्ट्रोत्थान के कार्य में जुट जाएँ। इस कार्य में असीम धैर्य और कष्ट सहन की आवश्यकता थी। उतावलापन ठीक नहीं था। उनके अनुसार दूसरे का अनुकरण करना सभ्यता की निशानी नहीं हैं...हीन और डरपोक की तरह अनुकरण करना कभी उन्नति के पथ पर आगे नहीं बढ़ा सकता।[159] परानुकरण को मनुष्य के अधःपतन का लक्षण बताते हुए उन्होंने कहा कि जब मनुष्य अपने आप से घृणा करने लग जाता है, तब समझना चाहिये उस पर अन्तिम चोट बैठ चुकी है। दूसरों के विचारों के अनुकरण में सबसे बड़ा खतरा अपनी स्वाधीनता को गँवाने का है। परानुकरण मोह से आच्छन्न देशवासियों से

उन्होंने कहा–ऐ भारत! तुम मत भूलना कि तुम्हारे उपास्य सर्वत्यागी उमानाथ शंकर हैं, मत भूलना कि तुम जन्म से ही 'माता' के लिये बलि स्वरूप रखे गये हो।[160] पश्चिम का अनुकरण कर सुनहरे भविष्य का स्वप्न देखने वाले देशवासियों से उन्होंने पूछा–''क्या दूसरों की नकल करके, परमुखापेक्षी होकर इस दास्य भाव से तुम बड़े-बड़े अधिकार प्राप्त करोगे?[161] पश्चिम के अन्धानुकरण की भारतीयों में बढ़ती हुई लालसा की स्वामीजी द्वारा तीव्र भर्त्सना[162] किये जाने का तार्किक कारण था। उनका यह विश्वास था कि राष्ट्र के रूप में भारत की अपनी विशिष्ट शैली है, पृथक जीवन मूल्य और दृष्टिकोण है इसलिये प्रगति के नाम पर जातीय चरित्र को भुलाकर देश को पश्चिम के साँचे में ढ़ालने का प्रयत्न नितान्त उपहासास्पद है क्योंकि 'पाश्चात्य जगत का उद्देश्य व्यक्तिगत स्वाधीनता है, भाषा अर्थकारी विद्या है और उपाय राजनीति है। भारत का उद्देश्य मुक्ति है, भाषा वेद हैं और उपाय त्याग है।

इति संसारे स्फुटतरो दोषः
कथमिह मानव तव सन्तोषः।[163]

पाश्चात्य समाज के अपने प्रत्यक्ष ज्ञान के आधार पर उन्होंने यह अभिमत प्रकट किया कि भारतीय समाज व पाश्चात्य समाज की मूलगति और उद्देश्य में इतना अन्तर है कि पाश्चात्यों के अनुकरण पर गठित समाज इस देश में किसी काम का न होगा।[163] इसी कारण उन्होंने आधुनिक धर्म अर्थात् कांचनपूजा के खतरों से आगाह किया। उनकी मान्यता थी कि इस बुनियाद पर कभी कोई राष्ट्र टिक नहीं सकता और ऐसी कोशिश हमेशा विफल हुई है। विशेषकर भारतवासियों को यह स्मरण रखना होगा कि कांचनपूजा की तरंग से, विज्ञान के प्रबल आघातों से धर्म को कोई क्षति नहीं पहुँचे।[164] हमें इस जातीय जीवन स्रोत को पूर्ववत् बहने देना है तभी यह जाति अपनी सर्वांगीण उन्नति करते-करते अपने चरम लक्ष्य की ओर अग्रसर होती जाएगी।[165] हम लोगों को अपनी प्रकृति के अनुसार प्रगति करनी होगी। हमें तोड़-मरोड़ कर

नये सिरे से दूसरे राष्ट्रों के साँचे में गढ़ना असम्भव है।[166] व्यक्ति की भाँति राष्ट्र द्वारा भी जीवन मार्ग चुने जाने की चर्चा करते हुए उन्होंने कहा कि भारत ने युगों पूर्व अपना पथ निर्धारित कर लिया था और अब उसी से लगे रहना श्रेयस्कर है। जड़ के बदले चैतन्य का, मनुष्य के बदले ईश्वर का चिंतन करने का निश्चय कोई ऐसा तो नहीं कि जिसके लिए हमें पछताना पड़े।[167]

अद्वैत की आधार शिला पर नवनिर्माण सम्भव

विवेकानन्द ने परानुकरण में निहित विभिन्न खतरों की चेतावनी देने के पश्चात् अपनी प्रतिभा व संस्कारों के अनुरूप राष्ट्रोत्थान की जो दिशा बतायी है, उसका स्वरूप अद्वैत वेदान्त की शिक्षाओं के अनुसार ढ़ला है। इस योजना के विभिन्न पहलुओं में दृढ़ता, आत्मश्रद्धा, निष्काम भक्ति, शक्ति की आराधना व फौलादी इच्छाशक्ति का समन्वय है।

दृढ़ता राष्ट्रोत्थान की मूलभित्ति

यद्यपि द्वैतवाद के प्रेम, गलदश्रु भावुकता व उपासना के प्रति लोगों में प्रबल आकर्षण रहा है किन्तु स्वामीजी ने सदैव अद्वैतवाद पर जोर दिया। उनके अनुसार हमारे आनंदपुलकित होकर आँखों से प्रेमाश्रु बहाने का अब समय नहीं है। अब हमारे कोमल भाव धारण करने का समय नहीं है। कोमलता की साधना करते-करते हम लोग रुई के ढ़ेर की तरह कोमल और मृतप्रायः हो गये हैं।[168] उन्हें इस बात का गहरा दुःख था कि भक्ति के आधिक्य में तुरही भेरी के रोमांचित करने वाले घोष के स्थान पर खरताल की लय सुनते-सुनते हमारा देश 'औरतों का देश'[169] बन चुका था, उन्होंने मनुष्य के हृदय के कोमल भाव समूह को उद्दीप्त करने वाले गीत वाद्यों को बन्द करके वैदिक छन्दों की गुरु गम्भीर ध्वनि से देश में प्राण संचार पर बल दिया।[170] उनके विचार में विद्यमान परिस्थिति में देश की सर्वोपरि आवश्यकताएँ थीं लोहे की तरह ठोस माँस पेशियाँ और मजबूत स्नायु वाले शरीर, अप्रतिरोध्य व ब्रह्माण्ड के सारे रहस्यों को भेद सकने में समर्थ दृढ़ व अदम्य इच्छाशक्ति।[171] मृत्यु का भी सामना करके

इस शक्ति के विकास को उन्होंने अनिवार्य बताया और यह कार्य सर्वात्मभाव के महान् आदर्श को समझने व उसके साक्षात्कार से ही सम्भव हो सकेगा।[172] ऐसा उनका विश्वास था।

आत्मश्रद्धा से ही बाधाओं पर विजय

स्वामीजी ने देश की राजनीतिक पराधीनता व तज्जन्य आर्थिक दुर्दशा के लिये भारतवासियों में आत्मश्रद्धा के अभाव को भी उत्तरदायी माना। इस प्रश्न की मीमांसा करते हुए कि क्या कारण था कि मुट्ठी भर विदेशी इतने बड़े राष्ट्र को अधीनस्थ करने में सफल हो गये थे? उन्होंने उत्तर दिया यह उनकी (विदेशियों की) आत्मश्रद्धा का ही चमत्कार था।[173] इसलिये पराधीनता से उबरने के लिये उनकी दृष्टि में वेदान्त के अद्वैतवाद के भावों का प्रचार करने की आवश्यकता थी ताकि लोगों के हृदय जाग जाएँ और वे अपनी आत्मा की महत्ता समझ सकें।[174]

शक्ति व सत्यज्ञान की खान औपनिषदिक सत्यों के अनुसरण से उद्धार

राष्ट्र व्यक्तियों से ही बनता है इसलिये स्वामीजी प्रायः कहते थें **''मेन मेकिंग इज माई मिशन''** (सही आदमी बनाना मेरा ध्येय है)। यही कारण था कि उन्होंने षड्रिपुओं पर विजय व अन्य प्रकार की क्षुद्रताओं से छुटकारा पाने के लिये आध्यात्मिक शक्ति के बल पर शुद्ध प्रबुद्ध जीवन प्राप्ति के लिये देशवासियों को प्रेरित किया। उन्होंने इस बात पर बल दिया कि सभी व्यक्तियों को अपने में पौरुष, मानव गरिमा तथा सम्मान की भावना आदि श्रेष्ठ गुणों का विकास करना चाहिये। कर्मरहित सन्यास अथवा पुरुषार्थहीन भाग्यवाद पर उनकी आस्था नहीं थी। उनके अनुसार यह तमस् का लक्षण है। शक्तिहीनता की देन है। यह शक्तिहीनता ही उनके विचार में कमजोर बनाने वाली गुप्त विद्याओं[175] की ओर हमारे झुकाव का कारण था। उन्होंने इसे विष की भाँति त्याज्य बताया क्योंकि सत्य तो वह है जो शक्ति दे, हृदय के अन्धकार को दूर कर उसमें स्फूर्ति भर दे।[176] शक्ति व आलोक की प्राप्ति के लिये उन्होंने

राष्ट्रवासियों को दिव्य दर्शनशास्त्र उपनिषदों का आश्रय ग्रहण करने का अनुरोध किया। उनके अवलम्बन से भारत का उद्धार निश्चित था, ऐसा उनका विश्वास था। उन्होंने स्पष्ट किया कि उपनिषद् कोई गुह्य विद्या नहीं है। उनका प्रत्येक पृष्ठ शक्ति का सन्देश देता है। उपनिषद् मनुष्य को तेजस्वी, वीर्यवान् बनने के लिये कहते हैं। स्वामीजी ने कहा– 'जगत् के साहित्य में केवल इन्हीं उपनिषदों में अभीः (भयभून्य) यह शब्द बार-बार व्यवहृत हुआ है।[177] उपनिषदों में वर्णित तेजस्विता को विशेष रूप से चरितार्थ करना आवश्यक है क्योंकि पिछले हजार वर्षों से भारतवासी हर एक के पैर के पास रेंगने वाले केंचुओं के समान[178] हो गये थे और उन्हें पैरों पर खड़ा करने के लिए शक्ति, केवल शक्ति की आवश्यकता थी।

उनके अनुसार उपनिषद् शक्ति की विशाल खान हैं। उनमें ऐसी प्रचुर शक्ति विद्यमान है कि वे समस्त संसार को तेजस्वी बना सकते हैं। उनके द्वारा समस्त संसार पुनरुज्जीवित, सशक्त और वीर्य सम्पन्न हो सकता है। समस्त जातियों, मतों व सम्प्रदायों के दुर्बल पददलित लोगों को स्वावलम्बी होकर मुक्त होने के लिए वे उच्च स्वर में उद्घोष कर रहे हैं।...संसार भर में यही एक मात्र शास्त्र हैं जिनमें उद्धार का नहीं वरन् मुक्ति का वर्णन है। मुक्ति या स्वाधीनता यही उपनिषदों का मूलमन्त्र है।[179]

महाकाली की उपासना से मुक्ति सम्भव

राष्ट्र को वीर्यवान् बनाने के लिये स्वामीजी ने उपनिषदों के सन्देश को हृदयंगम करने के साथ मृत्युरूपी महाकाली की आराधना पर भी बल दिया। नैराश्य, उद्वेग व आशंका रूपी घोर अमावस्या की रात्रि में निर्भयता के मन्त्र की दीक्षा लेकर शक्ति साधना में अग्रसर होने के लिये उन्होंने भीषण की पूजा के लिये ललकारा। युग युगान्तर की जड़ता व निराशा के बन्धन को जीर्ण वस्त्र की भाँति दूर फेंक कर करोड़ों कंठ से उस भीषण को माँ-माँ कहकर पुकारने का आह्वान किया।[180]

राष्ट्रभक्ति का पंचमुखी मन्त्र

राष्ट्र की सेवा में अग्रसर होने वाले युवकों को उन्होंने इस अति सुन्दर व्रत का स्वरूप समझाते हुए इस साधना की सफलता के लिये आवश्यक गुणों व शर्तों की व्याख्या की। देश की भलाई का मार्ग उनके अनुसार आत्यन्तिक बलिदान की अपेक्षा रखता है क्योंकि बिना बलिदान के कोई महत् कार्य सिद्ध नहीं हो सकता। अपना हृदय पूजा की वेदी पर चढ़ाना होता है।[181] स्वामीजी के अनुसार राष्ट्रकल्याण के दुर्गम शिखर के आरोहण की पहली शर्त यह है कि इस आकांक्षा को हृदय में संजोने वाले प्रत्येक व्यक्ति को गुरु गोविन्दसिंह बनना पड़ेगा।[182] स्वाजाति मनुष्य रूपी देवताओं की पूजा करनी होगी और, चाहे वे अभिशाप व निन्दा की बौछार करें, पैरों से ठुकरा दें, देश सेवा के आकांक्षी को उस वीर केसरी गोविन्दसिंह की भाँति समाज से दूर नीरव भाव से मौत की राह[183] देखने के लिए तैयार होना पड़ेगा। ऐसा करने में समर्थ व्यक्ति ही सच्चा देशभक्त कहला सकता है। देशभक्ति के पथ के पथिकों के लिये दूसरी आवश्यक विशेषता यह थी कि वे इस बात को हृदय से अनुभव करें कि अज्ञान के काले बादलों ने भारत को ढ़क लिया है, कि लाखों आदमी भूखों मर रहे हैं। जब देश की दुर्दशा की चिंता उनके ध्यान का एकमात्र विषय,[184] बन जाएगी, रक्त के साथ मिलकर धमनियाँ में बहेगी,[185] और उस चिन्ता में वे नाम-यश, पुत्र कलत्र बल्कि शरीर की सुध बिसर[186] जाएंगे तभी वे देशभक्ति की दूसरी सीढ़ी पर कदम रख पाएँगे।

उनके मतानुसार केवल व्यर्थ की बातों में शक्तिक्षय न करके इस दुर्दशा का निवारण करने के लिये, स्वदेशवासियों को उनकी जीवन्मृत अवस्था से बाहर निकालने हेतु यथार्थ कर्त्तव्य निश्चित करना, उनके दुःखों को किंचित् कम करने के लिये उपयुक्त सान्त्वनादायक दो शब्द खोजना, यह देशभक्ति के लिये आवश्यक तीसरी बात[187] है।

राष्ट्रसेवा को जीवनव्रत के रूप में अपनाने वालों के सम्मुख कुछ प्रश्न

उपस्थित करते हुए उन्होंने इस कष्टसाध्य साधना की चौथी शर्त की व्याख्या की। उन्होंने पूछा—क्या तुम पर्वताकार विघ्न बाधाओं को लाँघकर कार्य करने को तैयार हो? यदि सारी दुनिया हाथ में नंगी तलवार लेकर तुम्हारे विरोध में खड़ी हो जाए तो भी क्या तुम जिसे सत्य समझते हो उसे पूरा करने का साहस करोगे?...क्या तुममें ऐसी दृढ़ता है?[188] उन्होंने कहा मेरे मतानुसार अपने को दीनहीन समझना पाप तथा अज्ञान है। जो सदा अपने को दुर्बल समझता है, वह कभी भी शक्तिशाली नहीं बन सकता और जो अपने को सिंह समझता है, वह 'निर्गच्छति जगज्जालात् पिंजरादिव केसरी' (पिंजरे से सिंह की तरह वह इस जगरूपी जाल को भेदकर निकल जाता है।[189] स्पष्ट है कि राष्ट्रोत्थान व भक्ति के मार्ग में आने वाली पर्वताकार बाधाओं का सामना कर पाने का निश्चय व साहस जुटाए बिना इस साधना गृह में प्रवेश पाना संभव नहीं था।

स्वामीजी का मत था हमारे प्राचीन सनातन पथ का अनुसरण करना राष्ट्र के उत्थान की पाँचवी आवश्यक शर्त है। उस समय के शास्त्रों में सबल स्थिर व निष्कपट हृदय की छाप[190] स्पष्ट रूप से अंकित है। बाद के युग में जो पुस्तकें लिखी गयीं उनमें राष्ट्रीय ओज के बदले केवल रोने की आवाज सुनायी पड़ती है। इसी कारण उन्होंने उस 'भाव' (अवस्था) को जागृत करने पर बल दिया जब राष्ट्र के शरीर में वीर्य और जीवन था। उसी प्राचीन झरने के जल का पान करने पर ही भारत पुनर्जीवित हो सकेगा।[191] ऐसा विश्वास उन्होंने व्यक्त किया।

भावात्मक दृष्टिकोण से ही सुधार संभव

स्वामीजी के समकालीन अन्य कई विचारशील लोग राष्ट्र को हीनावस्था से उबारने हेतु उत्सुक थे। सामाजिक क्षेत्र में घर कर गयी बुराईयों को सारे अनिष्ट की जड़ मानते हुए वे प्राचीन रीति रिवाजों की बड़ी आलोचना करते थे। समाज का संस्कार पश्चिमी बुद्धिवादी मान्यताओं के अनुकूल करके राष्ट्र को नवजीवन प्रदान करने की आकांक्षा रखने वाले इस सुधारक वर्ग से स्वामीजी का कहना था कि समाज पर 'अग्निमय अभिशापों की वर्षा'[192] करके

किसी प्रकार का सुधार सम्भव नहीं है। हमें पाश्चात्य शिक्षा व सभ्यता की दृष्टि से विचार न करके गम्भीर अध्यवसाय से सनातन धर्म के महत्व को समझने की चेष्टा करनी होगी। उन्होंने केवल देश की निंदा में रत रहने वालों से कहा कि मानव समाज का सच्चा हितैषी तो वह है जो इन कठिनाईयों से बाहर निकलने का उपाय बताए। उन्होंने पूछा जो 'राष्ट्रीय बेड़ा' हमें सदियों से इस पार से उस पार करता आ रहा है उसमें यदि कुछ छेद हो गया है तो उसको कोसना कहाँ तक उचित है? उनका विचार था कि हमें इस बेड़े के जीर्णोद्धार की चेष्टा करनी चाहिए। हम उसके लिये हँसते-हँसते अपने हृदय का रक्त बहा दें। हम अपना भेजा निकाल कर उसकी डाट बनाकर उन छेदों को भर दें किंतु हम पर सर्वाधिक उपकार करने वाले समाज के विरुद्ध कड़े शब्द नहीं निकालें। उनका कहना था कि दोषारोपण करते रहने से क्या लाभ? पूर्णतया दोषमुक्त समाज कौनसा है।[194] इसी सन्दर्भ में उन्होंने कहा–"मैं संसार के अन्याय राष्ट्रों के साथ अपने राष्ट्र की जितनी ही अधिक तुलना करता हूँ उतना ही अधिक देशवासियों के प्रति मेरा प्यार बढ़ जाता है।[195] अपने खोए हुए गौरव को पुनः प्राप्त करने के लिये उन्होंने वेदान्त निर्दिष्ट मार्ग पर चलने का आग्रह करते हुए मातृभूमि से आग्रह किया–'तुम अपना चलना जारी रखो, तुम्हारे कदम इतने कोमल हों कि उससे सड़क के किनारे नीचे पड़ी हुई धूल का भी शान्तिमय विश्राम भंग नहीं हो, किन्तु वे दृढ़, अडिग, आनन्दमय वीरतापूर्ण व स्वतंत्र हों। जगाने वाले! निरन्तर आगे बढ़ता जा। बोल, एक बार पुनः बोल अपने प्राणोत्तेजक शब्द।[196] राष्ट्रीय जीवन के प्रत्येक पहलू में वांछित सुधार लाने हेतु उन्होंने मुँह बन्द करके हृदय खोलने पर जोर दिया क्योंकि पारस्परिक सद्भाव और प्रेम के द्वारा ही अच्छे परिणाम की आशा की जा सकती थी। इस महत् उद्देश्य की सिद्धि के लिये उन्होंने 'वेदान्त का आलोक घर-घर ले जाने' और 'प्रत्येक जीवात्मा में जो ईश्वरत्व अन्तर्निहित है उसे जगाने पर बल दिया।[197] अधिकांश सुधार आन्दोलनों को पाश्चात्य कार्यप्रणाली का 'विवेकशून्य अनुकरण मात्र' बताते हुए उन्होंने मानव हृदय को उन्नत और संस्कृत बनाने

की सर्वाधिक चेष्टा करने वाले इस राष्ट्र की अपने ही राष्ट्रीय आदर्श पर 'उन्नति, विस्तृति व विकास को अपने कार्य का आदर्श घोषित किया।'[198]

उपर्युक्त विवेचन से यह भली भाँति स्पष्ट हो जाता है कि अपने राष्ट्र के इतिहास व संस्कृति के प्रवाह के बारे में स्वामी विवेकानन्द की दृष्टि कितनी साफ थी। उन्होंने अपनी सम्पूर्ण शक्तियों को राष्ट्र के पुनरुत्थान के लिये समायोजित कर दिया। उनका राष्ट्रवाद का आदर्श अत्यन्त उदात्त है जिसमें सर्वस्व त्याग व बलिदान, शौर्य व दृढ़ता, शुचिता व निस्सीम करुणा भाव का समावेश है। उन्होंने अग्निखोर युवकों को आह्वान किया कि अपनी मातृभूमि को अपने सिंहासन पर पुनः सम्पूर्ण दीप्ति के साथ अधिष्ठित करने हेतु वे पराक्रम का परिचय दें। इसमें कोई सन्देह नहीं कि धरती पर स्वर्ग चेतना के अवतरण के स्वप्नद्रष्टा श्री अरविन्द के पूर्ववर्ती क्रांतिकारी जीवन[199] और नेताजी सुभाष बोस के सम्पूर्ण बलिदानी जीवन पर स्वामीजी का ही प्रभाव परिलक्षित होता है।

स्वामीजी पर आधारहीन आरोप

महात्मा गाँधी ने स्वामी विवेकानन्द के ऋण को स्वीकार करते हुए लिखा था कि उनकी रचनाओं को पढ़कर मेरी भारत भक्ति में वृद्धि हुई है। उनके परवर्ती सभी लोगों ने उनकी ओजमय राष्ट्रभक्ति से प्रेरणा ग्रहण की। इन सबके बावजूद नई शोध के नाम पर स्वामीजी के पुनर्मूल्यांकन के दुराग्रहपूर्ण प्रयत्न में बुद्धिवादी होने का दावा करने वाले कुछ लोग स्वामीजी पर आधारहीन दोषारोपण करके उनकी छवि को धूमिल करने का प्रयत्न करते रहे हैं। प्रभा दीक्षित ने दिनमान के 12-18 सितम्बर 1976 अंक में प्रकाशित एक लेख में स्वामीजी के चिंतन व कर्तृत्व पर कुछ नितान्त तथ्यहीन आरोप इस प्रकार लगाए हैं–

(1) उनकी रचनाओं का सावधानीपूर्वक विश्लेषण करने पर यह स्पष्ट हो जाता है कि देश व समाज को उनके अवदान का स्वरूप मूलतः नकारात्मक है।

(2) देशभक्त सन्त और मूलगामी सुधारक के रूप में प्रतिष्ठित विवेकानन्द वस्तुतः संस्कृति के क्षेत्र में परम्परावादी और राजनीति के क्षेत्र में एक यथास्थितिवादी एवं तटस्थतावादी थे।

(3) उन्होंने अपने देशवासियों को जिस आध्यात्म का द्वार दिखाया वह राजनीतिक पलायनवाद और बौद्धिक अवरोध की ओर ले जाने वाला था।

(4) उनकी वाणी एक नये और आत्मविश्वासी भारत की गूँजती हुई आवाज नहीं थी। यह तो एक गुलाम जाति के आहत अभिमान की कराह थी।

(5) विवेकानन्द न तो गरीबों के मसीहा थे, न किसी समाज व्यवस्था के प्रवर्तक। वह राजनीतिक व आर्थिक यथास्थितिवाद के हिमायती व परम्परागत संस्कृति के रक्षक थे।

(6) उन्होंने हिन्दू साम्प्रदायिक आन्दोलनों की राजनीति के लिये एक वैचारिक भूमि प्रदान कर दी आदि।

इस पूरे लेख में विरोधाभासों की भरमार है। एक ओर तो विवेकानन्द पर दोषापरोपण कि वे पुरोहित वर्ग के प्रति भड़ास निकालकर परम्परागत जाति व्यवस्था की उच्चता के क्रम के प्रति अपनी अनास्था प्रकट करते हैं और दूसरी ओर उन पर परम्परावादी होने की तोहमत? विचारणीय बात यह है कि एक परम्परावादी व्यक्ति परम्परा के पोषक पुरोहित वर्ग के प्रति आक्रोश कैसे व्यक्त कर सकता है? वस्तुतः स्वामीजी ने अन्धविश्वासों से युक्त रूढ़ियों और भारतीय जनता के जीवन रक्त के शोषकों के रूप में पुरोहितों का उल्लेख करते हुए कहा था–युगों से ब्राह्मण भारतीय संस्कृति का थातीदार रहा है...हमारे पतन का कारण उसकी अनुदारता रही है उसके पास जो भी सांस्कृतिक कोष है उसे जनसाधारण के कब्जे में जाने दो...भारतीय समाज को ब्राह्मण रूपी सर्प ने डसा है। यदि वह अपना विष वापस ले ले तो वह समाज अवश्य जी उठेगा।[200] ऐसे विचार किसी परम्परावादी के नहीं हो सकते वरन् यह तो परम्परा भंजक राष्ट्रनिर्माता की ओजस्वी वाणी है।

राजनीति के क्षेत्र में विवेकानन्द को यथास्थितिवादी कहना भी गलत है। दरअसल वे केवल राजनीतिक चिंतक नहीं थे। वे उस अत्युच्च धरातल पर प्रतिष्ठित थे जहाँ से धर्म, संस्कृति, राजनीति और राष्ट्रीयता की सरिताएँ प्राण शक्ति का संचयन कर प्रवाहित होती हैं। सुधारकों से उनका कहना था–मैं स्वयं उनसे कहीं बढ़कर सुधारक हूँ। वे लोग इधर-उधर थोड़ा सुधार करना चाहते हैं और मैं चाहता हूँ आमूल सुधार।[201]

वस्तुतः विवेकानन्द भारत में राष्ट्रीय नवजागरण के जन्मदाता थे। उनके विचारों से अनुप्राणित होकर शत-शत युवक सशस्त्र क्रांतिकारी आन्दोलन में कूद पड़े थे। उन्नीसवीं सदी के अन्त और बीसवीं सदी के प्रारम्भ में स्वाधीनता के अखण्ड स्वरूप का आभास रामकृष्ण और विवेकानन्द के माध्यम से झलकता है। स्वाधीनता हमारी आत्मा का संगीत है यह सन्देश जब स्वामीजी के हृदय से निकाला तब उसने समग्र देशवासियों को मुग्ध और उन्मत्त कर दिया।[202] सशस्त्र क्रांति केज्वलंत प्रतीक सुभाषचन्द्र बोस के सैन्य संगठन और क्रांति की योजना के मूल में विवेकानन्द के ही अग्निगर्भ विचार[203] कार्यरत थे। नन्दा मुकर्जी की पुस्तक 'विवेकानन्द ज इन्फ्ल्युएन्स ऑन सुभाष'[204] में इस बात का विस्तृत विवेचन किया गया है।

स्वामीजी यह चाहते थे कि अच्छा हो कि अंग्रेज उन्हें गिरफ्तार करके उन्हें गोली मार दें। इससे सारे भारत में स्वाधीनता प्राप्ति की आकांक्षा विद्युत वेग से दौड़ जाएगी। यह उनके (ब्रिटिश शासन) के ताबूत में पहली कील होगी।[205] आद्योपान्त गतिशीलता, कर्मयोग व उत्साह की तरंगों से तरंगित उनके दर्शन को पलायनवाद की संज्ञा देना नितान्त अनुचित है। यह कहना भी आधारहीन है कि उनकी वाणी एक गुलाम जाति के आहत अभिमान की कराह थी। वास्तविकता यह है कि 'प्रायः डेढ़ सौ वर्षों से ईसाई धर्म प्रचारक संसार में हिन्दुत्व की जो निन्दा फैला रहे थे उस पर स्वामीजी के कर्तृत्व ने रोक लगा दी।[206]

यह कहना भी पूर्णतः असत्य है कि 'धर्म के माध्यम से राष्ट्रीय एकता' की उनकी परिकल्पना में भारतीय समाज में अहिन्दू तत्वों की गणना नहीं की गयी। ऐसी प्राक्कल्पना स्वामीजी के धर्मविषयक विचारों से अनभिज्ञता जाहिर करती है। उनके द्वारा प्रवर्तित और विवेचित धर्म किसी साम्प्रदायिक मतवाद का प्रतीक न होकर सार्वभौम सनतान धर्म का प्रतीक है जिसमें विश्व की समस्त धार्मिक सरणियां समाहित हो जाती है। उन्होंने धर्म को क्रिया अनुष्ठानों से निकालकर एकीकरण के पर्याय के रूप में प्रस्तुत किया। उनके मतानुसार धर्म वह है जो पूर्ण बनाए, अलगाव की प्रवृत्ति दूर करे और मानव समाज को अखण्डता की डोर में गूँथ दे।

स्वामीजी द्वारा प्रवर्तित वेदान्त और स्वयं को वेदान्ती कहने के आग्रह के मूल में विश्व मानवता और सर्वधर्म समन्वय की उदार मनोवृत्ति ही कार्य कर रही है न कि अहिन्दू तत्वों के निराकरण की। विवेकानन्द का भावी भारत एक 'हिन्दू भारत' न होकर 'वेदान्ती भारत' है जिसमें हिन्दुओं और मुसलमानों की साम्प्रदायिक कटुता का अस्तित्व नहीं है वरन् वे मस्तिष्क और देह की भाँति एक-दूसरे में रचे बसे हैं। स्वामीजी ने इस्लाम और वेदान्त के समन्वय पर बल दिया। उनकी यह स्पष्ट मान्यता थी कि वेदान्त के सिद्धान्त कितने ही उदार और विलक्षण क्यों नहीं हो, किन्तु व्यावहारिक इस्लाम की सहायता के बिना मनुष्य जाति के महान् जनसमूह के लिये वे मूल्यहीन हैं। हमारी मातृभूमि के लिए इन दोनों विशाल मतों का सामंजस्य-हिन्दुत्व और इस्लाम वेदान्ती बुद्धि व इस्लामी शरीर यही एक आशा है।[207]

उन्होंने धर्म को राष्ट्रीय जीवन में जो महत्वपूर्ण स्थान प्रदान किया उसका एक तार्किक कारण है। भारत का सुदीर्घ इतिहास इस तथ्य का साक्षी है कि 'भारत की पराधीनता सदैव धार्मिक दुराचरण का परिणाम रही है। विवेकानन्द के अनुसार धर्म निष्क्रिय होकर आततायी का स्वागत करने के लिये झांझ-करताल बजाने की प्रेरणा नहीं देता है।[207] असल में भारत का राष्ट्रीय जागरण सदैव धर्म के पुनरुद्धार से सम्बन्धित रहा है। प्राचीन युग से ही हम देखते हैं कि

गुरुकुलों और तपोवनों ने, आध्यात्मिक विचारधारा ने राष्ट्र की जीवनधारा को नियमित व सुनियोजित करने में महत्वपूर्ण भाग लिया है। चाहे प्राचीनकाल और मध्यकाल में अशोक या विजयनगर के साम्राज्य का युग रहा हो चाहे अर्वाचीन युग में बंगाल के पुनर्जागरण अथवा सिक्खों व मराठों के शासन[208] का समय रहा हो, हम इसी एक नियम को कार्यरत देखते हैं–कि धर्म का पुनरुद्धार ही राष्ट्रीय चेतना के अवरुद्ध स्रोत को खोल देता है।

भारत के दीन-हीन जनों के लिए शोणिताश्रु बहाने वाले विवेकानन्द के लिए इस मान्यता को कि वे गरीबों के मसीहा नहीं, इसे सत्य की हत्या के अतिरिक्त और क्या कहा जा सकता है? दरिद्र वर्ग की सर्वतोमुखी उन्नति ही उनके जीवन का लक्ष्य था। उन्होंने जनसाधारण की ईश्वरभाव से सेवा को युग धर्म के रूप में प्रतिष्ठित किया था। उनके मत में भारत की इस सर्वव्यापी दीनता के कारण थे भूतपूर्व शासकों की निरंकुशता, पुरोहितवाद और विदेशी साम्राज्यवाद द्वारा शोषण। इसलिये यह कहना भी नितान्त असत्य है कि 'इस सर्वव्यापी हीनता का कारण उन्होंने विदेशी साम्राज्य से नहीं जोड़ा।' विवेकानन्द ने विदेशी शासन की कटु आलोचना करते हुए लिखा था–भगवान् अंग्रेजों को सजा देंगे। उन्होंने हमारी गर्दन पर अपनी एड़ियाँ रख ली हैं। वे हमारे करोड़ों रुपये उठा ले गए जबकि हमारी जनता भूख से मर रही है।[210] विवेकानन्द का समूचा चिन्तन दरिद्रों, पीड़ितों और अस्पृश्यों के उत्थान के संसधानों की प्राप्ति हेतु विकल था। अतः यह तर्क बिल्कुल खोखला है कि उन्होंने 'उस विषमतापूर्ण समाज व्यवस्था को समाप्त करने की आवाज नहीं उठायी जो विराट जनसमूह की कीमत पर मुट्ठी भर लोगों को घनघोर विलास का जीवन बिताने की आज्ञा देता है। इस प्रसंग में स्वामी तुरियानन्द का यह कथन पूर्णतः उचित है कि 'जिसने विवेकानन्द की ज्वालामुखी जैसी भावनाओं का, विदीर्णकारी सहानुभूति का हल्का सा भी अंश नहीं देखा है, वह उन्हें नहीं समझ सकता।[210]

उन्नीसवीं सदी के राष्ट्रवादी नेताओं को विवेकानन्द से ही भारत की सही

पहिचान मिली थी और त्याग व बलिदान की भित्ति पर अवस्थित उग्रवादी व क्रांतिकारी आन्दोलन के मूल में उनके अग्निगर्भ विचार प्रेरणा के रूप में संस्थित थे। विवेकानन्द की रचनाओं तथा उनके सन्देश को ध्यान में रखे बिना भारतीय राष्ट्रवादी आन्दोलन के जन्म तथा विकास को और 1904 तथा 1907 के बीच राजनीतिक साहित्य के स्वर में जो परिवर्तन हुआ उसे समझना सम्भव नहीं है।[211] विवेकानन्द का आध्यात्म राजनीतिक व आर्थिक प्रगति को दाँव पर लगाकर नहीं उठा था। वह एक ऐसा डायनुमो था जिससे सभी क्षेत्रों में सक्रिय होने के लिये राष्ट्र को शक्ति उपलब्ध हुई थी। विवेकानन्द की विचार धारा की जड़ें वेदान्त में निहित थीं और भारतीय धर्म के मानवतावादी स्वरूप का गौरव स्थापित करने की प्रबल आकांक्षा से प्रेरित थी। इससे सारे राष्ट्र में जागरण की वेगवती सरिता का संचार हुआ। अतीत के विश्वगुरु भारत की छवि से नवयुग के भारत के निर्माण की अदम्य प्रेरणा की उपलब्धि विवेकानन्द का ही अवदान है।

वस्तुत वे आधुनिक भारत के महान् लोकनायक थे। वर्तमान भारत जिस ध्येय को लेकर उठा है, उसका सारा आख्यान विवेकानन्द कर चुके थे। बाद के नेता उस ध्येय को कार्यरूप देने का प्रयास करते रहे हैं।[212] उनके त्यागमय जीवन और शक्तिदायी विचारों ने ही बलिदानों की उज्जवल परम्परा को प्रेरित किया। दलितों व अस्पृश्यों के प्रति उनकी अप्रतिम करुणा महात्मा गाँधी के माध्यम से हरिजन सेवा के रूप में प्रकट हुई। उनका आध्यात्मिक सन्देश श्री अरविन्द के माध्यम से मुखरित हुआ। विवेकानन्द सार्वभौमवाद के समर्थक थे। उनके लिये देशभक्ति एक शुद्ध और पवित्र आदर्श था किन्तु उन्होंने मनुष्य के देवत्व का भी सन्देश दिया। जिस युग में विश्व संशयवाद और भौतिकवाद से पीड़ित था उस समय अद्वैत वेदान्ती के रूप में उन्होंने सार्वभौम धार्मिक भावना को पुनर्जीवित करने पर बल दिया। 'स्वामीजी के जीवन और शिक्षाओं ने ही 'हमें स्वाधीनता के उस नवयुग के योग्य बनाया जिसमें हम साँस ले रहे हैं। वे हमारी राष्ट्रीय चेतना के मूर्तरूप थे। उन्होंने हमें कष्ट में धृति, विपदा में आशा और निपट नैराश्य में साहस प्रदान किया।[213]

स्वामीजी के सन्देश एवं कार्यों से ही भारतीयों के मन में आत्मगौरव का एक सशक्त भाव जागृत हुआ। देश में एक नैतिक चेतना का संचार करके उन्होंने वास्तविक अर्थों में सोते हुए देश को जगा दिया। उनके हाथों में राष्ट्रवाद, निष्प्राण हो चुके राष्ट्र के लिए संजीवनी बन गया। वेदान्त से उन्होंने जो निष्पत्तियाँ निकालीं वे हमारे राष्ट्रीय जीवन के मूल आधारों व जातीय जीवन के मन्त्र की खोज थीं। अतीत के प्रति सश्रद्ध होते हुए भी विवेकानन्द 'ममी' की तरह उसे बनाए रखने के पक्ष में नहीं थे। वे राष्ट्रीय जीवन की धारा को सतत रूप में प्रवाहित होते देखने के इच्छुक थे और इस प्रवाह में नये मोड़ आना स्वाभाविक था।

सामाजिक व राजनीतिक उद्देश्यों के लिए स्वामीजी ने वेदान्त के पुरातन विचारों की नवीन गतिशील व्याख्या की। वे यह मानने को तैयार नहीं थे कि भारत की जातीय प्रतिभा के विकास की सम्भावनाएँ चुक गयी हैं और अब केवल अतीत की जुगाली करके ही हम किंचित् आत्मसन्तोष प्राप्त कर सकते हैं। राष्ट्र की नसनस में नवनिर्माणकारी शक्ति संचार की आवश्यकता पर बल देते हुए उन्होंने पुराने ध्वंसावशेष के चारों ओर आलसी की तरह चक्कर लगाना, अतीत के इतिहासों को लेकर जीवन भर हाय-हाय करना तथा प्राचीनकाल के लोगों की बातों का चिंतन करके दीर्घ निःश्वास छोड़ना अनुचित कृत्य बताया। उन्होंने 'आशामय प्रसन्नता' से आगे बढ़ने का सन्देश दिया। राष्ट्रसेवा के लिए उन्होंने जो मापदण्ड स्थिर किए उन्हीं के आधार पर श्री अरविन्द व विपिनचन्द्र पाल ने आध्यात्मिक राष्ट्रवाद में निहित शक्ति का दिग् दर्शन कराया। राष्ट्र की अस्मिता के संरक्षण के लिए चलाए गए स्वदेशी और बहिष्कार आन्दोलन ने विवेकानन्द की अवधारणाओं की महत्ता को भली भाँति उजागर किया। कन्याकुमारी के शिलाखण्ड पर अवस्थित भारत की ओर अभिमुख उनकी प्रतिमा आज भी एक प्रश्न पूछ रही है—क्या भारतवासी अपनी सर्वनाशकारी क्षुद्रताओं से ऊपर उठकर मातृभूमि को गौरवमंडित करने हेतु एकजुट प्रयासों में संलग्न होंगे?

टिप्पणियाँ एवं सन्दर्भ

1. नेताजी सुभाषचन्द्र बोस–ए.आर. भट्ट को सिओनी सब जेल से दिनांक 6 मई 1932 को लिखे गये पत्र से–नंदा मुकर्जी कृत विवेकानंदेज से इन्फ्ल्युअन्स ऑन सुभाष पृ.-53 पर उद्धृत, जयश्री प्रकाशन, कलकत्ता 1977
2. उपर्युक्त, पृ.-50
3. डॉ. वी.पी. वर्मा–विवेकानन्द : आधुनिक जगत के वीर ऋषि, आधुनिक भारतीय राजनीतिक चिन्तन, पृ. 577, लक्ष्मीनारायण अग्रवाल एण्ड कं. आगरा, 1975
4. डी.वी. अथाले–ए स्टडी ऑफ विवेकानंद, पृ.-6, पूना, 1926
5. भूपेन्द्रनाथ दत्त–स्वामी विवेकानंद–पेट्रियॉट प्रोफेट, पृ.-201-202 श्री दत्त स्वामीजी के अनुज एवं विख्यात क्रांतिकारी थे। आपका देहावसान सन् 1956 में कलकत्ता में हुआ। उपर्युक्त पुस्तक के अलावा विवेकानन्द विषयक आपकी एक अन्य उल्लेखनीय कृति है। विवेकानन्द द सोशिएलिस्ट।
6. रामकृष्ण परमहंस हमारे युग की महानतम आध्यात्मिक विभूति। दक्षिणेश्वर में अपनी उत्कट साधना के माध्यम से उन्होंने अद्वैत वेदांत प्रणीत सत्य का साक्षात्कार किया। उन्हीं के संदेश को कार्य रूप में परिणत व प्रसारित करने हेतु उनके शिष्य विवेकानन्द ने अपना जीवन अर्पित कर दिया। उनके व्यक्तित्व के बारे में स्वामीजी ने लिखा है–"मुझे ईश्वर की कृपा से इस प्रकार के एक महापुरुष के पैरों तले बैठकर शिक्षा ग्रहण करने का महासौभाग्य मिला था, जिनका सम्पूर्ण जीवन उनके उपदेशों से हजार गुना बढ़कर उपनिषदों का जीवन्त भाष्य स्वरूप था। उन्हें देखने पर मालूम होता था, मानों उपनिषद् के भाव वास्तव में मानव स्वरूप धारण करके प्रकट हुए हैं।" विवेकानन्द

साहित्य, खण्ड 5, पृ.-216, जन्मशती संस्करण, अद्वैत आश्रम, 5 डिही एण्टाली रोड, कलकत्ता, 1963

7. भूपेन्द्रनाथ दत्त–पूर्वोक्त, पृ.-198

8. स्वामी विवेकानन्द–श्री रामकृष्ण एण्ड स्पिरच्युल रिनेसां पृ.-266, रामकृष्ण मिशन इन्स्टीट्यूट, कलकत्ता, 1940

9. भगिनी निवेदिता–'हमारे गुरु और उनका सन्देश', 'विवेकानन्द साहित्य' खण्ड 1, 'ड' (जन्मशती संस्करण)

10. भूपेन्द्रनाथ दत्त–पूर्वोक्त (परिशिष्ट में) श्री दत्त लिखते हैं कि श्री महेन्द्रनाथ (लेखक के ज्येष्ठ भ्राता)–(स्वामीजी, कुल तीन भाई थे–नरेन्द्रनाथ (स्वयं स्वामी जी) महेन्द्रनाथ और भूपेन्द्रनाथ) का कहना है कि नरेन्द्रनाथ बंकिमचंद्र की रचनाओं का परिश्रमपूर्वक अध्ययन करते थे। यह बात श्री हेमचन्द्र घोष द्वारा दी गयी जानकारी से भी सत्यापित होती है। स्वामीजी ने उन्हें तथा उनके साथियों को बंकिम की रचनाओं का पारायण करने हेतु कहा था। इसके अलावा यह भी दृष्टव्य है कि लेखक को अपनी युवावस्था में परिवार में संगृहीत पुस्तकों में जोगेन्द्रनाथ विद्याभूषण की पुस्तक आत्मोत्सर्गीय चरित्रावलि और बंकिम कृत दुर्गेशनंदिनी की एक-एक प्रति प्राप्त हुई थी।

11. विख्यात क्रांतिकारी श्री हेमचन्द्र घोष द्वारा अपनी किशोरावस्था में स्वामी विवेकानन्द के साथ हुई भेंट के विवरण के आधार पर। इस भेंट के दौरान प्रकट किये गये विचारों से स्वामीजी के राष्ट्रवादी चिंतन पर भली भाँति प्रकाश पड़ता है। इस भेंट का विवरण श्री घोष ने स्वामीजी के अनुज श्री बी.एन. दत्त को दिनांक 18-5-54 को लिख भेजा था जो उनकी पुस्तक पेट्रिऑट प्रोफेट : स्वामी विवेकानन्द के पृ.-331-334 पर अविकल रूप से प्रस्तुत किया गया है।

12. स्वामी प्रायः कहते थे मुझे 'मातृमंत्र में दीक्षित सहस्र युवक' व तीस करोड़ रुपये मिल जाएँ तो मैं देश का नक्शा बदल के रख दूँ। सत्येन्द्रनाथ मजूमदार– विवेकानन्द चरित, पृ.-334 एवं 437 अद्वैत आश्रम, नागपुर (पंचम संस्करण) 1967

13. विवेकानन्दजी ने संग में–मजूमदार कृत उपर्युक्त में उद्धृत, पृ.-360-61

14. सत्येन्द्रनाथ मजूमदार–उपर्युक्त, पृ.-359 पर उद्धृत

15,16. रोमांरोलां–विवेकानन्द (अज्ञेयकृत अनुवाद), पृ.-76, लोकभारती प्रकाशन, इलाहाबाद, फरवरी 1968

17. सत्येन्द्रनाथ मजूमदार–पूर्वोक्त, पृ.-166

18. भगिनी निवेदिता–'हमारे गुरुदेव और उनका सन्देश' पूर्वोक्त, 'ढ़'

19. रोमाँ रोलाँ–पूर्वोक्त, पृ.-71

20. रोमां रोलां पूर्वोक्त, पृ.-73 पर उद्धृत

21. कन्याकुमारी में इस शिला पर अब श्री एक नाथ रानाडे के भगीरथ प्रयत्नों से अत्यन्त भव्य विवेकानन्द शिला स्मारक का निर्माण हो गया है। वहाँ विवेकानन्द केन्द्र की स्थापना की गयी है जहाँ स्वामीजी के स्वप्न के अनुरूप मातृमंत्र में युवकों को दीक्षित किया जाता है (देखिये भवन्स जर्नल दीवाली अंक में आह्वान) 1978। इस केन्द्र से एक पत्रिका भी प्रकाशित होती है। यह केन्द्र व स्मारक स्वामीजी के सन्देश की कालजयी प्रकृति व जीवन्तता का प्रमाण है।

22. मजूमदार–पूर्वोक्त, पृ.-199

23. विवेकानन्द साहित्य खण्ड 9, पृ.-299 (जन्मशती संस्करण)

24. डॉ. आर.सी. मजूमदार–द ब्रिटिश पेरेमाउण्टसी एण्ड इंडियन रिनेसां II पृ.-489, भारतीय विद्याभवन बम्बई

25. मेरी लुई बर्क–'स्वामी विवेकानन्द इन अमरीका न्यू डिस्कवरीज' पृ.-52 (आगे डिस्कवरीज नाम से अभिहित) अद्वैत आश्रम, कलकत्ता-1966
26. रोमां रोलां–पूर्वोक्त, पृ.-76-77 पर उद्धृत
27. आलासिंगा पेरूमल को 20 अगस्त 1893, को स्वामीजी द्वार लिखित पत्र– विवेकानन्द साहित्य खण्ड 1, पृ.-405
28. हरिपदमित्र को शिकागो से 28-10-1983 को लिखा गया पत्र। विवेकानन्द साहित्य खंड 2 (पत्रावलि) पृ.-316
29. श्री अरविन्द–'कर्मयोगी' में 26 जून 1909
30A. भूपेन्द्रनाथ दत्त–पूर्वोक्त, पृ.-198-99
30B. 'मद्रास टाइम्स' की टिप्पणी, (फरवरी 1897) विवेकानन्द साहित्य खंड चतुर्थ, पृ.-258
31. मेरी लुई बर्क–डिस्कवरीज, पृ.-5
32. उपर्युक्त, पृ.-51
33. उपर्युक्त, पृ.-52
34. उपर्युक्त, पृ.-56
35. उपर्युक्त, पृ.-57
36. उपर्युक्त, पृ.-57
37. ये प्रमुख दस धर्म थे–जुडाइज्म, इस्लाम, हिन्दुत्व, बौद्धधर्म, ताओइज्म, शिन्टोधर्म, पारसी धर्म, कैथोलिक धर्म, यूनानी चर्च और प्रोटेस्टेंट धर्म, बर्क– उपर्युक्त, पृ.-57
38. शिकागो धर्म महासभा के सम्मुख उपस्थित होने पर स्वयं स्वामीजी को प्रारम्भ में किस तरह संभ्रम व अकुलाहट से गुजरना पड़ा, इसका विवरण देते हुए वे लिखते हैं– "जिस दिन महासभा का उद्घाटन होने

वाला था, उस दिन सुबह हम लोग आर्ट पैलेस नामक भवन में एकत्र हुए...सभी राष्ट्रों के लोग वहाँ थे।...मुझे जिसने अब तक किसी सार्वजनिक सभा में भाषण नहीं दिया था इस विराट जनसमुदाय के समक्ष भाषण देना था।...निस्सन्देह मेरा हृदय धड़क रहा था और जबान प्रायः सूख गयी थी। मैं इतना घबराया हुआ था कि सवेरे बोलने की हिम्मत नहीं हुई।...मैंने एक छोटासा भाषण दिया।

–आलासिंगा पेरूमल को लिखित पत्र, 2 नवम्बर 1893, विवेकानंद साहित्य (खंड 2 पत्रावलि), पृ.-309-10

39. स्वामी विवेकानन्द–'शिकागो अभिभाषण'–विवेकानन्द साहित्य, प्रथम खण्ड, पृ.-3

40. कुमारी हेरियट मनरो ने 'ए पॉयट्स लाइफ' शीर्षक से लिखित आत्मकथा में स्वामीजी के धर्म महासभा में प्रथम अभिभाषण के बारे में लिखा–"उनका व्यक्तित्व चुम्बकीय व प्रभुत्वपूर्ण था, कांस्य घंटिका की भाँति गुरु गम्भीर उनकी आवाज, पश्चिमी जगत को दिये गये उनके सन्देश का सौन्दर्य इन सभी बातों ने सम्मिलित रूप से हमें सर्वोच्च भावना के दुर्लभ व पूर्ण क्षण प्रदान किये।

41. रोमां रोलां–पूर्वोक्त, पृ-82

42. महासभा में जब लोग थक जाते थे और जाने के इच्छुक होते तो सभापति घोषणा करते कि विवेकानन्द अन्तिम वक्ता होंगे। उनके नाम का आकर्षण लोगों को बाँधे रखते था। निकोल मैकनिकोल–'स्वामी विवेकानन्द–फाऊन्डर ऑफ रामकृष्ण मिशन'–'ग्रेट मेन ऑफ इण्डिया' (रशबुक विलियम्स द्वारा सम्पादित, 1926) में लेख, पृ.-506 'जब किसी गरम दिन कोई नीरस वक्ता बहुत देर बोलता रहता और लोग सैकड़ों की संख्या में घर जाने लगते तो सभापति उठकर यह घोषणा कर देते कि मंगल पाठ के ठीक पूर्व विवेकानन्द का एक छोटा भाषण होगा...कोलम्बसहॉल में चार हजार पंखा झलते, मुस्कुराते

लोग विवेकानन्द की वाणी केवल पन्द्रह मिनट सुनने की प्रतीक्षा में अन्य भाषणों की समाप्ति तक घंटे-दो बैठे रहते थे। सभापति महोदय सर्वोत्तम सामग्री अन्त में रखने का प्राचीन नियम जानते थे। 5 अप्रेल 1894 को बोस्टन ईवनिंग ट्रांसक्रिप्ट की सम्पादकीय टिप्पणी–विवेकानन्द साहित्य, प्रथम खण्ड पृ.-267-268

43. शिकागो सम्मेलन पर 'इंडियनमिरर' में विल नॉट द हिन्दुज यट टेक मोर इन्टरेस्ट इन देअर ऑअन रिलीजन' शीर्षक से प्रकाशित लेख। पी.एम. बोस कृत– 'हिन्दू सिवलिजेशन अन्डर ब्रिटिश रूल, पृ-93-94 पर पाद टिप्पणी के रूप में।

44. लन्दन की सुप्रसिद्ध पत्रिका 'पायोनियर' में प्रकाशित लेख, मजूमदार (सत्येन्द्रनाथ) पूर्वोक्त में उद्धृत–पृ.-234-35

45. भगिनी निवेदिता–पूर्वोक्त

46. स्वामी विवेकानन्द–शिकागो अभिभाषण–विवेकानन्द साहित्य, प्रथम खण्ड पृ.-4

47. विवेकानन्द साहित्य खण्ड 10 (अमरीकी समाचारपत्रों के विवरण, पृ. 237 श्रीमती एनीबिसेंट का 'ब्रह्मवादिन' पत्रिका में लेख मार्च 1914 ई. सत्येन्द्रनाथ मजूमदार–पूर्वोक्त में उद्धृत–पृ.-227-28। श्रीमती बीसेंट का यह कथन विशेष रूप से दृष्टव्य है क्योंकि शिकागो सम्मेलन में स्वामीजी को प्राप्त सफलता से चिढ़कर थियोसोफिस्टों ने भी ईसाई मिशनरियों का साथ देना शुरू कर दिया था जो स्वामीजी के खिलाफ अनेक षड्यन्त्र कर रहे थे। भारत लौटने पर विवेकानन्द ने थियोसोफिस्टों की इन घृणित हरकतों की कलई खोली। ईसाई मिशनरियों व थियोसोफिस्टों की बेजा हरकतों के लिये देखिये–मेरी लुई बर्क– डिस्कवरीज–अध्याय सात–द क्रिश्चियन आन स्लाट' पृ.-289-313 ब्रह्मसमाजी भी दुष्कृत्य में पीछे नहीं थे। देखिए–मेरी

लुई बर्क–उपर्युक्त अध्याय, 10, ट्रायल्स एण्ड ट्रायम्फ, पृ.-437-67

48. डॉ. वी.पी. वर्मा–पूर्वोक्त, पृ.-578

49. मेरी लुई बर्क–स्वामी विवेकानन्द–हिज सैकण्ड विजिट टू द वेस्ट (न्यू डिस्कवरीज), पृ.-611 अद्वैत आश्रम कलकत्ता, 1973

50. मेरी लुई बर्क–उपर्युक्त, पृ-609

51. उपर्युक्त, पृ.-60 ग

उन्होंने (स्वामीजी) अपने जीवन व कार्यों से पाश्चात्य जनों की इस भ्रान्ति का निवारण कर दिया कि भारत असभ्य गिरिजनों व सपेरों का देश है, जिसकी कोई सभ्यता नहीं है।' स्वामी विवेकानन्द–पूर्वोक्त, पृ.-259

52. 20 सितम्बर 1893 को धर्ममहासभा में वक्तव्य–विवेकानन्द साहित्य, प्रथम खंड, पृ.-22

53. विवेकानन्द साहित्य–(आलसिंगा पेरुमल को लिखितपत्र) प्रथम खंड, पृ.-404

54. शिकागो से लौटने के पश्चात् स्वामीजी ने राष्ट्रोद्धार का महत् कार्य हाथ में लिया। वेदान्त के आदर्शों के अनुरूप उन्होंने राष्ट्र निर्माण की दिशा प्रदान की। अत्यन्त प्रेरक भाषा में उनहोंने युवकों को आह्वान किया कि वे मातृभूमि की सेवा के लिए आगे आएँ। वे राष्ट्र के साथ स्वयं को एकाकार कर चुके थे। उनके ये भाषण आधुनिक भारत में राष्ट्रवाद के विकास के अध्ययन की दृष्टि से ऐतिहासिक दस्तावेज का दर्जा रखते हैं। अंग्रेजी में 'लेक्चर्य फ्रॉम कोलम्बो टू अल्मोड़ा व हिन्दी में 'भारत में विवेकानन्द' शीर्षक से प्रकाशित अद्वैत आश्रम, नागपुर।

55. मेरी लुई बर्क–स्वामी विवेकानन्द–हिंज सैकण्ड विजिट टू द वेस्ट, पृ.-618

56. स्वामी विवेकानंद, पूर्वोक्त, पृ.-262-63

56. टॉक्सविद विवेकानन्द–पृ.-247 (हिन्दी में 'विवेकानन्दजी के संग में') नाम से प्रकाशित

58. निकोल मेकनिकॉल–पूर्वोक्त, पृ.-508-9

59. स्वामी अव्यक्तानंद–विवेकानंद द नेशन बिल्डर, पृ.-9

60. डॉ. आर.सी. मजूमदार–पूर्वोक्त, पृ.-493

61. स्वामी विवेकानन्द–विवेकानंद साहित्य खण्ड 5, पृ.-115

62. प्रायः लोककथाओं में ऐसा वर्णन आता है कि दुष्ट दैत्य के प्राण एक तोते के कलेजे में बन्द रहते हैं। उस तोते के जिन्दा रहते दैत्य का बाल भी बाँका नहीं हो सकता। वही बात राष्ट्रों के सम्बन्ध में भी लागू होती है ऐसा स्वामीजी का विचार था।

63. विवेकानन्द साहित्य–खण्ड 5, पृ.-260-61

64. उपर्युक्त

65. उपर्युक्त, खण्ड 1, पृ.-308

66. उपर्युक्त, खण्ड 5, पृ.-115

67. स्वामी विवेकानन्द जाति शब्द का प्रयोग राष्ट्र के अर्थ में करते हैं।

68. विवेकानन्द साहित्य–खण्ड प्रथम, पृ.-309

69. उपर्युक्त, खण्ड 5, पृ.-44

70. उपर्युक्त, पृ.-9

71. उपर्युक्त, पृ.-35

72. उपर्युक्त, पृ.-उपर्युक्त, पृ.-99

73. उपर्युक्त, पृ.-99
74. उपर्युक्त, पृ.-100
75. उपर्युक्त, पृ.-75
76. द हिन्दू, मद्रास के प्रतिनिधि को दी गयी भेंट वार्ता, चतुर्थ खण्ड, पृष्ठ-250
77. उपर्युक्त, पृ.-99
78. उपर्युक्त, पृ.-99
79. उपर्युक्त, पृ.-68
80. ऋग्वेद, 1/164/46
81. विवेकानन्द साहित्य खण्ड 5, पृ.-83
82. स्वामी विवेकानन्द का हेमचन्द्र घोष को उद्बोधन–बी.एन. दत्त, पूर्वोक्त में पृ.-333 पर उद्धृत।
83. स्वामी अव्यक्तानन्द–पूर्वोक्त, पृ.-8 पर उद्धृत
84. उपर्युक्त, पृ.-4
85. उपर्युक्त, पृ.-4 पर उद्धृत
86. स्वामी विवेकानन्द–मद्रास अभिनन्दन का उत्तर–विवेकानन्द साहित्य खण्ड 9, पृ.-379-80
87. मेरी लुई बर्क–सैकेंड विजिट टू द वेस्ट, पृ.-2
88. सत्येन्द्रनाथ मजूमदार–पूर्वोक्त–पृ.-356-66 पर उद्धृत तथा निकॉल मेकनिकल–पूर्वोक्त, पृ.-408 पर उद्धृत
89. डॉ. वी.पी. वर्मा–पूर्वोक्त, पृ.-98
90. भगिनी निवेदिता–द मास्टर एज आई सॉ हिम–बी.एल. मेहता कृत अण्डरस्टेडिंग इंडिया में उद्धृत

91. स्वामीजी की भारत भक्ति का आभास उनके बालमित्र योगेशचन्द्र दत्त के साथ हुए वार्तालाप से मिलता है। इन वार्तालाप के प्रत्यक्षदर्शी रामपुर स्टेट के प्रधान शिक्षक बाबू ब्रह्मानन्द सिंह ने लिखा है–उस दृश्य को मैं जीवन भर कभी नहीं भूलूँगा। स्वामीजी संसार त्यागी थे फिर भी भारतवर्ष उनके सम्पूर्ण हृदय में व्याप्त था। उनका सारा प्रेम भारत के प्रति था, भारत के लिये वे आँसू बहाते थे और भारत की सेवा में ही उन्होंने देह त्याग किया है। उनके हृदयतन्त्र में भारतवर्ष का कम्पन होता है, उनकी नस नस में भारतवर्ष स्पन्दित होता था। तात्पर्य यह है कि भारतवर्ष उनके जीवन के साथ मिलकर एकरूप हो गया था।

–सत्येन्द्रनाथ मजूमदार–पूर्वोक्त, पृ.-407-8

92–93. विवेकानन्द साहित्य–खण्ड 5, पृ.-203 भारत के प्रति अपने असीम भक्तिभाव का उल्लेख करते हुए स्वामीजी ने एक घटना का हवाला दिया है। उनके अनुसार–पश्चिमी देशों से लौटने के कुछ समय पहिले एक अंग्रेज मित्र ने मुझसे पूछा था–'स्वामीजी चार वर्षों तक विलास की लीला भूमि, गौरवशाली, शक्तिशाली पश्चिमी भूमि पर भ्रमण कर चुकने पर आपकी मातृभूमि अब आपको कैसे लगेगी? मैं बस यही कह सका, 'पश्चिम आने से पहले मैं भारत को प्यार ही करता था, अब तो भारत की धूलि ही मेरे लिये पवित्र है...।

94. विवेकानन्द साहित्य, खण्ड 5, पृ.-203

95. उपर्युक्त, पृ.-163

96. उपर्युक्त, पृ.-164

97. उपर्युक्त, खण्ड 9, पृ.-299

98. 1 अगस्त 1898 में, 'प्रबुद्ध भारत' पत्रिका के मद्रास से, स्वामीजी द्वारा स्थापित भ्रातृमण्डल के हाथों में अल्मोड़ा को स्थान्तरित होने के

अवसर पर लिखित। विवेकानन्द साहित्य–खण्ड 10, पृ.-189-192

99. स्वामी विवेकानन्द–खेतड़ी महाराजा के अभिनन्दन के उत्तर में भेजे गये पत्र से विवेकानन्द साहित्य–खण्ड 9, पृ.-358

100. मद्रास अभिनंदन का उत्तर–विवेकानन्द साहित्य–खण्ड 9, पृ.-369-377

101. उपर्युक्त

102. विवेकानन्द साहित्य खण्ड 3, पृ.-357-58 (स्वामी विवेकानन्द को लिखित पत्र)

103. उपर्युक्त

104, 105. उपर्युक्त खण्ड 3, पृ.-345-46

106, 107. सत्येन्द्रनाथ मजूमदार–पूर्वोक्त में उद्धृत, पृ.-536

108. विवेकानन्द साहित्य–खण्ड 3, पृ.-345-46

109. उपर्युक्त, खण्ड 2, पृ.-321-22

110. उपर्युक्त, खण्ड 2, पृ.-537

111. विवेकानन्द साहित्य, खण्ड 5, पृ.-88-89

112. उपर्युक्त, खण्ड 2, पृ.-338

113. उपर्युक्त, खण्ड 2, पृ.-365

114. उपर्युक्त, खण्ड 5, पृ.-319

115. उपर्युक्त, खण्ड 5, पृ.-321

116. उपर्युक्त, खण्ड 5, पृ.-319

117. उपर्युक्त, पृ.-88-89

118. उपर्युक्त, खण्ड 6, पृ.-319

119. उपर्युक्त, खण्ड 6, पृ.-215

120. उपर्युक्त, खण्ड 3, पृ.-333

121. उपर्युक्त, खण्ड 4, पृ.-261

122. द लाइफ ऑफ स्वामी विवेकानन्द–जिल्द 2, 98-99
–डॉ. वी.पी. वर्मा–पूर्वोक्त–पृ.-101-102 उद्धृत

123. विवेकानन्द साहित्य–खण्ड 2, पृ.-324-25 (हरिदास देसाई को शिकागो से 20 जनवरी 1894 को लिखित पत्र)

124. विवेकानन्द साहित्य–खण्ड 2, पृ.-329

125. विवेकानन्द साहित्य, खण्ड 3, पृ.-343-44

126. उपर्युक्त, खण्ड 5, पृ.-139

127. उपर्युक्त, खण्ड 5, पृ.-137

128. उपर्युक्त, खण्ड 4, पृ.-138-139

129. उपर्युक्त

130. उपर्युक्त

131. उपर्युक्त, खण्ड 5, पृ.-137

132. उपर्युक्त, खण्ड 5, पृ.-210

133A. उपर्युक्त, खण्ड 5, पृ.-210

133B. उपर्युक्त, खण्ड 4, पृ.-258

134A. विवेकानन्द साहित्य, खंड 3, पृ.-331 (राजा प्यारी मोहन मुकर्जी को लिखित पत्र 18-11-1893)

134B. उपर्युक्त

135. उपर्युक्त, पृ.-332

136A. उपर्युक्त

136B. विवेकानन्द साहित्य, खंड 5, पृ.-167

137. उपर्युक्त, खण्ड 5, पृ.-213

138. उपर्युक्त, खण्ड 5, पृ.-267

139. उपर्युक्त, खण्ड 5, पृ.-267

140. उपर्युक्त, खण्ड 5, पृ.-213

141. हेमचन्द्र घोष को दी गयी भेंट वार्ता–बी.एन. दत्त, पूर्वोक्त, पृ.-333

142. विवेकानन्द साहित्य खंड 10, पृ.-136

143A. उपर्युक्त, खण्ड 4, (पत्रावलि) पृ.-310

143B. बी.एन. दत्त–पूर्वोक्त, पृ.-333

144. विवेकानन्द साहित्य–खंड 5, पृ.-64

145. उपर्युक्त, खण्ड 5, पृ.-85

146A. उपर्युक्त, खण्ड 9, पृ.-228

146B. नरवणे–पूर्वोक्त, पृ.-99

147,48. विवेकानन्द साहित्य खंड 5, पृ.-180-81

149A. उपर्युक्त, खण्ड 5, पृ.-182-83

149B. उपर्युक्त, खंड 5, पृ.-271

150. डॉ. नरेन्द्रदेव वर्मा–'विवेकानन्द आधुनिक भारत के मसीहा' युगपुरुष विवेकानन्द' नामक पुस्तक में लेख, पृ.-74

151. विवेकानन्द साहित्य, खंड 5, पृ.-171-73

152. उपर्युक्त, पृ.-181-82

153. उपर्युक्त, पृ.-179

154. उपर्युक्त, पृ.-180

155. विवेकानन्द साहित्य, खंड 10, पृ.-223

156. उपर्युक्त, खंड 10, पृ.-135

157. उपर्युक्त, खंड 5 पृ.-49

158. उपर्युक्त, खंड 10, पृ.-137

159. उपर्युक्त, खंड 6, (पत्रावलि), पृ.-307

159. उपर्युक्त, खंड 5, पृ.-273

160. उपर्युक्त, खंड 5, पृ.-228

161. उपर्युक्त, खंड 9, पृ.-228

162. मार्च 1899 में 'उद्‌बोधन' पत्रिका के लिये 'वर्तमान भारत' शीर्षक से लिखे गए अपने लेख में स्वामीजी ने लिखा था–'हम लोगों में पाश्चात्य जातियों की नकल करने की ऐसी प्रबल इच्छा होती जा रही है कि भले बुरे का निश्चय अब विचार बुद्धि या हिताहित के ज्ञान से नहीं किया जाता। गोरे लोग जिस भाव और आचार की प्रशंसा करें वही अच्छा है और जिसकी निन्दा करें वही बुरा। अफसोस इससे बढ़कर मूर्खता का और परिचय क्या होगा। विवेकानन्द साहित्य, खंड 9, पृ.-226-27

163A. विवेकानन्द साहित्य–खंड 9, पृ.-225

163B. उपर्युक्त, खंड 9, पृ.-227

164. उपर्युक्त, खंड 5, पृ.-323

165. उपर्युक्त, खंड 5, पृ.-274

166. उपर्युक्त, खंड 5, पृ.-114

167. उपर्युक्त, खंड 5, पृ.-117

168. उपर्युक्त, खंड 5, पृ.-89

169. सत्येन्द्रनाथ मजूमदार–पूर्वोक्त में उद्धृत, पृ.-525-526

170. मजूमदार–उपर्युक्त–वीरभाव व दृढ़ता की प्रतिष्ठा के लिये स्वामीजी ने बंगाल में महावीर हनुमान की पूजा का प्रचलन करना चाहा था। वे अपने शिष्यों से कहते थे कि महावीर के चरित्र को ही तुम्हें अपना आदर्श बनाना होगा... 'महावीर महावीर' की ध्वनि से तथा 'हर हर महादेव' की गर्जना से दिशाओं को कम्पित कर देना होगा...सभी विषयों में वीरता की कठोर महाप्राणता लानी होगी।

171, 172. विवेकानन्द साहित्य–खंड 5, पृ.-89, पृ.-119-120

173. उपर्युक्त, पृ.-89

174. उपर्युक्त, पृ.-89

175. उपर्युक्त, पृ.-119-120

176. उपर्युक्त, पृ.-119-120

177. उपर्युक्त, पृ.-132

178. उपर्युक्त, पृ.-133

179. उपर्युक्त, पृ.-133-134

180. सत्येन्द्रनाथ मजूमदार–पूर्वोक्त, पृ.-437

181. उपर्युक्त, खंड 5, पृ.-11

182. उपर्युक्त, खंड 5, पृ.-271

183, 184. उपर्युक्त, पृ.-121

185, 186. उपर्युक्त, पृ.-121

187. उपर्युक्त, पृ.-121

188. उपर्युक्त, पृ.-122

189. उपर्युक्त, खंड 4, पृ.-299

190. उपर्युक्त, खंड 4, पृ.-237

191. उपर्युक्त, खंड 5, पृ.-237

192. गाजीपुर में एक सभा में तत्कालीन समाज सुधारकों की कार्य प्रणाली की आलोचना करते हुए उन्होंने यह मत प्रकट किया था। सत्येन्द्रनाथ मजूमदार कृत पूर्वोक्त में उद्धृत, पृ.-160.161

193. विवेकानन्द साहित्य, खंड 5, पृ.-122

194. भारत व पश्चिमी समाज की तुलना करने हुए स्वामीजी ने कहा कि यहाँ की भूमि विधवाओं के आँसुओं से कभी-कभी तर होती है तो पाश्चात्य देशों का वायुमंडल अविवाहिता स्त्रियों की आहों से भरा रहता है। यहाँ का जीवन गरीबी की चपेट में जर्जरित है तो वहाँ पर लोग विलासिता के विष से जीवन्मृत हो रहे हैं। विवेकानन्द साहित्य—खंड 5, पृ.-108

195. विवेकानन्द साहित्य, खंड 5, पृ.-95

196. उपर्युक्त, खण्ड 10, पृ.-189-190

197. उपर्युक्त, खंड 5, पृ.-94-95

198. उपर्युक्त, खंड 5, पृ.-90-92

199. रोमांरोला ने श्री अरविन्द को स्वामी विवेकानन्द का बौद्धिक उत्तराधिकारी माना है (प्रोफेट्स ऑफ न्यू इंडिया) नेताजी सुभाष बोस की सम्पूर्ण राष्ट्रवादी विचारधारा एवं क्रांतिकारी जीवन में विवेकानन्द का प्रभाव स्पष्टतः दिखायी पड़ता है। उनकी पुस्तक 'तरुणाई के सपने' तथा 'इंडियन स्ट्रगल' में संगृहीत भाषणों व लेखों में इसके पर्याप्त प्रमाण उपलब्ध हैं।

200. विवेकानन्द साहित्य, खंड 5, पृ.-108

201. आधुनिक भारत के जन्मदाता–स्वामी विवेकानन्द 'विवेक ज्योति' अप्रैल-जून 1963, पृ.-65

202. नेताजी सुभाष बोस–तरुणाई के सपने, पृ.-114-115 भारतीय ज्ञानपीठ, काशी, जनवरी 1971

203. विवेकानन्द संचयन, पृ.-341, अद्वैत आश्रम, नागपुर

204. नन्दा मुकर्जी–विवेकानन्दज इन्फ्लुयएन्स ऑन सुभाष, जयश्री प्रकाशन, कलकत्ता, सितम्बर 1977

205. मेरी लुई बर्क–डिस्कवरीज, पृ.-26

206. रामधारीसिंह दिनकर–संस्कृति के चार अध्याय, पृ.-499

207A. स्वामीजी द्वारा मुहम्मद सरफराज हुसैन को लिखित पत्र (10 जून 1898) वि. साहित्य खंड, पृ.-405-406

207B. डॉ. नरेन्द्रदेव वर्मा–पूर्वोक्त, पृ.-63

208. न्यायमूर्ति रानाडे ने अपनी महत्वपूर्ण कृति द राइज ऑफ मराठा पॉवर में मराठा शक्ति के उत्कर्ष के कारणों में विश्लेषण में सन्त ज्ञानेश्वर से लेकर समर्थ गुरु रामदास तक विस्तृत धार्मिक जागरण व आलोक को विशेष महत्वपूर्ण माना है। इसी से शिवाजी स्वराज्य की स्थापना करने व सम्पूर्ण महाराष्ट्र को एकजुट करने में सफल हुए। एम.जी. रानाडे–द राइज ऑफ मराठा पॉवर, पृ.-4-5, पब्लिकेशन्स डिवीजन, 1974

209. स्वामी तुरियानन्द ने स्वामी विवेकानन्द द्वारा दलितों-पीड़ितों के लिये अनुभव की जाने वाली हार्दिक व्यथा के लिये इस शब्द का प्रयोग किया। रोमां रोलां-द लाइफ ऑफ स्वामी विवेकानन्द, पृ.-34 पर उद्धृत

210A. मेरी लुई बर्क–डिस्कवरीज, पृ.-25

210B. विश्वनाथ नरवणे कृत–पूर्वोक्त में उद्धृत, पृ.-92

211. डॉ. वी.पी. वर्मा–पूर्वोक्त, पृ.-102

212. रामधारीसिंह दिनकर, पूर्वोक्त, पृ.-510

213. डॉ. सर्वपल्ली राधाकृष्णन्–विवेकानन्द सेन्टेनरी वॉल्यूम, प्राक्कथन, अद्वैत आश्रम–कलकत्ता, 1963

❑❑❑

4.

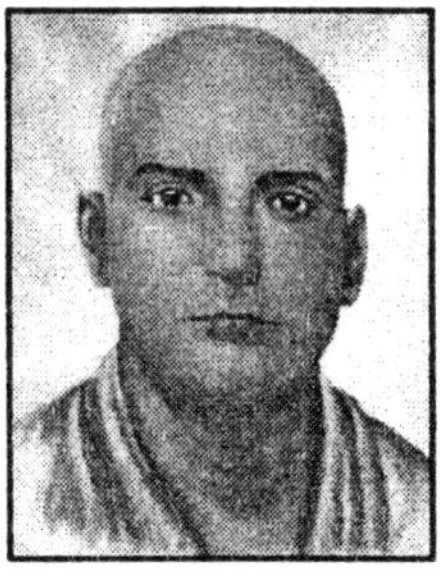

आत्मज्ञान के द्युलोक से उद्‌भासित राष्ट्रसेवा का पथ : स्वामी रामतीर्थ

मातृभूमि के प्रति तपःपूत भक्तिभाव और वेदान्त के आध्यात्मिक प्रत्ययवाद पर आधारित राष्ट्रवाद की जो वाणी स्वामी विवेकानन्द के मुख से उद्‌गीर्ण हुई, उसकी तेजस्वी और मधुर प्रतिध्वनि स्वामी रामतीर्थ के विचारों में सुनायी पड़ती है। औपचारिक रूप से महान् गुरु शिष्य परम्परा[1] में न होते हुए भी चिंतन, दर्शन व कर्तृत्व के क्षेत्र में सोनारभूमि व पंचनद के इन संतों में अद्‌भुत साम्य दृष्टिगोचर होता है। जिस अर्थ में प्रो. मैक्सी ने प्लेटो में

सुकरात के पुनर्आविर्भाव[2] की बात कही है, लगभग वही स्थिति व्यक्तित्व के वैषम्य किंतु विचारों व भावों के साम्य की दृष्टि से व्यावहारिक वेदान्त के इन दोनों प्रतिपादकों के विषय में दिखायी पड़ती है। दोनों ने हमारी प्राचीन प्रज्ञा को अभिनव ज्ञान के प्रकाश में उद्घाटित किया और ऐसे रूप में प्रस्तुत किया कि वे प्राची व प्रतीची के प्रबुद्ध वर्ग को समानरूप से प्रभावित कर सके। दोनों ही यशसुरभि पहले अमरीका में फैली।[3]

वेदान्त के ओजस्वी सन्देश द्वारा राष्ट्र में क्रियाशीलता एवं ऊर्जस्विता संचारित करने के अपने बहुआयामी महत् अभियान का प्रारंभ स्वामी विवेकानन्द विश्वधर्म महासभा से लौटने के पश्चात् कर चुके थे। उसी सिलसिले में देश के विभिन्न भागों का भ्रमण करते हुए सन् 1897 में वे लाहौर गये। वहीं उनकी भेंट आचार्य तीर्थराम (भावी स्वामी रामतीर्थ) से हुई। उनकी दैवीय वाग्मिता और ज्वलन्त त्याग, उनकी कर्मठता एवं व्यक्तित्व शक्ति[4] ने आचार्य महोदय को अत्यधिक प्रभावित किया।[5] स्वामीजी ने अपने विवेक-वैराग्यवान मित्र को स्वदेश और विदेश में वेदान्त प्रचार के द्वारा होने वाले महान् कल्याण की बातों को इस प्रकार समझाया कि आचार्य का जीवन-प्रवाह ही बदल गया। इसी भवितव्यतापूर्ण भेंट के पश्चात् आचार्य तीर्थराम ने अपने भावी जीवन व्रत के बारे में अन्तिम निश्चय किया। स्वयं उनकी चेतना के भीतर जो व्यापक अद्वैत वेदान्त विकसित हो रहा था, स्वामी विवेकानन्द के रूप में उसका भाष्यकार उन्हें प्राप्त हो गया। स्वामीजी के उदाहरण ने ही उनके मूक आत्मानुभव को वाणी प्रदान की और तत्पश्चात् वे हिमालय भ्रमण के लिये चले गये। लौटकर उन्हीं के समान व्यावहारिक वेदान्त का उपदेश देने लगे जिसमें उनके दैवीय हर्षोन्माद का वैशिष्ट्य निहित था।

अमरीकी प्रेस द्वारा 'जीवित ईसा' और आश्चर्यजनक प्रज्ञा वाले व्यक्ति के रूप में अभिनन्दित स्वामी राम मूलतः चेतना पथ के पथिक थे, जिनका

दैनिक आहार भगवद्स्मरण था। उनसे परिचित सभी लोग यह समझते थे कि वे पूर्णतः प्रभु को समर्पित आत्माओं में से एक थे। उनका जीवन अत्यन्त प्रारम्भ से ही कठोर संघर्ष व गरीबी की कष्टपूर्ण परिस्थिति में एक मानव के अतिमानव में विकसित होने का उदाहरण था। विजेता की इच्छाशक्ति और सती-साध्वी की भक्ति से विद्यार्थी जीवन की घोर विपदाओं का सामना करते हुए एक श्रद्धालु भक्त से उनका विकास एवं पूर्ण वेदान्ती के रूप में हुआ था।[8] वे आधुनिक विश्व में भारत के आध्यात्मिक राजदूत थे, जिन्होंने उपनिषदों द्वारा निर्दिष्ट सम्पूर्ण ब्रह्माण्ड के साथ ऐक्य के परम सत्य का साक्षात्कार करवाया।

उनके लिये दिव्य प्रेम की ऊँचाइयों तक उड़ान भरना और स्वयं को ब्रह्म कहना सर्वथा स्वाभाविक क्रिया के रूप में था, किन्तु उनके मामले में यह पुकार दार्शनिक नहीं, भक्तिपूर्ण थी। आत्मज्ञान के हर्षोन्माद के प्राचुर्य से अभिभूत हो वे स्वयं को 'रामबादशाह' या नरेश राम कहते थे और प्रमुदित बालक की भाँति अपनी इस मान्यता पर दृढ़ रहते थे।[9] वे निम्न प्रकृति के प्रलोभनों से मुक्त हो चुके थे और उनके शिष्यों की दृष्टि में वे भगवद्गीता में प्रतिपादित त्रिगुणातीत आदर्श के मूर्त रूप थे। वे वेदान्त में वर्णित ईश्वरीय चेतना के अतिरेक की साक्षात् मूर्ति थे।[10] उच्च कोटि के रहस्यवादी कवि स्वामी राम का तूफानी भावावेश, उनके हर्षोन्माद के अश्रु, अपने सम्पर्क में आने वाले लोगों के साथ उनकी गीतात्मक सहानुभूति, उनकी व्यापक मानवीय सहानुभूति–ये सभी विशिष्टताएँ तथाकथित वेदान्ती दार्शनिक की शुष्क शैक्षणिक, काष्ठवत अचल कठोर उदासीनता से सर्वथा भिन्न थी। मानवता के हर्ष-विषाद उनके अपने थे।

लाहौर में स्वामी विवेकानन्द के गेरुआवस्त्रों की अग्निशिखा को ग्रहण करने वाले स्वामी राम के पास वह भाषागत व शैलीगत सौन्दर्य एवं शारीरिक बलिष्ठता नहीं थी जो विवेकानन्द की विशेषता थी किन्तु 'दैवीय प्रसन्नता, अपने गीतों के माधुर्य, अपने भक्ति के सलज्ज सुकुमार लावण्य में वे

विवेकानन्द से बढ़े-चढ़े थे, ऐसी पूरनसिंह की मान्यता है।[11] एक पराक्रमी संत के रूप में विवेकानन्द स्वामी राम से अतुलीय थे किन्तु अपने दैवीय हर्षोन्माद की दृष्टि से वे देशभक्त संत से कहीं आगे थे। यही उत्फुल्लता, सहानुभूति, मृदु व्यवहार और पर्यावरण से पूर्ण तादात्म्य[12] उनकी मधुर काव्यमयी चेतना के पीछे कार्यरत थे। भौतिक क्षेत्र में उनकी इन भिन्नताओं के बावजूद उनका बौद्धिक बांधव्य इतना गहन था कि अपने विश्व भ्रमण के दौरान दोनों ने एक समान वेदान्त का सन्देश दिया। राष्ट्र निर्माण व देशभक्ति के बारे में अपने देशवासियों को दिए गए उनके उद्‍बोधन एक समान थे।

व्यावहारिक वेदान्त पर बल

अपने सभी लेखों व भाषणों में उन्होंने सिद्धान्त को व्यवहार में ढ़ालने की आवश्यकता पर जोर दिया है। वे प्रायः कहा करते थे ज्ञानार्जन तभी सार्थक है जब उसका जीवन में उपयोग हो। उनके जीवन का विशिष्ट लक्षण यह था कि उन्होंने अपने वेदान्तज्ञान का निष्ठापूर्वक व सतर्कत से अपने दैनंदिन जीवन में प्रयोग किया। भौतिक स्तर पर उनके वेदान्त का अर्थ था–पूर्ण लोकतंत्र, समानता और सभी के साथ पूर्ण ऐक्य।[13] उनकी दृष्टि में वेदान्त निरर्थक शैक्षणिक वाद विवाद नहीं है, न ही यह दार्शनिक निष्क्रियता है।[13] उनके वेदान्त का अर्थ है आत्मा का सर्वोच्च विज्ञान और इसे उसी भावना से समझने की आवश्यकता है जिस भावना से रसायन विज्ञान या अन्य किसी भौतिक विज्ञान का अध्ययन किया जाता है। स्वामी राम के आग्रह पर ही उनके शिष्य पूरनसिंह ने आंग्लभाषी जनता में वेदान्त की औपनिषदिक शिक्षाओं के प्रचार के लिये 'थंडरिंग डॉन' नामक पत्रिका शुरू की थी।[14] क्योंकि उनकी दृष्टि में यह वर्ग वेदान्त के रूप में हिंदूधर्म के मूल रत्नों से सर्वथा अनभिज्ञ था।

स्वामी रामतीर्थ ने वेदान्त के सन्देश की व्याख्या सफलता के रहस्य के रूप में की। वेदान्त संसार में सफलता की ओर ले जाने वाला राजपथ है क्योंकि वह निःस्वार्थता, सतत परिश्रम व निर्भयता की शिक्षा देता है।

उन्होंने यह विस्मयकारक मान्यता प्रकट की कि जापान और अमरीका जीवन के संघर्ष में सफल होकर सशक्त राष्ट्र इस कारण बन पाये कि वे वेदान्त की मूलभूत शिक्षाओं का पालन कर रहे थे, यद्यपि इस बारे में इन राष्ट्रों ने कोई मौखिक घोषणा नहीं की है।[15] उनके अनुसार प्राचीन युग में भारत में वेदान्त की चेतना व्याप्त थी, इसी कारण मिश्रवासियों, असीरियनों व रोमनों को भारत को अपने अधीन करने का साहस नहीं हुआ। एक समय ईरान भी सर्वशक्तिमान था किन्तु उसका भी भारत की ओर शत्रुतापूर्ण दृष्टि से देखने का साहस नहीं हुआ।[16] इसी प्रकार विश्व विजय का स्वप्न संजोने वाले सिकन्दर एक लघुकाय राज्य के स्वामी पुरु से विजय के उपरान्त भी घबरा जाने के कारण भी वे जनसाधारण में वेदान्त के प्रचार को मानते हैं।[17] रामतीर्थ का मत था कि भारत का पतन धर्म के कारण नहीं, बल्कि सद्धर्म के अभाव के कारण हुआ था। इसीलिये उन्होंने वेदान्त की भावना को पुनर्जीवित करने पर बल दिया। उनका आग्रह था कि वेदान्त को राष्ट्रीय जीवन का आधार बनाया जाय। उनके अनुसार व्यक्ति व राष्ट्र की उन्नति के लिये इन सात गुणों को जीवन में उतारना आवश्यक है–परिश्रम, आत्म बलिदान, आत्मविस्मृति (बेखुदी), सार्वजनीन प्रेम, प्रसन्नता (मानवता की विहंसती कलियाँ), निर्भयता और आत्म निर्भरता।[18] स्वामी राम ने वेदान्त के आध्यात्मिक प्रत्ययवाद की इस ढंग से व्याख्या की कि वह देश के लिये प्राणदायिनी शक्ति का सन्देश बन गया। उनकी यह सुदृढ़ धारण थी कि तमोगुण की समस्त शक्ति और उनसे उत्पन्न बाधाओं पर विजय प्राप्त की जाय और प्रमाद व निष्क्रियता का तत्काल परित्याग किया जाय। स्वामी विवेकानन्द व रामतीर्थ दोनों ने औपनिषदिक परम्परा को नवीन मोड़ देते हुए इस बात पर जोर दिया कि 'व्यक्ति को परिवार, राष्ट्र, मानवता और समस्त सृजन के प्रति अनुरक्ति एवं उनके कल्याण के लिये त्याग की भावना से प्रेरित होकर आगे बढ़ने से ही मुक्ति मिलेगी। इस सन्दर्भ में स्वामी राम के

'आलोचना व सार्वभौमिक प्रेम', 'यज्ञ की चेतना' भारत के तरुणों की, 'नकद धर्म' शीर्षक से लिखे गए लेख, आधुनिक भारत के राष्ट्रनिर्माण के साहित्य में महत्वपूर्ण स्थान रखते हैं।

राष्ट्रप्रेम के धर्म का प्रतिपादन

स्वामी रामतीर्थ न केवल आध्यात्मिक गुरु थे वरन् एक निर्भीक देशभक्त भी थे। उनका धर्म समाज सेवा व राष्ट्रप्रेम के सर्वोत्तम आदर्शों के अनुरूप था। वे प्रायः कहते थे, 'कोई मनुष्य सर्वरूप परमात्मा से अपनी अभेदता तब तक कदापि अनुभव नहीं कर सकता, जब तक कि समय के साथ अभेदता उसके शरीर के रोम-रोम में जोश न मारती हो।'[19] उन्होंने स्वयं कों पूर्णतः भारत के साथ एकात्म कर लिया था। समाधि की अवस्था में भी वे भारत का चिंतन करते थे। इसका प्रमाण दार्जिलिंग के वनों से लौटने के पश्चात् स्वामी राम की पूरनसिंह के साथ हुई बातचीत में मिलता है। वे लिखते हैं–दार्जिलिंग के वनों से लौटकर उन्होंने मुझे कहा–राम गहन व उच्च यौगिक समाधि में अवस्थित हो गया और तब निर्विकल्प समाधि की अवस्था में एक संकल्प का उदय हुआ–भारत को स्वतन्त्र होने दो, भारत स्वतन्त्र होगा। सभी राजनैतिक कार्यकर्ता राम के औजारों के रूप में कार्य करेंगे। वे मेरे हाथ पैर हैं। राम ही पृष्ठभूमि में है।[20]

उपर्युक्त आधार पर यह कहा जा सकता है कि वे आध्यात्मिक मानस वाले देशभक्त थे। सन्यस्त जीवन उनके हर्षोन्माद का प्रतीक था और उसके माध्यम से भारतीय राजनीति का सन्देश वे विश्व में प्रसारित कर रहे थे। स्वामी राम ने पैगम्बरी वाणी में कहा, चाहे अनेक आत्माओं या एक आत्मा के माध्यम से कार्य करते हुए राम भारत वर्ष से दस वर्षों के भीतर अन्धकार व दुर्बलता दूर करने व उसे सच्चे जीवन से अनुप्रणित करने का वादा करता है और बीसवीं शताब्दी के अर्द्धांश में भारत अपनी मूलभूत कीर्ति से भी अधिक प्रतिष्ठा प्राप्त करेगा।[21] उन्होंने वेदान्त दर्शन के प्रचार के लिए 'अलिफ' नामक उर्दू पत्रिका

शुरु की थी। चूँकि उन्हें देश की पराधीनता से गहरी व्यथा थी, 'अलिफ'[22] में उनकी प्रारम्भिक रचनाओं में गुलाम मानसिकता से अपने देश के उद्धार का आवेग उनके विचारों से छिपा दिखाई पड़ता है। उन्हें मनुष्य की दासवृत्ति से घृणा थी क्योंकि यह उनके अनुसार मनुष्य में निहित ईश्वर को पददलित करना था। वे इसे घोरतम अपराध मानते थे और 'अलिफ' में यही शुद्ध संवेग है जो भारतीयों को आत्मोद्धार के लिये दिये गये उत्कृष्ट सुझावों में प्रकट हुआ है।

राष्ट्रवाद : सार्वभौम चेतना की ओर प्रगति

स्वामी रामतीर्थ की दृष्टि में देशवासियों के प्रति हार्दिक प्रेम का पन्थ ही सच्चा राष्ट्रवाद है। उन्होंने भारत की सक्रिय आराधना करने का उपदेश दिया और बताया कि 'राष्ट्र के हित के लिये प्रयत्न करना ही विश्व की शक्तियाँ अर्थात् देवताओं की आराधना करना है।'[23] उन्होंने राष्ट्रवाद को देशवासियों के साथ तादात्म्य की सक्रिय भावना बताते हुए कहा, 'जो लोग राष्ट्र का हित अपना हित नहीं समझते, अपने आप को राष्ट्र से भिन्न मानते हैं ऐसे स्वार्थियों के सिवाय सूजनरोग के और कुछ हाथ नहीं आता। वही मनुष्य फले फूलेगा जो सारे राष्ट्र की जान को अपनी जान मान लेता है।'[24] उन्होंने मानव जीवन के विकास क्रम में राष्ट्रवाद का जो स्वरूप प्रस्तुत किया है वह सार्वभौम चेतना (ब्रह्म) की ओर प्रगति की एक अवस्था है। एक वृत के माध्यम से आध्यात्मिक स्तर पर जीवन के विकास के सोपान स्पष्ट करते हुए उन्होंने 'अलिफ' से रिसाला संख्या दो में 'जीवित कौन है? शीर्षक लेख से राष्ट्रवादी को ही सच्चे अर्थों में मनुष्य बताया है। इस दृष्टि से केवल अपने पेटपालन, कुटुम्बपालन और जातिपालन तक सीमित रहने वाले आध्यात्मिक दृष्टि से मानव श्रेणी में नहीं आते।

राष्ट्रभक्ति को सच्चे मनुष्यत्व का लक्षण बताते हुए स्वामी राम ने इस वृत्त का स्पष्टीकरण इस प्रकार किया है–

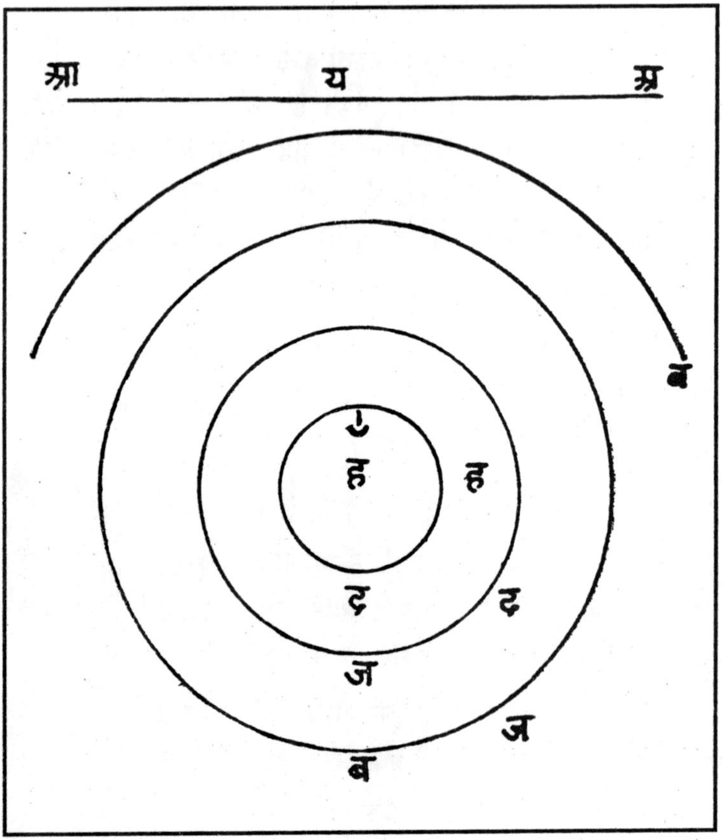

वृत	गति	जीवन	काम या नाम[26]
ह	लहू	खनिज वर्ग	पेटपालू
द	कोल्हू का बैल	वनस्पति वर्ग	कुटुम्बपालक
ज	घुड़दौड़ का घोड़ा	प्राणीवर्ग (पशु)	जाति प्रतिपालक

चूँकि जीवन की सामान्य पहिचान गति है चेतना है और इस चेतना का स्तर जितना उच्च होगा वही विकास की श्रेष्ठकर अवस्था होगी। 'ब' वृत्त के विषय में वे लिखते हैं– "यह वृत्त उन भाग्यशाली व्यक्तियों के जीवनचक्र का

निरूपण करता है, जो देशभर से वही स्नेह और प्रीति रखते हैं जो पेट पालू स्वयं के साथ, कुटुम्बपालू एक कुटुम्ब के साथ और जातिपालक एक जाति के साथ रखता है, जिन्होंने अपना समस्त समय और ध्यान देश की भलाई के लिये अर्पित कर दिया है, जिनको अपने देश की धूलि तक प्यारी है। इस वृत्त में गतिशील मनुष्य का गतिकेन्द्र बिन्दु 'य' (शरीर) से बहुत अधिक दूरी पर होता है, और उसका जीवनवृत्त अत्यन्त विस्तृत है। देश सेवक की जीवनगति की वृत्त विस्तार के विचार से हम चन्द्रमा की गति से तुलना कर सकते हैं।[27]

राष्ट्रसेवक की परिभाषा

राष्ट्रसेवक के जीवन व कर्म को चन्द्रमा की उपमा देते हुए स्वामी रामतीर्थ ने उसके गुणों पर प्रकाश डाला। चन्द्रमा कहते ही एक रम्य कल्पना हमारे मानस में उभरती है। समुद्रमंथन करके देव-दानवों ने सौन्दर्य का सार सर्वस्व धारण करने वाली कितनी ही वस्तुएँ निकालीं–लक्ष्मी, कामधेनु अमृत आदि। चन्द्रमा ही वह वस्तु है जिसमें रमणीयता के सारे रूप एकरस होकर समाविष्ट हो गये हैं, और जिसे देवाधिदेव ने अपने मस्तक पर अत्यन्त आदरपूर्वक स्थान दिया है। स्वामी राम के अनुसार 'देशसेवक वह है जो भूखों मरते देशवासियों के लिये चन्द्रमा की तरह ईद (उत्सवतिथि) हो या जो देश की दारिद्रय निशा में चारों ओर प्रकाश का जल बरसा दे, यद्यपि उसकी उदारता का यह प्रभाव न हो कि रात्रि मिट जाए। जिस तरह चाँदनी की बदौलत पौधों में रस भरता है, वैसे ही देशसेवक की बदौलत गृहस्थ लोगों को अमन चैन और प्रसन्नता होती है। आध्यात्मिक जीवन में विकास में देशसेवक (आध्यात्मिक, वनस्पतिवर्ग की अपेक्षा) असल मनुष्य की श्रेणी में होता है।[28] स्वामीजी ने मनुष्य की विविध प्रवृत्तियाँ में स्वदेश प्रीति को कितना ऊँचा स्थान प्रदान किया, यह उपर्युक्त कथन से स्पष्ट है। यही नहीं अपनी सभी रचनाओं में विभिन्न राष्ट्रों के देशभक्तों का वे अत्यन्त आदर से उल्लेख करते हैं। राष्ट्र से सर्वथा उदासीन स्वार्थपूर्ति में लीन भारतवासियों को धिक्कारते हुए उन्होंने उस डॉक्टर के वृतान्त को हृदय दर्पण कर अंकित कर रखने का आग्रह

किया जिसकी स्वदेश प्रीति की बदौलत भारत में अंग्रेज जाति के पैर दृढ़ता से जम गये।[29] भारतवासियों में स्वदेश प्रीति की ऐसी भावना के अभाव पर व्यथा प्रकट करते हुए स्वामी राम ने अपना दुःख इस प्रकार प्रकट किया है–

बिन तेरे मुल्के हिंद के घर बेचिराग हैं।
जलते एवज चिरागों के सीने में दाग़ हैं।।[30]

राजनैतिक वेदांतवाद

स्पष्ट है कि स्वामी राम का राष्ट्रवाद का सिद्धान्त राजनीतिक व आर्थिक विचारों पर आधारित नहीं था। समस्त देशवासियों के साथ आध्यात्मिक एकता की भावना ही उसका आधार थी। वेदान्ती तत्वज्ञान की भावना से प्रेरित होकर उन्होंने कहा था– 'सम्पूर्ण भारत उसके प्रत्येक पुत्र में पिण्डी भूत है।[31] इस प्रकार स्वामी राम विचारदर्शन के क्षेत्र में उस धारणा के प्रतिपादक थे जिसे 'राजनैतिक वेदान्तवाद कहा जाता है। यह सिद्धान्त अत्यधिक महत्वपूर्ण है और यह प्राचीन हिन्दू चिंतन के आधुनिक भारत में अत्यधिक गहन स्वरूप परिवर्तन का प्रतीक है। स्वामी विवेकानंद, स्वामी रामतीर्थ, श्री अरविन्द व लोकमान्य टिळक के कार्यों और विचारों में निहित इस प्रवृति को डॉ. वी.पी. वर्मा 'वेदान्त का धर्म निरपेक्षीकरण'[32] कहते हैं। धर्मनिरपेक्षीकरण से उनका तात्पर्य है आध्यात्मिक सिद्धान्तों का भौतिक उद्देश्यों के लिए प्रयोग व व्याख्या, न कि आध्यात्मिक व पूर्णतावादी विचारों का निषेध, स्वामी विवेकानन्द और रामतीर्थ परम्परागत निवृतिवादी और व्यक्तिगत मुक्ति के सीमित लक्ष्य से प्रेरित सन्त एवं दार्शनिक नहीं थे। उन्होंने व्यक्तिगत मुक्ति को राष्ट्रीय मुक्ति के भगीरथ प्रयत्न के एक अंग के रूप में ही देखा।

राष्ट्र से पूर्ण तादात्म्य

स्वामी राम ने राष्ट्रवाद की सक्रिय धारणा का समर्थन किया। उन्होंने देशभक्ति का उच्चतम आदर्श प्रस्तुत करते हुए, स्वयं को राष्ट्रशरीर के साथ एकाकार मानते हुए, देश भक्तों से आग्रह किया कि वे यह अनुभव करें कि "मैं

भारतवर्ष, समस्त भारतवर्ष हूँ। भारतभूमि मेरा अपना शरीर है। कन्याकुमारी मेरा पाँव हैं। हिमाचल मेरा सिर है। मेरे बालों में श्री गंगाजी बहती है। मेरे सिर से सिन्धु और ब्रह्मपुत्र (नदी) निकलते हैं। विंद्याचल मेरी मेखला है। कुरूमंडल मेरी दाहिनी और मलबार मेरी बायीं उरू है जब में श्वास लेता हूँ तो महसूस करता हूं कि यह भारत वर्ष साँस ले रहा है।[33] स्वामी जी के अनुसार स्वदेश भक्ति का यह अत्युच्च्य अनुभव है और यही व्यावहारिक वेदान्त है।[34] स्वामी राम ने स्वयं को भौतिक रूप से भारत के साथ एकाकार कर दिया, इस विषय में कहा जा सकता है कि इन भावुकतापूर्ण उद्‌गारों से उनका तात्पर्य' भूगोल के प्रतिमापूजन' (रविन्द्रनाथ ठाकुर की महत्वपूर्ण उक्ति) से नहीं था। बल्कि इसके माध्यम से वे यह स्पष्ट करना चाहते थे कि जब तक 'स्व' के विचार का पूर्ण निषेध नहीं हो जाता है, दृष्टि की विराटता में क्षुद्र अहं का विलीनीकरण नहीं हो जाता है, दृष्टि की व्यापकता में राष्ट्रकल्याण की कल्पना समा नहीं जाती है–देशभक्ति के आदर्श को अनुभव नहीं किया जा सकता है। राष्ट्रवाद की जो धारणा सोलहवीं सदी में यूरोप में विकसित हुई थी वह अपने देश के व्यापार और वाणिज्य को प्रोत्साहन देने के उद्देश्य से इटली के पोप के मुकाबले अपने राजा के गौरवगान तक सीमित थी। फ्रांस की राज्यक्रांति के पश्चात् उसमें लोकतन्त्र का पुट दिया जाने लगा किन्तु उसके बाद भी उसका रूप अमूर्त तथा अवैयक्तिक ही बना रहा। जबकि स्वामी विवेकानन्द और रामतीर्थ ने उसे भौतिक धरातल से ऊपर उठाकर मानवीय भावनाओं के उदात्तीकरण के रूप में प्रस्तुत किया है।

उनके चिंतन में राष्ट्रवाद एक ऐसा सत्य है जो व्यक्ति के जीवन को दिशा और सार्थकता प्रदान करता है। उसका लक्ष्य सामूहिक स्वार्थों की पूर्ति हेतु संगठन का कोलाहल नहीं अपितु आत्मसमर्पण की नीरवता है। राष्ट्रवाद की इस अवधारणा का तानाबना मानव के अन्तःस्थल को आलोकित करने वाले श्रेष्ठतम मृदुल भावों से बना है और यह भावसरिता अपने उद्‌गम स्थल पर भले ही लघुकाय स्वदेश प्रीति है किंतु अपने विकासक्रम में अन्ततः विश्वजनीनता

के महानद का रूप ग्रहण कर लेती है। इन सन्तों (विवेकानन्द एवं रामतीर्थ) ने वेदान्त के आदर्शों को आत्मसात करते हुए मात्र एक राजनैतिक सिद्धान्त को त्याग, बलिदान व सेवा के मंत्र की गरिमा प्रदान की। यहाँ राष्ट्रवाद एक धर्म का रूप धारण कर लेता है जिसमें दीक्षित होने से पूर्व कुछ आवश्यक गुणों का अर्जन एक अनिवार्यता है। यही कारण है जो लोग स्वदेशनुराग के पथ के पथिक बनने के इच्छुक थे, उन्हें सम्बोधित करते हुए स्वामी रामतीर्थ ने इस दुःसाध्य कार्य में सिद्धि हेतु आवश्यक गुणों की व्याख्या करते हुए कहा–आप स्वदेशभक्त होना चाहते हैं? तब अपने आपको देश व देशबन्धुओं के प्रेम में एकताल (अभेद) करो। आपकी यह परिच्छन्न छाया भी आप में और आपके देशबन्धुओं में एक पतला काँच का पर्दा न होने पाए। अपने प्राणों का स्वदेश हित में अर्पण करते हुए आप एक सच्चे आध्यात्मिक योद्धा बनिये।[35]

असीम भारतभक्ति

स्वामी विवेकानन्द की भाँति उन्होंने भी भारतमाता को सर्वोच्च उपास्य देवी मानते हुए कहा–'हे भारतमाता! मैं तेरे प्रत्येक रूप में तेरी उपासना करता हूँ। तू ही मेरी गंगी है, तू ही मेरी काली देवी है, और तू ही मेरा शालग्राम है।[37] उनका स्पष्ट मत था कि भारतमाता के प्रत्येक पुत्र को समस्त देश की सेवा के लिये इस दृष्टि से तैयार रहना चाहिये कि 'समस्त भारत मेरा ही शरीर है।' उन्होंने देशवासियों से सम्मुख एक प्रश्न उपस्थित करते हुए कहा– 'भारतवर्ष की प्रत्येक नदी, वृक्ष, पहाड़ और प्राणी देवता माना और पूजा जाता है। क्या अभी वह समय नहीं आय जब हम अपनी मातृभूमि को देवी मानें और इसका प्रत्येक परमाणु हमारे मन में सम्पूर्ण देश के प्रति भक्ति उत्पन्न कर दे।'[38] उनका कहना था कि 'जब प्राण प्रतिष्ठा करके हिन्दू लोग दुर्गा की प्रतिमा को साक्षात् शक्ति मान लेते हैं, तो क्या यह ठीक नहीं कि हम अपनी मातृभूमि की महिमा को प्रकाशित करें और भारतरूपी सच्ची दुर्गा में प्राण की प्रतिष्ठा करें।[39] उन्होंने परमात्मा से अभेद होने के आनंद का अनुभव करने हेतु राष्ट्र के साथ अभेदवाद के उत्साह को पूर्व आवश्यकता बताया।[40] इसका एक तार्किक स्पष्टीकरण

है–हमारी चेतना और जीवन के विकास के अनेक सोपान हैं। शैशव के भोलेपन व किशोरावस्था के औत्सुक्य को पार करते हुए व्यक्ति यौवन के उमंग की दहलीज तक पहुँचाता है। जीवात्मा सर्वव्यापी प्रभु के साथ अभेदता का अनुभव तभी कर सकती है जब वह निरन्तर व्यापक होते मानवीय सम्बन्धों को विस्तर प्रदान करने वाली चेतना के प्रकाश को ग्रहण कर सके।

स्वामी रामतीर्थ मातृभूमि को उसी भावविह्वलता से स्मरण करते हैं जैसे बालक अपनी माँ के लिये तड़पता है। रविन्द्रनाथ ठाकुर ने अपनी प्रसिद्ध कहानी 'काबुली वाला' में पठान के अपनी जन्मभूमि से लगाव को जिस ऊँचाई तक पहुँचा दिया है, स्वामी राव उसके देदीप्यमान प्रतीक हैं। अमरीका प्रवास के दौरान उन्होंने स्वदेश प्रीति को प्रकट करने वाले जो उद्गार व्यक्त किये हैं, अपनी तीव्रता और गहनता में वे अनुपम हैं। अस्ताचलगामी सूर्य को सम्बोधित करते हुए स्वामी राम अश्रुविगलित स्वर में कहते हैं– 'क्या तू कृपा करके राम का यह सन्देशा उस तेजोमयी प्रतापी माता की सेवा में ले जाएगा? क्या ही अच्छा हो, यदि यह मेरे प्रेमपूर्ण आँसू भारत के खेतों में पहुँचकर ओस की बूँदे बन जाएं।[41] उन्होंने मातृभूमि की अपनी उपासना को विभिन्न धर्मावलम्बियों द्वारा अपने इष्टदेव की पूजा के समकक्ष बताया।[41] सभी प्रकार की संकीर्णताओं से सर्वथा परे मातृभूमि की प्रत्येक सन्तान व कण को पवित्र मानने व उसकी सेवा का जो उत्कट भाव स्वामी विवेकानन्द के विचारों में प्रकट हुआ है, उसी की प्रतिध्वनि स्वामी राम की मातृभूमि के प्रति आञ्जनेयभक्ति में सुनायी पड़ती है।

मातृभूमि की कल्याण कामना और हंस का पश्चिम प्रवास

आत्मचेतना के सागर में सन्तरण करते हुए दिव्यानंद के मुक्ताकण को चुगने वाले इस राजहंस को मातृभूमि की दीन दशा ने, सार्वत्रिक अभाव के विदारक दृश्यों ने अत्यधिक व्यथित कर दिया था। इसलिये नित्य शुद्ध आनंद के धवल कलधौत से नीचे उतरकर स्वामी राम ने दुःखरजनी की कालिमा में अवसन्न हुए राष्ट्र में चेतना का संचार करने हेतु, उपाय व साधन खोजने के

लिए विवेकानन्द की ही भाँति पश्चिम का प्रवास किया। देश के दैन्यपूर्ण अवस्था उन्हें बहुत विचलित करती थी।[42]

अब तक हमने स्वामी विवेकानन्द और रामतीर्थ के विचारों और कार्यों में विद्यमान अनेक समानताओं पर प्रकाश डाला है, जिनसे यह सिद्ध हो जाता है कि मानसिक दृष्टि से वे एक ही चेतना से अनुप्राणित थे। उनके जीवनकार्य का सर्वाधिक उल्लेखनीय साम्य अमरीका में अपनी मातृभूमि के लिये किये गये प्रयासों व तदुपरांत व्यक्त किये गये विचारों में दृष्टिगोचर होता है। एक राष्ट्रवादी चिंतक के रूप में स्वामी राम के विचारों व राष्ट्रोत्थान की उनकी योजनाओं का दिग्दर्शन हमें उनके अमरीका से लौटने के पश्चात् होता है। भारत के उत्थान के लिए उनके द्वारा अमरीकीवासियों को की गयी अपील रोमांचक एवं मर्मस्पर्शी है।

भारत की दासता और तद्जन्य बुराइयों से उन्हें हार्दिक क्लेश होता था। इसीलिये उन्होंने अमरीकनों से अपील की कि वे भारतीय विद्यार्थियों में अभिरुचि लें ताकि वे अमरीका की स्वातंत्र्य चेतना व ऊर्जस्विता को आत्मसात् कर जाति व साम्प्रदायिकता की उन बेड़ियों को तोड़ सकें जो विश्व को वेदान्त दर्शन की उदात्त परम्परा प्रदान करने वाले भारतीय राष्ट्र की जीवनशक्ति को सोख रही थी।

उन्होंने अनेक अमरीकी विश्वविद्यालयों में प्रवचन दिये। एक विश्वविद्यालय में उनके भाषण का विषय था, 'सभ्य संसार पर भारत का आध्यात्मिक ऋण।' अध्यक्ष ने इस भाषण को 'पाश्चात्य संस्कृति में पौर्वात्य विवेक के प्रवेश के इतिहास के लुप्त अध्याय में एक नयी देन'[43] बताया। यद्यपि अमरीका में उनके कार्यकलापों के बारे में जानकारी अल्पमात्रा में ही उपलब्ध है,[44] किन्तु समकालीन लोग यह अनुभव करते थे कि वे सच्चे अर्थों में एक सन्यासी थे जिनके जीवन में हिन्दू आध्यात्मिकता के सर्वोच्च सिद्धान्त प्रतिबिंबित हुए थे। उनकी आत्मा से सार्वभौम प्रेम का संगीत निःसृत होता था जिसे अनुभूत करने हेतु वे प्रयत्नशील थे।[45] इसी सार्वभौम प्रेम ने उन्हें अपने

देशवासियों की दैन्यपूर्ण स्थिति से उबारने हेतु प्रयत्नशील बनाया। उनके अमरीका प्रवास के लक्ष्य का स्पष्टीकरण इसी सन्दर्भ में किया जा सकता है। रॉकी माउन्टेन न्यूज के अनुसार–उनका उद्देश्य दोहरा था। अमरीकावासियों की अपने देश व देशवासियों में अभिरुचि जागृत करना और दूसरे मनुष्य की शाश्वत सत्ता में ऐक्य के अपने भव्य दर्शन का प्रसार करना।[46] स्वामी रामतीर्थ जब अमरीका में थे, तब तत्कालीन अमरीकी राष्ट्रपति थियोडर रुजवेल्ट ने इस पौर्वात्य दार्शनिक सन्त से भेंट की। 11 जून 1903 को श्रीमती वेलमेन को लिखे गए पत्र में स्वामीजी ने इस भेंट का विवरण प्रस्तत करते हुए राष्ट्रपति को 'भारत की ओर से अपील' प्रस्तुत करने की बात लिखी।[47] यह अपील देशभक्ति का उज्जवल काव्य है। अपने देशवासियों की दीन-हीन दशा के प्रति स्वामी राम की हार्दिक व्यथा का प्रकटीकरण इसमें हुआ है। उनकी अवस्था में सुधार हेतु ही व्यावहारिक वेदान्त के आदर्शों के आधार पर उन्होंने राष्ट्रोत्थान पर बल दिया किन्तु उनके जीवनी लेखक पूरनसिंह की मानयता हैं कि 'स्वामी राम अमरीकी प्रभाव के कारण अपने दिव्य वेदान्तिक हर्षोन्माद की ऊँचाई से स्खलित होकर पार्थिव विश्व के देशभक्तिपूर्ण व परोपकारी हितों की खाई में गिर गये।'[48] किन्तु स्वामी राम के दर्शन के अध्येता डॉ. एच. माहेश्वरी के अनुसार बात ऐसी नहीं थी। ऐसा प्रतीत होता है कि पूरनसिंह वेदान्त दर्शन का अन्तःस्थ अर्थ समझ नहीं पाए हैं। वेदान्त सांसारिक मामलों को अनाध्यात्मिक मानकर उनकी अवहेलना नहीं करता है। वह दोनों में सामंजस्य स्थापित करता है। अतः स्वामी राम का एक वेदान्ती राष्ट्र के रूप में भारत को पुनः शक्तिशाली बनाने हेतु उत्साह भारत की आध्यात्मिक परम्परा से पूरी तौर पर मेल खाता हैं।[49]

यद्यपि उनकी "अमरीकावासियों को अपील" और अमरीका में अपने कार्यक्रम में भारत के लिए कार्य को जोड़ना, बाद का विचार था,[50] यह उनके स्वतंत्रता के वेदान्ती आदर्श से असंगत नहीं था। वे एक सच्चे देशभक्त थे। अमरीका में दिये गये अपने प्रवचनों में उन्होंने ब्रिटिश शासन की शोषणकारी प्रवृत्ति की आलोचना की थी।

दासता का दुष्परिणाम, आर्थिक विनाश

भारत में ब्रिटिश साम्राज्य के आर्थिक दृष्टि से घोर विनाशकारी परिणामों का विवेचन[51] विख्यात मितवादी नेता दादाभाई नौरोजी ने अत्यन्त कुशलतापूर्वक किया। अपने निर्गम सिद्धान्त के माध्यम से उन्होंने इसके रक्त शोषी स्वरूप को स्पष्ट किया। स्वामी राम ने वैसी ही विचक्षणता के इस तथ्य को उजागर किया। उन्होंने पूँजीगत साधनों के निर्गम और तद्जन्य घोर दारिद्र्य को विदेशी साम्राज्यवाद का अभिशाप बताते हुए कहा कि उष्णकटिबन्धीय देश होने के बावजूद भारत दरिद्रता की सर्दी से ठिठुर रहा था।[52] पूँजी के अभाव में देश का आर्थिक विकास सम्भव नहीं था क्योंकि पूँजी तो देश से बराबर बाहर खींची जा रही थी और भारत के सभी बड़े-बड़े कारखाने अंग्रेज सौदागरों के हाथ में थे।[53] उनके अनुसार देश को हर तरह से निर्धन बनाने वाली ब्रिटिश सरकार ने भारत का सर्वस्व हरण करके उसे ऐसी बुरी दशा में पहुँचा दिया था। सरकार के तौर-तरीके शीघ्र ही न बदले तो भारतीयों के भूतल से लुप्त हो जाने का खतरा उत्पन्न हो गया था।[54] देश की घोर विपन्नावस्था व सरकार की जनविरोधी नीति का उल्लेख करते हुए उन्होंने अत्यन्त मर्मस्पर्शी रूप से लिखा–'जहाँ गरीबी और महामारी होनहार युवकों की कलिका अवस्था में ही नष्ट कर देती है, जहाँ किसी तरह पेट पालना मनुष्य की सम्पन्नता समझी जाती है। ऐसी भयंकर गरीबी के देश में दयालु सरकार दीनतावर्धक राज्य करों के अतिरिक्त, हाँफते हुए मजदूरों की झुलसी हुई खाल और जमे हुए खून के भीतर से करोड़ों रुपये ऐंठना अनिवार्य समझती है।[55] दादाभाई ने जिस 'विचारशून्य अर्थनीति' व 'निर्दयतापूर्ण फिजूलखर्ची' व 'नैतिक निर्गम' का उल्लेख किया है, उसी की ओर ध्यान आकृष्ट करते हुए स्वामी राम ने 'मूर्खतापूर्ण अपव्यय' व 'देशी उद्योग-धन्धों के विनाश' पर दुःख प्रकट करते हुए कहा–'भारतीय पैदावार की मलाई खा खाकर जॉन बुल मोटा हो रहा है। गरीब भारतीय के हिस्से सूखी भूसी और गन्दे पानी के सिवाय कुछ भी नहीं पड़ता।'[56] स्वामी राम के अनुसार विदेशी शासन और प्रत्येक क्षेत्र में भारतीयों के निर्बलीकरण को उसकी नीति के फलस्वरूप यहाँ के राजा महाराजा व रईस अपने मूल्यवान रत्न और शक्ति खोकर गलीचों में बने हुए

बेलबूटे के शूरवीरों के चित्रों के समान हो चुके थे और उनके पास रह गयी थी केवल खोखली, झनझनाती उपाधियाँ व लम्बे चौड़े आडम्बर।[57]

राष्ट्रीय दौर्बल्य के आंतरिक कारणों का विश्लेषण

स्वामी विवेकानन्द की भाँति स्वामी राम ने भी तीव्र समाजशास्त्रीय अन्तर्दृष्टि का परिचय देते हुए राष्ट्र को निस्तेज बनाने वाले उन कारणों का विश्लेषण किया जो घातक थे।

उनके अनुसार भारत के संकट के कारण त्रिविध थे–राजनैतिक, सामाजिक व धार्मिक व्याधियाँ।[58] अपनी दुरावस्था के लिए भारतीयों को स्वयं उत्तरदायी बताते हुए, उन्होंने कहा–हिन्दुओं ने भारत के आदिम निवासियों से जैसा बर्ताव किया था वैसा ही बर्ताव अब वे विजयी राष्ट्रों से पा रहे हैं।[59]

जातिप्रथा ने कहर ढाया है

स्वामी राम ने जाति प्रथा को भारतीय समाज के सार्वत्रिक पतन और जीवन शक्ति के निःशेषन के लिए सर्वाधिक उत्तरदायी माना। जातिप्रथा द्वारा जीवन के सभी क्षेत्रों में किये जाने वाले नुकसान की चर्चा करते हुए अमरीकी श्रोताओं के सम्मुख उन्होंने कहा– ''जातियों की इस कल्पना के कारण कैसे बुरे और शोचनीय ढंग से उनकी शक्तियाँ क्षीण हो रही हैं। उनके (भारतीयों) उद्योग-धन्धे नष्ट हो रहे हैं। आध्यात्मिक, राजनैतिक, सामाजिक व्यवहार नष्ट-भ्रष्ट हो रहा है।...भारत की जातिप्रथा, आसपास के पदार्थों को विजातीय बना देने के कारण, बुद्धि की शक्तियों को हानि पहुँचाती है, और लोगों को यह विश्वास करा के ''हमारे आसपास के स्त्री-पुरुष सभी गैर और भिन्न हैं, रागद्वेष, ईर्ष्या व फूट की भावना पैदा करके चित्त में अशांति उत्पन्न करती है।[60] जातिप्रथा के अतिरिक्त सामाजिक जीवन में रीतिरिवाज के दैत्य ने राष्ट्र के सम्पूर्ण जीवन और मौलिकता को निष्प्रभ पाषाणवत् जड़ बना दिया था।[61] व्यावहारिक जीवन में ऊँची कहलाने वाली जातियों के लोगों ने 'आत्मा

के भीतरी स्वर्ग की महिमा और प्रताप को भूलकर, वेदान्त को अपने पैरों तले कुचल डाला था[62] और इतिहास साक्षी देता है कि शक्ति से भर देने वाली ब्रह्मविद्या का भारतवासियों ने जब कभी तिरस्कार किया तभी नीचे देखा, अपने स्वरूप के महत्व को भूलकर हिन्दू लोग जब कभी स्वार्थपरता के वश में पड़े, मरे,[63] स्वामी राम ने घोषणा की।

संकीर्ण मानसिकता

भारतवासी जाति प्रथा व जड़ताकारी रीतिरिवाजों के कारण मानसिक दृष्टि से कितने हीन हो चुके थे, उनकी मानवीय सहानुभूति का सोता किस कंदर संकीर्ण हो चुका था, इसे स्वामी राम ने 'उपनिषदों और महातेजस्वी वेदान्त का स्थान लेने वाले रसोईधर्म[64] और शूद्र वर्ग की हीन दशा का वर्णन करके, स्पष्ट किया। इसी संकीर्ण मानसिकता के कारण यहाँ दानशीलता भी एक विकृत रूप धारण कर चुकी थी।

स्वामी राम को इस बात का हार्दिक दुःख था कि जातिप्रथा की कठोरता ने शूद्रों को इतना पददलित कर दिया था कि उनकी स्थिति पशुओं से भी बदतर हो गयी थी। तथाकथित ऊँची जातियाँ उन पर किस प्रकार अत्याचार करती थीं, इसका हृदयद्रावक चित्र उन्होंने प्रस्तुत किया है। अत्यन्त कठोर परिश्रम के बदले ऊँची जातियों के लोगों से मिलने वाले टुकड़ों पर निर्वाह करने वाले इन लोगों की दशा का ध्यान आते ही स्वामीजी के हृदय में शूल उठता था।[65] स्वामी राम के अनुसार जातिवादी अहंकार समाज की जड़ों को खोखला कर रहा था।[66] उनके हृदय में इस असहाय वर्ग के लिए कितनी पीड़ा थी, यह उनकी 'अपील' के इस अंश से स्पष्ट है–'सत्य और न्याय के नाम पर 'असली आत्मा' के नाम पर जो भारत के अन्त्यजों का भी आत्मा है, साम्प्रदायिकता और परस्पर भेदभाव के सब पर्दे हटा दीजिये और भारत के पीड़ित लोगों का पक्ष लीजिये।[67]

श्रम की गरिमा का ह्रास

चूँकि परिश्रमशीलता के सभी कार्य शूद्रवर्ग के जिम्मे थे और इस वर्ग

को हीन दृष्टि से देखा जाता था, फलस्वरूप भारत में श्रम की गरिमा का उत्तरोत्तर ह्रास होता गया। स्वामी राम के अनुसार यह भी राष्ट्रीय जीवन को खोखला करने में एक महत्वपूर्ण कारण सिद्ध हुआ। उनके अनुसार उस राष्ट्र के लिए आशा की कोई किरण नहीं थी जिसके तीन चौथाई से अधिक लोग उद्योग धन्धों को तुच्छ समझकर श्रेष्ठ कर्मों से घृणा करते हैं और विगत बातों के ठूंठ में लिपटे रहने को ही धर्म मानते हैं।[68]

आपसी फूट व कूपमंडूकता

भारत को अशक्त बनाने वाली उपर्युक्त सामाजिक व्याधियों के अतिरिक्त स्वामी राम ने राजनैतिक व धार्मिक व्याधियों की ओर भी ध्यान दिलाया। अलबरूनी और बाबर ने भारत के विषय में अपनी जो प्रतिक्रियाएँ व्यक्त की थीं, उनका हवाला देते हुए स्वामी राम ने कहा कि उनकी अत्युक्तियों को यदि एक तरफ रख दें तो भी यह स्वीकार करना होगा कि 'यह व्यावहारिक ज्ञान की न्यूनता ही है, जिससे भारतवर्ष का पतन हुआ'[69] आपसी सहयोग व एकता के अभाव के कारण देश का विघटन व पतन हमारी ऐतिहासिक नियति रही है। आम्भी से लेकर मीरजाफर तक एक लम्बी परम्परा रही है देशद्रोहियों की। स्वामी राम ने एकता के अभाव से होने वाले नुकसान का बहुत गहराई से विश्लेषण किया। उन्होंने बताया कि भारत में विपुल कोटि मनुष्यों की महान् शक्तियों से मिलकर काम नहीं करने से, एक-दूसरे का प्रतिभार बनकर खड़े होने से राष्ट्रीय शक्ति का निर्माण नहीं हो पाता।[70] इसके अतिरिक्त बाह्य रीति-रिवाजों को मूढ़ विश्वासमूलक केन्द्र बना लेने से, बाह्याचारों के प्रति अन्धभक्ति से जाति विद्वेष साम्प्रदायिकता और दलबन्दी की प्रवृत्ति इस स्तर पहुंच जाते हैं कि लोग अपनी अभिरुचियों को एक साथ जुटा नहीं पाते और न वह चमत्कारपूर्ण सक्रिय वेगवती शक्ति ही पैदा कर सकते हैं, जो बाहरी भेदों के होते हुए भी, भीतर की एकता और अभिन्नता के व्यावहारिक अनुभव से सदा किसी राष्ट्र को मिलती रहती है और जनसमूह में व्यवहृत अमली वेदान्त के इस अभाव ने भारत को भीतर के भेदों से छिन्न-

भिन्न करके एक फूट भरा घर बना दिया है, ऐसी स्वामी रामतीर्थ की मान्यता थी।[71] स्वामीजी ने व्यावहारिक वेदान्त के अनुसरण पर विशेष बल दिया था और इसकी अवहेलना को ही उन्होंने सामाजिक, राजनैतिक, धार्मिक व साँस्कृतिक क्षेत्र में हमारी अधोगति के लिये उत्तरदायी बताया। उनके अनुसार इस भूल की वजह से किस दुःख व रोग ने हमें नहीं सताया? उन्होंने देशवासियों से कहा–'व्यवहारिक ब्रह्मविद्या को समुद्र पार से लाने के लिये आज खड़े हो तो जाओ, और देखो समस्त संसार की शक्तियाँ आपस में शर्त बाँधकर तुम्हारी सेवा और सहायता के लिये हाथ जोड़े खड़ी हैं।[72]

समुद्रपार से ब्रह्मविद्या को लाने से उनका तात्पर्य उस विशाल दृष्टिकोण और साहसिक मनोवृत्ति से था जो हमारी पुराकालीन कीर्ति और वैभव के आधार थे। जब तक हम 'आ नो भद्रा कृतवो यन्तु विश्वतः में निहित भावना से प्रेरित होकर आगे बढ़ते रहे, राष्ट्रीय जीवन वृक्ष फलता-फूलता रहा किंतु जैसे ही हममें संकीर्णता ने घर किया, वह सूखने लगा। इससे स्पष्ट करते हुए स्वामी राम ने बतलाया कि अन्य देशों की भाँति भारतवर्ष में भी (अज्ञान व दरिद्रतारूपी अन्धकार) का मुख्य कारण संकीर्णता ही है। उनके अनुसार कक्ष में विद्यमान उज्ज्वल प्रकाश को केवल अपना बनाने के प्रयास में भारतवासियों ने पर्दे गिरा दिये, दरवाजे और खिड़कियाँ बन्द कर लीं' और प्रकाश पर स्वामित्व जमाने की चेष्टा में अन्धकार उत्पन्न कर लिया।[73] उन्होंने स्पष्ट किया कि ईश्वर न किसी व्यक्ति विशेष का पक्षपाती है और न विभूति ही स्थानबद्ध है। एकता (तत्वमसि) के अनुभवरूपी ईश्वरीय तत्व को हम आचरण में लाना छोड़ बैठे और परिणामस्वरूप हम दुर्बल हो गये।[75] उन्होंने इस बात पर खेद व्यक्त किया कि हमने अन्य लोगों से अलग-थलग होने की गलत नीति अपनाकर अदूरदर्शितापूर्ण काम किया।

उन्होंने देशवासियों को याद दिलाया कि भारतवर्ष में जब ऐश्वर्य था तो भारतवासियों ने अपने को कूपमंडूक नहीं बना रखा था। जितना तुमने लोगों से मुँह मोड़ा, उतना ही उनके दास बनकर रहना पड़ा।[76] स्वामी विवेकानन्द ने भी

अमरीका से आलासिंगा पेरुमल को लिखित पत्रों में कूपमंडूकता की प्रवृत्ति पर अत्यन्त उग्र भाषा में प्रहार किया था। उन्होंने राष्ट्रोत्थान के जो उपाय सुझाए उसमें इसके निराकरण पर बल दिया गया। उनका कहना था कि जिस प्रकार शरीर के स्वास्थ्य के लिये रक्त का निरन्तर परिभ्रमण आवश्यक है उसी प्रकार देश के स्वास्थ्य के लिये लोगों का भ्रमण करना, परस्पर मिलना जुलना आवश्यक है।[77]

राष्ट्र के उज्जवल भविष्य में आस्था

राष्ट्र की जीवनशक्ति का हरण करने वाले इन विविध दोषों के बावजूद, स्वामी राम भारत के उज्जवल भविष्य के प्रति पूर्ण आस्थावान थे। एक वेदान्ती के नाते यह स्वाभाविक था क्योंकि वेदान्त में निराशवाद और भाग्यवाद के लिये कोई स्थान नहीं। वह विशुद्ध शक्ति का, आत्मविश्वास का देदीप्यमान पुँज है। जिस प्रकार स्वामी विवेकानन्द ने विश्वास व्यक्त किया था कि अंधेरी निशा व्यतीत हो चुकी है और हमारी मातृभूमि अपने गौरव मंडित सिंहासन पर पुनः विराजमान होगी, उसी आशापूर्ण स्वर में स्वामी राम ने कहा कि कहावत प्रसिद्ध है कि 'जो खूब सोता है वह खूब जागता है भारतवर्ष खूब सोया इसलिये उसकी जागृति भी खूब होगी[78] और इस कार्य के लिये उन्होंने भारतमाता की सन्तानों में परस्पर 'भ्रातृभाव, सहयोग की प्रवृत्ति, यथायोग्य कार्यविभाग और परिश्रम की श्रेष्ठता[79] जैसे गुणों का विकास आवश्यक बताया। भारत के उज्जवल भविष्य की तार्किक व्याख्या करते हुए उन्होंने यह विचार व्यक्त किया कि 'संसार में प्रत्येक वस्तु की गति तालबद्ध या नियमानुकूल है और सारी सृष्टि कालचक्र के नियम के अधीन है। इसी नियम के अनुसार विभूति के सूर्य व नक्षत्र को भी घूमना पड़ता है।[80] उनका कहना था कि 'भारत से प्रस्थान कर निरन्तर पश्चिम की ओर अग्रसर होता वैभव और कीर्ति का सूर्य भारत को पुनः अवश्य प्रकाशित करेगा।[81] और इस आशा का आधार उनके अनुसार यह था कि यह प्राकृतिक नियम विश्वसनीय और सत्य है तो ज्ञान व विभूति का सूर्य अपनी प्रदक्षिणा अवश्य पूर्ण करेगा और

भारतवर्ष पर एक बार द्विगुणित कान्ति से दीप्तिमान होगा।[82] तत्कालीन संकटापन्न अवस्था को 'देशसेवा का दुर्लभ अवसर' बताते हुए उन्होंने कहा कि इस विपत्तिग्रस्त समय में जन्म के लिये हमें ईश्वर के प्रति कृतज्ञ होना चाहिये क्योंकि स्वदेशवासियों की सेवा का जो अवसर हमें मिला है वह निश्चय ही बहुत निराला व सुरीला है।

राष्ट्रोत्थान का स्वरूप व दिशा

स्वामी राम राष्ट्र को पुनः तेजोमय व जीवनशक्ति से क्रियाशील देखना चाहते थे। उनकी अमरीकनों को भारत की ओर से की गयी अपील उनकी इसी तीव्र उत्कंठा की प्रतीक है। वे राष्ट्र शरीर को सभी प्रकार की व्याधियों से मुक्त करना चाहते थे और व्याधियों की व्याधि थी घोर दरिद्रता जिसने हमारे मनुष्यत्व का ही हरण कर लिया था। इसीलिये समृद्धि और वैभव के शिखर पर आसीन अमरीकावासियों से स्वामीजी का कहना था, भारतवासियों के रूप में ईश्वर ही तुम्हारे पास खड़ा है, उसे खिलाओ।...उन लोगों के रूप में ईश्वर तुम्हारे पास व्यथित और जरूरत का मारा आया है, उसकी खबर लो।[83] अभावग्रस्त राष्ट्र के लिये उनके मन में घोर व्यथा थी। वे उसके सम्मुख निज के सभी विचारों को विस्मृत कर चुके थे।[84] उन्हें एक ही लगन थी कि यह प्राचीन राष्ट्र अपने लुप्त गौरव को पुनः प्राप्त कर सके, इसके लिए कार्य की दिशा खोजी जाय और उन्होंने अत्यन्त व्यावहारिक व ठोस हल इसके लिये सुझाए।

वेदान्त ही सुदृढ़ भित्ति

उन्होंने यह बात प्रारम्भ से स्पष्ट कर दी कि इस दिशा में हमें जो भी प्रयत्न करने हैं वे हमारी राष्ट्रीय प्रकृति के अनुकूल ही होने चाहिये तभी सफलता मिल सकेगी। स्वामी विवेकानन्द की भाँति उन्हें भी भारत की विशिष्ट प्रतिभा में विश्वास था। उनके अनुसार 'संसार में प्रत्येक देश अपना एक कर्त्तव्य लिये है। भारत को ब्राह्मणपन की ड्यूटी मिली हुई है। किसी को सांसारिक तृष्णा ने व्याकुल किया है और किसी को भोगेच्छा ने विचलित किया है।[85] इस आधार पर स्वामी राम ने राष्ट्र की भीतरी प्रकृति को स्वस्थ बनाने वाली, आंतरिक

जीवन तत्व को बलवान और अनुप्राणित करने वाली औषधि पर जोर दिया[86] उनका विश्वास था कि व्यावहारिक वेदान्त ही दृढ़ तथा जीवनदायक राष्ट्रीय शक्ति का आधार बन सकता है। इसीलिये उन्होंने लोगों को आध्यात्मिक नियमों से परिचित कराने[87] को एकमात्र रोग निवारक 'औषध' बताते हुए कहा कि यह विधि चाहे कितनी ही मन्थर गति वाली हो किन्तु केवल यह अमोघ चिकित्सा है। इसका कारण यह था कि उनके विचार में भौतिक बल प्रयोग द्वारा, दण्ड द्वारा पापों को रोकना सम्भव नहीं है। इसके लिये तो विद्या और ज्ञान का संचार ही अचूक उपाय है।[88] उनका कहना था कि सच्ची, वास्तविक आध्यात्मिकता ही वेदान्त का सार है और केवल उसी के सहारे 'हमारी दुःख रजनी कटेगी, धुन्ध दूर होगी और उसी में' हमारा गौरव व प्रतिष्ठा निहित है।[89]

निःसन्देह स्वामी राम भारत में व्याप्त घोर दरिद्रता को दूर करके देशवासियों के जीवनस्तर को ऊँचा उठाने को बुनियादी कार्य मानते थे किन्तु उनका स्पष्ट मत था कि भौतिक समृद्धि के पीछे वेदान्त की शिक्षाओं को भुलाना घातक होगा। नवनिर्माण परानुकरण द्वारा सम्भव नहीं था। वे यह नहीं चाहते थे कि भारत, यूरोप व अमरीका की भूलों की नकल करके आगे बढ़े। उन्होंने स्पष्ट रूप से कहा कि भौतिक समृद्धि उसे कभी नहीं मिली जिसने उसका पीछा किया। कौनसा राष्ट्र या व्यक्ति ऐसा है जो सारे विश्व का द्रव्य बटोरना नहीं चाहता किन्तु ऐसे बहुत कम हैं जिनकी यह कामना पूरी होती हैं। विभूति या वैभव सदा श्रम और निःस्वार्थ प्रेम की रेखा के पीछे-पीछे चलता है। वही राष्ट्र उन्नति करते हैं जिनके पास जाने अनजाने सफलता की यह कुँजी-व्यावहारिक वेदान्त की भावना, विद्यमान होती है।[90] उनका मत था कि अन्य राष्ट्रों का अनजाने और भारत का समझे-बूझे, जीवनतत्व व्यावहारिक वेदान्त है, जो स्वाधीनता, न्याय और प्रेम की वृत्ति है। भारत का यही आंतरिक स्वभाव प्रबल किया जाना चाहिये। भारत की दुर्दशा पर आश्चर्य व्यक्त करते हुए स्वामी राम ने कहा कि जिन भारतीयों के धर्मग्रन्थों में वेदान्त जैसे सदाबहार निर्झर विद्यमान हैं, वे ही भारतवासी 'टेंटालुस'[91] जैसी नारकीय

पीड़ा भोग रहे हैं।[92] परानुकरण मोह से दिग्भ्रांत भारतीयों को अपने वास्तविक रूप की याद दिलाते हुए उन्होंने कहा कि जिन लोगों ने अभी तक 'आत्मिक उन्नति का मुँह भी नहीं देखा' है उनका अनुसरण करना वशिष्ट व अत्रेयजैसे ऋषियों से अपना गोत्र मिलाने वाले लोगों के लिये कितना आत्मघाती है।[93]

राष्ट्रीय कांग्रेस से सुधार सम्भव नहीं

ब्रिटिश उदारवादी परम्परा से प्रेरित संस्था कांग्रेस को स्वामी राम ने इसी कारण राष्ट्रोत्थान के महत् कार्य के अयोग्य ठहराया कि वह वेदान्त की शिक्षाओं पर आधारित नहीं थी। स्वामी विवेकानन्द की भाँति वे भी कांग्रेस की कार्यप्रणाली व उद्देश्यों से असंतुष्ट थे। उनका मत था कि भारतीय राष्ट्रीय महासभा (कांग्रेस) या दूसरी कोई संस्था जिसका लक्ष्य सामाजिक और राजनैतिक सुधार था, धर्म पर आधारित न होने से जनता को स्पर्श करने व उनकी अन्तरात्मा को प्रभावित नहीं कर सकती थी।[94] भारत में सभी प्रकार के सुधारों का प्रवर्तन करने के लिये वेदान्त से बढ़कर प्रभावशाली कोई और तरीका नहीं हो सकता था, ऐसी उनकी धारणा थी। उनके अनुसार वेदान्त जनसाधारण के मर्म को स्पर्श करता है क्यों कि यह उन्हीं के एंजल[95] की शिक्षा है। वह शिक्षित हिन्दू के हृदय को भी प्रभावित करता है क्योंकि अखिल विश्व में नाम लेने योग्य ऐसा कोई तत्वज्ञान नहीं है जो वेदान्तिक अद्वैतवाद का समर्थन न करता हो और न ऐसा पदार्थ विज्ञान है जो वेदान्त या 'सत्य' के पक्ष को पुष्ट और अग्रसर न करता हो।[96] इसके विपरीत कांग्रेस के वार्षिक अधिवेशन में पारित किये जाने वाले प्रस्ताव स्वामी राम की दृष्टि में वाक्पटुता की प्रवंचना मात्र थी। कांग्रेस की कार्यप्रणाली के बारे में अपना असन्तोष व्यक्त करते हुए उन्होंने कहा– 'भारत के राजनीतिज्ञों आप लोग विरोधाभिमुख आलोचना और सदैव शिकायतों की कार्य विधि प्रयुक्त कर रहे हैं किन्तु स्थिति प्रतिदिन बिगड़ती जा रही हैं। आप तर्क–वितर्क द्वारा मामले सुलझाना चाहते हैं जबकि जातीयता की भावना की विभाजक रेखा हृदयों को एकीकृत नहीं होने दे रही है...जब तक आप पहिले किसी व्यक्ति से प्रेम नहीं करें, आप उसे जान नहीं सकते।[97]

क्षुधापीड़ित देशावासी ही आराध्य

स्वामी विवेकानन्द ने जिस लोकाभिमुख वेदांतिक राष्ट्रवाद का प्रवर्तन किया जिसमें हर प्रकार से शोषित दलित जनसाधारण के साथ हार्दिक सहानुभूति थी, वही विह्वलता स्वामी राम के विचारों में दिखायी पड़ती है। विवेकानन्द ने स्पष्ट रूप से कहा था 'मेरा उस ईश्वर में कोई विश्वास नहीं जो भूखों को भोजन नहीं दे सकता, विधवाओं के आँसू नहीं पोंछ सकता।' उन्होंने सभी प्रकार के पूर्वाग्रहों का त्याग करके पूर्ण बन्धुत्व भाव से गरीबों को गले लगाने व उनकी मुक्ति को राष्ट्रभक्ति की प्रथम शर्त मानने पर जोर दिया था। यह विवेकानन्द ही थे जिन्होंने इस सर्वथा उपेक्षित वर्ग को गौरवामंडित किया और ऐतिहासिक प्रवाह के हरावल के रूप में उनकी भूमिका को अपने चक्रवत शासन सिद्धान्त[98] में स्थान प्रदान किया। उन्होंने सदैव एक ही वर्ग के व्यक्तियों को सुख और दुःख मिलने की अपेक्षा सुख और दुःख के बँटवारे को अच्छा माना। स्वामी रामतीर्थ ने भी शूद्र वर्ग के प्रति इसी भाँति असीम करुणा भाव दर्शाते हुए, उनके महत्व को उजागर करते हुए उनके उत्थान पर विशेष रूप से बल दिया है। उन्होंने भी चक्रवत शासन के सिद्धान्त को स्वीकार करते हुए, भविष्य शूद्रों (श्रमिक वर्ग) के हाथों में होने की बात कही।[99]

स्वामी विवेकानन्द की भाँति स्वामी राम ने भी दरिद्र नारायण की सेवा को देशभक्ति व राष्ट्रोत्थान के आवश्यक कर्त्तव्यों में महत्वपूर्ण स्थान दिया है। उन्होंने सर्वत्यागी आशुतोष शंकर से राष्ट्र के जनसाधारण की तुलना करते हुए भारतवासियों की सेवा को ही भगवद् भक्ति बताया। गरीब व अभाव से पीड़ित जनसाधारण के उत्थान के लिये स्वामी राम ने ठोस कार्य पर बल दिया और बताया कि केवल वागविलास से काम नहीं चलता बल्कि सभी देशवासियों के क्रियात्मक सहयोग की आवश्यकता है। वे इस कार्य को कितना महत्व देते थे, यह इस बात से स्पष्ट है जब उन्होंने देशवासियों से कहा– यज्ञकुंड की अग्नि के मुख में बहुमूल्य घी व्यर्थ नष्ट करने के बदले कम से कम सूखी रोटी के टुकड़ों को उस जठराग्नि को अर्पण क्यों नहीं कर देते, जो जीवित किन्तु भूखों मरते करोड़ों नारायणों के हाड़-माँस खाये जा रही है।'[100]

शूद्र राष्ट्रीय वृक्ष का मूल

जहाँ प्लेटो जैसे चिंतक ने अपने आदर्श राज्य की कल्पना में श्रमिक वर्ग की क्षुधा प्रधान वर्ग में रखकर उसे अपेक्षित महत्व से वंचित रखा है और अपनी न्याय व्यवस्था का सार ``True to the station of life" को मानकर इस वर्ग के भावी उत्थान के रास्ते बन्द कर दिये हैं, वही स्वामी विवेकानन्द व स्वामी रामतीर्थ ने शूद्र वर्ग की महिमामंडित किया है और उन्हें भविष्य का सूत्रधार माना है। वेदान्त की शिक्षाओं ने आधुनिक भारत के आध्यात्मिक राष्ट्रीयता के इन पुरोधाओं को, साधनहीन और सामाजिक क्रूरताओं के शिकार, चिर अभिशप्त श्रमिक वर्ग को उनका खोया हुआ मनुष्यत्व व गरिमा प्रदान करने हेतु प्रेरित किया। उनका विराट मानस सभी प्रकार की संकीर्णताओं से मुक्त था। आधुनिक भारतीय राष्ट्रवाद में समाज शरीर के आधार स्वरूप इस शूद्र वर्ग के प्रति करुणा भाव एवं उनके उत्थान के संकल्प के निश्चय का समावेश इन दोनों द्वारा हुआ। यह उन्हीं का प्रभाव था कि बाद के नेताओं ने स्वयं को साधारण जनसमूह के साथ जोड़ने एवं उनके सुख दुःख में हिस्सा बँटाने का प्रयत्न किया। लोकमान्य टिळक का 'लोकमान्य' विशेषण और महात्मा गाँधी का महात्मापन कोटि-कोटि दलित-शोषित जनों की व्यथा को समझने व उसे दूर करने के दृढ़ निश्चय में ही निहित था। टिळक के 'केसरी' की दहाड़ सदैव अन्याय पीड़ित, शोषित, साधनहीन जनसाधारण के लिये नौकरशाही को प्रकंपित करती रही तो दरिद्रनारायण के साथ एकरूप होने की चेष्टा में महात्माजी ने 'अधनंगे फकीर' की उपाधि प्राप्त की। आगे चलकर डॉ. राममनोहर लोहिया ने उनकी मूक व्यथा को स्वर दिया। राष्ट्र निर्माण की योजना में स्वामी राम ने दलितों व दुर्बलों के उत्थान को प्रथम सोपान बताया। उनके अनुसार राष्ट्रीय वृक्ष के मूल हैं स्त्रियाँ, बच्चे और शूद्र जिनकी भारत में उपेक्षा की जाती है। नाममात्र के उच्चवर्ग तो उस सर्वोच्च स्थित वृक्ष के फलमात्र हैं।[101] इसीलिये उनका आग्रह था कि हम वृक्ष के फलों की रखवाली में ही सारा समय नष्ट नहीं कर दें। मूल पर भी ध्यान दें, उसे

खाद दें और भली प्रकार सींचें क्योंकि सत्य का प्रसार तो दीन-हीन जातियों, बालकों और स्त्रियों द्वारा ही होगा। इतिहास यही साक्षी देता है।[102] उस समय देश की अवस्था में सुधार लाने हेतु किये जाने वाले विभिन्न प्रयत्नों की असफलता का कारण उनकी दृष्टि में सारी शक्ति फल और पत्तियों को सींचने में ही व्यय करना था। नाचीज पददलितों की सेवा के विचार को ही व्यर्थ की बात समझने वालों से उनका कहना था कि 'नाचीज शून्य भी मूल्य में दस गुना वृद्धि कर सकता है, यदि हम उसे एक (1) के सार्थक अंक के दाहिनी ओर रख दें। बस अपने को इस 1 के सार्थक अंक से अपना दाहिनी ओर वाले शून्य से तादात्म्य कर दो।'[103]

स्वामी रामतीर्थ ने इस बात पर खेद व्यक्त किया कि जिनके कठोर परिश्रम से सम्पत्ति का उपार्जन होता है समाज रूपी प्रासाद की नींव वे शूद्र ही उपेक्षा व दरिद्रता के अन्धकार में भटक रहे थे। उनकी परिश्रमशीलता के गुणगान का आधार स्पष्ट करते हुए उन्होंने कहा कि ऐसा नहीं था कि वे तमोगुण को रजोगुण और सतोगुण से अच्छा समझते थे वरन् इसका वास्तविक अभिप्राय यह था कि भारत में चिरकाल से तमोगुण की बाढ़ आ गयी थी। अब आवश्यकता इस बात की थी कि हम उसका उपयोग करना सींखें। उनका अभिमत था कि 'तमोगुण रूपी कोयले के बिना रजोगुण रूपी अग्नि और सतोगुण रूपी प्रकाश नहीं हो सकता।[104] उन्होंने तमोगुण के प्रति भावात्मक दृष्टिकोण अपनाए जाने के आधार पर ही भावी समाज का चित्र प्रस्तुत किया। उस समाज में नवीन जीवन पद्धति का जो स्वरूप उभरेगा वह आत्मश्रेष्ठता की अहम्मन्यता के त्याग पर निर्भर होगा। इस समाज में हम देखेंगे श्रेष्ठतम सन्यासी नीचातिनीच शूद्रों से हाथ मिला रहे हैं। उनका भिक्षापात्र फावड़े और कुदाल में बदल गया है। सन्यासियों ने अकर्मण्यता त्याग दी है, शूद्रों के परिश्रम को सन्यास का गौरव प्राप्त हुआ है।[105] निवृतिपरक मानसिकता वाले देश में जहाँ वैराग्य का गुणगान करते-करते कर्मयोग की महत्ता को विस्मृत किया जा चुका था, स्वामी राम द्वारा शूद्रों के परिश्रम को

ऐसा गौरव प्रदान करना बहुत बड़ी बात थी। यह बात अलग है कि विवेकानन्द और रामतीर्थ की श्रमिक वर्ग के मुक्तिदाता के रूप में जय जयकार नहीं होती है। इसे इतिहास की विडम्बना ही कहना पड़ेगा कि रूस या चीन में सर्वप्रथम श्रमिक वर्ग के शासन की भविष्यवाणी करने वाले और उनके दुःखों का निवारण करने हेतु सहर्ष नरक में जाने तैयारी स्वामी विवेकानन्द की सदाशयता पर सन्देह करके उन्हें सामन्ती हितों का समर्थक माना गया है।[106] उपर्युक्त चित्रण को वेदान्त का अत्यन्त स्वाभाविक प्रयोग मानते हुए स्वामी रामतीर्थ ने विचार व्यक्ति किया कि 'इस त्याग भाव को धारण कर लेने से राष्ट्र के जीवन से आधि-व्याधि का अन्त हो जाएगा।[107]

परमानंद की प्राप्ति राष्ट्रसेवा से

भारत में परमानन्द की प्राप्ति के लिये संसार त्याग की सुदीर्घ परम्परा रही है। आत्ममुक्ति के प्रयत्नों में समाज व राष्ट्र के प्रति पूर्ण उदासीनता की भावना का प्रमुख स्थान रहा है। स्वामी विवेकानन्द ने देशवासियों की सेवा को प्रभु की उपासना बताया। बाद में स्वामी रामतीर्थ ने भी 'भारत की महान् आत्मा से अपनी लघु आत्मा का अभेद करते हुए[108] स्वार्थ त्याग पर जोर दिया। परमात्मा को पाने के लिए, आत्मानंद के अनुभव के लिये उन्हों ने विविध मनोभावों से राष्ट्र की सेवा को आवश्यक बताया। इसे स्पष्ट करते हुए उन्होंने कहा कि परमानन्द के अनुभवार्थ आवश्यकता है–

1. सन्यासभाव की, अर्थात् स्वार्थ का नितांत त्याग कर इस परिच्छिन्न आत्मा को भारत माता की महान् आत्मा से बिल्कुल अभिन्न करने की।

2. दूसरे इसके लिये आवश्यकता है ब्राह्मणभाव की, अर्थात् राष्ट्र की उन्नति के उपाय सोचने में अपनी बुद्धि अर्पण करने की।

3. तीसरी आवश्यकता है क्षत्रिय भाव धारण करने की, अर्थात् देश के लिये प्राण न्यौछावर करने के लिये प्रतिक्षण तत्पर रहने की और अन्ततः आवश्यक है अपने में सच्चा वैश्यभाव रखने की, अर्थात् अपने धन को राष्ट्र की धरोहर समझने की।[109] स्व के प्रत्येक विचार का परित्याग कर, अपनी सभी

क्षमताओं का राष्ट्रहित में प्रयोग परमानंद की प्राप्ति का रास्ता है, ऐसा कहना वस्तुतः वेदान्त की अभिनव व्याख्या थी। विदेशी जुए के नीचे कराह रहे देश के निवासियों के हृदय ऐसी पवित्रीकृत देशभक्ति से स्पन्दित होने पर ही उद्धार की कोई आशा हो सकती थी। सभी प्रकार के कष्ट सहन करके मातृभूमि के सम्मान व गौरव में वृद्धि की उनकी अभिलाषा इस प्रकार व्यक्त हुई है–

हम रूखे टुकड़े खाएँगे, भारत पर वारे जाएँगे।
हम सूखे चने चबाएँगे, भारत की बात बनाएँगे।।[110]

यज्ञस्वरूप राष्ट्रसेवा

स्वामी रामतीर्थ के अनुसार राष्ट्र की उन्नति के लिये काम करना ही आधिदैविक शक्तियाँ और देवताओं की पूजा करना है। आज भारतमाता के निमित्त इस प्रकार के यज्ञ या बलिदान की आवश्यकता है। श्रीमद भगवद्गीता के अधोलिखित श्लोक की उन्होंने राष्ट्रसेवा के यज्ञ के सन्दर्भ में व्याख्या की।[111]

यज्ञशिष्टाशिनः सन्तो मुच्यन्ते सर्वकल्विषैः।
भुञ्जते ते त्वद्य पापाये पचन्त्यात्म कारणात्।।

(अर्थात् जो मनुष्य यज्ञ से बचे हुए प्रसाद को खाते हैं, वे समस्त पापों से शीघ्र छुटकारा पा जाते हैं, किन्तु जो केवल अपने पेट को भरने के लिए ही पकाते हैं, वे पापी पाप भोगते हैं।

हमारी पुरातन परम्परा में यज्ञों का बहुत महत्व रहा है। राजनैतिक दृष्टि से सर्वोच्चता प्राप्त करने के इच्छुक राजसूययज्ञ व अश्वमेघ यज्ञ करते थे। यज्ञ के साथ गरिमा व पवित्रता का भाव जुड़ा हुआ है। स्वामी रामतीर्थ के राष्ट्रवाद में देशसेवा को वही स्थान प्राप्त है। यज्ञाहुति की राष्ट्रीय सन्दर्भ में व्याख्या करते हुए उन्होंने कहा 'वेदान्त की परिभाषा में देव का अर्थ विभिन्न इन्द्रियों को प्राण और प्रकाश देने वाली शक्ति है...इन्द्र देवता को आहुति देने से तात्पर्य इस भूमि पर समस्त हाथों के हित में अपना व्यष्टि हित अर्पण करना है अर्थात् देश

के सब हाथों के हित में काम करना इन्द्रदेव यज्ञ है।[112] इन्द्र के अतिरिक्त एक अन्य देवता वृहस्पति को अर्पित की जाने वाली यज्ञाहुति की व्याख्या उन्होंने 'अपनी व्यष्टि बुद्धि को देश की समिष्ट बुद्धि के अर्पण के रूप में करते हुए कहा–'हमें देश की भलाई का इस प्रकार चिंतन करना है कि हम और हमारे देशवासी अभिन्न हो जाएँ तथा देश के कल्याण में हमें अपना कल्याण और देश के आनंद में अपना आनंद भान होने लगे।[113]

राष्ट्रीय ऐक्य की अपरिहार्यता

अमरीका प्रवास के दौरान उनके कार्यक्रम का मुख्य मुद्दा था जाति प्रथा की समाप्ति और भारत लौटने के बाद राष्ट्र निर्माण का दर्शन व इस कार्य में संलग्न विभिन्न शक्तियाँ में समन्वय स्थापित करना उनका मुख्य अध्यवसाय बन गया। देश की सर्वांगीण विकास के लिये उन्होंने त्याग व बलिदान के साथ-साथ राष्ट्रीय एकता के महत्व को उजागर किया। संकीर्ण प्रादेशिकता और स्वायत्तता के नाम पर सिर उठाने वाली पृथकतावादी शक्तियाँ से देश की एकता के लिये आज भारी खतरा बना हुआ है। सेलिग हेरिसन ने साठ के दशक में लिखित अपनी चर्चित पुस्तक 'इण्डिया : द डेन्जरस डिकेड' में हमारी राष्ट्रीय एकता को छिन्न भिन्न करने वाले जिन खतरों का विश्लेषण किया था, वे आज भी ज्यों के त्यों विद्यमान है। स्वामी राम ने आज से एक शताब्दी पहले जिस व्यावहारिक सूझ-बूझ का परिचय देते हुए राष्ट्र निर्माण की आवश्यक शर्तों व उसके मार्ग में विद्यमान खतरों का विश्लेषण किया था, वह आश्चर्यजनक है। चाहे हिन्दू-मुस्लिम एकता का प्रश्न हो या जनसंख्या में वृद्धि का मामला, कोई भी मसला उनकी पैनी दृष्टि से नहीं बचा है। राष्ट्रीय विकास की समस्त योजनाओं की विफलता और अनेकविध सामाजिक तनावों का सबसे बड़ा कारण आज जनसंख्या में हुई असाधारण वृद्धि ही है। इस शताब्दी के प्रारम्भ में ही स्वामी राम ने इस समस्या का आर्थिक व समाज शास्त्रीय विश्लेषण करते हुए, इससे आगाह कर दिया था। एकता को राष्ट्र की शक्ति की आधारशिला बताते हुए स्वामी राम ने कांग्रेस की तत्कालीन

कार्यप्रणाली को इस महत्वपूर्ण उद्देश्य की सिद्धि में असमर्थ माना। राष्ट्रीय एकता की स्थापना के आदर्श की व्याख्या करते हुए उन्होंने इसकी सिद्धि के लिए देशवासियों द्वारा बलिदान को आवश्यक माना। यह दृष्टव्य है कि उनके पूर्व स्वामी विवेकानन्द और बंकिमचंद्र भी कांग्रेस की रीति-नीति के प्रति असन्तोष व्यक्त कर चुके थे। कांग्रेस के मितवादी स्वरूप व तौर तरीकों की मुखर आलोचना की यह परम्परा 'केसरी' में टिळक और तदनन्तर इन्दु प्रकाश[114] व 'वन्दे मातरम् में श्री अरविन्द के माध्यम से अक्षुण्ण रही। डॉ. वी.पी. वर्मा ने अपने ग्रन्थ 'आधुनिक भारतीय राजनीतिक चिंतन में' 'प्रत्ययात्मक सातत्य' के अभाव[115] की चर्चा की है जो काफी हद तक सही है किन्तु यह स्वीकार करना होगा कि जहाँ तक आध्यात्मिक राष्ट्रवाद का प्रश्न है इसमें बंकिम से लेकर श्री अरविन्द तक वे मूल धारणाएँ सतत रूप से दिखायी पड़ती है, जिन्हें डॉ. वर्मा चिंतन की 'सर्वश्रेष्ठ कड़ियाँ'[116] कहते हैं। **मातृभूमि के देवत्व में विश्वास, चारित्रिक शुद्धता पर बल, सर्वोच्च त्याग व बलिदान की आवश्यकता, भारत के उज्जवल भविष्य में आस्था, कांग्रेस की सहमी हुई जनविमुख नीतियों से असन्तोष, भारत के वैश्विक मिशन में विश्वास एक चेतनशक्ति के रूप में राष्ट्र का प्रस्तुतीकरण और दीनहीन जनसाधारण के प्रति असीम करुणा का भाव व उनके उत्थान का निश्चय, ये सभी ऐसे सर्वमान्य भाव हैं जिनसे इस विचारसरणी का निर्माण हुआ है।** यह पहिले ही स्पष्ट किया जा चुका है कि किस प्रकार बंकिम का प्रभाव स्वामी विवेकानन्द पर परिलक्षित होता है, विवेकानन्द ने स्वामी रामतीर्थ को जिस तरह प्रभावित किया वह उनके प्रत्येक विचार और कार्य में स्पष्ट है। इस बात के प्रमाण उपलब्ध हैं कि टिळक व स्वामी विवेकानन्द में परस्पर अन्तरंग परिचय था।[117] और टिळक ने इस युवा सन्यासी के साथ मिलकर राष्ट्र की मुक्ति के प्रश्नों पर विचार विमर्श किया था। वैचारिक धरातल पर उनका साम्य राष्ट्रोत्थान के लिये क्रियाशीलता पर दिये गये बल से स्पष्ट है। स्वामी विवेकानन्द ने जिन पीड़ित शोषितों की सेवा को

सर्वोच्च राष्ट्रीय धर्म और उनके पददलन को राष्ट्र का घोरतम पाप बताया था, उन्हीं की सेवा में टिळक ने स्वयं को नियोजित किया। 'न्यू स्पिरिट इन इंडिया' के लेखक नेविनसन और टिळक के जीवनी लेखक केळकर ने इसके प्रमाण प्रस्तुत किये हैं कि टिळक का हृदय इस साधारणजनों के लिये कैसे विह्वल रहता था।[118] योद्धा सन्यासी ने जिस संघर्ष व कार्यशीलता का आह्वान किया, टिळक का समस्त जीवन इसका प्रमाण है। श्री अरविन्द को तो रोमां रोलां ने विवेकानन्द का 'बौद्धिक उत्तराधिकारी' स्वीकार किया है। अतः यह कहा जा सकता है कि **आधुनिक भारतीय राजनीतिक चिंतन में आध्यात्मिक राष्ट्रवाद एक ऐसी विचारधारा है जो सुगठित व सुसम्बद्ध है। इसका जो प्रत्ययात्मक आधार एवं उसका कार्यात्मक पक्ष बंकिम ने प्रस्तुत किया, वह कहीं तिरोहित होता नहीं पड़ता। 'आनंदमठ' में उन्होंने राष्ट्रवाद को शुचिता एवं समर्पण की जिस गाथा के रूप में प्रस्तुत किया, श्री अरविन्द के दर्शन व क्रियाकलापों में उनका भव्यतम रूप दिखायी देता है। जिस बीज का वपन उन्होंने किया, विवेकानन्द व रामतीर्थ की भावसलिला ने उसे सिंचित किया, टिळक ने उस बिरवे को दृढ़ता प्रदान की और बंगभंग तक तो वह महाकाय अश्वत्थ बन चुका था**

सभामंच से वाक्पटुता के माध्यम से राष्ट्रीय ऐक्य की स्थापना के लिये प्रयास करने वाले मितवादियों से स्वामी राम का कहना था–'भीरु, समझदार कांग्रसजनों! वक्ताओं में से राष्ट्रीयता के नाम में किसी एक की दारुण मृत्यु सभी सदस्यों के सहस्रों भाषणों की अपेक्षा राष्ट्र को एकीकृत करने में अधिक कारगर साबित हो सकती है।'[119] उन्होंने राष्ट्रीय एकता को सर्वोपरि महत्व देते हुए बताया कि एकता के प्रमुख धर्म से संघर्ष होने पर, सभी स्थानीय धर्मों को भूलने का समय आ गया है और हमें अपनी अन्य सभी अनुभूतियों को राष्ट्रीय अनुभूति के अधीन बना देना होगा।[120] उन्होंने एकता के प्रयासों में भावनात्मक पक्ष को प्रमुख मानते हुए यह विचार व्यक्त किया कि यदि हमारे हृदय संयुक्त हो

जाएँ तो हाथ व मस्तक भी एकीकृत हो जाएंगे।[121] भारत की सांस्कृतिक विभिन्नताओं के संदर्भ में उनका विचार था कि राष्ट्रीय भावनाओं का विकास करने हेतु एक-दूसरे की विशिष्टताओं को सहन करना ही पर्याप्त नहीं हैं वरन् इसके लिए सक्रिय सहयोग आवश्यक है। देश की विपन्नावस्था का निराकरण करने हेतु स्वामी राम की दृष्टि में एकजुटता आवश्यक थी। राष्ट्रीय एकता के भाव के बिना इस कार्य में सफलता मिलना सम्भव नहीं था। प्रत्येक राष्ट्रवादी के लिये उन्होंने स्वतंत्र व शोषण मुक्त जीवन की कामना की और यह तभी सम्भव था जब हम 'सभी किसी के कंधों और गर्दन पर पैर धरने की इच्छा न करें, चाहे वह कितना ही कमजोर क्यों न हो।[122] पारस्परिक कलह के कारण ही 'भारत की विकसित और हरीभरी फुलवारियाँ लुट गयीं,'[123] ऐसी उनकी धारणा थी। उन्होंने ऐक्य को राष्ट्रोत्थान का आधार बताते हुए इसमें सफलता प्राप्ति के लिये राष्ट्र को पहले अनंत, अमानुषिक भ्रान्तियों से मुक्त करने पर बल दिया।[124]

राष्ट्रीय एकता के मार्ग के अवरोध : अतिशय जनसंख्या

जिन भ्रांतियों का भारतीय समाज शिकार था उनमें 'बड़े परिवार' की भ्रांति सबसे घातक थी, जो आर्यों के कृषि प्रधान जीवन की देन थी। लेकिन सर्वथा परिवर्तित परिस्थितियों में यह अभिशाप बन चुकी थी। आज मनुष्य के 'भूख से नहीं, भीड़ से मरने की' जो बात कही जा रही हैं–उस ओर स्वामी रामतीर्थ ने भारत के सन्दर्भ में बीसवीं शताब्दी के प्रारम्भ में ही ध्यान आकृष्ट किया था। जो लोग आध्यात्मिक राष्ट्रवाद को निरी भावुकता मानते हैं, स्वामी राम के इस सम्बन्ध में ठोस विचार उनके भ्रम का निवारण करने के लिये पर्याप्त हैं। ये विचारक भारत को खुशहाल देखना चाहते थे और इसके लिये आवश्यक उपायों और मार्ग में आने वाली बाधाओं पर उन्होंने तीव्र अन्तर्दृष्टि से विचार किया है। स्वामी रामतीर्थ की दृढ़ मान्यता थी कि भारत के दुःख-दैन्य के लिये, आपसी कलह के लिये जनसंख्या में अतिशय वृद्धि काफी हद

तक उत्तरदायी थी। अतः राष्ट्रीय ऐक्य की स्थापना की उनकी योजना में जनसंख्या की वृद्धि पर रोक का प्रमुख स्थान है। जनसंख्या पर माल्थस व हक्सले के विचारों का उल्लेख करते हुए, आबादी की अपरिमित वृद्धि की उद्यान में खर-पतवार में होने वाली वृद्धि से तुलना करते हुए उन्होंने बताया–'जिस समय जनसंख्या अपनी सीमा से बढ़ जाती है, उस समय यदि फालतू आबादी को अलग करने का कुछ प्रबन्ध नहीं किया जाता तो आए दिन भयानक उपद्रव खड़े होकर शान्ति भंग करते और आचार सम्बन्धी क्रिया का नाश करते हैं और सभ्यता को नष्ट-भ्रष्ट कर देते हैं।[125] उनकी यह स्पष्ट मान्यता थी कि जनसंख्या की समस्या को हल किये बिना राष्ट्रीय एकता और परस्पर मेल-मिलाप की बात आकाश कुसुम ही बनी रहेगी।[126] उन्होंने कहा–'जीव विद्या के नियम के अनुसार सहानुभूति और निःस्वार्थता ऐसे समाज में कभी नहीं पनप सकतीं, जहाँ पर आए दिन दुःख व पीड़ा सम्मुख खड़ी रहती हो।[127] भौतिक विज्ञान के नियमानुसार अणुओं की लयबद्ध गति का उल्लेख करते हुए स्वामी राम ने राष्ट्रीय समता को सुरक्षित रखने के लिये शीघ्र उपाय खोजने पर बल दिया।[128]

उन्होंने स्पष्ट रूप से घोषणा की कि जब तक जनसंख्या की वृद्धि और भूमि की पैदावार का अनुपात ठीक न रहे, राष्ट्रीय एकता कदापि स्थिर नहीं रह सकती। देश में स्वार्थ परता व झगड़े-बखेड़े के लिये आबादी की वृद्धि को उत्तरदायी बताते हुए उन्होंने कहा, 'जिस देश में एक आदमी के भर पेट खाने से बाकी दस आदमी अर्द्धतृप्त या भूखे रह जाएँ, उस देश में भिन्न-भिन्न व्यक्ति एक दूसरे से सुख में बाधा डालने वाले क्यों न हों'।[129] इस मोर्चे पर हमारी वर्तमान स्थिति के संदर्भ में स्वामी राम के विचारों की कल्याणकारिता को भली भाँति समझा जा सकता है।

बंकिम ने 'सन्तानधर्म' की आचार संहिता में मानसिक पवित्रता पर अत्यधिक बल दिया है। 'आनंदमठ' में भवानन्द की कल्याणी के प्रति

आसक्ति की इसी आधार भर्त्सना हुई है। 'सन्तान' जिस महान् कार्य में संलग्न थे, उसमें भावों और विचारों की पवित्रता और सभी प्रकार के विषय सुखों से मुँह मोड़ना आवश्यक था। आध्यात्मिक राष्ट्रवाद के ताने-बाने में निहित इस भाव की महत्ता के पर्याप्त मूल्यांकन की आवश्कता है। इसके सभी प्रतिपादकों ने इस पर सततरूप जोर दिया है। कारण यह है कि भौतिक लालसाओं से ग्रस्त व्यक्ति उस ऊँचाई तक नहीं उठ सकता था जहाँ से इस शुभ्र गगन में विचरण प्रारंभ होता है। राष्ट्रवाद को केवल एक राजनैतिक अवधारणा के रूप में स्वीकार करने वालों के लिये यह अचिंतनीय है। वस्तुतः भारतीय सांस्कृतिक पृष्ठभूमि में कोरे बुद्धिवाद व भौतिक उपलब्धियों की इच्छा से प्रेरित योरोपीय राष्ट्रवाद के कृतकार्य होने की सम्भावना नहीं थी। स्वामी राम ने बताया कि पवित्रता से ही राष्ट्र का उत्थान सम्भव था। पवित्रता के न होने पर उन्होंने चेतावनी दी कि 'विकासवाद का निर्दयी पहिया समूल नाश कर देगा।[130] पवित्रता के अभाव में शूरता, साहस, प्रीति व एकता जैसे गुणों का विकास सम्भव नहीं था।[131] इन्हीं गुणों से युक्त नागरिक राष्ट्र की सम्पति होते हैं।

अज्ञान

स्वामी राम ने राष्ट्र की आंगिक एकता का प्रतिपादन करते हुए सभी वर्गों को ज्ञान के आलोक से आलोकित करने पर बल दिया। अज्ञान ही मनुष्य को अंधवेणु परम्परा का उपासक बनाता है। उनका कहना था कि समाज की ओर से उदासीन रहने से पूरे राष्ट्र का नुकसान होता है। व्यष्टि का हित समष्टि के साथ जुड़ा है–इसलिये उन्होंने स्पष्ट किया कि वह समझना कि असम्पन्न व अज्ञानी समाज में कोई सम्पन्न हो सकता है, निरी मूर्खता है। इसे उन्होंने हाथ के धड़ से कटकर शक्ति सम्पन्न होने की आशा कहकर पुकारा। आंगिक एकता की इस भावना के अभाव पर क्षोभ व्यक्त करते हुए उन्होंने कहा 'बहुत समय से इस अवेदान्तिक विचार को भारतवासियों ने गले लगा रखा है, जिसका परिणाम यह हुआ कि समाज के अस्थि-पंजर ढ़ीले पड़ गये।[132] अज्ञान जड़ता को जन्म देता है, जीवन के प्रवाह को अवरुद्ध करता है। इस जड़ता को समाप्त करने हेतु

स्वामी विवेकानन्द की भाँति उन्होंने युवकों का आह्वान किया और उन्हें 'जीती जागती शक्तियाँ'[133] बनकर अपनी दृढ़ता से 'भारत को भविष्यहीन भूतकालिक'[134] बतलाने वाले इतिहासकारों को अपनी गलती एहसास करवाने का आग्रह किया। उनका मता था कि किसी देश को शक्ति छोटे-छोटे खयाल वाले बड़े मनुष्यों से नहीं बल्कि बड़े ख्याल वाले छोटे जनुष्यों से मिलती है।[135] इससे तात्पर्य विचारों की महानता से था जो उज्जवल चरित्र का निर्माण करती है। राष्ट्र के आधार को सुदृढ़ बनाने के लिये स्वामीजी ने समाचार पत्रों के माध्यम से सर्वसाधारण में जागृति फैलाना आवश्यक बताया। भारतीय पुनर्जागरण के अग्रदूत राजा राममोहनरॉय प्रेस के महत्व को भली भाँति समझते थे। स्वामी राम ने भी इस तथ्य को उजागर करते हुए 'निकृष्ट कर्मों अथवा अकर्मों में नष्ट होने वाली जीवित शक्ति'[136] को जातीय उत्थान में नियोजित करने हेतु 'स्त्रियों व सर्वसाधारण को समझ में आने योग्य समाचारपत्रों के प्रकाशन की महत्ता स्पष्ट की। महात्मा गाँधी से काफी पहले उन्होंने हिन्दी को राष्ट्रभाषा के रूप में सम्मानित स्थान देने का आग्रह करते हुए, 'यंगमेन्स इंडियन एसोसिएशन' से यह कहते हुए कि 'तुम्हें अपनी मातृभाषा का सम्मान करना सीखना चाहिये'[137] हिन्दी भाषा में पत्र निकालने का अनुरोध किया। उन्होंने यह विश्वास व्यक्त किया कि स्त्रियों और गरीबों को शिक्षा देना हमारे लिये बड़ा महत्वपूर्ण कार्य है और इसे यदि पूर्ण रूप से किया गया तो वह हमें उन्नति के शिखर की ओर अवश्य ले जाएगा।[138]

अवरोध निवारण के उपाय

राष्ट्रोत्थान के लिये आवश्यक उपायों में स्वामी राम ने आत्मविश्वास और समयानुकूल परिवर्तनों को भी समाविष्ट किया है। हीनता की भावना हमारी दुर्बलता का बहुत बड़ा कारण थी। उन्होंने बताया कि विश्वास की शक्ति के प्रताप से ही हजरत मुहम्मद ने अरब के मरुस्थल में 'बालू के जर्रों को बारुद के छर्रों'[139] परिवर्तित कर दिया था।

समयानुकूलन आवश्यक

स्वामी राम ने अपने अमरीका प्रवास के दौरान अमरीकी संस्थाओं और चेतना व साथ ही उसकी असफलताओं का ध्यानपूर्वक निरीक्षण किया और यह अनुभव किया कि भारत को 'पश्चिम के इस युवा महाकाय' से बहुत कुछ सीखना था[140] और यही कारण है कि अपने भारतीय व्याख्यानों में उन्होंने देशवासियों से कहा कि आपका संघर्ष बीसवीं सदी के वैज्ञानिकों, यूरोप व अमरीका के शिल्पियों से है। इसलिये इस युग के परिवर्तित वातावरण के अनुकूल स्वयं को ढ़ालना ही होगा। देश की पुरातन परम्परा के प्रति आस्था के नाम पर कालातीत बातों से चिपके रहने वालों को उन्होंने 'पितृलोक में जाकर पूर्वजों के साथ निवास करते'[141] की सलाह दी। समय के साथ न चलने की प्रवृत्ति को उन्होंने स्वयं को मनुष्यत्व से हीन करने वाली बताया। उनका यह निश्चित मत था कि समयानुकूल ढ़लने से उनका तात्पर्य राष्ट्रीय निजत्व को नष्ट करने से नहीं था। जिस प्रकार पौधा बाहर से जल, वायु, पोषण आदि प्राप्त करते हुए स्वयं को उन पदार्थों में नहीं बदल लेता है।, उसी प्रकार का स्वदेशवासियों से स्वामीजी का आग्रह था कि, 'आपको भी बाह्य वस्तुएँ ग्रहण कर उन्हें अपनाते हुए अपनी उन्नति और विकास करना चाहिये किन्तु अपनी श्रुति की वास्तविक अवस्था का संचार आपके हृदय में सर्वदा होते रहना चाहिये।[142]

उन्होंने जमाने की बदलती रफ्तार के अनुकूल देशवासियों की मानसिकता गढ़ने व भारत व विद्यमान आवश्यकताओं की पूर्ति हेतु 'एक चैतन्य मठ' खोलने का प्रस्ताव रखा था।[143] उसमें तुलनात्मक धर्मशास्त्र के साथ-साथ पदार्थ विद्या की विभिन्न शाखाओं (यथा वनस्पति शास्त्र, रसायन शास्त्र, भूगर्भ शास्त्र, वैद्युतिकी आदि) की शिक्षा दी जानी थी ताकि कतिपय भारी धार्मिक भ्रांतियों का निवारण हो सके और लोगों की शक्ति लाभदायक शिक्षा में नियोजित हो सके।[144]

हिन्दू-मुस्लिम ऐक्य अभीष्ट

भारत में राष्ट्रीयता की वेगवती धारा को निर्बल बनाने की दृष्टि से लागू की गयी पृथक निर्वाचन पद्धति से पूर्व ब्रिटिश सरकार की कूटनीति ने हिन्दू-मुस्लिम समस्या का बीजारोपण कर दिया था। राष्ट्रीय चेतना को सुदृढ़ बनाने हेतु जिस प्रतीकवाद का प्रयोग बंकिम ने किया, उसके कारण उन पर मुस्लिम विरोध का निराधार आरोप लगाया गया था। स्वामी विवेकानन्द और रामतीर्थ के वेदान्त दर्शन में किसी प्रकार की धार्मिक संकीर्णता के लिये कोई स्थान नहीं था। विवेकानन्द इस्लाम के प्रवर्तक को कितने सम्मान की दृष्टि से देखते थे यह विश्व के महान् शिक्षकों पर प्रकट किये गये विचारों के सिलसिले में मोहम्मद साहब पर व्यक्त विचारों से स्पष्ट है।[145] राष्ट्र के कल्याण के मार्ग में बाधक हिन्दू-मुस्लिम विद्वेष पर स्वामी राम ने गहरी व्यथा व्यक्त की और बताया कि धार्मिक सम्प्रदायों ने सच्चे मनुष्यत्व और इस भाव को कि हम सब एक ही राष्ट्र के अंग हैं, ढ़क दिया है।[146] उन्हें इस बात का दुःख था कि धार्मिक संकीर्णता की वजह से मुसलमान अपने ही स्ववेशवासियों से विमुख हो गये थे और यह इसी का परिणाम था हिन्दुओं के साथ कई पीढ़ियों से रहते चले आने पर भी अपने पड़ोसियों की अपेक्षा के दक्षिण यूरोप के तुर्कों के साथ अधिक सहानुभूति दिखाते थे। ऐसी मनोभावना के कारण राष्ट्रीयता का विचार ही 'एक अर्थहीन कल्पना[147] हो गयी थी', ऐसा उनका मत था। इसी वजह से स्वामी राम ने धर्म के नाम पर बरती जाने वाली संकीर्णता की तीखी आलोचना की और इस क्षेत्र में अकबर दिली (विशाल हृदयता) की आवश्यकता समझाते हुए देशवासियों से यह अनुभव करने को कहा–

हिन्दू मुसलमां, पारसी सिख जैन इसाई यहूद
सबके सीनों में धड़कता एकसा है दिल मेरा।[148]

उन्होंने जापानी बालकों को शैशवकाल से ही मातृभूमि के प्रति निष्ठावान होने की प्रेरणा देने वाली शिक्षा का उदाहरण देते हुए इस बात पर

आश्चर्य मिश्रित दुःख व्यक्त किया कि 'हमारे देश में इधर तो विद्वान-पंडित और उधर आलिम फाजिल मौलवी सदियों से अभी व्यवहारिक रूप से यह नहीं समझ सके कि चूँकि हम हिन्दू मुसलमान एक ही माता (भारत माता) से पैदा हुए हैं और उसी के दूध से पलते हैं, दोनों की रगों में खून एक ही भूमि की वनस्पति, जल, वायु आदि से पैदा होता है, अतः हम सगे भाई हैं।[149] दोनों वर्गों से उन्होंने हृदय टटोलने का कहा ताकि वे अपनी-अपनी भूल समझ सकें। मुसलमानों से उनका कहना था कि सदियों से भारत में रहते हुए भी हिन्दुओं से दूराव क्यों रखते हो और हिन्दुओं से कहना था कि मर्यादा पुरुषोत्तम श्रीराम द्वार शबरी के जूठे बेर ग्रहण करने को, गरीब मल्लाह से प्रेम और बन्दरों तक को मोहित करने वाली प्रीति जरा स्मरण तो करो[150] उनका कहना था कि भगवान श्री राम की यह दशा देखकर भी साम्प्रदायिक झगड़े और पक्षपात की गन्ध शेष रह जाएगी।[151] उन्होंने दोनों से प्रश्न पूछते हुए कि क्या हिन्दू और मुसलमान एक ही भारतमाता का दूध नहीं पी रहे हैं? समस्त देशवासियों के साथ अपनी अभिन्नता दर्शाते हुए उन्होंने कहा–''वे लोग जिनके पुट्ठे हड्डियों तथा मस्तिष्क मेरी प्यारी इष्टदेवी भारतभूमि के अन्न और नमक खाने से बने है वे मेरे भाई नहीं मेरा अपना आप हैं।[152]

सभी प्रकार के पूर्वाग्रहों से मुक्त स्वामी रामतीर्थ की राष्ट्रवाद की अवधारणा वस्तुतः प्रेम और पवित्रता की पयस्विनी है। इसमें आध्यात्मिकता के सर्वोच्च मूल्यों का समावेश है और संकीर्णता का नामो-निशन भी नहीं। आजादी से पूर्व से लेकर हाल ही के साम्प्रदायिक दंगों में हुई राष्ट्रीय क्षति के सन्दर्भ में स्वामी राम के इन उदात्त विचारों के महत्व को भली भाँति समझा जा सकता है।

विश्वजनीनता, आधुनिक भारतीय चिंतन की राजा राम मोहनराय के समय से ही एक तात्विक विशेषता रही है। भारतीय राजनीति की समस्या, स्वामी रामतीर्थ की दृष्टि में केवल भारत की ही समस्या नहीं थी। इसे उन्होंने एक विश्वजनीन समस्या के रूप में देखा। उनके शब्दों में, कुछ लोगों के लिये

यह देश भक्ति का मामला हो सकता है किन्तु राम के लिये यह मानवता का प्रश्न है।[153] बढ़ती हुई सघनता से युक्त इस विश्व में कोई भी राजनैतिक इकाई एकांतिक रूप से न तो समृद्धि के सोपान पर आरोहण कर सकती है और न कष्ट भोग सकती है। स्वामी राम की विश्वजनीन दृष्टि में यदि अन्य राष्ट्र भारत की राजनैतिक स्वाधीनता के लिये संयुक्त रूप से कार्य नहीं करते हैं तो इस बात की पूरी सम्भावना थी कि व्यापक रूप से सम्पूर्ण मानवता को कष्ट उठाना पड़ेगा। स्पष्ट है कि उनका सक्रिय आध्यात्मिक राष्ट्रवाद का आदर्श अधिक व्यापक सार्वभौम बन्धुत्व के आदर्श का समर्थक है।

टिप्पणियां एवं सन्दर्भ–

1. चिंतन, दर्शन व कर्तृत्व के क्षेत्र में महान् गुरु-शिष्य परम्परा भारत में व अन्यत्र दृष्टिगोचर होती है। यूनानी त्रिमूर्ति सुकरात, प्लेटो और अरस्तू तो विश्वविख्यात हैं ही। भारत में समर्थ गुरु रामदास व शिवाजी, परमहंस रामकृष्ण और विवेकानन्द, महात्मा गांधी व नेहरू, देशबन्धु चितरंजनदास व नेताजी सुभाष इसके उल्लेखनीय उदाहरण हैं।

2. प्रो. मैक्सी ने अपनी महत्वपूर्ण कृति 'पॉलिटिकल फिलोसोफीज' में 'द फर्स्ट यूटोपीयन' शीर्षक से लिखित अध्याय में दोनों की समानताओं व असमानताओं पर काव्यमयी भाषा में प्रकाश डाला है। वे लिखते हैं–

   In Plato Socrates lived again. Not in the sense that the pupil was an unvarying fascimile of the master; not even in the sense as is often said, that Plato was the literary and philosophic executor of the great querist; but rather in the sense that the mind and soul of Plato so completely absorbed the thought and Spirit of his teacher as to inspire his own soaring genius to create a sublimer Socrates than ever trod the bustling streets of Athens....Superfically Plato was every thing that Socrates was not.

मैक्सी–पॉलिटिकल फिलोसाफोज–पृ.-36, मैकमिलन कं. न्यूयार्क, 1956

3. एस.आर. शर्मा–स्वामी रामतीर्थ, पृ.-124, विद्याभवन, बम्बई 1970

4. पूरनसिंह–द स्टोरी ऑफ स्वामी राम, पृ.-85 रामतीर्थ प्रतिष्ठान लखनऊ, 1974, स्वामी राम के शिष्य पूरनसिंह द्वारा लिखित उपर्युक्त पुस्तक, उनकी सर्वाधिक प्रामाणिक जीवनी मानी जाती है। पूरनसिंह एक सिक्ख युवक थे। स्वामी रामतीर्थ से उनकी भेंट जापान में हुई। वहीं उन्होंने सन्यास ग्रहण किया।

5. सत्येन्द्रनाथ मजूमदार–विवेकानन्द चरित, पृ.-390-91 रामकृष्ण आश्रम, नागपुर इस भेंट का विस्तृत विवरण उपर्युक्त पुस्तक में दिया गया है। मजूमदार लिखते हैं–'स्वामीजी के भाषण और चरित्र से प्रोफेसर महोदय स्वामीजी की ओर विशेष आकृष्ट हुए। एक दिन उन्होंने स्वामीजी से प्रार्थना की कि वे अपने शिष्यों सहित उनके घर भिक्षा ग्रहण करने की कृपा करें। उनका उद्देश्य था–स्वामी जी के साथ अपनी कार्य प्रणाली के सम्बन्ध में विचार-विमर्श करना। योग्य अधिकारी देखकर स्वामीजी ने उन्हें वेदान्त प्रचार कार्य के लिये प्रेरित किया।... विदा लेने से पूर्व तीर्थराम ने स्वामीजी को उपहार में अपनी प्रिय बहुमूल्य सोने की घड़ी दी। स्वामीजी ने प्रसन्नता से वह स्वीकार कर ली और दूसरे ही क्षण प्रेमपूर्वक उस घड़ी की प्रोफेसर की जेब में रखकर कहा–'मित्र, इस घड़ी का व्यवहार में इस जेब में रखकर ही करुँगा। 'अर्थ पूर्ण हँसी से स्वामीजी ने तीर्थराम की ओर देखा। उन्होंने स्वामीजी के उस मौनभाव को प्राण हृदय से ग्रहण किया और कुछ ही समय बाद उन्होंने अपना प्रोफेसर पद त्याग कर स्वामीजी के पदचिन्हों का अनुसरण करते हुए, प्रचारकार्य में आत्मोसर्ग कर दिया।'

लाहौर में स्वामी विवेकानन्द के सभी भाषणों की व्यवस्था आचार्य तीर्थराम ने ही की थी। यद्यपि वे दोनों एक सप्ताह भर ही साथ रहे किन्तु यह [illegible] स्वामी राम के लिये अत्यन्त महत्वपूर्ण सिद्ध हुआ।

6. पं. बृजनाथ शर्मा–स्वामी राम हिज लाइफ एण्ड लेगसी, पृ.-279, द रामतीर्थ पब्लिकेशन लीग, लखनऊ, 1936 (प्रथम संस्करण)

7. पूरनसिंह–पूर्वोक्त, पृ.-1

8. स्वामी रामतीर्थ के व्यक्तित्व की आध्यात्मिक उच्चता के विषय में उनकी अमरीकन शिष्या श्रीमती पाल ह्विटमैन लिखती है–'राम प्रसन्नता के निरन्तर बुदबुदाते हुए निर्झर थे। ईश्वर में ही वे निवास करते थे, चलते थे और उनका भौतिक अस्तित्व था। वे लगातार कई दिनों तक ईश्वरीय चेतना में निवास करते थे। बी.एन. शर्मा कृत– लाइफ एण्ड लेगसी में उद्धृत, पृ.-295

9. उनके जीवनी लेखक पूरनसिंह ने अत्यन्त मनोरंजक घटना का विवरण इस सन्दर्भ में दिया है। अमरीका से लौटते हुए उन्होंने पोर्ट सईद पर यह कहते हुए कि दो नरेश एक ही नाव पर यात्रा नहीं कर सकते, 'उस जहाज से यात्रा करने से दृढ़तापूर्वक इन्कार कर दिया जिसमें भारत के तत्कालीन वॉयसराय लॉर्ड कर्जन सवार थे। अपनी यात्रा उस दिन रद्द करते हुए अगले दिन वे सरे जहाज से रवाना हुए।

–पूरनसिंह पूर्वोक्त, पृ.-6-7

10. डॉ. वी.पी. वर्मा–आधुनिक भारतीय राजनीतिक चिंतन, पृ.-103 लक्ष्मीनारायण अग्रवाल एण्ड कं. आगरा, 1973

11. पूरनसिंह–पूर्वोक्त, पृ.-87

12. स्वामी रामतीर्थ का प्रकृति के साथ पूर्ण तादात्म्य था। ऐसा प्रतीत होता है कि अपनी मूल आकृति व रंग में उनके विचार एवं भावनाएं आत्मा

की पूर्णता से युक्त थीं। प्रकृति से आत्मीयता का प्रकटीकरण, उन्होंने इन शब्दों में किया है–'यह स्वतंत्र वायु, रजत चंद्रिका, क्रीड़ा करता हुआ जल और हरित भूमि सभी ऐसे सगे सम्बन्धी हैं जिनसे वास्तव में तुम्हारा रक्त बना हुआ है।' स्वामी रामतीर्थ के लेख व उपदेश–अरण्य संवाद भाग 8, पृ.-2 (आगे 'अरण्यसंवाद' नाम से अभिहित)–श्री रामतीर्थ प्रतिष्ठान, लखनऊ

–रविन्द्रनाथ ठाकुर की भाँति स्वामी रामतीर्थ को भी प्रकृति से गहरा अनुराग था। उन्हें हिमालय के उत्तुंग शृंगों व गंगा की उफनती हुई उद्दाम धाराओं की संगति में असीम आनंद की अनुभूति होती थी।

–डॉ. वी.पी. वर्मा–पूर्वोक्त, पृ.-103

प्रकृति के लिये उनमें बड़ी संवेदनशीलता थी। उनके विचारों का अनुशीलन करने पर ज्ञात होता है कि प्राकृतिक व्यापारों ने उनके मानस के निर्माण में कितना योग दिया है।

13A. स्वामी राम के अनुसार–'भौतिक क्षेत्र में वेदान्त की प्रतिष्ठा का अर्थ है पूर्ण प्रजासत्ता और समानता, जिसमें न किसी बाह्य सत्ता वा बोझ रहता है, न व्यर्थ धनसंचय की वासना, न सांसारिक अधिकारों की लिप्सा, न मिथ्या बड़प्पन का दर्प और न मिथ्या छुटपन की घबराहट। वेदान्त इसी भावना को मानसिक तथा आध्यात्मिक क्षेत्र में भी प्रतिष्ठित करता है।'

–अरण्यसंवाद (भाग 8), पृ.-13

13B. स्वामी राम के अनुसा–वेदान्त तुम्हारे काम-धन्धे में गड़बड़ नहीं डालना चाहता, केवल तुम्हारी दृष्टि को बदलना चाहता है।

–स्वामी रामतीर्थ–आत्मज्ञान के अरण्य में–सुलह की जंग गंगा तरंग, पृ.-297, श्री रामतीर्थ प्रतिष्ठान, लखनऊ, 1972 आगे (सुलह की अंग : गंगा तरंग' नाम से अभिहित)

14. अयोध्यानाथसिंह–पूरनसिंह कृत 'द स्टोरी ऑफ स्वामी राम' का पुरोवाक्, पृ.-(XXVI)

15. जापान में प्रवेश करते ही स्वामी रामतीर्थ ने कहा–'इन लोगों को सिखाने हेतु राम के पास कुछ नहीं है। वे सब वेदान्ती हैं। वे कितने प्रसन्नवदन, सुखी, शान्त व परिश्रमी हैं। इस सब को ही राम जीवन कहता है।

    –पूरनसिंह पूर्वोक्त, पृ.-8

16. स्वामी रामतीर्थ–इन वुड्स गॉड ऑफ रिएलाइजेशन, भाग 6, पृ.-87-89, रामतीर्थ प्रतिष्ठान, लखनऊ

    श्रीमती पाल व्हिटमैन नामक एक श्रद्धालु अमरीकन शिष्या ने अमरीका में स्वामी रामतीर्थ द्वारा दी गयी वार्ताओं को शब्दशः आशुलिपि में उतारने की व्यवस्था की थी। इन्हें 'इन वुड्स ऑफ गॉड रिएलाईजेशन' शीर्षक से प्रकाशित किया गया जिसका सुझाव पूरनसिंह ने दिया था। देखिये–बी.एस. शर्मा–पूर्वोक्त, पृ.-292

17. उपर्युक्त

18. जापान में स्वामी राम द्वारा 'सीक्रेट्स ऑफ सक्सेस' शीर्षक से दिया गया भाषण पूरनसिंह की 'द स्टोरी...में पृ.-118-24 पर उद्धृत।

19. स्वामी रामतीर्थ–आत्मज्ञान के अरण्य में (सातवां भाग) भारतमाला, पृ.-1 आगे 'भारतमाता' नाम से अभिहित

20. पूरनसिंह–पूर्वोक्त, पृ.-250

21. 'अलिफ' उर्दू वर्णमाला का प्रथम अक्षर है। इसे ईश्वर की पूर्णता का प्रतीक मानकर स्वामी राम ने पत्रिका का यह नामकरण किया। लाहौर से प्रकाशित होने वाली यह पत्रिका उनकी भावुकतापूर्ण रचनाओं का प्रमुख माध्यम थी, जिसमें वे फारसी, पंजाबी, अंग्रेजी व संस्कृत

साहित्य से चुने हुए विचारमुक्ता प्रस्तुत करते थे। यह उनके सर्वग्राही मस्तिष्क, अतीत व भविष्य के साथ उनकी तीव्र एकानुभूति का विशिष्ट प्रतीक है। उनके वाक्य अश्रु विगलित हैं। उनके विचार हर्षातिरेक में डूब से जाते हैं।

23. स्वामी रामतीर्थ–भारतमाता (देशभक्ति बनाम ईश्वर भक्ति), पृ.-1

24. स्वामी रामतीर्थ–वही–(जीवनधर्म का अनुसरण), पृ.-70

25. स्वामी रामतीर्थ–सुलह की जंग गंगा तरंग, पृ.-58

26. उपर्युक्त, पृ.-112

27. उपर्युक्त, पृ.-104

28. उपर्युक्त, पृ.-105

29. यहाँ मुगल बादशाह फर्रुखसियर की चिकित्सा करने वाले अंग्रेज चिकित्सक की ओर ध्यान आकृष्ट किया गया है। सम्राट ने निरोग होने पर प्रसन्न होकर उससे पुरस्कार माँगने को कहा तो उसने स्वयं अपने लिये कुछ भी न माँगकर इंग्लैण्ड के लिए भारत में कुछ महत्वपूर्ण व्यापारिक सुविधाओं की माँग की जो सम्राट ने प्रदान कर दीं। इन्हीं सुविधाओं के फलस्वरूप ईस्ट इंडिया कम्पनी को आगे बढ़ने का अवसर मिला और भारत में अंग्रेजी साम्राज्य की आधारशिला का निर्माण हुआ। स्वामी राम ने इस घटना विषयक एक लम्बी उर्दू नज्म को उद्धृत किया है। चिकित्सक की मांग को उसमें इस प्रकार व्यक्त किया गया है–

जर की हवस न माल की है जुस्तजू।

पर आरज़ू जो है तो वही आरज़ू मुझे।।

कुछ ऐसा मेरे वास्ते इनाम-ए-आम हो।

जिससे मेरा तमाम वतन शादकाम हो।

–सुलह की अंग : गंगा तरंग, पृ.-107

30. स्वामी रामतीर्थ–सुलह की जंग : गंगा तरंग, पृ.-107
    अ–स्वदेशवासी ब–परदेशी
31. स्वामी रामतीर्थ–द फ्यूचर ऑफ इंडिया–(इन वुड्स आव गॉड रिएलाईजेशन) भाग 2, पृ.-60
32. डॉ. वी.पी. वर्मा–पॉलिटिकल फिलोसोफी ऑफ श्री अरविन्दो (द्वितीय संस्करण), पृ.-225, मोतीलाल बनारसीदास, दिल्ली 1976
33. स्वामी रामतीर्थ–भारत माता, पृ.-126
34. स्वामी रामतीर्थ–भारत माता, पृ.-126
35. स्वामी रामतीर्थ–भारत माता, पृ.-126
36. एस.आर.शर्मा–पूर्वोक्त, पृ.-65 पर उद्धृत
37. स्वामी रामतीर्थ–भारत माता, पृ.-129
38. स्वामी रामतीर्थ–भारत माता, पृ.-130
39. स्वामी रामतीर्थ–भारत माता, पृ.-130-131
40. वही, पृ.-130
41. वही, पृ.-129 (राष्ट्रीय धर्म)
42. वही, पृ.-128
43. पूरनसिंह–पूर्वोक्त, पृ.-130
44. बृजनाथ शर्मा–पूर्वोक्त, पृ.-280
45. लाला हरदयाल–मॉर्डन रिव्यू, जुलाई 1911 के अंक में प्रकाशित लेख
46. द रॉकी माऊण्टेन न्यूज 4 जनवरी 1904–बृजनाथ शर्मा, पूर्वोक्त में उद्धृत, पृ.-303

47. 20 मई 1903 को हुई इस भेंट के विषय में स्वामी राम ने लिखा–'उत्तर की ओर जाते हुए अमरीकी राष्ट्रपति थोड़ी देर के लिये स्प्रिंग पर रुके। उन्होंने राम द्वारा प्रस्तुत 'भारत की ओर से अपील' प्रेमपूर्वक व प्रसन्नवदन स्वीकार की। उन्होंने वह पुस्तिका दायें हाथ में थामे रखी और उसी हाथ से भीड़ के अभिवादन का प्रत्युत्तर देते समय यह पुस्तिका स्वतः उनके ललाट तक कम से कम सौ बार उठी। जब रेल रवाना हुई तब अपने डिब्बे में वे उसे ध्यानपूर्वक पढ़ते हुए देखे गये और चलती गाड़ी से उन्होंने एक बार पुनः राम का अभिवादन किया। शर्मा कृत पूर्वोक्त में पृ.-297-298 पर उद्धृत

48. पूरनसिंह–पूर्वोक्त, पृ.-270

49. डॉ. एच. माहेश्वरी–फिलोसोफी ऑफ स्वामी रामतीर्थ, पृ.-164

50. पूरनसिंह के अनुसार मुझे स्वामीजी ने एक बार कहा था–'राम दूसरे विषयों को हाथ में लेना नहीं चाहता था किन्तु पूनावासी श्री वी.जी. जोशी ने, जो सेन फ्रांसिस्को में उसके (स्वामी राम के) सचिव के रूप में कार्य करते थे, भारत के लिये कुछ करने को बाध्य किया। पूरनसिंह–पूर्वोक्त, पृ.-251

51. दादाभाई नौरोजी की पुस्तक 'पॉवर्टी एण्ड अन ब्रिटिश रूल इन इंडिया' इस सम्बन्ध में विशेष से उल्लेखनीय है। इसमें एक कुशल अर्थशास्त्री के रूप में उन्होंने 'निर्गम' की समस्या का विश्लेषण किया है। प्रकाशन विभाग–सूचना व प्रसारण मंत्रालय, भारत सरकार द्वारा क्लासिक्स ऑफ इंडियन हिस्ट्री एंड इकनॉमिक्स सीरीज के अन्तर्गत इसका पुनमुर्द्रण हुआ है।

52. स्वामी रामतीर्थ–अरण्य संवाद, पृ.-155

53. उपर्युक्त, पृ.-184

54. उपर्युक्त, पृ.-187

55. उपर्युक्त, पृ.-156-157

56. उपर्युक्त, पृ.-156-157

57. उपर्युक्त, पृ.-187

58. स्वामी रामतीर्थ–अरण्य संवाद, पृ.-155

59. उपर्युक्त, पृ.-158

60. उपर्युक्त, पृ.-167-69

61. उपर्युक्त, पृ.-166

62. उपर्युक्त, पृ.-166

63. स्वामी रामतीर्थ, सुलह की जंग : गंगा तरंग, पृ.-277

64. स्वामी रामतीर्थ अरण्य संवाद–पृ.-174

65. स्वामी रामतीर्थ–अरण्य संवाद, पृ.-163-164

66. उपर्युक्त, पृ.-163-164

67. उपर्युक्त, पृ.-165

68. स्वामी रामतीर्थ–अरण्य संवाद, पृ.-193

69. स्वामी रामतीर्थ–भारतमाता, पृ.-139-140

70. स्वामी रामतीर्थ–अरण्य संवाद, पृ.-177

71. उपर्युक्त, पृ.-177

72. स्वामी रामतीर्थ–भारतमाता पृ.-84-86

73, 74, 75, 76 उपर्युक्त पृ.-115-116

77. उपर्युक्त, अरण्य संवाद, पृ.-194

78, 79. उपर्युक्त, भारतमाता, पृ.-133

80. उपर्युक्त, भारतमाता, पृ.-114

81, 82. उपर्युक्त 115

83. उपर्युक्त, अरण्य संवाद, पृ.-200

84. अमरीकावासियों से की गयी अपील के दोरान स्वामी राम ने अत्यन्त भावविह्वल स्वर में कहा कि वे अपने लिए कुछ नहीं माँग रहे हैं उन्होंने अश्रुसिक्त नेत्रों से कहा–''नष्ट हो जाएँ ये ओंठ, यदि ये निज के स्वार्थ के लिये कुछ माँगे, वरन् सत्य के नाम पर, न्याय के नाम पर, मनुष्यता और अमरीकन स्वाधीनता के नाम पर, तुमसे आगे बढ़ने को, भारत की वेदना अनुभव करने को कहा जाता है। अरण्यसंवाद, पृ.-198

85. स्वामी रामतीर्थ–सुलह की जंग : गंगा तरंग, पृ.-266

86. स्वामी रामतीर्थ–पृ.-179 अरण्य संवाद

87. स्वामी रामतीर्थ–उपर्युक्त, पृ.-170-80

88. स्वामी रामतीर्थ–उपर्युक्त, पृ.-179

89. स्वामी रामतीर्थ–सुलह की जंग : गंगा तरंग, पृ.-247

90. स्वामी रामतीर्थ–अरण्य संवाद, पृ.-180-81

91. यूनानी पुराणों में वर्णित इस कहानी के माध्यम से स्वामी राम ने प्रतीकात्मक उक्ति का प्रयोग करते हुए, यह बताने की चेष्टा की कि भारतवासी बाहुल्य व समृद्धि से घिरे होने पर भी अभाव की पीड़ा भुगत रहे थे। टेंटालुस यूनान के सर्वोच्च राष्ट्रीय देवता जियस (Zeus) का पुत्र था। जियस का मुख्य स्थान थेसली में ऑलम्पियस पर्वता पर था। टेंटालुस को देवताओं के गुप्त रहस्य प्रकट कर देने में अपराध में टारटारस नामक स्थान पर दंडित किया गया था। उसे यह सजा मिली कि कन्धों तक पानी में खड़ा होने पर भी, वह जब भी प्यास लगने पर पानी पीने के लिये नीचे झुकता, पानी नीचे उतर जाता था और उसे प्यासा ही रहना पड़ता था। सिर के ऊपर लटक रहे अंगूर के गुच्छों को

तोड़ने के लिये हाथ ऊपर बढ़ाता तो गुच्छे ऊपर उठ जाते थे। फलतः उसे भूखा-प्यासा ही रहना पड़ता था। स्वामी राम की यह मान्यता थी कि वेदान्त जैसी जीवनदायिनी सदानीरा के विद्यमान होते हुए भी भारतीय उसे विस्मृत करने के कारण टेंटालुस जैसी ही सजा भुगत रहे थे। टेंटालुस के विवरण के लिये देखिये—चैम्बर्स ट्वेन्टिएथ सेन्चुरी डिक्शनरी' (1965 संस्करण), पृ.-1127 एवं 1298 एलाइड पब्लिशर्स—नयी दिल्ली

92. स्वामी रामतीर्थ—अरण्य संवाद—पृ.-182-83

93. स्वामी रामतीर्थ—सुलह की जंग : गंगा तरंग, पृ.-247

94. स्वामी रामतीर्थ—अरण्य संवाद—पृ.-181-82

95. बाइबिल में उल्लिखित देवदूत जो परमात्मा का सन्देश लोगों तक पहुँचाता है। हमारे वेदों को स्वामी राम यही स्थान प्रदान करते हैं। उन्हें इसी कारण श्रुति कहा जाता है कि वे ईश्वरीय सन्देश अभिव्यक्ति करते हैं जो ऋषियों की अन्तश्चेतना में अवतीर्ण हुआ था।

96. स्वामी रामतीर्थ—अरण्य संवाद, पृ.-181-82

97. बृजनाथ शर्मा—पूर्वोक्त, पृ.-631-32 पर उद्धृत

98. कुमारी मेरी हेल को लिखित पत्र में स्वामी विवेकानन्द ने अपने इस सिद्धान्त की विस्तार से व्याख्या की है। उनके अनुसार चारों वर्ण बारी-बारी से शासन करते हैं और प्रत्येक की अपनी अच्छाइयाँ व बुराइयां होती हैं। उन्होंने इसी पत्र के समाजवाद का समर्थन किया है। वे लिखते हैं—मैं समाजवादी हूँ, इसलिये नहीं कि मैं इसे पूर्ण रूप से निर्दोष व्यवस्था समझता हूँ वरन् इसलिये कि रोटी न मिलने से आधी रोटी अच्छी है।

—विवेकानन्द साहित्य खंड 5, पृ.-386-57

99. शासन चक्र की व्याख्या करते हुए स्वामी रामतीर्थ ने लिखा है—'एक समय था जब ब्राह्मण (पुरोहित) संसार में शासन करते थे, एक युग

आया जब क्षत्रियों (शूरवीरों) ने शासन किया और आजकल वैश्य (पूँजीपति) शासन करते हैं, श्रमिकों (शूद्रों) की प्रधानता का युग आ रहा है, परन्तु ऐसे शूद्रों का जो सन्यास भाव से पवित्र हुए हैं।

100. स्वामी रामतीर्थ–भारतमाता, पृ.-3-4

101, 102. स्वामी रामतीर्थ–अरण्य संवाद, पृ.-32

103. स्वामी रामतीर्थ–उपर्युक्त, पृ.-33

104. स्वामी रामतीर्थ–भारतमाता, पृ.-132

105. स्वामी रामतीर्थ–अरण्य संवाद, पृ.-19

106. देखिये–जी.एन. शर्मा एवं मोईन शाकिर कृत– पॉलिटिक्स एंड सोसायटी : राममनोहरराय टू नेहरू–परमिल प्रकाशन, औरंगाबाद, 1976 (विवेकानन्द सम्बन्धी अध्याय)

107. स्वामी रामतीर्थ–अरण्य संवाद, पृ.-19

108. स्वामी रामतीर्थ–भारतमाता, पृ.-136

109. स्वामी रामतीर्थ–भारतमाता–(देशभक्ति बनाम ईश्वर भक्ति), पृ.-1-2

110. स्वामी रामतीर्थ–भारतमाता (देशभक्ति बनाम ईश्वर भक्ति), पृ.-137

111. स्वामी रामतीर्थ–उपर्युक्त, पृ.-135

112. स्वामी रामतीर्थ–भारतमाता–(देशभक्ति बनाम ईश्वर भक्ति) पृ.-123

113. स्वामी रामतीर्थ–उपर्युक्त, पृ.-124

114. श्री अरविन्द ने अपने बड़ौदा प्रवास के दौरान मितवादी तौर तरीकों की तीखी आलोचना, बम्बई से प्रकाशित होने वाली पत्रिका 'इन्दु प्रकाश' में 'न्यू लेम्प्स फॉर ओल्ड' शीर्षक से प्रकाशित लेखों में की।

भारतीय राजनीति में इसे उनका सर्वप्रथम अप्रत्यक्ष प्रवेश कहा जा सकता है।

–श्री अरविन्द–वन्देमातरम्–अर्ली पॉलिटिकल राइटिंग्ज–1, पृ.-3-56 (जन्मशती संस्करण, श्री अरविन्द आश्रम, पाँडिचेरी)

115. डॉ. वी.पी. वर्मा–आधुनिक भारतीय राजनीतिक चिंतन, पृ.-457

116. डॉ. वी.पी. वर्मा–उपर्युक्त

117. मराठी में टिळक विषयक प्रामाणिक ग्रन्थ, 'लोकमान्य टिळक यांच्या आठवणी व आख्यायिका' के भाग 3, पृ.-134-36 पर टिळक की स्वामी विवेकानन्द के साथ पहिले सन् 1892 में हुई प्रथम भेंट व उनके सप्ताह भर के सान्निध्य का विस्तार ले उल्लेख है। तदनन्तर 1901 में कांग्रेस अधिवेशन के अवसर पर बेलूड़ मठ में दोनों की फिर भेंट हुई। इस अवसर पर दोनों ने राष्ट्र की विविध समस्याओं पर विचार-विमर्श किया।

118. नेविनसन ने इस पुस्तक में सिंहगढ़ पर टिळक से हुई अपनी भेंट का अत्यन्त सजीव चित्र प्रस्तुत करते हुए लिखा है–'सिंहगढ़ की प्राचीर पर बात करते हुए टिळक का गला भर आया।'

नरसिंघ चिंतामण केळकर– लोकमान्य टिळक–यांचे चरित्र (दो भागों में)

119. शर्मा–पूर्वोक्त, पृ.-631 एवं 456 पर उद्धृत

120. एस.आर.शर्मा–पूर्वोक्त, पृ.-60 पर उद्धृत

121. एस.आर.शर्मा–पूर्वोक्त, पृ.-60 पर उद्धृत

122. स्वामी रामतीर्थ–भारतमाता, पृ.-131

123. स्वामी रामतीर्थ–उपर्युक्त, पृ.-132

124. स्वामी रामतीर्थ–उपर्युक्त, पृ.-144

125. उपर्युक्त, पृ.-146

126. उपर्युक्त, पृ.-147

127. उपर्युक्त, पृ.-147

128. उपर्युक्त, पृ.-148

129. उपर्युक्त, पृ.-29

130. उपर्युक्त, पृ.-154

131. उपर्युक्त, पृ.-154

132. उपर्युक्त, पृ.-141

133. उपर्युक्त, पृ.-142

134. उपर्युक्त, पृ.-142

–सीली ने भारतवर्ष के लिये इस वाक्यांश का प्रयोग किया था।

135. स्वामी रामतीर्थ–भारतमाता, पृ.-144

136. स्वामी रामतीर्थ–भारतमाता, पृ.-155

137. उपर्युक्त, पृ.-155

138. उपर्युक्त, पृ.-157

139. उपर्युक्त, पृ.-158

140. एनी एफ हेस्टिंग्ज द्वारा श्रीमती पाल व्हिटमैन को 18 जनवरी 1904 को लिये गये पत्र से। पूरनसिंह कृत–'द स्टोरी–पृ.-135-37 पर उद्धृत।

141. स्वामी रामतीर्थ–भारतमाता, पृ.-119

142. उपर्युक्त

143. उपर्युक्त, पृ.-50

144. उपर्युक्त, पृ.-51

145. स्वामी विवेकानन्द–विवेकानन्द साहित्य, खंड 7, पृ.-191-92

146. स्वामी रामतीर्थ–'भारत की वर्तमान आवश्यकताएँ' (भारतमाता), पृ.-46

147. उपर्युक्त, पृ.-47

148. स्वामी रामतीर्थ 'हृदय की विशालता' (भारतमाता), पृ.-109

149. उपर्युक्त, पृ.-110

150. उपर्युक्त, पृ.-110

151. स्वामी रामतीर्थ–सुलह की जंग : गंगा तरंग, पृ.-310

152. स्वामी रामतीर्थ–देशभक्ति बनाम ईश्वर भक्ति भारत माता, पृ.-19

153. स्वामी रामतीर्थ–इन वुड्स ऑव गॉड रियेलाइजेशन, खण्ड 5, पृ.-116

5.

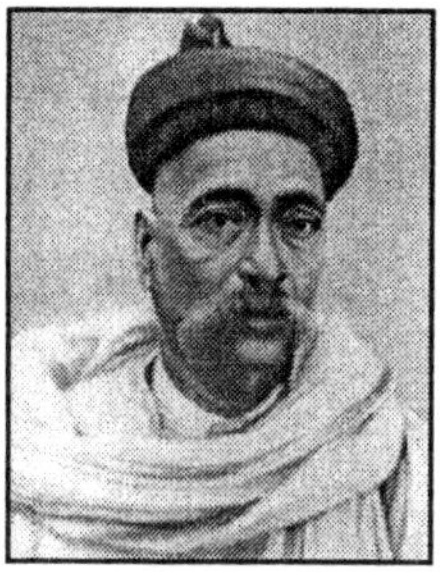

राष्ट्रवाद और कर्मयोग : लोकमान्य टिळक का सन्देश

गोखले का यह कथन कि 'यदि टिळक आज से सौ वर्ष पूर्व पैदा होते तो अपने लिये राज्य की स्थापना कर लेते'[1] टिळक के व्यक्तित्व में निहित जुझारुपन एवं उनकी अपूर्व नेतृत्व क्षमता की ओर इंगित करता है। संवैधानिकता की वीथियों में मंथर गति से चल रहे राष्ट्रीयता के रथ को जनआकांक्षाओं की पूर्ति हेतु संघर्ष एवं बलिदान के प्रशस्त किन्तु दुर्गम राजपथ पर लाने का श्रेय स्वराज्य के मंत्रदाता लोकमान्य टिळक को ही है। स्वामी विवेकानन्द ने जो कार्य साँस्कृतिक मोर्चे पर किया, राजनैतिक मोर्चे पर उस यज्ञ के ऋत्विक् टिळक हुए। अदम्य इच्छा शक्ति व अजेय पौरुष के धनी टिळक ने गजदन्ती मीनारों में अवस्थित बर्क और मिल की विचारधारा के अनुप्राणित तत्कालीन राजनीति का भारतीयकरण कर दिया। मन्द गति से चलने वाली राष्ट्रीय आन्दोलन की क्षुद्र जलधारा को उन्होंने वेगवान महानद का रूप दे दिया।

चार दशक का उनका राजनैतिक जीवन एक कष्ट साधना थी, जिसका लक्ष्य था राष्ट्र मुक्ति के उपायों की खोज। अपने सार्वजनिक जीवन में वे जनसाधारण से पूर्ण तादात्म्य स्थपित कर चुके थे और इसी कारण जनमानस ने उन्हें 'लोकमान्य' के विभूषण से विभूषित किया। राष्ट्र को स्वावलम्बन और अभय का सन्देश और अन्याय का प्रतिकार करने हेतु ललकारने वाली उनकी ओजस्वी वाणी को मूक करने का विदेशी नौकरशाही ने भरसक प्रयास किया, उनके मार्ग को कंटकाकीर्ण बनाने में कोई कसर नहीं छोड़ी किन्तु कठिनाईयों की भीषणता ने उनके संकल्प का दृढ़ीकरण ही किया। जब ब्रिटेन का गौरव सूर्य अपने प्रचण्ड ताप से तप रहा था, एक दैवीय विधान के रूप में उसकी स्वीकृति लगभग सर्वमान्य तथ्य बन चुका था, ऐसी अवस्था में आत्म संतुष्ट नौकरशाही को स्वप्नभंग की अनुभूति तब हुई जब उन्नीसवीं सदी के आठवें दशक में 'केसरी' ने दहाड़ना प्रारम्भ किया।

'केसरी' के माध्यम से टिळक ने न केवल जनसेवा को समर्पित निर्भीक पत्रकारिता के नये मानदण्ड स्थापित किए वरन् राष्ट्रवाद को भी स्फूर्ति एवं बल प्रदान किया। बंकिम और स्वामी विवेकानन्द कांग्रेस की तत्कालीन रीतिनीति के बारे में असन्तोष व्यक्त[2] कर चुके थे और उन्होंने राष्ट्रमुक्ति के महत् कार्य को जिस पवित्रता व गरिमा के भाव से मंडित करके एक नवीन कार्य प्रणाली व दिशा का निरूपण किया, लोकमान्य के कार्य क्षेत्र में उतरने पर उसे व्यावहारिक स्वरूप प्राप्त हुआ।

भारतीय संस्कृति के आधारभूत मूल्यों की श्रेष्ठता में दृढ़ विश्वासी टिळक मूलतः एक 'आध्यात्मिक विभूति' थे। उनका आन्तरिक जीवन सब प्रकार की दुविधाओं और द्वन्द्वों से मुक्त था। उनके व्यक्तित्व में हमें मानसिक संघर्षों और अन्तर्विरोधों से उत्पन्न गहरी वेदना के कोई चिन्ह देखने को नहीं मिलते, और न वे कभी संवेगात्मक विक्षोभ से ही संतप्त हुए।'[3] महात्मा गाँधी ने भी आध्यात्मिक मूल्यों के साक्षात्कार में टिळक के ऋण को स्वीकार करते हुए कहा था—मैंने अन्तरात्मा का मूल्य टिळक महाराज से सीखा है। जहाँ तक

मैं टिळक का व्यक्तित्व समझ पाया हूँ वे भगवद्गीता के शब्दों में स्थितप्रज्ञ और त्रिगुणातीत थे। अपनी चेतना के अन्तिम क्षणों में उन्होंने भगवद्गीता के स्मरणीय श्लोकों का (अध्याय 4, श्लोक 7, 8) उच्चारण किया था। अनन्य आध्यात्मिक श्रद्धा रखने वाला व्यक्ति ही ऐसा कर सकता था।"[4] यह बात अलग है कि तत्कालीन परिस्थिति ने उन्हें राजनैतिक झंझावतों के बीच खड़ा कर दिया लेकिन अपने सम्पूर्ण राजनैतिक जीवन के दौरान उन्होंने जिस अविचल धृति, संयम व शूरता का परिचय दिया वह बड़ी से बड़ी विपत्तियों के बीच उनकी अनुद्विग्नता उनके व्यक्तित्व की उन विशिष्टताओं को उजागर करती है जिन्हें गीता की भाषा में 'स्थितप्रज्ञता' कहा जाता है।

टिळक के तरुणाई के स्वप्न 'तीन महान् घटनाओं'[5] से आच्छन्न थे। इनका उनकी संवेदनशील चेतना पर अमिट प्रभाव पड़ा और वे मातृभूमि की सेवा में अपना जीवन समर्पित करने हेतु प्रेरित हुए। सत्रहवीं और अठाहरवीं सदी का मराठा इतिहास उनकी देशभक्ति की बाइबल था और 18 वीं सदी के मराठा साम्राज्य के निर्माताओं के प्रतिनिधियों की कापुरुषता देखकर उनका खून खौल उठता था।

राष्ट्रीय आन्दोलन की गंगा के भगीरथ

उदीयमान ब्रिटिश पूँजीवाद के आर्थिक हितों के संरक्षण की अनिवार्यता से निर्देशित ब्रिटिश नौकरशाही ने भारतीय प्रशासन के लिए जो आधारभूत नीति अपनाई उसका परिणाम था भीषण आर्थिक निर्गम। इंग्लैण्ड से 'प्रेरणा व पथ प्रदर्शन की आशा"[6] व अंग्रेजी जनता की न्याय भावना व उदारता में भरोसा"[7] रखने वाला राष्ट्रीय कांग्रेस का तत्कालीन मितवादी नेतृत्व भारतीय राष्ट्रवाद की आकांक्षाओं व ब्रिटिश साम्राज्यवाद के हितों के अन्तःस्थ पास्परिक विरोध का भली भाँति आकलन नहीं कर सकता था। भारत में ब्रिटेन की राजनीतिक सत्ता ब्रिटिश स्वार्थों की रक्षा कर रही थी। अतः मितवादियों का यह सोचना कि अंग्रेजी शासन देश को प्रगति की ओर ले

जाएगा, एक मृगमरीचिका मात्र थी। दूसरे, भारत के जनसामान्य तत्कालीन राष्ट्रीय आन्दोलन से जुड़े हुए नहीं थे। अतः कांग्रेस के अधिवेशन बौद्धिक गोष्ठियाँ मात्र बनकर रह जाते थे। लोकमान्य ने अपने सार्वजनिक जीवन के प्रारम्भ में ही यह अनुभव कर लिया था कि भारत में राजनीति और सामान्य व्यक्ति को एक-दूसरे के निकट लाए बिना कांग्रेस को एक सशक्त संगठन व उसके आन्दोलन को अर्थपूर्ण बनाना सम्भव नहीं था।

नेताओं एवं जनता में संलाप के अभाव में इसकी कार्यवाहियाँ, पाश्चात्य चिन्तकों के श्रुतिमधुर शब्दों से युक्त वाग्जाल मात्र बनकर रह गयी थीं। वे कांग्रेस के सन्देश को जनसाधारण के द्वार तक ले जाना चाहते थे। कांग्रेसी नेतृत्व के पाश्चात्य रुझान पर खेद व्यक्त करते हुए उन्होंने इस रंग में रंगी पीढ़ी की आधारहीनता की चर्चा की। टिळक का मानस कांग्रेस के शैक्षणिक स्वरूप को भंग करने की दिशा में कार्य रहा था। उन्होंने वर्तमान और अतीत के बीच खाई को पाटने एवं राष्ट्र के राजनीतिक जीवन को निरंतरता प्रदान करने का प्रयत्न किया।

वे कांग्रेस को मात्र विचार-विमर्श करने वाले निकाय के स्थान पर उसे विदेशी कुशासन के विरुद्ध धर्मयुद्ध के अगुआ व जनहित के साधन के रूप में परिवर्तित करना चाहते थे। वे कांग्रेस के वार्षिक अधिवेशनों को 'पावस में मेढ़कों के सम्मेलन'[8] की उपमा देकर उपहास करते थे। टिळक के अनुसार संवैधानिक आन्दोलन के कुहासे से बाहर निकलना आवश्यक था। उन्होंने कांग्रेस के नेताओं से कहा–'यदि आप ब्रिटिश लोगों से शीघ्र न्याय चाहते हैं तो वर्ष में केवल एक बार हो-हल्ला मचाने से काम नहीं चलेगा। आपको भारत व ब्रिटेन दोनों स्थानों पर आन्दोलन इतनी निरन्तरता से चलाना चाहिए कि ब्रिटिश लोगों को अवकाश या विश्राम नहीं मिले। उन्हें आप इस स्थिति में ले जाएँ कि वे यह महसूस करने लग जाएँ कि इस स्थिति से उबरने का एक मात्र उपाय यही होगा कि भारतीयों को प्रत्येक न्यायोचित चीज प्रदान की जाए।'[9]

कांग्रेस के आदर्शों व कार्यविधि के प्रश्न पर मितवादी नेताओं से

टिळक का मतभेद प्रमुखता प्राप्त करने के लिए कोई व्यक्तिगत संघर्ष नहीं था। वे सुविधाजीवी सुधारक नहीं, जनसाधारण के हितों के सजग प्रहरी थे। राजनीतिक नेतृत्व उस समय सामाजिक स्थिति, सरकारी संरक्षण और भाषण चमत्कारों से सम्बद्ध किया जाता था। टिळक ने तर्क और प्रार्थना की जमीन को ऊसर बताते हुए'[10] अपने त्याग व कष्ट सहन के द्वारा सरल, सुखद नेतृत्व के आदर्शों को ढ़हा दिया। कांग्रेस मंच से प्रस्तुत किए जाने वाले विचारों को जन-साधारण तक पहुँचाए बिना टिळक संतुष्ट नहीं हो सकते थे क्योंकि लोगों में ही वे कांग्रेस आन्दोलन का वास्तविक अनुसमर्थन देखते थे। उन्होंने नेताओं को याद दिलाया कि 'श्रीराम ने अपने कार्य कपि सेना की सहायता से सिद्ध किया और शिवाजी अपना ऐतिहासिक कार्य साधारण मावल लोगों की सहायता से सम्पन्न कर सके थे।'[11]

उनकी दृढ़ मान्यता थी कि कांग्रेस को प्रभावी होने के लिये मंच से नीचे उतरकर लोगों के बीच सक्रिय रूप से कार्य करना होगा। इसलिए कौंसिल हॉल व कॉर्पोरेशन कार्यालयों के उत्तुंग शिखरों व सूक्ष्म विवादों की घाटियों में उलझी राष्ट्रीय आन्दोलन की गंगा को जनसाधारण के बीच लाने हेतु टिळक ने अथक परिश्रम किया। इस क्षेत्र में उनकी देन का मूल्यांकन करते हुए श्री अरविन्द ने लिखा, 'एक दीर्घ अवधि तक कांग्रेस आन्दोलन अपने मानस, चरित्र व तरीकों में पूर्णतः पाश्चात्य था। यूरोपीय राजनैतिक आदर्शों पर आधारित इस आन्दोलन की जड़ें न तो देश के अतीत में और न ही उसकी अन्तरात्मा में थीं। इसके पश्चिमी तरीकों का लीक तोड़ने वाले टिळक प्रथम राजनेता थे।'[12]

वे ऐसे मुहावरे में बोलते थे जो अज्ञ व साधारण जनों को बोधगम्य होता था। इतना ही नहीं, वे उस भाषा में बोलते थे जिसे रॉबर्ट आइक्रेन ने 'भारत का आधिकारिक मुहावरा' कहा है जो सीधे जनता तक पहुँच सकता था क्योंकि इसमें पुरातन प्राक् यूरोपीय मूल्य व्यवस्था के दृढ़ आग्रह का समावेश था।[13] संप्रेषण कार्य में इसी सफलता ने ब्रिटिश सरकार का ध्यान उनकी ओर आकृष्ट

किया। वे लोगों तक पहुँचना चाहते थे क्योंकि उनका यह विश्वास था कि 'स्थायी परिवर्तन व मूल्यों के पुनर्जन्म के लिए लोगों के हृदय परिवर्तन की आवश्यकता है।'[14] टिळक ने सही अर्थों में एक जन आन्दोलन प्रारम्भ करने हेतु मनोवैज्ञानिक आधार पर निर्माण करने व राजनीतिक आदर्शों के लिए एक वृहतर परिप्रेक्ष्य की आवश्यकता अनुभव की और इस निष्कर्ष पर पहुँचे कि अनुवृति को ध्यान में रखते हुए प्रत्यग्र आन्दोलन में लोगों की साझेदारी उनमें विश्वास की भावना उत्पन्न करने और इस आन्दोलन का स्वरूप समाज के परम्परागत ढ़ाँचे के अनुरूप बनाने पर ही सम्भव हो सकेगी।

स्वामी विवेकानन्द की भाँति टिळक भी राष्ट्र को सशक्त बनाने हेतु निवृत्तिपरकता जन्य जड़ता को समाप्त कर भारतवासियों को प्रवृत्तिप्रधान बनाना आवश्यक मानते थे। इसके लिए उन्होंने कर्मयोग को गीता का प्रधान सन्देश मानते हुए उसको व्याख्या इस रूप में की कि राष्ट्र मुक्ति के यज्ञ की सफलता के लिए आवश्यक प्रेरणा उन्हें धर्मग्रंथों में इस 'एक अत्यन्त तेजस्वी और निर्मल हीरे'[15] से प्राप्त हो सके। भगवद्गीता के गहरे अध्ययन से वे इस निष्कर्ष पर पहुँचे कि सामाजिक दायित्वों के स्वरूप को समझने के लिए पश्चिम की ओर देखने की आवश्यकता नहीं थी।

मांडले के एकान्त कारावास[16] में लिखित यह ग्रन्थ उनके व्यक्तित्व का अविच्छेद्य अंग है। इसे मानव ज्ञानकोष में उनका अमिट योगदान कहा जा सकता है। स्वाधीनता संघर्ष के लिए जिस जीवट और असीम धैर्य की आवश्यकता थी, उसका उत्स कोई लौकिक अवधारणा या ग्रन्थ नहीं हो सकता था। कर्मयोगशास्त्र के रूप में कर्मण्येव अधिकारस्ते मा फलेषु कदाचन' का दर्शन ही विकट बाधाओं का मुकाबला करने व असफलताओं से हताश हुए बिना आगे बढ़ने का सम्बल प्रदान कर सकता था। समर्थ गुरु रामदास ने 'दासबोध' में जिस क्रियाशीलता का सन्देश दिया था, उसने सत्रहवीं सदी में अवसादग्रस्त महाराष्ट्र में उत्साह की लहर का संचार कर, लोगों को ईश्वरीय कृपा में विश्वास रखते हुए आगे बढ़ने की प्रेरणा दी थी।

उसी प्रकार गीता में सन्निहित कर्मयोग के महत्व का प्रतिपादन करके, राष्ट्र को कर्मशूरता की ओर ले जाना लोकमान्य का अभीष्ट था।

गीता रहस्य को इस महान् आत्मा का जीवन रक्त कहा जा सकता है। गीता उनके जीवन को प्रभावित करने वाले तत्वों में से एक तत्व मात्र नहीं वरन् उनकी कार्यशीलता का मुख्य आधार थी। न ही यह किसी विद्वान् या मीमांसक की कृतिमात्र थी। यह एक साधक के अनुभवों एवं चिन्तन का निचोड़ थी, जिसका सम्पूर्ण जीवन समर्पण का जीवन था, जो राह टटोलती मानवता को ईश्वरीय गीत का सन्देश देना और जो मुमुक्षु को त्याग के निम्न स्तरों से उदात्त ऊँचाईयों तक उठाना चाहते थे जहाँ इच्छाएँ समाप्त हो जाती हैं, जहाँ योगी शान्त व निरन्तर ध्यान मग्न रहते है जबकि उनका शरीर व मस्तिष्क समाज के कल्याण का अभिवर्द्धन करने हेतु आवश्यक कर्त्तव्यों को पूरा करने हेतु सक्रिय रहते हैं।

उन्होंने गीता पर जो भाष्य लिखा वह गीता की व्यांख्या मात्र नहीं है। इसमें टिळक ने बतलाया है कि आध्यात्मिक स्वतंत्रता का सार इसमें नहीं है कि मनुष्य एकान्तवास करे और समाज के प्रति अपने कर्त्तव्यों को भूल जाए। उसके अनुसार गीता का उपदेश है कि व्यक्ति को स्वेच्छापूर्वक और निःस्वार्थ भाव से अपने कर्त्तव्यों का पालन करना चाहिए। कर्मयोग के अपने इस सन्देश में टिळक ने यजुर्वेद तथा उपनिषदों में प्रतिपादित कर्म के सिद्धांत का सामाजिक आदर्शवाद, लोकतांत्रिक नैतिकता तथा गतिशील मानवतावाद की आधुनिक भावना के साथ समन्वय करने का प्रयत्न किया है।[17] एक अर्थ में उनका कर्मयोग का सन्देश नया नहीं है। भारत में उसका प्रचार वैदिक युग से ही चला आया था किन्तु दीर्घकाल से देश उसे भूल चुका था। लोकमान्य टिळक ने प्राच्य तथा पाश्चात्य नीतिशास्त्र और तत्वशास्त्र का समन्वय करके उस सन्देश का नये ढंग से निरूपण और व्याख्या की। उन्होंने कर्मयोग के दर्शन के साथ अपनी तपस्या तथा ज्ञान का संयोग करके उसे एक नया अर्थ प्रदान कर दिया।

राष्ट्र को परम्पराबोध : कर्मशीलता का आह्वान

लोकमान्य ने राष्ट्र को अपने इतिहास और परम्परा की याद दिलायी जिससे लोगों को इस बात का भान हुआ कि स्वधर्म का अनुसरण कर, अपनी सभ्यता के मूल्यों के प्रति निष्ठावान होकर वे विदेशी सभ्यता की चुनौती का मुकाबला सफलतापूर्वक कर सकते थे एवं स्वयं अपने जीवन दर्शन के आधारों पर अपने लिए सार्थक जीवन का निर्माण कर सकते थे। भारत की आध्यात्मिक एकता व सांस्कृतिक परम्परा की श्रेष्ठता में सुदृढ़ विश्वास से टिळक ने राजनैतिक क्षेत्र में राष्ट्रीय एकता का आधार प्रस्तुत किया। वे राष्ट्रीयवासियों को दुर्दमनीय आशावाद से प्रेरित करना चाहते थे अतः भगवद्‌गीता के इस विचार का उल्लेख करते हुए कि मानव इतिहास व संकटापन्न परिस्थितियों में ईश्वर अवतार लेता है, टिळक ने कहा, ''विश्व में हिन्दू धर्म को छोड़कर अन्य किसी धर्म में ऐसा कल्याणकारी वचन नहीं दिया गया है कि ईश्वर जितनी बार हमें आवश्यकता होती है उतनी ही बार हमारे पास आता है।'' हिन्दू धर्म की आधारभूत एकता की चेतना को राष्ट्र की शक्ति का आधार बताते हुए उन्होंने कहा, ''हिन्दू धर्म अनेक अंगों के संयोग से बना है, वे अंग एक ही बड़े धर्म के बेटों और बेटियों की भाँति परस्पर आबद्ध और संयुक्त हैं। यदि हम इस विचार को ध्यान में रखें और सब वर्गों को एकीकृत करने का प्रयत्न करें तो हम उनको एक महान् शक्ति के रूप में संगठित कर सकते हैं।''[18]

हिन्दू दर्शन में मनुष्य की मुक्ति किसी की अनुकम्पा पर निर्भर नहीं है वरन् कर्म द्वारा उसे प्राप्त करना होता है। आध्यात्मिक दृष्टि से स्वतंत्र होने के लिए 'स्वतंत्र होने की इच्छा' अनिवार्य है। टिळक भारतीय राजनीतिक चिंतन में उस विचारसरणी का प्रतिनिधित्व करते थे जिसकी मान्यता थी कि यदि भारत को स्वतंत्र होना है तो क्रियाशीलता द्वारा समर्थित, स्वतंत्र होने की दृढ़ इच्छा होनी चाहिए। राजनेता को कर्मयोगी होना चाहिए, अवसरवादी नहीं। जीवन में टिळक का एक ही उद्देश्य था—भारत का सर्वतोभावेन उत्कर्ष है। इस

महान् कार्य की सिद्धि के लिए उन्होंने लोगों को कार्यशीलता एवं एकता के धर्म की शिक्षा दी। उन्होंने जीवन के प्रति तेजस्वी, कर्मठ व आत्मनिर्भर दृष्टिकोण की आवश्यकता समझायी। एक ऐसा दृष्टिकोण जो आत्म सम्मान जागृत कर सके क्योंकि आत्मसम्मान, प्रभावी कार्य व शाश्वत स्वशासन की आधारभूत नींव था। जो जनता निर्जीव और धराशायी हो गयी थी, उसमें वे प्रबल कर्मण्यता और दृढ़ आग्रह की भावना फूँक देना चाहते थे। इसके लिए उन्होंने 'लोगों के धार्मिक विश्वास की महानता व भारतीय इतिहास की शिक्षाओं की ओर निरन्तर ध्यान आकृष्ट किया।'[19] भारतीय जनमानस पर श्रीमद्भगवद्गीता का प्रयास सर्वाधिक व्यापक और प्रबल रहा है। वह वेदान्त का निचोड़ है। उसकी भिन्न-भिन्न प्रकार से व्याख्याएँ की गयीं है। लोकमान्य टिळक के जीवन में इस ग्रन्थ रत्न का विशेष स्थान था। उन्होंने गीता रहस्य अथवा कर्मयोग शास्त्र शीर्षक से इसका जो भाष्य प्रस्तुत किया है वह उनके अगाध पांडित्य एवं गहन दार्शनिक सूझ-बूझ का परिचायक है। राष्ट्रीय आन्दोलन में वे जिस गतिशीलता एवं तेजस्विता का संचार करना चाहते थे उसके लिए कर्मयोग की प्रतिष्ठापना अनिवार्य थी।

राष्ट्रनिर्माण की योजना–टिळक और विवेकानन्द में व्रत साम्य एवं विचार साम्य

स्वामी विवेकानन्द अपनी राष्ट्र निर्माण योजना में कर्मयोग की महत्ता को भली-भाँति स्पष्ट कर चुके थे। लोकमान्य ने भी गीता के सन्देश की व्याख्या कर्मयोग की सर्वोपरिता के रूप में ही की। इस बात के प्रमाण उपलब्ध हैं[20] कि ये दोनों विभूतियाँ वैचारिक धरातल पर अपने साम्य के कारण एक-दूसरे के निकट आयीं। भागवत और प्रधान ने अपनी कृति (लोकमान्य टिळक ए बायोग्राफी) में यह भ्रान्त मान्यता व्यक्त की है कि 'टिळक, विवेकानन्द को घनिष्ट रूप से नहीं जानते थे।[21] लोकमान्य टिळक की पूना में स्वामी विवेकानन्द से भेंट के दौरान दोनों महापुरुषों ने राष्ट्रोद्धार के लिये एक कार्यक्रम तैयार किया था और यह निश्चय किया था कि भारत में राष्ट्रवाद को एक प्रबल

शक्ति का रूप देने के लिये दोनों क्रमशः राजनैतिक व धार्मिक क्षेत्र में कार्य करेंगे। भारतीय राष्ट्रीय कांग्रेस के 1923 के गौहाटी अधिवेशन के अवसर पर पूना की चित्रशाला प्रेस से वासुका का जोशी ने, जो स्वामीजी और टिळक के वार्तालाप के समय उपस्थित थे, स्वामीजी के अनुज श्री बी.एन. दत्त को इसकी जानकारी दी थी।[22]

स्वामीजी के पूना प्रवास के दौरान, लोकमान्य के शब्दों में "मेरे प्रिय विषय श्रीमद् भगवद्गीता पर मैंने स्वामीजी से दो-तीन बार चर्चा की। गीता का सार व मर्म कर्मयोग है, ऐसी मेरे ही समान उनकी निष्ठा को देखकर मुझे परम सन्तोष हुआ।[23] 1901 ई. में अपनी दूसरी भेंट के दौरान दोनों ने भारत की राजनीतिक समस्याओं पर विचार विमर्श किया और वे इस निष्कर्ष पर पहुँचे कि राजनैतिक क्षेत्र में हमारी कार्यप्रणाली आत्म सहायता और निष्क्रिय प्रतिरोध के दर्शन पर निर्भर होनी चाहिये। यहाँ यह भी उल्लेखनीय है कि इस अवसर पर स्वामीजी ने टिळक को लोकशिक्षण हेतु संसार त्याग कर सन्यास धारण करने का आग्रह किया था जिसे उन्होंने इस आधार पर अस्वीकार कर दिया था कि वे गृहस्थाश्रम में रहकर भी यह कार्य भलीभाँति सम्पन्न कर सकते हैं।[24] स्वामीजी और टिळक दोनों ने भारतीय आर्य प्रजाति के पुनरुत्थान के लिये कार्य किया। टिळक के ग्रन्थ द्वय 'द ओरियन' और 'आर्कटिक होम इन द वेदाज़' साम्राज्यवादी भारतविदों की आलोचना के विरुद्ध वैदिक युग के रक्षण का देशभक्तिपूर्ण प्रयास था। स्वामीजी को अर्पित श्रद्धांजलि में टिळक ने उनकी महान् विद्वता, उत्साह और वाग्मिता की महत्वपूर्ण भूमिका को स्वीकार किया। टिळक ने यह स्पष्टतः कहा कि आचार्य शंकर ने सर्वप्रथम हिन्दू धर्म के प्रचार व सुदृढ़ीकरण का कार्य अपने हाथों में लिया। विवेकानन्द ऐसी ही दृष्टि वाले दूसरे व्यक्ति थे।[25]

राष्ट्रवाद सम्बन्धी धारणा का दार्शनिक आधार

लोकमान्य के राजनीति-दर्शन की कुंजी उनकी उन तत्वशास्त्रीय धारणाओं में निहित है, जिनका भव्य प्रकटीकरण न केवल 'गीता रहस्य' में

हुआ है वरन् उनका सम्पूर्ण चिंतन जिससे परिवेष्टित है। समकालीन और चिरन्तन समस्याओं का विश्लेषण और समाधान वे कतिपय नैतिक मूल्यों के निकष पर प्रस्तुत करते हैं। वे तत्कालीन राजनैतिक संघर्षों को कालजयी नैतिक मूल्यों के सन्दर्भ में देखते थे। यही कारण है कि स्वराज्य उनके लिये केवल राजनैतिक माँग नहीं थी वरन् इसका महत्व उन्होंने इहलौकिक व पारलौकिक जीवन की सार्थकता की दृष्टि से स्पष्ट किया। ईश्वरीय विधान व नैतिक मूल्यों में उनकी अडिग आस्था ही 1908 ई. में राजद्रोह मुकदमे में उनके विरुद्ध अत्यधिक पूर्वाग्रह युक्त निर्णय पर उनकी प्रतिक्रिया में प्रतिध्वनित हुई थी। यूनानी मनीषी सुकरात के अभियोग अभिभाषण की स्मृति दिलाने वाले लोकमान्य के शब्द अपनी दृढ़ निष्ठाओं व आस्थाओं के प्रतीक हैं।[26] उन्होंने स्वावलम्बन और स्वातंत्र्य का, अन्याय के प्रतिकार और निर्भय का जो सन्देश दिया, उसका आधार उनका आध्यात्मिक मानवतावाद था।' उनके चरित्र में जो दृढ़ता, आत्मत्याग की उच्च भावना, पैगंबर का सा उत्साह और श्रेष्ठ राजनैतिक उल्लास देखने को मिलता है उसका मूल स्रोत नैतिक व आध्यात्मिक विकास के नियमों में उनकी सुदृढ़ आस्था थी।[27]

कांग्रेस में नवोदित शक्ति का प्रतिनिधित्व करने वाले टिळक को निरन्तर व्यावहारिक राजनीतिक समस्याओं से जूझना पड़ा किन्तु विभिन्न विषयों से सम्बन्धित उनके लेखों में नैतिकता व आध्यात्मिकता मूल्यों की परमेष्ठता में विश्वास की अंतर्धारा स्पष्ट दिखाई पड़ती है। संवैधानिक व कानूनी आन्दोलन का अर्थ व प्रकृति जैसी सामयिक राजनीतिक समस्याओं का विश्लेषण करते हुए वे अन्तिम वास्तविकता की ओर प्रयाण करने के अपने रुझान का पर्याप्त प्रमाण प्रस्तुत करते हैं। महत्वपूर्ण और छोटे-मोटे विषयों पर उनके लेखों का अध्ययन करते समय उनके तर्कों व लहजे की दार्शनिक सूक्ष्मता पाठक से ओझल नहीं रह सकती। टिळक ने सदैव इस बात पर जोर दिया कि भारत के राजनैतिक संघर्ष का नैतिक आधार है। वे भारतीय परम्परा के प्रति बड़ा गौरव अनुभव करते थे जिसमें नैतिकता व्यष्टि और

समष्टि के जीवन की आधारशिला है। वे नैतिक मूल्यों पर लौकिक कानूनों की श्रेष्ठता को स्वीकार नहीं करते।

अपने जीवन के प्रारम्भिक दौर में टिळक उपनिषदों में वर्णित आध्यात्मिक जीवन के लक्ष्य के प्रति आकृष्ट हुए थे। नैतिक समस्याओं का विश्लेषण करते समय वे तीन भिन्न दृष्टिकोण का उल्लेख करते हैं–(1) भौतिकवादी (2) धर्मशास्त्रीय (3) आध्यात्मिक। वे भौतिकवादी दृष्टिकोण को अस्वीकार करते हैं क्योंकि उनका विश्वास था कि यांत्रिक नियतिवाद, भौतिकवाद की आखिरी स्थिति है। सम्पूर्ण राष्ट्र में नवीन चेतना का प्रसार करने हेतु उन्होंने जो धर्मयुद्ध प्रारम्भ किया, उसका तत्व शास्त्रीय आधार अद्वैत वेदान्त था। उन्होंने महान् वैदिक शिक्षाओं का पाठ पुनः पढ़ाया। राष्ट्र के निमित्त किए जाने वाले प्रत्येक कार्य को यज्ञ की संज्ञा प्रदान करते हुए उन्होंने बताया, 'चूँकि स्वयं वेदों ने यज्ञ करने का आदेश दिया है, अतः यज्ञ के उद्देश्य से किया गया कोई भी कार्य स्वयं मनुष्य के लिये बन्धन का कारण नहीं बन सकता।'[28] उनके अनुसार अद्वैत की तत्वमीमांसा में नैसर्गिक अधिकार व मानवीय समानता के राजनैतिक सिद्धान्त निहित हैं। उनकी ये धारणाएँ कि स्वतंत्रता मनुष्य की दैवी प्रकृति है और स्वराज्य आन्तरिक आत्म साक्षात्कार है, उनके वेदान्ती विचारों की द्योतक है। उनका यह अभिमत है कि चूँकि आत्मा सर्वोच्च वास्तविकता है और सभी मनुष्य पूर्ण तत्व में साझीदार हैं अतः सभी में एक समान स्वायत्त आध्यात्मिक अन्तःशक्ति है। इस कारण अद्वैतवाद स्वतंत्रता के सिद्धान्त की परमेष्ठता की शिक्षा देता है।

स्वतंत्रता की दैवीय प्रकृति कभी वार्धक्यग्रस्त नहीं होती। स्वतंत्रता मानव आत्मा का प्राण है जिसे वेदान्त परमात्मा के अभिन्न घोषित करता है। स्वतंत्रता अक्षय सिद्धान्त है। इस प्रकार टिळक के अनुसार स्वतंत्रता दैवीय गुण है। उसे सृजन की स्वायत्तशक्ति के समतुल्य माना गया है। स्वतंत्रता के बिना नैतिक और आध्यात्मिक जीवन सम्भव नहीं है। विदेशी साम्राज्यवाद राष्ट्र की आत्मा का हनन करता है, अतः टिळक ने ब्रिटिश साम्राज्य के विरुद्ध

संघर्ष किया। इस प्रकार उनकी दृष्टि से स्वतंत्रता के लिये राजनैतिक संघर्ष हेतु दार्शनिक आधार विद्यमान था।

राष्ट्रवाद वेदान्त का आनुषंगिक सिद्धान्त

वे राष्ट्र में आध्यात्मिक शक्ति और नैतिक साहस उत्पन्न करने के लिये वेदों तथा गीता के सन्देश को जनता के समक्ष रखना चाहते थे। उनके राष्ट्रीयता सम्बन्धी विचारों में यह रुझान भलीभाँति स्पष्ट हो जाता है। यद्यपि उनके राष्ट्रवाद पर पाश्चात्य राष्ट्रीय स्वतंत्रता और राष्ट्रीय आत्मनिर्णय के सिद्धान्तों का प्रभाव पड़ा।[29] किन्तु वह आत्मा की परम स्वतंत्रता के वेदान्ती आदर्श पर निर्भर था। यह नैतिक आदर्शवाद से ओतप्रोत है। टिळक के अनुसार–चूँकि वेदान्त का आदर्श राष्ट्रवाद के आदर्श से ऊँचा है इसलिये पहले आदर्श में दूसरा स्वाभाविक रूप से सम्मिलित है। दोनों के बीच साम्य स्थापित करना असम्भव नहीं है, यदि आप साम्य स्थापित करना जानते हों। एक में दूसरा उसी प्रकार सम्मिलित है जैसे हजार में पाँच सौ सम्मिलित हैं। दोनों आदर्शों में पारस्परिक संगति है और दोनों के लिये आत्म त्याग और आत्म निग्रह की अपेक्षा है। इसके अतिरिक्त दोनों के लिये एक ऐसी परोपकार की भावना की अपेक्षा है जो मनुष्य को स्वार्थ की अवहेलना करके ऐसे व्यक्तियों और आदर्शों के लिये कार्य करने के लिये प्रेरित करती है जिनमें स्वार्थ की तनिक भी गन्ध नहीं आती। यह भावना मानव जाति के लिये प्रेम की और ईश्वर के सम्मुख सब मनुष्यों की समानता की भावना है। वेदान्त तथा राष्ट्रवाद दोनों के आदर्श इसी भावना से शासित होते हैं।[30]

धर्म को राष्ट्रीयता का एक तत्व बताते हुए उन्होंने कहा कि वैदिक युग में भारत एक महान् राष्ट्र के रूप में संगठित था। उस एकता का लोप ही हमारी अधोगति का कारण बना। उन्होंने विचार व्यक्त किया कि धर्म ग्रन्थों के पठन-पाठन ने उत्पन्न वैचारिक एकता राष्ट्र को संगठित करने में समर्थ हो सकती थी क्योंकि वेद, गीता और रामायण के प्रति भक्ति हमारी सामान्य विरासत थी[31]

और उन्होंने विश्वास व्यक्त किया कि 'यदि हम विभिन्न सम्प्रदायों के साधारण भेदों को भूल जाएँ और अपनी समान विरासत को मूल्यवान समझें तो ईश्वर की कृपा से शीघ्र ही विभिन्न सम्प्रदायों को शक्तिशाली राष्ट्र के रूप में संगठित करने में सफल हो जाएंगे।।[32]

राष्ट्र एक ईश्वरीय सत्ता

बंकिम ने राष्ट्र की अवधारणा को एक आध्यात्मिक सत्ता की जो गरिमा प्रदान की और मातृभूमि का दैवीकरण करके सन्तानधर्म के रूप में जो कर्त्तव्य पथ निर्धारित किया, उसने देशभक्ति के आदर्श को दिव्यता से मंडित कर दिया था। लोकमान्य ने भी 'स्वदेश को ईश्वर का ही एक रूप'[33] बताते हुए, राष्ट्र के निमित्त सर्वोच्च त्याग व कष्टसहन पर बल दिया। सन्तान धर्म के व्रतों में सभी मोह बन्धनों का परित्याग करके सम्पूर्णतः मातृभूमि की सेवा में अर्पित होने पर जो बल दिया गया था, मातृभूमि के चिन्तन को ही अपनी सन्ध्या, त्रिसुपर्ण व ब्रह्मयज्ञ[34] मानने वाले टिळक के राष्ट्र सेवा के सिद्धान्त में भी इसी आदर्श की अनुगूँज सुनायी पड़ती है जब उन्होंने कहा कि 'हमारे नेताओं को अन्य सभी बातों को ठोकर मारकर स्वयं को पूर्णतः राष्ट्र की सेवा में समर्पित कर देना चाहिये[35] और उन्हें सलाह दी कि वे अहर्निश राष्ट्र के भविष्य के बारे में चिन्तन करें और स्वप्न देखें।[36] मातृभूमि के दैवीय स्वरूप की आराधना और उसकी सर्वतोमुखी उन्नति के लिये सभी संकीर्णताओं से ऊपर उठकर ''स्व के विचार का परित्याग कर, प्रयत्न करने का आह्वान स्वामी विवेकानन्द ने दिया, लोकमान्य ने वैयक्तिक रूप से अपरिमित कष्ट उठाकर अमरीकी गणतंत्र के संस्थापकों की भाँति ईश्वर में गहन आस्था रखते हुए अपना जीवन, अपना भाग्य व अपनी पवित्र प्रतिष्ठा उस कार्य के लिये अर्पित कर दी[37] और देशवासियों को याद दिलाया कि 'भारत हमारी मातृभूमि और देवता है तथा सभी देशवायियों से हमारा बंधुत्व का नाता है। अतः वस्तुस्थिति को ध्यान में रखकर हमारी राजकीय व सामाजिक स्थिति सुधारने हेतु एकनिष्ठा से अपने स्वार्थ पर ध्यान न देते हुए सतत परिश्रम करना ही हमार धर्म है।'[38]

राष्ट्रसेवा को परम पुनीत कार्य बताते हुए उन्होंने कहा कि प्रत्येक व्यक्ति को राष्ट्रकार्य रूपी गोवर्धन पर्वत को ऊँचा उठाने हेतु लकड़ी का सहारा लगाना चाहिये।[39] बंकिम और स्वामी विवेकानन्द की भाँति मातृभूमि की सेवा के व्रत को सर्वोच्च महत्व प्रदान करते हुए लोकमान्य ने स्पष्ट घोषणा की कि देश की स्थिति को सुधारने हेतु प्रयत्न करने वाले स्त्री, ब्राह्मण, शूद्र जो कोई भी देशकार्य करने हेतु आगे आएँगे उन्हें मैं देवतुल्य मानने को तैयार हूँ।'[40] बंकिम ने जिस प्रकार सर्वमंगलकारिणी माँ का यशोगान किया है[41] और उसके प्रति सन्तानों के कृतज्ञता भाव स्मरण दिलाया है और उसी प्रकार टिळक ने भी देशमाता को 'कामधेनु'[42] की संज्ञा दी और देशवासियों को विदेशी दासता के बन्धन तोड़ने के लिये सन्नद्ध होने का आग्रह करते हुए कहा कि 'इस कामधेनु को चारा डालने का अधिकार अपने हाथों में ले लें। इस कामधेनु के प्रसन्न होने पर आपका तो क्या वरन् आगे अनेक पीढ़ियों का उसके पुष्टिदायक दूध से कल्याण होगा। इस कामधेनु को भूलें नहीं, यही आँचल फैलाकर मैं आपसे माँग करता हूँ।[43] मनुष्य के सर्वोच्च पुरुषार्थ मोक्ष की सिद्धि उनके अनुसार अपने देश बान्धवों की निष्ठापूर्वक सेवा से ही सम्भव थी क्योंकि 'देश और ईश्वर में कोई द्वैत नहीं है और द्वैत मानने वाले लोग सभी प्रकार से धर्मभ्रष्ट हैं',[44] यह उनकी सुदृढ़ धारणा थी। सांसारिक कष्टों बन्धनों से मुक्ति प्राप्त करने हेतु हमारे यहाँ तपश्चर्या को आवश्यक माना गया है क्योंकि उसी से चित्तशुद्धि होकर विकारों का परिहार सम्भव है। परमपद की प्राप्ति की अभिलाषा रखने वालों से टिळक का कहना था कि मोक्ष की दृष्टि से देशभक्ति व देशकार्य के समान कोई तपश्चर्या उपलब्ध नहीं है।[45] उनकी मान्यता थी कि मोक्ष प्राप्ति के लिये संसार का त्याग करने की कोई आवश्यकता नहीं थी। इसका सर्वाधिक सुनिश्चित मार्ग सेवा ही थी।[46] उपर्युक्त विवेचन से स्पष्ट है कि टिळक प्रणीत राष्ट्रवाद का स्वरूप अन्तःप्रज्ञात्मक है। उसमें राष्ट्र के आधिभौतिक स्वरूप को महत्ता न देकर एक चेतन सत्ता के रूप में उसकी विशिष्टता का उद्घाटन किया गया है। इसमें क्षुद्र 'स्व' की परिधि से बाहर निकलकर राष्ट्र के रूप में

अवस्थित विराट की आराधना को श्रेयस्कर माना गया है। श्रेय व प्रेय की संसिद्धि राष्ट्र के कल्याण में स्वयं को अर्पित करने पर निर्भर है, ऐसा उनका मन्तव्य है। राष्ट्र के अभ्युदय हेतु वे सर्वस्वत्याग के लिये तत्पर व्यक्तियों के आविर्भाव को आवश्यक मानते हैं। राष्ट्रसेवा के विविध आयामों का स्वरूप उन्होंने धार्मिक प्रतीकों के माध्यम से स्पष्ट किया ताकि देशवासी इस कार्य के गांभीर्य को समझ सकें।

जनजागृति की दीपशिखा का प्रोमिथियस 'केसरी'[46]

टिळक ने अपने सार्वजनिक जीवन का प्रारम्भ इस निश्चय से किया था कि वे अपने देशवासियों में यह चेतना उत्पन्न कर दें कि वे अपने शासकों से किसी भी तरह हीन नहीं हैं। उन्होंने अपना स्वराज्य किसी ऐतिहासिक घटना या दुर्घटना के कारण भले ही खो दिया हो लेकिन उनके स्वराज्य के जन्मसिद्ध अधिकार को चुनौती नहीं दी जा सकती और उसे पुनः प्राप्त करने के लिए उन्हें अपने शासकों के समान बल्कि उनसे भी बढ़कर स्वयं को सुसज्जित करना चाहिए। दीन-हीन अवस्था से मातृभूमि का उद्धार विद्यार्थी जीवन से ही टिळक के मानस में सर्वोपरि विचार था। इस ध्येय की पूर्ति में ब्रिटिश सत्ता से अनवरत संघर्ष का उन्हें भली भाँति पूर्वाभास था।[46]

जनशिक्षण के साधन के रूप में टिळक व उनके साथियों ने 'मराठा' व 'केसरी' पत्र निकालने का निश्चय किया। इनके उद्देश्यों की घोषणा करते हुए 'केसरी' के प्रथम अंक[47] में ही तत्कालीन पत्रों की न्यूनताओं की ओर इंगित करते हुए लोकमान्य ने कहा कि वर्तमान पत्रों को न तो अपने उत्तरदायित्वों का पूर्ण रूप से भान है और न वे लोकशिक्षण के कार्य में कोई अभिरुचि लेते हैं। दूसरे, पत्रकारिता मिशन नहीं, व्यवसाय बन गया था और जनजागृति का यह अमूल्य साधन ऐसे लोगों के हाथों में पड़ गया था जो इधर-उधर के समाचार भर प्रकाशित करके अपने कर्त्तव्य की इतिश्री समझ लेते थे।[48] समाचार पत्रों की लोक कल्याणकारी भूमिका का उल्लेख करते हुए उन्होंने लिखा कि यदि वर्तमान पत्र अपना कार्य निष्पक्ष रूप से व निर्भीकता से करें तो सरकारी अधिकारियों पर उनका बड़ा दबदबा रह सकताहै।[49] उनके अनुसार रात्रि को

दीपक जलने के बाद रास्तों पर गश्त लगाने वाली पुलिस का जो उपयोग होता है वही उपयोग वर्तमान पत्रकारों की लेखनी का उचित रूप से क्रियाशील होने का है।[50] सरकारी अधिकारियों द्वारा अपने दायित्वों की भलीभाँति पूर्ति को जनकल्याण बताते हुए उन्होंने इसके लिए प्रेस की निगरानी को आवश्यक बताया क्योंकि तभी देशी राज्यों की प्रजा को पीड़ित करने वाले विविध अन्यायों व रिश्वतखोरी जैसे दूषणों पर रोक लग सकना सम्भव था। उनका कहना था कि ब्रिटेन में महारानी व प्रधानमंत्री से लेकर छोटे कर्मचारी तक, सभी के क्रियाकलापों पर समाचार पत्रों की निगरानी रहती थी और यही कारण था कि वहाँ के लोग यूरोप के अन्य देशों की अपेक्षा अधिक सुखी थे।[51] अन्त में इस घोषणा पत्र में कहा गया था 'साम्राजीय शासन के प्रारम्भ से ही चापलूसी व खुशामद की बुराईयाँ बढ़ती जा रहीं है और निश्चित रूप से प्रत्येक ईमानदार व्यक्ति स्वीकार करेगा कि हमारे देश के वास्तविक हितों की दृष्टि से वे हानिकारक हैं।[52] चूँकि जनसाधारण की अज्ञानता व उदासीनता ही शासन की स्वेच्छाचारिता को जन्म देती है अतः प्रत्येक निरंकुश शासन लोगों की अज्ञता में ही अपनी सुरक्ष अनुभव करता है। भारत में ब्रिटिश नौकरशाही ने प्रेस की स्वतंत्रता को मर्यादित करने का सदैव प्रयत्न किया क्योंकि उसके अनुत्तरदायी शोषणकारी स्वरूप का पर्दाफाश होने पर जन असन्तोष भड़कना स्वाभाविक था। राजा राममोहनराय द्वारा सन् 1823 में सपरिषद् राजा को प्रस्तुत की गई अपील में प्रेस व उसकी स्वतंत्रता के महत्त्व को भलीभाँति स्पष्ट किया गया था। टिळक ने राजनैतिक पराधीनता के विरुद्ध लोगों जागृत करना जीवनव्रत बना लिया था और 'केसरी' के माध्यम से उन्होंने जनसाधारण पर अपना व्यापक प्रभाव जमा लिया। यही प्रभाव लोगों में नवीन चेतना के उन्मेष के लिये उत्तरदायी था।[53]

'केसरी' का लक्ष्य अशिक्षित जनसाधारण की आवश्यकताओं की पूर्ति करना था, जिन्हें सामान्यतया इस बात की जानकारी नहीं होती कि उनके चारों ओर क्या हो रहा है? अतः सामाजिक, राजनैतिक आर्थिक व नैतिक मसलों पर लेख लिखकर उनके दैनंदिन जीवन से सम्बन्धित विषयों की जानकारी प्रदान करने का टिळक ने प्रयास किया। दूसरी ओर 'मराठा' समाज

के अपेक्षाकृत अधिक प्रगतिशील वर्ग से सम्बन्धित था, जिन्हें महत्वपूर्ण सामायिक विषयों पर सन्तुलित चिन्तन के लिए सामग्री प्रदान की जाती थी। 'केसरी' में प्रकाशित लोकमान्य के लेख जनसाधारण के हृदय में उतर जाते थे। हर सम्भव जनहितपूर्ण कार्य का वे समर्थन करते थे जिससे लोगों में शक्ति की अनुभूति और संघर्ष का नवीन जोश उत्पन्न होता था।

टिळक के समय में 'केसरी' और लोकमान्य पर्यायवाची हो गए थे। 'केसरी' राष्ट्रीय संघर्ष का गढ़ रहा है। बहुत से दूसरे पत्र नौकरशाही दमन, राजद्रोह के मुकद्दमों, भारी जुर्मानों और जमानतों के दबाव के कारण समाप्त हो गए और 'केसरी' चमत्कारिक रूप से बचा लिया गया। टिळक ने अपने विचारदर्शन और सन्देश के वाहक को अधिकाधिक लोकप्रिय बनाने का भरसक प्रयत्न किया। इसलिए उन्होंने इसका बड़ा ध्यान रखा कि 'केसरी' सस्ता हो और क्लर्क, छोटे दुकानदार, मोफलिस के वकील के साथ ही गाँव ही शाला के अध्यापक, वनरक्षक और मुखिए की पहुँच के भीतर हो। इस दृष्टि से कहा जा सकता है कि 'यदि दर्शन को स्वर्ग से धरती पर लाने का श्रेय बेकन को है तो राजनीति को सिद्धान्तों की गुफा से बाहर निकलकर जनसाधारण तक लाने का श्रेय टिळक को है।'[54] व्यापक प्रसार व जनशिक्षण के लक्ष्य ने इसकी शैली निश्चित कर दी। अपने सहयोगियों को उनके जो निर्देश थे, उनसे उनकी सीधी किन्तु प्रभावी शैली का पता लगता हैं। उनका कहना था–"कल्पना करें कि आप एक ग्रामीण से बातें कर रहे हैं। विश्वविद्यालयों के लोगों के लिए नहीं लिख रहे हैं। न कोई संस्कृत के उद्धरण और न भयभीत करने वाले आँकड़े। पाठक को आँकड़े देकर नहीं डरायें। जो कुछ आप कहे दिन के प्रकाश की तरह स्पष्ट होना चाहिए।'[55] स्पष्ट है कि लोकशिक्षण के लिए समर्पित सम्पादक के रूप में वे सर्वप्रथम जनता तक पहुँचे।[56] टिळक ने क्रियाशीलता एवं एकता के नये धर्म का सन्देश 'केसरी' के माध्यम से दिया। अपने देशवासियों को देशप्रेम की दीक्षा प्रदान करना उनका लक्ष्य था ताकि शक्तिशाली ब्रिटिश नौकरशाही के विरूद्ध महान् संघर्ष के लिए उन्हें तैयार किया जा सके। उनकी स्पष्ट धारणा

थी कि 'केसरी' को सब कहीं पीड़ितों के पक्ष का समर्थन हर जगह अन्याय के विरूद्ध संघर्ष करना था। उसे सभी स्थानों की सार्वजनिक शिकायतों का अध्ययन करना व अत्याचारी अधिकारियों की पोल खोलनी थी। इस प्रकार वे 'केसरी' को जनसामान्य का दुर्जात (कठिनई में साथ देने वाला) बन्धु बनाना चाहते थे। लोकमान्य ने इसके माध्यम से लोगों में राष्ट्रीय चेतना का शंख फूँकने के साथ-साथ सभी प्रकार की बुराइयों पर निर्मम प्रहार किया। प्रो. पी.एम. लिमये के अनुसार– ''अंग्रेजों का राजनीतिक प्रभुत्व और ब्राह्मणों का सामाजिक प्रभुत्व, विदेशी पूँजीपतियों द्वारा देश का विनाश, महाजनों द्वारा किसानों का शोषण, हिन्दू विधवाओं के कष्ट और अछूतों की तकलीफें, श्वेत प्रजाति (अंग्रेजी) का अहंकार...अतीत का अन्ध गौरवगान और वर्तमान का मूर्खतापूर्ण दैवीकरण, ये सभी बातें उनकी आलोचना के तीखे बाणों का शिकार हुईं।[57]

'केसरी' के लक्ष्य को पूरा करने में लोकमान्य को अनेक कठिनाइयों का सामना करना पड़ा। लोगों ने देशी भाषा में पत्र निकालने से उन्हें हतोत्साहित किया। उसके लिए उन्हें नवीन भाषा गढ़ने[58] के अलावा राजकीय विषयों के बारे में परिभाषिक शब्दावली बनानी पड़ी क्योंकि उनके शब्दों में, पुरानी मराठी में भक्ति और वेदान्त थे। वीरकाव्य गायकों ने उसमें वीर रस भर दिया किन्तु राजनैतिक मामलों की गम्भीर चर्चा, वाद-विवाद, उपहास और व्यंग्यविनोद आदि सभी बातों के लिये मुझे नवीन भाषा का निर्माण करना पड़ा।[59] 'केसरी' के प्रति उन्हें अगाध निष्ठा थी इसलिए अन्य पत्रों के सम्पादकों द्वारा विभिन्न प्रसंगों पर टिळक से लेख की माँग करने पर वे सदैव ठुकरा देते थे। उनकी यह स्पष्ट धारणा थी कि अपने पत्र को छोड़कर दूसरे पत्र में लेख लिखना' निपट सम्पादकीय व्यभिचार है।[60]

टिळक का सम्पादन कार्य उनके नेतृत्व के समान ही आग्नेय था। वे भारत में नवीन चेतना के व्याख्याता थे। उनमें एक महान् पत्रकार के प्रमुख गुण विद्यमान थे जैसे–पठनीयता, वैयक्तिकता और साहस। उन्होंने अपने प्रकाण्ड

पाण्डित्य का साहसपूर्वक प्रयोग किया। उनकी दंश मारने वाली टिप्पणियाँ, उनकी गुंजायमान सूक्तियाँ, उनकी निःस्वार्थ सेवा व निष्कलंक देशभक्ति एवं उनके लेखों में अवज्ञा के स्वर, इन सभी ने भारतीय पत्रकारिता में उन्हें अद्वितीय स्थान प्रदान कर दिया।[61] उनके लेख अविचलित रूप से सदैव ही साफ खरे और उग्र होते थे। उन्हें किसी भी साहित्यिक पॉलिश और लाग-लपेट से घृणा थी। उनकी रचनाओं में "अगर", "जब", यद्यपि जैसे शब्दों के लिए गुँजाइश नहीं थी। उनमें अकाट्य तर्क निहित होते थे। इन लेखों से 'आज भी किसी आश्रम, किसी एकेडेमी, गायन या नृत्यकक्ष का नहीं अपितु युद्ध के मैदान का स्मरण हो जाता है। टिळक की लेखनी से निकले और सीधे और पैने शब्द हवा में सनसनाते हुए तीरों की तरह निशाने पर लगते थे। वे ऐसे ही लेखों से लोगों में आत्मसम्मान, आत्मनिर्भरता व आत्मविश्वास की भावना जागृत करने की आशा रखते थे।'[62]

'केसरी' ज्ञात दुःख लोकमान्य का प्रयत्नसंवर्धित लोकहितैषी समाचारपत्र था जिसने उत्सिक्त नौकरशाही को अच्छी तरह खबर ली। लौकहितैषणा की उसकी निरन्तर साधना ने ही उसे एक संस्था का रूप दे दिया और जनसाधारण के सुख दुःख से एकाकार हो जाने की टिळक की विशाल हृदयता ने ही उन्हें 'लोकमान्य'[63] बनाया। अपने चतुर्दिक राजनैतिक वात्याचक्र के प्रति कर्मयोगी की भाँति स्थितप्रज्ञ रहने वाले टिळक 'सिंहगढ़ के नीचे गहरी घाटी में आधे छिपे हुए देहातों और उनकी तकलीफों, आशाओं व घटती-बढ़ती खुशहाली का वर्णन इस प्रकार करते थे जैसे उनके पशुओं और चावल से बढ़कर अन्य कोई विचार उनके मस्तिष्क में नहीं था।'[64] वे अपने देशबान्धवों से किस प्रकार एक रूप हो चुके थे, इसका प्रमाण 1908 ई. में देश निर्वासन की सजा मिलने के पश्चात् साबरमती जेल में उन्हें साधारण कैदियों की पोशाक और खाना दिए जाने पर उपस्थित लोगों की आँखें भर जाने पर, उनके द्वारा व्यक्त की गई प्रतिक्रिया में मिलता है।[65] मांडले कारावास से लौटने के पश्चात् राजनैतिक क्रियाकलाप का परित्याग कर नीति और

तत्वज्ञान जैसे विषयों पर ग्रन्थ लेखन में अपना समय व्यतीत करने का परामर्श देने वाले मित्रों से उनका यहीकहना था कि यदि जेल से बाहर रहकर भी लोकहित का कार्य नहीं करें तो फिर जन्म भर जेल में रहने में क्या बुराई?[66] टिळक के जीवन का एकमात्र उद्देश्य था भारत का सर्वतोभावेन उत्कर्ष और इसके लिए उन्होंने 'राष्ट्र की सामान्य इच्छा के राजनैतिक स्वीकरण की चेतना को पोषित[67] करने के साथ ही उसे सतत व शक्तिशाली रूप से कार्य करने वाले संगठन में परिवर्तित करने पर बल दिया।[68] 'केसरी' के माध्यम से उन्होंने लगभग चार दशकों तक नैसर्गिक अधिकारों, राजनीतिक स्वतंत्रता और न्याय का सन्देश घर घर पहुँचाया। वे ब्रिटिश साम्राज्यवाद के विरूद्ध उठ खड़े होने वाले प्रथम भारतीय जननेता थे[69] जिन्होंने जनता को स्वाधीनता की भावना से उत्प्रेरित किया और उसे अपनी शक्ति पहिचानने के लिए ललकारा। कतिपय नेताओं द्वारा टिळक को व्यंग्य में 'तेलियों और पनवाड़ियों का नेता' कहने में भले ही उनका तिरस्कार भाव झलकता हो किन्तु यह टिळक की लोकाधारिता रीति-नीति का स्वयंसिद्ध प्रमाण है। टिळक के दृढ़ निश्चय, सरकार की नाराजगी का सामना करने में उनके पूर्ण आत्म विश्वास, उनके समस्त क्रियाकलापों में 'स्व' के प्रति पूर्ण उदासीनता ने लोगों का ध्यान आकृष्ट किया। उन्होंने भारतीयों को स्वशासन की दिशा में छोटी-मोटी रियायतें देने हेतु नहीं वरन् मातृभूमि को विदेशी दासता के जुए से मुक्ति दिलाने हेतु राजनैतिक क्रियाकलापों की चेतना जागृत की। इस प्रकार के अन्याय के प्रतिकार और अपने अधिकारों की रक्षा हेतु लड़ने का आह्वान करते हुए उन्होंने कहा–यदि हम अन्याय और सरकार की स्वेच्छाचारिता के दृश्य देखकर भी चुपचाप बैठे रहें तो हम मानव कहलाने योग्य नहीं हैं।'[70]

विदेशी शासन के दुष्परिणामों का विवेचन

विदेशी शासन की आसुरी माया से वे कभी सम्भ्रमित नहीं हुए। तथाकथित 'श्वेत मानव के बोझ' के मुखौटे के नीचे छिपी हुई साम्राज्यवादी शासन की वास्तविकता को उन्होंने भलीभाँति समझ लिया था। इसलिए

ब्रिटिश शासन की नियामतों के गुणनुवाद को वे आत्म गौरवहीनता की पराकोटि के रूप में देखते थे। महारानी विक्टोरिया की घोषणा के परिपालन में नौकरशाही पूर्णतः असत्यसन्ध सिद्ध हुई थी। टिळक में वह दुर्लभ नैतिक साहस था कि लिटन से लेकर कर्जन तक निरकुशता के कीर्तिमान स्थापित करने वाले विदेशी साम्राज्यवाद का 'जफरनामा'[71] उन्होंने दुःखी देशवासियों के सम्मुख निडरता से प्रस्तुत किया। केसरी में 1 जून 1908 को ''पापकृत्यों का अध्याय'' शीर्षक से प्रकाशित लेख में उन्होंने नैतिक, आर्थिक व राजनैतिक दृष्टि से विदेशी शासन के दुष्परिणामों का विश्लेषण किया था। उनके अनुसार विदेशी शासन की परिणित पुरातन स्वराज्य के लोप व शासक वर्ग की अहम्मन्यता में हुई थी। व्यापार व उद्योग धन्धों का विनाश तथा भारी करों का बोझ, आर्थिक क्षेत्र में इसके प्रसाद थे और साहस, क्षमता व आत्मविश्वास जैसे गुणों को नष्ट करके इसने नैतिक दृष्टि से राष्ट्र को पंगु बना दिया था। इसलिए प्रत्येक दृष्टि से यह शासन एक 'अप्रशमित बुराई' था।[72] विदेशी शासन की विभिन्न प्रच्छन्न व प्रकट बुराईयाँ जो राष्ट्र को निःसत्व बना रही थीं–उनके प्रतिकारात्मक उपाय के रूप में लोकमान्य ने देश में स्वराज्य की चेतना के व्यापक प्रसार को आवश्यक माना। उनके अनुसार स्वराज्य न केवल हमारे लुप्त गौरव की पुनर्प्राप्ति वरन् भावी उन्नति की आधारशिला के रूप में कार्य करेगा, यही भावना राष्ट्र को गतिशीलता प्रदान करने में समर्थ हो सकती थी।

'स्वराज्य' के आध्यात्मिक और राजनैतिक पहलुओं की उन्होंने विस्तृत रूप से व्याख्या की किन्तु इस दिशा में वास्तविक प्रगति की पूर्व आवश्यकताएँ थीं–समाज के सभी वर्गों में एकानुभूति और आत्मगौरव की भावना, मातृभूमि के लिए त्याग व कष्टसहन की तत्परता व कठिनाईयों से जूझने की क्षमता। लोकशक्ति की मारूति मनस्थिति[73] की धुन्ध को दूर करना आवश्यक था तभी जनसाधारण स्वराज्य के मार्ग में बाधास्वरूप नैराश्य व असहायता के सागर को लाँघ सकते थे। टिळक ने एक सच्चे जननायक की दूरदृष्टि से इस कठिनाई के निवारण के लिए उर्वर कल्पना शक्ति का परिचय देते

हुए 'गणेश' और 'शिवाजी' उत्सवों के आयोजनों द्वारा लोगों में स्वराज्य प्राप्ति की ललक जागृत करने वाली मानसिकता का निर्माण करने में सफलता प्राप्त की। स्वराज्य की आकांक्षा को बलवती बनाने हेतु दीर्घकाल से प्रचलित गणेशउत्सव का सार्वजनिक उत्सव में रूपान्तरण और शिवाजी उत्सव का श्री गणेश भारतीय जनता के मनोवैज्ञानिक गठन को समझने में उनकी गहरी सूझबूझ के परिचायक थे। 'केसरी' में उन्होंने विभिन्न लेखों के माध्यम से उत्सव द्वय के सैद्धान्तिक आधारों का सुविस्तृत रूप से निरूपण किया।

राष्ट्रीयता की सौंधी महक : उत्सव द्वय

गणपति और शिवाजी उत्सवों का प्रारम्भ राष्ट्रीय आन्दोलन के इतिहास में एक 'महत्वपूर्ण सीमाचिह्न'[74] कहा जा सकता है। निस्सन्देह टिळक का उद्देश्य धार्मिक प्रवृत्तियों एवं ऐतिहासिक परम्पराओं का लोगों में देशभक्ति व राष्ट्रीय चेतना उत्पन्न करने हेतु प्रयोग करना था। उन्हें यह भी आशा थी कि लोकप्रिय आधार पर संगठित ये उत्सव जनसाधारण और प्रबुद्ध वर्ग को निकट ला सकेंगे। इन उत्सवों का उद्देश्य 'लोगों के मन में प्रबल पौरुष, संगठित अनुशासन और स्वदेश प्रेम के भाव बिठाना था।'[75] ये उत्सव कांग्रेस व कॉन्फ्रेन्सों जैसे विशिष्ट प्रकार के राजनैतिक संगठनों से असम्पृक्त जनसाधारण के काफी बड़े वर्ग में राष्ट्रीय भावनाएँ जागृत करने और राजनैतिक चेतना का संवर्धन करने में बहुत सहायक सिद्ध हुए। उत्सवद्वय के सैद्धान्तिक आधारों का विवेचन करने से पूर्व गणेश उत्सव की तात्कालिक प्रेरणा एवं आयोजन के स्वरूप की चर्चा करना अप्रासंगिक न होगा।

गणेशोत्सव

गणपति उत्सव में नवजीवन का संसार करके टिळक ने लोगों के धर्मोत्साह को राजनैतिक उद्देश्यों के लिए प्रयुक्त करने का प्रयत्न किया। हिन्दुओं के सर्वाधिक लोकप्रिय देवता गणेश के सम्मान में मनाया जाने वाला यह उत्सव पेशवाओं के युग में महाराष्ट्र में बड़े पैमाने पर और ठाट-बाट से

मनाया जाता था किन्तु अंग्रेजी शासन की व्यवस्था के पश्चात् इसकी प्रभा फीकी पड़ गई। सन् 1893 में मुसलमानों ने महाराष्ट्र में अनेक स्थानों पर बहुत मामूली कारणों से या अकारण ही दंगे करके हिन्दुओं के आत्मसम्मान पर चोट की थी। टिळक और उनके सहयोगियों ने हिन्दू समाज को साम्प्रदायिक उन्माद का सफलतापूर्वक सामना करने में समर्थ बनाते हेतु ऐसे उपायों के बारे में चिन्तन किया जो समाज (हिन्दू) के विभिन्न वर्गों में एकता की भावनाओं को पोषित कर सकें। गणपति उत्सव में उन्हें हिन्दू समाज को संगठित बनाए रखने की संभावना दिखायी पड़ी।

महाराष्ट्र में गणेश उत्सव तब घरों में अलग-अलग रूप से मनाया जाता था। टिळक व उनके सहयोगियों ने यह निश्चित किया कि इस उत्सव को ऐसा सार्वजनिक रूप दे दिया जाय ताकि इसमें अधिकाधिक संख्या में लोग सम्मिलित हों। यह भी निश्चित किया गया कि यह उत्सव दस दिन तक चले और लोगों को बौद्धिक, सांस्कृतिक, सामाजिक तथा धर्म सम्बन्धी ज्ञान एवं मनोरंजन उपलब्ध कराने के लिए भाषणों, कीर्तनों, नाटकों व गायक मंडलियों की व्यवस्था की जाए।

गणेश उत्सव में प्रसार भाषणों की तरह क्रमबद्ध से विभिन्न विषयों पर भाषण होते थे और वेदों, ब्राह्मण ग्रन्थों, उपनिषदों, रामायण एवं महाभारत जैसे ग्रंथों तथा सन्तों व जनत्राताओं की रचनाओं के अध्ययन अथवा उन पर विचार-विमर्श का अवसर प्राप्त होता था। इस प्राचीन उत्सव के पुनर्जीवन के प्रयास में 'टिळक और उनके सहयोगियों की विलक्षण सूझ-बूझ और संगठन शक्ति गणेश उत्सव को जनता के बौद्धिक, साँस्कृतिक व कलात्मक उन्नयन के लिए एक राष्ट्रीय जनवादी आन्दोलन में परिणत कर देने में निहित थी।'[76] एशियाई राष्ट्रवाद के हाल ही के एक विश्लेषण में अमरीकन लेखक विलियम हॉलैंड ने मत प्रकट किया है कि 'भारत में धर्म ने एक महत्वपूर्ण भूमिका अदा की है जहाँ राष्ट्रीय आन्दोलन हिन्दू पुनरुत्थानवाद की विशिष्टता से युक्त था। सभी साम्राज्यों की भाँति ब्रिटिश सत्ता ने राजनैतिक सम्मेलनों का तो दमन

किया किन्तु धर्म के बारे में उन्होंने तटस्थता की नीति अपनाई। इसने एक बचाव का रास्ता प्रदान कर दिया, जिसका टिळक जैसे राष्ट्रवादियों ने अपने उद्देश्यों के लिए भरपूर प्रयोग किया। गणेश उत्सव का पुनः प्रवर्तन इसका विशिष्ट उदाहरण है।'[77] गणेश उत्सव की महत्ता को स्पष्ट करते हुए टिळक ने कहा कि ऐसे अवसरों पर हम प्रेरणा स्रोत के जल का पान करने और कर्त्तव्य के लिए कर्त्तव्य की शिक्षा ग्रहण करने हेतु समवेत होते हैं। उनके अनुसार उत्सव का उद्देश्य 'देश के कल्याण के निश्चय को दोहराना'[78] था। उत्सवद्वय के आधारभूत सैद्धान्तिक आयामों की विवेचना उन्होंने समय समय पर इनके उद्देश्यों पर प्रकाश डालते हुए इनके सम्बन्ध में उठाई गई आपत्तियों का उत्तर देने के सिलसिले में की।

उत्सव लोकशिक्षण के माध्यम

भारतीय जीवनपद्धति में उत्सवों का विशिष्ट स्थान है। टिळक के अनुसार हमारी धर्म बुद्धि को जागृत रखने, हमारे नैतिक राजनैतिक जीवन को पुष्टि प्रदान करने व हमारे राष्ट्रवाद की ज्योति सदैव प्रज्ज्वलित बनाए रखने हेतु हमारे पूर्वजों ने उत्सवों की योजना प्रारम्भ की है।[79] हमारी धर्म श्रद्धा से उद्भूत इन उत्सवों के अवसर पर आबाल-वृद्ध सभी को नैतिक, सामाजिक व राजनैतिक प्रशिक्षण सहज़ रूप से देना सम्भव था, फलतः इनके आयोजन से राष्ट्र जीवन में उत्तमोत्तम विचार एवं मनोवृत्ति परिपुष्ट हो जाते हैं,[80] ऐसी उनकी मान्यता थी। उन्होंने विश्वास व्यक्त किया कि यूनान में राष्ट्रीय महोत्सवों ने जो कार्य सम्पन्न किया, यज्ञ महोत्सवों से हमारे पूर्वजों को जो लाभ हुआ, इन उत्सवों से हम भी वैसे ही लाभान्वित हो सकेंगे।[81] उनका विचार था कि प्रत्येक क्षेत्र में राष्ट्र की उन्नति हेतु विद्यमान प्रधान साधनों में उत्सव न केवल एक उत्तम साधन हैं अपितु लोकशिक्षण के क्षेत्र में मर्यादित उपयोग व लाभ वाले वर्तमान समाचार पत्रों की तुलना में वे इस कार्य को श्रेष्ठतर रूप में कर सकते हैं।[82]

ऐक्य वृद्धि के साधन

एकता किसी भी सामूहिक प्रयास की प्रथम आवश्यकता है। इसके

जहाँ कतिपय भौतिक आधार हैं वही मनोवैज्ञानिक आधार निर्णायक भूमिका अदा करते हैं। पारस्परिक ऐक्य की वृद्धि के अनेक साधनों में 'एक उपास्य देव', टिळक की दृष्टि में महत्वपूर्ण साधन था।[83] महारानी विक्टोरिया द्वारा सत्ता का अधिग्रहण करने के पश्चात् भारत के विभिन्न प्रदेशों के लोगों में हुए एक राष्ट्रीयत्व की चर्चा करते हुए वे एक उपर्युक्त प्रश्न उपस्थित करते हैं–क्या एक ही प्रान्त के निवासियों द्वारा साल में एक बार दस दिनों तक ही देवता की पूजा में संलग्न होने पर उनमें एकता की वृद्धि नहीं होगी?[84] उनके अनुसार एक धर्म, एक राजा और एक भाषा ये राष्ट्रत्व के मुख्य अंग हैं।[85] एकता की दिशा में जो प्रगति अंग्रेजी शासन में हुई थी, धार्मिक उपास्य देवता के एक होने से गति तीव्रतर होने की सम्भावना थी।[86]

उन्होंने स्पष्ट किया कि हिन्दू धर्म में त्यौहारों की कमी हो, ऐसा नहीं है किन्तु उनमें से एक दो त्यौहारों को छोड़कर शेष सभी लोगों द्वारा अपने-अपने घरों में मनाए जाने के कारण, उनसे जितना सार्वजनिक लाभ होना चाहिए उतना होता नहीं है। गणपति उत्सव इस दृष्टि से अलग था। इसके माध्यम से एक प्रान्त के समस्त हिन्दू लोग (साली, माली, सुनार, रंगरेज, ब्राह्मण' व्यापारी आदि) अपना जाति मत्सर छोड़कर एक हृदय व धर्माभिमान से परस्पर घुलमिल जाते थे,[87] एक देवता की उपासना में तन्मय हो जाते थे। अतः उन्होंने विश्वास व्यक्त किया कि ईसाई व इस्लाम धर्म में सार्वजनिक प्रार्थना की पद्धति से जो लाभ है वही लाभ गणपति उत्सव को सार्वजनिक रूप से मनाने में निहित था।[88] जब लोग सार्वजनिक उपासना के उद्देश्य से परस्पर निकट जाते हैं तो उनके मानस एक विशेष रूप से ढ़ल जाते हैं एवं उनमें सभी सह उपासकों के लिए भ्रातृभाव का विकास होता है।[89] इस मान्यता को स्पष्ट करते हुए उन्होंने बताया कि जब हृदय और मस्तिष्क संस्कृति की एक अवस्था विशेष प्राप्त कर लेते हैं तब उन्हें दूसरे प्रयोजनों के लिए भी आसानी से प्रयुक्त किया जा सकता है। जो व्यक्ति अपने धर्म के प्रति गौरवभाव अनुभव नहीं कर सकता, उसे देशाभिमान की अनुभूति कैसे हो सकती है? इसी रूप में धर्म व राष्ट्रीयता

परस्पर सम्बद्ध हैं।[90] यही कारण था कि टिळक ने जनता के शिक्षित और विचारशील वर्गों से आग्रह किया वे गणेश उत्सव जैसे त्यौहारों को पुनजीर्वित करने में और उनके द्वारा जनसाधारण को धीरे-धीरे दृढ़ता से सामूहिक जनकल्याण के देशभक्ति पूर्ण मार्ग पर निर्देशित करने में सहायता दें।[91]

संस्कारशीलता के वाहक

किसी महत्वपूर्ण कार्य की सम्यक् रीति से पूरा करने के लिए तदनुकूल मानसिकता आवश्यक होती है। विकारग्रस्त मन की प्रवृत्ति वासनाओं के वृत से बाहर निकलने की नहीं होती। इस दृष्टि से उत्सव उपयोगी हैं क्योंकि उनसे 'चित्तशुद्धि' होती है।[92] टिळक के अनुसार किसी देवता की सभी लोगों द्वारा एकनिष्ठा से आराधना करने से ही उपासकों के मन में एक प्रकार का रुझान समाविष्ट हो जाने से उनमें उपासक बंधुत्व की बुद्धि जागृत हो जाती है। मन व बुद्धि इस भाँति संस्कारित हो जाते हैं। स्वधर्म व स्वराष्ट्र के श्रेष्ठत्व की अनुभूति अन्योन्याश्रित हैं।[93] हेय प्रवृत्तियों की दासता से मुक्ति राष्ट्रोत्थान के कार्य में संलग्न होने हेतु आवश्यक है। इस सन्दर्भ में उनका कहना था कि मनुष्य की महत्ता विदेशी शक्तियों व प्रकृति की चुनौती के विरूद्ध सफल संघर्ष करने में, और प्रगति, प्रकृति के सर्वव्यापी यांत्रिक कानूनों को नैतिक व आध्यात्मिक वृद्धि के कानूनों से सम्पूरित करने में निहित है।[94] धार्मिक उत्सव इस दिशा में अग्रसर होने में मनुष्य की सहायता करते हैं। वे उनमें एक चेतना को जन्म देते हैं क्योंकि उनके साथ पवित्रता व समर्पण का भाव जुड़ा रहता है।

उत्सवप्रियता मानवीय प्रकृति का अंग

सुख व उल्लास की खोज मानव की चिरन्तन खोज है। उसकी प्रत्येक चेष्टा जीवन को उल्लासमय बनाने की इच्छा से प्रेरित होती है। उसकी कलाप्रियता व सौन्दर्यप्रियता भी इसी की अभिव्यक्ति है। विभिन्न पर्व, उत्सव आदि जीवन में मृदुलता व सरसता का संचार करते हैं। टिळक के अनुसार 'मानव प्रकृति ही ऐसी है कि हम उत्सवों के बिना नहीं रह सकते। उत्सवप्रिय

होना मानव स्वभाव है। त्यौहार बीते दिनों की स्मृतियाँ को बनाए रखने के लिए मनाए जाते हैं।[95] सुख संवर्धन में त्यौहारों का महत्व बताते हुए उन्होंने कहा कि दुखःमय संसार यात्रा में थोड़ा सा सुख अनुभव करने हेतु तथा सांसारिक मसलों में मग्न हुए मन को कुछ क्षणों के लिए पारमार्थिक शान्ति लाभ कराने हेतु धार्मिक महात्सवों जैसा अन्य कोई साधन नहीं है।[96] देश की पराधीनता की कराल छाया से भारतवासी सुख व आनन्द के अवसरों से वंचित हो चुके थे क्योंकि 'अधिकार पराये लोगों के हाथ में था व राज्यलक्ष्मी परायों का आलिंगन किए हुए थी। वे ही सुखोपभोग करते थे और बूद्धू की भाँति खड़े होकर उन्हें देखना ही हमारे भाग्य में बदा था।'[97] राष्ट्रीय जीवन में उत्सवों का महत्व इस कारण निर्विवाद है कि जिस राष्ट्र को वर्ष में आठ-दस भी सात्विक उत्साह प्रदर्शित करने का अवसर नहीं मिलता, भक्तिपूर्वक अपने देवताओं के पद गाने व तल्लीनता से सुनने का मौका नहीं मिलता, ऐसे राष्ट्र पूर्णतः धूल में मिल चुके हैं यही समझना होगा,[98] ऐसी टिळक की मान्यता थी।

पराधीनता के कारण विषादमय जीवन व्यतीत करने को विवश जिसमें कैदियों की भाँति दिन भर खटना, मात्र अंग ढ़कने हेतु जैसे तैसे वस्त्र पहिनना और अस्थि व चर्म का सम्बन्ध बनाए रखने लायक भोजन पा लेना'[99] भारतवासियों की नियति बन चुकी थी। स्वतंत्रता की विलुप्ति के कारण पुरातन शौर्य की गाथा स्मरण करने पर आँखों को अश्रुसिक्त बना देने वाला महाराष्ट्रवादियों के लिए अत्यंत उल्लासजनक त्यौहार दशहरा भी उद्वेगजनक बन चुका था।[100] व्यापार के डूब जाने से दीपावली का त्यौहार भी निरर्थक और विषादमय प्रतीत होता था।[101] दासता के इस सर्वव्यापी विनाशकारी परिणाम के संदर्भ में लोकमान्य का कहना था कि 'राजकीय व औद्योगिक क्षेत्र में विदेशी सत्ता द्वारा वैराग्यभावना धारणा करने हेतु विवश किए जाने के कारण राजकीय व औद्योगिक महोत्सवों के अवसर हमारे पास न होने से इस सबकी क्षतिपूर्ति हमें धार्मिक महोत्सवों के अवसर पर करनी थी।'[102] और यह दर्शाने के लिए कि हम अपनी स्थिति को सुधारने हेतु कृतसंकल्प हैं, हमें मनुष्य की

प्रकृति में स्वाभाविक रूप से निहित उत्सवप्रियता के आवेग का प्रकटीकरण करना चाहिए।[103]

जनसामान्य के मार्गदर्शन में समर्थ

तत्कालीन राष्ट्रीय आन्दोलन के अग्रणी व्यक्ति प्रायः इस बात पर असन्तोष व्यक्त करते थे कि जनसाधारण इसके प्रति उदासीन है। वे इसकी कार्यवाहियों का मूल्यांकन नहीं कर सकते। टिळक का अभिमत यह था कि हमारी वास्तविक स्थिति के बारे में जनसमुदाय को जानकारी प्रदान करने का कर्त्तव्य शिक्षित वर्ग का है। राष्ट्रीय सभा द्वारा जो उत्तरदायित्व नहीं निभाया जा सकता, वही उत्तरदायित्व महोत्सवों के माध्यम से शिक्षित लोग सहज रीति से पूर्ण कर सकते हैं।[104] शिक्षित मंडली को उन्होंने याद दिलाया कि हमारे पूर्वजों द्वारा उत्सवों का सार्वजनिक रूप प्रस्तुत किया जा चुका है, और पूछा क्या हममें परोसे हुए भोजन को ग्रहण करने की क्षमता भी शेष नहीं रही है? लोगों के एक स्थान पर एकत्र होने के प्रसंग पूर्वजों द्वारा अनायास प्रस्तुत किए जाने पर भी सुशिक्षित मंडली के लिए वे नहीं के बराबर है।[105] उन्होंने स्पष्ट किया कि हमारी तरुण पीढ़ी को यह याद रखना होगा कि यदि पर्वत मोहम्मद के पास नहीं जाता है तो मोहम्मद को पर्वत के पास जाना चाहिए अर्थात् उन्हें जनजागृति के लिये स्वयं अपनी ओर से पहल करनी होगी। उत्सव इस कार्य के लिए अत्यन्त उपयोगी हैं। इसी की ओर इंगित करते हुए टिळक के सुधारक मंडली के नेता न्यायमूर्ति रानाडे को सम्बोधित करते हुए कहा कि वे प्रार्थना समाज में बैठकर भक्ति गीत गाने की अपेक्षा लोगों में घुल-मिलकर मंगलमूर्ति के मंडप में भक्ति महिमा का वर्णन करें तो उससे कितना लाभ हो सकता है?[106] इसी प्रकार मंदिर में रामदास विषयक निवृत्तिपरक भाषण देने की अपेक्षा यदि चाफल के उत्सव[107] में दास-बोध के एकाध अध्याय का निरूपण किया जाए तो उस उत्सव का स्वरूप ही दूसरा हो जाएगा, उन्होंने ऐसा विश्वास प्रकट किया।

जनसाधारण को 'बुद्धू' पाषाण, मूर्ख' जैसे अपशब्द कहने को तत्पर

शिक्षितों से उनका कहना था कि समाज को सही दिशा देने का यह तरीका नहीं।[108] शिक्षित लोग समाज से अलग नहीं हैं और समाज के उद्धार पर ही उनका उद्धार निर्भर है। आवश्यकता है लोगों को जागृत करने की और इस कार्य में उत्सव अत्यन्त उपयोगी हैं। यदि हम उनका लाभ नहीं उठाते हैं तो हमारी हालत के लिए यह कहना होगा कि 'परमात्मा देता है किन्तु हम निष्क्रिय हैं।[109] इस प्रकार लोकमान्य ने स्पष्ट किया कि हमारी ही उदासीनता के कारण मलिन हुए इन उत्सवों को सतेज करके हम अपने राष्ट्रीयत्व को सबल बना सकने में समर्थ होंगे। वे उत्सव अशिक्षित जनता व शिक्षित लोगों के बीच भाई चारे का सम्बन्ध स्थापित करते हैं। इनसे जनता में जागृति फैलती है व उसका दृष्टिकोण उदार होता है।

उत्सवों का प्रतीकात्मक महत्व

उत्सवद्वय के सम्बन्ध में लोकमान्य ने समझाया कि "मैंने इन उत्सवों को प्रोत्साहन इसलिए दिया है कि उनके द्वारा वर्तमान घटनाओं और आन्दोलनों का ऐतिहासिक परम्पराओं के साथ सम्बन्ध जोड़ा जा सके।"[110] उनकी धारणा थी कि इस प्रकार के उत्सव एक महान् अतीत वाले लोगों की न्यायोचित महत्वाकाँक्षाओं के लिए प्रेरणा स्रोत सिद्ध होते हैं। वे धुंधली निराशा राष्ट्रीय उदासीनता व राजनैतिक कुंठा के प्रतिकारक के रूप में कार्य करते हैं। वे राष्ट्रीयता की चेतना व उत्साह के बीजों के लिए खाद के रूप में कार्य करते हैं।[111] उत्सव किस प्रकार जनमानस को प्रेरित करते हैं, ब्रिटिश इतिहास से इसका उदाहरण प्रस्तुत करते हुए टिळक ने कहा, "जयन्ती समारोह ब्रिटिश लोगों के मानस के सम्मुख साम्राज्य की वृद्धि की तस्वीर प्रस्तुत कर देते हैं। आजकल शालाओं में किंडरगार्टन पद्धति प्रचलित है जिसमें किसी वस्तु का स्पष्ट निदर्शन बालक को वह वस्तु दिखाकर कराया जाता है। इसी तरह नायकों के समारोह ऐसे प्रदर्शन हैं जिनके माध्यम से राष्ट्रीय उत्थान के विचार लोगों के मस्तिष्क में बिठाये जाते हैं।[112]

उत्सव और समारोह राष्ट्रवाद के प्रतीकात्मक तत्व हैं। इनकी इस विशिष्टता की व्याख्या करते हुए डॉ. वी.पी. वर्मा लिखते हैं कि एक ओर तो वे उनमें सम्मिलित होने वालों में व्याप्त एकता के बन्धनों को व्यक्त करते हैं, और दूसरे उनसे उन एकता की भावनाओं को बल और उत्तेजना मिलती है। बुद्धिमान नेता इन भावनाओं को सृजनात्मक रूप में वांछित कार्यों में नियोजित कर सकते हैं। ध्वज, राष्ट्रचिन्ह तथा उत्सव गम्भीर भावनाओं को प्रतीकात्मक रूप देते हैं। उनके अनुसार 'प्रतीक प्रयोग सांस्कृतिक विकास का द्योतक है, क्योंकि उससे प्रकट होता है कि मनुष्य कोरे भौतिक जीवन से ऊपर उठ रहा है और राष्ट्र जैसी किसी अति वैयक्तिक सत्ता से आनंद और आल्हाद का अनुभव करता है।''[113] एक जननेता के नाते टिळक महाराष्ट्र में अनुयायियों का एक सशक्त संगठन बनाना चाहते थे, और इसके लिए उन्होंने जनता की धार्मिक और ऐतिहासिक परम्पराओं को प्रतीकात्मक रूप देने का प्रयत्न किया। उत्सवद्वय महाराष्ट्र के उदीयमान भावना मंडित राष्ट्रवाद के प्रतीक थे।

गणपति उत्सव का लक्ष्य जनसाधारण में एकता भाव और संगठन सुदृढ़ करना था। विक्टर बारनॉव के अनुसार गणेशोत्सव को टिळक द्वारा एक राष्ट्रीय उत्सव के रूप में प्रतिष्ठित करने के प्रयास के पीछे सामान्यतः दो उद्देश्य निहित थे।[114] (अर्थात् ब्रिटिश विरोधी प्रचार और मुसलमानों के विरुद्ध हिन्दू समाज में एकता की भावना की प्रतिष्ठा।) हालांकि दूसरा उद्देश्य कम महत्वपूर्ण था। इस उत्सव में भाग लेने वाले समाज के सभी वर्गों व स्तरों के लोगों के अभूतपूर्व उत्साह व भक्तिभावना[115] देखकर लोकमान्य को परम सन्तोष का अनुभव हुआ क्योंकि उनकी दृष्टि में यह लोकजागृति का सुनिश्चित लक्षण था। उत्सव के प्रति सभी वर्गों का सात्त्विक उत्साह देखकर उन्होंने अपनी प्रतिक्रिया व्यक्त करते हुए लिखा–'अपने घर में एकाध दरार पड़ी हुई देखकर तो शरीर में सिहरन पैदा हो जाती है किन्तु नींव के पत्थर व दालान के खम्भे साबूत हैं, यह देखकर चित्त जैसा प्रसन्न होता है वही हमारी मनःस्थिति हुई।'[116]

शिवाजी उत्सव

गणेश उत्सव के सफल प्रवर्तन के बाद लोकमान्य ने लौकिक क्षेत्र में लोगों को संगठित करने की ओर ध्यान दिया। टॉमस कार्लाइल और इमर्सन की भांति टिळक का भी विश्वास था कि 'नायक इतिहास के सृष्टा होते हैं। उनका महान् कार्य जनसाधारण को प्रेरित करता व उन्हें अनुकरणीय आदर्श प्रदान करता है क्योंकि 'नायक भक्ति मानव प्रकृति में दृढ़ता से आरोपित है'[117] और तत्कालीन स्थिति में हमारी राजनीतिक आकांक्षाओं को उस शक्ति की आवश्यकता थी जो एक स्वदेशी नायक की भक्ति हमारे हृदय में संभावित रूप से प्रेरित कर सकती है, ऐसा मत उन्होंने प्रकट किया। उनकी मान्यता थी कि कोई समाज तभी जीवित रह सकता है और समृद्ध हो सकता है, यदि वह प्रेरणा स्रोत महान् पुरुषों की अटूट शृंखला प्रदान कर सके। ऐसे महापुरुषों के अभाव में समाज का क्षय होने लगता है। इस तर्क से वे इस निष्कर्ष पर पहुँचे कि लोगों के सम्मुख उपासना के लिए एक नायक होना चाहिए जो उनके आत्म सम्मान व आत्मश्रद्धा को जागृत करने में सहायक हो। मराठा साम्राज्य के संस्थापक छत्रपत्रि शिवाजी में उन्हें एक ऐसे नायक के दर्शन हुए। टिळक ने नायक शिवाजी के व्यक्तित्व के गिर्द एक वार्षिक उत्सव आयोजित करने का निश्चय किया तथा इस प्रकार राष्ट्रवाद व देशभक्ति की शक्तियों को एक धारा में समाहित करने हेतु नवीन आन्दोलन का सृजन किया।

मनौवैज्ञानिक आधार एवं उद्देश्य

शिवाजी उत्सव का प्रारम्भ राष्ट्रवाद के विकास में टिळक का स्मरणीय योगदान था। इसके पीछे कतिपय मनौवैज्ञानिक और ऐतिहासिक कारण थे। उनका यह विचार सही था कि शिवाजी का चरित्र और जीवन जिन गुणों व उपलब्धियों का प्रतीक था, उस भावना और चेतना कीउस समय महती आवश्यकता थी। अत्याचार व अन्याय से लड़ने की जो भावना छत्रपति ने महाराष्ट्र के जीवन में सत्रहवीं सदी में फूँक दी थी, उसे लोकमान्य के समय में विदेशी सत्ता का प्रतिकार करने हेतु पुनर्जागृत करना आवश्यक था। ब्रिटेन

द्वारा भारत की सांस्कृतिक विजय के लिए सभी माध्यमों से भरे गए हीन भाव को दूर करने व देशवासियों के पौरुष को जगाने हेतु शिवाजी का चरित्र संजीवनी का काम कर सकता था। टिळक के जीवनी लेखक डी.वी. अथाले के अनुसार 'पाश्चात्य लोकतंत्रीय शिक्षाओं द्वारा हमें प्राप्त प्रेरणा दुर्बल और मूलतः विदेशी थी किन्तु शिवाजी की पूजा एक ऐसी बात थी जिसे एक निपट देदाती भी आसानी से समझ सकता था। शिवाजी का नाम ऐक्य, साहस व बलिदान का प्रतीक था। वह उच्च देशभक्तिपूर्ण उत्साह का संकेत और पूर्ण राजनैतिक मुक्ति का सन्देश था।'[118]

इस समय का लक्ष्य एक भूलुंठित राष्ट्र को स्वावलम्बी व निर्भीक एवं एक महत् दैवी उद्देश्य के लिए अनवरत संघर्ष और त्याग के लिए तत्पर, कष्ट सहिष्णुता के लिए सक्षम व नैतिक मूल्यों की प्राप्ति हेतु सतत ललक वाले राष्ट्र के रूप में ढ़ालना था। इस उद्देश्य की पूर्ति के लिए अपेक्षित गुणों व योग्यताओं का जो देदीप्यमान रूप शिवाजी के जीवन और कार्यों में प्रकट हुआ, वह निकट इतिहास में अन्यत्र दुर्लभ था। शिवाजी का सबसे बड़ा योगदान यह था कि उन्होंने भारत के इतिहास को नया मोड़ दिया और सोए हुए देश को जागृत कर उसे आत्म सम्मान और आत्मविश्वास प्रदान किया। स्वतंत्रता की जो ज्योति उन्होंने जलायी उससे सारा देश आलोकित हो उठा।' महान् निर्माणकारी विलक्षण बुद्धिवाले राष्ट्र निर्माता'[119] के रूप में' उनकी सबसे मूल्यवान विरासत वह भावना थी जो उन्होंने अपनी जाति में फूंक दी'–और उनके कर्त्तृत्व से यह स्पष्ट हो गया कि 'शताब्दियों की राजनैतिक दासता से भार के नीचे से हिन्दुत्व का पुनः उदय हो सकता है।'[120] अतः शिवाजी उत्सव राष्ट्र के गौरव एवं आत्मसम्मान की पुनः प्राप्ति के लिए किये गए एक विराट प्रयास के रूप में देखा जाना चाहिए। साथ ही शिवाजी के समान अपने महत् उद्देश्य के दैवीय स्वरूप में अविचल श्रद्धाभाव जनसाधारण में जगाना अपेक्षित था ताकि वे राष्ट्रीय आन्दोलन में पूरी निष्ठा से सम्मिलित हों और यह स्वप्न संजोए जिसने तीन सौ वर्ष पूर्व शिवाजी की कर्मभूमि में उतारा था।

उत्सव के उद्देश्य के सम्बन्ध टिळक की दृष्टि बिल्कुल साफ थी। मराठा स्वराज्य के जनक शिवाजी की स्मृतियों का पुनरुद्धार कर निस्तेज, निष्प्राण जाति में शक्ति संचार करना टिळक का उद्देश्य था,[121] उस समय अंग्रेजी साम्राज्यवाद के आतंक के कारण खुलकर राजनीतिक अधिकारों के लिए संघर्ष करना कठिन था। अतः सामाजिक और धार्मिक पर्वों के अवसर पर एकत्रित होकर वीर पूजा करना राष्ट्रोद्धार का महान् कार्य हो सकता था। इसे टिळक के समान दूरदर्शी लोकनायक ही समझ सकता था। शिवाजी के प्रति महाराष्ट्र में सभी लोग श्रद्धानत थे। वहाँ शिवाजी और स्वराज्य एक ही सिक्के के दो पहलू थे। उनका आविर्भाव ऐसे समय में हुआ जबकि 'सारा राष्ट्र कुशासन से मुक्ति चाहता था। अपने आत्म त्याग और साहस से उन्होंने विश्व को दिखा दिया कि भारत भाग्यतजित देश नहीं है।''[122]

अपने महान् पूर्वजों और उनके कर्त्तत्व की स्मृति भविष्य को उन्नतिशील बना सकने की शक्ति का लक्षण होती है। अतः लोकमान्य का कहना था कि 'वर्ष में कम से कम एक दिन प्रत्येक व्यकित को अपने नगर, अपने देश, समाज व राष्ट्र के बारे में सोचना चाहिए। उसे स्वयं से यह प्रश्न पूछना चाहिए कि क्या देश उन्नत अवस्था में है या पतन की ओर जा रहा है...। इस बात को ध्यान में रखकर ही शिवाजी उत्सव मनाया जा रहा है।'[123] उत्सव के सम्बन्ध में उनके मन में बड़ी पवित्र धारणाएँ थीं। वे अनुभव करते थे कि भावी पीढ़ियों का यह परम कर्त्तव्य है कि वे अपने पूर्वजों और वीर पुरुषों को श्रद्धाँजलि अर्पित करें[124] उनकी धारणा थी कि राष्ट्र में अपनत्व की जागरूकता बनाए रखने हेतु उस राष्ट्र में पूर्वकाल में हुए पराक्रमी पुरुषों का लोगों को सदैव स्मरण करना चाहिए अथवा उन्हें स्मरण दिलाया जाना चाहिए। इस तत्व को सभी जीवित राष्ट्रों में अब पूर्ण मान्यता मिल चुकी है। यदि हम ही इसे विस्मृत कर दें तो यह हमारी निद्रावस्था अथवा दुर्दैव का लक्षण है।[124] जिन शूर पुरुषों ने अपने देश का नाम इतिहास में अजर अमर कर दिया अथवा जिन्होंने अपने कृत्यों से संसार के समक्ष यह उजागर कर दिया है कि हममें अभी तक क्रांति

विद्यमान है, उनका उत्सव मनाना उनके ऋण से उऋण होने के लिए आवश्यक है, ऐसी मान्यता लोकमान्य ने व्यक्त की।[124] उन्होंने बतलाया कि जहाँ कांग्रेस आन्दोलन का उद्देश्य कुछ विशिष्ट अधिकारों को तत्काल प्राप्त करना है वहीं शिवाजी उत्सव एक स्फूर्तिदायक औषधि की भाँति है जिससे सामाजिक और राजनीतिक जीवन की नींव सुदृढ़ होती है। टिळक के अनुसार राष्ट्रवाद कोई दृश्यमान स्थूल वस्तु नहीं है। वह तो एक भावना, एक प्रत्यय है और इस भावना को जागृत करने में देश के महापुरुषों की ऐतिहासिक स्मृतियाँ महत्वपूर्ण योग देती हैं।[125] राष्ट्रवाद को स्थायी बनाने के लिए उसे सतत रूप से जागृत रखना आवश्यक है। जिन राष्ट्रों ने इसे कायम रखा है, उन्होंने इस कार्य में अपने ऐतिहासिक महापुरुषों के चरित्र से सहायता ली है। सभी लोगों की आदरपात्र वस्तुएँ जितनी अधिक होंगी, उसी के अनुरूप एक राष्ट्रत्व की कल्पना अधिकाधिक दृढ़ होती जाती है, यह तथ्य निर्विवाद है।[125]

शिवाजी उत्सव का स्वरूप और पृष्ठभूमि

शिवाजी उत्सव टिळक के राजनैतिक चिंतन और जीवन का अभिन्न अंग बन गया था। जनसाधारण की जड़ता और निष्क्रियता को दूर करना इसका प्राथमिक लक्ष्य था। शिवाजी उत्सव निःसंदेह राजनैतिक लक्ष्य की दृष्टि से प्रारम्भ किया गया था किन्तु उसकी प्रकृति में धार्मिकता एवं दार्शनिकता का भी समावेश था। यह धार्मिक आन्दोलन इस दृष्टि से था कि शिवाजी हिन्दू धर्म के रक्षक थे और उनका आदर्श रामदास, तुकाराम जैसे सन्तों द्वारा पोषित धर्म था। शिवाजी आन्दोलन इस अर्थ में दार्शनिक था कि 'इसने धर्मपरायणता, भक्ति, न्याय व सहिष्णुता के हिन्दू आदर्शों का अनुमोदन किया और पश्चिम के भौतिकवाद के विरुद्ध पूर्व के आध्यात्मवाद का उपदेश दिया। इसे एक शूरवीर स्वातंत्र्य प्रेमी की सार्वजनिक नायकपूजा का आन्दोलन कहा जा सकता है।'[126] इसका एक ऐतिहासिक आधार एवं दार्शनिक, धार्मिक व नैतिक नींव थी। सर्वोपरि यह राजनैतिक स्वतंत्रता के सर्वव्यापी सिद्धान्त व लक्ष्य पर आधारित था। टिळक के लिए यह राष्ट्रवाद के

आदर्श को लोकप्रिय बनाने हेतु एक कार्य प्रणाली थी। उनकी दृष्टि में शिवाजी मूर्तिमान राष्ट्रवाद थे।[127] उन्होंने शिवाजी के चरित्र एवं उपलब्धियों का जो विश्लेषण किया है, वह इस दृष्टि से विचारणीय है।

शिवाजी : प्रेरणास्रोत के रूप में

टिळक की दृष्टि में शिवाजी सामान्य अर्थों में एक राज्य संस्थापक और विजेता मात्र नहीं थे। उन्होंने आजीवन जो संघर्ष किया वह किन्हीं क्षुद्र निजी स्वार्थों या महत्वाकांक्षओं की पूर्ति के लिये नहीं वरन् कतिपय उच्च नैतिक मूल्यों की रक्षा व स्थापना की भावना से प्रेरित था। उनका निष्कलंक निजी जीवन और महत् औदार्य उन्हें 'राजर्षि' की श्रेणी में स्थापित करता है। वे संकटकाल में मानवता के उद्धार के लिए अवतरित होने वाली विभूतियों में से थे। उन्होंने एक कालजयी अनुकरणीय आदर्श प्रस्तुत किया। लोकमान्य ने विशिष्ट उदात्त गुणों से निर्मित उनके चरित्र का विश्लेषण करते हुए बताया कि सर्वप्रथम तो यह दृष्टव्य है कि शिवाजी लोकनेता थे।

(1) टिळक के अनुसार शिवाजी के मन में लोक संग्रह की भावनाएँ थीं। उन्होंने कभी स्थानीय स्वार्थों अथवा समाज के किसी वर्ग विशेष के हितों की दृष्टि से नहीं सोचा। इसलिए उनकी उपलब्धियों को ध्यान में रखते हुए उन्हें विभूति मानना अतिशयोक्ति नहीं है। शिवाजी अन्याय तथा उत्पीड़न के विरूद्ध जनता के रोष और प्रतिरोध के प्रतीक थे।[128] टिळक का विचार था कि भारतीय राष्ट्रवाद के पोषण के लिये आवश्यक है कि जनता के संवेगों और भावनाओं को प्रज्जवलित किया जाए। इसीलिए वे अनुभव करते थे कि शिवाजी की स्मृतियाँ से साधारण जनता की राष्ट्रवादी भावनाओं को स्फूर्ति मिलेगी।

(2) टिळक की सुदृढ़ धारणा था कि शिवाजी के प्रति लोगों के मन में अतिशय कृतज्ञता एवं पूज्यभाव अपेक्षित है क्योंकि जिस किसी को इतिहास की किंचित् मात्र भी पहिचान है, सैकड़ों वर्षों से नष्ट स्वराज्य

व स्वधर्म का क्या अर्थ है तथा उनकी पुनर्स्थापना के लिए किस प्रकार के धैर्य, शौर्य व उत्साह जैसे गुणों की आवश्यकता है, इन बातों को जिसे जानकारी है[129] वे शिवाजी के महत्व को भली भाँति समझ सकते हैं। एक पौराणिक प्रतीक का उपयोग करते हुए उन्होंने बताया कि एक बार राष्ट्र के नामशेष होकर रसातल जाने का प्रसंग उपस्थित होने पर वराहरूपी महाविष्णु ने प्रलयकाल में जिस प्रकार पृथ्वी को दाँतों पर धारण कर उसकी रक्षा की उसी प्रकार तत्कालीन परिस्थिति में हमारे राष्ट्रत्व की रक्षा हेतु शिवाजी जैसे नायक की उपासना आवश्यक थी।[130] स्पष्ट है वे शिवाजी को एक उद्धारक के रूप में उपास्य मानते हैं।

(3) शिवाजी ने अल्पसाधनों की सहायता से दो शक्तिशाली विरोधियों मुगल सम्राट और बीजापुर सुल्तान का सफलतापूर्वक मुकाबला किया। उन्होंने आत्म सहायता का पाठ पढ़ाया। टिळक का विश्वास था कि देशवासियों के सम्मुख शिवाजी ने घटनापूर्ण जीवन में निहित इस विशेषता को उजागर करना आवश्यक था। उन्हें शिवाजी के चरित्र से यह प्रेरणा ग्रहण करनी थी कि यदि हम अपने कल्याण की इच्छा धारण कर लें तो हम प्रभु की सहायता से कभी वंचित नहीं रह सकते।[131] उनकी दृष्टि में शिवाजी अवतारी पुरुष थे क्योंकि भगवद्गीता ने अवतारी पुरुष की पहिचान के जो (अधोवर्णित) लक्षण बताए हैं वे उन पर पूर्णतया लागू होते हैं–

यद्यद्विभूतिमत्सत्त्वं श्रीमदूर्जितमेववा।
तत्तदेवावगच्छ त्वं मम तेजो ऽ श संभव।।[132]

(4) इसी सन्दर्भ में उन्होंने स्पष्ट किया कि धैर्य, आशा, उत्साह व निष्काम कर्म से राष्ट्र में जिस तेज का संचार होता है, उसका प्रत्यक्ष प्रमाण शिवाजी का चरित्र है।[133] गौ–ब्राह्मण प्रतिपालक के रूप में शिवाजी की ख्याति का उल्लेख करते हुए उन्होंने इसके मर्म को समझने का आग्रह किया क्योंकि शिवाजी ने न तो कोई ब्रह्मभेजा प्रारम्भ किया था और न

ही किसी गौ शाला की स्थापना की थी। टिळक के अनुसार देशोन्नति ही सबसे बड़ा गौरक्षण है,[134] यही चीज हमें शिवाजी से ग्रहण करनी थी।

यद्यपि टिळक शिवाजी उत्सव के मुख्य प्रवर्तक थे, वे कोई सर्वथा नवीन भूमि पर नहीं चल रहे थे क्योंकि 1896 ई. से काफी पहले महाराष्ट्र ने शिवाजी की जीवन गाथा में तीव्र अभिरुचि लेना प्रारम्भ कर दिया था। शिवाजी के अध्ययन के लिए अभिनव उत्साह देश में मृदुरूप से प्रवाहित होने वाले राष्ट्रवाद के समीरण का परिणाम था। लोकहितवादी के नाम से विख्यात राय बहादुर गोपाल हरिदेशमुख ने उन्नीसवीं सदी के मध्य में शिवाजी के महत्व की ओर ध्यान आकृष्ट किया। अपने लेख 'राज्य सुधारणा' में उन्होंने शिवाजी के सम्पूर्ण जीवन का नवीन परिप्रेक्ष्य में मूल्यांकन किया।[135] एक अन्य लेख हिन्दुस्तानातील देश' में उन्होंने शिवाजी की महत्ता पर प्रकाश डाला। लोकहितवादी चाहते थे उनके देशवासी शिवाजी का गहन अध्ययन करें ताकि उनके उदात्त जीवन से अनेक बातें सीख सकें। उनके समकालीन प्रसिद्ध समाज सुधारक ज्योतिराव फुले ने भी शिवाजी की महान् जीवन गाथा की ओर लोगों का ध्यान आकृष्ट किया। उन्होंने मराठी में एक 'पोवाड़े' की रचना की, जिसमें शिवाजी की लोकरंजनकारी शासक के रूप में चित्रित किया। शिवाजी के मूल्यांकन में यह लोकहितवादी से एक कदम आगे था। उनके अनुसार शिवाजी की महानता का कारण जनसाधारण के कल्याण में उनकी अभिरुचि थी। निश्चित रूप से शिवाजी के अध्ययन में इससे एक नया आयाम जुड़ा।

वासुदेव बळवन्त फड़के द्वारा 1879 ई. में सशस्त्र विद्रोह के प्रयत्न ने शिवाजी के जीवन और कार्यों में जनसाधारण की अभिरुचि को और जागृत किया। यद्यपि फड़के असफल हुआ किन्तु 1879 ई. की घटनाओं से यह निष्कर्ष आसानी से निकाला जा सकता है कि 'यह कार्याभिमुख राजनैतिक कार्यक्रम में शिवाजी की मोहिनी के आवेष्टन के प्रारम्भ का सूचक था, भले ही शुरुआत में वह कितना ही अस्पष्ट एवं अविचारपूर्ण क्यों न हो? शिवाजी

की उपासना पर ब्रिटिश सरकार की कड़ी निगाह का प्रारम्भ भी यहीं से होता है।'[136]

जब शिवाजी की मोहिनी का शनैः शनैः महाराष्ट्र में प्रसार हो रहा था तब सन् 1883 ई. में जेम्स डगलस[137] द्वारा लिखित पुस्तक 'अ बुक ऑफ बॉम्बे' का प्रकाशन हुआ। वे रायगढ़ दुर्ग (जहाँ शिवाजी का राज्याभिषेक और दाह संस्कार हुआ था। की जीर्ण-शीर्ण अवस्था देखकर अत्यन्त निराश हुए। उन्होंने खेद व्यक्त किया कि 'इस समय कोई व्यक्ति शिवाजी की परवाह नहीं करता। एक समय उन्हें अपना स्वामी मानने वाले इस समस्त भूप्रदेश में, जो उन्होंने स्वेद और शोणित से प्राप्त कर कोल्हापुर के राजा, सतारा के भोंसलों और पूना के पेशवाओं को उत्तराधिकार में सौंपा, एक भी व्यक्ति मराठा साम्राज्य के संस्थापक की समाधि की मरम्मत व देख-रेख के लिए एक रूपया व्यय करने को तत्पर नहीं है।'[138] अनेक लोगों की दृष्टि में जेम्स डगलस की यह टिप्पणी तथ्यों के उल्लेख और एक वक्तव्य मात्र से बढ़कर बहुत कुछ था। महाराष्ट्र के संवेदनशील लोगों ने इसे अपने लिए कलंक माना कि उनके तेजोमय और अत्यन्त रोमानी अतीत का स्मृतिचिह्न इतनी शोचनीय अवस्था में था। प्रथम बार उन्हें अपने शूरवीर नायक की स्मृति का सम्मान करने हेतु कुछ सृजनात्मक कार्य करने का अवसर मिल रहा था। यह कहना अतिशयोक्ति न होगी कि शिवाजी स्मारक आन्दोलन का औपचारिक प्रारम्भ करने का श्रेय डगलस को है। इसके बाद शिवाजी की जीवनगाथा साहित्यक विवेचन का विषयमात्र न रहकर सार्वजनिक मंच का सर्वाधिक प्रेरक और अक्षय विषय बन गई।

कहना न होगा कि उन्नीसवीं सदी के नौवें दशक के मध्य महाराष्ट्र में 'शिवाजी गूँज' का जन्म प्रतीकात्मक रूप से उनकी जीर्ण-शीर्ण समाधि से हुआ। परवर्ती अनेक पीढ़ियों तक उनका जीवन और आदर्श देशभक्ति के धर्म ग्रन्थ के रूप में आदृत रहे। उनका नामोच्चारण ही लोगों में आत्मविश्वास जागृत करने, उनका मनोबल सुदृढ़ बनाने वाली संजीवनी सिद्ध हुई।

टिलक और शिवाजी उत्सव

महाराष्ट्र में शिवाजी आन्दोलन को अधिकाधिक लोकप्रिय बनाना 1896 ई. में टिळक की प्रमुख राजनैतिक गतिविधि थी। इस वर्ष के प्रारम्भ से ही उन्होंने 'केसरी' के माध्यम से 15 अप्रैल को ऐतिहासिक रायगढ़ दुर्ग पर शिवाजी जन्मोत्सव मनाए जाने के पक्ष में लोकमत तैयार करने हेतु प्रचार प्रारंभ कर दिया। उन्होंने रायगढ़ पर निर्मित होने वाले शिवाजी के प्रस्तावित स्मारक के लिए महाराष्ट्र की समस्त जनता से उदारतापूर्वक दान देने का आग्रह किया। इस मुद्दे पर लोगों की उदासीनता को 'अकृतज्ञता' की संज्ञा देते हुए, इस कार्य में धनराशि भेजने में प्रमाद को उनके देश के लिए 'लांछनास्पद' करार दिया।[139] उनके अनुसार शिवाजी के प्रति कृतज्ञता अभिव्यक्त करने के इस दुर्लभ अवसर को खोने का अर्थ होगा 'स्वयं को देशभिमान शून्य पशु' सिद्ध करना। स्मारक के निर्माण के औचित्य के विषय में उनका कहना था कि यह हमारे राष्ट्र के अभ्युदय की नींव रखने वाले महापुरुष के प्रति हमारा कृतज्ञताभाव है। महाराष्ट्रवासियों के लिए इसे उन्होंने 'कुलव्रत' बताया।[140] टिळक का यह अनुमान सही था कि शिवाजी ब्राह्मणों और ब्राह्मणेतर वर्गों को समान रूप से स्वीकार्य नेता होंगे और इस प्रकार राष्ट्रवाद का आदर्श विशाल जनसमूह तक अन्य किसी साधन की अपेक्षा क्षिप्र एवं प्रभावी गति से पहुँच सकेगा। शिवाजी उत्सव प्रारम्भ करके टिळक जनसाधारण के हृदय तक पहुँच गए और महाराष्ट्र में देशभक्ति की ज्योति जागृत कर सके। शिवाजी उत्सव के अवसर पर वे अपने लेखों व भाषणों के माध्यम से अपने राजनीतिक विचारों का प्रसार करते थे। इन उत्सवों में उनके भक्तिपूर्ण[141] उत्साह के कारण लोग उन्हें शिवाजी का आधुनिक अवतार मानने लगे थे और अनेक समाचार पत्र शिवाजी के चित्र के साथ उनका चित्र छापते थे।[142]

शिक्षित भारतीयों के स्वआरोपित अलगाव के युग में टिळक ने समकालीन राजनीति की व्याख्या जनसाधारण के सम्मुख प्रस्तुत करने का दुर्लभ साहस प्रदर्शित किया। विदेशी शासकों के अन्याय का विरोध करते

समय टिळक निश्चित रूप से जनसाधारण की ओर देखते थे किन्तु साथ ही उन्हें उस विरोध में भाग लेने हेतु सादर आमंत्रित भी करते थे। लाखों सामान्यजनों ने शिवाजी उत्सवों में भाग लेकर उनकी चेष्टाओं का प्रत्युत्तर दिया। उन्होंने न केवल सैद्धान्तिक दृष्टि से जनसाधारण की महत्ता व जीवनशक्ति को स्वीकार किया वरन् राष्ट्रीय आन्दोलन के लिए उनका सहयोग एवं सहानुभूति प्राप्त करने हेतु ठोस प्रयास किए। उन्होंने देशभक्ति के आदर्श के प्रसार एवं उसे सुदृढ़ बनाने हेतु शिवाजी उत्सव के रूप में नये क्षितिज की खेज की। यह उत्सव 'आत्मसम्मान, आत्मविश्वास और स्वशासन का जलावर्त बन गया यद्यपि इसमें औपचारिक नायकपूजा के सभी लक्षण यथावत बने रहे।[143] अतः लोकमान्य के लिए शिवाजी आन्दोलन कोई अल्पकालिक विचारमात्र नहीं था। उनके लिए यह जीवनव्यापी धुन थी। महाराष्ट्र में एक लोकप्रिय निजंधरी कथा (Legend) शिवाजी की जीवन गाथा में अपने राजनैतिक विचार जनसाधारण को समझाने हेतु वे अनेक उदाहरण प्राप्त कर सकने में सफल हुए। ऐसा करके वे उस भाषा में बोल रहे थे जिसमें जनसाधारण अपनत्व महसूस करते थे। उनके कतिपय समकालीन शिवाजी के प्रति उनके मोह को अनावश्यक ज्यादती समझते थे किन्तु ऐसी ज्यादतियों द्वारा टिळक उस अग्नि में घी डाल रहे थे, जो उन्होंने स्वयं प्रज्जवलित की थी। इस उत्सव के माध्यम से उन्होंने जनसाधारण को पाश्चात्य लोकतंत्र के उलझाने वाले शब्दाडम्बर से मुक्त सन्देश दिया। उनकी यह धारणा थी कि शिवाजी की स्मृतियाँ जनसामान्य की राष्ट्रवादी भावनाओं को पुनः पुष्टि प्रदान करने में समर्थ होंगी।

उत्सवद्वय का प्रभाव

ये दोनों उत्सव अपने आधारभूत प्रयोजन को पूरा करने में सफल हुए। उन्होंने लोगों में न केवल अपने अतीत के प्रति गौरव भाव जागृत किया वरन् 'उनमें राजनीतिक स्वतंत्रता के लिए उत्कट अभिलाषा भी जागृत की जो

शिवाजी के जीवन और चरित्र में प्रतिभासित हुई थी।'[144] उत्सवद्वय लोगों में एकता उत्पन्न करने एवं धर्म के नाम पर राष्ट्रप्रेम उत्पन्न करने में सफल हुए। गणपति और शिवाजी उत्सव प्रारम्भ करके टिळक ने जनता की भावनाओं, परम्पराओं और विचारों तथा राष्ट्रीय आन्दोलन के बीच अवयवी सम्बन्ध स्थापित कर दिया।[145] टिळक ने उत्सवों का वास्तविक अभिप्राय स्पष्ट करते हुए लिखा था कि इनका ध्येय हमारे पूर्वजों की कृतियों के प्रति गौरव भाव बनाए रखना है।[146] इस ध्येय की पूर्ति में उन्हें पूर्ण सफलता प्राप्त हुई। इनसे महाराष्ट्र की जनता में एक नवीन प्रकार की देशभक्ति की भावना जागृत हुई। एक नव जीवन का संचार हुआ और अपने राजनीतिक अधिकारों के लिए संघर्ष की क्षमता का विकास हुआ।शिवाजी का राजतंत्र स्वराज्य कहलाता था। लोकमान्य ने भी उसी स्वराज्य की भावना को पुनर्जीवित किया।

शिवाजी उत्सव से एक महत्वपूर्ण घटना घटित हुई और वह थी शिवाजी के ऐतिहासिक मूल्यांकन में संशोधन। शनैः शनैः इस विचार ने जोर पकड़ लिया कि शिवाजी का मूल्यांकन एक महान् जनहितैषी पर लागू होने वाले नैतिकता के मापदंडों से होना चाहिए। उनके कन्धों पर स्वराज्य की स्थापना का भारी उत्तरदायत्वि था और इस उद्देश्य की पूर्ति हेतु उन्होंने जो कुछ किया राष्ट्रीय हित में किया। अतः उसे उपयुक्त माना जाना चाहिये। शिवाजी उत्सव राष्ट्रीय नायक की पूजा थी और उनके नाम के परितः महाराष्ट्र की जनता का नवजागृत राष्ट्रीय अभिमान व उत्साह पिण्डीभूत हो गया था। टिळक के नेतृत्व और मार्गदर्शन में चलने वाले इन दोनों उत्सवों ने हमारे स्वातंत्र्य संघर्ष को एक नैतिक व आध्यात्मिक अभिनति प्रदान कर दी।[148] अपने उद्भव के दस वर्षों के भीतर ही शिवाजी आन्दोलन में विलक्षण परिवर्तन आया। एक राजनैतिक आन्दोलन से वह दार्शनिक तथा आध्यात्मिक आन्दोलन के रूप में विकसित हो गया और इसने एक सांस्कृतिक आन्दोलन ही विशेषताएँ ग्रहण कर लीं। देशभक्ति की गाथा के मंत्र के रूप में इसकी विशिष्टता यथावत बनी रही।

रवीन्द्रनाथ ठाकुर द्वारा शिवाजी के प्रशस्तिगान ने मराठों की घृणा पूर्ण एवं भयोत्पादक छवि को बहुत हद तक दूर कर दिया। डाकुओं व लुटेरों के रूप में मराठों की सदियों पुरानी छवि की स्थानापन्न, धर्मराज्य के संस्थापक व संरक्षक के रूप में शिवाजी की यशोगाथा बन गई। शिवाजी को एक धर्मपरायण राजा, सदाचारी व्यक्ति, हिन्दूधर्म के संरक्षक व जननेता के रूप में चित्रित किया गया। विद्वत् मंडली को शिवाजी के रूप में एक बहुमुखी नायक प्राप्त हो गया था जिसे किसी भी सांचे में ढ़ाला जा सकता था और जनसाधारण में उसके प्रति प्रबल आकर्षण था।

उत्सवद्वय के विरुद्ध आपत्तियाँ व टिलक का प्रत्युत्तर

इन दोनों उत्सवों के परिणामस्वरूप राष्ट्रीयता की चेतना निरन्तर बलवती होती चली गई। इसमें निहित खतरों को नौकरशाही ने अच्छी तरह भाँप लिया। सामाजिक व राजनैतिक क्षेत्र में गणेश और शिवाजी उत्सव ने जिस तरह आत्मविश्वास और उत्साह का संचार कर जनसाधारण में व्याप्त असहायता के भाव को दूर कर दिया था, सरकार के लिए वह चिंता का विषय था। विशेषकर शिवाजी उत्सव को मिली अपार लोकप्रियता से घबराकर एंग्लो-इंडियन समाचार पत्रों ने टिळक के इरादों के बारे में अधिकाधिक भ्रान्ति फैलाने का प्रयत्न किया। शिवाजी आन्दोलन की बढ़ती हुई शक्ति व संभावनाओं को क्षीण करने के लिए इस उत्सव को मुस्लिम विरोधी उत्सव के रूप में चित्रित करने का प्रयास किया गया। गणेशोत्सव को केवल ब्राह्मणों का उत्सव व लोगों को दंगे-फसाद करने के लिए भड़काने के उद्देश्य से प्रेरित बताया गया। लोकमान्य ने ऐसे दुर्बुद्धिजन्य आक्षेपों का अत्यन्त निपुणता व तार्किक रूप से खंडन किया।

आश्चर्य तो इस बात का है कि टिळक की राजनीतिक विचक्षणता व दूरदर्शिता के परिचायक इन उत्सवों की वास्तविक प्रकृति व उद्देश्यों को समझने में कतिपय परवर्ती लेखक भी असमर्थ रहे हैं। उत्सवद्वय का अवमूल्यन करने हेतु जो तर्क प्रस्तुत किए गए हैं उनमें सदाशयता और

वस्तुनिष्ठता का अभाव दिखाई देता है। ये आक्षेप विशेष राजनीतिक उद्देश्यों से प्रेरित थे। पश्चिमी आलोचकों में टिळक के कट्टर विरोधी वेलेन्टाइन शिरोल के अलावा जॉर्ज मैकमन व ए.आई. मेह्यू जैसे लेखकों के नाम उल्लेखनीय हैं। पहिले हम गणेशोत्सव के विरुद्ध लगाए गए आरोपों व टिळक के स्पष्टीकरण का विवेचन करेंगे और तदनन्तर शिवाजी उत्सव के विरुद्ध उठायी गयी आपत्तियों का परीक्षण करेंगे।

(1) गणपति उत्सव पर सुधाकर मंडली व अन्य लोगों ने जो आक्षेप लगाए वे मुख्यतः तीन थे–(अ) यह उत्सव मोहर्रम के ताजियों की नकल था (आ) केवल ब्राह्मणों का उत्सव था (इ) धनवानों का प्रदर्शन था। लोकमान्य ने इनका उत्तर देते हुए कहा कि गणपति उत्सव को मुसलमानों का अनुकरण बताने वाले शायद यह नहीं जानते हैं कि मुसलमानों ने मोहर्रम के मेले की शुरुआत वाराकरियों के मेले से की थी। मुसलमानों द्वारा अपनायी गयी व्यवस्था को हम पुनः हिन्दू समाज के लिए ग्रहण करना चाहते हैं तो इसमें आपत्तिजनक बात क्या हुई?'[147]

गणपति उत्सव का लक्ष्य जनसाधारण में एकता भाव और संगठन को सुदृढ़ करना था। अतः विरोधी लोग ब्राह्मण समुदाय के विरुद्ध इतर लोगों को भड़काकर इस सद्प्रयत्न को विफल करना चाहते थे। इस दुरभिसंधि का पर्दाफाश करते हुए लोकमान्य ने लिखा–ब्राह्मणों की निंदा करके ब्राह्मणों व ब्राह्मणेत्तर हिन्दुओं में फूट पैदा करने का यह पहिला प्रयत्न नहीं है। पूर्वकाल में किए गए ऐसे सब प्रयत्न ब्राह्मणों की शांतप्रवृति व दूरदर्शिता के कारण विफल हुए हैं। यह महत्तर कार्य (एकता बनाए रखने का) श्री मंगलपूर्ति मोर्या के हाथों होगा हमारी आशा है।[148] गणपति उत्सव को 'व्यर्थ का ढ़कोसला' कहने वालों को टिळक ने पेशवाई के इतिहास का अध्ययन करने, व भाद्रपद महीने में बड़ौदा, साँगली आदि स्थानों पर जाने की सलाह दी क्योंकि तब उन्हें ज्ञात हो जाएगा कि 'छोटे बड़े, अमीर-गरीब सभी लोग यथाशक्ति यह उत्सव मनाते हैं और आक्षेपकर्त्ताओं को समझ में आ जाएगा कि यह उत्सव अत्यन्त

प्राचीन व सार्वत्रिक है।[149] इसमें कोई सन्देह नहीं कि लोकमान्य की प्रेरणा से सम्पूर्ण महाराष्ट्र में समाज के सभी वर्गों ने गणेशोत्सव इसके आरम्भ से ही अत्यन्त उत्साह से मनाया।

नौकरशाही व आंग्ल भारतीय प्रेस का रवैया टिळक के प्रति कितना द्वेषपूर्ण था, यह शिवाजी उत्सव पर लगाए गए आक्षेपों से भली भाँति स्पष्ट हो जाता है। देश में राजनीतिक स्वाधीनता की आकांक्षा को बलवती बनाने के लिए प्रारंभ किए गए इस उत्सव की दुर्भावनापूर्ण व्याख्या करने वालों में वेलेन्टाइन शिरोल का नाम उल्लेखनीय है। टाइम्स के इस संवाददाता ने 'इंडियन अनरेस्ट' में टिळक को खलनायक सिद्ध करने की भरपूर कोशिश की थी। इसी कारण माँडले से मुक्ति के बाद लोकमान्य ने उस पर मानहानि का मुकदमा दायर किया था। शिरोल ने शिवाजी उत्सव पर मुस्लिम विरोध और हत्या के प्रोत्साहन का दोषारोपण किया। उसके अनुसार यह मराठों की संघर्ष की प्रवृत्तियों को प्रेरित करता था और उनके सक्रिय विद्रोह को उस प्राचीन समय की स्मृतियाँ जागृत कर उत्तेजित करना था, जब शिवाजी के नेतृत्व में उन्होंने मुस्लिम विजय की लहर को पीछे लौटा दिया था और अपना एक मराठा साम्राज्य स्थापित किया।[150] शिरोल ने यह भी दावा किया कि शिवाजी के सिंहासनारोहण के उत्सव पर टिळक द्वारा किये गये भाषण में राजनीतिक उद्देश्यों के लिए हत्या करने के अधिकार, बल्कि कर्त्तव्य को सर्वप्रथम सार्वजनिक रूप से प्रतिपादित किया गया था।[151] (उसका इशारा अफजलखान के मामले की ओर है) लोकमान्य को भारत में अशांति का जनक मानते हुए उसने यह विचार प्रकट किया कि इसकी अभिव्यक्ति के तरीके चाहे कुछ भी हों इसका मुख्य प्रेरणास्रोत उन समस्त सिद्धान्तों का विरोध था जिन पर पश्चिमी विशेष कर इंग्लैण्ड का समाज निर्मित था।[152] कहने का तात्पर्य यह कि शिवाजी उत्सव अपने स्वरूप में केवल नकारात्मक था। जो केवल मुसलमानों को अपमानित करने और हिंसा भड़काने के उद्देश्य से प्रेरित था, यह शिरोल के तर्कों की निष्पत्ति है।

एक अन्य पश्चिमी लेखक जॉर्ज मॅकमन ने तथ्यों को तोड़-मरोड़ कर पेश करते हुए लिखा कि टिळक भोली व सीधी-सादी जनता को व्यवस्था की शक्तियों के साथ उन्मादपूर्ण संघर्ष में नियोजित करने हेतु उत्सुक थे।[153] किन्तु भारत के दृष्टिकोण से 'व्यवस्था की ये शक्तियाँ' अन्याय व शोषण की शक्तियाँ थीं और सभी उपलब्ध साधनों से उनका मुकाबला करना राष्ट्रीय आन्दोलन का सार सर्वस्व था।

एक महत् उद्देश्य से प्रेरित शिवाजी उत्सव को मुस्लिम विरोधी करार देना इसे गलत ढंग से प्रस्तुत करना था। लोकमान्य ने इस निराधार आरोप का खंडन करते हुए उत्सव की वास्तविक प्रकृति व अन्तर्निहित भावना को स्पष्ट किया। मुस्लिम विरोध की भ्रान्त मान्यता के सम्बन्ध में उनका कहना था कि शिवाजी उत्सव मुसलमानों को विमुख करने या उन्हें चिढ़ाने के लिए नहीं मनाया जाता। समय बदल चुका है और जहाँ तक जनसाधारण की राजनीतिक स्थिति का सम्बन्ध है, मुसलमान और हिन्दू एक ही नाव में हैं अथवा एक ही मंच पर खड़े हुए हैं। क्या हम दोनों ही इन दशाओं में शिवाजी के जीवन से प्रेरणा प्राप्त नहीं कर सकते।?[154] उन्होंने इस बात पर जोर दिया कि हमारा लक्ष्य शिवाजी के जीवन की हर घटना की पुनरावृत्ति करना नहीं वरन् उन्हें कर्म क्षेत्र में उतारने वाली भावना को एक आदर्श के रूप में सतत रूप से बनाए रखना हैं।[155] टिळक ने शिवाजी के कार्यों को उचित संदर्भ में रखकर समझने का आग्रह किया क्योंकि 'प्रत्येक नायक चाहे वह भारतीय हो या यूरोपीयन, अपने समय की भावना के अनुसार कार्य करना है। अगर यह सिद्धान्त स्वीकार कर लिया जाय तो शिवाजी के जीवन में हम कुछ भी ऐसा नहीं पा सकते जिस पर किसी को भी आपत्ति हो।[156] ...उनका जन्म ऐसे समय में हुआ जब सम्पूर्ण राष्ट्र को कुशासन से मुक्ति की आवश्यकता थी। जनसाधारण के लिए असह्य बन चुके मुगल शासन के विरुद्ध शिवाजी को संघर्ष करना पड़ा, यद्यपि वे मुस्लिम धार्मिक मान्यताओं का आदर करते थे।[157] लोकमान्य ने शिवाजी के महत्व को दर्शाते हुए कहा 'उनके जीवन से यह स्पष्ट रूप से प्रदर्शित होता है

कि भारतीय जातियाँ अपनी वह शक्ति शीघ्र नहीं खो देती हैं जो उन्हें संकट के समय योग्य नेता प्रदान करती है। महान् मराठा अधिपति के इतिहास से मुसलमानों और हिन्दुओं को यह सबक सीखना है और शिवाजी उत्सव का उद्देश्य इसी सबक पर जोर देना है।[158]

शिवाजी द्वारा मुसलमानों के विरुद्ध संग्रामरत होने का कारण स्पष्ट करते हुए टिळक ने बताया कि उन्होंने मुसलमानों से युद्ध मुसलमान होने के का राग नहीं वरन् इसलिए किया कि वे अत्याचार करते थे।[159] व्यक्तिगत रूप से वे मुसलमानों के विरुद्ध नहीं थे। उनके राज्य में धर्म के आधार पर कोई भेदभाव नहीं किया जाता था। वे हिन्दू साधुओं का ही नहीं मुस्लिम संतों का भी आदर करते थे। शिवाजी ने मुसलमानों को अपने राज्य की सेवा में अत्यन्त जिम्मेदारी के पद सौंपे थे।[160] उनके शत्रुओं ने भी मुल्ला-मौलवियों, मस्जिदों और कुरा न के प्रति उनके अत्यधिक सम्मान का उल्लेख किया है। इस कारण टिळक का यह कहना उचित था कि शिवाजी उत्सव किसी भी अर्थ में मुस्लिम विरोधी नहीं था और केवल उन्हें हानि पहुँचाने के इच्छुक लोग उसकी ऐसी व्याख्या कर रहे थे।

शिरोल ने अफजलखान की हत्या के संदर्भ में शिवाजी उत्सव पर एक अन्य आक्षेप भी लगाया। शिवाजी के चरित्र हनन के लिये जानबूझकर किए गए इस प्रयास को लोकमान्य ने विफल कर दिया। इतिहास साक्षी है कि अफजलखाँ का इरादा कपट से शिवाजी की हत्या करना था। अगर वे प्रत्युमन्नमति से काम नहीं लेते तो यह दुर्घटना सुनिश्चित थी। क्या शिवाजी ने अफजलखाँ को मारकर पाप किया? इस प्रश्न का उत्तर देते हुए लोकमान्य ने कहा–'महापुरुष नैतिकता के सिद्धान्तों से परे होते हैं। ऐसे सिद्धान्त एक महापुरुष के उच्चासन तक नहीं पहुँचते। ...भगवान् श्री कृष्ण का गीतोक्त उपदेश है कि यदि हम स्वार्थी आकांक्षाओं से प्रेरित नहीं है तो गुरु और सम्बन्धियों का वध करने में भी दोष नहीं है। शिवाजी ने उदरपूर्ति के लिए नहीं वरन् दूसरों की भलाई के प्रशंसनीय उद्देश्य से ही अफजलखाँ का वध किया

था।[161] शिवाजी ने मलेच्छों को अपनी जन्मभूमि से बाहर निकालने का प्रयत्न किया क्योंकि ईश्वर ने उनको भारत पर शासन करने का कोई 'अमिट ताम्रपत्र' नहीं दे दिया था। अतः टिळक का आग्रह था कि ऐसे महत् उद्देश्य से प्रेरित कार्यों का मूल्यांकन जाब्ता फौजदारी से परे पवित्र भगवद्गीता के शुद्ध वातावरण में होना चाहिए।[162] उनका यह मत था कि शिवाजी ने अफजलखाँ को मुसलमान होने के कारण नहीं वरन् राष्ट्रीय प्रगति में बाधक होने के कारण मारा। अन्यथा वे उसकी पत्नी को ससम्मान बीजापुर नहीं भेजते।[163]

शिवाजी उत्सव के बारे में भ्रान्ति फैलाने के लिए लोकमान्य पर यह आरोप भी लगाए गए कि इस उत्सव के आयोजन के पीछे उनका उद्देश्य लोगों को भड़काकर दंगे-फसाद करवाना ओर उनका ठगना था। ऐसे मिथ्या आरोप विरोधियों की कुटिल बुद्धि के परिचायक हैं। शिवाजी उत्सव जैसे उत्कृष्ट आयोजन के उद्देश्य इतने मलिन होने का प्रशन ही नहीं था। टिळक ने स्पष्ट किया कि शिवाजी ने जिन उपायों का अवलम्बन किया उन्हें वर्तमान स्थिति में प्रयुक्त नहीं किया जा सकता किन्तु 'जिस बुद्धि से उन्होंने ऐसे उपाय खोज निकाले, उसी प्रकार की बुद्धि और वैसा ही धैर्य हमारे अन्तःकरण में सदैव उत्पन्न करने के लिए ही यह उत्सव है।[164] उत्सवों के सम्बन्ध में अपनी स्थिति पर प्रकाश डालते हुए उन्होंने बताया कि अंग्रेजी साम्राज्य के इतर नागरिकों को जो अधिकार प्राप्त हैं, वे हमें भी प्राप्त हों इसी के लिये हमारा यह आन्दोलन है। उनकी प्राप्ति होने पर ही हम शान्तिपूर्वक बैठेंगे। लेकिन दंगे-फसाद करवाने का हमारा कतई इरादा नहीं है।[165]

जनसाधारण को शिवाजी उत्सव के सम्बन्ध में गुमराह करने के सुधारक मंडली के प्रयास को उन्होंने 'घर को डुबोने वाला' बताया और उन्हें प्रवंचक बताने वालों को, वाक्यों का अर्थ विपर्यय करके विघ्नसंतोषी बुद्धि का परिचय देने वाला कहा।[166] उत्सव के प्रेरक स्वरूप की व्याख्या करते हुए उन्होंने एक प्रश्न उपस्थित किया–ईश्वरीय गुणों को आत्मसात करने हेतु, महान् पुरुषों को ईश्वरीय अंश मानकर उनके गुण हम ग्रहण कर सकें, इसके

लिए क्या हमें प्रयत्न नहीं करना चाहिये?[167] शिवाजी जैसे महान् पुरुष के कृत्यों व उद्योगों का अपने देश बान्धवों को स्मरण कराना उन्होंने देशहित की दृष्टि से पहिला कर्त्तव्य बताया[168] और सभी लोगों से अपने महापुरुषों का स्मरण व उनके कार्यों का आस्था और ध्यानपूर्वक मनन करने का आग्रह किया ताकि राष्ट्र का अभ्युदय हो सके।

चूँकि शिवाजी हिन्दू राज्य के संस्थापक थे, शिवाजी आन्दोलन को प्रतिक्रियावादी और पुनरुत्थानवादी कहकर उसकी आलोचना की गई और टिळक पर यह आरोप लगाया गया है कि उन्होंने 'शिवाजी आन्दोलन में प्रतिक्रियावादी अंधविश्वास का सहारा लिया।'[169] इस आन्दोलन के जनक लोकमान्य की संस्कृत के प्रकांड विद्वान् के रूप में ख्याति ने इस विश्वास को बल प्रदान किया। अमलेश त्रिपाठी ने बेहिचक यह निर्णय दे दिया है कि 'सुरेन्द्रनाथ बनर्जी और मालवीयजी जैसे मितवादी नेताओं ने शिवाजी के जीवन से पुनरुत्थानवादी राजनीति के प्रतिपादन के लिए नहीं वरन् देशभक्ति के लिये प्रेरणा ग्रहण की जबकि टिळक ने शिवाजी गाथा का उपयोग पुनरुत्थानवादी उद्देश्य से ही किया।[170] निस्सन्देह टिळक उत्सव द्वय के प्रणेता थे और हिन्दुत्व के कालजयी ग्रन्थों व महान् पुरुषों से उन्होंने प्रेरणा ग्रहण की किन्तु यह कहना कि शिवाजी गाथा उनके हाथों में पुनरुत्थानवादी राजनीति का साधनमात्र थी, उनकी राजनैतिक विदग्धता एवं विचक्षणता का अवमूल्यन करना है। उनके लिए शिवाजी इसलिए स्वीकार्य थे कि उनकी स्मृतियाँ ही ब्राह्मणों व ब्राह्मणेतर जातियों को राष्ट्रवाद के हितार्थ एकजुट करने में समर्थ थीं। उन्होंने नाना फड़नवीस और अकबर उत्सव का भी समर्थन किया क्योंकि उनका उद्देश्य किसी के व्यर्थ महिमागमन के लिए नायकपूजा नहीं वरन् जनता का एकीकरण था। जनता के एकीकरण को प्राथमिकता प्रदान करने के मामले में टिळक का दृष्टिकोण सर्वथा उचित था, जो राष्ट्रीय आन्दोलन की पूर्व आवश्यकता थी। उन्होंने राजनीति में धर्म को इसलिए प्रविष्ट कराया कि जनसामान्य उसकी ओर आकृष्ट हो सके। सी.आर.

क्लीवलैंड की यह आत्म स्वीकृति (25 अक्टूबर 1917) न्यायपूर्ण ही थी–''मैं यह नहीं मानता कि इन हिन्दू नेताओं का इस नीति के पीछे कोई पापपूर्ण इरादा था।[171]

टिळक पर मुस्लिम विरोध का निराधार आक्षेप

गिरिजा के. मुखर्जी ने शिवाजी उत्सव को टिळक की 'राजनीतिक बुद्धिमता की विस्मयकारी कमी' बताते हुए लिखा है कि ''वे इस बात से सर्वथा असावधान थे कि शिवाजी उत्सव पर बल देकर वे निकट भविष्य में मुस्लिम विरोध के बीज बो रहे थे।[172] यद्यपि इस सम्बन्ध में टिळक की स्थिति व दृष्टिकोण का पहिले स्पष्टीकरण किया जा चुका है किन्तु बीसवीं सदी के सातवें दशक के मध्य तक भी लोकमान्य पर ऐसे आरोप लगाए गए हैं यह विचारणीय है। यदि टिळक के भाषणों, वक्तव्यों और कार्यों का ध्यान से अध्ययन किया जाए तो यह स्पष्ट हो जाएगा कि वे साम्प्रदायिक राजनीति से बहुत दूर थे। उन्होंने अपने सम्पूर्ण जीवन में जनसाधारण का सहयोग और सहानुभूति प्राप्त करने हेतु भगीरथ प्रयत्न किया। शिवाजी उत्सव इसी का प्रतीक था। दूसरे उग्रवादी होने के नाते टिळक केवल अंग्रेजों को भारत का दुश्मन और मितवादियों को अपने दल का राजनैतिक प्रतिस्पर्धी मानते थे। यह असंदिग्ध है कि धार्मिक आधार पर एक अन्य विरोधी पक्ष खड़ा करने हेतु वे कतई उत्सुक नहीं थे। पंजाब के लेफ्टिनेंट गवर्नर फिट्रजपेट्रिक ने वस्तुतः सही बात कही थी, जब उसने 9 सितम्बर 1893 की लॉर्ड लैंसडाऊन को लिखा था; 'कांग्रेस के नेता हिन्दुओं व मुसलमानों का एक दूसरे के विरुद्ध खड़ा करने के बजाय दोनों को ब्रिटेन के विरुद्ध संगठित करने के इच्छुक हैं।[173] अतः यह कहा जा सकता है कि उन्होंने देश के जन सामान्य से जीवन्त और सक्रिय सम्बन्ध स्थापित करने हेतु शिवाजी उत्सव के माध्यम से एक विशिष्ट कार्यप्रणाली निर्धारित की। उनके जीवनकाल में यह उत्सव जनसाधारण की जड़ता व निष्क्रियता को दूर करने और उन्हें राजनैतिक दृष्टि से सचेत बनाने में काफी हद तक सफल हुआ।

लोकमान्य अन्याय का संगठित रूप से विरोध करने के पक्ष में थे। आत्मसम्मान और आत्मनिर्भरता को विकसित करने हेतु वे जनता को सतत रूप से शिक्षित किये जाने का समर्थन करते रहे। जन अधिकारों व जन सम्मान की रक्षा के लिए उन्होंने तीव्र आन्दोलन किए और उसमें निहित खतरों का सामना किया। इस कारण वे सरकार की नाराजगी के शिकार हुए पर इसे अस्वीकार नहीं किया जा सकता कि उन्होंने प्रभवशाली रूप से जनमत तैयार किया और अपने भाषणों व लेखों द्वारा हिन्दू-मुस्लिम सम्बन्धों को सही रूप में प्रस्तुत किया। अत्याचारी के समक्ष आत्मसमर्पण उन्हें स्वीकार नहीं था। उनकी राय में अत्याचारी को ठीक करने के लिए उसका सामना करना ही सही मार्ग था। वे मुसलमानों से झगड़ा मोल लेने में कभी आगे नहीं बढ़े। टिळक मुख्यतः इस बात केलिये प्रयत्नशील थे कि देशवासियों में आत्मनिर्भरता व अनुशासन के भाव जागृत करें ताकि अधिकारियों पर और अधिक राजनीतिक अधिकार देने के लिए तब तक दबाव डाला जा सके जब तक भारत को साम्राज्य के स्वशासित राज्यों में से किसी के समान लोकतांत्रिक स्वराज्य प्राप्त न हो जाए। अगर मुसलमान उनके इस प्रयत्न में बाधा डालते तो वे निश्चित रूप से उनकी आलोचना करते थे और उन्हें यह बताने का प्रयत्न करते कि हिन्दू और मुसलमानों दोनों की भलाई का सही रास्ता क्या है? यह उल्लेखनीय है कि सन् 1915 में कांग्रेस और मुस्लिम लीग में समझौता कराने में टिळक की भूमिका अत्यन्त महत्वपूर्ण थी।

अली बंधुओं ने उन्हें अपना गुरु और नेता माना और मोहम्मदअली जिन्ना ने भी उनमें पूर्ण विश्वास प्रकट किया। यद्यपि जिन्ना परवर्ती जीवन में बहुत बदल गए थे लेकिन लोकमान्य के लिए उनके हृदय में बड़ा आदर था। यह तथ्य शायद बहुत कम लोगों को ज्ञात है कि पाकिस्तान बन जाने के बाद भी जिन्ना ने कराची के दंगाइयों को कड़ी चेतावनी दे दी वे टिळक की मूर्ति को न छुएँ।[174] लोकमान्य को मुस्लिम विरोधी कहने की दलील कितनी आधारहीन है, उपर्युक्त घटना इसका सबसे बड़ा प्रमाण है। श्री छागला के

शब्दों में, मैंने कभी नहीं पाया कि टिळक के लिए उन्होंने (जिन्ना ने) कभी सिवाय उनके कार्य, बलिदान और कष्ट सहन करने के अत्यधिक प्रशंसात्मक बातों के कुछ और कहा हो।''[175] उनका जो मूल्यांकन भी मजरूलहक़ ने किया है, उससे पता चलता है कि तत्कालीन मुस्लिम नेताओं की दृष्टि में टिळक का क्या स्थान था। श्री हक़ के अनुसार 'एक अवसर पर मैंने एक ऐसे पूर्णतः मुस्लिम प्रश्न पर टिळक की सलाह और सहायता चाही जो उस समय भारत में इस्लाम के अनुयायियों के हृदय को बहुत आन्दोलित कर रहा था। उनका उत्तरा था कि चूँकि यह समस्या केवल मुसलमानों से सम्बद्ध है, अतः उन्हीं को कार्य की रूपरेखा निश्चित करनी चाहिए और जो कुछ वे तय करेंगे, उसी का वे अपने दल सहित पूर्ण हृदय से समर्थन करेंगे। यह पूर्णतः उचित परामर्श था और मुसलमानों के लिये आत्मसम्मान और आत्मविश्वास का आह्वान था। मुसलमानों की सहायता का यह वचन उस प्रेम और स्नेह का परिचायक था जो टिळक के हृदय में उनके प्रति था।[176] आम मुसलमानों के हृदय में लोकमान्य के प्रति कितनी अगाध श्रद्धा थी, इसका प्रमाण अंग्राकित मर्मस्पर्शी घटना से मिलताहै।जब लोकमान्य की चिता की अग्नि दी गयी तब एक सत्रह-अठारह वर्षीय मुस्लिम नवयुवक यह कहते हुए जलती हुई चिता पर कूद पड़ा कि ''ओह टिळक महाराज आप जा रहे हैं, हम आपके बिना कैसे रहेंगे?''[177] उपर्युक्त सभी प्रमाणों से यह सिद्ध हो जाता है कि टिळक को मुस्लिम विरोधी करार देना एक महान् राष्ट्रवादी चिंतक के दर्शन व जीवन मूल्यों के प्रति पूर्ण अज्ञानता का परिचय देना है। उनके नेतृत्व में उमड़ती हुई जनशक्ति को क्षीण करने के लिए यह ब्रिटिश नौकरशाही का सुनियोजित भ्रामक प्रचार मात्र था। टिळक जैसे दूरदशी महान् जननेता की छवि को धूमिल करने के प्रयास के अंग के रूप में उनके 'मुस्लिम विरोधी' होने की चर्चा को देखा जाना चाहिए। अन्यथा यह तथ्यों से सर्वथा परे है। शिवाजी के प्रति लोकमान्य की अन्यतम श्रद्धा व राष्ट्रीय आन्दोलन की प्रेरक शक्ति के रूप में उनके स्वीकरण के समर्थन में यह निःसंकोच कहा जा सकता है कि उन्होंने

(शिवाजी ने) कतिपय राजनीतिक चिन्तकों की आशंकाओं के विपरीत यह दिखा दिया कि राष्ट्रवाद का प्रतिशोधात्मक या दमनकारी होना आवश्यक नहीं है। वे सर्वोत्तम अर्थ में ''माटी के बेटे'' थे। उन्होंने एक कठोर और उबड़-खाबड़ प्रदेश को देश में अग्रगण्य बना दिया। उन्होंने यह पाठ पढ़ाया कि व्यक्तिगत रूप से परिशुद्ध भावना से प्रेरित और संकीर्णता से मुक्त होने पर प्रादेशिक राष्ट्रवाद भी वृहत्तर राष्ट्रीय कल्याण का पोषक हो सकता है। उनके जीवन की सर्वोच्च शिक्षा को उनके उत्तराधिकारी पेशवा भुला बैठे और इसी के फलस्वरूप अंग्रेजों ने भारत में पैर जमाए। स्वतंत्र भारत को शिवाजी की अन्य किसी युग की अपेक्षा अधिक आवश्यकता है।[178]

बंगभंग : स्वराज्यमंत्र की पूर्वपीठिका

आधुनिक भारत में राष्ट्रवादी आन्दोलन के इतिहास में बंगभंग का कई दृष्टियों से विशिष्ट स्थान है। जनभावनाओं की पूर्ण अवहेलना करते हुए लॉर्ड कर्जन ने राष्ट्रीयता की बढ़ती हुई चेतना को कुचलने हेतु जान-बूझकर यह कदम उठाया था। बंगाल को पूर्वी और पश्चिमी प्रान्त में बाँटने की चालाकी भरी योजना राष्ट्र की एकता को तोड़ने की चाल मात्र थी। भारत में राष्ट्रीय आन्दोलन का नेतृत्व करने वाले बंगाली लोगों को दुर्बल करके राजनीतिक सुधारों की प्राप्ति के संयुक्त प्रयास में मुसलमानों को हिन्दुओं से अलग करना ही इसका लक्ष्य था[179] अन्यथा यह तो एक ऐसा कार्य था 'जिसे न तो प्रशासनिक सुविधा, न ऐतिहासिक परम्परा और न सामान्य दूरदर्शिता के आधार पर उचित ठहराया जा सकता है।[180] वस्तुतः विभाजन का अभीष्ट भारत के मानस व हृदय को सर्वाधिक आघात पहुँचाना था[181] क्योंकि बंगाल भारत का सर्वाधिक जीवन्त प्रान्त था। उसकी प्रतिभा और अपनें महान् अतीत के प्रति उसका लगाव ब्रिटिश सर्वोच्चता के लिए संकट स्वरूप थे। बंगाल के लिए यह संकट की घड़ी थी। इस अन्यायपूर्ण कृत्य को समाप्त करने हेतु प्रबल विरोध का झंझावात उठ खड़ा हुआ। ब्रिटिश सदाशयता में मितवादियों के विश्वास को भी इस कार्य ने हिला दिया। इसी कारण गोखले ने 1905 ई. में

बनारस कांग्रेस के अपने अध्यक्षीय भाषण में बंगाली बन्धुओं पर किए गए इस क्रूर अत्याचार पर क्षोभ व्यक्त करते हुए कहा—यह भारत में नौकरशाही शासन के सर्वाधिक बुरे लक्षणों, जनमत के प्रति उसके पूर्ण तिरस्कार भाव, श्रेष्ठतर बुद्धिमता के उसके दंभपूर्ण दिखावे, लोगों की सर्वाधिक संजोयी हुई भावनाओं की अविचारपूर्ण अवमानना...की प्रवृत्ति का पूर्ण निदर्शन था।[182] विभाजन भारत की राष्ट्रीय अस्मिता के लिए एक चुनौती था। अतः संपूर्ण बंगाल इसके विरोध में उठ खड़ा हुआ। विभाजन विरोधी आन्दोलन ने लोकमान्य को वह चिर-प्रतीक्षित अवसर प्रदान किया जिसका उपयोग वे जन जागृति एवं संगठन हेतु प्रभावशाली रूप से कर सकते थे। अपनी अचूक दृष्टि से उन्होंने बंगाल के आन्दोलन में हमारे राष्ट्रीय संघर्ष में एक नये अध्याय की शुरुआत देखी। वे जानते थे कि विभाजन न केवल बंगाल के लिए वरन् शेष भारत के लिए चुनौती था और उसके प्रति दुर्बल समर्पण इस देश में राजनैतिक आन्दोलन की मृत्यु सिद्ध होगी। भारत जैसे विशाल जनसंख्या वाले देश को सहज रूप से गतिशील नहीं किया जा सकता। अतः टिळक ने बंगाल की अशांति में, राजनैतिक संघर्ष में एक नव-जीवन के चिह्न देखे। उनका कहना था कि राष्ट्र के जीवन में इस प्रकार के संकटकालीन प्रसंग कदाचित ही आते हैं और यदि हम उपस्थित प्रसंग का लाभ नहीं उठाएँ तो इसे हमारी मूर्खता और कर्त्तव्यशून्यता का कमाल ही कहना होगा।[183]

कांग्रेस मंच से प्रस्तुत किए जाने वाले विचारों को जनसाधारण तक पहुँचाए बिना टिळक संतुष्ट नहीं हो सकते थे क्योंकि लोगों में ही वे कांग्रेस आन्दोलन का वास्तविक अनुसमर्थन देखते थे। विचार को कार्यरूप में परिणत करने में उन्हें विशेष दक्षता हासिल थी और विभाजन विरोधी आन्दोलन एक ऐसा विचार था जो लोगों की भावनाओं को स्पर्श कर सकता था किन्तु भावनात्मक अपील भी अधिक दूर नहीं जाती और भावनात्मक विरोध नपुंसक क्रोध के रूप में बिखर कर रह जाता है। इसलिए टिळक ने भाँप लिया था कि विभाजन के प्रति भावनात्मक विरोध से जनसंघर्ष के सशक्त साधन निर्मित किए जा सकते हैं। बंगाल के विभाजन को उन्होंने 'राष्ट्रत्व को धक्का

पहुँचाने वाले कार्य'[184] की संज्ञा दी। विभाजन विरोधी उग्र आन्दोलन को उन्होंने निरन्तर जारी रखने पर जोर दिया और विश्वास व्यक्त किया कि 'विभाजन की शिकायत भारत के पुनरुत्थान का प्रसाद सिद्ध होगी।[185] बंगाल की परीक्षा की इस घड़ी में उन्होंने समस्त देशवासियों से सह दुःखभागी होने की अपील की और कहा कि 'किसी कुटुम्ब में माँ बच्चे को अलग करने पर उस कुटुम्ब के सम्बन्धी जितनी हाय-तौबा मचाते हैं, उसकी अपेक्षा बंगाल के विभाजन पर समस्त हिन्दुस्तान के लोगों को बलवत्तर आवाज उठानी चाहिए थी।'[186] इस राष्ट्रीय संकट को लोकमान्य ने कितनी गंभीरता से लिया यह इसी से स्पष्ट है कि उन्होंने इस विषय पर राष्ट्र का मार्गदर्शन करते हुए युवकों से कहा कि नौकरशाही की योजना को निरस्त करने के लिए 'सलाह मशविरे की नहीं वरन् राष्ट्र के लिए रामदास स्वामी के शिष्यों की भाँति फकीर होकर घूमने की, कार्यरत होने की आवश्यकता थी।[187]

बंग भंग के अवसर पर टिळक की राजनीतिक प्रतिभा प्रखर रूप से प्रकट हुई। इस आन्दोलन की महत्ता व संभावनाओं को पहिचााने वाले संभवतः प्रथम नेता टिळक थे। उनके नेतृत्व में महाराष्ट्र के लोगों ने बंगाल के तीव्र क्षोभ को महसूस किया। विभाजन में उन्होंने भारतीय जनता की एकता को सुदृढ़ करने और सभी वर्गों को अपने में समाहित करके, भारत के प्रत्येक गाँव व कुटिया तक पहुँचने वाले, अपने स्वरूप व क्षेत्र से सही अर्थों में राष्ट्रवादी आन्दोलन को प्रेरित करने की संभावना देखी। लोकमान्य लोगों द्वारा सीधी कौर्यवाही के पक्ष में थे। यह आवश्यक था कि उनकी शक्तियाँ रचनात्मक कार्य की ओर मोड़ी जाएँ। उन्हें ज्ञात था कि आन्दोलन की महत्ता अवज्ञा का वातावरण तैयार करने और लोगों की भावनाओं को तरंगित करने में निहित थी किन्तु वे विराट प्रदर्शनों मात्र से संतुष्ट रहने वाले व्यक्ति नहीं थे।

विभाजन 'आणीबाणी ची वेल'

बंगाल विभाजन के निहितार्थ लोकमान्य की पैनी दृष्टि से ओझल नहीं

रह सके। भारतीय समाज के दो प्रमुख वर्गों में स्थायी शत्रुता में बीजवपन के कुत्सित उद्देश्य से प्रेरित इस योजना को विफल बनाने के लिए लोकमत जागृत करना आवश्यक था। टिळक ने सम्पूर्ण योजना का गहराई से विवेचन कर इसकी असलियत से लोगों को परिचित कराया। इसे उन्होंने 'आणी बाणी ची वेळ' अर्थात् संकटकाल की संज्ञा दी और 'केसरी' में इस शीर्षक से प्रकाशित लेख में देशवासियों से आह्वान किया कि वे उद्धत नौकरशाही का मुकाबला करने हेतु कटिबद्ध हो जाएँ। प्रस्तुत लेख में शासक वर्ग की निरंकुशता पर एक अत्यन्त निरोधक उपाय के रूप में जनमत की महत्ता का भली भाँति विश्लेषण किया गया है। बंग भंग भारत की निपट असहायता की स्थिति का सबसे बड़ा प्रमाण था और इसके लिए एकता के अभाव को उत्तरदायी बताते हुए उन्होंने सत्तामद से उन्मत हुए शासकों को नियंत्रित करने हेतु लोकमत की रस्सी को मजबूत बनाने पर बल दिया। भारतीय जनमत की तत्कालीन सत्वहीन स्थिति और उससे उबरने के लिए आवश्यक उपायों पर टिळक ने प्रकाश डाला। उनका कहना था कि समुद्र के किनारे स्थित पर्वतों से सागर की लहरें टकराकर जिस प्रकार लौट जाती हैं, हमारे यहाँ लोकमत की वैसी ही स्थिति हो गई है। एक दृष्टि से तो सागर की लहरें बेहतर हैं क्योंकि उनमें थोड़ा बहुत खारापन होने ले वे तीर पर स्थित पर्वतों के अन्दर तक घुस जाती हैं किन्तु हमारा लोकमत अलोना होने की वजह से उसकी लहरों का सरकार पर कोई असर नहीं होता है।[188] लोकमत को तृणवत समझकर उसकी उपेक्षा करने वाली सरकार को सही मार्ग पर लाने के लिए उन्होंने 'तृणेरावे ष्ट्यते रज्जुर्यया नागो ऽपि बध्यते' का उपाय सुझाया।[189] लोकमान्य ने यह स्पष्ट किया कि लोकमत का बल निश्चय में होता है केवल समुच्चय में नहीं। अतः समुद्र किनारे पर पड़ी रेत के कणों के समान हजारों लाखों लोगों को एकत्र होना ही पर्याप्त नहीं है, उन्हें कृत निश्चय होकर आगे बढ़ना होगा। लोकशक्ति के संगठन को वे संघर्ष में सफलता की आधारशिला मानते हैं। जनता में समलक्ष्य व समबोध आवश्यक है अथवा उसकी स्थिति घास के तिनकों के ढ़ेर के सदृश होगी

जिससे कोई प्रयोजन सिद्ध नहीं होता।[190] तत्कालीन भारतीय जनमत को 'हवा' में झूलने वाले चड़स' की उपेक्षा देते हुए उन्होंने उसे मजबूत बल वाली घास की रज्जु बनाने पर बल दिया ताकि सत्ता के मन्दोमत हाथी को उससे बाँध जा सके।[191]

लॉर्ड कर्जन की स्वेच्छाचारिता के संदर्भ में उनका कहना था कि परकीय राजसत्तारूपी गज मदोन्मत होकर इस देश में सर्वत्र विचरण कर रहा है और उसे उन्होंने सामन्ती युग का प्रत्यक्ष उदाहरण बताया। जरासंध की भाँति बंगाल के टुकड़े करने वाले बलभीम कर्जन की मनोवृत्ति व प्रशासन की दीर्घकालीन योजना का स्पष्टीकरण करते हुए टिळक ने बताया कि बलभीम वॉयसराय समस्त भारत को रावण की भाँति अकेला ही नचाना चाहते हैं। उनकी शासन व्यवस्था की नीति है कि वह स्वयं ही नहीं वरन् उनके परवर्ती वॉयसराय भी इस पदाक्रान्त देश पर उच्छृंखल रूप से उसी की भाँति नाचते रहें।[192] मन्दोमत्त हाथी की भाँति कर्जन बंगाली लोकमत को घास-फूस की तरह रौंद रहे थे। विभाजन की योजना बलपूर्वक लादकर बंगलाभाषी जिलों के प्राण हरण का यह प्रयत्न टिळक की दृष्टि में राजनैतिक मूर्खता का उदाहरण था क्योंकि शासितों को ऐसी सामान्य बातों से असंतुष्ट करने का अभिप्राय था अकारण साम्राज्य के चिर स्थायित्व को धक्का पहुँचाना।[193] उन्होंने विभाजन के अन्तस्थ हेतु भी व्याख्या करते हुए बताया कि यह योजना इस उद्देश्य से प्रेरित थी कि भारतवासी कभी राष्ट्रीयता का सम्पादन नहीं कर सकें और सम्पादन कर भी लें तो वह इतनी निर्बल हो कि नौकरशाही के कल्याण के लिए भारतभूमि पर जो ताँडव नृत्य सुखपूर्वक चल रहा है उसमें यत्किंचित भी बाधा नहीं पड़े।[194]

बंग भंग और शिवाजी आन्दोलन

इस विकट परिस्थिति का मुकाबला करने हेतु लोकमान्य ने निश्चयपूर्ण कृतिशूरता पर बल दिया। उन्होंने विभाजन विरोधी आन्दोलन को स्वराज्य आन्दोलन में बदलने का प्रयत्न किया। इस संदर्भ में यह एक उल्लेखनीय तथ्य

है कि विदेशी सत्ता की मनमानी का मुकाबला करने हेतु शिवाजी के जीवन से प्रेरणा ली गयी। महाराष्ट्र में शिवाजी का नाम टिळक के प्रयत्नों से उग्रवादी सिद्धान्तों का चुम्बकीय आकर्षण प्राप्त कर चुका था। आर्थिक उत्पीड़न व राजनैतिक विक्षोभ के उन दिनों में प्रेरणा के अजस्र स्रोत के रूप में केवल शिवाजी ही बंगाली लोगों को अपील कर सकते थे। एक सफल साम्राज्य निर्माता के साहसी व उद्यमी जीवन ने असहाय, अधीनस्थ लोगों को मंत्रमुग्ध कर दिया। शिवाजी और मराठा इतिहास को बंगाली समाज में ग्राह्य बनाने में रमेशचन्द्र दत्त द्वारा लिखित ''महाराष्ट्र जीवनप्रभा'' की उल्लेखनीय भूमिका रही। इसकी उच्च साहित्यिक गुणवत्ता के अतिरिक्त, यह भी उल्लेखनीय है कि स्वदेशी आन्दोलन के दिनों में इसका लोगों पर विशेष प्रभाव पड़ा। यह भी एक रोचक तथ्य है कि 'सम्पूर्ण उपन्यास में शिवाजी का नाम' 'शिवजी' लिखा गया था ताकि भगवान शिव के साथ उनका साम्य दिखाया जा सके।[195] इस उपन्यास लेखन के पीछे अपने उद्देश्य को स्पष्ट करते हुए दत्त महाशय ने लिखा, 'मेरा एकमात्र उद्देश्य हमारे राष्ट्र नायकों की महानता व अतीत की यशोगाथा का चित्रण करना रहा है।'

शिवाजी आन्दोलन के प्रारम्भ से ही लोकमान्य की इसे भारतव्यापी आन्दोलन बनाने की योजना थी। बंगाल में शिवाजी आन्दोलन को लोकप्रिय बनाने में सखाराम गणेश देउसकर का विशेष हाथ था। बंगभग के पश्चात् सन् 1906 में कलकत्ता में आयोजित शिवाजी समारोह में अश्विनीकुमारदत्त ने अपने अध्यक्षीय भाषण में कहा ''शिवाजी उत्सव का उद्देश्य शिवाजी के निष्काम, आत्म बलिदानी व उदात्त जीवन के प्रति हमारे मन में आदर भाव जागृत करना है। शिवाजी का नाम राजनैतिक स्वाधीनता के आदर्श का मानवीकरण बन गया था। समारोह में सुरेन्द्रनाथ बैनर्जी ने शिवाजी को राष्ट्रीयता एकता का प्रतीक बताते हुए कहा, 'शिवाजी भारत के विभिन्न भागों के एकीकरण हेतु समय-समय पर किये जाने वाले प्रयत्नों की अभिव्यक्ति स्वरूप थे। वे संयुक्त भारत के महान् व गौरवपूर्ण विचार के अंतिम उद्घोषक

थे।[196] समय व्यतीत होने के साथ शिवाजी के जीवन चरित्र को अधिकाधिक राष्ट्रवादी स्वरूप में उभारने का प्रयत्न बंगाल में किया गया। क्रांतिकारी विचारधारा के उन्नयन में शिवाजी मंत्र का भी महत्वपूर्ण योगदान रहा। बंगाल के क्रांतिकारियों की दृष्टि में शिवाजी निर्भयता व स्वतंत्रता के मूर्तिमान रूप थे। शत्रु के विरुद्ध उनका सशस्त्र संघर्ष क्रांतिकारियों के लिए महत् प्रेरक शक्ति सिद्ध हुआ। इसे टिळक की राजनीतिक विचक्षणता का ही प्रमाण मानना होगा कि उन्होंने शिवाजी के रूप में देशवासियों में एकता के बन्धनों को सुदृढ़ करने में समर्थ एक महान् राष्ट्रीय नायक की उपासना को प्रोत्साहित किया। इस प्रकार लोकमान्य का अवज्ञा दर्शन बंगाल के गीतात्मक राष्ट्रवाद से घुल-मिलकर सम्पूर्ण भारत पर छा जाने वाली एक शक्तिशाली तरंग बन गया।

स्वराज्य के सुधाघट का प्रकटीकरण : बंगभंग मंथन से

उपर्युक्त विवरण से यह स्पष्ट है कि नौकरशाही के विषदंश बंगभंग ने राष्ट्र की काया को व्रणग्रस्त कर दिया था। इसके फलस्वरूप विदेशी दासता की चुभन तीव्रता से महसूस हुई। इस घटना से यह दिन के उजाले की भाँति स्पष्ट हो गया कि 'लोगों के अधिकारों व संवेदनशीलता को रौंदने वाली निरंकुशता से त्राण दिलाने में कांग्रेस के तौर-तरीके सर्वथा अक्षम थे[197] और ब्रिटिश न्यायप्रियता में विश्वास कितनी भ्रान्त धारणा थी। इस परिस्थिति में राष्ट्रीय हितों की सुरक्षा के लिए टिळक ने "आत्मनिर्भरता व लोगों द्वारा संयुक्त कार्यवाही के दर्शन" का स्पष्ट रूप से निरुपण किया।[198] ब्रिटिश सदाशयता में मितवादियों की आस्था को चुनौती देते हुए उन्होंने कहा कि नौकरशाही ने एक नीति विकसित कर ली है जिसके परे न जाने को वह कृत निश्चय है–उनसे किसी बात की आशा रखना व्यर्थ है।[199] प्रार्थना और विरोध के दिनों के अवसान की घोषणा करते हुए उन्होंने इस तथ्य को उजागर किया कि मालिक और नौकर के बीच सद्भावना सम्भव नहीं है। यह समान लोगों में ही सम्भव है। लोगों को यह दिखा देना चाहिये कि वे विशेषाधिकारों के योग्य हैं। टिळक की मान्यता थी कि आसन्न संकट से उबरने हेतु हमें इस बात पर विचार करना

चाहिए कि भारत की सरजमीं पर एक राष्ट्र का निर्माण कैसे किया जाय?[200] असहायता के बोध से त्रस्त राष्ट्र को उन्होंने स्वराज्य का मंत्र दिया। इस परिस्थिति ने उन लोगों को राजनीतिक समस्या का गहनतर विश्लेषण करने हेतु प्रेरित किया जिन्हें सरकार के अधीन कुछ अधिक पदों के बजाय अपने देशवासियों की आत्मा की तलाश थी।[201] इस कार्य में टिळक अग्रणी थे।

वे इस निष्कर्ष पर पहुँचे थे कि सार्थक सामाजिक सुधारों से पहिले स्वराज्य आवश्यक है। राष्ट्रीय एकता व आत्मसम्मान का चिरस्थायी आधार राष्ट्रीय स्वशासन ही हो सकता था। सन् 1895 में ही उन्होंने लोगों को इस बात का स्मरण दिलाया कि शिवाजी ने स्वराज्य का पुनः सृजन सामाजिक व राजनैतिक स्वतंत्रता और प्रगति व नैतिकता के आवश्यक आधार के रूप में किया था। इसके ऐतिहासिक व दार्शनिक संदर्भ का स्वरूप उनकी रचनाओं में स्पष्ट है। वे स्वराज्य शब्द का प्रयोग शासनतंत्र के प्रकार मात्र के रूप में नहीं करते। उन्होंने उसे आध्यात्मिक गरिमा, दार्शनिक गांभीर्य व ऐतिहासिक अर्थवत्ता प्रदान की। उसके राजनैतिक महत्व के साथ-साथ नैतिक औचित्य पर भी प्रकाश डाला। उन्होंने लिखा "जिसका इतिहास से थोड़ा बहुत भी परिचय है, उसे ज्ञात है कि स्वराज्य व स्वधर्म का अर्थ क्या है? स्वराज्य व स्वधर्म के संस्थापक के लिए आवश्यक विशिष्ट गुणों से जो परिचित है...स्वराज्य के महत्व को समझ सकता है।"[202]

स्वराज्य का औचित्य एवं अभिप्राय

वे भारतीय परम्परा की इस शिक्षा को भली भाँति समझते थे कि स्वराज्य के बिना धर्मराज्य नहीं हो सकता और धर्म राज्य के अभाव में न तो राज्य में और न ही समाज में समरसता उत्पन्न हो सकती है। न ही व्यक्ति अपना जीवनोद्देश्य पूर्ण कर सकता है। स्वराज्य लोकमान्य के राजनैतिक समर का उद्देश्य बन चुका था। शिवाजी की भाँति उन्होंने उस अवस्था में स्वराज व स्वधर्म की स्थापना के लिए प्रयत्न करने का निश्चय किया जब वे डावांडोल स्थिति में थे। स्वराज्य पर उनका बल उनके सामाजिक व राजनीतिक दर्शन से बिल्कुल मेल खाता था। उनके समक्ष महाराष्ट्र के इतिहास का उदाहरण एवं

अपने राष्ट्र के दर्शन का आदेश विद्यमान था। श्री अरविन्द के अनुसार भावी महानता को अतीत की महानता पर आधारित करना, भारतीय राजनीति को धार्मिक व आध्यात्मिक उत्साह से अनुप्राणित करना–भारत में एक सशक्त व महान् राजनैतिक जागृति की अनिवार्य शर्तें हैं...[203] स्वराज्य की पुनर्प्रतिष्ठा एक नैतिक अनिवार्यता थी। कानून, सरकारी संस्थाएँ और राज्य व्यवस्था सभी धर्मराज्य में ही नैतिक हो सकते थे और धर्म तभी शासन कर सकता था जब लोगों को स्वराज्य प्राप्त हो। टिळक का विश्वास था कि समस्त प्रगति राष्ट्रोन्नति की सभी आशाएँ स्वराज पर निर्भर थीं। किसी अन्य बात को स्वराज्य की तुलना में प्राथमिकता नहीं मिल सकती थी। अपने भाषणों में वे अक्सर कहते थे–यदि हमें स्वराज्य प्राप्त नहीं होता है तो औद्योगिक उन्नति संभव नहीं है स्वराज्य के अभाव में राष्ट्र के लिए उपयोगी प्राथमिक या उन्नति संभव नहीं है स्वराज्य के अभाव में राष्ट्र के लिए उपयोगी प्राथमिक या उच्च किसी प्रकार की शिक्षा की संभावना नहीं है।[204] राष्ट्रीय जीवन का ऐसा कोई पक्ष नहीं था, जो स्वराज्य पर निर्भर नहीं हो। इसी कारण उनका कहना था कि स्वराज्य की माँग हमारे भावी उत्कर्ष का आधार है, न कि कलश।[205]

स्वराज्य की आवश्यकता को समझते हुए हमें भारतीय मूल्यव्यवस्था में इसकी महत्ता का आकलन करना होगा। हमें यह स्मरण रखना चाहिए कि टिळक व अन्य राष्ट्रवादी समकालीन राजनैतिक संघर्षों को इन कालजयी मूल्यों के सन्दर्भ में देखते थे। स्वराज्य तथा स्वधर्म के चेतन, कानूनी अस्तित्व के बिना व्यक्ति न तो अपनी वास्तविक प्रकृति के अनुसार रह सकता है और न ही अपने जीवनोद्देश्य को प्राप्त व पूरा कर सकता हैं। इसी प्रकार राजनीति के कालजयी दर्शनशास्त्र में स्वराज्य राजनैतिक समुदाय के लिए सार्थक था। स्वराज्य के बिना धर्मराज्य के अन्तर्गत समुदाय की सही व्यवस्था कदापि संभव नहीं हो सकती थी और वैयक्तिक जीवन की स्थितियाँ नैतिक रूप से लाभदायक नहीं हो सकती थीं। राज्य का अस्तित्व धर्म के संवर्धन और रक्षा के लिए ही है और स्वराज्य के बिना यह संभव नहीं है। अतः ''क्लासिकल मूल्य व्यवस्था में स्वराज्य व्यक्ति और समुदाय दोनों के लिए नैतिक आदेश है।

स्वराज्य के बिना जीवन सार्थक नहीं है।[206] चूँकि टिळक विश्व को इस मूल्य व्यवस्था के परिप्रेक्ष्य में देखते थे, उन्होंने इस बात पर बल दिया कि 'हमारा जीवन और धर्म स्वराज्य के बिना व्यर्थ है।[207] जब तक धर्म के रक्षण और संवर्धन के लिए स्वराज्य न हो, जीवन को नैतिक सोद्देश्यता प्राप्त नहीं हो सकती। समाज सुधारकों से होने वाली बहस में टिळक के तर्कों का सार यही था कि प्राथमिकता किसे प्राप्त होनी चाहिए, राजनैतिक सुधारों या सामाजिक सुधारों को? 'स्वराज्य' के रूप में परिभाषित राजनैतिक सुधार सार्थक सामाजिक सुधारों के लिए नितान्त आवश्यक थे। लोकमान्य सामाजिक सुधारों की तुलना में स्वराज्य को कितना महत्व देते थे, यह विवाद में उनके इस कथन से ही स्पष्ट है कि 'जिस राष्ट्र में सारे ही लोग 'विधवा' हो चुके हैं, वहाँ एक विधवा का उद्धार हुआ अथवा नहीं इसका कोई विशेष महत्व नहीं है। वहाँ राष्ट्र के वैधव्य को दूर करने का लक्ष्य सभी को निर्धारित करना चाहिए।''[208] उनकी यह धारण थी कि उन लोगों को भावी जीवन में स्वराज्य का प्रसाद नहीं मिल सकता, जिन्होंने इस जीवन में इसका उपभोग नहीं किया है।[209] इसके तार्किक आधार को स्पष्ट करते हुए उन्होंने बताया कि जिस प्रकार व्यक्ति को सुबह-शाम दूसरे के द्वारा गले में डाला गया भोजन रुचिकर नहीं लगता, स्वयं कष्ट उठाकर खाने से ही स्वादु लगता है, वही बात स्वराज्य और परराज्य के बारे में लागू होती है।[210] इसी कारण उनका कहना था कि स्वराज्य प्रत्येक व्यक्ति का जन्म सिद्ध अधिकार है। भारतीय लोगों को यह बात दृष्टिगत रखनी चाहिए कि आप उन लोगों के वंशज हैं जो स्वराज का उपयोग कर चुके हैं।[211]

स्वराज्य शब्द उतना ही प्राचीन है जितनी कि आर्य सभ्यता। यह शब्द ऋग्वेद में आया है। टिळक अक्सर लोगों को याद दिलाते थे कि स्वराज्य का विचार पुरातन है। इसका अभिप्राय था अव्यवस्था पर ब्रह्माण्ड का नियंत्रण और समस्त कार्यकलापों का व्यक्ति के स्वधर्म के अनुसार नैतिक रूप से नियमन। समुदाय के लिए इसका तात्पर्य है अव्यवस्था की तुलना

में सुव्यवस्था को प्राथमिकता तथा समुदाय के समस्त क्रियाकलापों का धर्म राज्य के अनुसार नैतिक नियमन। टिळक ने स्वराज्य का अर्थ इससे अधिक स्पष्ट नहीं किया है, जब वे लिखते हैं–"स्वतंत्रता आत्मा से संलग्न है। जहाँ स्वतंत्रता है वहाँ आत्मा है। यह एक शाश्वत सिद्धान्त है। राजनीति दर्शन का समाहार इसी सिद्धान्त में होना चाहिए।"[212] उनके अनुसार स्वराज्य कर्त्तव्य की अध्यवसाय पूर्ण पूर्ति का स्वाभाविक परिणाम है। कर्मयोगी स्वराज्य के लिए प्रयास करता है। ध्यानी को भी इसी की उत्कंठा होती है।[213] राजनैतिक दृष्टि से स्वराज्य का अर्थ था राजनैतिक सिद्धान्त में पूर्ण परिवर्तन। कानपुर अभिभाषण में स्वराज्य का अर्थ स्पष्ट करते हुए उन्होंने कहा, "जब हम स्वराज्य की माँग करते हैं तो हमारा तात्पर्य है कि हम अपने घर में स्वामी हों...हम भेड़ों के झुंड में पले सिंह शावकों जैसे हैं लेकिन अब हमने समझ लिया है कि हम वास्तव में क्या हैं।[214] तत्कालीन सरकार के सिद्धान्त के पूर्ण परिवर्तन में, राज्य के दार्शनिक आधार में भारत के क्लासिकल सिद्धान्त की पुनः प्रयुक्ति सन्निहित थी। यह परिवर्तन, राज्य के ब्रिटिश स्वरूपों के भारतीय प्रयोग मात्र से स्पष्टतः कहीं अधिक क्रान्तिकारी था। इसका अभिप्राय था राज्य का पुनः निर्माण ताकि वह राष्ट्रीय उद्देश्यों की पूर्ति करके भारतीय सभ्यता में निहित स्वराज्य का मूर्तरूप बन सकेगा। स्वराज्य के लिए संपूर्ण संघर्ष इस विश्वास पर आधारित था कि "स्वराज्य भारत के राष्ट्रीय जीवन की संपूर्ति है।" यह एक ऐसा राजनैतिक आदर्श था जिसने भारतीय सभ्यता के आदर्श का आह्वान किया।[215]

विभिन्न सन्दर्भों में स्वराज्य का अर्थ

चूँकि टिळक का दृष्टिकोण आध्यात्मिक था, इसलिए वे स्वराज्य को मनुष्य का अधिकार ही नहीं बल्कि धर्म मानते थे। उन्होंने स्वराज्य के केवल राजनैतिक निहितार्थ पर ही जोर नहीं दिया। वे इसकी इयत्ताओं को काफी विस्तृत मानते हैं। उनके अनुसार जीवन के सभी पहलुओं का यह स्पर्श करता है। राजनैतिक दृष्टि से स्वराज्य का अर्थ था राष्ट्रीय स्वशासन। नैतिक

दृष्टि से इसका अर्थ था अनुद्विग्नता, अविचलता, धृति और आत्म निग्रह की पूर्णता की प्राप्ति, जो स्वधर्म का पालन करने हेतु आवश्यक हैं। आध्यात्मिक दृष्टि से इसका अर्थ था आध्यात्मिक आन्तरिक स्वतंत्रता एवं मननशील आल्हाद की अनुभूति। स्वराज्य के आध्यात्मिक अर्थ को उन्होंने इस प्रकार स्पष्ट किया–यह 'स्व' में केन्द्रित और स्व पर निर्भर जीवन है। इस लोक और परलोक में भी स्वराज्य है। जिन ऋषियों ने स्वधर्म के नियमों का प्रतिपादन किया वे अन्ततः अरण्यवासी हो गए क्योंकि लोग स्वराज या जनप्रभुता का उपभोग कर ही रहे थे और उस स्वराज की रक्षा का भार क्षत्रिय राजाओं पर था।[216]

टिळक का विश्वास था कि स्वराज्य की प्राप्ति भारतीय राष्ट्रवाद की एक महान् विजय होगी। इसलिए उन्होंने इस विषय पर काफी विस्तार से लिखा और देशवासियों को प्रशिक्षित किया। स्वराज्य का महत्व भली भाँति हृदयगंम कराने हेतु उन्होंने 'स्वराज्य' और 'सुराज्य' का भेद स्पष्ट किया और इस बात पर जोर दिया कि मात्र सुशासन से स्वराज्य के अभाव की क्षतिपूर्ति नहीं हो सकती। इस सन्दर्भ में उन्होंने 'स्वराज्य' के अर्थ के सम्बन्ध में उपस्थित होनें वाली कठिनाई पर भी विचार किया। स्वराज्य शब्द में 'स्व' शब्द देखते ही अपनेपन का बोध होता है। स्वराज्य अर्थात् अपना राज्य। लेकिन मात्र इतना कहने से इसका अर्थ स्पष्ट नहीं हो जाता। उनके अनुसार 'जिस समय राजा और प्रजा दोनों एक ही धर्म के तले, एक ही देश के तले, एक ही जाति व एक ही प्रकार के हिताहित सम्बन्ध होने से, राजा प्रजा के हित में विषय में सदैव तत्पर एवं दक्ष रहते हों, वहाँ प्रजा को अपने ऊपर होने वाला शासन स्वराज्य ही है, ऐसा अनुभव होना सर्वथा स्वाभाविक है। 'रामराज्य' इसी प्रकार का स्वराज्य था।[217] उन्होंने यह अभिमत प्रकट किया कि स्वराज्य और सुराज्य इन दोनों शब्दों का प्रयोग करते समय उनके अर्थ की छान-बीन करना आवश्यक है अन्यथा भ्रम की आशंका रहती है। स्वराज्य शब्द का अर्थ वे दो प्रकार से लेते हैं –एक तो 'सुव्यवस्थित राज्य' और दूसरा 'सुखकारक

राज्य'।[218] स्व अर्थात् लोग अथवा प्रजा और उनका अर्थात् उनकी सलाह से चलने वाला जो राज्य हो वह स्वराज्य है। स्वराज्य की व्याख्या करते हुए टिळक ने इस बात पर बल दिया कि सबसे मुख्य बात यह है कि अपने मतानुसार हमें जो अपना हित प्रतीत हो, उस नीति के अनुरूप राज्य व्यवस्था के संचालन में हमें पूर्ण अधिकार होना चाहिए। वास्तविक स्वराज्य यही है।[219]

स्वराज्य नैसर्गिक अधिकार

लोकमान्य ने स्वराज्य का उद्घोष लोगों के नैसर्गिक अधिकार के रूप में किया, मात्र सदाशयतापूर्ण माँग के रूप में नहीं। उनके मतानुसार राज्य व्यवस्था का संचालन उनकी (प्रजा की) इच्छानुसार हो यह उनका प्राकृतिक अधिकार है। (उनकी माँग राजनिष्ठा के पुरस्कार के रूप में नहीं की जा रही थी।)[220] टिळक ने हिन्दी स्वराज्य संघ शीर्षक से चार लेख, लिखे जिनमें उन्होंने स्वराज्य के अर्थ, प्रयोजन व महत्ता का सविस्तार प्रतिपादन किया। स्वराज्य के महत्व का निरूपण उन्होंने इस प्रश्न के संदर्भ में किया कि लोगों का वास्तविक सौख्य किस प्रकार की राज्य व्यवस्था में निहित है? दूरदर्शितापूर्ण विवेक की दृष्टि से इसका यही उत्तर है कि लोगों की सलाह से जिस राज्य व्यवस्था का संचालन होता है, वही उन्हें हितकर और प्रिय लगती है।[220] जीवन के प्रत्येक क्षेत्र में मनुष्य को स्वतंत्रतापूर्वक व्यवहार करने का अवसर मिलना सामाजिक हित की दृष्टि से आवश्यक है। बाह्य नियंत्रण को लम्बे समय तक मनोवैज्ञानिक आधार पर अनुचित बताते हुए उन्होंने कहा, अल्पवयी बालक के वयस्क होने तक उस पर दूसरों का दबाव वैयक्तिक और सामाजिक दृष्टि से आवश्यक है किन्तु वयस्क होने पर ऐसा दबाव दुःसह प्रतीत होता है। इस तथ्य के प्रकाश में टिळक ने यह मत व्यक्त किया कि राष्ट्र की अज्ञानता की सीमा न तो कानून से निर्धारित है और न ऐसा करना संभव है। प्रजा के सुजान होने पर राजा के अधिकार मर्यादित हो जाते हैं, यह बात राजकीय नीतिशास्त्र के इतिहास में अब सर्वत्र मान्य है।[221] स्वतंत्र व्यवहार के

अवसर न मिलने से लोगों की आशाएँ मुर्झा जाती हैं और उससे अन्ततः भावी पीढ़ी को नुकसान होता है।

जनकल्याण की दृष्टि से भी स्वराज्य आवश्यक था क्योंकि प्रजा के सुख-दुःख स्वयं प्रजा को जितने महसूस होते हैं उतने दूसरों को नहीं हो सकते। स्वयं के सुख-दुःख का प्रबन्ध जब वे स्वयं ही करते हैं तब उनमें जिस होशियारी का विकास होता है वह दूसरों को काम सौंपने पर संभव नहीं है। इसलिए इतिहासज्ञों ने इस सिद्धान्त का प्रतिपादन किया है कि राष्ट्र की व्यवस्था करना अन्ततः देशवासियों को स्वयं सीखना चाहिए।[222] स्वराज्य के अभाव से होने वाले नुकसान की चर्चा करते हुए लोकमान्य ने लिखा 'जिस राष्ट्र में शासनकार्य सदैव विदेशियों द्वारा सम्पादित होते हैं, उस राष्ट्र के लोगों का उन्नति के सोपान पर चढ़ना संभव नहीं है, यह तत्वज्ञान अर्वाचीन राजनीति दर्शन में सर्वोपरि रूप से मान्य है।'[223] स्वराज्य की माँग को राजद्रोहात्मक करार देने वालों को उनका उत्तर था–'हम अपने हाथ से भोजन करेंगे, दूसरों को हमें भोजन कराने की आवश्यकता नहीं है, ऐसा कहना क्या राजद्रोह है?[224] भारत में सौ वर्षों तक हुए शिक्षा प्रचार के बावजूद राजस्व, आबकारी, शिक्षणालय, चिकित्सालय, वनविभाग आदि का संचालन भारतीयों के हाथ में नहीं देना या उन्हें उनके संचालन के अयोग्य मानना, टिळक के अनुसार भारतवासियों को नीग्रो लोगों की पंक्ति में बिठाने के समान है। यही नहीं प्राचीन भारत के इतिहास की दृष्टि से भी इस प्रकार की कल्पना सर्वथा मूर्खतापूर्ण थी। शिवाजी, बाजीराव प्रथम या अकबर के वंशजों को स्वराज्य का अपात्र मानने का अर्थ है आनुवंशिकता के सर्वमान्य तत्व को नकारना,[225] उन्होंने यह स्पष्ट उद्घोषणा की।

वे स्वतंत्रता को राष्ट्र के चैतन्य के रूप में देखते हैं। उनका विचार था कि राजनीति स्वतंत्रता का विलोपन किसी भी समाज की जीवतंता और चरित्रबल को कुंठित कर देता है। एक अधीनस्थ राष्ट्र सामाजिक व व्यक्तिगत जीवन को सार्थक बनाने वाले आवश्यक मानवीय गुणों से हाथ धो बैठता है। उनका

निष्कर्ष यह था कि एक पराधीन राष्ट्र को अपनी मुक्ति हेतु प्रयत्न अवश्य करना चाहिये। उनका कहना था कि ऐतिहासिक अनुभवों से यह भली भाँति सिद्ध हो जाता है कि साम्राज्यवादी राष्ट्र और अधीन राष्ट्र के हितों में अन्तर्निहित विरोधाभास होता है। अतः यह सोचना नादानी होगी कि विदेशी शासन, चाहे वह कितना ही प्रगतिशील व उदारवादी क्यों न हो, अधीनस्थ राष्ट्र के उद्धार हेतु आगे आएगा किन्तु विदेशी शासन से मुक्ति ही उनकी दृष्टि में स्वराज्य का तार्किक लक्ष्य नहीं है। विदेशी शासन का स्थानापन्न देशी शासन बन जाए, यह उनके मतानुसार वास्तविक स्वराज नहीं है। प्रजाहित की परमेष्ठता की पृष्ठभूमि में वे स्पष्ट करते हैं कि लोगों की इच्छा के अनुसार लोगों द्वारा शासन ही वास्तविक स्वराज है।

स्वराज में 'स्व' का अर्थ था प्रजा का शासन या लोकतंत्र। उनकी मान्यता थी कि इस कसौटी के अनुसार न तो जारशाही के अन्तर्गत रूस और न कैसर द्वारा शासित जर्मनी सच्चे अर्थों में स्वराज का दावा कर सकते थे यद्यपि दोनों देश राजनैतिक दृष्टि से स्वतंत्रत थे और राष्ट्र राज्य के व्यापक हितों की दृष्टि से शासित हो रहे थे।[225] विदेशी प्रभुत्व के विरुद्ध टिळक का मुख्य तर्क यह था कि वह व्यक्ति के विकास को अवरुद्ध करके उसे जीवन के किसी भी क्षेत्र में विशिष्टता प्राप्त करने से वंचित कर देता है। स्वराज्य का उद्देश्य इसी बाधा का निवारण करना है। टिळक के अनुसार लोगों को तब तक चैन नहीं लेना चाहिए जब तक उन्हें निर्णय प्रक्रिया में भाग लेने व उसे प्रभावित करने का अवसर नहीं मिले।।[225]

'केसरी' में प्रकाशित लेख 'कायदेशीर की सनदशीर', स्वराज सम्बन्धी उनके विचारों को समझने की कुंजी है। उनकी स्पष्ट मान्यता थी कि जो वैधानिक (कानून सम्मत) है वह आवश्यकतः न्यायसंगत नहीं होता और जब वैधानिक एवं न्यायसंगत में संगति न हो तब लोगों के सम्मुख इसके अतिरिक्त और कोई विकल्प नहीं रह जाता कि वे कष्ट उठाकर भी मनमाने दमनकारी कानूनों का विरोध करें। उन्हें केवल इस बात पर ध्यान देना चाहिये

कि क्या उनके प्रयत्नों को न्याय, नैतिकता, ऐतिहासिक परम्परा और प्रगति का समर्थन प्राप्त है अथवा नहीं? उन्हें इस बात की परवाह नहीं करनी चाहिए कि उनके प्रयत्नों को कानूनी करार दिया जाता है अथवा नहीं। जब कानून दमनकारी बन जाएँ तो उनको तोड़ना व्यक्ति का कर्त्तव्य बन जाता है। टिळक का कहना था कि इस मामले में अपनी-अन्तरात्मा के आदेशों के अनुसार कार्य करना मानवता का सार है।[226]

उन्होंने स्पष्ट किया कि जनसाधारण ही सरकार के कार्यों के निर्णायक हैं और इस बात का निश्चय उन्हें ही करना है कि सरकार अन्यायी, दमनकारी व उत्पीड़क है या नहीं। उनके अनुसार शासकों व शासितों में परस्पर कर्त्तव्यबद्धता है और इसी संदर्भ में वे प्रजाद्रोह का सिद्धान्त प्रस्तुत करते हैं। यदि शासक लोगों के प्रति अपने दायित्वों को पूरा करने में असफल रहते हैं तो इसे 'प्रजाद्रोह' कहना होगा। प्रजाद्रोह शब्द का प्रयोग करके लोकमान्य ने अब तक केवल 'राजद्रोह' के बारे में ही सुनते आ रहे लोगों तक यह संदेश पहुँचाया कि आधुनिक युग में वास्तविक संप्रभु लोग हैं न कि राजा या औपचारिक रूप से सत्ता का प्रयोग करने वाले व्यक्तियों का गुट।[227] पारंपरिक जीवन मूल्यों पर पले समाज के लिये टिळक की यह मान्यता निस्सन्देह नयी बात थी। उन्होंने यह भी स्पष्ट किया कि स्वशासन के अन्तर्गत भी लोग शासकों को केवल समझा बुझा कर राजनैतिक अधिकार प्राप्त करने की आशा नहीं रख सकते। उन्हें इसके लिए आन्दोलन करना पड़ेगा। यदि लोग अपने न्यायोचित व मान्य अधिकार प्राप्त करने के इच्छुक हैं तो यह कार्य उन्हें अपने शौर्य व प्रयत्नों से संपादित करना होगा। स्वराज्य सिद्धांत उन्होंने जनसाधारण को अपनी भाषा व मुहावरे में समझाया।

अंग्रेज सरकार द्वारा यह तर्क प्रस्तुत करने पर कि पहले भारतवासी अपने जातीय भेदभाव समाप्त करें, उसके बाद वे स्वराज्य के अधिकारी हो सकते हैं, लोकमान्य ने प्रत्युत्तर में कहा, इस तर्क के आधार पर तो उन्हें ब्रह्मदेश को स्वराज्य तुरन्त प्रदान कर देना चाहिए क्योंकि वहाँ जातिभेद

बिल्कुल नहीं है।[227] अर्थात् वे स्वराज्य प्रदान किए जाने के मार्ग में ऐसी आधारहीन दलील को बाधा स्वरूप मानने को तैयार नहीं थे। स्वराज्य की तुलना में वे विदेशी शासन की प्रत्येक तथाकथित नियामत को हेच समझते थे। अनेक लोगों का यह कहना था कि अंग्रेजों के शासनकाल में कानून और व्यवस्था उत्तम है और सर्वत्र शांति है। विघ्नकारी तत्व समाप्त कर दिए गए हैं। अंतिम पेशवा के शासनकाल का हवाला देते हुए टिळक ने भी इस तथ्य को स्वीकार किया किन्तु केवल अनुशासन से ही प्रजाजनों को सुख नहीं मिलता। इस सम्बन्ध में कारावास का हवाला देते हुए उन्होंने लिखा–''सुख और अनुशासन ये दोनों सदैव एकत्र रहते हों, ऐसा नहीं है। कारागार में व्यवस्था बहुत अनुशासनबद्ध होती है किन्तु वह कारागृह कैदियों को कदापि सुखदायक प्रतीत नहीं होता। अधिकांश प्रजाजन स्वातंत्र्य सुख को अत्यन्त महत्वपूर्ण मानते हैं और जिस राज्य में इस सुख का लोप होता है वह इतर दृष्टि से कितना है अनुशासनबद्ध होने पर भी लोगों के लिए सुधारक नहीं होता।''[227] उनके मतानुसार शासन पद्धति केवल सुगठित होने मात्र से लोगों को सुख प्राप्ति नहीं होती। इसके लिए लोगों के तंत्र द्वारा उनके हित में राज्य का संचालन होना आवश्यक है।

चूँकि टिळक भारत की राष्ट्रीय अस्मिता के संरक्षण के लिए स्वराज्य को अनिवार्य मानते थे, अतः पूर्ण स्वराज्य को उन्होंने अंतिम आदर्श माना, किन्तु 'वह उत्तम स्थिति एकदम प्राप्त नहीं होने पर 'उससे किंचित् कम स्वराज्य अर्थात् 'प्रजा के सलाह मशविरे से चलने वाले राज्य के हक को अल्प अवधि के लिए ग्राह्य बताते हुए उसके लिए निरन्तर उद्यम करने पर बल दिया।[228] एक भाषण में उन्होंने कहा–''स्वराज्य हमारे आस पास है, उसे कोई किसी को देता नहीं है। प्रयत्न करो...वह आकाश से टपकने वाला नहीं है। एक दिन सुबह उठते ही स्वराज्य की वर्षा होती दिखायी पड़ेगी, ऐसा कदापि संभव नहीं है।[228] उन्होंने यह भी स्पष्ट किया कि 'स्वातंत्र्य देवी का अधिष्ठान करने हेतु श्री रामचंद्र की भाँति वनवास या अज्ञातवास का कष्ट किए बिना, परिश्रम के बिना

स्वराज्य की प्राप्ति नहीं हो सकती।'[228] ब्रिटिश सरकार की आंशिक स्वराज्य की प्रस्तावित योजना (माण्टेग्यू चेम्सफोर्ड सुधारों के अन्तर्गत) की उन्होंने तीव्र आलोचना की और उसे सर्वथा अपर्याप्त बताया क्योंकि उनके अनुसार जिस प्रकार अपने घर का नल बन्द करने या चालू रखने का अधिकार सौंपना सम्पूर्ण शहर को जल आपूर्ति करने के अधिकार के समान नहीं होता, उसी प्रकार स्थानीय स्वराज्य या प्रांतीय सरकार के थोड़े बहुत अधिकार लोगों को सौंपने का अर्थ उन्हें स्वराज्य प्रदान करना नहीं होता।[229] आंशिक स्वराज्य एक विरोधाभास था। स्वराज्य के माध्यम से ही सरकार के सिद्धान्त में क्रांतिकारी परिवर्तन लाया जा सकता था और इसी के माध्यम से भारत की नियति पूर्णता प्राप्त कर सकती थी। यही टिळक का अभिप्राय था– जब उन्होंने लिखा स्वराज्य हमारा धर्म है। अतः उन्होंने उपर्युक्त सुधारों जनित स्थिति को 'उजाडलें पण सूर्य कोठें आहे' की संज्ञा दी।[230] स्वराज्य की गंगा के प्रवाहित होने के मार्ग में मुख्यतः तीन बाधाएं थीं–प्रथम तो इंग्लैंड गया हुआ पेंशनभोगी अधिकारी वर्ग, दूसरे भारत में ही विद्यमान एंग्लो इंडियन समूह और तीसरे नौकरशाही। टिळक का कहना था कि यह नौकरशाही कोई सामान्य नहीं है। यह धूर्त, विद्वान, समर्थ और अधिकार रूढ़ थी तथा इंग्लैंड में भी लोगों पर उसका पर्याप्त प्रभाव था।[231] अतः मुख्य प्रश्न यह था कि अनुत्तरदायी नौकरशाही शासन पद्धति ही चलती रहे या समय की माँग के अनुसार उसमें फेर-बदल किया जाय? इसका उत्तर सम्पूर्ण देश एक वाणी से यही दे रहा है कि इस नौकरशाही को बदलकर उत्तरदायी शासन व्यवस्था की स्थापना अवश्य होनी चाहिए।'[232] स्वराज्य चाहिए या नहीं, चूँकि इस प्रश्न के उत्तर पर इकत्तीस कोटि लोगों का कल्याण अवलम्बित था, अतः उस कल्याण की सिद्धि के लिए लोकमान्य का आग्रह था कि सभी को एक स्वर से' स्वराज्य हा आमचा जन्म सिद्ध हक्क आणि तो आम्हास मिलालाच पाहिजे'[233] यही स्पष्ट उत्तर देना चाहिए।

स्वराज्य का लोकमान्य के राजदर्शन और उसकी राष्ट्रवाद सम्बन्धी

धारणा में कितना महत्वपूर्ण स्थान था, यह लखनऊ समझौते पर हुई प्रतिक्रियाओं के उनके उत्तर से स्पष्ट है। विदेशी नौकरशाही के पंजे को ढ़ीला करने के लिए मुसलमानों के साथ की गयी रियायतों को वे अनुचित नहीं समझते थे। स्वराज्य के लिए कोई भी बलिदान देने की अपनी तत्परता को अभिव्यक्त करते हुए उन्होंने कहा–'अगर केवल मुसलमानों को ही स्वराज्य अधिकार प्रदान कर दिए जाएँ तो मैं परवाह नहीं करूँगा। ...किसी भी भारतीय जाति को ये अधिकार दिए जाने मुझे चिन्ता नहीं होगी। हमें एक शक्तिशाली नौकरशाही से यह अधिकार छीनना है। हमें एक तीसरे दल से लड़ना है और इसलिए यह बहुत ही महत्वपूर्ण है कि इस मंच पर अपनी जाति, धर्म और सभी प्रकार के राजनीतिक मत मतान्तरों की एकता के साथ मिलकर खड़े हों।'[234]

स्वराज्य की माँग प्रस्तुत कर टिळक ने राष्ट्र की आत्माभिव्यक्ति की इच्छा को वाणी दी। उनके समस्त राजनीतिक क्रियाकलापों का लक्ष्य स्वराज्य के लिए मार्ग प्रशस्त करना था। कुछ सुविधाओं और मात्र कुछ प्रशासनिक सुधारों की माँग तक सीमित कांग्रेस के आन्दोलन को उन्होंने स्वराज्य का ध्वजवाहक बना दिया। इसमें ब्रिटिश शासन के आधारों को ही चुनौती विद्यमान थी। एक नैसर्गिक अधिकार के रूप में प्रस्तुत कर उन्होंने इसे कालातीत सत्य का रूप प्रदान कर दिया। जीवन के प्रत्येक क्षेत्र में उत्कर्ष और समाज के सभी वर्गों का हित स्वराज्य से सम्बद्ध था, अतः लोकमान्य के इस सन्देश को जनसाधारण ने उत्कर्ण होकर सुना। इसे राजनीतिक स्वाधीनता से सीमित सन्दर्भ में नहीं वरन् मानवीय गरिमा को आघात पहुँचाने वाली सभी बुराइयों के प्रतिकारात्मक उपाय के रूप में देखा जाना चाहिए। टिळक ने भारतीय मूल्यव्यवस्था के संरक्षण के लिए स्वराज्य की अनिवार्य बताया। जब कोई राष्ट्र साँस्कृतिक रूप से अपनी पहिचान, अपनी विशिष्टता खो देता है तो इसे इतिहास के पृष्ठों तक सीमित होने में अधिक समय नहीं लगता। यही कारण था कि उन्होंने स्वराज्य को हमारे जीवनमरण का प्रश्न बताया। उन्होंने इसके आध्यात्मिक स्वरूप की ओर भी ध्यान आकृष्ट किया। बाद में श्री अरविन्द और विपिनचन्द्रपाल ने उसकी व्याख्या की।

उन्होंने एक दार्शनिक की निर्लिप्तता से स्वराज्य मंत्र का प्रतिपादन नहीं किया वरन् एक सच्चे जननेता के रूप में इसकी प्राप्ति के लिए जनशक्ति को संगठित करने का भी पूरा प्रयास किया। इस लक्ष्य की सिद्धि हेतु उन्होंने स्वदेशी, बहिष्कार व राष्ट्रीय शिक्षा की साधनत्रयी पर बल दिया। टिळक की धारणा थी कि चूँकि स्वराज्य का तात्पर्य हमारी जीवनपद्धति को भारतीय जीवनमूल्यों के अनुरूप ढ़ालना है, अतः विदेशी साम्राज्यवाद की जड़ों को खोखला करने हेतु बहिष्कार व स्वदेशी जैसे प्रभावशाली उपायों का अवलम्बन आवश्यक है।

स्वराज्य और साधनत्रयी

स्वराज्य से बहिष्कार और स्वदेशी की अविच्छेद्यता पर प्रकाश डालते हुए उन्होंने लिखा, ''हमारा राष्ट्र एक वृक्ष के समान है और स्वराज्य की मुख्य शाखा के साथ दो बड़ी शाखाएँ स्वदेशी और बहिष्कार के रूप में विकसित हुई हैं। हमारा राष्ट्र एक व्यक्ति है। उसका मुख्य धड़ तो स्वराज्य है और स्वदेशी एवं बहिष्कार उस शरीर की भुजाएँ व टाँगें हैं।[235] स्वराज्य और स्वदेशी को अभिन्न करार देते हुए उन्होंने बताया, स्वदेशी का अंतिम स्वरूप स्वराज है। स्वराज्य ही हमारा साध्य है तथा स्वदेशी, बहिष्कार व राष्ट्रीय शिक्षा ये स्वावलंबन की सिद्धि हेतु तीन बड़े साधन हैं।[236] उनकी मान्यता थी कि स्वदेशी भावना माँ के दूध के साथ ही पीने योग्य चीज है। यह ऐसी भावना है जो जन्म से ही हृदय में स्थापित होनी चाहिए। हमारा कर्त्तव्य है कि हम प्रत्येक चीज में स्वदेशी हों।[237] यही नहीं हमारा बहिरंग जिस प्रकार स्वदेशी वस्त्रों से सज्जित होना चाहिये, उसी प्रकार हमारा अन्तरंग स्वदेशी विद्या और विचारों से सम्पन्न होना चाहिए।[238] टिळक ने यह भी स्पष्ट किया कि स्वदेशी और बहिष्कार में कोई द्वैत नहीं है। संसार की उत्पत्ति के मामले में शिव और पार्वती को पृथक करना जिस प्रकार हानिकारक है, किंबहुना संसार के उत्पत्ति कार्य में विघ्नकारक है, उसी प्रकार स्वदेशी और बहिष्कार इन दोनों को विलग करना अशक्य है। यही नहीं ऐसा करना हमारे इष्टकार्य की सिद्धि में विघ्न

कारक होगा।[239] स्वदेशी और बहिष्कार दोनों अनन्य रूप से सम्बद्ध थे। स्वदेशी आन्दोलन की सफलता बहिष्कार पर अवलंबित थी। दोनों के पारस्परिक सम्बन्धों की प्रकृति का उन्होंने इस प्रकार स्पष्ट किया–वाणी और अर्थ को जिस प्रकार एक-दूसरे से अलग नहीं किया जा सकता, वही स्थिति स्वदेशी और बहिष्कार के बाबत है। नटेश्वर के शरीर में पुरुष देह कहाँ समाप्त होती है और स्त्री देह कहाँ शुरु होती है, यह कौन कह सकता है? स्वदेशी और बहिष्कार को अलग-अलग प्रस्तुत करना अथवा छाँटना एक देह के दो खण्ड करने के समान है।[240]

बहिष्कार योग

स्वदेशी आन्दोलन को सफल बनाने हेतु और इंग्लैंड पर आर्थिक दबाव डालने के लिए टिळक ने बहिष्कार अपनाए जाने पर बल दिया। उन्होंने अंग्रेजी शासन द्वारा जन भावनाओं की पूर्ण अवहेलना की चर्चा करते हुए बताया कि उनका होश ठिकाने लाने का, हमारे राज्यकर्ताओं के मन को प्रकाशित करने का, एक ही साधन है और वह यह कि शासक वर्ग के अंग में क्षत्रिय और वैश्य दोनों वृत्तियों का समावेश होने के कारण उनके माल का बहिष्कार करके उन्हें चाँदी का जूता मारा जाना चाहिए। हमारे शासकों से हमारा यही कहना है कि शासक होने के नाते आप जिस प्रकार की लापरवाही बरत रहे हैं उसका राजकीय रीति से प्रतिकार करने की सामर्थ्य हममें नहीं है किंतु व्यापार के रूप में जो करोड़ों रुपए हम तुम्हें प्रतिवर्ष देते हैं, वे तुम जैसे बेमुरव्वत लोगों को क्यों दें?[241] देशवासियों का उन्होंने आह्वान किया कि 'यदि आप मनुष्य कहलाने योग्य हैं, यदि आप सरकार द्वारा किए जाने वाले अन्याय पर विचलित होते हैं, यदि आपके हृदय अपमान की पीड़ा से दग्ध होते हैं, यदि आप वस्तुतः देश का भला चाहते हैं तो आप विदेशी वस्तुओं का बहिष्कार कीजिए।[242] हिन्दुस्तान जैसे सभी प्रकार से पंगु बन चुके देश के लिए अपने उद्देश्य की सिद्धि के लिए यदि कोई साधन या योग शेष बचा है तो वह राष्ट्रीय बहिष्कार ही है, ऐसा उनका स्पष्ट मत था। उनका कहना था कि शास्त्रास्त्रों से

वंचित हो जाने से हमारे पास केवल संघशक्ति ही शेष रह गयी है संघशक्ति का उपयोग हमें कानूनी तरीके से शासनकर्त्ताओं का सत्तामद उतारने हेतु करना है तो धैर्य व साहसपूर्वक इस प्रकार का प्रयत्न करना, भारत से आत्मीयताभाव अनुभव करने वाले प्रत्येक व्यक्ति का कर्त्तव्य है। धृष्ट अधिकारियों की आँखें खोलने हेतु उनकी या इंग्लैंड स्थित लोगों की हाथा-जोड़ी करने की अपेक्षा तीव्रतर उपाय काम में लिया जाना चाहिए। ऐतिहासिक दृष्टि से विचार करें तो राष्ट्रीय बहिष्कार ही ऐसा उपाय दिखायी पड़ता है।[243] इटलीवासियों द्वारा ऑस्ट्रियाई अधिकारियों के बहिष्कार का उदाहरण देते हुए टिळक ने कहा कि भारतवासी यह रीति अपना लें तो यहाँ भी शासन कार्य चलाना कठिन हो जाएगा। प्रजा चाहे कितनी ही दुर्बल हो, वह संगठन, धैर्य व दृढ़ निश्चय से कार्य करे तो निःशस्त्र होने पर भी उद्दण्ड शासकों के लिए भारी पड़ती है।[244] वे इस पक्ष में नहीं थे कि शासकों के सम्मुख अपना निवेदन सयुक्तिक तरीके से प्रस्तुत करना छोड़ दिया जाय किन्तु विनती से कार्यसिद्धि न होने पर उन्होंने उसके पूरक के रूप में 'बहिष्कार की दुनाली बन्दूक' धारण करने का परामर्श दिया।[245]

अन्यायी सरकार का विरोध करने हेतु शस्त्रबल का भारतीयों के पास जो अभाव था, उस सन्दर्भ में बहिष्कार की प्रभविष्णुता पर प्रकाश डालते हुए उन्होंने लिखा, 'हमें हथियारों की आवश्यकता नहीं है। हमारे पास अधिक शक्तिशाली हथियार है बहिष्कार। जो लोग हमारी प्रार्थना पर ध्यान नहीं देते हैं, उन्हें व्यापार के कार्य में सहायता देने से हमें साफ इन्कार कर देना चाहिए। इटली, चीन व अमरीका जैसे देशों के ऐसे तीन उदाहरण हमारी आँखों के सम्मुख होते हुए भी यदि हम उसका उपयोग नहीं करें तो हमारे जैसा हतभाग्य कोई नहीं होगा।[246] बहिष्कार का प्रभाव टिळक ने केवल आर्थिक क्षेत्र तक ही सीमित नहीं माना। 'नवीन दल के सिद्धान्त' पर अपने प्रख्यात भाषण में उन्होंने इसकी राजनीतिक महत्ता की भी व्याख्या की। देशवासियों को अंग्रेजी शासन के वास्तविक आधार का परिचय देते हुए उन्होंने बताया कि मुट्ठी भर अंग्रेजों

द्वारा देश का प्रशासन हमारी ही सहायता से चल रहा है। इस तथ्य से परिचित अंग्रेजों ने अपनी ताकत का भ्रम फैला रखा है। यदि हममें सशस्त्र विद्रोह की शक्ति नहीं तो क्या आत्म त्याग और आत्म संयम का इतना भी बल नहीं है जिससे विदेशी सरकार को हम पर शासन करने में सहायता नहीं मिल सके। यही है बहिष्कार।[247]

बहिष्कार योग क्यों?

टिळक ने बहिष्कार को बलवान दुष्ट लोगों के विरुद्ध अशक्त लोगों के हाथ में बहुमुखी प्रभावी अस्त्र माना। इसे अपनाए जाने के बाद चूंकि इसका किसी क्षेत्र विशेष तक सीमित रखना संभव नहीं था, अतः उन्होंने इसे राष्ट्रीय बहिष्कार के नाम से सम्बोधित किया और यह भी मत व्यक्त किया कि इसे धार्मिक या तत्वशास्त्रीय स्वरूप प्रदान किए बिना लोगों पर इसका अपेक्षित प्रभाव नहीं पड़ेगा। बहिष्कार को केवल बहिष्कार यह लौकिक अथवा राजनैतिक नाम न देकर 'बहिष्कार योग' नामकरण करने से उसका रूप एक दम बदल जाता है और उसकी क्षमता में वृद्धि होती है, ऐसी उनकी मान्यता थी। टिळक ने बहिष्कार का धार्मिक स्वरूप भली भाँति प्रस्तुत किया है। उन्होंने कहा– 'नेहामिक्रमनाशोस्ति प्रत्यवायो न विद्यते, स्वल्पमप्यस्य धर्मस्य त्रायते महतो भयात्' गीता का यह श्लोक बहिष्कार योग के बारे में भली भाँति लागू होता है।[248]

संस्कृतज्ञ व राजनीतिक चेतना सम्पन्न कुछ लोगों ने नवीन मंत्र ढूँढ निकालने का श्रम किया है। इस सम्बन्ध में अधोलिखित श्रुतिवचन की स्मृति उभरती है–

यन्मनसा ध्यायति तद्वाचा वदति। यद्वाचा वदति तत्कर्मणा करोति। यत्कर्मणा करोति तदभिसंपद्यते।। युवास्यात् साधुयुवाध्यापकः। आशिष्ठो दृढ़िष्ठो बलिष्ठः। तस्येयं पृथ्वी सर्वा वितस्य पूर्णास्यात्।

इसके अनुसार नागरिकों के लिए बहिष्कार योग के सूत्र इस प्रकार

प्रस्तुत किए जा सकते हैं–(1) राष्ट्रोन्नति साधनंत्रिधा (2) मनोमयं वाङ्मयं कर्ममयं चेति (3) उत्तरोत्तर श्रेयः (4) कर्ममयादेव फलं (5) तच्च राष्ट्रहितकारकं देशकालानुरूपं च (6) अनुष्ठाने पराकाष्ठा।[249]

टिलक ने यह स्पष्ट कर दिया कि बहिष्कार योग एक कष्ट साध्य प्रक्रिया है किन्तु उसमें निहित कष्टों से घबराकर इसका त्याग कर देना तो घर पर चलकर आई कामधेनु को खो देने के समान है।[250] तत्कालीन परिस्थिति में इसे उन्होंने 'रामबाण औषधि' बताया और चेतावनी दी कि 'बहिष्कार के सम्बन्ध में विवाद करने का अर्थ साक्षात् प्रभु द्वारा तुम्हारे कंठ में अमृत का घूँट उड़ेले जाने पर पीने से इन्कार करने के समान है।'[251] अंग्रेज शासकों के दुरभिमान को दूर करने में समर्थ बहिष्कार योग उसके अनुसार अनेक जन्मसं सिद्धहस्तो याति परां गतिम् इस श्रेणी में आता है। बहिष्कार का राष्ट्रीय दृष्टि से क्रियात्मक पक्ष था स्वदेशी माल को प्रोत्साहन और वह पर्याप्त मात्रा में एकदम मिलना संभव नहीं था लेकिन यह तर्क देना कि देशी माल तैयार होने पर्यन्त उसका प्रयोग करने का निश्चय स्थगित रखेंगे टिळक की दृष्टि में संपूर्ण आन्दोलन का 'बुद्धि पुरस्सर विपर्यास' था।[252] सारा काम एकदम हमारे हाथों हो सकना कठिन था अतः थोड़ा-थोड़ा क्रमशः पूरा करने का निश्चय हमारे हाथों की आवश्यकता थी। देशी माल को तैयार होने पर उसके प्रयोग का निश्चय करने की बात तो उनकी दृष्टि में' पानी में उतरने से पहिले तैरना सीखने की कल्पना जितनी मूर्खतापूर्ण थी[253] और ऐसे लोगों को उन्होंने 'खाऊँगा तो लड्डू अन्यथा उपवास करके मर जाऊँगा' ऐसा निश्चय करने वाले मूर्खों की श्रेणी में रखा।[254] स्वराज्य की प्राप्ति के लिए दूसरे प्रभावी साधनों के अभाव में बहिष्कार को नहीं अपनाना उत्तम रामबाण औषधि के नहीं होने पर सामान्य औषधि लेने से इन्कार करने के समान है, उन्होंने ऐसा अभिमत व्यक्त किया।

बहिष्कार तो अन्याय के प्रतिकार का एक पुरातन उपाय है और कानून सम्मत है। इस कारण वह श्रेयस्कर है और उसे अमल में लाने से कभी दुर्गति

नहीं हो सकती, उन्होंने ऐसा विश्वास व्यक्त किया।[255] बहिष्कार की प्रभविष्णुता की सर्वव्यापकता की ओर इंगित करते हुए टिळक ने कहा, ''यदि बहिष्कार न होता तो स्वर्ग में बदमाश लोगों की भरमार हो जाती और आसुरी माया दैवी गुणों को ग्रस लेती।''[256] बहिष्कार को उन्होंने राष्ट्र की सजीवता को सिद्ध करने का साधन बताया और इस सम्बन्ध में एक तत्वशास्त्रीय उदाहरण देते हुए लिखा, ''परमेश्वर और माया से जिस प्रकार एक ही ब्रह्मतत्व के दो भिन्न स्वरूप हैं और संसार के उद्भव के लिए जिस प्रकार भिन्न तत्वों की आवश्यकता होती है, उसी प्रकार भारत एक मृत नहीं, सजीव देश है इसे सिद्ध करने हेतु स्वकीय को प्रोत्साहन व परकीय का बहिष्कार ऐसे दो प्रकार के प्रयत्न करने आवश्यक हैं।'[257]

बंगाल के विभाजन के विरोध में उठ खड़े होने वाले प्रबल जनरोष को वे स्वराज्य प्राप्ति के लिए एक रचनात्मक उपाय के रूप में प्रयुक्त करना चाहते थे। इसलिए उन्होंने स्वदेशी और बहिष्कार के पक्ष में अधिकाधिक जनमत तैयार करने का प्रयास किया। उन्हें इस बात का खेद था कि तरुण पीढ़ी ने अथवा किसान और माली जैसे अनपढ़ लोगों ने इस कार्य (स्वदेशी) में जितनी उत्सुकता दिखायी है, उतनी मध्यम या धंनाढ्य वर्ग के अग्रणी लोगों ने नहीं दिखायी है।[258] उनका विचार था कि बहिष्कार व स्वेदशी आन्दोलन को कृतकार्य बनाने में महाराष्ट्र की जनता का विशेष दायित्व था क्योंकि विलायती वस्त्रों के बजाय देशी वस्त्रों का उपयोग करने से ही राष्ट्र हित हो सकता है, यह कल्पना सर्वप्रथम महाराष्ट्र में ही पनपी।[259]

स्वराज्य टिळक की जीवनव्यापी धुन थी। अपने तपःपूत जीवन के अन्तिम क्षण तक वे इसी के लिए प्रयत्नशील रहे। उनका यह दृढ़ विश्वास था कि यदि राष्ट्र के निर्बलीकरण और क्षय को रोकना है तो स्वराज्य अपरिहार्य है। काँग्रेस डेमोक्रेटिक दल की स्थापना उन्होंने इसी उद्देश्य से की थी। इस दल के

घोषणा पत्र में केन्द्रीय सरकार और प्रान्तीय शासन में सुधारों के लिए जो विस्तृत योजना प्रस्तुत की गई थी, उससे यह स्पष्ट है कि लोकमान्य सच्चे अर्थों में जनहितकारी लोकतांत्रिक शासन की स्थापना चाहते थे। ऐसी शासन व्यवस्था जो सभी प्रकार के दमनकारी कानूनों व स्वेच्छाचारिता से मुक्त हो, जिसमें श्रमिकों के कल्याण का पूरा ध्यान रखा जाए, स्वदेशी उद्योगों को प्रोत्साहन मिले, राष्ट्रीय ऐक्य की अभिवृद्धि के लिए एक राष्ट्रभाषा व धार्मिक सहिष्णुता को प्रोत्साहन दिया जाय।[260] उनके विचारों में किसी प्रकार की संकीर्णता के लिए कोई स्थान नहीं है। भारत के जनसामान्य को सार्थक जीवनयापन के लिए सक्षम बनाने हेतु स्वराज्य की अनिवार्यता की उन्हों ने उद्घोषण की।

एक कर्मयोगी की भाँति वे अपने लक्ष्य की ओर अनवरत रूप से बढ़ते रहे। अपने उदाहरण से उन्होंने अन्याय के प्रतिकार का पाठ भलीभाँति पढ़ा दिया। देशभक्ति को उन्होंने अत्युच्च धरातल पर अवस्थित कर दिया। भारतीय राष्ट्रवाद को उनकी सबसे बड़ी देन इस बात में निहित थी कि उन्होंने देश के पौरुष को जगाया और अतीत की गौरवमयी परम्पराओं की पुनर्स्थापना की आकांक्षा जागृत की। विदेशी सत्ता की अजेयता के भ्रम को उन्होंने छिन्न-भिन्न कर दिया। राष्ट्र के लिए बलिदान की ललक का जो मनोवैज्ञानिक व धार्मिक आधार उन्होंने तैयार किया उसने स्वदेशी आन्दोलन को बहुत शक्ति प्रदान की। भले ही उनकी रचनाओं व व्याख्यानों में भावुकता दृष्टिगोचर नहीं होती हो किन्तु राष्ट्रवाद के प्रति उनका आध्यात्मिक रुझान स्पष्टतः उभरता है। महाराष्ट्र में उन्होंने जो सन्देश दिया उनकी अनुगूंज बंगाल में पूर्णतः व्याप्त हो गयी। श्री अरविन्द व पाल के नेतृत्व में राष्ट्रवाद की यह धारा आध्यात्मिकता के तत्वों से और अधिक गहन बन गयी। बीसवीं सदी के प्रथम दो दशकों में ब्रिटिश साम्राज्यवाद को सर्वाधिक प्रबल चुनौती का सामना 'भारतीय अशांति के जनक' टिळक से ही करना पड़ा। उन्हीं के प्रयत्नों से वह आधारभूमि तैयार हो सकी थी जिसमें महात्मा गाँधी अश्वत्थ होकर उठे।

टिप्पणियां एवं सन्दर्भ–

1. डी.वी. अथाले–द लाइफ ऑफ लोकमान्य टिळक, पृ.-1
2. बंकिम के आनंदमठ, मृणालिनी, राजसिंह प्रभृति उपन्यास एक ही भावना से ओतप्रोत हैं–स्वतंत्रता के लिए संघर्ष। पश्चिम के दासवत अन्धानुकरण के प्रति उनकी पूर्ण अरुचि, लोकशिक्षण पर उनका जोर, स्वभाषा और साहित्य के प्रति उनका तीव्र अनुराग, भारतीय संस्कृति व सभी चीजों में भारतीयता के लिए उनका विशेष आग्रह, आदि बातें सामाजिक व राजनैतिक मसलों पर उनके उग्रवादी दृष्टिकोण की परिचायक हैं। कमलकान्तेर दफ्तर में एक स्थल पर बंकिम व्यंग्यात्मक रूप से कहते हैं कि 'वास्तविक से अछूती राजनीति उपाधिधारियों, चापलूसों, ठगों व सम्पादकों के योग्य है। (कमलाकान्तेर दफ्तर पत्र संख्या 2)
3. डॉ. विश्वनाथप्रसाद वर्मा–आधुनिक भारतीय राजनीतिक चिंतन, पृ.-174
4. उपर्युक्त, में उद्धृत
5. प्रथमतः बड़ौदा के महाराजा मल्हारराव गायकवाड़ को (1875 ई.) अंग्रेज रेजीडेंट कर्नल फेरे (Phayre) को जहर देने के प्रयास के आरोप में गद्दी से हटाया जाना–एक ऐसी घटना थी जिसने उनके हृदय में गहरा घाव कर दिया। दूसरे शक्तिशाली ब्रिटिश साम्राज्य के विरुद्ध कुछ सशस्त्र लोगों की सहायता से विद्रोह खड़ा करने के वासुदेव बळवन्त फड़के के निष्फल प्रयास से उन्होंने स्पष्टतः समझ लिया था कि ब्रिटिश निरंकुशता का मुकाबला तलवार और बन्दूक से नहीं, वाणी और लेखनी से ही संभव था। तीसरे 1877-78 के भीषण अकाल और तद्जन्य सार्वत्रिक विनाश ने उन्हें निर्धनों व देश के लाखों असहाय लोगों का आजीवन मित्र बना दिया।

6. सुरेन्द्रनाथ बैनर्जी–स्पीचेज एण्ड राईटिंग्ज, पृ.-94-95
7. उपर्युक्त–पृ.-315-316–ए.आर. देसाई कृत "भारतीय राष्ट्रवाद की सामाजिक पृष्ठभूमि" पृ.-258 पर उद्धृत
8. लोकमान्य टिळक–'केसरी' में लेख, 26 दिसम्बर 1903 भागवत एवं प्रधान कृत–लोकमान्य टिळक ए बायोग्राफी, पृ.-149 पर उद्धृत
9. उपर्युक्त
10. ए.आर. देसाई–पूर्वोक्त, पृ.-264
11. उपर्युक्त
12. श्री अरविन्द घोष–इन्ट्रोडक्टरी एप्रिसिएशन टू बालगंगाधर टिळक हिज राइटिंग्ज एण्ड स्पीचेज, पृ.-6
13. रार्बट आइक्रेन–"द लीडर शिप ऑफ कांग्रेस पार्टी"–लीडरशिप एण्ड पॉलिटिकल इन्स्टीट्यूशन्स इन इंडिया में (सम्पादक–रिचर्ड एल. पार्क एवं इरिने टिंकर) एमिली सी. ब्राऊन कृत–'हरदयाल हिन्दू रिवोल्यूशनरी एण्ड नशनेलिस्ट, पृ.-4 पर उद्धृत
14. टी.एल. शे–द लेगसी ऑफ लोकमान्य, पृ.-73
15. लोकमान्य टिळक गीता रहस्य, पृ.-1
16. यद्यपि वे एक महान् जनप्रिय नेता थे–किंतु उनका बौद्धिक गठन एक विद्वान का था। 'गीता रहस्य' जैसा महान् ग्रन्थ लिखने का अवकाश उन्हें माँडले में ही मिल पाया था। उनका दुर्लभ और उत्कृष्ट बौद्धिक आदर्शवाद पुस्तकों की अधोलिखित सूची से स्पष्ट है, जिनके लेखन की योजना उन्होंने माँडले कारागार में बनायी थी–सिलेबस फोर फ्यूचर वर्क : (1) हिस्टरी ऑफ हिन्दू रिलीजन (2) इंडियन नेशनेलिजम (3) प्रि एपिक हिस्टरी ऑफ इंडिया (4) द शंकर दर्शन (इंडियन मोनीज्म) (5) प्रोविंशियल एडमिनिस्ट्रशन (6) हिन्दू लॉ

(7) भगवद्गीता रहस्य (8) लाइफ ऑफ शिवाजी (9) प्रिंसीपल्स ऑफ इनफिनिटिसीनल केलकुलस इत्यादि।

मॉंडले कारावास के दौरान लोकमान्य ने विभिन्न विषयों का बहुत व्यापक और गहन अध्ययन किया। प्रथम वर्ष के दौरान ही उनके पुस्तक माँग पत्र में जिन पुस्तकों का उल्लेख था, उनमें से कुछ अधोलिखित हैं–(1) बाइबल, (2) संस्कृत अंग्रेजी कोष (आप्टे कृत), (3) स्पेन्सरकृत सोशियोलॉजी, (4) रुसो का सामाजिक संविदा, (5) लेविस कृत गवर्नमेंट्स ऑफ डिपेन्डेन्सीज, (6) मॉर्ले कृत वॉल्टेयर, (7) तुकाराम कृत गाथा, (8) रामदास प्रणीत दासबोध, (9) श्री पति लिखित एसेज ऑन वेदान्तीज्म, (10) वॉल्यूम्ज ऑफ हिस्टोरियन्स, (11) हिस्ट्री ऑफ वर्ल्ड सीरिज, (12) लेस्ली स्टीफन का नीतिशास्त्र पर ग्रन्थ आदि। धनंजय कीर–लोकमान्य टिळक (फादर ऑफ द इंडियन फ्रीडम स्ट्रगल), पृ.-326 पर प्रस्तुत विवरण

17. डॉ. वी.पी. वर्मा–पूर्वोक्त, पृ.-173

18. उपर्युक्त, पृ.-175 पर उद्धृत

19. थियोडर एल.शे–पूर्वोक्त, पृ.-74

20. लोकमान्य टिळक यॉंच्या आठवणी व आख्यायिका (मराठी में) खण्ड 3 पृ.-134-36 (संग्राहक सदाशिव विनायक बापट) तथा बी.एन. दत्त कृत स्वामी विवेकानन्द–पेट्रियट प्रोफेट (पृ.-201-2) में टिळक व स्वामी विवेकानन्द के घनिष्ठ सम्बन्धों का आधिकारिक विवरण उपलब्ध है। सन् 1892 में भारत भ्रमण के दौरान विवेकानन्द पूना में टिळक के निवास स्थान पर आठ-दस दिन ठहरे थे। इस अवसर पर उन्होंने परस्पर कई विषयों पर चर्चा की, जिनमें श्रीमद् भगवद्गीता पर विचार विमर्श उल्लेखनीय है। 1901 ई. में कलकत्ता कांग्रेस के अवसर पर टिळक की स्वामीजी से पुनः भेंट हुई थी। जब विवेकानन्द

1897 ई. में पश्चिम से लौटे तो लोकमान्य ने उन्हें पत्र लिखा और पूना आने का आमंत्रण दिया।

21. प्रधान एवं भागवत, पूर्वोक्त, पृ.-140

22. बी.एन. दत्त, पूर्वोक्त, पृ.-201

23. आठवणी व आख्यायिका, पूर्वोक्त

24. उपर्युक्त

25. डॉ. वी.पी. वर्मा–द लाइफ एण्ड फिलोसाफी ऑफ लोकमान्य टिळक, पृ.-152-53 पर उद्‌धृत

26. जूरी (सात यूरोपियनों व दो भारतीय सदस्यों से निर्मित) द्वारा अपना फैसला सुनाए जाने के बाद लोकमान्य ने न्यायालय को सम्बोधित करते हुए कहा था, ''मुझे केवल यही कहना है कि जूरी के निर्णय के बावजूद मैं आग्रहपूर्वक कह सकता हूँ कि मैं निर्दोष हूँ। नियति की निर्णायक कुछ अन्य उच्चतर शक्तियाँ हैं और विधि का यही विधान है कि जिस लक्ष्य के लिए मैं संघर्षशील हूँ वह मेरी मुक्ति की अपेक्षा मेरी यातनाओं के द्वारा अधिक आसानी से पूर्ण हो।

    (नरसिंघ चिंतामण केळकर ''द टिळक ट्रायल ऑफ 1908'' डॉ. वर्मा कृत उपर्युक्त में उद्‌धृत पृ.-292 एवं एन.बी. जोग–लो. बालगंगाधर टिळक पृ.-139

27. डॉ. वी.पी. वर्मा–आधुनिक भारतीय राजनीतिक चिंतन पृ.-170

28. लोकमान्य बाल गंगाधर टिळक, गीता रहस्य, पृ.-72

29. सन् 1908 में अपने राजद्रोह के मुकद्दमें के सम्बन्ध में बम्बई उच्च न्यायालय में जो प्रसिद्ध भाषण दिया, उसमें उन्होंने जॉन स्टुअर्ट मिल की राष्ट्र की परिभाषा को स्वीकार करते हुए उसे उद्‌धृत किया।

30. स्पीचेज ऑफ टिळक, पृ.-15-16 जी.वी. केतकर द्वारा ''रियल

बेसिस ऑफ टिळक्स नेशनेलिजम' में उद्धृत 'मराठा' 3 अगस्त 1951

31-32. डॉ. वी.पी.वर्मा–पूर्वोक्त में उद्धृत, पृ.-175

33. लोकमान्य टिळक-'केसरी' (1906-43-4-3) टिळक सूक्ति संग्रह (मराठी) पृ.-322

34. लोकमान्य टिळक द्वारा प्रो. जिन्सीवाले को उनके द्वारा भेजे गए सन्देश के प्रत्युत्तर से–लोकमान्य टिळक यॉंच्या आठवणी व आख्यायिका (मराठी) खण्ड पहला, पृ.-248-49

35-36. लोकमान्य टिळक–'केसरी' 24-11-1903 भागवत एवं प्रधान पूर्वोक्त में उद्धृत, पृ.-194

37. टी.एल. शे–पूर्वोक्त, पृ.-91-92

38. लोकमान्य टिळक–केसरीतींल लेख (भाग 1, पृ.-255-59) दिनांक 19-12-1893 को 'राजधर्मा चे नवे उपदेशक यांतील बीज कायरे' शीर्षक से प्रकाशित लेख

39. लोकमान्य टिळकांचे व्याख्यानें भाग 2, पृ.-91 (टिळक सूक्ति संग्रह, पृ.-106)

40. लोकमान्य टिळक–स्वराज्य गीता रहस्य–पृ.-36 (टिळक सूक्ति संग्रह, पृ.-106)

41. बंकिम रचित ''वन्दे मातरम्'' मातृभूमि की यशोगाथा का भव्य स्तवन है।

इस गीत की विस्तृत व्याख्या बंकिम वाले अध्याय में की जा चुकी है।

42-43. लोकमान्य टिळक–आठवाणी व आख्यायिक खण्ड 2, पृ.-153

44. लोकमान्य टिळकांचे व्याख्यानें पूर्वोक्त, पृ.-17

45. लोकमान्य टिळक–'केसरी' (1906-7-4-2) सूक्ति संग्रह, पृ.-330

46. 1901 ई. में जब लोकमान्य स्वामी विवेकानन्द से भेंट करने के लिए बैलूड़ मठ गए तो स्वामजी ने उन्हें सन्यास ग्रहण करने को कहा था किंतु लोकमान्य ने उत्तर दिया–"सन्यास मैं कदापि ग्रहण वाला नहीं। मुझे जो कार्य करना है वह गृहस्थाश्रम रहकर ही हो सकता है।"–आठवाणी व आख्यायिका–खण्ड 3, पृ.-136

46. प्रोमिथियस–यूनानी पुराण कथाओं का एक नायक जो स्वर्ग से अग्नि धरती पर लाया। इसके लिये उसे देवताओं का कोपभाजन होना पड़ा किंतु पृथ्वीवासियों के उपकार के लिए उसने व्यक्तिगत कष्टों की जरा भी परवाह नहीं की। इसी प्रकार 'केसरी' ने भी अनेक विपत्तियों का धैर्य व साहस से मुकाबला किया। उसने भी ज्ञान की अग्निशिखा को जनसाधारण तक पहुँचाया जो पहिले शिक्षित वर्ग तक सीमित थी।

46. जब टिळक ने बी.ए. प्रथम श्रेणी से उत्तीर्ण करने के पश्चात् एम.ए. में प्रवेश लेने के बजाय एल.एल.बी. में दाखिला लिया तो आश्चर्यचकित मित्रों ने इसका कारण पूछा। उन्होंने बताया–चूँकि मैं अपना जीवन जनजागृति पैदा करने में अर्पित करना चाहता हूँ, कानून का ज्ञान–विज्ञान या साहित्य में विश्वविद्यालय की डिग्री की अपेक्षा अधिक उपयोगी होगा। मैं ब्रिटिश सरकार से संघर्ष रहित जीवन कल्प्ना नहीं कर सकता।' डी.बी. ताम्हनकर कृत लोकमान्य टिळकः फादर ऑफ इंडियन अनरेस्ट एण्ड मेकर ऑफ मॉडर्न इंडिया' पृ.-17 पर उद्धृत

47. टिळक के साथियों में ये नाम उल्लेखनीय हैं–विष्णुशास्त्री चिपलूणकर (प्रसिद्ध मराठी पत्रिका 'निबंधमाला' के संस्थापक, सम्पादक) न्यू इंगलिश स्कूल के संस्थापकों में प्रमुख। गोपाल गणेश आगरकर कॉलेज जीवन से टिळक के अभिन्न मित्र-डोंगरी कारावास के साथी। बाद में टिळक से मतभेद हो जाने पर 'सुधारक' का प्रकाशन।

48. केसरी का प्रकाशन मंगलवार, 4 जनवरी 1881 को प्रारंभ हुआ।
49. लोकमान्य टिळक द्वारा 'केसरी' के प्रथम अंक में पत्र प्रकाशन के उद्देश्यों व औचित्य की घोषणा की। डी.बी. अथाले कृत–पूर्वोक्त में मराठी मूल में प्रस्तुत।
50. उपर्युक्त
51. उपर्युक्त
52. ताम्हनकर–पूर्वोक्त में पृ.-26 पर उद्धृत
53. नरसिंघ चिंतामण केलकर–लैंडमार्क्स इन लोकमान्यज लाइफ, पृ.-10
54. स्वामी श्रद्धानंद–लोकमान्य टिळक–आठवणी व आख्यायिका खण्ड 1, पृ.-480
55. टी.वी. पर्वते–लोकमान्य बाल गंगाधर टिळक पृ.-324 पर उद्धृत
56. टी.एल. शे–पूर्वोक्त, पृ.-73
57. प्रो. पी.एम. लिमये–"द हिस्ट्री ऑफ डेकन एडूकेशन सोसायटी" ताम्हनकर कृत पूर्वोक्त में उद्धृत, पृ.-28
58. लोकमान्य टिळक–आठवणी व आख्यायिका, खण्ड 1, पृ.-100
59. उपर्युक्त
60. उपर्युक्त
60. उपर्युक्त
61. दाभोळकर के संस्मरण–उपर्युक्त, पृ.-189
62. टी.वी. पर्वते–पूर्वोक्त
63. टिळक को 'लोकमान्य' सर्वप्रथम किसने कहा, इसका थोड़ा मनोरंजक इतिहास है। अर्वाचीन, रामदास टिळक को लोकमान्य की पदवी पर अपनी कल्पनाशक्ति से आसीन करने से कई दावेदार सामने

आए हैं। सन् 1905 के मध्य बळवंतराव को ''लोकमान्य'' की पदवी स्वयं स्फूर्ति से प्रथमतः मेरी ही लेखनी से मेरे पत्र 'भाला' के द्वारा दी गई, यह बात दे.भा. भोपटकर बड़े गर्व से कहते थे। दूसरी ओर बळवंत गणेश दाभोळकर का कहना है कि सन् 1893 में मैंने 'धर्म आणि मीमांसा—नैसर्गिक धर्म व भौतिक धर्म नामक पुस्तक बळवंतराव को अर्पित की थी। उस समय अर्पण पत्रिका में गौरवपूर्ण उनका नामोल्लेख करते हुए, कई दिन तक चिन्तन करने के पश्चात् उनके नाम के आगे उनका अन्वर्थक 'लोकमान्य' यह उपपद मैंने लिखा था। लोकमान्य टिळक—आठवणी व आख्यायिका खण्ड प्रथम, पृ.-196-197। तीसरी ओर यह कहा जाता है कि टिळक की जुबली के सिलसिले में गायकवाड़वाड़ा में जो उत्सव हुआ, उस अवसर पर अण्णा साहब पटवर्धन ने अध्यक्ष पद से भाषण देते हुए स्वतः प्रेरणा सेउन्हें 'लोकमान्य' पदवी प्रथमतः अर्पित की। कुछ लोग इसका श्रेय न्यू इंगलिश स्कूल के संस्कृत शिक्षक महादेव शास्त्री ओक को देते हैं। सन् 1905 में विजयदशमी के अवसर पर पूना के रविार पेठ में श्रीमती दुर्गाबाई की बाड़ी में एक समारोह सम्पन्न हुआ। टिळक इसके अध्यक्ष थे। इस समारोह के लिए ओकशास्त्री ने अधोलिखित श्लोक की रचना की थी—

क्वते जगन्मान्य महानुभावता। क्वच माननैषा च मया प्रयोजिता।
दृढ़ा मदीयां तु विभाव्य भावनाम्। गृहाण गीतामुपदीकृताभिमाम्।।
इति सभाध्यक्ष लोकमान्य बाळगंगाधर टिळकमुद्दिश्य
जोशी वंश वंतसो दैन्यवनच्छेदने शितः परशुः।
सुगृहीत नामवेयो भर्ता यस्यास्तु परशुरामो भूत्।।
साहं तच्चरणांवुजदासी दुर्गा तदीय कृपयैव।
चातुर्मास्यनिमित्तक नियमिमम् शक्नवम् प्रपूरयितुम।।

इस श्लोक का पाठ किए जाने पर 'लोकमान्य' यह शब्द शास्त्री महोदय के बुद्धिपुरःसर से प्रयुक्त हुआ है, इस बारे में वहाँ थोड़ी चर्चा

हुई।

–दत्तो अप्पाजी तुलजापुरकर के संस्मरण–उपर्युक्त, पृ.-161-62

65. सन् 1908 में लोकमान्य के सजा होने के बाद उन्हें गुप्त रूप से इन्सपेक्टर सुलिव्हान की देखरेख में साबरमती जेल मेंले जाया गया। वहाँ उन्हें कैदियों की पोशाक व भोजन आदि दिए जाने का वृत्तान्त, एक बड़े अफसर द्वारा दी गई सूचना के आधार पर, बाद में बड़ौदा से गुजराती भाषा में निकलने वाले पत्र 'सयाजी विजय' ने प्रकाशित किया। पत्र के अनुसार टिळक ने उपस्थित लोगों से कहा–''स्वदेश की सेवा करते हुए मुझे यह सजा मिली है। इसके लिए मैं स्वयं को भाग्यवान समझता हूँ। कोई इसके लिए खेद नहीं करें।'' भोजन के बारे में उन्होंने कहा–'हिन्दुस्तान की तीस करोड़ प्रजा में से दस करोड़ लोगों को इस प्रकार का खाना भी नहीं मिलता है और बाकी पन्द्रह करोड़ लोग इसी प्रकार का खाना खाते हैं। अतः यह मुझे मीठा ही लग रहा है।'

–आठवणी व आख्यायिका–खण्ड प्रथम, पृ.-211

66. उपर्युक्त, पृ.-68

67. डॉ. वी.पी. वर्मा–द लाइफ एण्ड फिलोसॉफी ऑफ लोकमान्य टिळक, पृ.-259

68. लोकमान्य टिळक–'केसरी' 11 दिसम्बर 1906 को प्रकाशित लेख–

डॉ. वर्मा कृत उपर्युक्त में उद्धृत, पृ.-196

69. धनंजय कीर–पूर्वोक्त, पृ.-447

70. उपर्युक्त में उद्धृत, पृ.-107

71. सिक्खों के दशम गुरु गोविन्दसिंह ने मुगल सम्राट औरंगजेब को फारसी भाषा में पत्र लिखकर उसके समस्त दुष्कृत्यों , अनाचारों को

(यथा भाइयों की हत्या, पिता को कारागार में डालना, गुरु तेगबहादुर का वध निर्दोष प्रजा पर अत्याचार आदि) उद्घाटित किया था। यह विख्यात पत्र 'जफ़रनाम' शीर्षक से भेजा गया था। कहा जाता है गुरु द्वारा प्रस्तुत अपने पापकृत्यों का विवरण पढ़कर औरंगजेब को आत्मग्लानि का अनुभव हुआ था।

72. लोकमान्य टिळक–केसरी तींल लेख (मराठी) भाग 2 डॉ. वर्मा कृत– द लाइफ एण्ड फ़िलॉसॉफ़ी (पूर्वोक्त) में उद्धृत, पृ.-271

73. मारुति (हनुमान) अत्यन्त शक्तिशाली थे। बड़े से बड़े विघ्नों का सामना करने में समर्थ। किंतु बचपन में बालहठ से प्रेरित हो वे सूर्य को पकड़ने हेतु प्रबल वेग से लपके तो भविष्य में ऐसे दुःसाहसी कृत्य को रोकने की दृष्टि से माँ अंजनी ने अपने तपोबल से यह व्यवस्था कर दी कि सामान्यतः हनुमान अपनी अप्रतिम शक्ति व पराक्रम के प्रति अज्ञ बने रहेंगे। किसी अन्य के द्वारा याद दिलाए जाने पर उन्हें इसका भान होगा। सीताजी की खोज में लंका जाने के लिए वे भी साथी वानरों के साथ सागर की विशालता को देखकर निराश होकर बैठे थे। तब जाम्बवन्त ने उन्हें उनके पराक्रम की याद दिलायी और वे आसानी से समुद्र लांघकर लंका जा पहुँचे। अपनी शक्ति व सामर्थ्य के प्रति अनभिज्ञता की स्थिति को प्रकट करने हेतु इस शब्द का प्रयोग किया गया है।

74. डॉ. रमेशचन्द्र मजूमदार–ब्रिटिश पेरेमाऊण्टसी एण्ड इंडियन रिनेसां, पृ.-577 (हिस्ट्री एण्ड कल्चर ऑफ इंडियन पीपल' का दशम खण्ड)

75. उपर्युक्त

76. टी.वी. पर्वते–पूर्वोक्त, पृ.-123

77. डी.वी. ताम्हनकर–पूर्वोक्त पृ.-62 उद्धृत

78. लोकमान्य टिळक के भाषण से–डॉ. वर्मा कृत पूर्वोक्त में उद्धृत, पृ.-340

79. लोकमान्य टिळक–"राष्ट्रीय महोत्सवांचे वेळी सुशिक्षितांनीं काय केले पाहिजै"–केसरीतींल लेख (मराठी) भाग 1, पृ.-567 ('केसरी' 8 सितम्बर 1896)
80. उपर्युक्त
81. उपर्युक्त
82. लोकमान्य टिळक–"राष्ट्रीय महोत्सवांची आवश्यकता"–(केसरी 1 सितम्बर 1896) केसरीतींल लेख (मराठी) भाग 1, पृ.-571-75
83. लोकमान्य टिळक–"यंदाचा गणयत्युत्सव" ('केसरी' 3 सितम्बर 1895) केसरीतींल लेख, भाग 1, पृ.-484-488)
84. उपर्युक्त
85. उपर्युक्त
86. उपर्युक्त
87. 'गणपतीचा उत्सव'–केसरीतींल लेख भाग 1, पृ.-334-39
88. 'यंदाचा गणपत्युत्सव–पूर्वोक्त
89. केसरीतींल लेख–भाग 1, पृ.-487-88
90. उपर्युक्त
91. केसरीतींल लेख–भाग 1, पृ.-570 (राष्ट्रीय महोत्सवांचे बेळी सुशिक्षितांनी काय केले पाहिजे–पूर्वोक्त)
92. "यंदचा गणपत्युत्सव"–पूर्वोक्त
93. उपर्युक्त
94. 9 सितम्बर 1915 को पूना में गणपति उत्सव पर टिळक के भाषण से–डॉ. वी.पी. वर्मा–पूर्वोक्त, पृ.-340 पर उद्धृत
95. 5 जून 1906 को कलकत्ता में अश्विनीकुमार दत्त की अध्यक्षता में

आयोजित शिवाजी उत्सव में लोकमान्य टिळक का भाषण—टी.वी. पर्वते पूर्वोक्त में पृ.-145-46 पर उद्धृत

96. केसरीतींल लेख भाग 1, पृ.-566-70
97. उपर्युक्त
98. उपर्युक्त
99. उपर्युक्त
100. उपर्युक्त
101. उपर्युक्त
102. उपर्युक्त
103. उपर्युक्त
104. केसरीतींल लेख (8 सितम्बर 1896) भाग 1, पृ.-568-70
105. उपर्युक्त
106. उपर्युक्त
107. 'चाफळ' समर्थ गुरु रामदास के जन्मस्थान का नाम है। वहाँ हर वर्ष उनकी जयन्ती पर मेला भरता है जिसमें हजारों की संख्या में लोग इकट्ठे होते हैं।
108. उपर्युक्त
109. उपर्युक्त
110. डॉ. वी.पी. वर्मा—आधुनिक भारतीय राजनीतिक चिंतन, पृ.-191-92 पर उद्धृत
111. 'आल एबाऊट टिळक' में संगृहीत भाषण—पृ.-567-78 शास्त्रूलू (संग्रहकर्ता)
112. लोकमान्य का अमरावती भाषण—भागवत एवं प्रधान कृत पूर्वोक्त में उद्धृत, पृ.-89
113. डॉ. वी.पी. वर्मा—पूर्वोक्त, पृ.-190

114. विक्टर बारनॉव–"अमरीकन एन्थ्रॉपालॉजिस्ट" के फरवरी 1954 के अंक में प्रकाशित लेख

115. 1894 ई. के गणपति उत्सव की भव्यता का वर्णन करते हुए लोकमान्य ने 'केसरी' में लिखा–दो बजे, पूर्व संकेत अनुसार निश्चित किए हुए स्थानों पर सभी मोहल्लों के गणपति रे मार्केट के पास आने लगे...जहाँ तक दृष्टि जाती वहीं गणपति के दर्शन होते, चारों ओर 'गणपति बप्पा मोरय्या, पुढ़ाची वर्षी लवकर या', यह ध्वनि कर्णपथ से टकराकर गगनमंडल को भेद रही थी। सभी के मस्तक मंगलसूचक गुलाल से शोभित थे। डंडियों, लेजम, नूपुर, नौबत व शहनाई के भिन्न-भिन्न स्वरों के सम्मिलन से मन पर चमत्कारिक प्रभाव उत्पन्न हो रहा था।...पथ पर विद्यमान छतें, छप्पर, झरोखे सभी जयघोष से सजीव हुए लग रहे थे। इस प्रकार का उपन्यासकारों का मात्र कल्पना प्रसूत विवरण प्रत्यक्ष देखने के बाद वहाँ गए सभी दर्शकों को अनिर्वचनीय प्रेमानन्द और सभी भक्तों को धन्यता अनुभव हुई, इसमें क्या आश्चर्य है?–केसरीतींल लेख (गणपतीचा उत्सव) भाग, 1, पृ.-334-339

116. उपर्युक्त

117. लोकमान्य टिळक–'मराठा' के 24 जून 1906 के अंक में प्रकाशित लेख– "टिळक सूक्ति संग्रह" पृ.-32

118. डी.वी. अथाले–पूर्वोक्त, पृ.-106

119, 120. सर जादुनाथ सरकार–गोविन्द सखाराम सर देसाई कृत 'मराठों का नवीन इतिहास' खण्ड 1, पृ.-298-99 पर उद्धृत

121. डॉ. वी.पी. वर्मा–पूर्वोक्त, पृ.-551

122. लोकमान्य टिळक–'मराठा' में लेख (4 जून 1906) पूर्वोक्त

123. लोकमान्य टिळक–अमरावती भाषण–भागवत एवं प्रधान कृत– पूर्वोक्त, पृ.-89 पर उद्धृत

124. लोकमान्य टिळक–केसरीतींल लेख भाग 1, पृ.-530-33

124. केसरीतींल लेख–'श्री शिवाजी महाराज यांच्या स्मारक बद्दल सूचना'' भाग 1, पृ.-463-64

124. लोकमान्य टिळक–'शिवजयंतीचा राष्ट्रीय उत्सव'–केसरीतींल लेख भाग 1, पृ.-531-32

125. लोकमान्य टिळक–केसरी' 9 अप्रेल 1901–डॉ. वी.पी. वर्मा–द लाइफ एण्ड फिलॉसोफी ऑफ लोकमान्य टिळक, पृ.-69 पर उद्धृत

125. लोकमान्य टिळक–केसरीतींल लेख भाग 1, पृ.-532

126. अनिल समर्थ–शिवाजी एण्ड द इंडियन नेशनल मूवमेंट : सागा ऑफ लिविंग लीजेंड पृ.-6

127. उपर्युक्त

128. लोकमान्य टिळक–'केसरी'–9 अप्रेल 1901 पूर्वोक्त

129, 130. लोकमान्य टिळक–केसरीतींल लेख–भाग 1, पृ.-463-64

131. केसरीतींल लेख-भाग 1, पृ.-531

132. लोकमान्य टिळक–''हा विघ्नसंतोषीपणा नव्हे काय''–केसरीतींल लेख भाग 1, पृ.-543

133. केसरी 1916 (19-7-2) टिळक सूक्ति संग्रह, पृ.-4

134. आठवणी व आख्यायिका–खण्ड 1, पृ.-153

135. राव बहादुर गोपालहरि देशमुख का प्रस्तुत लेख बम्बई से निकलने वाले 'प्रभाकर' में 28 मई 1847 ई. को प्रकाशित हुआ।

136. अनिल समर्थ–पूर्वोक्त, पृ.-12

137. जेम्स डगलस वन अधिकारी थे। उनकी इस पुस्तक के प्रकाशन के बाद

बम्बई के तत्कालीन गवर्नर सर रिचर्ड टेम्पल रायगढ़ दुर्ग पर आर्थर क्राफर्ड, डॉ. वाटर्स एवं कैप्टन पिट के साथ गए। उन्होंने किले के कई पैंसिल स्केच बनवाए और कोलाबा के जिलाधीश को किले की उचित देखभाल करने को कहा। रायगढ़ दुर्ग के प्रति सर रिचर्ड की रुचि का लाभ उठाकर कोलाबा के एक अन्य वन अधिकारी ने पुरानी इमारतों, स्मारकों व खण्डहरों की देखभाल के लिए कुछ धन की स्वीकृति के लिए प्रार्थना की। सर रिचर्ड के उत्तराधिकारी लॉर्ड री के प्रशासन में दुर्ग व शिवाजी की समाधि की देखभाल के लिए 5 रु. वार्षिक की राशि स्वीकृत की गयी।

138. जेम्स डगलस–ए बुक ऑफ बॉम्बे–पृ.-433

139. लोकमान्य टिळक–केसरीतींल लेख (श्री शिवाजी महाराज यांच्या स्मारक बद्दल सूचना) भाग 1, पृ.-466

140. उपर्युक्त, पृ.-463-64

141. शिवाजी उत्सव के प्रति टिळक का भक्तिभाव कितना गहन था, इसका प्रमाण निम्नांकित घटना से मिलता है–सन् 1905 में लोकमान्य श्री शिव छत्रपति के उत्सव के लिए रायगढ़ गए हुए थे। वहाँ किसी ने उन्हें पूना में उनके पुत्र की तबियत बहुत खराब होने की सूचना दी। यह सुनकर लोकमान्य थोड़े गुस्से होकर बोले– 'यहाँ से गढ़ पर जाकर महाराजा का उत्सव भली भाँति सम्पन्न करने पर्यन्त मुझे घर सम्बन्धी कोई बात नहीं कही जाय। कार्य पूरा होने के बाद घर-गृहस्थी की बात सुनेंगे।

–सदाशिव विनायक बापट के संस्मरण–आठवणी व आख्यायिका, खण्ड 1, पृ.-217

142. अनिल समर्थ–पूर्वोक्त, पृ.-47

143. उपर्युक्त, पृ.-147

144. डॉ. आर.सी. मजूमदार–पूर्वोक्त, पृ.-584
145. विपिनचन्द्रपाल–स्वदेशी एण्ड स्वराज पृ.-73-74
146. डॉ. राधामुकुद मुकर्जी–द कल्चर एण्ड आर्ट ऑफ इंडिया, पृ.-373
147. लोकमान्य टिळक–आठवणी व आख्यायिका खण्ड 1, पृ.-100
148. उपर्युक्त
149. लोकमान्य टिळक–श्री गजाननचा राष्ट्रीय महोत्सव–केसरीतींल लेख भाग 1, पृ.-570
150. वेलेन्टाइन शिरोल–'इंडियन अनरेस्ट'–टी.वी. पर्वते कृत पूर्वोक्त में उद्धृत, पृ.-36-37
151. उपर्युक्त
152. शिरोल–उपर्युक्त, पृ.-5
153. जॉर्ज मॅकमन–टरमोइल एण्ड ट्रेजेडी इन इंडिया 1914 एण्ड आफ्टर पृ.-42
154. लोकमान्य टिळक–राइटिंग्ज एण्ड स्पीचेज, पृ.-30
155. उपर्युक्त, पृ.-31
156. उपर्युक्त, पृ.-31
157. लोकमान्य टिळक–'मराठा' 24 जून 1906–अनिल समर्थ कृत पूर्वोक्त एपेन्डिक्स 'डी' पृ.143-45 पर उद्धृत
158. राइटिंग्ज एण्ड स्पीचेज, पृ.-31
159. लोकमान्य टिळक–5 जून 1906 को कलकत्ता में दिये गये भाषण से–पर्वते कृत पूर्वोक्त में उद्धृत 146-47
160. शिवाजी के निजी सचिव थे काजी हैदर। नौ सेना में दौलत खाँ उच्च पदाधिकारी थे तो स्थल सेना में सिद्दी हिलाल। जिन किलेदारों पर

उनका पूर्ण विश्वास था उनमें मुहम्मद सिद्दीक भी थे। जब छत्रपति अफजल खाँ से मिलने गए तो जो दस अंगरक्षक उनके साथ उनमें एक थे शेख इब्राहीम। उनका निजी सेवक मदारी मेहतर मुसलमान था और उसने औरंगजेब के चंगुल से बच निकलने में उनकी पूरी सहायता की थी। इससे स्पष्ट हो जाता है कि उनमें मुसलमानों के प्रति कोई द्वेष भाव नहीं था।

'छत्रपति शिवाजी'–काशीनाथ गोविन्द जोगलेकर कृत–भूमिका में पृ.-2

161. शिवाजी उत्सव पर पूना न्यू इंगलिश स्कूल में टिळक का भाषण–शिरोल कृत 'इंडियन अनरेस्ट' के पृ.-46-47 पर उद्‌धृत
162. उपर्युक्त
163. 'केसरी'–16 मई 1905–धनंजय कीर कृत पूर्वोक्त में पृ.-220 पर उद्‌धृत
164. 7 जून 1907 को पूना में श्री विट्ठल मंदिर में शिव राज्याभिषेक उत्सव पर दिए गए भाषण से
165. उपर्युक्त
166. विघ्न सन्तोषी (दूसरों को संकट में देखकर प्रसन्न होने की प्रकृति)
167. केसरीतींल लेख–भाग 1, पृ.-547-48
168. लोकमान्य टिळक–'थोर पुरुषांची चरित्रे' केसरीतींल लेख भाग 1, पृ.-549
169. ए.आई. मेह्यू–ओ मेली कृत (सम्पादक) मॉर्डन इंडिया एण्ड द वेस्ट पृ.-315
170. अमलेश त्रिपाठी–द एक्स्ट्रीमिस्ट चेलेंज–पृ.-73
171. जे.सी. केर कृत–पॉलिटिकल ट्रबल इन इंडिया 1907-17 में उद्‌धृत प्रिफेस (14)

172. गिरिजा के. मुकर्जी–हिस्ट्री ऑफ इंडियन नेशनल कांग्रेस, पृ.-120

173. पी. हार्डी कृत–द मुस्लिम ऑफ ब्रिटिश इंडिया, पृ.-141

174. टी.वी. पर्वते–पूर्वोक्त, पृ.-595

175. 24 जुलाई 1956 को बम्बई उच्च न्यायालय के मुख्य न्यायाधीश के रूप में टिळक की प्रशस्ति के अनावरण भाषण से–पर्वतेकृत पूर्वोक्त में उद्धृत, पृ.-593-94

176. पर्वते कृत पूर्वोक्त में उद्धृत, पृ.-121

177. डॉ. वी.पी. वर्मा–लाइफ एण्ड फिलॉसोफी ऑफ लोकमान्य टिळक, पृ.-432

178. (इंडियन एक्सप्रेस) सनडे स्टैण्डर्ड (सम्पादकीय) 30 अप्रेल 1976

179. डॉ. आर.सी. मजूमदार–हरिदास व उमा मुखर्जी कृत 'इंडियाज फाईट फॉर फ्रीडम' की प्रस्तावना में, पृ.-2

180. रेम्जै मैकडानल्ड–द अवेकनिंग ऑफ इंडिया, पृ.-126

181. गोपालकृष्ण गोखले–बनारस कांग्रेस अभिभाषण–बी.आर. नंदा कृत गोखले द इंडियन मॉडरेट्स एण्ड ब्रिटिश राज, पृ.-209 पर उद्धृत

182. लोकमान्य टिळक–केसरीतींल लेख भाग 3, पृ.-11 (राष्ट्रीय बहिष्कार–22 अगस्त 1895)

183, 183. लोकमान्य टिळक–'राष्ट्रीय बहिष्कार' ('केसरी' 22 अगस्त 1905) केसरीतींल लेख भाग 3, पृ.-7

184. टिळक द्वारा 7 जून 1906 को कलकत्ता में दिये गये भाषण से–धनंजयकीर कृत पूर्वोक्त में पृ.-244-45 पर उद्धृत

185. टिळक 'राष्ट्रीय बहिष्कार'–पूर्वोक्त

186. आठवाणी व आख्यायिका, भाग 1, पृ.-221

187. 'आणी बाणी ची वेळ' केसरीतींल लेख भाग 3, पृ.-1-6

188. उपर्युक्त

189. उपर्युक्त

190. उपर्युक्त

191. उपर्युक्त

192. उपर्युक्त

193. उपर्युक्त

194. अनिल समर्थ–पूर्वोक्त, पृ.-61

195. सुरेन्द्रनाथ बैनर्जी–'बंगाली' 26 अप्रेल 1906–समर्थकृत–पूर्वोक्त पृ.-67 पर उद्‌धृत बेनर्जी ने प्रारम्भ से ही शिवाजी उत्सव में गहरी रुचि ली। वह उल्लेखनीय है कि टिळक ने 29 दिसम्बर 1895 को पूना में शिवाजी आन्दोलन प्रारम्भ किया, तब उस सभा का समापतित्व बैनर्जी ने किया था। इसआन्दोलन के लिए भारतीय राष्ट्रीय कांग्रेस के समर्थन व सहानुभूति का ऐलान करते हुए उन्होंने अपने अध्यक्षीय भाषण में कहा– 'अपने दुर्ग से प्रस्थान करते हुए शिवाजी के चित्र सम्मुख खड़े होकर हम जनसाधारण की मुक्ति के उद्देश्य से प्रारम्भ की गई अपनी संवैधानिक लड़ाई में उन्हीं के समान आगे बढ़ने की प्रेरणा ग्रहण नहीं करेंगे?''– रामगोपाल कृत–लोकमान्य टिळक, पृ.-104 पर उद्‌धृत

196. लाला लाजपतराय–'यंग इंडिया' पृ.-131

197. डॉ. वी.पी. वर्मा–द लाइफ एण्ड फिलोसॉफी ऑफ लोकमान्य टिळक, पृ.-188

198. लोकमान्य टिळक–7 जून 1905 को 'शिवाजी उत्सव' पर कलकत्ता अभिभाषण से डॉ. वर्मा कृत उपर्युक्त में उद्‌धृत–पृ.-188-89

199. उपर्युक्त
200. लाला लाजपतराय–उपर्युक्त
201. लोकमान्य टिळक–'केसरी' 2 जुलाई 1895
202. श्री अरविन्द–इंट्रोडक्टरी एप्रिसिएशन टू बाल गंगाधर टिळक (हिज राइटिंग्ज एण्ड स्पीचेज), पृ.-7
203. लोकमान्य टिळक–स्पीचेज एण्ड राइटिंग्ज, पृ.-164
204. लोकमान्य टिळक–सूक्ति संग्रह, पृ.-325
205. टी.एल. शे–पूर्वोक्त–पृ.-100
206. ग्लीनिंग्ज फ्रॉम टिलक्स राइटिंग्ज एण्ड स्पीचेज, पृ.-333
207. लोकमान्य टिळक–आठवणी व आख्यायिका भाग 2, पृ.-415
208. लोकमान्य टिळक–पूना सार्वजनिक सभा क्वार्टरली जरनल (जुलाई 1917) सूक्ति संग्रह, पृ.-54
209. लोकमान्य टिळक–स्वराज्य गीता रहस्य, पृ.-35
210. उपर्युक्त, पृ.-6
211. ग्लीनिंग्ज फ्रॉम टिलक्स राइटिंग्ज एण्ड स्पीचेज, पृ.-333
212. टिळक–सूक्ति संग्रह, पृ.-34
213. टी.वी. पर्वते–पूर्वोक्त में उद्धृत पृ.-388
214. शे–पूर्वोक्त, पृ.-162-63
215. लोकमान्य टिळक–कर्मयोग एण्ड स्वराज्य–स्पीचेज एण्ड राइटिंग्ज ऑफ टिळक, पृ.-276-80
216. लोकमान्य टिळक–स्वराज्य आणि सुराज (केसरी 9 अप्रेल 1907) केसरीतींल लेख भाग 3, पृ.-172-77
217. उपर्युक्त

218. उपर्युक्त

219. लोकमान्य टिळक–'हिन्दी स्वराज्य संघ' लेखांक 1 (30 नवम्बर 1915) केसरीतींल लेख भाग 3, पृ.-306-310)

220. उपर्युक्त

220. उपर्युक्त

221. उपर्युक्त

222. उपर्युक्त–लेखांक 2 पृ.-317-320 ('केसरी' 7 दिसम्बर 1915)

223. लोकमान्य टिळक–तुम्हीं आपल्या हातानें जेवणार, का नाहीं

(केसरी 27 जून 1916 केसरीतींल लेख भाग 3, पृ.-333-338

224. उपर्युक्त

225. उपर्युक्त

225. समग्र टिळक, खण्ड 4, पृ.-61 ''पॉलिटिकल थॉट एण्ड लीडरशिप ऑफ लोकमान्य टिळक'', एन.आर. ईनामदार (संपादक) पृ.-38 पर उद्धृत

225. उपर्युक्त, पृ.-39

226. समग्र टिळक खण्ड 6, पृ.-1013

227. समग्र टिळक खण्ड 6, पृ.-434 (ईनामदार द्वारा संपादित पूर्वोक्त में उद्धृत पृ.-42)

227. केसरीतींल लेख भाग 3, पृ.-334-38

227. 'स्वराज्य आणि सुराज्य'–पूर्वोक्त

228. उपर्युक्त

228 लोकमान्य टिळक–व्याख्यानें भाग 2, पृ.-108

228. लोकमान्य टिळक–केसरी 1907-20-4-3

229. लोकमान्य टिळक–"जनाब देहली तो बहोत दूर है"–(केसरी 16 जुलाई 1918) केसरीतींल लेख भाग 3, पृ.-418

230. चूँकि लोगों की आशा तो वास्तविक व पूर्ण स्वराज्य पर केन्द्रित थी, अतः माण्टेग्यू चेम्सफोर्ड सुधारों से उन्हें कोई तसल्ली नहीं हुई। प्रान्तों में द्वैध शासन की योजना थी। अतः टिळक ने प्रतिक्रिया व्यक्त की "प्रातःकालीन समीर बहना शुरू हुआ, पक्षी कलरव करने लगे, मुर्गा बाँग देने लगा और प्रभात होकर अब सूर्योदय होगा, इस प्रकार की उत्कंठा से बाट जोहने वाले लोगों को सूर्योदय न होने पर जैसा बुरा लगता है, मॉण्टेग्यू महोदय के राजकीय सुधारों की वही स्थिति है–पौ फटी पर सूर्य के दर्शन नहीं।"(केसरी–9 जुलाई 1918) केसरीतींल लेख भाग 3, पृ.-407-411

231. जनाब देहली बहोत दूर है, पूर्वोक्त

232. लोकमान्य टिळक "निहारने एक मुखी मागणी करा" (केसरी 9 अक्टूबर 1917) केसरीतींल लेख भाग 3, पृ.-372-78

233. उपर्युक्त

234. लोकमान्य टिळक का लखनऊ अधिवेशन में भाषण–पर्वते कृत पूर्वोक्त में उद्धृत, पृ.-385-86

235. 'केसरी' 1 जनवरी 1907–अमलेश त्रिपाठी कृत पूर्वोक्त में उद्धृत, पृ.-124

236. लोकमान्य टिळक–व्याख्यानें भाग 2, पृ.-127

237. कलकत्ता में शिवाजी उत्सव पर भाषण–"बंगाली" के 8 जून 1906 के अंक में प्रकाशित। जेम्स केर "पॉलिटिकल ट्रबल इन इंडिया" 1907-11 में उद्धृत, पृ.-14

238. 'केसरी' (1906-3-4-4) सूक्ति संग्रह, पृ.-325

239. 'केसरी' (1905-39-4-3) सूक्ति संग्रह, पृ.-322

240. नरसिंघ चिंतामण केळकर कृत–लोकमान्य टिळक यांचे चरित्र खण्ड 2, पृ.-64-65 पर उद्धृत

241. लोकमान्य टिळक–'बहिष्कार योग'–केसरीतींल लेख भाग 3, पृ.-20-25

242. धनंजयकीर–लोकमान्य टिळक, पृ.-107

243. लोकमान्य टिळक–राष्ट्रीय बहिष्कार–केसरीतींल लेख भाग 3, पृ.-7-10

244. उपर्युक्त

245. उपर्युक्त

246. उपर्युक्त

247. एन.जी. जोग कृत– लोकमान्य बाल गंगाधर टिळक, पृ.-111-12 पर उद्धृत

248. न.चि.केळकर–पूर्वोक्त, पृ.-129

249. उपर्युक्त

250. लोकमान्य टिळक–व्याख्यानें भाग 2, पृ.-129

251. उपर्युक्त

252. बहिष्कार योग–पूर्वोक्त

253. उपर्युक्त

254. उपर्युक्त

255. टिळक सूक्ति संग्रह–पृ.-163 ('केसरी' 1905-36-4-5)

256. लोकमान्य टिळक–व्याख्यानें, भाग 2, पृ.-127

257. केसरीचा फायली अंक 39, पृ.-4 वर्ष 1905) (सूक्ति संग्रह, पृ.-163)

258. लोकमान्य टिळक–बहिष्कार योग–पूर्वोक्त

259. राष्ट्रीय बहिष्कार–पूर्वोक्त–सार्वजनिक काका के नाम से विख्यात टिळक के घनिष्ठ सहयोगी वासुदेव काका जोशी ने हाथ से बुने कपड़े की पगड़ी व अंगरखा पहिनने का व्रत पूना में सबसे पहिले लिया था और उन्होंने आजीवन इसे निभाया। उनका अनुकरण बहुत से लोगों ने किया।

260. केसरीतींल लेख भाग 3 परिशिष्ट–टिळक ने "कांग्रेस मधील लोकशाही पक्षा चे धोरण" शीर्षक से लिखित इस घोषणापत्र में विस्तारपूर्वक प्रान्तीय व केन्द्रीय सरकार के संगठन स्वरूप व राज्य की लोकहितकारी नीति पर प्रकाश डाला है। स्वराज्य की उनकी अवधारणा के व्यावहारिक पक्ष का इसमें भली भाँति निदर्शन होता है। यह घोषणा पत्र 'केसरी' के 20 अप्रेल 1920 के अंक में प्रकाशित हुआ था।

❑❑❑

6.

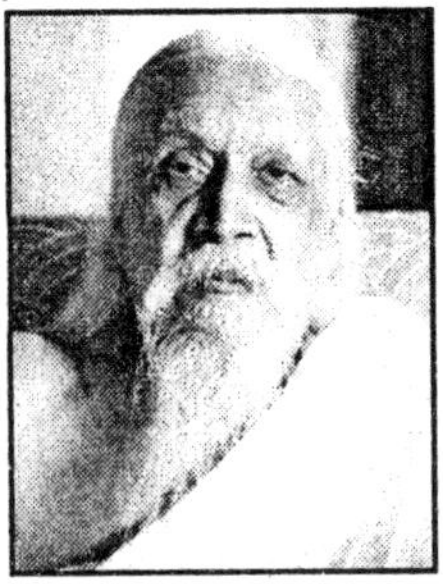

स्वराज्य के बलिपंथी : श्री अरविन्द

जिस समय 'केसरी' अपनी दहाड़ से नौकरशाही के हृदय को कम्पित और जनसाधारण में शूरत्व का संचार कर रहा था, उसी दौरान मितवादी राष्ट्रीयता की प्रभा को निस्तेज करने वाले एक अन्य नक्षत्र का भारतीय राजनीति के क्षितिज पर उदय हुआ जो भारत में ब्रिटिश साम्राज्यवाद के विरोध का मैजिनी सिद्ध हुआ। 'इन्दुप्रकाश' के माध्यम से विकीर्ण होने वाली इसकी दीप्ति ने आत्म सन्तुष्ट कांग्रेस की श्री हीनता को उजागर कर दिया। 'विवेकानन्द के वास्तविक बौद्धिक उत्तराधिकारी'[1] के रूप में अभिज्ञात, वेदान्ती राष्ट्रवाद के उदात्ततम प्रवक्ता श्री अरविन्द ने बंकिम प्रणीत मातृमंत्र को मानव एकता के आदर्श के शिखर पर आरोहण करती दिव्य आकांक्षा का वृहतर आयाम प्रदान किया।

गहन आध्यात्मिक अनुभूति से समन्वित उनकी वाणी ने बीसवीं सदी के प्रथम दशक में राष्ट्रवादी आन्दोलन व राष्ट्रवाद को सीमित राजनीतिक आकांक्षाओं की परिधि से बाहर निकलकर उसे पूर्ण स्वराज्य तथा जातीय

जीवन के महत् मिशन की चेतना से स्पन्दित कर दिया। अपने अल्प किन्तु घटना बहुल राजनीतिक जीवन में श्री अरविन्द राष्ट्रवाद को अत्युच्च दिव्य धरातल पर अवस्थित करने में सफल हुए। बंकिम ने मातृभूमि की दिव्यता के स्तवन एवं सन्तान धर्म के रूप में राष्ट्रवाद का जो स्वरूप निर्धारित किया था, श्री अरविन्द के चिन्तन में वह 'आत्मा की सर्वोच्च उमंग'[2] व राष्ट्र में दिव्य अनुभूति की रहस्यवादी नचिकेता अग्नि में परिणत हो गया। आध्यात्मिक राष्ट्रवाद के विकास में अरविन्द का वही अवदान है जो 'सत्यज्ञान की संप्रभुता' के सुकरातीय सिद्धान्त की तार्किक निष्पत्ति दार्शनिक राजा के रूप में प्रस्तुत करने वाले प्लेटो का यूनानी राजदर्शन में है। बंकिम की उत्कृष्ट साहित्यिक प्रतिभा व भाव प्रवणता और विवेकानन्द की ओजस्विता एवं देशनुराग का अद्भुत सम्मिश्रण हमें श्री अरविन्द में दृष्टिगोचर होता है।

प्राचीन भारतीय ज्ञान के मेधावी प्रवक्ता

आध्यात्मिक राष्ट्रवाद के उत्साही सन्देशवाहक के रूप में राष्ट्रीय रंगमंच पर अरविन्द का अवतरण और तदनन्तर एक महायोगी के रूप में मर्त्य लोक को दिव्य चेतना की आभा से युक्त करने के उद्देश्य से की गयी उनकी साधना का आभास हमें उनकी प्रारम्भिक मानसिक अभिवृति से ही मिल जाता है। अपनी सहधर्मिणी श्रीमती मृणालिनी देवी को लिखे गए प्रसिद्ध पत्र[3] से उनके व्यक्तित्व का निर्माण व जीवन पथ का निश्चय करने वाली उत्कंठाओं की झलक मिलती है। उन्होंने राष्ट्रवाद को जिस उत्तुंग आध्यात्मिक धरातल पर अवस्थित किया उसका कारण हमें उनके व्यक्तित्व में ढूँढना होगा। उनका जीवन पूर्णतः आत्मविजय और आत्मयोग के लिए अर्पित रहा। उनके व्यक्तित्व पर छा जाने वाली विश्वासत्रयी के आधार पर राष्ट्रवादी चिंतक के रूप में उनकी विलक्षणता को समझा जा सकता है। **ब्रह्मतेज को राष्ट्रमुक्ति का साधन मानने वाले अरविन्द का दृढ़ विश्वास था कि (1) भगवान द्वारा प्रदत्त गुण, प्रतिभा, उच्च शिक्षा एवं धन सभी कुछ न्यास मात्र हैं (2) ईश्वर के अस्तित्व को अनुभव करने व उनके साक्षात् दर्शन प्राप्त**

करने का कोई न कोई पथ है (3) मातृभूमि पर्वत श्रेणियों से मंडित सरिताओं की मेखला से युक्त भौगोलिक इकाई नहीं वरन् साक्षात माँ है। उनके अनुसार यह तृतीय विश्वास कोई नया भाव नहीं था वरन् इस भाव को लेकर ही उन्होंने जन्म ग्रहण किया था और वह उनकी नस-नस में भरा था।[4]

उनकी इस आत्म स्वीकृति के बावजूद लियोनार्ड गॉर्डन जैसे लेखक ने अरविन्द के जीवनी लेखकों में 'वस्तुनिष्ठ दृष्टिकोण के अभाव' की चर्चा करते हुए इंग्लैंड प्रवास के दौरान किशोरावस्था की परिस्थिति को उनकी 'अन्तर्मुखी प्रवृति' के लिए उत्तरदायी माना है। अलीपुर कारा ने उन्हें हुई आध्यात्मिक अनुभूति को भी गॉर्डन किशोरावस्था के अकेलेपन व मानसिक विषाद की देन बताते हैं।[6] श्री अरविन्द के व्यक्तित्व व मानस को भली भाँति न समझ पाने के कारण ऐसी भ्रान्त मान्यता प्रकट की गयी है। वास्तविकता यह है कि 'उनके व्यक्तित्व की मूल चेतना प्रारम्भ से ही आध्यात्मिक रही। भारत में आगमन के साथ ही उनकी सुषुप्त चेतना जागृत हुई और यही केन्द्रीय संचालिका शक्ति के रूप में उनके प्रत्येक कार्य में प्रतिफलित होती दिखायी पड़ती है। उनके व्यक्तिगत, नौकरी सम्बन्धी कार्यों के पीछे, राजनीतिक गतिविधियों और अन्ततः योगी और दार्शनिक जीवन के प्रत्येक पहलू के पीछे यही गत्वर, आधुनिक और जीवन्त आध्यात्मिकता दिखायी पड़ती है।'[7] उन्हें पूर्णतः आंग्ल बनाने के उद्देश्य से जीवन के निर्माणकारी वर्षों के दौरान इंग्लैंड में अंग्रेज पादरी ड्रीवेट के संरक्षण में रखा गया था तथापि दरिद्रता से पीड़ित अपने देशवासियों के कष्टों का अपने पिता कृष्णधन घोष द्वारा भेजे गए समाचारपत्रों के विवरण पढ़कर ब्रिटिश अन्याय के प्रति उन्हें क्षोभ होता था। कृष्णधन घोष इंग्लैंड में अपने बच्चों को जो बंगाली समाचार पत्र भेजते थे उनमें अंग्रेजों द्वारा भारतीयों के साथ दुर्व्यहार की घटनाओं पर निशान लगे होते थे।[8] इस वजह से उनकी अन्तःस्थ भारतीय चेतना जागृत हो गयी और अंग्रेजीकरण की माया छिन्न-भिन्न होने लगी। भारत के प्रति उनका अनुराग व उसके उज्ज्वल भविष्य की कामना उनकी किशोरावस्था के स्वप्न बन गये।

'प्राचीन भारतीय प्रज्ञान के मेधावी प्रवक्ता' श्री अरविन्द न केवल भारत के राष्ट्रवादी मानस का पूर्ण रूप से प्रतिनिधित्व करते थे वरन् उनका राजनीति दर्शन बाह्य सहायता व भौतिक साधनों की अपेक्षा नैतिक व आध्यात्मिक शक्तियों से समन्वित भारतीय संस्कृति की चेतना पर आधारित था। यही कारण है कि उनकी राजनीति व देशभक्ति की भाषा सदैव आध्यात्मिकता से आप्लावित होती थी। वे एक साधारण राजनेता की भाँति नहीं वरन् एक कवि की शैली में बोलते और लिखते थे। मात्र राजनीतिक स्वतंत्रता की अपेक्षा भारत का आध्यात्मिक मिशन उनके दृष्टिपथ के सम्मुख था।[10]

राष्ट्रीय राजनीति की दुर्बलताओं का विश्लेषण

इंग्लैंड में शिक्षा ग्रहण के दौरान ही उनका भारतीय मिशन अंकुरित हो चुका था। स्वदेश लौटने के पश्चात् उन्हें राष्ट्रीय समस्याओं को निकट से देखने-समझने का अवसर मिला। उस समय तक टिळक राष्ट्रीय राजनीति को लोकाभिमुख बनाने के प्रयत्न में संलग्न हो चुके थे। 'केसरी' के माध्यम से वे उसे कौन्सिल हॉल से गाँव की चौपाल तक लाने में सफल हुए। राष्ट्रीय आन्दोलन के बिरवे को अश्वत्थ बनाने हेतु यह आवश्यक था। इसके अभाव में एक वायवीय राजनीति में केवल जबानी जमाखर्च तक हमारी राष्ट्रसेवा सीमित थी। राष्ट्रोत्थान के लिए जनसाधारण के उत्थान पर विवेकानन्द ने बारम्बार बल दिया था और यह हम देख चुके हैं कि किस प्रकार टिळक ने इस मसले पर स्वामीजी के साथ गौर से विचार-विमर्श किया था। राष्ट्रीय राजनीति से जनसाधारण को संयुक्त करने का जो अभियान लोकमान्य ने प्रारम्भ किया, श्री अरविन्द भारत आने पर अप्रतिम निष्ठा से उसी कार्य में जुट गए। कुछ समय तक कांग्रेस की रीति-नीति का अवलोकन करने के पश्चात् बम्बई से प्रकाशित होने वाली पत्रिका 'इन्दु प्रकाश' में 'न्यू लेम्प्स फोर ओल्ड' शीर्षक से एक लेख माला[11] लिखकर उन्होंने तत्कालीन राष्ट्रीय आन्दोलन की कमियों का सूक्ष्म विश्लेषण प्रस्तुत किया।

मितवादी क्षेत्र में खलबली मचाने वाली[12] यह लेखमाला प्रचलित राजनीति के प्रति असहमति की अभिव्यक्ति मात्र न होकर उसकी मूलभूत अवधारणाओं की दुर्बलता एवं राष्ट्र को निस्तेज करने वाले विदेशी शासन के अभिशाप की तार्किक व्याख्या थी। श्री अरविन्द के राष्ट्रीय रंगमंच पर आने से राष्ट्रीय राजनीति में प्रखरता आने लगी। राष्ट्रीय आन्दोलन ने, मनीषी बंकिम एवं राष्ट्रभक्त सन्त विवेकानन्द प्रणीत आदर्शों के अनुरूप दिशा ग्रहण करना प्रारम्भ किया। यह कहना उपयुक्त ही है कि वे 'चिता से उद्भूत विवेकानन्द की वाणी'[13] थे। उस समय भारत के बुद्धिजीवी वर्ग में ब्रिटिश सत्ता के प्रति अन्ध विश्वासपूर्ण भय व्याप्त था किन्तु अरविन्द के मानस ने पाश्चात्य परम्पराओं से तीक्ष्णता ग्रहण की थी, अतः बौद्धिक दासता के बन्धन तोड़ने हेतु उन्होंने उग्र व मर्मभेदी शैली में इस लेखमाला में अपने विचार व्यक्त किए। इसमें राजनीतिक अभिमत युयुत्सु व उत्तेजक शब्दावलि में व्यक्त किए गए थे। राजनीतिक संगठन और विचारधारा के लिए ब्रिटिश उदाहरण के प्रति मितवादियों की निष्ठा की सीमाओं व अन्य राजनीतिक भाष्यकारों की संकीर्णता को दर्शाने हेतु उद्धत लहजे में प्राचीन व मध्यकालीन यूरोपीय इतिहास के उदाहरण प्रस्तुत किए गए।[14] **इस लेखमाला से श्री अरविन्द की सूक्ष्मचिंतन शक्ति, अभिव्यक्ति की अपूर्व सामर्थ्य, भाषा पर असाधारण अधिकार, दुर्लभ साहस, अपूर्व निष्ठा एवं देशभक्ति जैसी विशेषताएँ उजागर हुईं।[15] यह भारत की राष्ट्रीय राजनीति में एक नवीन शक्ति व चेतना के आगमन का तूर्यनाद था। इसमें हमारी पौरुष चेतना को जागृत करने व राष्ट्रीय जीवन की मुख्यधारा से कांग्रेस आन्दोलन को जोड़ने का आग्रह सन्निहित था। यह केवल नकारात्मक आलोचना नहीं थी वरन् इसमें भावी कर्त्तव्यपथ की ओर स्पष्टतः इंगित किया गया था।**

आशा की रजतरश्मि कांग्रेस की पाण्डुरता

ब्रिटेन की साम्राज्यवादी शक्ति की निर्णायक विजय (1857 के

स्वतंत्रता संग्राम में) के बाद सर्वत्र व्याप्त स्तब्धता एवं अन्तहीन प्रतीत होने वाली अवसाद एवं नैराश्य की काली घटा में कांग्रेस की स्थापना भद्र वर्ग को विद्युद्दलता की कौंध के समान प्रतीत हुई। उद्धत नौकरशाही के आचरण से उत्पन्न पिछले तीन दशकों से घनीभूत पीड़ा को अभिव्यक्त करने एवं उससे त्राण पाने की आशा जागृत हुई। श्री अरविन्द के अनुसार कांग्रेस शिक्षित समुदाय को 'सहारा के भीषण रेगिस्तान में जीवनदायी जलकूप, स्वतंत्रता के युद्ध में गर्वोन्नत पताका'[16] प्रतीत हुई। वे मन में यह आशा संजाए थे कि वह 'रात्रि में दीपस्तम्भ व दिन में मेघ स्तम्भ'[17] सिद्ध होगी। विदेशी शासन के दमन व अन्याय से पीड़ित राष्ट्र को इसकी स्थापना से दीर्घकालीन सूखे से तृषित भूमि पर वर्षा की फुहार की अनुभूति हुई। अतः उससे उद्‌भूत आशाओं की सौंधी गन्ध व 'आश्चर्यजनक उत्साह की वासन्ती शोभा'[18] का वर्णन दुष्कर कार्य था। उन्होंने यह स्वीकार किया कि कांग्रेस हमारे देशवासियों की दृष्टि में वह बहूमूल्य कलश है जिसमें हमारी श्रेष्ठतम आशाएँ सुरक्षित हैं,[19] कुछ लोग इसे 'चहुँ ओर व्याप्त अवसाद में से दूरस्थ स्वर्ग का रास्ता बताने वाला नक्षत्र'[20] मानते हैं, किन्तु अरविन्द के मतानुसार यह सब भ्रम मात्र था। कांग्रेस के संगठन व कार्य प्रणाली के सन्दर्भ में उनका कहना था कि ''विशिष्ट भारतीय दास-वृत्ति से प्रेरित चाटुकारितापूर्ण नकल करते हुए हमने अंग्रेजी भोजन का ग्रास निगल लिया है... और फ्रांसीसी लोगों की तरह राजनीतिक अयोग्यता व असफलता की नींव रख दी है बल्कि यह कहना होगा कि यह अधिक घातक अक्षमता व असफलता की नींव है।'[21] कांग्रेस के नेता ब्रिटिश न्यायप्रियता में विश्वास व्यक्त करते नहीं अघाते थे, अरविन्द के अनुसार यह आंग्ल मानस अपने सीमित दृष्टिपथ, अपनी अति न्यून भद्रता व परिशुद्धता तथा सूझ-बूझ, तर्कशीलता एवं जिज्ञासा वृत्ति का अभाव होने के कारण किन्हीं स्पष्ट व उच्च आदर्शों पर विचार करने की आदत व प्रयोगों की साहसिकता से वंचित था।'[22] जिन संवैधानिक उपायों में कांग्रेस आस्था रखती थी वह इंग्लैंड का अनुकरण था किन्तु अरविन्द ने चेतावनी दी कि उन्हें अपनाने का परिणाम यह होगा कि

'हमारी प्रगति का स्वरूप वेगवान धारा के बजाय हिमनद की भाँति ही होगा।'[23] अतः उनका आग्रह था कि हमारी अपील ब्रिटिश न्यायप्रियता या आँग्ल भारतीय मत के प्रति न होकर हमारी स्वयं की प्राणदायिनी पौरुष चेतना व भारत के शांत व दुःखी जनसामान्य के निष्कपट बन्धुत्व भाव के प्रति होनी चाहिये।

कांग्रेस का तत्कालीन संगठन किसी प्रकार का दक्षतापूर्ण कार्य करने में समर्थ नहीं था, ऐसा श्री अरविन्द का मत था। इसके कारणों पर प्रकाश डालते हुए उन्होंने बताया कि पहली बात तो उसके उद्देश्य गलत थे और उनकी पूर्ति के लिए वह जिस भावना से कार्य कर रही थी उसमें सच्चाई व निष्ठा का अभाव था। दूसरे जिन नेताओं पर इसका विश्वास था वे नेतृत्व क्षमता से रहित थे और वह नेतृत्व सूरदासी नहीं तो एकाक्षी तो अवश्य था।[24] इससे भी बढ़कर इसकी 'सामान्य भीरुता, प्रत्यक्ष सत्य कहने में उसकी अरुचि और शासकों को नाराज करने में भयाकुलता[25] जैसी कमजोरियों के फलस्वरूप इस संस्था के चिंतन व क्रियाशीलता के सम्पूर्ण क्षेत्र पर अवास्तविकता व असहायता की छाप लगी हुई थी।[26] ऐसी खेदजनक स्थिति के लिए उन्होंने कांग्रेस के दो अन्तर्निहित दोषों–मूलभूत अवधारणा (Organic conception) की अपूर्णता एवं हमारे वातावरण के गूढ़ तथ्यों की समझ के अभाव[27] को उत्तरदायी बताया। वातावरण के तथ्यों से उनका अभिप्राय जनसाधारण की मानसिक अभिनति एवं आकांक्षाओं के प्रति अपनाए गए उपेक्षा भाव से था। इसलिए अरविन्द का कहना था कि एक सीमित वर्ग (वे इसे 'अभिनव मध्यम वर्ग' का अभिधान प्रदान करते हैं) का प्रतिनिधित्व करने वाले आत्मसृजित संगठन का स्वयं को राष्ट्रीय कहना न्यायोचित नहीं था[28] और ऐसे संगठनों के माध्यम से किए जाने वाले हमारे सभी प्रयत्न नपुंसकता की सीमा तक दुर्बल एवं जनसाधारण की जागृति के प्रति स्वार्थपूर्ण रूप से भावशून्य थे।[29] अतः उन्होंने कांग्रेसजनों से अपील की कि 'वे अपने प्रयत्न संकीर्ण वर्गीय स्वार्थों के संवर्धन, पदों व वेतनभोगी स्थानों के बारे में मूर्खतापूर्ण तू-तू मैं-मैं एवं अपनी

करुणा की सीमा रेखा की दृष्टि के अल्प व राष्ट्र के निकटस्थ हितों के संवर्धन की दृष्टि से अप्रभावी परोपकारिता से हटाकर उन विस्तृत वाहिकाओं की ओर मोड़ दें, केवल जिनके माध्यम से ही उनके रुग्ण व संतप्त राष्ट्र के होठों को रोगहारी जल का स्पर्श प्राप्त हो सकेगा।'[30] जनसामान्य के उत्थान के प्रति उदासीनता भाव अपनाने के कारण कांग्रेस की अरविन्द द्वारा की गई आलोचना में स्वामी विवेकानन्द के विचारों की अनुगूँज सुनायी पड़ती है। स्वामीजी ने जनता की दशा में सुधार हेतु कांग्रेस के पास कोई 'भावात्मक कार्यक्रम' न होने की वजह से अश्विनीकुमार दत्त से बातचीत के दौरान अपना तीव्र असन्तोष व्यक्त किया था[31] और कहा कि हम चाहे कितनी राजनीति कर लें जब तक भारत के जनसाधारण सुपोषित नहीं होंगे, उससे कोई लाभ नहीं होगा।[32] दीनहीन जनसाधारण का उत्थान राष्ट्रोन्नति की उनकी योजना का केन्द्र बिन्दु था।

स्वामीजी की भाँति अरविन्द का भी विचार था कि भारत का पुनर्जागरण तथा राष्ट्रीय महत्ता साधारण जनता की शक्तियों को उजागर कर के ही प्राप्त की जा सकती है। अपने मत की पुष्टि के लिए उन्होंने एथेन्स के क्लाइस्थीनीज और रोम के टायबेरियस ग्रेकस के उदाहरण दिए। इन उदाहरणों से सिद्ध होता है कि यदि जनता अपने प्रति किए गए पुरातन अन्यायों के सम्बन्ध में सचेत हो जाए तो उसमें महान् शक्ति का संचार हो सकता है। उनका कहना था कि कांग्रेस के नेता सामाजिक तथा राजनीतिक विकास के अवयवी नियमों से पूर्णतः अनभिज्ञ हैं।[33] उनका विश्वास था कि 'राष्ट्रीय आन्दोलन में जनसाधारण को सहभगी बनाए बिना वह प्रभावी नहीं हो सकता था।'[34] कांग्रेस की असफलता का कारण यही था कि वह न तो कभी जनसाधारण की संस्था रही और न ही उसने इस दिशा में ईमानदारी से कोई प्रयत्न किया।[35A]

मूलभूत अवसाधारण सम्बन्धी कांग्रेस के अज्ञान का प्रमाण श्री अरविन्द के अनुसार आंग्ल शिक्षा से प्रोत्साहित होकर अपनी सम्पूर्ण नियति के पुनर्निर्माण जैसा दुःसाध्य कार्य मात्र मशीन[35B] को सौंपा जाना है, जबकि

इस कार्य के लिए नियमावलि के धैर्यशील व परिष्कृत समायोजन एवं समस्त निरीक्षणात्मक जागरुकता की आवश्यकता होती है।[36] इसके अभाव में कांग्रेस के क्रियाकलापों की परिणति अन्धे द्वारा अन्धे के मार्गदर्शन'[37] के अनुरूप हो रही थी। इसलिए कांग्रेस नेतृत्व द्वारा किए जाने वाले अपनी उपलब्धियों के दावे को अस्वीकार करते हुए उन्होंने कहा, 'वे विदेशी नौकरशाहों के सेवक मात्र हैं जो लोगों को धोखा देने व बहकावे हेतु देशभक्ति का चोला पहिने हैं। राष्ट्रीय स्वतन्त्रता के शत्रु इन लोगों ने अविभक्त हृदय में निहित खतरों से जूझने के बजाय वे विदेशी सत्ताधीशों की सेवा पसन्द करते हैं।'[38] हमने इंग्लैंड के उदाहरण का अविवेकपूर्ण अनुकरण करके उसी की भाँति सामाजिक विपत्तियों और विध्वंस की आधार शिला रख दी थी'[39] ऐसा श्री अरविन्द का मत था क्योंकि जिन अंग्रेजों पर हमारा विश्वास था वे वस्तुतः अति सामान्य मनुष्य ही नहीं वरन् संकीर्णमना व्यवसायिक बुद्धि वाले लोग थे।'[40]

कांग्रेस की स्थापना की परिस्थितियों को देखते हुए यह आलोचना सामान्यतया उग्र एवं अनुचित प्रतीत हो सकती है किन्तु 'मज्जा तक आदर्शवादी'[41] अरविन्द के लिए यह स्वाभाविक था। उनकी उत्कट देश-भक्ति के लिए यह असह्य था कि 'कांग्रेस एक सुविधाजनक निथारपात्र'[42] बनी रहे और कुछ सीमित लक्ष्यों की प्राप्ति के लिए याचना पत्र प्रस्तुत करके ही अपने कर्त्तव्य की इतिश्री मान ले क्योंकि 'एक सुदृढ़ व गौरवपूर्ण स्वतंत्रता से कम किसी चीज के लिए प्रयत्न करना हमारे अतीत की महानता व भविष्य की शानदार संभावनाओं से इन्कार करना था।'[43] भावी कार्य के लिए जैसे व्यक्तियों की आवश्यकता थी, कांग्रेस का तत्कालीन संगठन व कार्यपद्धति उनका निर्माण करने में अक्षम थे। उनका विश्वास था कि 'माँ को अपने खड्ग के लिए कठोर इस्पात की, अपने दुर्ग के लिए सम्पींडित ग्रेनाइट की व उसके धनुष की मजबूत मूठ और रथ की दृढ़ धुरी बन सकने वाले काष्ठ की आवश्यकता थी। अरविन्द ने स्पष्ट किया कि चूँकि राष्ट्रसेवा का कार्य एक

कठिन परीक्षा थी, फलतः इसमें लौह हृदय व इच्छायुक्त, संकट व पराजय से भी अक्लान्त शिराओं वाले योद्धा, काया चीरकर हृदय को बाहर निकाल उसे माँ की बलिवेदी पर बलिदान करने वाले काली के उपासक अपने हल्के शब्द मात्र को आत्म बलिदान की प्रेरणा देने वाले अग्नि हृदय, वह्निजिह्वा व्यक्ति व्यक्ति ही सफल हो सकते थे।[44] अतः उनका आग्रह था कि राष्ट्रवाद के कार्य को हल्का-फुल्का नहीं मानना चाहिए। केवल भयमुक्त हृदय, विश्वास से भरपूर चेतना व अनुभूति की उत्कटता से युक्त आत्माएँ ही इस कार्य के योग्य थीं।

कार्यों और विचारों के क्षेत्र में श्री अरविन्द द्वारा दृढ़ता पर दिए गए विशेष बल में स्वामी विवेकानन्द की वाणी प्रतिध्वनित हुई है। स्वामीजी ने तत्कालीन दयनीय परिस्थिति से राष्ट्र को उबारने हेतु लोहे की तरह ठोस माँसपेशियों और मजबूत स्नायुओं वाले शरीर व ब्रह्माण्ड के सारे रहस्यों को भेद सकने में समर्थ दृढ़ व अदम्य इच्छाशक्ति को सर्वोपरि आवश्यकता बताते हुए सभी व्यक्तियों द्वारा पौरुष, मानवगरिमा तथा सम्मान की भावना जैसे श्रेष्ठ गुणों के विकास पर बल दिया था। अरविन्द उस घातक पराश्रिता, अकर्मण्यता व असहायता के विरुद्ध थे जिसमें एक शताब्दी के सर्वव्यापी ब्रिटिश शासन ने हमें ढ़केल दिया था। उन्हें कांग्रेस के प्रति इसी कारण तीव्र असन्तोष था कि वह इस बुराई का निवारण करने में सर्वथा अयोग्य सिद्ध हो रही थी। वे मितवादियों की तुलना में अधिक उग्र नेतृत्व के इच्छुक थे अतः उनके द्वारा ब्रिटिश शासन प्रणाली के यशोगान[45] को वे राष्ट्रीय प्रतिभा की अवमानना के रूप में देखते थे। उन्होंने आँगल भारतीय बाबुओं एवं दंभी, अभद्र ब्रिटिश नौकरशाहों के चाटुकार नक्कालों का उपहारस किया। इस क्षेत्र में उनका बंकिम के विचार दर्शन से पूर्ण तादात्म्य दृष्टिगोचर होता है। साहित्य व चिंतन के महारथी के रूप में बंकिम की देन का अरविन्द ने भावविभोर होकर चित्रण किया है।[46] बंकिम के 'आनंदमठ' एवं उसमें वर्णित सन्तान धर्म तथा विवेकानन्द के शक्तियोग की साधना के आह्वान का अरविन्द के राष्ट्रवादी दर्शन में अत्यन्त महत्वपूर्ण स्थान है।

तर्कों व आँकड़ों की सीमा में आबद्ध कांग्रेस की तत्कालीन कार्यप्रणाली के स्थान पर अरविन्द राष्ट्र की मुक्ति व उत्थान के लिए ऐसा कार्यक्रम चाहते थे जो हार्दिक अनुभूति की तीव्रता युक्त हो, जिसमें भावनाओं की उत्कटता और निश्चय की दृढ़ता हो। जो सभी बाधाओं का निराकरण करने में समर्थ हो। ऐसी कार्ययोजना राष्ट्र के सम्मुख प्रस्तुत करने में उन्हें बंकिम और विवेकानन्द से गहरी प्रेरणा मिली।

'आनंदमठ के आम्रकुंज में कुहुकती कोयल : भवानी मंदिर योजना

"बंगाल जो आज सोचता है, कल सम्पूर्ण भारत वही सोचने लगता है," गोखले के इस कथन की सत्यता का आभास हमें बंकिम की रचनाओं द्वारा हमारे राष्ट्रीय मानस पर डाले गए प्रभाव से मिलता है। एक ऐसे समय में उन्होंने देशभक्तिपूर्ण भावनाओं को जगाने में तलवार की तुलना में लेखनी की शक्तिमत्ता को प्रमाणित किया जब प्रत्यक्ष राजनीतिक क्रियाकलाप सम्भव नहीं थे। देशभक्ति की ऑडेसी 'आनंदमठ' एक द्रष्टा के रूप में उनकी विचक्षणता का उल्लेखनीय उदाहरण है। देशभक्ति का धर्म बंकिम साहित्य में निहित केन्द्रीय विचार है और 'आनंदमठ' इसका सर्वाधिक सशक्त प्रतिनिधि। शुष्क बौद्धिक वाद विवाद से परे इसमें मातृभूमि की सेवा व मुक्ति के लिए उत्सर्ग की हार्दिक उत्कंठा अभिव्यक्त हुई है। एक पराधीन देश के सम्मुख ऐसा महान् आदर्श रखे बिना उसे क्रियाशील नहीं बनाया जा सकता था। राष्ट्र के पुनर्निर्माण का महत् कार्य भी इस साधना अविभाज्य अंग था। 'आनंदमठ' ने राष्ट्रीय आन्दोलन के दौरान एक प्रेरक शक्ति के रूप में कार्य किया और संघर्ष के लिए महत्वपूर्ण प्रतीक व आदर्श प्रस्तुत किए। इस कथन को समझाने के लिए इस बात का उल्लेख पर्याप्त है कि स्वामी विवेकानंद द्वारा प्रस्तुत सन्यास के नवीन आदर्श में आनंदमठ के संतानधर्म की छाप स्पष्ट रूप से दिखायी देती है और यह आदर्श आध्यात्मिक राष्ट्रवाद को आगे भी प्रभावित करता रहा। सन्तानधर्म और आनंदमठ के आधारभूत आदर्श श्री अरविन्द की भवानी मंदिर योजना में प्रतिबिम्बित हुए हैं। बड़ौदा प्रवास के दौरान लिखित इस रचना व आनंदमठ में अद्भुत साम्य है। दूसरी ओर इसमें विवेकानंद की

राष्ट्रनिर्माण योजना के आधार स्तम्भ शक्तियोग के महत्व का भी विशद रूप से प्रतिपादन हुआ है। राष्ट्र को जीवनशक्ति से भरपूर व तम की जड़ता से मुक्त देखने की स्वामीजी की ललक इसमें अभिव्यक्त हुई है।

बंकिम ने 'आनंदमठ' में सघन अरण्य प्रान्तर में अवस्थित मठ का वर्णन किया है जहाँ सत्यानंद के नेतृत्व में अन्य सभी सन्तान माँ की सेवा में लगे हुए हैं। अरविन्द ने उसी नमूने पर भवानी मंदिर योजना प्रस्तुत की।[47] इस योजना को दो भागों में बाँटा जा सकता है। पहिले भाग में मातृशक्ति के रूप में राष्ट्र की व्याख्या एवं उसकी विद्यमान हीन स्थिति के प्रधान कारण का विश्लेषण किया गया है। दूसरे भाग में उसके उत्थान की योजना का प्रस्तुतिकरण है। पहिले भाग में बंकिम के अलावा तंत्र का प्रभाव भी परिलक्षित होता है। दूसरे भाग में सन्तानधर्म व शक्तियोग का समन्वय स्पष्टतः उभरता है। भवानी मंदिर में श्री अरविन्द द्वारा प्रयुक्त शब्दावलि व सिद्धान्त (सम्पूर्ण विश्व को शक्ति के रूप में देखना) बहुलांश में तांत्रिक प्रभाव से युक्त मार्कण्डेय पुराण से लिए गए हैं।[48] अन्य प्रभाव शाक्त और वैष्णव परम्परा का है। इसमें और अपनी परवर्ती रचनाओं में वे शाक्त परम्परा के प्रति अधिक घनिष्ठता का व माँ के प्रति बंकिम की अपेक्षा अधिक भक्तिभाव का परिचय देते हैं, ऐसा उनके जीवनीकार पुराणी का मत है।[49] इस लेख में आधुनिक पाश्चात्य वैचारिक रूप के अनुसार धार्मिक व राजनीतिक सिद्धान्तों को मिला दिया गया है। अरविन्द ने राष्ट्रवादियों की दुविधा को धार्मिक जामा पहिना दिया है ताकि तंत्र में वर्णित विश्व की अवनति भारत की अवनति का रूप ग्रहण कर ले। कीज डब्लू बोल (Kees W Bole) ने अरविन्द को तांत्रिक परम्परा से सम्बद्ध करते हुए दर्शाया है कि तंत्र की भाँति भवानी मंदिर में मुक्ति और शक्ति की उत्कंठा साथ-साथ चलती है।[50] इसमें अंग्रेजों का उल्लेख नहीं है और न उन्हें भारत के पतन के लिए उत्तरदायी माना गया है। वरन् उसमें इस बात पर बल दिया गया है कि चूँकि भारतीयों ने शक्ति का परित्याग कर दिया है अतः शक्ति ने उनका परित्याग कर दिया है।

भवानी कौन है?

यद्यपि अपनी परवर्ती रचनाओं व लेखों में अरविन्द ने राष्ट्र, राष्ट्रवाद, राष्ट्रीय आत्मा जैसे मसलों की विस्तृत रूप से मीमांसा की है, उनके मनोवैज्ञानिक स्वरूप को स्पष्ट किया है तथापि भवानी मंदिर में उन्होंने राष्ट्र को माँ भवानी की शक्ति के रूप में परिभाषित किया है। भवानी की व्याख्या करते हुए वे लिखते हैं, 'भवानी असीम शक्ति है। पृथ्वी के अनंत परिक्रमण में जैसे ही शाश्वत सत्ता का पहिया अपने पथ पर प्रबल रूप से घूमता है वह दृष्टि के सम्मुख विविध पहलुओं व अनंत स्वरूपों में प्रकट होती है। प्रत्येक पहलू एक युग का सृजन करता है। कभी यह प्रेम के रूप में, कभी ज्ञान के रूप में, कभी त्याग व करुणा के रूप में सम्मुख आती है। यह अनंत शक्ति भवानी है। वह हमारी माँ है। वह विशुद्ध शक्ति है।'[51] वे भारत को केवल भौगोलिक या राजनीतिक इकाई के रूप में नहीं देखते थे। उनके अनुसार हमारी मातृभूमि भूखण्ड मात्र नहीं है, न ही आलंकारिक उक्ति व भविष्य की कल्पना है। वह उसी प्रकार राष्ट्र का निर्माण करने वाली करोड़ों इकाईयों की शक्तियों से निर्मित एक प्रबल शक्ति है जिस प्रकार महिष मर्दिनी भवानी एक शक्तिपुँज के रूप में एकत्रित लाखों देवताओं की शक्ति से उद्‌भूत हुई थी। भारत, भवानी भारती के नाम से सम्बोधित शक्ति तीस करोड़ लोगों को जीवन्त एकता है।[52] शार्दूल हृदय विवेकानंद की विश्व को प्रकम्पित करने वाली वाग्मिता का सार तत्व और परमहंस के व्यक्तित्व से प्रसारित होने वाला सन्देश यही था।[53]

राष्ट्रसेवा के लिए शक्ति की आराधना

बंकिम ने आनंदमठ में माँ के तीन रूपों (माँ जो थीं, माँ जो हैं, माँ जो होगी) की व्याख्या के माध्यम से राष्ट्र की अतीत की महानता, वर्तमान दुर्दशा व भावी उन्नति का चित्र प्रस्तुत किया है। भवानी मंदिर में अरविन्द ने भी राष्ट्र के पतन के कारणों की व्याख्या करते हुए मुख्य रूप से शक्ति के अभाव को ही सार्वत्रिक विषाद के लिए उत्तरदायी माना है। पुनर्जन्म के लिए पीड़ा व

आँसुओं से भरे संघर्ष में संलग्न भारत माता के कष्ट के बारे में उनकी धारणा थी कि 'हम एक बड़े अभाव से पीड़ित हैं। हमारे पास अन्य सभी चीजें हैं किन्तु हम शक्ति से रहित हैं, बल शून्य हैं। माँ हमारे हृदय में, मस्तिष्क व भुजाओं में अवस्थित नहीं है।' इस गम्भीर दोष के कारण भारत में सांस 'धीरे-धीरे चल रही थी। धर्म, समाज और राजनीति के क्षेत्र में अनेक आन्दोलन शुरु हुए किन्तु शक्ति के अभाव में वे सभी एक ही नियति के शिकार हुए। थोड़ी सी देर के लिए वे फले-फूले और फिर उनकी प्रेरणा क्षीण हो गयी, अग्नि शान्त हो गयी। यदि वे बच भी गए तो तमस् व जड़ता से आच्छादित होकर रह गए।'[54]

भारत की अतीतकालीन महानता का उल्लेख करते हुए वे लिखते हैं, 'यह महान् और प्राचीन राष्ट्र कभी मानवीय ज्ञान का स्रोत, मानवीय सभ्यता का चरमशिखर, साहस व मनुष्यता का आदर्श, सुशासन और व्यवस्थित समाज का पूर्णत्व, समस्त धर्मों की जननी, समस्त ज्ञान व दर्शन का उपदेष्टा था।'[55] स्वदेशवासियों को राष्ट्रीय गौरव का स्मरण दिलाते हुए अरविन्द ने कहा। हमारे पुराकालीन वैभव के आधार शक्ति के अभाव के फलस्वरूप हमारी दुर्दशा हो रही थी।

शक्ति का परित्याग करने के परिणामस्वरूप ही भारत ने हीन सभ्यताओं और बर्बर लोगों के हाथों बहुत कष्ट उठाए हैं। वह रात्रि की कराल छाया में खो गया है और मृत्यु की तीक्ष्ण वेदना को भी इसने सहन किया है। इसका स्वाभिमान धूल-धूसरित कर दिया गया है। यह सुन्दर धरती, ये श्रेष्ठ पर्वत, ये प्राचीन नदियाँ व नगर सभी भूख, कष्ट व निराशा से आच्छादित हो गए हैं जिनका अस्तित्व प्रागैतिहासिक है, ऐसी श्री अरविन्द की मान्यता थी। आखिर कौनसी कमी ने हमें इस गर्त में ढ़केल दिया था? उन्होंने प्रश्न उठाया कि क्या हम प्रेम, भक्ति व उत्साह के अभाव से ग्रस्त थे? वे तो भारतीय प्रकृति में गहरे समाए हुए हैं। अतः उनका कहना था कि जितनी गहराई से हम इस प्रश्न पर विचार करें, हम इस बात से कायल हो जाएंगे कि एक ही बात का अभाव है–वह है शक्ति। सर्वप्रथम उसे ही प्राप्त करने का प्रयत्न हमें करना चाहिए।

भौतिक शक्ति, मानसिक शक्ति, नैतिक शक्ति और सर्वोपरि आध्यात्मिक शक्ति जो अन्य सभी शक्तियों का अक्षय व अविनाशी स्रोत है।

भारत की आत्मा पर तमस् का घटाटोप आच्छादित हो गया था। उसे दूर करने के लिए शक्ति की आराधना आवश्यक थी। अरविन्द ने विश्वास व्यक्त किया कि यदि भारत को जीवित रहना है तो उसे पुनः युवा बनाना ही होगा। शक्ति की वेगवान व तरंगपूर्ण धाराएँ उसकी काया में उड़ेली जाना आवश्यक है क्योंकि भक्ति तो ऊपर उठती ज्वलाएँ हैं और शक्ति ईंधन हैं। यदि ईंधन थोड़ा सा हैं तो अग्नि कितनी देर जलेगी?[56] उन्हें इस बात का हार्दिक दुःख था कि तमस् के भारी बोझ से दबा हुआ हमारा ज्ञान जड़ता व असमर्थता से अभिशप्त था। उस समय कुछ लोग यह मत व्यक्त करते थे कि यदि भारत विज्ञान को अपना ले तो सब ठीक हो जाएगा किन्तु अरविन्द का कहना था कि पहिले तो विज्ञान की वेगवती-धारा को झेलने हेतु शंकर के समान सामर्थ्य हमें विकसित करनी होगी। दूसरे यह कि हमारे पास पहिले से विद्यमान ज्ञान का हमने क्या लाभ उठाया था? तीसरे जिनके पास विज्ञान था वे भारत के लिए क्या कर पाए थे? पहल करने में असमर्थ हम लोगों ने इंग्लैंड का अनुकरण किया फिर भी शक्ति का प्रवाह देश में नहीं हुआ। अतः उनका आग्रह था कि यूरोपीय विज्ञान द्वारा प्रदत्त ज्ञान की महान् शक्ति तो बलशाली लोगों का हथियार था। वह तो भीमसेन की गदा थी। एक दुर्बल व्यक्ति उसका क्या करेगा? वह तो उसे उठाने के प्रयत्न में ही उसके नीचे दब जाएगा।[57]

देशवासियों को उन्होंने याद दिलाया कि शक्तिरूपा माँ भवानी हमारे हृदय में अवस्थित है। अभी वह निष्क्रिय है क्योंकि हमारे अन्तःकरण में विद्यमान ईश्वर तम से आच्छादित है। हमारे भीतर विद्यमान ब्रह्म ही शक्ति का वास्तविक स्रोत है। शक्ति का सृजन आत्मा के आन्तरिक व अनंत भंडार से, समस्त नवसृजन की स्रोत शाश्वत की आद्यशक्ति से प्रेरणा प्राप्त करके किया जा सकता था। श्री अरविन्द ने क्रियाशीलता के ओज से युक्त व्यक्तियों से सर्वतोभावेन मातृभूमि की सेवा का आग्रह किया। उन्हें यह दृढ़ विश्वास था कि

भारत का उत्थान होकर रहेगा। अतः तमस व जड़ता से पूर्णतः पराभूत उन लोगों की बात को उन्होंने 'बेकार और मूर्खतापूर्ण' बताया, जो यह कहते थे कि 'निष्प्राण, रक्तहीन, जराग्रस्त भारत के लिए उठ पाना संभव नहीं है, हमारे राष्ट्र का विनाश निश्चित है।' इसके विपरीत उन्होंने जोर देकर कहा कि भारत नष्ट नहीं हो सकता, हमारी प्रजाति लुप्त नहीं हो सकती क्योंकि मानव जाति के समस्त विभागों में भारत के विश्वैतिहासिक मिशन की योजना प्रस्तुत करने में उन्होंने विवेकानंद की परम्परा का अनुसरण किया है।

इस मिशन को पूरा करने के लिए अरविन्द आनंदमठ के समान शांति व शक्ति से ओतप्रोत, विशुद्ध वायु में, मनुष्य के आवागमन से मुक्त स्थान पर माँ भवानी के मंदिर की स्थापना पर जोर देते हैं। यह मंदिर वह केन्द्र होगा जहाँ से उपासना का भाव प्रवाह समस्त देश में प्रवाहित होगा।

मातृसेवक अभिनव सन्यासी सम्प्रदाय

आसन्न मृत्यु से उबरने के लिए भारतवासियों द्वारा शक्तियोग को जीवन में उतारने का प्रबल रूप से प्रतिपादन करने के अलावा अरविन्द ने 'भवानी मंदिर' में सन्यासियों के एक संगठन की स्थापना की भी चर्चा की है। 'आनंदमठ' के सन्यासी निरीह भिक्षु नहीं वरन् मातृभूमि के उद्धार हेतु सर्वस्व बलिदान के लिए तत्पर माँ की कृतिशूर सन्तानें हैं। अरविन्द ने भवानी मंदिर में इसी प्रकार के ब्रह्मचारियों के नवीन संगठन पर प्रकाश डाला है। इन सन्यासियों की कार्य योजना व सन्तान धर्म में काफी सादृश्य है। ऐसा लगता है कि अरविन्द मानो बंकिम के मानसपुत्र के रूप में उनके पदचिह्नों पर चल रहे हैं।

वस्तुतः बंकिम आध्यात्मिक राष्ट्रवाद का गंतव्य बता चुके थे और दिशा निर्देश कर चुके थे। साधना कठोर अनिवार्यता थी क्योंकि सामने बाधाएँ भीषण थीं। अरविन्द ने अपनी परवर्ती रचनाओं में भी राष्ट्रवाद के कार्य का जो स्वरूप प्रस्तुत किया है, उसमें सन्तानधर्म में निहित निष्ठा स्पष्टतः उभरती है। उनकी धारणा थी कि जब तक मातृभूमि की आराधना का तत्वान्तरण कर्म में नहीं होता वह प्रभावहीन रहेगी। अतः उन्होंने माँ के कार्य के लिए सर्वस्व

त्यागी कर्मयोगियों के निवास के लिए एक मठ की आवश्यकता स्पष्ट की। उनके अनुसार मातृभूमि की एकनिष्ठ सेवा के लिए सन्यास आवश्यक था क्योंकि 'शक्ति के विकास के लिए पूर्ण एकाग्रता आवश्यक है। मस्तिष्क भाले की नोक के समान पूर्णतः अपने लक्ष्य पर केन्द्रित होना चाहिए। हमें ऐसे लोगों के नाभिक की आवश्यकता है जिसमें शक्ति अपनी उच्चतम सीमा तक विकसित हो सके। भवानी की लौ से दीप्त हृदय व मस्तिष्क वाले ऐसे मनुष्य इस अग्नि शिखा को देश के कोने-कोने में ले जाएँगे।'[58]

अरविन्द के मतानुसार इन सन्यासियों की मातृशक्ति ज्ञानाधारित होगी। इसके बिना भक्ति और कर्म दोनों न तो पूर्ण हो सकते हैं और न ही चिरस्थायी। अतः 'इस सम्प्रदाय को अपनी आत्मा ज्ञान सम्पन्न करने की और एक चट्टान की भाँति अपना कार्य उस पर आधारित करने की शिक्षा दी जाएगी। इस ज्ञान का आधार होगा, वेदान्त का महान् शक्तिशाली सूत्र सो ऽ हं।'[59]

अभिनव सन्यासी सम्प्रदाय के मुख्य नियम इस प्रकार थे–

(1) जो माँ के लिए ब्रह्मचर्य व्रत धारण करेंगे, उन सभी को माँ की सेवा की प्रतिज्ञा लेनी होगी।

(2) माँ के नाम में उनके द्वारा प्राप्त समस्त धनराशि माँ की सेवा में व्यय होगी। अपने लिए उन्हें आवश्यकता पड़ने पर केवल भोजन और आश्रय स्थल पाने का अधिकार होगा।

(3) वे अपने कार्य व धार्मिक जीवन से सम्बन्धित सभी बातों में सम्प्रदाय के प्रधान के प्रति पूर्णतः आज्ञाकारी होंगे।

(4) सम्प्रदाय के प्रधान द्वारा निर्धारित आचार व शुद्धता के नियमों व अनुशासन का शारीरिक व मानसिक रूप से कठोरतापूर्वक पालन करेंगे।

(5) उनके बीच कोई श्रेणीभेद नहीं होगा।[60]

इन सन्यासियों को जो कार्य सौंपा गया है उसकी प्रकृति 'आनंदमठ' के सन्तानों के मिशन से भिन्न प्रकार की है। यद्यपि व्रत की कठोरता व आचरण संहिता की उच्चता में दोनों समान हैं। जहाँ सन्तान सशस्त्र संघर्ष द्वारा मातृभूमि के उद्धार में संलग्न थे और उनके सम्मुख राष्ट्र के सामाजिक, आर्थिक पुनर्निर्माण की कोई योजना प्रस्तुत नहीं की गई वहाँ भवानी मन्दिर के सन्यासियों को जनसाधारण के बीच भावात्मक कार्य द्वारा राष्ट्रोत्थान के लक्ष्य को पूरा करना था। यहाँ अरविन्द पर विवेकानन्द प्रणीत सन्यास के नवीन आदर्श का प्रभाव देखा जा सकता है। स्वामीजी प्राचीन सन्यास संस्था को ऐसी संगठित शक्ति के रूप में परिवर्तित करना चाहते थे जो सेवा के माध्यम से राष्ट्र का सर्वतोमुखी पुनरुत्थान करने में कृतकार्य हो सके। इसी ध्येय के लिए उन्होंने रामकृष्ण मिशन की स्थापना की थी। भवानी मन्दिर में अरविन्द ने भी राष्ट्र की उन्नति के लिए सन्यासियों द्वारा जनजागृति पर बल दिया है।

उनके अनुसार सन्यासियों का कार्य त्रिमुखी होगा–(1) जनसाधारण के बीच कार्य (2) समृद्ध वर्ग के बीच कार्य (3) देश के लिए सामान्य कार्य–मूल लक्ष्य दलित शोषित जनसामान्य का उत्थान ही था। जन सामान्य के बीच मुख्य कार्य होगा लोकशिक्षण तथा गरीबों व अज्ञों की सहायता। वे सन्यासी देश की आधिभौतिक उन्नति के लिए इन तीन वर्गों के बीच अलग-अलग प्रत्येक कार्य संपादित करेंगे। उनका लक्ष्य होगा राष्ट्रवासियों में भावात्मक ऐक्य की स्थापना।

यहाँ इस तथ्य का उल्लेख करना अप्रासंगिक न होगा कि आधुनिक भारत में आध्यात्मिक राष्ट्रवाद के प्रणेताओं ने जीवन में निवृत्तिपरकता के प्रतीक सन्यास आश्रम के लक्ष्यों व प्रकृति में ही एक गुणात्मक परिवर्तन का प्रबल समर्थन किया। न केवल बंकिम वरन् स्वामी विवेकानंद और स्वामी रामतीर्थ के विचारों में भी इस बात का स्पष्ट निर्देश है। रामतीर्थ ने व्यावहारिक वेदान्त की अवधारणा में इसी प्रकार के कर्मयोग के आदर्श को प्रतिष्ठापित किया है। यह भारत के पतन के लिए

उत्तरदायी तमस और जड़ता को समाप्त करने हेतु एक प्रेरक शक्ति के निर्माण के उनके प्रयत्नों का अंग था।

त्याग ही मुक्ति का आधार

मातृभूमि की मुक्ति के लक्ष्य की पूर्ति हेतु बंकिम द्वारा सन्तान धर्म में सर्वस्व त्याग और बलिदान की आवश्यकता पर विशेष रूप से बल दिया गया है। 'स्व' का कोई भी विचार त्याज्य है क्योंकि वह साधना को खंडित करता है। अरविन्द ने भी मातृभूमि के प्रति इसी प्रकार के पूर्ण समर्पण व आत्म बलिदान को आवश्यक बताया। उन्होंने भारतवासियों को सचेत किया कि 'केवल देशभक्तिपूर्ण इच्छाओं से राष्ट्र मुक्त नहीं किया जा सकता। विश्व के सभी धर्मों ने मुक्ति के स्रोत के रूप में आत्म त्याग पर जोर दिया है और यह नियम केवल आध्यात्मिक मुक्ति पर ही नहीं वरन् लोगों की नियति पर भी पर भी लागू होता है। केवल आत्मत्याग ही मुक्ति प्रदान करेगा।[61] अरविन्द इस क्षेत्र में किसी प्रकार के समझौते के लिए तैयार नहीं हैं। उन्होंने स्पष्टतः घोषित किया कि यदि कोई शर्त हमारे आत्मत्याग की पूर्णता को बिगाड़ती है, यदि कोई सन्देह हमारे विश्वास और उत्साह की शक्ति को मन्द करता है, स्व का कोई विचार यदि हमारे प्रेम और उत्साह की पवित्रता को दूषित करता है तो माँ सन्तुष्ट नहीं होंगी और वह अपना प्रकटीकरण रोके रखेंगी।[62] राष्ट्रीय मुक्ति की अनिवार्य शर्त पूर्ण आत्म बलिदान है। यह एक सार्वदेशिक नियम है। राष्ट्रीय मुक्ति का कार्य उनकी दृष्टि में एक महान् और पवित्र यज्ञ था। दूसरे सभी कार्यों को केवल मुख्य या गौण अंश करार देते हुए अरविन्द ने आह्वान किया कि 'यज्ञाग्नि की लपलपाती सात जिह्वाओं में हमें अपना सर्वस्व अर्पित करना चाहिए। इस अग्नि को हमें अपने रक्त और प्रिय स्वजनों के जीवन व खुशियों की आहुति देकर प्रज्ज्वलित रखना है क्योंकि मातृभूमि ऐसी देवी है जो अपूर्ण बलिदान स्वीकार नहीं करती।[63]

जहाँ तक इस मुक्ति के लिए योजना, कार्यप्रणाली आदि का प्रश्न था,

अरविन्द का कहना था कि माँ स्वयं श्रेष्ठ योजनाएँ व उपाय प्रदान करेगी। वह हमसे हमारे हृदय, हमारे जीवन की माँग करती है। न कम न ज्यादा। राष्ट्रीय अट्टालिका में जोड़े जाने वाले प्रत्येक पत्थर के लिए एक जीवन अर्पित किया जाना चाहिए। उन्होंने देशवासियों को याद दिलाया कि हमसे आत्मत्याग की माँग की जा रही है। माँ हमसे पूछती है–मेरे लिए कितने जीवन धारण करेंगे, कितने मृत्यु का वरण करेंगे?[64] मातृभूमि को पुनः गौरवशाली रूप में देखने की उन्हें हार्दिक उत्कंठा थी। वे इसे पुनरुत्थान मात्र नहीं बल्कि पुनर्जन्म मानते हैं और उनके अनुसार पुनर्जन्म न तो बुद्धि से, न धन की प्रचुरता से, न नीति से, न मशीनों को बदलने से संभव है। वरन् एक नया हृदय प्राप्त करने और हम जो कुछ थे उसे बलिदान की अग्नि में फेंकने से ही संभव है। एक नवीन भावबोध की अनिवार्यता को स्पष्ट करते हुए उन्होंने बताया कि राष्ट्रीय पुनरुत्थान का विचार हमें इस भाँति आत्मसात् कर लेना चाहिए जिस तरह मुमुक्षु का मस्तिष्क मुक्ति के विचार से पूर्ण होता है।[65] **उपर्युक्त विश्लेषण से यह स्पष्ट है कि श्री अरविन्द की देशभक्ति जिसे मातृभक्ति कहना अधिक उपयुक्त होगा अत्यन्त प्रज्वलित थी। अतीत में गौरव बुद्धि, वर्तमान में कष्टवरण, भविष्य के लिए अमोघ संकल्प, ये हैं इस देश भक्ति रूपी वृक्ष की मूल शाखाएँ। आत्मत्याग आत्म विसर्जन, महती-सेवा, देश के लिए महत्तम कष्ट सहिष्णुता–ये हैं इसके फल। जो रस इसको जीवित रखता है वह है भगवान का मातृभूमि में, मातृमूर्ति में दर्शन, माँ का निरन्तर चिंतन, ध्यान व पूजन।**[66]

माँ का स्तवन

अरविन्द की मातृभक्ति का चरमोत्कर्ष हमें उनके द्वारा किए गए माँ (मातृभूमि) के स्तवन में दृष्टिगोचर होता है। 'आनंदमठ' के मूल भाव को उद्भासित करने वाले गीत 'वन्दे मातरम्' से इसकी तुलना करना समीचीन होगा क्योंकि इससे अरविन्द के मानस की विशिष्टता को समझने में सहायता मिल सकती है। यद्यपि उन्होंने बंकिम की चेतना को आत्मसात् किया तथापि

उनकी मातृभक्ति समर्पणशील अधिक है। 'वन्दे मातरम्' में माँ का स्तुतिगान और एक दिव्य शक्ति के रूप में उसकी महिमा का चित्रण है। वह शक्तिरूपा श्रीदायिनी है। जहाँ बंकिम ने इस गीत में माँ का यशोगान किया है, वहीं अरविन्द द्वारा किए गए माँ के स्तवन में यह प्रार्थना की गई है कि वह अपनी विविध शक्तियों के प्रयोग द्वारा राष्ट्र में गतिशीलता व ओज का संचार करे। वन्दे मातरम् में माँ के स्वरूप की व्याख्या का पक्ष प्रबल है जबकि इस स्तवन में उससे वरदान पाने का, उसके द्वारा प्रदत्त शक्ति से कृत निश्चय होकर बलिदान देने की भावना मुखर है। इसमें सन्तान की माँ के क्रोड़ में निश्चिन्त, सुखद आश्रय पाने की आकांक्षा उभरती है। एक युवा संतान का माँ के प्रति गौरवभाव का आख्यान है तो दूसरा माँ के आँचल तले विश्रान्ति पाने को आकुल अल्पायु संतान की पुकार है। जहाँ वन्दे मातरम् में माँ की भव्यता का वर्णन मन में श्रद्धा का संचार करता है, वहीं इस स्तवन में जीवन के प्रत्येक क्षेत्र को अपनी शक्ति से सबल बनाने की माँ से की गयी विनती से कोटर में बैठे शिशुपक्षी द्वारा माँ की अकुलाहट भरी प्रतीक्षा का भाव उभरता है। इसमें प्रारम्भ से अन्त तक माँ को दुर्गा के रूप में सम्बोधित किया गया है जबकि वन्दे मातरम् में एक सम्बोधन विशेष के प्रति झुकाव दिखायी नहीं पड़ता। यह शाक्त परम्परा के प्रति अरविन्द की अनुरक्ति का प्रमाण है। वन्दे मातरम् में माँ की शक्ति सन्तानों के माध्यम से ही प्रकट हो रही है और इस स्तवन में माँ से निरन्तर प्रार्थना है कि वह अपने प्रकटीकरण का अनुग्रह करे।

वन्दे मातरम् में मातृभूमि के अनिवर्चनीय भौतिक सौन्दर्य का भी आल्हादजनक चित्रण है। उसकी मंगलमूर्ति सौन्दर्यशास्त्र के निकषों को जैसे स्वयं निर्धारित करती है। जबकि इस स्तवन में उसके नैतिक पक्ष को ही उभारा गया है। उसे संकटविमोचिनी के रूप में प्रस्तुत किया गया है। इन भिन्नताओं के बावजूद यह स्वीकार करना होगा कि ये दोनों स्तोत्र इस दृष्टि के समान हैं कि इनमें मातृभूमि का दैवीकरण कर दिया गया है। एक दिव्य सत्ता के रूप में उसे सन्तानों के जीवन और शौर्य का आधार माना गया है। अरविन्द भवानी मंदिर

में इस तथ्य को स्पष्ट कर देते हैं कि वे मातृभूमि को पार्थिव इकाई नहीं मानते। इस स्तवन में माँ का आह्वान इस प्रकार किया गया है–

माँ दुर्गा! सिंह वाहिनी, शक्तिदायिनी, माँ शिव प्रिया तुम्हारी शक्ति के अंश से उत्पन्न, हम भारत के तरुण तुम्हारे मन्दिर मे बैठे हैं। ओ माँ! सुनो, धरती पर अवतरण करो।

माँ दुर्गा! शक्ति, प्रेम व ज्ञानदायिनी! अपनी शक्ति से तुम विकट हो। सौन्दर्यमयी एवं उग्र माँ ! जीवन संग्राम में, भारत के युद्ध में हम तुम्हारे द्वारा नियोजित योद्धा हैं, माँ हमारे हृदय व मानस को सूर्यदेव की शक्ति व ऊर्जा, हमारी आत्मा व बुद्धि को ईश्वरीय चरित्र व ज्ञान प्रदान करो।

माँ दुर्गा! विश्व की सर्वश्रेष्ठ प्रजाति भारत तमसाछन्न है। माँ तुम पूर्वी क्षितिज में उदय होती हो प्रकाश विकीर्ण करो माँ। अन्धकार का नाश करो।

माँ दुर्गा! योग की शक्ति का विस्तार करो। हम तुम्हारी आर्य सन्तानें हैं। हमें लुप्त ज्ञान, चरित्र, शक्ति व बुद्धि, विश्वास व भक्ति, संयम की शक्ति पुनः प्रदान करो।

माँ दुर्गा! भीतर के सभी शत्रुओं का काम तमाम करो और फिर बाह्य अवरोधों का मूलोच्छेद करो। उदात्त, शूरवीर, शक्तिशाली भारतीय जाति, प्रेम व एकता, सत्य व शक्ति, कला व साहित्य में सर्वोच्च, ऐसी भारतीय प्रजाति इसके पवित्र अरण्यों में, इसके ऊर्वर मैदानों में, इसकी पुण्यसलिला सरिताओं के किनारे सदैव निवास करे। माँ के चरणों में हमारी यही प्रार्थना है।

माँ दुर्गा! तुमसे अनुप्राणित होने के पश्चात् हम तुम्हें अपने से दूर नहीं रखेंगे। हम तुम्हें प्रेम और भक्ति के बन्धनों से अपने साथ संयुक्त कर लेंगे।

आओ! शूरपथ की उद्घाटक! हमारा सम्पूर्ण जीवन माँ की अनवरत पूजा बन जाए प्रेम व ऊर्जा से भरपूर हमारे समस्त कार्य माँ की सतत पूजा बन जाएं। यही हमारी प्रार्थना है ओ माँ।[67]

ये शब्द भारत की मुक्ति के लिए उनकी आत्मा की गहनतम उत्कंठा को

अत्यन्त मार्मिक रूप से व्यक्त करते हैं। इस मुक्ति का अभिप्राय केवल राजनीतिक स्वतंत्रता से नहीं वरन् उसकी संस्कृति में निहित शाश्वत मूल्यों की पुनर्स्थापना से था जिनके आधार पर ही उसकी सच्ची महानता व गौरव की पुनर्प्रतिष्ठा हो सकना संभव था। यह एक जागृत राष्ट्र की अपने भाग्य विधाता को, दैवी शक्ति को की गई प्रार्थना है जिसके योद्धा उसकी सेवा में समर्पित आत्माएँ हैं। वस्तुतः वे उसके अंग हैं।

अरविन्द देशभक्ति को ईशभक्ति का एक रूप मानते थे। नई पीढ़ी को उन्होंने स्पष्ट रूप से कहा कि मातृभूमि के उद्धार को सच्चा धर्म, मुक्ति का एकमात्र साधन माना जाना चाहिए। इस दृष्टिकोण से देखने पर मितवादियों की भाँति असफलताओं की आशंकाओं या लाभ-हानि की बात करना व्यर्थ था। अपनी पत्नी को लिखे गए पत्र में अपने विशिष्ट अन्दाज में उन्होंने लिखा, यदि कोई राक्षस मेरी माँ की छाती पर बैठकर उसका खून पीने ही वाला हो तो क्या मुझे हाथ पर हाथ रखे बैठकर ठंडे दिमाग से यह सोचना चाहिए कि क्या उससे लड़ने हेतु मुझ में पर्याप्त शक्ति है? मेरा एक मात्र कर्त्तव्य माँ की रक्षा के लिए दौड़ना है।[68] उनके लिए भारत महान् आध्यात्मिक सन्देश का मूर्तरूप, आत्मा के विवेक का मूल स्रोत एवं अमूल्य आन्तरिक अनुभव की स्थली था। उसके चिंतन व सेवा में उन्हें ध्यानावस्था में होने वाली पुलक व गहन अनुभूति होती थी।[69] उनके राष्ट्रवादी दर्शन का उत्स मातृभूमि के प्रति उनका दिव्य अनुराग है। मानव, पशु, पाषाण सभी रूपों में कृष्ण के साथ जुड़े रहने की अभिलाषा में व्यक्त रसखानीय भक्ति[70] की भाँति मातृभूमि के प्रति उनके उत्कट प्रेम का प्रकटीकरण राष्ट्र को ही अपना सर्वस्व मानने के संकल्प में हुआ है। स्व के किसी भी विचार को तिरस्कृत करने वाली दैवीय मातृशक्ति के प्रति उनकी असीम भक्ति भावना की अभिव्यक्ति इस प्रकार हुई हैं –राजनीति में प्रेम का स्थान है किन्तु यह प्रेम अपने देश के लिए, देशवासियों के लिए, कौम की महिमा, महानता और खुशहाली के लिए है। यह अपने बान्धवों के लिए आत्मदाह का दिव्य आनंद, उनके कष्टों को दूर करने का हर्षोन्माद, स्वदेश

और स्वतंत्रता के लिए अपना खून बहते देखने का आनन्द है। मातृभूमि की धूल के स्पर्श से, भारतीय सागरों से प्रवाहित होने वाले समीर, भारतीय पर्वतों से प्रवाहित होने वाली सरिताओं के स्पर्श से हर्षोत्फुल्लता का अनुभव एवं भारतीय संगीत, काव्य और वाणी के श्रवण, हमारे भारतीय जीवन के सुपरिचित दृश्यों, ध्वनियों, वेशभूषा व आदतों में आल्हाद की अनुभूति इस प्रेम का भौतिक आधार हैं। अतीत के प्रति गौरव भाव, वर्तमान के लिए व्यथा और भविष्य के लिए उत्साह इसकी शाखा-प्रशाखाएँ हैं। देश के लिए आत्म बलिदान और आत्म विस्मृति, महान् सेवा और गहन तितिक्षा इसके फल हैं। इसे सदाबहार बनाए रखने वाला जीवनरस राष्ट्र में ईश्वर के मातृत्व की अनुभूति, माँ का अवलोकन, माँ का सतत ध्यान, सेवा और उपासना हैं।''[71] स्पष्ट है कि अरविन्द के राष्ट्रवादी दर्शन में भावनात्मक पक्ष पर विशेष रूप से बल दिया गया है। राष्ट्र और राष्ट्रवाद सम्बन्धी उनकी अवधारणा को इसी पृष्ठभूमि में आसानी से समझाया सकता है।

राष्ट्र व राष्ट्रीय आत्मा का सिद्धान्त

श्री अरविन्द के अनुसार राष्ट्र एक भावना समवाय की बाह्य अभिव्यक्ति है। चाहे ये भावनाएँ सामान्य रक्त, सामान्य धर्म या सामान्य हितों की हों या इन समस्त भावनाओं का एक सामूहिक रूप हो। जब यह भावना इतनी दृढ़ता प्राप्त कर लेती है कि वह एकता की इच्छा, कठिनाइयों पर विजय पाने और अनुकूल परिस्थितियों का पूर्ण उपयोग करने की अभिलाषा का रूप ग्रहण कर लेती है तो राष्ट्र का विकास एक अनिवार्यता बन जाती है और कोई शक्ति उनके समक्ष ठहर नहीं सकती।[72] एक अन्य स्थान पर वे राष्ट्र को 'एक चिरस्थायी मनोवैज्ञानिक इकाई के रूप में परिभाषित करते हैं जिसका विविध रूपों में प्रकृति संपूर्ण विश्व में विकास करती है। इस सम्बन्ध में एक उल्लेखनीय तथ्य यह है कि वे राजनीतिक एकता को आवश्यक तत्व नहीं मानते हैं। इसके अभाव में भी वे राष्ट्र के अस्तित्व को स्वीकार करते हैं[73] क्योंकि उनके अनुसार राष्ट्र तो अन्तःस्थ जीवन सिद्धान्त के दबाव के अन्तर्गत बढ़ने वाला एक

अवयवी है और राष्ट्र के विकास की पहली प्रेरणा तो यह है कि उसे एक केन्द्र, आत्म अभिव्यक्ति का एक साधन और राष्ट्रीय स्नायुकेन्द्र प्राप्त हो।[74] इसी सन्दर्भ में उन्होंने राष्ट्रीय आत्मा के सिद्धान्त की विवेचना की है।

राष्ट्रीय आत्मा के सिद्धान्त की व्याख्या अरविन्द व्यक्ति के जीवन के उद्देश्य के संदर्भ में करते हैं। जिसे वे 'आत्म विकास की खोज' बताते हैं। उन्होंने व्यक्ति, राष्ट्र और मानवता इन तीनों को दिव्य परम शक्ति की तीन यथार्थ अभिव्यक्तियाँ माना है। आत्म विकास व्यक्ति और समष्टि सभी के जीवन का लक्ष्य है, ऐसी उनकी धारणा है। उनके अनुसार चेतन या अर्द्धचेतन रूप से या अस्पष्ट अचेतन टोह द्वारा वह (व्यक्ति) सदैव आत्म प्रतिपादन के लिए प्रयत्न करता है। यह स्वयं को खोजने का, स्वयं के भीतर ही अपने अस्तित्व के कानून व शक्ति की खोज करने व उसे पूर्ण करने का प्रयत्न होता है। यह उद्देश्य स्वयं में मौलिक और अनिवार्य है क्योंकि व्यक्ति शाश्वत सत्य की जीवन्त शक्ति, आत्म प्रकटित होने वाली आत्मा है। इसी प्रकार समुदाय, समाज या राष्ट्र का आद्य कानून व उद्देश्य आत्मपूर्णता की खोज करना है। उसके द्वारा स्वयं की खोज, स्वयं में विद्यमान अपने जीवन के नियम एवं शक्ति के प्रति सचेत होना, अपनी समस्त संभावनाओं का विकास करना सर्वथा उचित है। इसका कारण यह है कि राष्ट्र भी एक जीवधारी शाश्वत सत्य की जीवन्त सत्ता, ब्रह्माण्डीय चेतना का आत्म प्रकटीकरण है और इसका उद्देश्य अपने में विद्यमान ब्रह्माण्डीय चेतना के अर्थ, शक्ति व विशिष्ट सत्य को अपने तरीके से प्रकट करना व अपनी क्षमता के स्तर के अनुरूप पूर्ण करना है।[75] उन्होंने स्पष्ट किया कि व्यक्ति की भाँति राष्ट्र का भी शरीर, आंगिक जीवन, नैतिक व सौन्दर्य विषयक मिजाज, एक विकासशील मस्तिष्क और इन सब चिन्हों व शक्तियों के पीछे एक आत्मा होती है जिसके लिए ही उसका अस्तित्व होता है। यह भी देखा जा सकता है कि व्यक्ति की भाँति राष्ट्र भी मूलतः एक आत्मा होती है। वह एक समूह आत्मा (Group Soul) होती है। एक बार पृथक विशिष्टता प्राप्त करने के पश्चात् वह अधिकाधिक आत्मचेतन

होती जाती है। जैसे-जैसे राष्ट्र अपने सामूहिक कार्य व मानसिकता एवं अपने आंगिक आत्माभिव्यक्ति पूर्ण जीवन का विकास करता है, स्वयं को अधिकाधिक पूर्ण अनुभव करता है।[76]

राष्ट्रीय दर्प एवं अक्खड़पन के निहितार्थ वाले राष्ट्रीय अहं के स्थान पर अरविन्द राष्ट्रीय आत्मा का उल्लेख करते हैं। राष्ट्रत्व के उनके मनोवैज्ञानिक सिद्धान्त में आध्यात्मिक तत्व सन्निहित हैं। उनकी यह इच्छा है कि अब तक अन्तर्भूमिक तत्व के रूप में कार्यरत समूह आत्मा की अवचेतना शक्ति को ऊपर लाकर एक सक्रिय शक्ति बनाया जाए। इसी तरीके से राष्ट्र अपनी आत्मा का अनुभव कर सकते हैं। जिस तरह प्रत्येक व्यक्ति में एक प्राण और मानस होता है, और इसके पीछे एक आत्मा होती है उसी प्रकार प्रत्येक राष्ट्र में एक भूखंड, भावनात्मक एकता, मानसिक जीवन और इन सबके पीछे एक राष्ट्र आत्मा देखी जा सकती है। जिस प्रकार व्यक्ति के जीवन में आत्म साक्षात्कार उसका धर्म, उसको दैवी आदेश है, उसी प्रकार राष्ट्र के जीवन में राष्ट्र आत्मा का साक्षात्कार राष्ट्रधर्म, राष्ट्र को दैवी आदेश है। बहुधा व्यक्ति आत्मा को भूलकर अपने अहम् को आत्मा मान बैठते हैं, उसी प्रकार मानव इतिहास के भिन्न-भिन्न काल में विभिन्न राष्ट्रों के विकास में राष्ट्रीय अहम् को आत्मा मान लिया गया है। व्यक्ति के अहं का विकास न केवल स्वयं के लिए नुकसानदेह होता है वरन् दूसरों पर भी उसका प्रतिकूल प्रभाव पड़ता है, उसी तरह किसी राष्ट्र में अहंकार की वृद्धि से उस राष्ट्र को तथा अन्य राष्ट्रों को भी कष्ट उठाना पड़ता है।

जिस प्रकार व्यक्ति के जीवन में आत्म साक्षात्कार एक कठिन और क्रमिक प्रक्रिया है उसी प्रकार राष्ट्र के जीवन में भी राष्ट्र आत्मा की खोज बड़ी कठिनाई से ही की जा सकती है। व्यक्ति में आत्मा का विकास अन्य व्यक्तियों से उसके समन्वय का पथ प्रशस्त करता है, राष्ट्र आत्मा का विकास उसे अन्य राष्ट्रों से समन्वय की ओर ले जाता है।

व्यक्ति और राष्ट्र आत्मा के बीच दर्शाए गए इस साम्य से यह निष्कर्ष

नहीं निकाला जाना चाहिए कि श्री अरविन्द ने इनमें कोई भेद ही नहीं किया है। व्यक्तिगत आत्मा और राष्ट्र आत्मा में अन्तर स्पष्ट करते हुए वे लिखते हैं–''व्यक्तिगत आत्मा और समुदाय आत्मा में भेद यह है कि सामुदायिक आत्मा बहुत अधिक जटिल होती है क्योंकि उसकी भौतिक देह के अंगों के रूप में केवल प्राणमय अवचेतन कोष्ठकों के संघात के स्थान पर आंशिक रूप से चेतन मनोरथ शक्तियों की बहुत बड़ी संख्या विद्यमान रहती है।[77] व्यक्तिगत आत्मा और समुदाय आत्मा में इस अन्तर के कारण अधिकतर लोग यह मानने को तैयार नहीं होते कि राष्ट्र आत्मा जैसा कोई तत्व है। किन्तु श्री अरविन्द ने सामुदायिक चेतना से उदाहरण देकर यह सिद्ध किया है कि राष्ट्र आत्मा कल्पना मात्र नहीं है।

राष्ट्र आत्मा की चेतना

जिस प्रकार सामान्य भौतिक और मानसिक स्तर पर रहने वाले व्यक्ति के लिए यह अनुभव करना कठिन होता है कि उसमें आत्मा है, वैसे ही वह राष्ट्र आत्मा के अस्तित्व को भी कल्पना की सृष्टि मानता है। जैसे व्यक्ति में आत्मा विशेष प्रकार के आध्यात्मिक विकास से अनुभव की जा सकती है, वैसे ही राष्ट्र आत्मा की चेतना जागृत होने पर ही व्यक्ति उसके अस्तित्व को अनुभव करते हैं। जिस प्रकार व्यक्ति आत्मा वस्तुगत रूप से सिद्ध या प्रदर्शित नहीं की जा सकती, वैसे ही राष्ट्र आत्मा भी प्रमाण या प्रत्यक्ष का विषय नहीं है। राष्ट्र की आत्मा के इस सिद्धान्त को वे बंगाली राष्ट्रवाद के ऐतिहासिक आन्दोलन से स्पष्ट करते हैं। उसके अनुसार 'एक बार जागृत राष्ट्र को, परमात्मा की वाणी द्वारा जागरण का सन्देश पाए राष्ट्र को, सांस्कृतिक सर्जना व राजनीतिक स्वतंत्रता के माध्यम से अपनी आत्मा की खोज की प्रक्रिया में भौतिक दमन द्वारा नहीं रोका जा सकता। वह दैवीय नेतृत्व के मार्गदर्शन में कार्य करता है।[78]

एक राष्ट्र या समुदाय को आत्म परिपूर्णता प्राप्त करनी होती है और यह कार्य अतीत की गौरवशाली स्मृतियों में गतिशील सहभागिता एवं वर्तमान व भविष्य में इसकी सृजनात्मक संभावनाओं की अनुभूति व प्रकटीकरण के

माध्यम से ही संभव है। हीगल की शब्दावलि में अरविन्द के अनुसार राष्ट्र विश्वात्मा का आत्म प्रकटीकरण हैं। वे कहते हैं... ''यह (समुदाय या राष्ट्र) भी एक सत्ता है। शाश्वत सत्य की जीवंत शक्ति, विश्वात्मा का प्रकटीकरण है और इसका अस्तित्व अपने भीतर विद्यमान विश्चेतना के विशिष्ट सत्य व शक्तियों को अपनी क्षमता अनुसार व अपने तरीके से अभिव्यक्त व पूर्ण करने हेतु होता है।[79] बंगाल और युद्धपूर्व के आयरलैंड राष्ट्र की इस आत्मा को अनुभव करने का प्रयास कर रहे थे।[80] संसार में स्वप्रकृति के अनुरूप विकास, प्रत्येक वस्तु, प्रत्येक प्राणी व समष्टि का धर्म है। इस स्वधर्म का पालन ही आत्म साक्षात्कार है। बंगाल में स्वदेशी आन्दोलन में चेतन एवं घोषित राष्ट्रनिष्ठा थी। राष्ट्र को भूखंड या प्रदेश के रूप में नहीं वरन् मनोवैज्ञानिक व आध्यात्मिक सत्ता के रूप में देखा गया और जब राजनीतिक व आर्थिक अभिप्रेरण क्रियाशील थे, यह प्रतीत होता था कि 'वे स्वयं में लक्ष्य होने के बजाय आत्म अभिव्यक्ति के साधन थे।'[81] एक राष्ट्रवादी नेता के रूप में अपने भाषणों में श्री अरविन्द ने स्वयं राष्ट्र में ईश्वर की अनुभूति की चर्चा की।' ...आप सभी की माँ, केवल जमीन मात्र नहीं है। यह भूखंड मात्र नहीं वरन् एक जीवन्त इकाई है। माँ के भीतर ही आपकी गति और जीवन है। राष्ट्र में ईश्वर का अनुभव करो।'[82] राजनीतिक धरातल पर प्रकट होने वाली इस दिव्यसत्ता की अविनाशी शक्ति व चेतना का एक उत्थानशील राष्ट्र के माध्यम से अनुभव एक महान् उद्देश्य के प्रति स्वयं के पूर्ण समर्पण द्वारा किया जाना था। समर्पण का अभिप्राय कार्यशीलता का निःशेषन नहीं है वरन् यह सर्वोच्च सत्ता के उपकरण के रूप में मनुष्य की सृजनात्मक भूमिका पर बल देता है। 'तीस करोड़ लोगों के जीवन में ईश्वर की अनुभूति पर बल देने वाला नवीन राष्ट्रीय धर्म का सिद्धान्त, भारतीय वेदान्त की परम्परा में एक नवीन स्वर था।[83]

राष्ट्रीय आत्मा का सिद्धान्त : हीगेलीय अवधारणा से तुलना

डॉ. वी.पी. वर्मा के अनुसार श्री अरविन्द द्वारा प्रतिपादित 'राष्ट्रीय

आत्मा' का सिद्धान्त और विश्वचेतना के आत्म प्रकटीकरण के रूप में राष्ट्र का सिद्धान्त आंशिक रूप से फिख्टे और हीगल द्वारा विकसित राष्ट्रवाद के सिद्धान्त से मिलता-जुलता है। फिख्टे ने फ्रांसीसी बुद्धिवाद और प्रबुद्धीकरण की उदारवादी परम्पराओं से परे हटते हुए जर्मनी की सांस्कृतिक महानता की सर्वोच्चता पर बल दिया। फिख्टे के अनुसार राष्ट्र एक आध्यात्मिक इकाई है तथा संस्कृति के सशक्त विकास हेतु अनिवार्य अवयवी है किन्तु फिख्टे और अरविन्द में एक बहुत ही महत्वपूर्ण मुद्दे पर अन्तर है। फिख्टे ने अपने 'एड्रेस टू द जर्मन नेशन' में कहा कि राज्य राष्ट्र का निर्माण करता है और उसके इस सिद्धान्त का फासीवादी राजदर्शन पर प्रत्यक्ष प्रभाव पड़ा। अरविन्द के अनुसार राष्ट्र दिव्य माँ का प्रकटीकरण है जबकि राज्य बुद्धिवादी युग में सर्वोच्चता प्राप्त करने वाला यांत्रिक आविष्कार मात्र है। हीगल राष्ट्र के आध्यात्मिक सिद्धान्त का प्रबल समर्थक था। वह राष्ट्र के व्यक्तित्व की चर्चा करता है। किन्तु हीगल और अरविन्द में दो महत्वपूर्ण अन्तर हैं। बंकिम और तांत्रिक दर्शन व आंशिक रूप से अपने स्वयं के रहस्यवादी अनुभवों से प्रभावित अरविन्द राष्ट्र के देवत्व के सिद्धान्त को स्वीकार करते हैं। वे राष्ट्र को दिव्य माँ के प्रकटीकरण के रूप में देखते हैं। हीगल ऐसे सिद्धान्तों की चर्चा नहीं करता। ईसाईयत में परमात्मा के पितृत्व पर बल दिया गया है। उसके मातृत्व के पहलू की चर्चा नहीं है।

दोनों के बीच दूसरा अन्तर यह है कि अरविन्द राष्ट्र में और राष्ट्र से भी परे मानवता में ईश्वर के अनुभव के आध्यात्मिक सिद्धान्त को स्वीकार करते हैं। हीगल के लिए राष्ट्र विश्व चेतना का ऐतिहासिक प्रकटीकरण है, अतः वह किसी प्रकार के अन्तरराष्ट्रीयतावाद को स्वीकार नहीं करता। उसके अनुसार विश्वात्मा के आत्म विकसित आत्मचेतना के अग्रसर होने के प्राकृतिक सिद्धान्त की अभिव्यक्ति के लिए यह आवश्यक है कि दूसरे राष्ट्रों के अधिकारों के दावों द्वारा उसके मार्ग में अवरोध उत्पन्न नहीं किया जाए। अरविन्द अपने राजदर्शन में इतने दुराग्रही कभी नजर नहीं आते। चूँकि वे राष्ट्र के दिव्य मातृत्व के सिद्धान्त को स्वीकार करते हैं अतः वे व्यक्ति और राष्ट्र के पारस्परिक हितों की भिन्नता से चिंतित नहीं हैं।

राष्ट्रआत्मा सम्बन्धी अरविन्दीय अवधारणा स्वामी विवेकानन्द के राष्ट्र जीवन के सिद्धान्त से बहुत मेल खाती है। स्वामीजी ने बताया कि प्रत्येक व्यक्ति की भाँति प्रत्येक राष्ट्र का भी एक विशेष उद्देश्य होता है। प्रत्येक जाति अपनी निजी विशेषताएँ लेकर जन्म ग्रहण करती है। वही उसकी जीवन शक्ति होती है और उसके राष्ट्रीय जीवन का मेरुदण्ड होती है।[84] राष्ट्रीय जीवन की विशिष्टता सम्बन्धी अपनी मान्यता को अरविन्द ने इस प्रकार स्पष्ट किया है, 'प्रत्येक राष्ट्र की जीवनशक्ति के कुछ स्रोत होते हैं जो उसका निर्माण करते हैं और समय पड़ने पर विशृंखलता से उसकी रक्षा करते हैं। उसके जीवन रहस्य को उसके अस्तित्व के एकांतिक स्थानों में खोजा जाना चाहिए।[85] यही नहीं उनका विश्वास था कि राष्ट्र के जीवन वृक्ष का संरक्षण करने हेतु सतत् रूप से अपने जीवन स्रोत से रस प्राप्त करना चाहिए। यद्यपि कोई राष्ट्र आदान-प्रदान के नियम को तिरस्कृत नहीं कर सकता किन्तु बाहर से प्राप्त होने वाले पोषण को अपनी प्रकृति के अनुकूल पोषक रस में ढ़ालना आवश्यक होता है। अतः सभी राष्ट्र जब बाहर से कोई चीज ग्रहण करते हैं तो उसे अपने राष्ट्रीय जीवन और संस्कृति का अंग बनाने से पहिले अपनी वैयक्तिकता में निमज्जित कर देते हैं।[86] स्पष्ट है कि वे राष्ट्र की अस्मिता के संरक्षण को आवश्यक मानते हैं क्योंकि अपने जीवन के आधारभूत सिद्धान्त को भुला देने पर राष्ट्र का पराभव निश्चित हो जाता है।

राष्ट्रवाद की प्रकृति

देशबन्धु चितरंजनदास द्वारा अलीपुर षड्यंत्र अभियोग में पैरवी के दौरान श्री अरविन्द के लिए प्रयुक्त विशेषणों, 'देशभक्ति के कवि, राष्ट्रीयता के मसीहा व मानवता के प्रेमी' में उनके राष्ट्रवाद की प्रकृति को समझने की कुंजी निहित है। भारत के प्रति गम्भीर श्रद्धाभाव से ही अरविन्द के राष्ट्रवाद का स्वरूप निर्धारित हुआ है। दिव्य मातृभूमि के रूप में उन्होंने उसके लिए बलिदान पर बल दिया किन्तु वे संकीर्ण देशभक्ति का समर्थन नहीं करते। राष्ट्रवाद की व्याख्या वे अत्युच्च आध्यात्मिक धरातल पर करते हैं। इसमें एक

राजनीतिक सिद्धान्त की तर्कशीलता की अपेक्षा उच्च आदर्शों के प्रति निष्ठा अधिक उभरती है। इसे उनकी अद्वितीय मातृभक्ति के सन्दर्भ में भली भाँति समझा जा सकता है। उन्होंने राष्ट्रवाद को धार्मिक निष्ठा के रूप में प्रस्तुत किया है। उनके राष्ट्रवाद में कोई आक्रमक या अन्य राष्ट्रवादी तत्व नहीं था और उनकी अपनी एक पुस्तक के शीर्षक के माध्यम से कहें तो 'मानव एकता का आदर्श' उनकी देश भक्ति को सदैव उदात्त बनाता रहा। उसे सतत् रूप से एक व्यापक अन्तरराष्ट्रीय सन्दर्भ में रखा गया और राजनीतिक विवाद के तीव्र आवेग में भी मानव एकता का आदर्श उनकी दृष्टि से ओझल नहीं हुआ जो स्थानीय समस्याओं से बहुत परे था। सभी संघर्षों का अन्ततः एक समन्वयात्मक आध्यात्मिक विकास में समाधान इनका लक्ष्य था।[87] स्वदेशवासियों की मात्र राजनीतिक सर्वोच्चता का उद्देश्य लेकर चलने वाले अपरिष्कृत राष्ट्रवाद से अधिक उनके विचारों से दूर कोई बात नहीं थी। उनके राष्ट्र का प्रथम कर्त्तव्य मानवता की एकता के लिए कार्य करना था। यह कार्य शस्त्रबल से नहीं वरन् आत्मा के बल से सम्पन्न किया जाना था।[88]

वस्तुतः श्री अरविन्द का राष्ट्रवाद एक ज्वलन्त धार्मिक भावना, मानव में ईश्वर की वाणी, पुनर्जागृत आत्मा के माध्यम से विश्व को अभिव्यक्ति देने के लिए महान् भारतीय आत्मा की अजेय माँग थी। राष्ट्रवाद की व्याख्या करते हुए वे लिखते हैं, ''राष्ट्रवाद राष्ट्र में अवस्थित दिव्य एकता को अनुभव करने की भावप्रवण आकांक्षा है। यह ऐसी एकता है जिसमें सभी अंगभूत व्यक्ति राजनीतिक, सामाजिक या आर्थिक क्षेत्र में अपने कार्यों की दृष्टि से विविध व असमान होने पर भी मूलरूप से वस्तुतः एक ही होते हैं।''[89] एक अन्य स्थल पर राष्ट्रवाद को मुख्यतः 'हृदय की भावना और आध्यात्मिक दृष्टिकोण' की संज्ञा देते हुए अरविन्द इसे केवल 'गौण रूप से बौद्धिक विश्वास' बताते हैं। इसकी आधारभूत शक्ति के विषय में उनका कहना था कि राष्ट्रीय स्वतंत्रता की एक राजनीतिक देवी के रूप में पूजा और स्वतंत्रता प्राप्ति के लिए सभी चीजों के सहर्ष बलिदान की तत्परता इसकी आधारशिला है।[90] बम्बई नेशनल

यूनियन के तत्वावधान में नीरव और रिक्त मस्तिष्क से आन्तरिक चैतन्य की सहायता से दिए गए अपने विख्यात अभिभाषण[91] में श्री अरविन्द ने राष्ट्रवाद की व्याख्या करते हुए कहा, "राष्ट्रवाद राजनीतिक कार्यक्रम मात्र नहीं है : राष्ट्रवाद प्रभु से प्राप्त धर्म है जिसे आपको जीवन में उतरना होगा।" राष्ट्रवाद के धर्म को अंगीकार करने वालों को उन्होंने याद दिलाया कि आप ईश्वर के औजार मात्र हैं। आपके शरीर पर आपका अधिकार नहीं है। यह सर्वशक्तिमान के कार्य की पूर्ति का साधन मात्र है। यदि आपको यह अनुभूति है तो आप सच्चे अर्थों में राष्ट्रवादी हैं।[92]

राष्ट्रवाद को एक आध्यात्मिक शक्ति, दिव्य और अपराजेय धर्म घोषित करने वाला यह भाषण अरविन्द के राष्ट्रवाद के सिद्धान्त के केन्द्रीय भाव को स्पष्ट करता है। इसमें वे राष्ट्रवाद के धर्म की विशिष्टताओं की व्याख्या करने के अतिरिक्त इसके विकास के विभिन्न चरणों पर भी प्रकाश डालते हैं। सम्पूर्ण भाषण में आध्यात्मिक निष्ठा व समर्पण की भावना व्याप्त है। इस राष्ट्रवाद का पृष्ठधार है मातृभक्ति और मातृभक्ति के मूल में है पुत्र की अविचल श्रद्धा। यह विश्वास और अशेष आत्मदान की उर्वरभूमि में पनपती है। जन जन के हृदय में निवास करने वाले वासुदेव की सेवा में अपना सर्वस्व होम कर देना यह थी आधार शिला। श्रद्धा, विश्वास और समर्पण यही है इस साधना का त्रिविध आधार।[93]

अरविन्द के अनुसार राष्ट्रवाद का यह आदर्श मुख्यतः इन विशेषताओं से युक्त था–

(1) राष्ट्रवाद का यह आन्दोलन किसी स्वार्थपरता से प्रेरित नहीं है। हम किसी राजनीतिक स्वार्थ से कार्यरत नहीं है। हम एक धर्म को जीवन में उतारने का प्रयास कर रहे हैं। इसके द्वारा हम परमात्मा को राष्ट्र में अपने देश बांधवों में अनुभूत करने का प्रयास कर रहे हैं। हम दूसरों के लिए आत्माहुति देने का प्रयत्न कर रहे हैं।

(2) राष्ट्रवाद के इस धर्म का दूसरा पहलू था–स्वयं के पृथक् अस्तित्व के विचार को नकारना और अपने उच्चतर शाश्वत स्व को तीस करोड़ लोगों में खोजना जिनमें परमात्मा स्वयं निवास करता है।

(3) इसका तीसरा तत्व था श्रद्धा और निःस्वार्थता। इस दिव्य शक्ति के बिना न तो बन्धनों से मुक्ति संभव थी और न कष्ट सहन। एक उच्चतर विचार से प्रेरित होकर, देश के तीस करोड़ लोगों को राष्ट्र में विद्यमान ईश्वर समझने पर यह अनुभूति होगी कि राष्ट्रवाद अमर चीज है। जिस चीज के लिए हम कार्यरत हैं वह अमर है। बाकी सब बन्धन व्यर्थ हैं।

(4) राष्ट्रवाद एक अदम्य शक्ति है। वह परमात्मा की शक्ति में जीवित रहता है और उसे कुचलना सम्भव नहीं है, चाहे उसके विरूद्ध कोई भी अस्त्र प्रयुक्त किए जाएँ। राष्ट्रवाद की मृत्यु नहीं हो सकती क्योंकि यह कोई मानवीय चीज नहीं है। परमात्मा ही इसके द्वारा कार्य कर रहा है। परमात्मा को न तो मारा जा सकता है, न कारागृह में डाला जा सकता है।[94]

(5) राष्ट्रवाद जातीय घृणा का आवेश नहीं है। यह दुष्कर कार्य जिसमें व्यक्ति के रूप में हमने अपनी प्रत्येक चीज और स्वयं जीवन को खतरे में डाल दिया है अन्य राष्ट्रों के प्रति घृणा का विरोध के परिणामस्वरूप नहीं वरन् इस विश्वास की देन है कि हम इंग्लैंड सहित समस्त मानवता के हित में उसी प्रकार कार्यरत हैं, जिस प्रकार हम अपनी भावी पीढ़ी और राष्ट्र के लिए कार्यरत हैं।[95]

(6) राष्ट्रवाद अविच्छेद्य स्वतंत्रता की गाथा है। स्वतंत्रता की पात्रता में दृढ़ विश्वास और स्वतंत्रता का व्यवहार में प्रयोग ही मनुष्य को स्वतंत्रता के योग्य बनाता है। उस विश्वास का सृजन करना, उसे आदत का अंग बना इसका लक्ष्य है।[96]

अरविन्द के राष्ट्रवादी दर्शन का मूल लक्ष्य मातृभूमि की मुक्ति था। इस

महत् कार्य में सफलता के लिए उन्हें प्रभुकृपा में पूर्ण विश्वास था। अतः ईश्वरीय कृपा में अडिग आस्था राष्ट्रवाद की अन्य महत्वपूर्ण विशेषता है। 'आनंदमठ' के सन्तानों की भाँति उनका भी विश्वास था कि जो महान् कार्य हाथ में लिया गया था उसमें केवल भौतिक मानवीय साधनों से सफलता की आशा नहीं की जा सकती थी। भारत के लिए ईश्वर से प्रार्थना करते हुए उन्होंने कहा–

क्या स्वामी तुम एक बार पुनः आओगे अपने पुराने रूप में...
पृथ्वी के राष्ट्र पाप से पूर्ण हैं,
लोभ, लिप्सा, महत्वकांक्षा उनके देवता हैं
दया, प्रेम, करुणा सभी रूपों में लुप्त हैं
जबकि केवल शक्ति की उपासना होती है
शक्ति, जो न्याय से वंचित, उदात्त उद्देश्यों से रहित है।
विश्व की महानताएँ अपना स्रोत व सीमा भूल बैठी हैं।[97]

इस प्रार्थना को तत्कालीन लगभग सर्वव्यापी पश्चिमी साम्राज्यवाद (जो अफ्रेशिया में व्याप्त था) के उत्पीड़क, शोषणकारी स्वरूप के संदर्भ में भली भाँति समझा जा सकता है। इसलिए दिव्य शक्ति से आह्वान किया गया है कि वह राष्ट्रवाद को अपने तेज से युक्त कर दे। यही कारण कि अरविन्द राष्ट्रवाद को सात्विक धर्म की संज्ञा देते हैं।

यूरोपीय राष्ट्रवाद में मुख्य रूप से शासकों के परिवर्तन पर बल दिया जाता था और यह भौतिक परिवर्तन था। इसका अभिप्राय था विदेशी विजेताओं का स्थापनापन्न स्वदेशवासियों का शासन हो। किन्तु श्री अरविन्द के अनुसार भारत में शासकों के परिवर्तन मात्र पर नहीं वरन् तीस करोड़ लोगों की भावनाओं, आकांक्षाओं, प्रसन्नता व गतिविधियों के साथ तादात्म्य स्थापित करने के लिए व्यक्ति की चेतना के विस्तार पर जोर दिया जाना था। मुख्य रूप से बल आत्मप्रेम को लांघने वाले अपने देशवासियों के साथ भ्रातृत्व और शासकों के भौतिक परिवर्तन मात्र के स्थान पर राष्ट्र के उत्थान व

समृद्धि के लिए कठोर परिश्रम पर दिया जाना था। अतः राष्ट्रवाद सामूहिक राजनीतिक स्वार्थों का अनुसरण करना मात्र नहीं था।' यह राष्ट्र के माध्यम से ब्रह्माण्डीय चेतना की अनुभूति का धर्म था। अपनी अन्ततरम प्रकृति में राष्ट्रवादी आन्दोलन किसी निजी स्वार्थ से प्रेरित नहीं था। राष्ट्रवाद में निहित इन लोकोत्तर व ब्रह्माण्डीय तत्वों के विश्लेषण से यह स्पष्ट होता है कि यूरोपीय राजनीति व अर्थशास्त्र से ग्रहण किए हुए इस सामान्यीकृत सूत्र का, कि राष्ट्रवाद पूँजीवाद का उपोत्पाद है, समर्थन ठीक नहीं है।[98] **मात्र राजनीतिक व आर्थिक स्वार्थों पर आधारित सूत्र न होकर शुद्ध धर्म होने के कारण, अरविन्दीय राष्ट्रवाद अपने स्वरूप व अवस्थिति की दृष्टि से बौद्धिक न होकर अन्तःप्रज्ञात्मक था। उन्होंने यह स्पष्ट किया कि हम जिस संघर्ष में निरत हैं वह पुराने समय के युद्धों की भाँति नहीं है जिसमें सेनापति या राजा के भूमिसात् होते ही सारी सेना भाग जाती थी हमारी नेत्री स्वयं हमारी पवित्र व अविनाशी मातृभूमि है। हमारे अग्रगामी प्रयाण के नेता सर्वशक्तिमान स्वयं हैं।**

महानता का पथ सदैव दुर्गम होता है। उसे उत्सर्ग की अग्नि परीक्षा में से गुजरना पड़ता है। यह नियम व्यक्ति और आदर्श दोनों पर समान रूप से लागू होता है। इतिहास साक्षी है कि उदात्त आदर्शों को सदैव प्रबल विरोध का सामना करना पड़ा है। एक दिव्य नैतिक शक्ति के रूप में राष्ट्रवाद को अपने विकास के पथ में अनेक बाधाओं से जूझना पड़ा है। एक महान् नियति वाले विचार के रूप में, राष्ट्रवाद को श्री अरविन्द के अनुसार विकास की दो अवस्थाओं से गुजरना पड़ता है। प्रथम अवस्था गुप्त और अर्द्धगुप्त विकास की होती है जब संसार इस महत्वपूर्ण घटना के बारे में उसी प्रकार कुछ नहीं जानता जैसे दीन हीन उपेक्षित लोगों के बीच में बढ़ रहे कृष्ण के बारे में कंस अनभिज्ञ होता है। इसके आविर्भाव की द्वितीय अवस्था इस विचार की अपने अस्तित्व के लिए संघर्ष, उग्र उत्पीड़न, चमत्कारी दृढ़ता व उत्तरजीविता की अवस्था होती है जब पुरातन संसार इस नयी और विलक्षण शक्ति को संत्रास व

भीतिपूर्वक देखता है। तीव्र उत्साह व उपासना, प्रचण्ड घृणा व उग्र अभियोजन, तीव्र निन्दा व क्रुद्ध अवज्ञा के बीच अपने-अपने समर्थकों और उनसे भी बढ़कर विरोधियों द्वारा पोषित अपनी सन्तानों के रक्त द्वारा पुष्ट, शहादत द्वारा आवर्धित, पराजय द्वारा विवर्धित यह नवीन विचार अपना मस्तक आकाश में ऊँचा उठाता चला जाता है।[99]

राष्ट्रवाद के विकास की प्रक्रिया के प्रभाव के बारे में उनका कहना था कि सत्तासीन, प्रभावशील लोग इस सिद्धान्त को क्रोध, भय व तिरस्कार की दृष्टि से देखते हैं। क्रुद्ध दृष्टि से इस कारण कि इससे इन लोगों की विद्यमान आरामदायक स्थिति को खतरा पहुँचता है। भय का कारण यह है कि वह एक अबोधगम्य विलक्षण तीव्रता से बढ़ता है और वे जानते हैं कि इसके आविर्भाव का अर्थ होगा उथल-पुथल व अशान्ति के युग का आगमन जो समृद्ध व कतिपय प्रबुद्ध लोगों की सम्पति व मानसिक शान्ति को नष्ट करने वाला सिद्ध होगा। तिरस्कार इस कारण से कि इसकी उत्साह तरंगें उनकी सांसारिक बुद्धि के लिए बोधगम्य नहीं हैं। इसकी विराट संभावनाएँ उनके सतर्क संशयवाद को अविश्सनीय प्रतीत होती हैं और इसकी प्रेरक शिक्षाएँ उनके पंडिताऊ ज्ञान व कार्य साधकता की संकीर्ण व्यवस्था को अपराध व कलंक प्रतीक होती है। इसलिए वे इसकी उग्र व घातक विक्षिप्तता के रूप में निन्दा करते हैं। इसे उपद्रवी किन्तु महत्वहीन सम्प्रदाय कहकर इसके महत्व को कम करते हैं।[100] श्री अरविन्द ने स्पष्ट किया कि राष्ट्रवाद का विकास जनसाधारण के मध्य हुआ है। इस पौधे को सींचने वाला जल सामान्य जन की भावनाएँ और विश्वास हैं। कृष्ण की भाँति राष्ट्रवाद ज्ञान एवं शक्ति की दृष्टि से राजाओं के दरबार व ब्राह्मणों की पाठशालाओं में नहीं वरन् गरीब व अज्ञ लोगों के अनाम व उपेक्षित घरों में परिपक्व हुआ। इसका विकास सन्यासी की गुफा, फकीर के बाने व तरुणों के हृदय में हुआ है जो कहीं अंग्रेजी का एक शब्द भी नहीं बोल सकते हैं किन्तु जो माँ के लिए कार्य कर सकते हैं, बलिदान दे सकते हैं।[101] यह (राष्ट्रवाद) व्रिध्वंस की नकारात्मक धारा नहीं आधुनिक

भारत के निर्माण कीओर सकारात्मक सृजनशील प्रेरणा थी। यह विद्रोह और नैराश्य की पुकार नहीं बलिक राष्ट्रीय विश्वास और आशा का सन्देश है।[102] ऐसे महान् विश्वास की शक्ति से ही राष्ट्रवाद का जन्म हुआ था। जिसमें न केवल अपने स्व की रक्षा वरन् भारत के विश्व मिशन की चेतना भी विद्यमान थी।

सनातन धर्म : राष्ट्रवाद के रूप में

अलीपुर में एक वर्ष के एकान्त कारावास से लौटने के पश्चात् उन्होंने सात्विक धर्म के रूप में राष्ट्रवाद के अपने सिद्धान्त का परिष्कार किया। उत्तरपाड़ा में अपने सम्मान में आयोजित सभा में उन्होंने कहा कि मुझे सम्पूर्ण राष्ट्र को एक सन्देश कहना है जो मुझे सर्वप्रथम जेल में प्राप्त हुआ।...उन्होंने कारागृह में हुई दिव्य ईश्वरीय अनुभूति की चर्चा[103] करते हुए इस भाषण में अन्त में कहा–"मैं अब यही नहीं कहता राष्ट्रवाद एक धर्म है, एक विश्वास है। मेरा कहना है सनातन धर्म ही हमारे लिए राष्ट्रवाद है। इस हिन्दू राष्ट्र का जन्म सनातन धर्म के साथ हुआ। इसी के साथ यह गतिशील है और इसी के साथ इसका विकास होता है। जब सनातन धर्म का क्षय होता है तो राष्ट्र का भी क्षय होता है। सनातन धर्म अर्थात् राष्ट्रवाद।"[104] उन्होंने कहा कि विश्व चेतना सर्वग्राही विश्व धर्म की अनुभूति की ओर अग्रसर हो रहीहै जिसका आधार व्यापक हिन्दुत्व में निहित है। भारत के उत्कर्ष का अर्थ था सनातन धर्म का विस्तार और विस्तारित महानता। किन्तु भारत की भौगोलिक सीमाएँ सनातन धर्म को परिबद्ध नहीं करतीं। यद्यपि इसका विकास और संरक्षण भारतीय प्रायद्वीप में हुआ, यह संसार के कल्याण के निमित्त बना हुआ है।...इस प्राचीन और पवित्र भूमि में आर्य जाति को युग-युगान्तर तक इसके संरक्षण का कार्य सौंपा गया था।[105]

सनातन धर्म को राष्ट्रवाद मानने का यह नवीन सिद्धान्त राष्ट्रवाद को सात्विक धर्म मानने के अरविन्द के पूर्ववर्ती सिद्धान्त के राजनीतिक चरित्र को

किंचित् परिवर्तित कर देता है। परवर्ती सिद्धान्त (सनातन धर्म) राजनीतिक व सामाजिक कार्य को धर्मयुद्ध में निहित उत्साह से अनुप्राणित कर देता है। ''राजनीतिक सिद्धान्त में यह परिवर्तन अरविन्द के व्यक्तित्व में परिवर्तन का प्रतिबिम्ब है। जेल जाने से पूर्व उन्होंने व्यापक राजनीतिक व्यवहारिकता और विचक्षणता का परिचय दिया था। जेल से लौटने के बाद राजनीति आध्यात्मवाद की अनुचरी बन गयी।[106] सनातन धर्म को राष्ट्रवाद मानने वाले इस अभिनव सिद्धान्त के दो समाजशास्त्रीय पहलू हैं। प्रथमतः तो यह धार्मिक पुनरुत्थान का शक्तिशाली सन्देश था और दूसरे यह मसीहा विश्वासिता (Meseianism) के तत्वों से अप्लावित था।[107] राष्ट्र को उन्होंने अपने पूर्वजों की विरासत पुनः प्राप्त करने, आर्य चिंतन, आर्य चरित्र व आर्य अनुशासन पुनः प्राप्त करने का आह्वान किया[108] क्योंकि हमारा प्रथम कार्य स्वयं को अनुभूत करना और प्रत्येक चीज को भारत के शाश्वत जीवन और प्रकृति के अनुरूप ढालना था।[109] भारतीय राष्ट्रवाद के उद्देश्यों की व्याख्या करते हुए वे बताते हैं कि हमारा लक्ष्य सरकार का रूप बदलना नहीं वरन् राष्ट्र निर्माण करना है। राजनीति उस कार्य का अंग मात्र है। हम स्वयं को सामाजिक प्रश्नों, दर्शन, साहित्य या विज्ञान तक सीमित नहीं रखते हैं वरन् इन सभी को एक इकाई में शामिल गिनते हैं जो हमारी दृष्टि में सर्वाधिक महत्वपूर्ण है, अर्थात् राष्ट्रीय धर्म। जीवन का एक शक्तिशाली कानून है, मानवीय विकास का एक महान् सिद्धान्त है, आध्यात्मिक ज्ञान व अनुभव की एक राशि है। इन सभी का संरक्षक, प्रसारक बनाने का दायित्व निसर्ग ने भारत को सौंपा है। यह सनातन धर्म है।[110] उन्होंने विश्वास व्यक्त किया कि योग को मानव जीवन का आदर्श बनाने हेतु आज भारत का उत्थान हो रहा है। योग द्वारा उसे स्वतंत्रता, एकता व महानता हासिल करने हेतु शक्ति प्राप्त होगी। हम आध्यात्मिक क्रांति का अनुमान लगा रहे हैं। भौतिक क्रांति तो इसकी छाया और प्रतिबिम्ब मात्र है।[111] उनके अनुसार भारत ने एक ऐसे धर्म का विकास किया है जिसमें मनुष्य के हृदय और मस्तिष्क द्वारा इच्छित सभी बातें समाविष्ट हैं किन्तु उसने आधुनिक

राजनीति की समस्याओं के लिए उसका प्रयोग नहीं किया है। मानवता की सहायता करने में समर्थ बनने से पहिले उसे यह कार्य करना है। इस मिशन की आवश्यकता उसके पुनरुत्थान का औचित्य है। मानव जाति की रक्षा हेतु स्वयं को बचाने की महान् प्रेरणा उसकी शक्ति का मूल आधार है।[112]

अरविन्द ने भारत के विश्व मिशन के सन्दर्भ में भारत से पृथक राष्ट्रीय अस्तित्व की दृढ़ता को आवश्यक माना। स्वामी विवेकानन्द ने भारत के विश्व के आध्यात्मिक गुरु होने की भूमिका पर बल दिया था। स्वामीजी की बौद्धिक ओजस्विता और सफलता में अरविन्द ने नवीन, गतिशील व आध्यात्मिक रूप से सशक्त हिन्दुत्व के चिन्ह देखे। उन्होंने वेदान्त और योग के सन्देश के एशिया की भौगोलिक सीमाओं को लांघे जाने का हवाला दिया। उनके अनुसार विश्व दिव्य प्रवाह को अपने सम्पूर्ण वेग से ग्रहण करने हेतु भारत के उदय की प्रतीक्षा कर रहा है।[113] उनकी मान्यता थी कि विश्व के तमाम गर्वोन्नत देशों की एक परिणित पहले से निर्धारित है कि जब मानवता के कल्याण के लिए उनका निश्चित और सीमित कार्य पूरा हो जाता है तो वे जीर्ण-शीर्ण होकर बिखर जाते हैं किन्तु भारत का मुख्य कार्य है अपने शाश्वत स्रोत से विश्व को प्रकाश और पुनर्नवीकरण का अवदान देते जाना। जब भी शक्ति का प्रथम कार्य समाप्त होता है, जगत क्लान्त और वार्धक्य ग्रस्त हो जाता है, भौतिकवाद से लबालब भरा, समस्याओं से पूर्णतः जर्जर जिन्हें सुलझाने का कोई उपाय नहीं, तब भारत का कार्य शुरु होताहै अर्थात् जगत को यौवन प्रदान करना। भारत अपने हृदय प्रदेश से प्रकाश भेजता है जो स्वर्ग और जगत को पूर्णतः उद्भासित कर देता है और मानव जाति सेंट जॉर्ज की तरह जीवन के कूप में स्नान करने पुनः शक्ति की नई आशा प्राप्त करके अपनी जीवनयात्रा पर चल पड़ती है।[114] अपने एक भाषण में भारत के मिशन की चर्चा करते हुए उन्होंने श्रोताओं से कहा, परमात्मा के पास इस महान् व प्राचीन राष्ट्र के हेतु कुछ कार्य है। आपको इसलिए शक्ति सम्पन्न नहीं होना है कि अन्य लोगों को पददलित करें वरन् इसलिए कि सम्पूर्ण विश्व की रक्षा करने योग्य कोई चीज आपसे प्रकट हो सके।[115]

अरविन्द भारत द्वारा विश्व की राजनीतिक या सैनिक विजय की नहीं अपितु आध्यात्मिक विजय की कल्पना करते हैं। गम्भीर आध्यात्मिक स्वरूप परिवर्तन व नैतिक क्रांति की ओर ले जाने वाली विश्व की आध्यात्मिक विजय के लिए यह आवश्यक होगा कि भारतीय राष्ट्र को इस महत् कार्य के प्रति सजग बनाया जाए। भारतीयों को यह ज्ञान होना ही चाहिए कि उनका उत्थान संसार के लिए हो रहा है और "परमात्मा उन्हें स्वतंत्रता विश्व की सेवा के लिए प्रदान कर रहा है।"[116] इस दिव्य मिशन में सफलता प्राप्त करने हेतु भारत को योग कोअपना जीवनादर्श बनाना चाहिए।

एशिया से प्रकट होने वाली आध्यात्मिक ज्योति की किरणें ही यूरोपीय लोगों को शाश्वत आत्मा की झाँकी दिखा सकती थीं अतः भारत का पुनरुत्थान आवश्यक था। उन्होंने बल देकर कहा कि हमारा यह विश्वास है कि अपने विशिष्ट जीवन व स्वतंत्र सभ्यता का सृजन, विश्व की अग्र पंक्ति में खड़े होकर राजनीतिक, सामाजिक, आर्थिक व नैतिक समस्याओं को सुलझाना भारत की नियति है। इन्हें सुलझाने में यूरोप असफल रहा है।[117]

भारत की इस मसीहा विश्वासिता की महानता में भाव प्रवण आस्था व पूर्ण विश्वास श्री अरविन्द को आजीवन बना रहा। वे यह महसूस करते थे कि विश्व एक नवीन आध्यात्मिक विधान अंगीकार करने हेतु तैयार हो रहा था और भारत को एक नवीन सन्देश व विश्वचेतना का वाहक बनना था। प्रकृति, जीवन और मस्तिष्क के माध्यम से प्रकट होने वाली चेतना के विषय में उनकी मान्यता गतिशील थी। किन्तु विश्व के आध्यात्मिक पुनरुत्थान हेतु कुछ करने में समर्थ बनने के लिए यह आवश्यक था कि पहले भारत राजनीतिक रूप से स्वतंत्रत हो।

यह मसीहा विश्वासिता–संसार की रक्षा करने हेतु भारत के मिशन में विश्वास आधुनिक भारतीय चिन्तकों की रचनाओं का प्रमुख तत्व रहा है। भारतीय राष्ट्रवादी मसीहा विश्वासिता उत्पीड़न, कष्ट व आहत अभिमान के युग की बुद्धिसंगत व्याख्या थी। 'हिन्दू

संस्कृति को विदेशियों के प्रबल आक्रमणों का सामना करना पड़ा था।...मसीहावाद राजनीतिक व आर्थिक पराधीनता के आवश्यक प्रतिभार के रूप में विकसित हुआ। इसमें यह बात निहित थी कि यूरोप भौतिक रूप से अधिक शक्तिशाली है, इससे कोई अन्तर नहीं पड़ता क्योंकि भारत निश्चित रूप से आत्मा के क्षेत्र में उससे श्रेष्ठ था। यद्यपि ब्रिटेन के साथ भौतिक संघर्ष में विजय के अवसर बहुत कम थे किन्तु यह विश्वास विकसित होता गया कि स्वतंत्रता प्राप्ति में भारत की सफलता निश्चित है क्योंकि उसे विश्व को दिव्य ज्योति प्रदान करनी थी और राजनीतिक रूप से स्वतंत्र हुए बिना वह यह कार्य करने में असमर्थ था। भारत की राजनीतिक स्वाधीनता को दैवीय योजना का अंग माना गया।[118]

एक राष्ट्र के रूप में भारत के विशेष मिशन में श्री अरविन्द के विश्वास बारे में कहा जा सकता है कि यह राष्ट्रवादी मसीहावाद उनके सार्वभौम व लोकोत्तर वेदान्तवाद के विपरीत जाता प्रतीत होता है। इससे हीगल का स्मरण हो आता है। वे हीगल की भाँति परमसत्ता की गतिशील प्रकृति की चर्चा करते हैं और उसी की भाँति राष्ट्र की आत्मा का उल्लेख करते हैं। किन्तु अरविन्द संकीर्ण राष्ट्रवादी नहीं हैं और मानवता एवं विश्व बन्धुत्व के सिद्धान्त व मानव एकता की योजना के प्रस्तुतिकरण की दृष्टि से हीगल से बहुत परे पर चले जाते हैं।[119]

श्री अरविन्द राष्ट्रवाद की एक अवधारणा के रूप में व्याख्या तक ही सीमित नहीं रहे। उन्होंने इसकी कार्यप्रणाली की भी विवेचना की है। उनका कहना था कि आध्यात्मिक आत्मानुभूति की धार्मिक प्रक्रिया और राष्ट्र की गतिशील पूर्णता के रूप में राष्ट्रवाद के लिए यह आवश्यक था कि इसके तरीके व उपाय भी नैतिक हों।[120] अतः अरविन्द ने साधना और ज्ञान पर बल दिया। साधना आध्यात्मिक शक्ति के स्रोत व प्रमुख केन्द्र से आध्यात्मिक तादात्म्य की प्रक्रिया का महत्व उजागर करती है। भारत को विश्व में आत्म विकास और शक्ति के आध्यात्मिक उपायों के प्रयोग द्वारा ही सफलता प्राप्त करनी थी। ज्ञान

का अभिप्राय बौद्धिक जानकारी हासिल करना नहीं वरन् आध्यात्मिक दृष्टि व अन्तर्मुखी बोध की अनुभूति करना है जो व्यक्ति को गहराईयों में झाँकने व प्रकृति एवं समाज में क्रियाशीलता के मुख्य आधार को खोजने में समर्थ बनाती है। ज्ञान तर्क मूलक बुद्धि के द्वारा वस्तुओं व तथ्य के तार्किक विश्लेषण मात्र से परे चीज है। बंगाल में भक्ति भावना व शक्ति की उपासना का प्रचलन पहिले से ही था। यदि वह ज्ञान भी प्राप्त कर लेता तो वह राष्ट्र के जीवन का स्वरूप बदलने में समर्थ आध्यात्मिक शक्ति केन्द्र को उत्पन्न कर सकता था। अतः उनका कहना था कि 'राष्ट्र के मस्तिष्क, चरित्र व दृष्टिकोण को आध्यात्मिक दृष्टि से आमूल परिवर्तित करना आवश्यक था।[121] नैतिक व आध्यात्मिक तकनीकों के विकास से सर्वव्याप्त तमस् के छिन्न-भिन्न होने में सहायता मिलेगी। अरविन्द ने न केवल आन्तरिक शक्ति की प्राप्ति एवम् शुद्धिकरण के उद्देश्य से वरन् राष्ट्रीय ओजस्विता व शक्ति के संरक्षक के रूप में नैतिक गुणों व आध्यात्मिक तकनीकी के विकास पर बल दिया। एक बड़े राजनीतिक आन्दोलन के नेताओं व अनुयायियों को अध्यवसाय, दृढ़ता व भ्रातृत्व से उद्भूत ठोस शक्ति का विकास करना चाहिए।

श्री अरविन्द प्रणीत राष्ट्रवाद के उपर्युक्त विश्लेषण से यह स्पष्ट है कि उन्होंने इसके आध्यात्मिक स्वरूप के बारे में जो कुछ कहा वह मस्तिष्क से नहीं वरन् चेतना के उच्चतर स्तर से निसृत था। उन्होंने जो बातें कहीं वे अति चेतना विश्वसत्ता के सतत सान्निध्य में विद्यमान आत्मा के द्वारा देखे गए सत्य थे।[122] राष्ट्रवाद का यह सिद्धान्त अनेक बौद्धिक सिद्धान्तों व वैचारिक रूपों के संश्लेषण का प्रतिनिधित्व करता है। इसमें हमें भारतीय लोगों की महत्वपूर्ण आध्यात्मिक व बौद्धिक उपलब्धियों के लिए गहन आदर भाव के दर्शन होते हैं। अरविन्द के मन में ऋग्वेद व उपनिषदों की प्रेरक व औदात्यपूर्ण वाणी के लिए प्रगाढ़ श्रद्धाभाव था। प्राचीन के ज्ञानसिन्धु में गहन सन्तरण ने अरविन्द के इस पुनरुत्थानवादी सिद्धान्त को प्रेरणा प्रदान की कि 'सनातन धर्म स्वयं ही राष्ट्रवाद है।[123] उनके सिद्धान्त पर पाश्चात्य प्रभाव भी दृष्टिगोचर होता है। राष्ट्र

की आत्मा के उनके सिद्धान्त का हीगल के साम्य है। फिख्टे व अरविन्द दोनों राष्ट्र के अमरत्व में विश्वास रखते हैं।

सैद्धान्तिक स्तर पर श्री अरविन्द की महत्ता राष्ट्र व राज्य के सिद्धान्त को पृथक् बनाए रखने में निहित है। वे राष्ट्र को एक आध्यात्मिक समष्टि मानते हैं किन्तु राज्य को एक यंत्र के रूप में देखते हैं। इसी कारण वे अनावश्यक राजकीय हस्तक्षेप के बिना राष्ट्र के पूर्ण सांस्कृतिक, बौद्धिक व सामाजिक विकास की संभावना पर चिन्तन करने में समर्थ हुए। उन्होंने कतिपय प्रत्ययवादी जर्मन विचारकों की भाँति राज्य व राष्ट्र को एकरूप कभी नहीं माना। उनकी रचनाओं व उनके व्यक्तिगत जीवन से यह प्रकट होता है कि राष्ट्रवाद विशुद्ध रूप से राजनीतिक या आर्थिक तथ्य मात्र नहीं है। 'इसे बुर्जुआ वर्ग के आर्थिक हितों की बुद्धिसंगत व्याख्या मात्र नहीं माना जा सकता।' उन्होंने स्पष्टतः कहा कि वे भारत में भौगोलिक या प्रादेशिक इकाई मात्र के नहीं वरन् माँ के दर्शन करते हैं। अतः उन्होंने उसके लिए जीवन अर्पित कर दिया। इसका अभिप्राय राष्ट्रवाद के पीछे निहित आर्थिक तत्व से इन्कार करना नहीं है।[124] अरविन्द ने इस बात पर बल दिया कि केवल लोकप्रिय सरकार ही भारत के संसाधनों का निर्गम रोककर भारतीय उद्योगों व वाणिज्य को प्रोत्साहन दे सकने में समर्थ हो सकती थी। स्वदेशी पर दिए गए बल में अरविन्द राष्ट्रवाद के आर्थिक आधारों को स्वीकार करते हैं।

चूँकि श्री अरविन्द राष्ट्रवाद को विशुद्ध सात्विक धर्म के रूप में देखते हैं, अतः उन्होंने नेताओं व अनुयायियों दोनों के लिए आध्यात्मिक व नैतिक अनुशासन पर जोर दिया। उनके द्वारा भारत के सांस्कृतिक व धार्मिक पुनरुत्थान का समर्थन सनातन धर्म का राष्ट्रवाद के रूप में उनका भाव प्रवण पक्ष पोषण कभी भी प्रतिक्रियावादी प्रयत्न नहीं रहा। वे शास्त्रों के सैद्धान्तिक धर्म शास्त्र को नहीं वरन् प्राचीन पवित्र ग्रन्थों के नैतिक व आध्यात्मिक आदर्शवाद को पुनरुज्जीवित करने का प्रयास कर रहे थे।[125] राजनीतिक राष्ट्रवाद के पीछे नैतिक आदर्शवाद पर बल अरविन्द की शिक्षाओं की गहराई

को प्रकट करता है। राष्ट्रीय शक्ति के आन्तरिक स्रोतों पर बल देकर उन्होंने भारत के पुनरुत्थान का सन्देश दिया।

राष्ट्रवाद के भाष्यकार के रूप में अरविन्द का एक अन्य योगदान उनके द्वारा राष्ट्रवाद और अन्ततः मानवीय एकता के बीच सामंजस्य स्थापित करना है। रविन्द्रनाथ ठाकुर व लॉर्ड एक्टन ने राष्ट्रवाद की आलोचना की है किन्तु श्री अरविन्द का राष्ट्रवाद कोई संकीर्ण विचारधारा नहीं है। वे राष्ट्र के प्रति व्यक्ति के सम्पूर्ण आत्मसमर्पण की बात नहीं करते। राष्ट्रवाद को वे मनुष्य के सामाजिक और राजनीतिक विकास में एक आवश्यक अवस्था मानते हैं।

राष्ट्रवाद के व्याख्याता के रूप में अपने भाषणों व लेखों में भारत की पूर्ण स्वतंत्रता का समर्थन करने का श्रेय श्री अरविन्द को है। 'यह भारत की भावी नियति का अद्भुत मानस दर्शन था।[126] स्वामी विवेकानन्द और रामतीर्थ की भाँति श्री अरविन्द का राष्ट्रवादी दर्शन भी राजनीतिक वेदान्तवाद का उदाहरण है। अपना मंतव्य स्पष्ट करते हुए एक स्थल पर वे लिखते हैं, हमारी अभिवृत्ति राजनीतिक वेदान्तवाद है। स्वतंत्र, एक व अविभाज्य भारत की दैवीय अनुभूति की ओर हम अग्रसर हैं। हमारा उद्देश्य मुक्ति है।[127] उन्होंने वेदान्त दर्शन के कतिपय आध्यात्मिक सिद्धान्तों की एक राजनीतिक सन्दर्भ में व्याख्या करने का प्रयास किया है। उसके अनुसार वेदान्त लोकोत्तर जीवन और चेतना व ब्रह्माण्ड का दर्शन मात्र नहीं है वरन् इसमें राष्ट्रीय मुक्ति के बीज भी निहित हैं क्योंकि यह माँ व दिव्य शक्ति के रूप में राष्ट्र के विचार का तत्वशास्त्रीय समर्थन प्रस्तुत करता है।[128] मातृभूमि भारत सर्वोत्तम वास्तविकता की एक शक्ति मात्र है। यह देवी है, विश्व जननी काली है। लोगों को इस पावन देवी के लिए जो अपमान, मानमर्दन व निराशाएँ झेलनी पड़तीहैं, वे आवश्यक थीं। वे लोगों को माँ के रूप में देश के विचार से अनुप्राणित करने हेतु द्वन्द्वात्मक क्रियाविधि थी।[129] उनकी धारणा थी कि राष्ट्रवाद एक ईश्वर नियुक्त शक्ति है और ऐसी शक्ति के लिए 'यह सदैव आवश्यक है कि वह कष्ट सहन द्वारा विकसित हो। कष्ट सहन के बिना,

निःस्वार्थतता के बिना, आत्मबलिदान की नैतिक शक्ति के बिना हमारे भीतर विद्यमान ईश्वर नहीं बढ़ सकता।[130]

अरविन्द माया के महान् वेदान्ती सिद्धान्त की चर्चा करते हैं। विदेशी सभ्यता की माया भारत में विजयी हो गयी थी। मुक्ति राजनीतिक स्वतंत्रता के महत्व को स्पष्ट करती है। ...'हम भारत में पूर्णतः विदेशियों की माया के प्रभाव में आ गए जिसने हमारी आत्मा पर अधिकार कर लिया। विदेशी शासन, विदेशी सभ्यता, विदेशी लोगों की शक्तियों व क्षमताओं की माया हम पर शासन कर रही है।[131] पुरातन वेदान्त में प्रस्तुत निगूढ़ ब्रह्माण्डीय माया के आधिपत्य से नहीं वरन् विदेशी सभ्यता की माया से मुक्ति का यह सिद्धान्त राजनीतिक व सामाजिक सन्दर्भ में वेदान्त के सिद्धान्तों व धारणाओं के प्रयोग का अन्यतम उदाहरण है। विदेशी शासन द्वारा फैलाई गई माया से ग्रस्त लोग राष्ट्रवाद को पागलपन मानते थे और कहते थे कि राष्ट्रवाद देश को नष्ट कर देगा। राष्ट्रवाद को अहितकर मानने वाले इन लोगों से श्री अरविन्द का कहना था कि 'यदि आप ईश्वर पर भरोसा नहीं करते तब आपको पूर्णतः दूसरों द्वारा प्रदत्त चीजों पर ही निर्भर रहना पड़ेगा।' भारत की मुक्ति के लिए ब्रिटिश सरकार से आशा रखने वालों को उन्होंने याद दिलाया, 'उनके हित आपसे बहुत भिन्न हैं आप अन्य किसी बात की आशा नहीं कर सकते।...आप जिस बौद्धिक प्रक्रिया का अनुसरण कर रहे हैं वह अन्ततः मृत्यु की ओर ले जाएगी। आपके पास ऐसा कुछ नहीं है जो आपकी सहायता कर सके और आपके पास ऐसी कोई भौतिक शक्ति नहीं है जिसे विरोधी कुचल नहीं सकें।[132] राष्ट्रवाद का धर्म अंगीकार करने का अभिप्राय सीधी सरल रेखा में आगे बढ़ना नहीं था। इस मार्ग में संघर्ष को अरविन्द ने अनिवार्यता माना। उन्होंने बताया कि जिस प्रकार प्राचीनकाल में अवतार होने पर उन्हें कुछ अत्यधिक शक्तिशाली दैत्यों व असुरों का सामना करना पड़ता था, उसी प्रकार राष्ट्रवाद के धर्म को ऐसी प्रबल शक्तियों का सामना करना पड़ता है जिसका सामना भौतिक ताकत नहीं कर सकती।[133]

उपर्युक्त विवेचन से स्पष्ट है कि श्री अरविन्द ने राष्ट्रवाद को एक ईश्वरीय शक्ति व नैतिक आदर्श के रूप में प्रस्तु किया है। मातृभूमि के प्रति अचल निष्ठा के साथ मानव जाति के कल्याण में योगदान की ललक इसमें अभिव्यक्त हुई है। भारत के मिशन को पूरा करने हेतु विदेशी शासन के जुए को उतार फेंकने का आह्वान किया। राष्ट्रीय मुक्ति, भावी महीयता की पहली शर्त थी। राष्ट्रवाद विश्वजनीन साधना का एक अंग है किन्तु साधना की पात्रता हासिल करने के लिए पूर्ण स्वतन्त्रता आवश्यक थी। विदेशी शासन की बुराईयों का विश्लेषण अरविन्द ने बहुत गइराई से किया है। राष्ट्रीय स्वाधीनता की चेतना जागृत करने में उनके सम्पादन में 'वन्दे मातरम्' की भूमिका अत्यधिक उल्लेखनीय रही। 'वन्दे मातरम्' के माध्यम से उन्होंने राष्ट्रीय आन्दोलन की ओज एवं गतिशीलता प्रदान कीऔर स्वराज की आकांक्षा जागृत की। उनके राष्ट्रवाद के सिद्धान्त को अपनी पूर्णता से समझने हेतु उनके द्वारा प्रस्तुत विदेशी शासन के पतनकारी प्रभाव के विश्लेषण और स्वराज्य की महती आवश्यकता का आकलन आवश्यक है। इस कार्य में 'वन्दे मातरम्' उनका सन्देशवाहक बना।

राष्ट्रवाद के पुरोधा का पांचजन्य 'वन्दे मातरम्'

बंकिम ने 'वन्दे मातरम्' की जिस भव्य नियति को अपने मानस चक्षुओं से देखा था, श्री अरविन्द के हाथों वह कार्य सम्पन्न हुआ। विपिनचन्द्रपाल द्वारा स्थापित इस पत्र का सम्पादन जब उन्होंने सम्भाला तब इस शब्द द्वय में निहित शक्ति का भान लोगों को हुआ। इस पत्र ने बंग भंग आन्दोलन के दौरान जनजागृति का शंखनाद किया। वस्तुतः श्री अरविन्द ने अपनी जन्मभूमि को ठीक उसी समय कर्मभूमि के रूप में चुना जिस समय बंगाल को उनके उत्साहमय व्यक्तित्व की सख्त जरूरत थी।[134] बंग भंग से उत्पन्न परिस्थिति ने उन्हें खुले रूप से राजनीतिक रंगमंच पर आने हेतु चिर प्रतीक्षित अवसर प्रदान किया।

सम्पूर्णतः सुषुप्त भारत को, जो स्वतंत्रता प्राप्ति को असम्भव चमत्कार समझ कर चुप्पी साधे पड़े था, प्रचार और राजनीतिक उद्बोधन के लेखों-

भाषणों आदि से जागृत करके, स्वयं को राष्ट्र के रूप में, एक अविच्छिन्न सत्ता के रूप में सोचने की शक्ति और क्षमता प्रदान करने तथा स्वतन्त्रता के लिए असीम अभीप्सा जगाने के कार्य का प्रारम्भ उन्होंने किया।[135] राष्ट्र को आत्मनिर्भरता व अन्याय के अवज्ञात्मक प्रतिरोध का सन्देश अरविन्द ने 'वन्दे मातरम्' के माध्यम से दिया। यह पत्र भारतीय राष्ट्रवाद के इतिहास में पत्रकारिता का एक अनूठा कमाल था। 'लोगों के मानस को बदलने व उसे क्रांति हेतु तैयार करने में प्रभाव की दृष्टि से 'वन्दे मातरम्' पत्रकारिता के इतिहास में प्रायः अद्वितीय था।[136] श्री अरविन्द द्वारा वन्दे मातरम् का कार्यभार सम्भालने से पूर्व 'तत्कालीन राजनीतिक वातावरण में देश की राजनीतिक स्वतंत्रता की इच्छा व माँग का उल्लेखनीय अभाव था। अतः इसने पहिले मनोवैज्ञानिक स्वरूप परिवर्तन व लोगों में स्वतन्त्रता की चेतना का निर्माण करने का कार्य अपने हाथों में ले लिया[137] और थोड़े ही समय में इस अभिलाषा की ज्योति जागृत कर दी। इसने लोगों को स्पष्ट तौर पर कहा कि विदेशी सरकार को की जाने वाली प्रार्थना और याचना द्वारा राष्ट्र की स्वतंत्रता हासिल नहीं की जा सकती। इसके लिए नौकरशाही से विकट संघर्ष व शहीदों का रक्त बहाना आवश्यक है।

स्वयं के प्रति निष्ठावान, अपनी नियति के प्रति सचेत, नौकरशाही की भृकुटि और स्मित के प्रति उदासीन, उत्तेजना के मध्य भी शान्त एवं गरिमायुक्त 'वन्दे मातरम्' ने 'अग्नि हृदय व ज्वाला जिह्वा' से देश के लिए महान सेवा बलिदान व दृढ़ता एवं धृति के महान् आदर्शों की शिक्षा दी।[138] श्री अरविन्द के योग्य नेतृत्व में 'वन्दे मातरम्' एक दुर्जेय शक्ति बन गया। वह नौकरशाही एवं एंग्लो इंडियन प्रेस को चिन्तित करने में सक्षम था। आत्मनिर्भरता और आत्मबलिदान का नवीन पंथ व उद्देश्य के प्रति पूर्ण समर्पण, तीव्र ध्वनि वाले मितवाद के खोखलेपन का विगोपन, भारतीय इतिहास, संस्कृति व चिंतन के विविध पहलुओं का गहन अर्थ आदि बातें इसमें प्रतिदिन प्रकाशित होती थीं। इसके सम्पादकीय चिंतन

व भाषा की ताजगी, तर्क की स्पष्टता व अकाट्यता, गम्भीर सच्चाई व दृढ़ निश्चय से अनुप्राणित थे।[139]

'वन्दे मातरम्' के सम्पादक के रूप में श्री अरविन्द ने आध्यात्मिक राष्ट्रवाद का महान् सन्देश अपने देशवासियों को दिया। इसके सम्पादकीय लेखों से उनकी अद्‌भुत प्रतिभा व तर्कशक्ति का प्रमाण मिलता है। यद्यपि इसके लेख उदात्त देशभक्तिपूर्ण भावना से युक्त होते थे तथापि उन्हें ऐसी कौशलपूर्ण शब्दावली में प्रस्तुत किया जाता था कि सरकार उन पर राजद्रोह का अभियोग नहीं चल सकी। एंग्लो इंडियन प्रेस ने अपनी व्यथा प्रकट करते हुए लिखा कि सार की दृष्टि से 'वन्दे मातरम्' के लेख राजद्रोहात्मक प्रचार से भरे होते थे किन्तु उनकी भाषा इतनी परिष्कृत थी कि कानूनी रूप से उसके विरुद्ध कोई अभियोगन चलना मुश्किल था। इसने भारतीय राष्ट्र को निद्रा से जगाया। भारत के स्वतंत्रता आन्दालेन की सही अर्थों में शुरुआत श्री अरविन्द द्वारा 'वन्दे मातरम्' के माध्यम से दिए गए पूर्ण स्वराज्य के सन्देश से हुई। जिस प्रकार युद्ध की शुरुआत मनुष्य के मस्तिष्क में होती है, भारत के स्वतंत्रता आन्दोलन का प्रारम्भ पूर्ण स्वराज के इस नवीन आदर्श के प्रस्तुतिकरण से हुआ।[140] इसके साहसी दृष्टिकोण, इसके स्पष्ट विचारों, इसकी शुद्ध और सशक्त शैली, इसके दग्ध करने वाले कटाक्ष और परिष्कृत विनोद अपनी सानी नहीं रखते थे।[141] इसी कारण एक समकालीन पत्र 'सन्ध्या' ने वन्दे मातरम् के बारे में मत व्यक्त करते हुए देशवासियों से कहा, 'वन्दे मातरम् की मंत्र शक्ति आंग्ल भीति के जहर को निकाल देगी, राष्ट्रीय ऊर्जस्विता का हरण करने वाली दुर्बलताएँ अतीत की वस्तुएँ हो जाएँगीं। इसके शब्द आपका भय निकाल दूर करेंगे, गर्जन की शक्ति से आपकी बाहुओं को सुदृढ़ बनाएंगे। आप यह महसूस करने लग जाएँगे कि वे राईफलें व बन्दूकें, जेल व न्यायाधिकरण, गवर्नर व वायसराय सभी नगण्य हैं।''[142] 'वन्दे मातरम्' ऐसी शक्ति बन चुका था, जिसकी अवहेलना करने का साहस कोई नहीं कर सकता था। इसका उद्‌भव किसी निजी सनक को संतुष्ट करने हेतु नहीं वरन् अनिवार्य सार्वजनिक

आवश्यकता को पूरा करने के लिए हुआ। इसका जन्म सम्पूर्ण राष्ट्र के लिए घोर संकटकाल में हुआ था।

एक पवित्र धार्मिक कर्त्तव्य के रूप में श्री अरविन्द ने पूर्ण निष्ठा से अपना जीवन 'वन्दे मातरम्' के सम्पादन में अर्पित कर दिया।[143] उनके सम्पादकीय लेख उन दिनों भारतीय राजनीति की क्लासिक रचनाओं की श्रेणी में आते थे। इसके अनुशीलन से स्पष्ट होता है कि अरविन्द प्रायः पैगम्बरी लहजे में बोलते हैं। कतिपय अवसरों पर वे चूड़ान्त शास्त्रार्थ निपुणता का परिचय देते हैं। ऐसे भी अवसर आते हैं जब वे भारतीय जनता के नेता के रूप में उभरते हैं और उनके माध्यम से निःशस्त्र व क्लीव हो चुके लाखों लोग अपनी नवप्राप्त आशा व आत्मविश्वास की शक्ति से समन्वित हो सभ्य संसार के सम्मुख चुनौती व गौरव की मुद्रा में खड़े होते हैं। 'पुनर्जागृत भारत के पैगम्बर, जन नेता, राष्ट्रवादियों के सेनापति, इन विभिन्न रूपों में श्री अरविन्द 'वन्दे मातरम्' के लेखों में उभरते हैं।''[144] रोज प्रातः काल न केवल कलकत्ता वरन् देश के हर एक भाग में शिक्षित समुदाय समकालीन उत्तेजक प्रश्नों पर इसकी ओजस्वी टिप्पणियों की उत्सुकता से प्रतीक्षा करता था।

बंगाल विभाजन के विरुद्ध चलाए गए जन आन्दोलन में 'वन्दे मातरम्' की भूमिका राष्ट्रीय आन्दोलन के इतिहास में विशिष्ट स्थान रखती है। उसने स्वराज्य की आकांक्षा को तीव्र बनाने में उल्लेखनीय योगदान दिया। श्री अरविन्द एक मसीहा के रूप में इसी दौरान उभरे। गहन कूटनीतिक चाल से प्रेरित नौकरशाही के इस कृत्य ने जनसाधारण की राजनीतिक चेतना को क्रियाशील बना दिया और पिछले कुछ समय से जोर पकड़ रही राष्ट्रवाद की भावना को निश्चित स्वरूप प्रदान किया। एक महान् राष्ट्रीय प्रेरणा अचानक सम्मुख आई जो अब तक गुप्त थी तथा इसने अस्पष्ट व बिखरी हुई शक्तियों को एक सूत्रता प्रदान की। बंग भंग विरोधी आन्दोलन केवल एक प्रान्त विशेष के लोगों की शिकायत न रहकर एक राष्ट्रीय महत्व का विषय बन गया। विभाजन के अभिशून्यन हेतु आन्दोलन के रूप में प्रारम्भ होकर यह शीघ्र ही मातृभूमि

के विदेशी आधिपत्य के विरुद्ध राष्ट्रीय आकांक्षाओं की शक्तिशाली लहर के रूप में विकसित हो गया। "भारत में जनसाधारण का ऐसा भावनात्मक विस्फोट पहिले कभी देखने में नहीं आया। इस आन्दोलन ने हमें कई मूल्यवान शिक्षाएँ व वस्तुएँ प्रदान कीं जो उस युग में प्रभूत रूप में सहायक सिद्ध हुईं और उन शक्तियों के लिए आधारभूमि तैयार की जो राष्ट्रीय एकता के संवर्धन व राष्ट्र के लिए कष्ट सहन हेतु उत्साह की भावना भरने में कृतकार्य हुईं।"[145]

मातृभूमि के प्रति दिव्य अनुराग से आप्लावित राष्ट्रवादी उत्साह से बंग-भूमि सरोबार हो गयी। बंगाल के इस विभाजन को टिळक ने 'आणी बाणी ची वेळ' (संकट काल) की संज्ञा दी और महाराष्ट्र व बंगाल में शिवाजी उत्सव धूमधाम से मनाया गया। श्री अरविन्द ने राष्ट्रीय संकट की इस घड़ी में इस उत्सव के मर्म को पहिचाना और उसका पुरजोर समर्थन किया। उन्होंने पूर्ण स्वराज्य का जो आदर्श देश के सम्मुख रखा शिवाजी का जीवन उसका प्रतीक था। एक राष्ट्र के रूप में भारत की जिजीविषा का प्रमाण उस युग में मिला। यह उत्सव हमारी राष्ट्रीय चेतना का प्रतीक बन गया। टिळक के सहयोगी के रूप में अरविन्द के लिए स्वाभाविक था कि वे इसे लोकप्रिय बनाने में सहयोग दें।

'वन्दे मातरम्' में प्रकाशित एक लेख में उन्होंने राष्ट्र के निर्माण में इसकी शक्ति की संभावनाओं का स्पष्टीकरण किया। श्री अरविन्द के मतानुसार शिवाजी की जीवनी का अध्ययन केवल विद्यालयों तक सीमित नहीं रहना था। वह सम्पूर्ण राष्ट्र के लिए शिक्षा स्वरूप है। शिवाजी मात्र एक बहादुर सेनापति और सफल साम्राज्य निर्माता से बढ़कर जनसाधारण के धार्मिक व आध्यात्मिक विकास के संवर्धन एवं एक दैवीय व हितैषी आदेश के आज्ञाकारी व निःस्वार्थ सेवक थे। उन्होंने इस उत्सव का और दर्शनिकीकरण कर दिया। वे स्वराज्य के जिस आदर्श के लिए राष्ट्र को मानसिक रूप से तैयार करना चाहते थे, शिवाजी का जीवन उसका उत्कृष्ट उदाहरण था। उनमें एक नायक व साधक के गुणों का समन्वय हो गया था। यह दृष्टव्य है कि श्री अरविन्द के राष्ट्रवाद के आदर्श में पूर्ण स्वराज्य पर विशेष रूप से बल दिया

गया था और शिवाजी ने इसी के लिए प्राणापण से चेष्टा की। अरविन्द के राष्ट्रवाद को अपनी सम्पूर्णता में समझने के लिए उनकी स्वराज्य विषयक अवधारणा का विश्लेषण आवश्यक है। स्वराज्य की महती आवश्यकता का प्रतिपादन वे विदेशी शासन के पतनकारी प्रभाव और राष्ट्र की अस्मिता के संरक्षण के सन्दर्भ में करते हैं। राष्ट्र की जीवन शक्ति का हरण करने वाले विदेशी शासन की बुराईयों के तार्किक स्पष्टीकरण की पृष्ठभूमि में स्वराज्य विषयक उनकी अवधारणा को भलीभाँति समझा जा सकता है। वे नैतिक व राजनीतिक आधारों पर विदेशी शासन को सर्वथा अमान्य ठहराते हैं।

ब्रिटिश शासन की नियामतों का स्तुतिगान करने वालों की मूलभूत विचारधारा को उन्होंने 'भूल की त्रिपक्षीय आधारशिला' पर अवस्थित बताया। इनमें प्रथम अभिधारणा तो यह थी कि विशृंखलता व दुर्बलता भारतीय जनता के चरित्र के अविच्छेद्य अंग हैं तथा बीच-बचाव के लिए विदेशी ताकत आवश्यक है। दूसरे यह कि सभी भेदभाव व अन्तर पूर्णतया दूर हो जाने चाहिए और तीसरे यह मान्यता कि स्वस्थ विकास विदेशी आधिपत्य के अन्तर्गत ही संभव है।[146] श्री अरविन्द के अनुसार ये तीनों अभिधारणाएँ राजनीतिक अविवेक के स्मारक थे और न तो वे ऐतिहासिक अनुभव और न ही हमारे चारों ओर विद्यमान तथ्यों पर आधारित थे क्योंकि "राजनीतिक रूप से विशृंखलित, नैतिक रूप से भ्रष्ट, बौद्धिक दृष्टि से दीन-हीन, भौतिक दृष्टि से अवरुद्ध व भग्न राष्ट्र एक सदी के ब्रिटिश शासन का परिणाम था।"[147] भारत में ब्रिटिश सत्ता की प्रकृति के विषय में उनका कहना था कि वर्तमान आधिपत्य वणिकों का शासन है, जो नौकरशाही भी है। इस कारण इसमें साम्राज्यीय सरकार के भीषणतम दुर्गुणों का समावेश हो गया है। वणिक् धोखे-धड़ी से शासन करते हैं और नौकरशाह का माध्यम लालफीताशाही है। वणिक् अपने विषाद प्रवण ओछेपन द्वारा अधीनस्थ प्रजाजनों को विमुख कर देता है और नौकरशाह आत्मारहित अनमनीयता के द्वारा प्रशासन को जीवन और मानवीय सहानुभूति से वंचित कर देता है।...शासन का ऐसा सिद्धान्त ईश्वरीय

कानून का विरोधी और विवेक के विपरीत है। वह स्वार्थी और हृदयहीन के साथ अलाभकारी भी है।[148]

उन्होंने राष्ट्रवासियों को याद दिलाया कि हमारी अनेक बुराइयाँ अधीनता का आवश्यक परिणाम हैं। हमने अब तक स्वयं को एक लघुकाय विदेशी निकाय के सम्मुख अर्पित कर रखा है तथा निष्क्रिय आज्ञाकारिता ने हमारी राजनीतिक सजीवता की क्षमता का हरण कर लिया है।[149]

ब्रिटेन द्वारा भारत के मार्ग दर्शन की बात सर्वथा अस्वीकार करते हुए उन्होंने कहा कि यह तो हमारी नियति की पूर्ण हत्या के लिए प्रियोक्ति मात्र है। यह कहना अतर्कसंगत है कि दूसरे हमें ज्ञान, सभ्यता व राजनीतिक प्रशिक्षण प्रदान करेंगे क्योंकि जो प्रबुद्धीकरण प्रदान किया जाता है, प्राप्त नहीं किया जाता, वह प्रकाश नहीं संभ्रम फैलाता है। बाहर से थोपी जाने वाली सभ्यता राष्ट्र को शक्ति देने की बजाय उसे मार देती है। जो प्रशिक्षण स्व अनुभवों व प्रयत्नों से उपार्जित नहीं होता वह कार्यदक्ष बनाने के बजाय पंगु बना देता है। अतः स्वतंत्रता का मुद्दा एक मात्र मुद्दा है।[150] जब कोई राष्ट्र अपनी स्वाभाविक अवस्था में होता है, उसकी बुद्धि व जीवन अंतःस्थ व स्वशक्ति पर निर्भर होते हैं तो वह अपने स्वयं के केन्द्रों का विकास करता है और अपनी आवश्यकताओं के अनुसार उनमें यह सम्बन्ध स्थापित करता है किन्तु जैसे ही इस नैसर्गिक अवस्था में व्यवधान उपस्थित होता है और कोई विदेशी सत्ता राष्ट्र में स्वयं को स्थापित कर उस पर छा जाती है तो वह बाह्य शक्ति पोषण के सारे तत्वों को सोख लेती है। फलतः स्वाभाविक केन्द्र जीवन रस से वंचित होकर अदृश्य हो जाते हैं। यही कारण है कि विदेशी शासन कभी किसी राष्ट्र के लिए शुभ नहीं हो सकता। उन्होंने स्पष्ट किया कि स्वभावतया विदेशी शासन एक पृथक इकाई के रूप में अधीनस्थ राष्ट्र के विकास, स्वशासन के लिए इसकी क्षमता के विकास व उसके निवासियों की क्षमताओं एवं महत्वाकांक्षा के विकास का विरोधी होता है। राष्ट्र के लिए विदेशी शासन अप्राकृतिक व घातक है। उसके फलस्वरूप अधीनस्थ राष्ट्र पराश्रित, असंगठित व शक्तिहीन बन जाता है।

भारत के लिए अधीनता की स्थिति से संतुष्ट मितवादियों पर कटाक्ष करते हुए उन्होंने दासता के घातक परिणामों को ओर इंगित किया। उन्होंने दो टूक शब्दों में कहा कि ये राजनेता समृद्ध दासता के आदर्श से मदहोश हैं और यह महसूस नहीं कर पा रहे हैं कि यह (दासता) राष्ट्र को किस प्रकार जीवन शक्ति से हीन कर देती है।[151] मितवादी कांग्रेस की राजनीति गुलामों की राजनीति है जिसकी कार्यप्रणाली प्रार्थना और याचना है और जिसकी नाराजगी की व अस्वीकृति की अभिव्यक्ति केवल रुदन और सिसकियों में होती है। झिड़की भारतीय राजनीतिक को चिरौरी के बलवत्तर प्रयत्नों व रुदन के उच्चतर आवेग की ओर उन्मुख करती है और इस प्रकार सतत याचनावृत्ति द्वारा वे अपने देश की स्वतंत्रता हासिल करने की आकांक्षा रखते हैं।[152] ब्रिटिश शासन को दैवीय विधान मानने की उनकी मान्यता के खोखलेपन को उन्होंने इस प्रकार स्पष्ट किया, "रोमन लोगों ने एक रेगिस्तान का निर्माण कर दिया और उसके परिणाम को शान्ति की संज्ञा दी। ब्रिटिश सत्ता ने भारत में लोगों के पौरुष व चेतना का नाश कर दिया है और उसके परिणामों को कानून और व्यवस्था कहते हैं।[153] इसी संदर्भ में एक अन्य स्थल पर उन्होंने लिखा, 'राजभक्त लोग ब्रिटिश शासन की सौ नियामतें गिना सकते हैं, यद्यपि निकट से देखने पर वे मृत सागर की सेव प्रतीत होती हैं जो चखने पर धूल में तब्दील हो जाती हैं। उनमें से कोई भी हमारे पौरुष, हमारे साहस, हमारे आत्मसम्मान व पहल करने की आदत के लुप्त हो जाने के अनिवार्य और मूलभूत नुकसान की क्षतिपूर्ति नहीं कर सकती। जब इन गुणों का लोप हो जाता है तो मनुष्य की केवल छायामात्र शेष रह जाती है और न तो पश्चिमी सभ्यता का मुलम्मा, न प्रबुद्धीकरण, न ब्रिटिश शान्ति, न रेल व तार व्यवस्था–व्यक्तिगत और राष्ट्रीय चरित्र के आधार के लोप होने के इस नुकसान की क्षतिपूर्ति कर सकते हैं।[154] हम यह स्वीकार नहीं करते कि अपनी गुलामी की हामी भरने वाला गुलामों का राष्ट्र नैतिक दृष्टि से स्वतंत्रता के योग्य हो सकता है। **दासता का एक दिन ही व्यक्ति को अपने आप पौरुष से वंचित कर देता है और जब तक यह**

जुआ विद्यमान रहता है वह सर्वतोमुखी और पूर्ण नैतिक विकास नहीं कर सकता।[155] स्पष्ट है कि श्री अरविन्द उस घातक पराश्रिता, अकर्मण्यता व असहायता के विरुद्ध थे जिसमें एक सदी के सर्वव्यापी ब्रिटिश शासन में हमें ढ़केल दिया था।

जो सरकार समस्त राष्ट्रीय गतिविधियों, क्षमताओं व शक्तियों के विकास हेतु पूर्ण अवसर प्रदान नहीं करती, वह वास्तविक अर्थों में न तो राष्ट्र के लिए हितकारी हो सकती है और न ही राष्ट्रीय जीवन व विकास के उद्देश्यों को पूरा कर सकती है, ऐसा उनका मत था। स्वतंत्रता को राष्ट्र के अच्छे स्वास्थ्य और ओजस्वी जीवन की पहली शर्त करार देते हुए अरविन्द ने कहा कि एक विदेशी निरंकुशता स्वयं में ही एक अप्राकृतिक दशा है और स्थायी होने पर वह अधीनस्थ लोगों मेंदूसरी अस्वास्थ्यकर व अप्राकृतिक दशाओं को जन्म दे देती हैं जो घातक क्षय व विशृंखलता की ओर ले जाती है।[156] इस मान्यता को अस्वीकार करते हुए कि भारत में विदेशी शासन ने ऐक्य को बढ़ावा देकर राष्ट्रनिर्माण में सहयोग दिया है, अरविन्द ने इसकी अन्य रूप में व्याख्या की। उन्होंने बताया कि एकता जिन लोगों की नियति है, जब वे अपनी नियति को पूरा नहीं कर पाते तब प्रकृति द्वारा इसके कर्णकटु भागों में संगति स्थापित करने के लिए आवश्यक दबाव डाला जाता है। विदेशी शासन की अप्राकृतिक दशा अपर्याप्त संसक्तिशीलता की पूर्वकालीन अप्राकृतिक अवस्था के निदान के रूप में थोड़े समय के लिए है। विदेशी शासन की स्थापना तो प्रतिरोध के लिए की गई थी। अतः उसे चुपचाप स्वीकार कर लेने का अभिप्राय है उस उद्देश्य को ही विफल कर देना जिसके लिये उसकी स्थापना हुई थी।[157] उन्होंने राष्ट्रवासियों से आह्वान किया कि वे अधीनता को चुपचाप स्वीकार नहीं करें। वह तो राष्ट्र की मृत्युनिद्रा है। विदेशी आधिपत्य का प्रयोग इसके विरुद्ध संघर्ष करने में करें और एक स्वतंत्र राष्ट्रीय इकाई के रूप में व आत्मानुभव के लिए इसे दूर फेंक दें।[158]

स्वभावतः विदेशी शासन विकास के स्वदेशी साधनों की क्रियाशीलता के मार्ग में बाधा उपस्थित करता है। यह स्वयं में ही एक अनैसर्गिक और

अस्वास्थ्यकर दशा, एक व्रण और बीमारी है, जिसे न रोका जाए तो उसकी परिणति राष्ट्र के मानमर्दन व तिलतिल कर मृत्यु में होती है।[159] उन्होंने इस बात का तीव्र प्रतिवाद किया कि ब्रिटेन भारत को मार्ग दर्शन प्रदान करके प्रबुद्ध बना रहा है। आत्मनिर्भरता की दृष्टि से विदेशी शासन की प्रतिकूल परिणति की चर्चा करते हुए श्री अरविन्द ने कहा कि जैसे ही कोई विदेशी अवयवी किसी राष्ट्र पर प्रभुत्व स्थापित कर लेता है वह सम्पूर्ण राष्ट्र को अपने अवयवों की अवहेलना करके स्वयं को क्रियाशीलता के केन्द्र के रूप में देखने को विवश करता है। भारत में विदेशी आधिपत्य की इस प्रवृत्ति ने इतने सशक्त रूप से हमें प्रभावित कर दिया है कि स्वतंत्र कार्यशीलता की आदत व इच्छा से हम सर्वथा वंचित हो चुके हैं और इतने पराश्रित व जड़ बन चुके हैं कि असहायता व अधीनता का ऐसा कोई दूसरा उदाहरण इतिहास में नहीं मिलता। हमारे सम्पूर्ण राष्ट्रीय जीवन को यह पराश्रिता निगल चुकी है।[160]

राष्ट्र की आत्मा को निस्तेज करने वाली विदेशी दासता के विनाशकारी परिणामों का श्री अरविन्द द्वारा किया गया यह विश्लेषण विचारणीय है। राजनीतिक स्वाधीनता की विलुप्ति के साथ ही भारत ऐसी जड़िमा से ग्रस्त हो गया कि जीवन के प्रत्येक क्षेत्र में 'स्व' को भूलकर यूरोप के अंधानुकरण की प्रवृत्ति प्रबल हो चली। यह प्रवृत्ति राष्ट्र की पहिचान समाप्त करने में सक्षम थी। अविचारपूर्ण तरीके से यूरोपीय रीति नीति की अपनाने की प्रवृत्ति के खतरों से स्वामी विवेकानन्द ने आगाह किया था। ब्रिटिश शासन की स्थापना से पूर्व फैली अव्यवस्था से त्रस्त भारतीय मानस संभ्रम का शिकार होकर संतुलन खो बैठा था। अरविन्द ने विदेशी शासन के राजनीतिक दुष्परिणामों के साथ-साथ भारत को यूरोप बनाने के प्रयत्नों के परिणामों की ओर भी स्पष्टतया ध्यान आकृष्ट किया। उनके विचारों में एक राष्ट्र के रूप में भारत के निजत्व को बनाए रखने पर जोर दिया गया है। स्वराज के प्रबल पक्षपोषण का प्रमुख आधार भी यही था।

उनकी मान्यता थी कि यदि भारत यूरोप के पदचिह्नों पर चलता है और

उसके राजनीतिक आदर्शों, सामाजिक व्यवस्था व आर्थिक सिद्धान्तों को स्वीकार कर लेता है तो वह उन्हीं व्याधियों से ग्रस्त हो जाएगा। यदि भारत यूरोप का बौद्धिक अधिकार क्षेत्र बन जाता है तो वह कभी भी अपनी स्वाभाविक महानता प्राप्त नहीं कर सकेगा और न ही अपनी अंतःस्थ संभावनाओं का विकास कर सकेगा। जब कभी कोई राष्ट्र अपने अस्तित्व के उद्देश्य का परित्याग करता है तो वह उसके विकास के मूल्य पर ही होता है। भारत को भारत ही रहना होगा यदि उसे अपनी नियति को पूर्ण करना है।[161] उन्होंने पश्चिमी नमूने पर स्वयं को ढ़ालने को उत्सुक राष्ट्रवासियों को स्पष्ट चेतावनी दी कि यदि भारत को आंग्ल सेक्सन नमूने पर स्वयं को ढ़ालना है तो उसे पहिले अपने भीतर विद्यमान प्रत्येक स्वकीय चीज को समाप्त करना होगा। यदि उसे ब्रिटिश साम्राज्य का भाग, उसके जीवन का अंग बनाना और उसकी संस्थाओं में हिस्सा बटाते हुए उसकी नीति द्वारा शासित होना है तो रोमन आधिपत्य के अन्तर्गत यूनान की नियति निश्चित रूप से उनकी प्रतीक्षा कर रही है।[162]

भारत के महत् मिशन के सन्दर्भ में श्री अरविन्द ने कहा, जो कार्य अब उसके सम्मुख विद्यमान है वह है वेदान्त के अनुसार अपने जीवन का संगठन और यह कार्य उस स्थिति में नहीं किया जा सकता जबकि एक विदेशी सत्ता और विदेशी सभ्यता उस पर छायी हुई हो। यह कार्य अपने जीवन का प्रबन्ध अपने हाथों में लिए बिना सम्पन्न नहीं किया जा सकता।[163] यही स्वराज्य की माँग का नैतिक व व्यावहारिक आधार था।

स्वराज : राष्ट्रीय महानता की सिद्धि की आधार शिला

श्री अरविन्द ने राष्ट्रवाद के आदर्श में भारत की महान् नियति में विश्वास सन्निहित है। एक स्वतंत्र राष्ट्र के रूप में ही वह इसे पूर्ण कर सकता था। अतः मितवादियों की औपनिवेशिक स्वराज की धारणा को उन्होंने सर्वथा अमान्य ठहराया। उनकी दृष्टि में यह न घर का न घाट का वाली स्थिति भारत की सच्ची

प्रगति में निश्चित बाधा थी। अतः वे उदात्त आदर्शों की गतिशीलता से राष्ट्र को अनुप्राणित करना चाहते थे। पूर्ण स्वराज्य का आदर्श ही राष्ट्र में गतिशीलता व ओजस्विता का संचार कर सकता था। इस आदर्श की मनोवैज्ञानिक महत्ता को स्पष्ट करते हुए श्री अरविन्द ने कहा–कोई लघुतर आदर्श न तो राष्ट्रीय पुनरुत्थान को प्रेरित कर सकता है और न ही भारत के लोगों को उग्र, विकट और कठोर संघर्ष के लिए प्रेरित कर सकता है। केवल इसके द्वारा ही वे पुनः राष्ट्रत्व प्राप्त कर सकते हैं।...स्वामी और आश्रित या उच्चतर व अधीनस्थ के सम्बन्धों से ही सन्तुष्ट रहना मनुष्यत्व के अयोग्य एक दयनीय व ओछी आकांक्षा है।[164] उन्होंने ऐसे समय में पूर्ण स्वराज्य की अवधारणा का प्रबलता से प्रतिपादन किया, 'वन्दे मातरम्' में उसके पक्ष में आग्रह पूर्वक निबन्ध लिखते रहे जब गोखले जैसे लोग कह रहे थे कि 'पागलखाने से बाहर आया आदमी ही पूर्ण स्वराज्य की बात कर सकता है।' श्री अरविन्द ने स्पष्ट शब्दों में घोषित किया 'हमारा आदर्श स्वराज्य या विदेशी नियन्त्रण से पूर्ण स्वतन्त्रता है। हम प्रत्येक राष्ट्र के अपनी पद्धति व आदर्शों के अनुसार जीवन जीने के अधिकार का दावा करते हैं। हम विदेशियों द्वारा हमसे हीन सभ्यता हम पर थोपने के दावे और अपनी तथाकथित श्रेष्ठता के आधार पर हमारी विरासत से वंचित रखने का प्रयास का विरोध करते हैं।[165]

स्वराज्य की माँग को, स्वतन्त्रता की जिम्मेदारियों की किसी समझ के बिना प्रस्तुत की जाने वाली अर्थहीन माँग करार दिये जाने के सन्दर्भ में अरविन्द ने इसके औचित्य के विविध आधारों को स्पष्ट किया। उनके अनुसार प्रथमतः तो राजनीतिक स्वतन्त्रता राष्ट्र की प्राण वायु होती है। सर्वप्रथम राजनीतिक स्वतन्त्रता का लक्ष्य सन्धान किए बिना सामाजिक सुधार शैक्षणिक सुधार व औद्योगिक विस्तार के लिए प्रयास करना अज्ञानता व व्यर्थता का चरम शिखर है। राष्ट्रीय प्रगति व सुधार का मूलभूत आधार स्वतन्त्र व स्वस्थ राष्ट्रीय चिंतन व कार्य की आदत है, जो गुलामी की अवस्था में असंभव है।[166] राजनीतिक स्वतन्त्रता के बिना मनुष्य की आत्मा पंगु हो

जाती है। कुछ शक्तिशाली आत्माएँ ही अपने वातावरण से ऊपर उठ सकती हैं किन्तु साधारण मनुष्य अपने वातावरण का दास होता है। गुलाम कभी भी उदात्त और उदारमना नहीं हो सकता।[167] स्वतन्त्रता राष्ट्र के बौद्धिक, नैतिक, औद्योगिक व राजनीतिक विकास की प्रथम अनिवार्य आवश्यकता है, अतः भारत के हित में इसके लिए प्रयास अपेक्षित है।[168]

भारत के भविष्य को सँवारने के लिए स्वराज्य अनिवार्य था। श्री अरविन्द की मान्यता थी कि हम एक राष्ट्र के रूप में अपने जीवन की पूर्णता की खोज कर रहे थे और स्वतन्त्रता उसकी पूर्व आवश्यकता थी। दीर्घकालीन पराधीनता द्वारा छोड़े गए धब्बों व उससे उत्पन्न दूषणों को स्वीकार करते हुए भी हम इस तथ्य के प्रति सचेत थे कि क्षमता व शक्ति हम में पुनर्जीवित हो रही है। सदियों तक विपत्तियों और पराजय के मध्य देश की रक्षा करने वाली हमारी अनुपम राष्ट्रीय ओजस्विता की चर्चा करते हुए उन्होंने बताया कि 'ऐसी अश्रुत ओजस्विता के धनी लोग शिशुओं व पंगुओं के राष्ट्र के रूप में दबाए नहीं जा सकते।[169] न केवल हमारे राष्ट्रीय हित की दृष्टि से वरन् मानव जाति के आध्यात्मिक व बौद्धिक कल्याण में योगदान देने में समर्थ बनाने के लिए भी स्वराज्य अपेक्षित था। स्वराज्य प्राप्ति की इस चेष्टा के इस वृहत्तर आयाम की व्याख्या करते हुए उन्होंने बताया कि स्वतन्त्रता के लिए उत्साही हम भारतवासी किसी स्वार्थपूर्ण प्रलोभन, मात्र भौतिक स्वतन्त्रता व आर्थिक प्रभुत्व के लिए नहीं वरन् वृहद स्वतन्त्रता व उदात्त जीवन के हमारे राष्ट्रीय अधिकार के लिए संघर्ष कर रहे हैं। चूँकि भारत का आध्यात्मिक जीवन विश्व के भविष्य की पहली आवश्यकता है, अतः हम न केवल अपनी राजनीतिक व आध्यात्मिक मुक्ति के लिए संघर्ष कर रहे हैं वरन् मानव जाति की आध्यात्मिक मुक्ति के लिए संघर्ष कर रहे हैं।[170]

स्वराज्य की महत्ता का विश्लेषण करते हुए श्री अरविन्द ने 'आइडियल्स् फेस टू फेस' शीर्षक से लिखित लेख में बताया कि पूर्ण स्वराज्य

राष्ट्रीय मानस के लिए जादू का सा असर रखता है। मन की इस माँग को दबा पाना असम्भव है, क्योंकि राष्ट्रीय मानस भारतीय भावना से ओत-प्रोत एक ऐसी वस्तु है जो पाश्चात्य भौतिकवाद के स्थूल कल्मष से रहित है। योरोपीय धारणा का स्वराज्य अर्थात् व्यक्तिगत सत्ता के स्वीकरण के लिये राजनीतिक स्वराज्य भारत को जगा नहीं सकता। प्राचीन भारतीय जीवन की आधुनिक परिस्थितियों में चरितार्थता पाने के लिए, राष्ट्रीय महत्ता के सतयुग की पुनरावृत्ति के लिए, भारत को पुनः विश्व गुरु और निर्देशक की हैसियत से कार्यारंभ के लिए, और अन्त में वेदान्तिक आदर्श (समता) को राजनीति में उतारकर जनता को व्यक्तिगत और चरम चरितार्थता दिलाने के लिए भारत को पूर्ण स्वराज्य मिलना ही चाहिए।[171] यही सच्चा स्वराज्य है। इससे स्पष्ट हो जाता है कि अरविन्द प्रणीत स्वराज्य के आदर्श सम्मुख औपनिवेशिक स्वशासन का विचार कितना बौना विचार था।

पूर्ण स्वराज्य से कम कोई आदर्श राष्ट्र की गरिमा के अनुकूल नहीं कहा जा सकता था। श्री अरविन्द का कहना था कि आध्यात्मिक दृष्टि से देखें तो भी स्पष्ट होगा कि लघुता में आनंद नहीं है। अतः हमें तुच्छ आदर्शों के पीछे नहीं भागना चाहिए। स्वराज्य को वे स्वमहिम्नि[172] के वैदिक आदर्श का पर्यायावाची मानते हैं। वेदान्त के अनुसार प्रत्येक जीव और कोई नहीं स्वयं देवात्मा है और स्वयं की महानता में अवस्थित होना चाहिए। उन्होंने इस संदर्भ में स्पष्ट किया कि स्व की गरिमा से प्रभावित होना, सर्वव्यापी से इसकी एकरूपता को अनुभव करना हमारी आकांक्षा का लक्ष्य है, हमारे जीवन का ध्येय है। यदि यह वैयक्तिक जीवन का उद्देश्य है तो राष्ट्र को भी यही आदर्श अपनाना चाहिए। उसे भी स्वयं को पहिचानने, अपनी संभावनाओं का विकास, अपनी शक्तिमत्ता का अनुभव करने व सर्वव्यापी के साथ अपनी एकात्मता अनुभव करने का प्रयत्न करना चाहिए। ऐसा आदर्श निर्भरता के सिद्धान्त को सहन नहीं कर सकता। स्वराज्य शब्द का मूलभूत अर्थ ही इसे नकार देता है।[173] राष्ट्रीय स्वावलम्बन स्वराज्य के बिना सम्भव नहीं था। श्री

अरविन्द के अनुसार स्वराज्य आत्मपर्याप्तता के विचार पर बल देता है और इस पर दृढ़ है। हम भ्रूणावस्था में देवत्व हैं और पूर्ण विकसित होने पर हम स्वयं ईश्वर के सहव्यापक होंगे। यह स्वराज्य का असंदिग्ध अर्थ है। इसमें स्वतन्त्रता, एकता व स्वाधीनता के आदर्शों का सन्निवेश है। वह किसी परिसीमन वाली वस्तु से समझौता नहीं कर सकता। यह अनंत संभावना व न्याय का आदर्श है।[174]

भारत के लिए पूर्ण स्वराज्य की माँग किसी भी रूप में राष्ट्रीय अहं की तुष्टि के लिए नहीं थी। स्वराज्य के आदर्श की प्रकृति को स्पष्ट करते हुए उन्होंने बताया कि हमारे स्वराज्य के आदर्श में किसी अन्य राष्ट्र के प्रति घृणा का समावेश नहीं है। हमारे समक्ष विदेशी सरकार विद्यमान है हम इसे स्वदेशी बनाने के इच्छुक हैं।[175] स्वराज्य की आकांक्षा में घृणा व हिंसा के समावेश को अरविन्द ने असत्य भाषण की कोटि में रखा क्योंकि उनकी दृष्टि में 'देशभक्ति का हमारा आदर्श प्रेम व भाई-चारे के आधार पर अग्रसर होता है। वह राष्ट्र की एकता से परे मानव जाति की एकता की कल्पना करता है।'[176] स्वराज्य का पौधा आत्मसहायता और आत्मनिर्भरता की भूमि में ही पनप सकता था। अरविन्द ने इस महत् आदर्श की सिद्धि के लिए उपर्युक्त दो बातों के अलावा लोगों में राजनीतिक चेतना की जागृति को भी आवश्यक बताया। इतिहास में ऐसा युग रहा है जब इतना पर्याप्त था कि शासक वर्ग, विद्वत्जन और अधिक से अधिक व्यापारी वर्ग जागृत हो किन्तु 'आधुनिक राष्ट्र का संगठन जनसाधारण की राजनीतिक चेतना पर निर्भर करता है।...यदि कोई राष्ट्र आधुनिक संघर्ष में जीवित रहना चाहता है, यदि वह स्वराज्य की पुनः प्राप्ति या उसे बचाये रखने का इच्छुक है तो उसे लोगों को जागृत करके राष्ट्र की चेतनशील जीवनधारा में लाना ही होगा ताकि प्रत्येक व्यक्ति यह महसूस कर सके कि वह राष्ट्र में जीवित रहता है, राष्ट्र की समृद्धि में उसकी समृद्धि है।[177] श्री अरविन्द द्वारा स्वराज्य को व्यावहारिक बनाने हेतु जनसाधारण की साझेदारी व उसकी पूर्ण प्रक्रिया से जुड़े रहने की भावना पर दिया गया बल अत्यन्त महत्वपूर्ण मार्गदर्शक सिद्धान्त है। जनसाधारण की उदासीनता ही राष्ट्रीय राजनीति को

आज व्याधिग्रस्त बना चुकी है। लोकमान्य टिळक ने भी स्वराज्य के आदर्श को चरितार्थ करने हेतु जनजागृति को आवश्यक बताया था। **यह स्मरणीय तथ्य है कि आध्यात्मिक राष्ट्रवाद के प्रतिपादक स्वराज्य को मात्र राजनीतिक स्वतन्त्रता के अर्थ में नहीं लेते हैं। वे इसे राष्ट्र की विशिष्टता के संरक्षण और जीवन शक्ति को अक्षुण्ण बनाए रखने हेतु एक विराट योजना के रूप में देखते हैं। ब्रिटिश शासन को दैवीय विधान व भावात्मक अच्छाई मानने की मितवादियों की मान्यता का वे पूर्ण रूप से खंडन करते हैं।** श्री अरविन्द ने स्वराज्य के महत्व का विवेचन इन शब्दों में किया–"स्वराज्य लोगों के समक्ष भगवान का प्रत्यक्ष प्रकटीकरण है। मात्र राजनीतिक स्वतन्त्रता नहीं वरन् एक व्यापक और पूर्ण स्वतन्त्रता, व्यक्ति और समाज की स्वतन्त्रता, राष्ट्र की स्वतन्त्रता, आध्यात्मिक, सामाजिक व राजनीतिक स्वतन्त्रता इसमें सन्निहित है।[178] उनका विश्वास था कि परमात्मा ने भारत को पवित्र आध्यात्मिकता के शाश्वत स्रोत के रूप में चुना है और वह उस निर्झर को कभी सूखने नहीं देगा। इसीलिए स्वराज्य हमारे सम्मुख उद्घाटित किया गया है। हमारी राजनीतिक स्वतन्त्रता द्वारा हम एक बार पुनः अपनी आध्यात्मिक स्वतन्त्रता प्राप्त कर लेंगे।[179]

स्वराज्य प्राप्ति का मार्ग

वैधानिक उपायों द्वारा स्वराज्य के लक्ष्य की प्राप्ति श्री अरविन्द की दृष्टि में एक दिवास्वप्न था। स्वराज्य आत्म विकास का राजमार्ग था। अतः बलिदान के बिना इस दुर्लभ अधिकार की प्राप्ति सम्भव नहीं थी। उन्होंने बताया कि यह सोचना शेखचिल्लीपन ही है कि अन्य राष्ट्रों ने संघर्ष, युद्ध, कष्टसहन व शोणिताश्रुओं से जो कुछ प्राप्त किया है, हमें वह प्रभूत बलिदान दिए बिना केवल पत्रकार द्वारा स्याही खर्च किए जाने और वक्ताओं की भाषणबाजी से ही प्राप्त हो जाएगा। याचना से हम स्वतन्त्रता के गजभर भी निकट नहीं पहुँचेंगे।[180]

श्री अरविन्द ने स्वराज्य की अवधारणा के केवल सैद्धान्तिक पक्ष का

ही विवेचन नहीं किया वरन् इस लक्ष्य की सिद्धि के उपायों पर भी विचार किया। एक राष्ट्रवादी चिंतक के रूप में यह उनका उल्लेखनीय योगदान था। स्वराज्य की प्राप्ति के उपायों के विवेचन में उनकी नैतिक मान्यताएँ मुखर हैं। वे इसे मात्र राजनीतिक स्वतन्त्रता के रूप में नहीं वरन् 'पारस पत्थर के रूप में देखते थे जिसमें प्रत्येक वस्तु को सोने में परिवर्तित करने की क्षमता थी।[181]

स्वराज्य प्राप्ति के उपायों की व्याख्या उन्होंने 'वन्दे मातरम्' में 11 अप्रैल से 15 अप्रैल 1907 तक "न्यू थॉट" शीर्षक से प्रकाशित लेखमाला में की।[182] इसमें उन्होंने निष्क्रिय प्रतिरोध और बहिष्कार इन दो उपायों की विस्तार से चर्चा की। इन्हें उन्होंने "आत्मसहायता द्वारा आत्म विकास" की संज्ञा दी। उसके अनुसार अपनी स्वतन्त्रता को न्यायसंगत ठहराने हेतु अधीनस्थ राष्ट्र द्वारा अपनाए जाने वाली उपायों की पसन्द उनकी दासता की परिस्थितियों से निर्धारित होती है। भारत की तत्कालीन परिस्थितियों में निष्क्रिय प्रतिरोध ही सर्वाधिक नैसर्गिक व उपयुक्त उपाय था। यही एक मात्र प्रभावशाली उपाय था जिसके द्वारा राष्ट्र की संगठित शक्ति, आत्मसहायता व आत्म विकास के सिद्धान्त से निर्देशित घनीभूत होती सशक्त केन्द्रीय सत्ता, हमारे राष्ट्रीय जीवन का नियंत्रण विदेशी नौकरशाही के चंगुल से छुड़ा सकती है।[183] नैतिक व भौतिक दृष्टि से नौकरशाही ने देश को क्षय और परिक्लान्ति के कगार पर ला खड़ा किया था। गुलामी की मौन स्वीकृति की परिणति शताब्दियों की उस मृत्युनिद्रा में होनी थी जिससे जागृत होने पर राष्ट्र इतना कृशकाय व दुर्बल हो जाता है कि वह विश्व में अपना उपयुक्त स्थान प्राप्त करने में असमर्थ हो जाता है।[184] श्री अरविन्द ने स्वराज्य के दीर्घकालीन अभाव की परिणति की व्याख्या इन शब्दों में की। इस सन्दर्भ में उनका कहना था कि सरकार के लिए सहायक सिद्ध होने वाला कोई भी कार्य करने से इन्कार कर देना आवश्यक है। यही निष्क्रिय प्रतिरोध है। यह 'उस रक्तरंजित हिंसा की अग्नि परीक्षा का एकमात्र विकल्प था जिसमें से सभी देशों को गुजरना पड़ा है केवल लाशों के ढ़ेर पर चलकर ही उन्होंने स्वतन्त्रता का आलिंगन किया।'[185]

निष्क्रिय प्रतिरोध का प्रथम सिद्धान्त यह था कि अन्यायपूर्ण दबावकारी कानून को तोड़ना न केवल न्यायोचित है वरन् कुछ परिस्थितियों में कर्त्तव्य है।[186] अन्यायपूर्ण आदेश या हस्तक्षेप का प्रतिरोध इसका द्वितीय सिद्धान्त था। राष्ट्र के साथ द्रोह करने वाले व्यक्तियों का सामाजिक बहिष्कार इसकी सिद्धान्तत्रयी का अन्तिम सिद्धान्त था।[187] श्री अरविन्द ने स्वामी विवेकानन्द की भाँति राष्ट्रीय पौरुष के उत्थान पर बहुत बल दिया। अतः एक विदेशी सत्ता के विरुद्ध निष्क्रिय प्रतिरोध के माध्यम से संघर्ष के दौरान उन्होंने राष्ट्रवादियों को इस बात से आगाह किया कि वे अत्याचार के समक्ष किसी हालत में नहीं झुकें। 'गुण्डागर्दी व अत्याचार को देश की कानूनी प्रक्रिया के अंग के रूप में स्वीकार कर लेना कायरता का दोषी होना है और राष्ट्रीय पौरुष को बौना करके हमारी मातृभूमि और हममें विद्यमान देवत्व के विरुद्ध पाप करना है।...हम अबलाओं का राष्ट्र नहीं बनाना चाहते जो केवल कष्ट सहन करना जानती है, प्रहार करना नहीं।'[188] उन्होंने बताया कि हमने जो दोहरी नीति (आत्मविकास और प्रतिरक्षात्मक प्रतिरोध) प्रस्तुत की हैं, उसके सम्मुख जो उद्देश्य हैं, वे हैं–एक स्वशासी राष्ट्र के रूप में स्वयं को विकसित करना, एवं इस विकास कार्य के दौरान किसी भी आक्रमण व विरोध का मुकाबला व उससे अपनी रक्षा करना।[189]

निष्क्रिय प्रतिरोध प्रबल नौकरशाही का सफलतापूर्वक मुकाबला करने में राष्ट्र को सक्षम बनाने हेतु एक व्यावहारिक उपाय था किन्तु श्री अरविन्द के राष्ट्रवाद की इतिश्री संघर्ष के तरीके सुझाने में नहीं हो जाती। उन्होंने राष्ट्रनिर्माण का एक भावात्मक कार्यक्रम भी प्रस्तुत किया। भारत को वैभवशाली देखना उनकी उत्कंठा थी। खोए हुए गौरव की पुनर्प्राप्ति के लिए उन्होंने स्वामी विवेकानन्द की भाँति जनसाधारण के उत्थान को आधार शिला माना। उनके अनुसार जब तक भारत के सामान्य जन दयनीय व पतित अवस्था में हैं, राष्ट्र के कल्याण की कोई आशा नहीं है। श्री अरविन्द ने इस बात पर खेद प्रकट किया कि देश में निर्धन वर्ग की दशा अब तक एक अत्यधिक उपेक्षित विषय रहा है

किन्तु यदि हम चाहते हैं कि हमारा आन्दोलन परमात्मा के आशीर्वाद से समन्वित बना रहे तो इस वर्ग की उपेक्षा नहीं की जा सकती।[190] उन्होंने बलपूर्वक कहा कि हमारा यह विश्वास नहीं है कि मुक्ति का रास्ता स्वार्थपरता में निहित है। यदि हमारे चारों ओर लोग पतित, दयनीय व निम्न कोटि के हैं तो प्रभु के पथ का अन्वेषक अपने बान्धवों की दशा के प्रति उदासीन कैसे रह सकता है।[191] स्वामी विवेकानन्द ने राष्ट्र निर्माण के लिए मातृमंत्र में दीक्षित सहस्र नवयुवकों को आगे आने का आह्वान किया था। यह हम देख चुके हैं कि 'आनन्दमठ' के सन्तानधर्म से स्वामीजी को गहरी प्रेरणा मिली थी। इस प्रकार अरविन्द की राष्ट्र निर्माण योजना में भी त्याग और बलिदान के पथ से गुजरना अनिवार्य था। 'आनंदमठ' के सन्तानों की भाँति पूर्णतः मातृभूमि के लिए समर्पण को वे इस कार्य की आधार शिला मानते हैं। उनके अनुसार किसी राष्ट्र की मुक्ति अवकाश के क्षणों का कार्य, हमारी अनावश्यक शक्ति की देन नहीं हो सकता। किसी भी पुरस्कार या सुविधा की माँग न करने वाले एवं केवल क्षुधा शांति के लिए अन्न व सिर छुपाने की जगह मात्र से संतुष्ट रहने वाले समर्पित सेवकों की भारत को आवश्यकता है। पूर्ण एवं अटल सन्यास, निर्मम एवं अबाध त्याग, ज्वलन्त एवं अतोषणीय मुमुक्षुत्व भारत के सच्चे सेवकों की निशानी होनी चाहिए।[192]

उन्होंने राष्ट्रोद्धार के लिए कार्यक्षेत्र हेतु तत्पर युवकों से कहा कि हमें एक ऐसे बलिदान के प्रवर्तन की आवश्यकता है कि प्राचीन युग के महानतम यज्ञ उसकी दुर्बल छात्रा मात्र नजर आएँ। उस यज्ञ की हव्य सामग्री हम स्वयं, हमारा जीवन, हमारी सम्पत्ति, हमारी आशाएँ हैं।[193] ...राष्ट्रवाद सर्वोपरि रूप से जिस चीज की माँग करता है वह जीवन है—यही उसकी पुकार है। हमें प्रत्येक उपाय से मृत्यु के दमघोटू पर्दे से मुक्ति पानी है। पहिले हमें निष्क्रियता, निश्छलता व जड़ता के अवर्णनीय अत्याचार को दूर करना है—दीर्घकाल से हम जिससे अभिशप्त हैं।[194]

भारत की महान् भवितव्यता में विश्वास से समन्वित श्री अरविन्द का आध्यात्मिक राष्ट्रवाद मस्तिष्क से नहीं वरन् चेतना के उच्चतर स्तर से निःसृत था। उन्होंने जो कुछ कहा वह अति चेतन विश्व सत्ता के सतत सान्निध्य में विद्यमान आत्मा द्वारा देखे गए सत्य थे। उनके द्वारा उद्‌घाटित राष्ट्रवाद के आदर्श ने देश में एक महत् आध्यात्मिक शक्ति जागृत की और नई पीढ़ी को महान् आदर्श, आशा व आकांक्षा का विस्तृत क्षितिज, गहन शक्ति व विश्वास प्रदान किए।

उनके राष्ट्रवादी सिद्धान्त में भारत की साँस्कृतिक अस्मिता के संरक्षण का स्वर मुखर है। भारत के प्रति निस्सीम श्रद्धा भाव इस वृक्ष का जीवनरस है। दार्शनिक ऊँचाईयों पर विचरण करते हुए भी राजनीतिक जीवन की वास्तविकताएँ उनकी दृष्टि से ओझल नहीं हुईं। रवीन्द्रनाथ ठाकुर के शब्दों में श्री अरविन्द के शब्द भारत की आत्मा के शब्द थे। उन्होंने राष्ट्रवाद को एक महान् नैतिक, ईश्वरीय शक्ति के रूप में प्रस्तुत किया और पूर्ण स्वराज्य को राष्ट्रीय आन्दोलन का लक्ष्य घोषित कर उसमें गुणात्मक परिवर्तन कर दिया।

टिप्पणियां एवं सन्दर्भ–

1. रोमाँ रोलाँ–प्रोफेट्स ऑफ न्यू इंडिया, पृ.सं.-499
2. विपिनचन्द्र–इंडियन नेशनेलिज्म–इट्स प्रिंसिपल्स एण्ड पसर्नेलिटिज, पृ. सं.-155
3. 30 अगस्त 1905 को लिखे गए इस पत्र में श्री अरविन्द ने अपने तीन पागलपनों की चर्चा की है। 'वन्दे मातरम्' अभियोग में इसे पुलिस ने उनके विरुद्ध साक्ष्य के रूप में प्रस्तुत किया था। भुवनेश्वरनाथ मिश्र 'माधव' कृत 'श्री अरविन्द चरितामृत' पृ. सं.-49-55 एवं ए.बी. पुराणी कृत 'आसपेक्ट्स ऑफ श्री अरविन्दोज विजन' पृ. सं.-31 पर अंशतः उद्‌धृत।
4. उपर्युक्त

5. लियोनार्ड गोर्डन–बंगाल, द नशनेलिस्ट मूवमेंट पृ. सं.-103–गॉर्डन के अनुसार किशोरावस्था की निर्णायक वय में घोष बन्धुओं को इंग्लैंड में एकाकी जीवन बिताना पड़ा। इस परिस्थिति ने अन्य लोगों के साथ सम्बन्ध विकसित करने की प्रक्रिया में उनके सम्पूर्ण जीवन में बाधा उपस्थित की। इसे ही आँशिक रूप से तनाव व संकट के समय में अन्तर्मुखी होने की उनकी प्रवृत्ति के लिए उत्तरदायी माना जा सकता है।
6. उपर्युक्त, पृ. सं.-127-128 गोर्डन लिखते हैं–उनकी मिशन की चेतना को उनकी एकाकी व असाधारण किशोरावस्था से जोड़ा जा सकता है। जिसने उन्हें यह विश्वास करा दिया हो कि वे विशेष और दैवीय रूप से चुने गए हैं।
7. डॉ. शिवप्रसादसिंह–उत्तरयोगी, पृ. सं.-99-100
8. श्री अरविन्दो ऑन हिमसेल्फ एण्ड द मदर, पृ. सं.-13
9. विश्वनाथ नरवणे–आधुनिक भारतीय चिंतन, पृ. सं.-231
10. आर.आर. दिवाकर–महायोगी (अंग्रेजी), पृ. सं.-60-61
11. यह लेखमाला श्री अरविन्द के केम्ब्रिज के सहपाठी 'इन्दु प्रकाश' के सम्पादक के.जी. देशपांडे के आग्रह पर प्रारम्भ की गई थी। यह शीर्षक कांग्रेस राजनीति से सम्बद्ध था। इसका प्रयोग अलादीन की कहानी वाले अर्थ में नहीं किया गया था वरन् इसका उद्देश्य कांग्रेस की पुरानी व धुंधली सुधारवादी बत्तियों के स्थान पर नवीन दीपक प्रस्तुत करना था।
12. इस लेखमाला के प्रथम दो लेखों ने ही सनसनी फैला दी और रानाडे तथा अन्य मितवादी नेताओं को बेचैन कर दिया। रानाडे ने पत्रिका के स्वामी को चेतावनी दी कि यदि यह क्रम जारी रहा तो निश्चय ही उस पर राजद्रोह का मुकद्दमा चलेगा। फलतः लेखमाला की मूल योजना का परित्याग करना पड़ा। देशपांडे ने श्री अरविन्द से आग्रह किया कि

वे थोड़ी नरम भाषा का प्रयोग करें। वे अनिच्छापूर्वक इसके लिए सहमत हुए।

13. रोमाँ-रोलाँ–पूर्वोक्त, पृ. सं.-502

14. गोर्डन–पूर्वोक्त, पृ. सं.-107

इंग्लैंड में विभिन्न सुधारों की मन्थर गति के विषय में उनका कहना था–"रनीमीड से लेकर हल दंगों तक लम्बी दूरी है फिर भी इन सात शताब्दियों का राजनीतिक व सामाजिक क्षेत्र में इंग्लैंड के बाह्य स्वरूप को बदलने में उसके निकटस्थ पड़ौसी (उनका अभिप्राय फ्रांस से है) के सामाजिक व राजनीतिक ढ़ाँचे को पूर्णतः बदलने में समर्थ पाँच वर्षों की अल्प अवधि से थोड़ा योगदान रहा है। इन्दु प्रकाश–18 सितम्बर 1893–श्री अरविन्द–अर्ली पॉलिटिकल राईटिंग्ज' पृ. सं.-22

15. भुवनेश्वरनाथ मिश्र–पूर्वोक्त, पृ. सं.-40

16. श्री अरविन्द–'न्यू लेम्पस फॉर ओल्ड' प्रथम लेख 'इन्दु प्रकाश' 7 अगस्त 1893 वन्दे मातरम् अर्ली पॉलिटिकल राइटिंग्ज' जन्मशती संस्करण, भाग 1, पृ. सं.-7

17, 18, 19, 20 उपर्युक्त

21. उपर्युक्त, पृ. सं.-42 ('इन्दु प्रकाश', 30 अक्टूबर, 1893)

22. उपर्युक्त, पृ. सं.-28

23. उपर्युक्त, पृ. सं.-22 (18 दिसम्बर, 1893)

24. उपर्युक्त, पृ. सं.-15, (28 अगस्त, 1893)

25. उपर्युक्त, पृ. सं.-46, (4 दिसम्बर, 1893)

27. उपर्युक्त

इस समय में उन्होंने 'वन्दे मातरम्' के 26 दिसम्बर, 1906 के अंक में अपने विचार व्यक्त करते हुए लिखा–उन्नीसवीं सदी में हमारा

आन्दोलन जिन विचारों के आधार पर आगे बढ़ रहा था, वे काल्पनिक और निराधार थे। उसकी कार्य प्रणाली इस देश के राजनीतिक जीवन की वास्तविकताओं के अनुकूल नहीं थी। इसकी चेतना व उद्देश्य इतने विशुद्ध रूप से पाश्चात्य थे कि उसमें सम्पूर्ण जनता को शामिल करने व एक नवीन राष्ट्रीय जीवन का सृजन करने की संभावना नहीं थी। अतः इस पर व्यय की जाने वाली शक्ति, क्षेत्र व तीव्रता दोनों ही दृष्टियों से सीमित और मामूली थी।

–वन्दे मातरम्– अर्ली पॉलिटिकल राईटिंग्ज 1, पृ. सं.-199

28. उपर्युक्त, पृ. सं.-16, (28 अगस्त, 1893)
29. उपर्युक्त, पृ. सं.-42, (4 दिसम्बर, 1893)
30. उपर्युक्त, पृ. सं.-45
31. द लाइफ ऑफ स्वामी विवेकानन्द, जिल्द, 2, पृ. सं.-98-99
32. विवेकानन्द साहित्य, खण्ड 4, पृ. सं.-261
33. डॉ. विश्वनाथ प्रसाद वर्मा–आधुनिक भारतीय राजनीतिक चिंतन, पृ. सं.-54
34. डॉ. करणसिंह–टूवर्ड्स ए न्यू इंडिया, पृ. सं.-23

35A. श्री अरविन्द–पूर्वोक्त, पृ. सं.-20, (इन्दु प्रकाश, 18 सितम्बर, 1893)

35B. यहाँ मशीन से उनका अभिप्राय कांग्रेस की औपचारिक कार्यप्रणाली से है, जो राष्ट्र के मानस के अनुकूल नहीं थी।

36. श्री अरविन्द–पूर्वोक्त, पृ. सं.-32, (इन्दु प्रकाश, 30 अक्टूबर, 1893)
37. उपर्युक्त, पृ. सं.-6
38. श्री अरविन्द 'द वीट एण्ड चेफ' नामक लेख–वन्दे मातरम्, 23 अप्रेल, 1908, अर्ली पॉलिटिकल राइटिंग्ज, पृ. सं.-870-74, जन्मशती संस्करण

39. उपर्युक्त, पृ. सं.-42

40. उपर्युक्त, पृ. सं.-42

41. सन् 1920 में असहयोग आन्दोलन के संकट पूर्ण समय में जब अरविन्द को नागपुर कांग्रेस की अध्यक्षता करने हेतु आमंत्रित किया गया तो आत्मविश्लेषण के विलक्षण रूप से निष्कपट आलेख में उन्होंने अपने लिए इस शब्द का प्रयोग करते हुए इस कार्य के लिए असमर्थता व्यक्ति की। (श्री अरविन्द का बी.एस. मुंजे को लिखित पत्र 30 अगस्त, 1920) टिळक पेपर्स बी.आर. नंदा (सम्पादक) 'श्री अरविन्दो, एन इन्टरप्रिटेशन' पृ. सं.-12 पर उद्धृत

42. श्री अरविन्द–पूर्वोक्त, पृ. सं.-10-11

43. उपर्युक्त, पृ. सं.-118

44. श्री अरविन्द–अर्ली पॉलिटिकल राइटिंग्ज, पूर्वोक्त, पृ. सं.-870-74

45. इंग्लैंड की न्यायप्रियता में मितवादियों की अटूट निष्ठा थी। भारत में ब्रिटिश शासन को दैवीय विधान के रूप में मानने वाले इन नेताओं में प्रमुख सुरेन्द्रनाथ बैनर्जी के इन शब्दों से उनका ब्रिटिश संस्थाओं के प्रति भक्तिभाव प्रकट होता है–"हम विश्व में महान् प्रतिनिधि व्यवस्थापिका की स्वातंत्र्यप्रियता और शूरवीरों की आवास स्थली ब्रिटिश कॉमनसभा पर भरोसा रखते हैं।" श्री अरविन्द द्वारा उद्धृत, पृ. सं.-26

46. दृष्टव्य–श्री अरविन्द कृत 'द अवर ऑफ गॉड' में लेख ऋषि बंकिमचंद्र 'जन्मशती ग्रन्थावलि भाग 17, पृ. सं.-345-48 एवं 'द हारमनी ऑफ वर्च्यू' जन्मशती ग्रन्थावलि भाग 3, पृ. सं.-75, 87, 97-102

उदाहरणार्थ बंकिम के जीवनकार्य का मूल्यांकन करते हुए अरविन्द लिखते हैं–

"यद्यपि उनके जीवनकाल के अंतिम वर्ष कष्टपूर्ण थे, तथापि वे अपनी महानता की सिद्धि में एक ऐसे शोक संतप्त राष्ट्र के उच्छवासों के मध्य विदा हुए जिसके सृजन के लिए उन्होंने बहुत कुछ किया था तथा जिसकी कल्पना को उन्होंने अनेक सुन्दर विचारों एवं अनेक मृदु, भाव प्रवण व मनोहर भावनाओं से परिपूर्ण कर दिया था।"

–द हारमनी ऑफ वर्च्यू, पृ. सं.-98

47. अपने अनुज वारीन्द्र के अनुरोध पर 'भवानी मंदिर' शीर्षक से लिखित इस पैम्पलेट के प्रारम्भ में श्री अरविन्द लिखते हैं–पहाड़ियों के मध्य में एक मंदिर बनाकर माँ भवानी को अर्पित किया जाना है। इस पवित्र कार्य में मदद देने हेतु माँ की सभी सन्तानों का आह्वान किया जाता है।"

–अर्ली पॉलिटिकल राइटिंग्ज पूर्वोक्त, पृ. सं.-61-71

48. जे.एन. फारुखहार–एन आउटलाईन ऑफ रिलिजियस लिटरेचर ऑफ इंडिया, पृ. सं.-150-151
49. ए.बी. पुराणी–लाइफ ऑफ श्री अरविन्दो, पृ. सं.-95-96
50. बोले–परसिसटेंस, पृ. सं.-8, गोर्डन द्वारा पूर्वोक्त में उद्धृत, पृ. सं.-113 पुराणी–उपर्युक्त, पृ. सं.-89
51. अरविन्द–अर्ली पॉलिटिकल राइटिंग्ज, पृ. सं.-61-71 (भवानी मंदिर)
52. उपर्युक्त
53. उपर्युक्त
54. उपर्युक्त
55. उपर्युक्त, पृ. सं.- 561 'वन्दे मातरम्' 7 अक्टूबर, 1907
56. उपर्युक्त
57. उपर्युक्त

58. उपर्युक्त
59. उपर्युक्त
60. उपर्युक्त, पृ. सं.-72-74
61. श्री अरविन्द–'द डिमांड ऑफ द मदर' (वन्दे मातरम्, 11 एप्रिल, 1908)–अर्ली पॉलिटिकल राइटिंग्ज, पृ. सं.-852-55
62. उपर्युक्त
63. श्री अरविन्द डॉक्टरिन ऑफ पेसिव रेजिसटेंस, उपर्युक्त, पृ. सं.-122
64. श्री अरविन्द, पृ. सं.-852-55
65. उपर्युक्त
66. भुवनेश्वरनाथ मिश्र–पूर्वोक्त, पृ. सं.-99
67. श्री अरविन्द की बंगला कविता–'जगन्नाथेर रथ'– शिशिरकुमार मित्र कृत 'द लिबरेटर' पृ. सं.-111-112 पर उद्धृत
68. उपेन्द्रनाथ भट्टाचार्य कृत 'भारत पुरुष श्री अरविन्द' पृ. सं.-46 पर उद्धृत
69. आर.आर. दिवाकर–पूर्वोक्त, पृ. सं.-44
70. कृष्ण भक्ति के लिए प्रसिद्ध कवि रसखान का ब्रजभाषा में यह पद उल्लेखनीय है–

    मानुष हों तो वही रसखान बसों ब्रज गोकुल गाँव के ग्वारन।
    जो पसु हों तो कहा बस मेरो, चरौं नित नन्द की धेनु मंझारन।।
    पाहन हों तो वही गिरि को, जो धर्‍यौ कर छत्र पुरन्दर धारन।
    जो खग हों तो बसेरो करों, मिली कालिंदी कूल कदम्ब की डारन।।
71. श्री अरविन्द–डॉक्टरिन ऑफ पेसिव रेसिसटंस–अर्ली पॉलिटिकल राइटिंग्ज, पृ. सं.- 125-126
72. श्री अरविन्द–'शेल इंडिया बी फ्री' शीर्षक लेख (वन्दे मातरम् 30 अप्रेल, 1907)

अर्ली पॉलिटिकल राइटिंग्ज–पृ. सं.-309 (आगे 'राइटिंग्ज' नाम से अभिहित)

73. श्री अरविन्द–सोशियल एण्ड पॉलिटिकल आर्ट–जन्मशती साहित्य, खण्ड 15, पृ. सं.-290

74. राइटिंग्ज–पृ. सं.-309

75. सोशल एण्ड पॉलिटिकल थॉट–उपर्युक्त, पृ. सं.-29 (द डिस्कवरी ऑफ नेशनल सोल)

76. उपर्युक्त

77. श्री अरविन्द–मानव चक्र, पृ. सं.-37 डॉ. रामनाथ शर्मा कृत राष्ट्रधर्म द्रष्टा श्री अरविन्द, पृ. सं.-128 पर उद्धृत

78. श्री अरविन्द–स्पीचेज (द्वितीय आवृत्ति), पृ. सं.-99

79. श्री अरविन्द–द ह्यूमन साइकिल, पृ. सं.- 39-40

80. उपर्युक्त

81. उपर्युक्त, पृ. सं.-44

82. श्री अरविन्द–स्पीचेज, पृ. सं.-41

83. डॉ. वी.पी. वर्मा–पॉलिटिकल थॉट ऑफ श्री अरविन्दो, पृ. सं.-195

84. स्वामी विवेकानन्द–विवेकानन्द साहित्य खण्ड, पृ. सं.-44

85. श्री अरविन्द–'वन थिंग नीडफुल–अर्ली पॉलिटिकल राइटिंग्ज, पृ. सं.-880 ('वन्दे मातरम्' एप्रिल 25, 1908)

86. उपर्युक्त

87. डॉ. करणसिंह–प्रोफेट ऑफ नेशनेलिज्म, पृ. सं.-176

88. रोमाँ-रोलाँ–पूर्वोक्त, पृ. सं.-502

89. श्री अरविन्द–'द अनहिन्दू स्प्रिट ऑफ कास्ट रिजीडिटी' (वन्दे मातरम्– सितम्बर 20, 1905)–अर्ली राइटिंग्ज, पृ. सं.-533-35
90. श्री अरविन्द–'द गोस्पेल अर्कोडिंग टु सुरेन्द्रनाथ' (वन्दे मातरम् अप्रेल 22, 1907) अर्ली राइटिंग्ज, पृ. सं.- 273
91. यह भाषण 19 जनवरी, 1908 को, बम्बई में महाजनवाड़ी में दिया गया था। डॉ. करणसिंह के अनुसार यह वाग्मितापूर्ण भाषण जिससे आध्यात्मिक राष्ट्रीयता का उद्घोष किया गया, लेले के साथ की गयी यौगिक साधना के ठीक बाद दिया गया था। अतः यह अपना अलग वैशिष्ट्य रखता है–डॉ. करणसिंह पूर्वोक्त, पृ. सं.-150-150
92. श्री अरविन्द–उपर्युक्त भाषण–'द प्रेजेन्ट सिचुएशन' शीर्षक से–अर्ली राइटिंग्ज, पृ. सं.-652-65
93. भुवनेश्वरनाथ मिश्र–पूर्वोक्त, पृ. सं.-102
94. श्री अरविन्द–अर्ली राइटिंग्ज–पूर्वोक्त
95. अर्ली राइटिंग्ज, पृ. सं.-499-500 (वन्दे मातरम्, एप्रिल 12, 1906
96. अर्ली राइटिंग्ज, पृ. सं.-492, 'द इश्यू' वन्दे मातरम्, जुलाई 29, 1907)
97. अर्ली राइटिंग्ज, पृ. सं.-811 (वन्दे मातरम्, मार्च 31, 1908)
98. डॉ. वी.पी. वर्मा–पॉलिटिकल फिलोसोफी ऑफ श्री अरविन्दो, पृ. सं.-201
99. श्री अरविन्द–'द लाइफ ऑफ नेशनेलिजम–पूर्वोक्त, 595-597
100. उपर्युक्त
101. उपर्युक्त, पृ. सं.-580-99
102. श्री अरविन्द–'नेशेनेलिजम नॉट एक्स्ट्रीमिजम' (वन्दे मातरम्, अप्रैल, 26, 1907) अर्ली राइटिंग्ज, पृ. सं.-297-298

103. जेल में हुई ईश्वरीय शक्ति की अनुभूति की चर्चा करते हुए श्री अरविन्द ने श्रोताओं से कहा 'जेल की दीवारें मुझे अन्य लोगों से पृथक नहीं किए हुए थीं, वासुदेव मुझे घेरे हुए थे। मैं अपनी कोठरी के सम्मुख खड़े पेड़ों के नीचे घूमता था किन्तु वे पेड़ नहीं वासुदेव थे। मैंने श्रीकृष्ण को वहाँ खड़े और अपनी छाया मेरे ऊपर किए हुए देखा। नारायण ही सन्तरी के रूप में मेरे ऊपर पहरा दे थे। ...जेल में कैदियों, चोरों, हत्यारों, धूर्तों को मैं वासुदेव के रूप में देखता था।...जेल में एकान्त में मैंने ईश्वर से कहा, मुझे अपना लो। मैं नहीं जानता मुझे क्या कार्य करना है और कैसे करना है? योग की घनिष्ठता में दो सन्देश आए। प्रथम सन्देश था–मैंने तुम्हें एक कार्य सौंपा है और वह है इस देश के उत्थान में सहायक बनना– उत्तरपाड़ा अभिभाषण, उपर्युक्त
104. उत्तरपाड़ा अभिभाषण, पूर्वोक्त
105. उत्तरपाड़ा अभिभाषण
106. डॉ. वी.पी. वर्मा–पूर्वोक्त, पृ. सं.-207
107. उपर्युक्त
108. श्री अरविन्द–'कर्मयोगी'–अर्ली पॉलिटिकल राइटिंग्ज, भाग 2, 21
109. उपर्युक्त, पृ. सं.-20
110. उपर्युक्त, पृ. सं.-16-17
111. उपर्युक्त
112. श्री अरविन्द–'वन्दे मातरम्' (एप्रलि 7, 1908) अर्ली राइटिंग्ज, भाग 1, पृ. सं.-834-37
113. द आइडियल ऑफ कर्मयोगी, पृ. सं.-11
114. शिवप्रसादसिंह कृत पूर्वोक्त में उद्धृत, 133-34
115. श्री अरविन्द–स्पीचेज, पृ. सं.-34-35
116. उपर्युक्त

117. द आइडियल ऑफ कर्मयोगी, पृ. सं.-4
118. डॉ. वी.पी. वर्मा–पूर्वोक्त, पृ. सं.-222-923
119. उपर्युक्त, पृ. सं.-224
120. श्री अरविन्द–धर्म और जातीयता, पृ. सं.-23
121. श्री अरविन्द–धर्म और जातीयता, पृ. सं.-23
122. शिशिरकुमार मित्रा–द लिबरेटर, पृ. सं.-160
123. डॉ. वी.पी. वर्मा–पूर्वोक्त, पृ. सं.-264-67
124. उपर्युक्त, पृ. सं.- 234-67
125. उपर्युक्त
126. उपर्युक्त
127. श्री अरविन्द–अली राइटिंग्ज भाग 1, पृ. सं.-122
128. बी.सी. पाल का श्री अरविन्द पर लेख–डॉ. वर्मा कृत पूर्वोक्त में उद्धृत, पृ. सं.-229
129. श्री अरविन्द–धर्म और जातीयता, पृ. सं.-96
130. श्री अरविन्द–अर्ली राइटिंग्ज भाग 1, पृ. सं.-652-65 (वन्दे मातरम् 19 जनवरी, 1908)
131. श्री अरविन्द–स्पीचेज, पृ. सं.-45
132. श्री अरविन्द–अर्ली राइटिंग्ज, भाग 1, पृ. सं.-652-65
133. उपर्युक्त
134. धनंजय कीर–लोकमान्य टिळक, पृ. सं.- 254
135. शिवप्रसादसिंह–पूर्वोक्त, पृ. सं.-130
136. श्री अरविन्दो ऑन हिमसेल्फ एण्ड द मदर, पृ. सं.-58
137. डॉ. राधामुकुद मुखर्जी–हरिदास एवं उमा मुकर्जी कृत 'पॉलिटिकल थॉट ऑफ श्री अरविन्दो' की प्रस्तावना में, 11

138. शिशिरकुमार मिश्रा–पूर्वोक्त, पृ. सं.-132

140. डॉ. राधाकुमुद मुखर्जी–पूर्वोक्त, पृ. सं.-12

141. विपिनचन्द्रपाल–करेक्टर स्केचेज, पृ. सं.-94-95

142. ब्रह्मबांधव उपाध्याय द्वारा 'सन्ध्या' में लेख–मित्रा कृत पूर्वोक्त में उद्धृत, पृ. सं.-132

143. इस पत्र के सम्पादन में श्री अरविन्द के सहयोगियों में विपिनचन्द्रपाल के अतिरिक्त श्यामसुन्दर चक्रवर्ती, हेमेन्द्रप्रसाद घोषव विजय चटर्जी जैसे सुयोग्य लेखक भी थे। 1907 में 'वन्दे मातरम्' पर अभियोग चला। श्री अरविन्द पर कोई आरापे सिद्ध नहीं हो सकता लेकिन इस अभियोग के बाद अब नेपथ्य के पीछे से कार्य करना उनके लिए सम्भव नहीं रहा। अभी तक वन्दे मातरम् के लेख एक रहस्य ही थे और सामान्यतः धारणा यह थी कि विपिनचन्द्रपाल उनके लेखक हैं। वास्तविकता उजागर होने पर सभी चमत्कृत हो गए।

144. के.एल. आयंगर–श्री अरविन्द, पृ. सं.-137

145. अरुणचन्द्र गुह–फर्स्ट स्पार्क ऑफ रिवोल्यूशन, पृ. सं.-36

146. श्री अरविन्द–अर्ली राइटिंग्ज भाग 1, पृ. सं.-302-303

147. उपर्युक्त, पृ. सं.-834-37

148. उपर्युक्त, 'द न्यू आइडियल' शीर्षक से लेख

149. उपर्युक्त, पृ. सं.-474

150. उपर्युक्त, पृ. सं.-491

151. उपर्युक्त, पृ. सं.-277 (ए मेन ऑफ सैकंड साइट) वन्दे मातरम्, 23 एप्रिल, 1907

152. उपर्युक्त, पृ. सं.-471-472 (वन्दे मातरम्, जुलाई 11, 1907)

153. उपर्युक्त, पृ. सं.-216-217 (वन्दे मातरम्, 18 मार्च, 1907)

154. उपर्युक्त, पृ. सं.-320

155. उपर्युक्त, पृ. सं.-235

156. अर्ली राइटिंग्ज, भाग 1, लेख 'शेल इंडिया बी फ्री' पृ. सं.-300

157. उपर्युक्त

158. उपर्युक्त

159. उपर्युक्त, 'शेल इंडिया बी फ्री' (द्वितीय लेख), पृ. सं.-309

160. उपर्युक्त, पृ. सं.-884-85 ('वन्दे मातरम्' एप्रिल 26, 1908)

161. उपर्युक्त, पृ. सं.-860-63 ('वन्दे मातरम्' एप्रिल 14, 1908)

162. उपर्युक्त, पृ. सं.-903

163. उपर्युक्त

164. उपर्युक्त, पृ. सं.-118

165. अर्ली राइटिंग्ज, भाग 1, पृ. सं.-86

166. उपर्युक्त, पृ. सं.-465

167. उपर्युक्त, 465

168. पूर्वोक्त, पृ. सं.-63-64

169. अर्ली राइटिंग्ज, भाग 1, पृ. सं.881

170. उपर्युक्त, पृ. सं.-902

171. वेद कहते हैं कि यदि हम वास्तविक सुख की खोज में है तो हमें महान् सर्वव्यापी की आराधना करनी चाहिए। हमारी आकाँक्षा विभु से कम कोई सत्ता पूर्ण नहीं कर सकती। हमारे ज्ञान व खोज का एक मात्र लक्ष्य सर्वव्यापी प्रभु होना चाहिए। वह स्वतंत्र, आत्मरक्षित और अपनी ही महानता से अवस्थित है और अपनी महत्ता में स्वमहिम्नि है।

172. अर्ली राइटिंग्ज, भाग 1, पृ. सं.-513-14

173. उपर्युक्त

174. श्री अरविन्द–कर्मयोगी (अर्ली राइटिंग्ज, भाग 2) पृ. सं.-126-127

175. उपर्युक्त
176. अर्ली राइटिंग्ज, भाग 1, पृ. सं.-884-47
177. उपर्युक्त, पृ. सं.-698-701
178. उपर्युक्त
179. उपर्युक्त, पृ. सं.-119
180. उपर्युक्त, पृ. सं.-698-701
181. सन् 1948 में इसे पुस्तकाकार प्रकाशित किया गया।
182. अर्ली राइटिंग्ज, भाग 1, पृ. सं.-95-97
183. उपर्युक्त, पृ. सं.-99-100
184. उपर्युक्त
185. उपर्युक्त, पृ. सं.-110
186. अर्ली राइटिंग्ज, भाग 1, पृ. सं.-111-112
187. उपर्युक्त, पृ. सं.-114-116
188. उपर्युक्त, पृ. सं.-120
189. उपर्युक्त, पृ. सं.-808
190. उपर्युक्त, पृ. सं.- 698-701
191. उपर्युक्त, पृ. सं.-893
192. उपर्युक्त
193. उपर्युक्त, पृ. सं.-644-45

□□□

7.

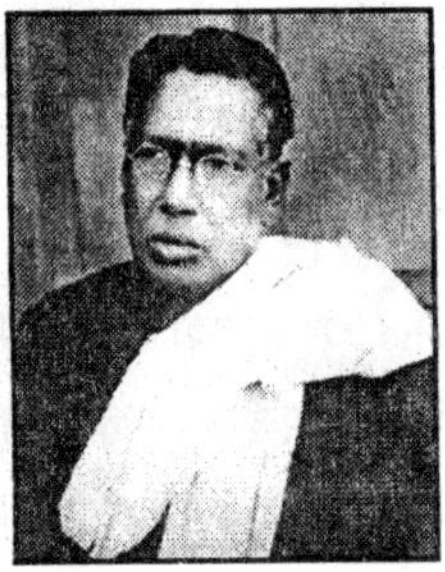

सार्वभौम मानवतावाद के रूप में कुसुमित राष्ट्रवाद की कलिका : विपिनचंद्र पाल

विदेशी शासन की स्वेच्छाचारिता और उसके द्वारा जनभावनाओं की पूर्ण अवहेलना के दंश की अनुभूति बीसवीं सदी के पहिले दशक में भारतीय जनता को तीव्रता से हुई। ब्रिटेन के साम्राज्यवादी हितों की पूर्ति के लिए अनेक ऐसे निर्णय लिए गए जिन्होंने नैराश्य व अवसाद की कालिमा को और गहरा कर दिया। नौकरशाही का प्रत्येक प्रतिगामी कदम कांग्रेस की निर्बलता को उजागर करता था। असहायता बोध से ग्रस्त लोग किंकर्त्तव्यविमूढ़ थे। जनहित के सजग प्रहरी के रूप में लोकमान्य टिळक और तदनन्तर श्री अरविन्द कांग्रेस की रीति-नीति से गहरा असंतोष पहिले ही व्यक्त कर चुके थे। पिछले दो दशकों से प्रचलित उसकी कार्यप्रणाली की पूर्ण विफलता बीसवीं सदी के प्रारम्भ में बंगाल विभाजन के दौरान भलीभाँति स्पष्ट हो गयी।

कांग्रेस के निःशब्द अवसान में सहायक बनने के इच्छुक लॉर्ड कर्जन के इस कृत्य का आधुनिक भारत के राष्ट्रवाद के इतिहास में अत्यधिक महत्वपूर्ण स्थान है। व्यक्ति की भाँति राष्ट्र के जीवन में भी ऐसी संकटपूर्ण घड़ियाँ आती हैं जो उसके अस्तित्व के सम्मुख प्रश्नचिह्न लगा देती हैं। परीक्षा की उस घड़ी में उसे एक दिव्य सन्देश की, आत्मबल प्रदान करने वाले मंत्र की आवश्यकता पड़ती है। बंगभंग ने हमारे सम्मुख इसी प्रकार की चुनौती खड़ी कर दी थी। उस चुनौती का मुकाबला करने के लिए शौर्य, दृढ़ निश्चय, ऐक्य, बलिदान की तत्परता प्रभृति गुणों से युक्त जिस सन्देश व कार्यप्रणाली की आवश्यकता थी, उसके उद्घोषक के रूप में विपिनचन्द्र पाल बीसवीं सदी के प्रारम्भ में राष्ट्रीय रंगमंच पर उभरे। उन्होंने राष्ट्र की घनीभूत पीड़ा को सशक्त अभिव्यक्ति प्रदान की और हतप्रभ राष्ट्र को नवीन जीवनदर्शन प्रदान किया।बंग-भंग से उद्भूत राष्ट्रीय आन्दोलन को स्पन्दित करने वाली नवीन चेतना के भाष्यकार के रूप में उनका विशिष्ट स्थान है। 'राष्ट्रवाद के शक्तिशाली पैगम्बरों में एक' तथा 'अपने युग के देश के सर्वोत्तम और सर्वाधिक मौलिक चिंतक' की संज्ञा[1] से विभूषित उत्कट राष्ट्रवादी विपिनचन्द्र पाल स्वदेशी आन्दोलन के प्रमुख स्तम्भ थे। इसी दौरान उन्हें राष्ट्रव्यापी ख्याति प्राप्त हुई। इसी सन्दर्भ में उन्हें 'बंगाली क्रांति के जनक'[2] कहकर सम्बोधित किया गया है। वस्तुतः अन्य लोगों की तुलना में युवा बंगाल के क्रांतिकारी राजनीतिक दर्शन का निर्माण करने और दक्षिणी भारत को उस धर्म में दीक्षित करने में पाल का योगदान उल्लेखनीय था।[3]

उनके व्यक्तित्व को ढ़ालने में चार विभिन्न प्रभाव तरंगें महत्वपूर्ण हैं। इनमें एक ओर तो माइकेल मधुसूदन दत्त और बंकिम की रचनाओं का आदर्श तथा दूसरी ओर वैष्णवभक्ति दर्शन व रामकृष्ण परमहंस और विवेकानन्द का सार्वभौम मानवतावादी दर्शन उल्लेखनीय हैं। वस्तुतः उनके विचारों की जड़ें अतीत के सुनहरे युग तक जाती हैं और उनकी शाखाएँ उनके समकालीन युग की बहुविध समस्याओं को स्पर्श करती हैं। वे मनुष्य और समाज को उनकी

सम्पूर्णता में देखते हैं। वर्तमान और अतीत की समस्त चीजों का सम्पूर्ण परिप्रेक्ष्य लेकर चलने वाले इस दृष्टिकोण में राजा राममोहनरॉय उनके अग्रगामी थे।[4]

स्वातंत्र्य स्वाति के चातक

राजा राममोहनरॉय के अनुयायी होने के नाते पाल को स्वतंत्रता से गहरा लगाव था। अपनी युवावस्था के प्रारम्भ से ही उन्होंने जिस स्वातंत्र्य चेतना का विकास किया, वह वस्तुतः उनके लिए प्राणवायु थी। विचारों और विश्वासों की स्वतंत्रता बनाए रखने के लिए उत्साहपूर्ण प्रयत्नों में परिणाम की परवाह किए बिना वेकोई भी खतरा उठाने को तैयार थे। इसके कारण उन्हें घोर अभावों और विपत्तियों का सामना करना पड़ा।[5A] जिसे वे अन्याय या बाधा समझते थे, उसके खिलाफ उन्होंने विद्रोह किया। उनके व्यक्तित्व में साहसपूर्ण नैतिक चेतना के साथ जुड़ी प्रशान्त आध्यात्मिकता के दर्शन होते हैं। जहाँ तक इसके उद्गम का प्रश्न हैं, मोटे तौर पर कहा जा सकता हैं कि वह धर्म, नीतिशास्त्र और दर्शन के मूलभूत तत्वों की विवेकपूर्ण समझ की देन थी। इस साँचे में उन्हें शिवनाथशास्त्री और विजयकृष्ण गोस्वामी द्वारा ढ़ाला गया जो क्रमशः ब्रह्मसमाज के उपदेशक और वैष्णव मानववाद के भाष्यकार थे।[5B] किन्तु इन सभी में अश्विनीकुमार दत्त एक मात्र व्यक्ति थे जिन्होंने पाल को लोकोत्तर अनुभूतियाँ करते रहने हेतु प्रेरित किया।

दिव्यपथ के पथिक

कई बार रहस्यवाद की सीमा को स्पर्श करती इस आध्यात्मिकता की वजह से पाल अपने समस्त राजनीतिक क्रियाकलापों के बावजूद मूलतः एक नैतिक व्यक्ति थे।[6] वे सही कार्य करने की आवश्यकता को इतनी तीव्रता से अनुभव करते थे कि कोई कदम उठाने से पूर्व वे स्वयं इस बात से आश्वस्त होना चाहते थे कि वे सही कार्य कर रहे थे। सत्यप्रियता और नैतिकता की उनकी चेतना केवल श्री अरविन्द से तुलनीय है। 1909 ई. में बंगाल के

उत्तेजित राजनीतिक वातावरण में एक उच्चपदासीन पुलिस अधिकारी को यह स्वीकार करना पड़ा कि 'विपिनपाल और अरविन्द घोष जैसे लोग, जो कुछ उन्होंने किया है उसे कभी अस्वीकार नहीं करेंगे?[7] उन्होंने जिस राजनीतिक दृष्टिकोण का विकास किया वह संकीर्णता से मुक्त था। वह राष्ट्रीय सीमाओं से परिबद्ध नहीं था। वे सदैव अन्तरराष्ट्रीयतावाद या सार्वभौमवाद के विस्तृत क्षेत्र में भ्रमण करने के इच्छुक रहते थे। यही कारण था कि वे सहज रूप से किसी भी धार्मिक समुदाय के सहविश्वासी हो सकते थे और देश-विदेश में कहीं भी उनको परायापन अनुभव नहीं होता था। उनके कट्टर आलोचक वेलेन्टाइन शिरोल को भी उनमें 'महान् बौद्धिक शक्ति व उच्च चरित्रवान व्यक्ति के दर्शन हुए।[8] राजनीतिक चिंतन, सत्य एवं स्वतंत्रता के लिए पाल की खोज का अभिन्न अंग था। उनके विचार दर्शन में राजनीति धर्म, दर्शन, विज्ञान व अन्य सभी विषयों से जुड़ी हुई है।

प्रारम्भिक दौर में उनके मानस को ढ़ालने में ब्रह्मसमाज का विशेष हाथ रहा। शिवनाथ शास्त्री का अनुकरण करते हुए पाल पहिले थियोडार पार्कर की ओर आकृष्ट हुए और तदनन्तर इमर्सन की शिक्षाओं से अभिभूत हो गए। इमर्सन का साहित्य उनकी विचारधारा के पथ निर्धारण में सदैव एक सहायक तत्व रहा।[9] ब्रह्मसमाज के आदर्शों द्वारा प्रेरित व्यापक मानवतावादी दृष्टि के फलस्वरूप वे हिन्दूधर्म के विभिन्न सम्प्रदायों के निकट सम्पर्क में आए। अपनी विशाल हृदयता के कारण ही कट्टर ब्रह्मसमाजियों के विपरीत वे रामकृष्ण परमहंस के निष्कपट मानववाद और विवेकानन्द की ओजस्वी शिक्षाओं का मूल्यांकन करने में समर्थ हुए।[10] रामकृष्ण और विवेकानन्द के विचारों के साथ ही पाल वैष्णव दर्शन, विशेषकर इसके भक्ति सम्प्रदाय से अत्यधिक प्रभावित हुए। इस प्रवृत्ति ने उन्हें परमहंस विजयकृष्ण गोस्वामी का शिष्यत्व ग्रहण करने हेतु प्रेरित किया।

स्पष्ट है कि दार्शनिक चिंतन की भावधारा से सिचिंत पाल मूलतः एक राजनेता नहीं , चिंतक थे। उनकी धारणा थी कि लोगों का चिंतन जीवन ही

उनका वास्तविक जीवंन होता है। उनके चिंतन का इतिहास उनका वास्तविक इतिहास होता है।[11] उनमें विश्वासों की उसी दृढ़ता के दर्शन होते हैं जो मनीषियों की विशिष्टता है। हमारे राष्ट्रीय जीवन में गतिशील बौद्धिकता का संचार हो, यही उनकी अभिलाषा थी। उनमें वह दुर्लभ साहस था कि अलग-थलग पड़ जाने की जोखिम उठाकर भी अपनी निष्ठाओं से उन्होंने कभी समझौता नहीं किया। इसलिए उनका जीवन यात्रा अत्यन्त कष्टपूर्ण रही और स्वदेशीयुग की त्रिमूर्ति में से एक पाल की जीवन की सन्ध्यावेला और उसका अन्त दोनों ही अत्यन्त कारुणिक थे। प्रखर चिंतक, निर्भीक पत्रकार व दैवीय वाग्मिता के धनी पाल के प्रयत्नों से ही बंगभंग की चिंगारी दावानल बन गयी। एक उदारवादी के रूप में उनकी चिंतन यात्रा का प्रारम्भ हुआ।[12] किन्तु विदेशी शासन के जनविरोधी रवैये से उत्पन्न क्षोभ ने उन्हें मोहभंग के उस मोड़ पर ला खड़ा किया जहाँ से उनकी इस यात्रा का दूसरा और सर्वाधिक महत्वपूर्ण चरण प्रारम्भ होता है।

चिन्तन यात्रा का प्रथम पड़ाव : पश्चिम प्रवास

एक राष्ट्रवादी चिंतक के रूप में पाल के विचारों के क्रमिक विकास को समझने के लिए उनकी चिंतनयात्रा के प्रथम दौर का किंचित् विवेचन अपेक्षित है। प्रारम्भ में पाल राजनीति की ओर से कुछ-कुछ उदासीन थे। उनकी मुख्य अभिरुचि आर्थिक व शैक्षणिक समस्याओं तक सीमित थी। उनके मानसिक अभिवृत्ति को समझने में उनकी प्रथम पश्चिम यात्रा के दौरान दिए गए व्याख्यान और अन्य गतिविधियाँ काफी सहायक हैं। उस समय प्रचलित परम्परा के अनुसार हमारे कई अग्रणी नेता विभिन्न मसलों पर भारतीय दृष्टिकोण को ब्रिटिश लोगों के सम्मुख प्रस्तुत करने हेतु इंग्लैंड जाते थे। पाल भी इंग्लैंड जाने के अवसर की प्रतीक्षा में थे। अक्टूबर 1898 ई. में सुरेन्द्रनाथ बैनर्जी के प्रयत्नों से उनकी यह इच्छापूर्ण हुई। वस्तुतः पाल अपने राजनीतिक उत्कर्ष के लिए सुरेन्द्रनाथ के ऋणी थे।[13]

यद्यपि इंग्लैंड में पाल ऑक्सफोर्ड के न्यू मैनचेस्टर कॉलेज में नीतिशास्त्र के अपने पाठ्यक्रम तथा धर्मशास्त्र व मद्यत्याग सम्बन्धी व्याख्यान दौरों में व्यस्त रहे तथापि 'विभिन्न स्थानों पर जो राजनीतिक कार्य वे हाथ में ले सके, वे उनके देशभक्तिपूर्ण उत्साह और सूक्ष्म अन्तर्दृष्टि के परिचायक हैं।[14] पाल इंग्लैंड के जनमत को यह बात भली भाँति समझाना चाहते थे कि भारत में अपनी अधिराज्यीय सत्ता का विस्तार करके ग्रेट ब्रिटेन ने एक महान् ऐतिहासिक उत्तरदायित्व ओढ़ लिया है। वह उत्तरदायित्व भारत को आत्मनिर्भर बनने और संवैधानिक सरकार में कुशल बनने में सहायता देना है। ऐसे राजनीतक प्रासाद के निर्माण की दिशा में ठोस कार्य किए बिना ब्रिटेन भारत नहीं छोड़ सकता था। इंग्लैंड को भारत से हटना चाहिए अथवा नहीं, इस प्रासंगिक प्रश्न पर डॉ. डुमान्ड की अध्यक्षता में मेनचेस्टर न्यू कॉलेज, ऑक्सफोर्ड में एक रोचक बहस हुई। पाल ने भी इसमें भाग लिया।

स्वतंत्र प्रेस और स्वतंत्र संस्थाओं वाले देश ब्रिटेन में जनमत को जागृत करने हेतु प्रेस का सहारा लेना पाल को बुद्धिमतापूर्ण उपाय प्रतीत हुआ। इसलिए अपने लन्दन आगमन के तुरन्त पश्चात् उन्होंने मेनचेस्टर गार्डियन को दो लम्बे पत्र लिखे। पहिला पत्र भारत में ब्रिटिश नौकरशाही के अपराधों तथा भारतवासियों में ब्रिटिश शासन की बुराईयों के विरुद्ध उभरती चेतना से सम्बद्ध था। दूसरे पत्र में पहिले पत्र में उभारे गए मुद्दों की व्याख्या की गयी थी।[15] पाल ने ये पत्र उस समय लिखे जब लॉर्ड कर्जन भारत के वॉयसराय का कार्यभार ग्रहण करने ही वाले थे। पत्रों का अंतःस्थ अभिप्राय यह था कि भारत में जनसाधारण तथा राजनीतिक रूप से सचेत शिक्षित वर्ग के बीच की खाई शनैः शनैः कम हो रही थी और जनसाधारण की शक्ति प्रबलता प्राप्त कर रही थी। अब प्रश्न यह था कि इस नवउद्भूत जनशक्ति पर नियंत्रण कौन स्थापित करेगा और ऐसा प्रतीत होता है कि लॉर्ड कर्जन के ध्यान में यह बात आ गयी। उन्होंने देश के जनसाधारण और शिक्षित जनता के ब्रिटिश शासन की प्रत्यक्ष या अप्रत्यक्ष रूप से सहायता करने वाले वर्ग को सन्तुष्ट करने का प्रयास किया।

ज्यों-ज्यों कर्जन ने जनसाधारण को ब्रिटिश शासन के पक्ष में करने का प्रयत्न किया त्यों-त्यों उन्हें अपने पक्ष में जुटाने के हमारे राजनीतिक नेतृत्व के प्रयत्न तीव्र होते गए। इस प्रकार पाल के पत्रों से एक विदेशी नौकरशाही और स्वदेशी बुद्धिजीवी वर्ग के बीच अनिवार्य संघर्ष का आभास मिला। इस अर्थ में यह कहा जा सकता है कि 'इन पत्रों ने नवीन राष्ट्रवादी दल द्वारा बीसवीं सदी के प्रारम्भ में उत्तेजनापूर्ण वर्षों के दौरान अपनाई गई नीति की भविष्यवाणी कर दी।[17]

इंग्लैंड यात्रा पूरी करने के बाद फरवरी 1900 ई. में पाल राष्ट्रीय मद्यत्याग संघ के आमंत्रण पर अमेरिका गए और वहाँ चार महीने ठहरे।[18] वहाँ राष्ट्रपति मैकिनले से हुई अपनी भेंट के दौरान अमरीकी समाज के गुणावगुणों पर उन्होंने राष्ट्रपति के सम्मुख अपने विचार व्यक्त किए।

यात्रा का वैशिष्ट्य और प्रभाव

अपनी महाद्वीपीय यात्रा के दौरान वाणी और वेशभूषा दोनों में ने पाल सदैव राष्ट्रीय स्वाभिमान को बनाए रखा। न तो इंग्लैंड और न ही अमरीका में उन्होंने यूरोपीय वेश-भूषा का प्रयोग किया। उन्होंने अपना कोट, चोगा और पीला रेशमी साफा ही काम में लिया। किन्तु अपने सम्पूर्ण तूफानी दौरे में, चाहे वह उदारवादी ब्रिटेन में हो या गणतंत्रीय अमरीका में, उन्हें पराधीनता की अनुभूति हुई। एक ऐसी अनुभूति जो राजनीतिक पराधीनता व राजनीतिक स्वाधीनता वाले समाज का भेद उजागर कर देती है। इंग्लैंड जाते समय उन्होंने पेरिस में देखा कि वस्तुतः देशभक्ति क्या होती? जॉन स्टुअर्ट मिल, जॉसेफ मत्सीनी व गावान डफी की रचनाओं से पहिले से ही प्रभावित पाल 1900 ई. के मध्य तक देशभक्ति की ज्वलंत चेतना और मातृभूमि के लिए स्वतंत्रता प्राप्त करने के पवित्र निश्चय के साथ स्वदेश लौटे।

पश्चिम प्रवास में हुए अनुभवों से पाल राष्ट्र के सम्मुख विद्यमान समस्याओं के निदान हेतु एक नवीन दृष्टि और भावबोध लेकर लौटे। उनके

राष्ट्रवादी मिशन की सही अर्थों में शुरुआत इसके बाद ही हुई। स्वामी विवेकानन्द ने पश्चिम से प्रत्यावर्तन के बाद राष्ट्र को 'उत्तिष्ठ जागृत' का आह्वान दिया था। उन्हीं के समान पाल ने भी अब अपनी लेखनी व वाणी की शक्तियों का कल्पनाशील प्रयोग राष्ट्रोत्थान के लिए करना प्रारम्भ किया। इंग्लैंड से लौटने पर भारतीय संस्कृति एवं सभ्यता के संरक्षण, विश्व संस्कृतियों के संवर्धन तथा सार्वभौम संघ की प्रगति के लिए उन्होंने 'हिन्दू रिव्यू' नामक पत्रिका प्रारम्भ की। इस कार्य के लिये मर्यादित किन्तु सशक्त ऐतिहासिक कल्पना से संयुक्त गम्भीर पाण्डित्य और संश्लेषणात्मक बुद्धि की आवश्यक थी। अपनी रचनाओं में पाल इसका पर्याप्त प्रमाण देते हैं।

इस सन्दर्भ में यह बात उल्लेखनीय है कि ब्रिटेन की साम्राज्यवादी शक्ति का मुकाबला जनजागृति के माध्यम से ही सफलतापूर्वक कर सकना सम्भव था, इस तथ्य को पाल व आध्यात्मिक राष्ट्रवाद के उनके पूर्वगामी प्रणेता भली भाँति जान चुके थे और इस कार्य के लिए प्रेस उन्हें अत्यन्त प्रभावी व विश्वस्त साधन प्रतीत हुआ। जनसाधारण के लिए आलोक व प्रेरणा स्रोत, प्रहरी व मार्गदर्शक की जो गौरवपूर्ण भूमिका प्रेस ने निभायी, वह हमारे राष्ट्रीय आन्दोलन की अमूल्य थाती है। आधुनिक भारतीय चिंतन की विविध धाराओं के प्रतिपादक इस सशक्त साधन का उपयोग अपने विचारों के प्रसार के लिए करते रहे है। 'बंगदर्शन', 'केसरी' व 'अलिफ' से लेकर 'वन्दे मातरम्', 'हरिजन' व 'यंग इंडिया' की एक सुदीर्घ श्रृंखला इस तथ्य की साक्षी है। यह कोई संयोग नहीं है कि बंकिम, टिळक, श्री अरविन्द व पाल, सभी ने पत्रकारिता की क्षमता के नये मानक स्थापित किए। 'बंगदर्शन' से लेकर 'वन्दे मातरम्' तक का युग भारतीय जागृति में प्रेस के अविस्मरणीय अवदान का युग है। पाल ने जिस कार्य का बीड़ा उठाया था, उसकी पूर्ति के लिए अपने पूर्वगामियों की भाँति वे भी पत्रकारिता के क्षेत्र में उतरे। इस सिलसिले में उन्होंने पहिले एक अंग्रेजी साप्ताहिक 'न्यू इंडिया' अगस्त 1901 ई. में प्रारम्भ किया। मूलतः इसका उद्देश्य उनके सांस्कृतिक विचारों का प्रसार करना था।

शनैः शनैः इस पत्र को पुनरुत्थित भारतीय राष्ट्रवाद के मुखपत्र में बदल दिया गया। इसमें एक नवीन सन्देश और वस्तुतः भारत में राष्ट्रीय आन्दोलन के लिए एक नवीन विधान का उपदेश देना प्रारम्भ किया गया। इसके पहिले अंक में पाल ने नवीन भारत की व्याख्या इस प्रकार की 'यह अभिनव भारत ने तो हिन्दू है, न मुस्लिम और न ब्रिटिश है वरन् वह अपने विकास की क्रमिक अवस्थाओं में तीन महान् विश्व सभ्यताओं द्वारा प्रदत्त की गई मूल्यवान और नानारूप सामग्री से विनिर्मित है। इन तीनों सभ्यताओं का प्रतिनिधित्व भारतीय समाज के तीन बड़े वर्ग करते हैं।[19A] इन पंक्तियों में देशभक्ति और विश्वव्यापी राष्ट्रीयता के उनके अभिनव सिद्धान्त का सार निहित है, जिसके लिए वे आजीवन प्रयत्नशील रहे।

इस पत्र के प्रथम अंक में ही 'न्यू इंडिया' शीर्षक से प्रकाशित लेख में पाल ने पत्र के उद्देश्य की घोषणा इन शब्दों में की–... "इसका दृष्टिकोण प्रबल रूप से राष्ट्रवादी है। भारतीय सभ्यता की आध्यात्मिक, नैतिक व बौद्धिक उपलब्धियों के लिए गहनतम श्रद्धाभाव से अनुप्राणित यह अपनी आकांक्षा की दृष्टि से सार्वभौम है, जो पश्चिमी संस्कृति में सन्निहित उदात्ततम व श्रेष्ठतम तत्वों को समाहित करने हेतु उत्सुक है। नवीन भारत के सम्मुख विद्यमान जटिल समस्याओं में, हमारी दृष्टि में आर्थिक समस्या सर्वाधिक महत्वपूर्ण और विकट है। एक दृष्टि से आर्थिक आधार न केवल राष्ट्रीय प्रगति वरन् स्वयं राष्ट्रीय जीवन की निरन्तरता के लिए आवश्यक है।"[19B] प्रारम्भिक दौर में 'न्यू इंडिया' को पाल ने दो मुख्य समस्याओं (आर्थिक व शैक्षणिक) पर विस्तृत और प्रबल वाद-विवाद के लिए नियोजित किया। अन्य सभी प्रश्न इनकी तुलना में गौण थे। 'न्यू इंडिया' में प्रकाशित लेख पाल की बौद्धिक विदग्धता और अन्तर्दृष्टि तथा साथ ही अपने देशवासियों के लिए उनके गहन प्रेम का परिचय देते हैं। यह पत्र परमात्मा, मानवता और पितृभूमि को समर्पित किया गया था।

इस चरण में पाल मितवादियों की इस धारणा के कायल थे कि ब्रिटिश

शासन एक दैवीय विधान था। किन्तु 1904 ई. के प्रारम्भ से पत्र के स्वर में शनैः शनैः परिवर्तन उभरना प्रारम्भ हो गया। बंगभंग की पृष्ठभूमि में 'न्यू इंडिया' मुख्यतः एक साँस्कृतिक पत्रिका से प्रकटतः राजनीतिक मुखपत्र में बदल गया। नौकरशाही के इस कृत्य से ब्रिटिश दयालुता के माध्यम से भारत की मुक्ति में पुरातन विश्वास को भारी धक्का लगा। मनुष्यों के सच्चे नेता के रूप में संकट की इस घड़ी में पाल ने स्वयं को धारा के प्रवाह के हवाले कर दिया। इस धारा को उन्होंने अपने भाषणों व लेखों से प्रबल शक्ति व गतिशीलता प्रदान की।

बंग भंग की वेदना और पाल

पुष्पित होने की ओर उन्मुख हमारी राष्ट्रीय चेतना की मंजरी को कुचलने हेतु कटिबद्ध नौकरशाही द्वारा 1905 ई. में किया गया बंगाल का विभाजन हमारी राष्ट्रीय भावनाओं एवं अस्मिता के लिए एक चुनौती था। यह एक युगान्तकारी घटना थी।[20] क्योंकि इसी के बाद राष्ट्रीय आन्दोलन सही अर्थों में जन आन्दोलन बना और देश आत्मरक्षा के लिए उठ खड़ा हुआ। स्वराज की अभीप्सा तीव्र हुई और राष्ट्र की लुप्तप्रायः जीवनदायी परम्पराओं के पुनरुत्थान की प्रक्रिया प्रारम्भ हुई। विदेशी नौकरशाही का वास्तविक रूप उजागर होने से अनेक भ्रांतियों का निवारण हुआ और हमारा तेजोमय राष्ट्रीय नेतृत्व उभरकर सामने आया। बंगाल के विभाजन ने 'राष्ट्रवादी विचारों की गति को तीव्र कर दिया।'[21] राष्ट्र के सभी वर्गों ने एक स्वर से इसका विरोध किया।

स्तम्भित लोगों पर गाज के समान गिरने वाली[22] विभाजन की घोषणा पर अपनी प्रतिक्रिया व्यक्त करते हुए शीर्षस्थ मितवादी नेता गोखले ने कहा– 'हमारे बंगाली बन्धुओं के साथ एक क्रूरतापूर्ण अन्याय किया गया है और संपूर्ण राष्ट्र दुःख व क्रोध से आड़ोलित हो रहा है। यह कार्य वर्तमान नौकरशाही शासन के सर्वाधिक बुरे लक्षणों के उदाहरण स्वरूप विद्यमान रहेगा...।[23] रोमां रोलां के शब्दों में विभाजन का उद्देश्य भारत के हृदय और

मस्तिष्क पर घातक प्रहार करना था क्योंकि बंगाल उसका सर्वाधिक जीवन्त प्रान्त था। उसकी बुद्धिमता और अपने महान् अतीत के प्रति उसके लगाव से ब्रिटिश सत्ता की सर्वाधिक भय था।[24] इन घटना से शिक्षित वर्ग को इस बात की अनुभूति हुई कि विदेशी सत्ता के जुए के नीचे अवस्थित देश में जनमत अथवा शासितों की सहमति का कोई महत्व नहीं होता।[25]

एक सुसम्बद्ध, एकरूप प्रान्त को खण्डित करने के प्रयत्न से क्षुब्ध बंगाल ने विद्रोह कर दिया। बंगाली जनता ने राजनीतिक अकर्मण्यता का आवरण उतार फेंका और अपने आत्मसम्मान तथा एकताबद्ध लोगों के रूप में जीने-मरने के जन्मसिद्ध अधिकार का दावा पेश किया। न केवल बंगाल वरन् सम्पूर्ण राष्ट्रवादी भारत विभाजन के मामले पर उद्वेलित था। कुछ ही महीनों में राष्ट्र का चेहरा बदल गया। प्रेस दीर्घा, मंदिर प्रेक्षागृह, साहित्य सभी राष्ट्रीय बन गए।

विभाजन पर हुई प्रतिक्रिया का विवेचन करते समय इस तथ्य को भी दृष्टिगत रखा जाना चाहिए कि 'कोई घटना विशेष और कदम स्वयं राजनीतिक आन्दोलन को जन्म नहीं देते किन्तु जब लोग परिवर्तन के लिए तैयार होते हैं वह (घटना) आन्दोलन के लिए अवसर प्रदान करती है। विभाजन ने ठीक यही कार्य किया। लोग विभाजन विरोधी आन्दोलन में इसी तरह शामिल हुए जैसा कि सारे विश्व में जनसाधारण अपने ऊपर स्थापित हुए विदेशी प्रशासन के विरुद्ध इकट्ठा हुई शिकायतों के प्रकटीकरण के अवसर के रूप में करते आए हैं।[26] यह आन्दोलन वस्तुतः स्वतन्त्रता की अधीर चेतना का प्रकटीकरण था जो अभिव्यक्ति का मार्ग खोज रही थी। यह राष्ट्र के पौरुष को प्रमाणित करने का प्रयत्न था।[27]

नवीन राष्ट्रीय चेतना का जनक बंगभंग विरोधी आन्दोलन आकस्मिक रूप से घटित होने वाली कोई घटना न होकर विदेशी शासन के विरुद्ध इकट्ठी शिकायतों के बारूद का विस्फोट था। इनका अम्बार केवल इस कारण

नहीं लगा था कि हमारे साथ राजनीतिक दृष्टि से भेदभाव बरता जा रहा था वरन् इसके मूल में यह संकटापन्न वास्तविकता थी कि एक राष्ट्र के रूप में सामाजिक, सांस्कृतिक व आर्थिक दृष्टि से हम सर्वथा निर्बल हो चुके थे। अतः राष्ट्रत्व के तेजस्वी आधार की प्राप्ति के लिए देश को व्यापकतर आयाम वाले राजनीतिक आन्दोलन की आवश्यकता थी। विभाजन ने नये सिरे से सोचने के लिए नेतृत्व को प्रेरित किया। इसने नेताओं और जनसाधारण को इस महान् राजनीतिक मसले को सदैव के लिए निश्चित करने हेतु प्रेरित किया कि–क्या भारत का शासन लोगों की भावनाओं और विचारों पर कोई ध्यान दिए बिना स्वेच्छाचारी तरीके से होना चाहिए और भारतवासियों को इस बात का भान कराया कि हीन अधीनस्थ प्रजाति के रूप में उनका स्थान क्या है? अथवा इस देश का शासन हमारे शासकों द्वारा प्रतिपादित प्रबुद्ध सिद्धान्तों के आधार पर हो?[28] नवीन चिंतनधारा का प्रवाह किस दिशा में था, इसकी झलक कांग्रेस के 21 वें अधिवेशन में लाला लाजपतराय के भाषण में मिलती है।[29]

पाल द्वारा जनजागृति का शंखनाद

बंगाल के विभाजन ने पाल की गहन संवेदनशील आत्मा को झकझोर दिया। इसने उन्हें एक उदारवादी से उग्रवादी चिंतक में परिवर्तित कर दिया। इस परिवर्तन का जिक्र करते हुए पाल ने 1907 ई. में कहा– 'कर्जन और उसकी विभाजन योजना, जिसमें जनभावनाओं की पूर्ण अवमानना निहित थी, ने भारत में ब्रिटिश शासन के बारे में हमारी पुरानी भ्रान्तियों का निवारण कर दिया।[30] विभाजन विरोधी आन्दोलन के भावावेशपूर्ण वातावरण में राजनीतिक आदर्श व कार्यप्रणाली दोनों क्षेत्रों में पाल का मानसिक व भावनात्मक स्वरूप परिवर्तन त्वरित गति से हुआ। उन दिनों राष्ट्रीय आकांक्षाओं को स्पष्ट वाणी प्रदान करने वाले वे प्रथम महान् नेता थे। विभाजन के विरुद्ध जनमत को जागृत और संगठित करने हेतु पाल ने अपनी लेखनी और वाणी की शक्तियों का भरपूर उपयोग किया। जनवरी 1907 ई. में पाल

अपने जीवन के सर्वाधिक स्मरणीय प्रचार दौरे पर निकले। इस प्रचार दौरे में पाल ने अभिनव चेतना के महान् सन्देश वाहक के रूप में कार्य किया। देश के दूर-दराज भागों में उन्होंने स्वदेशी, स्वराज, बहिष्कार और राष्ट्रीय शिक्षा के सन्देश का प्रसार किया और अपनी अप्रतिम वाग्मिता के द्वारा सभी स्थानों पर नवीन आन्दोलन के सिद्धान्तों का प्रसार किया। उन्होंने देशवासियों को उठ खड़े होने का आह्वान करते हुए देश के लिए पूर्ण समर्पण भाव से कार्य करने की अपील की। उन्होंने कहा...जागो! ऐ सोने वालों! आओ हम सभी अपने देश के लिए कार्य करें। साँवरे की मुरली की तान से मुग्ध होकर गोपियां कालिन्दी तट की की ओर खिंची चली आती थीं। इसी प्रकार आपको अपनी मातृभूमि की पुकार द्वारा जगाया गया है। हमारी देशभक्ति की भावनाएँ जागृत की गयी हैं। हमें उठना ही है और निष्क्रियता का परित्याग करना है।'[31] अभिनव आन्दोलन का सन्देश देश के कोने-कोने में पहुँचाने में पाल ने अपनी अद्भुत क्षमता का परिचय दिया। जासूसी शाखा के प्रतिवेदन के अनुसार 'भ्रमणशील जनोत्तेजकों के सिरमौर विपिनचन्द्र ने सरकार के विरुद्ध लोगों को उभाड़ने में अन्य किसी की अपेक्षा अधिक कार्य किया।'[31A] वस्तुतः उन दिनों उनकी वाणी जैसे आग उगलती थी और एक बार उन्हें सुनने के बाद उनके प्रभाव से कोई अछूता नहीं रह सकता था। उनकी वाग्मिता उनके जीवन काल में ही निजंधरी कथा बन चुकी थी। उनकी आश्चर्यजनक वक्तृत्व कला का वर्णन श्रीनिवास शास्त्री ने इन शब्दों में किया-"नवीन राजनीतिक धर्म के उपदेष्टा के रूप में बाबू विपिनचन्द्र पाल ने मद्रास में ख्याति अर्जित की। कई दिन तक वे सागर तट पर भावनाओं की ऊष्णता व सूक्ष्म तार्किकता से युक्त शब्दावलि में श्रोतावृन्द को मुग्ध करते रहे...वाग्मिता को भारत में पहिले कभी ऐसी विजय श्री प्राप्त नहीं हुई। उच्चरित शब्दों की सामर्थ्य इस स्तर पर कभी उद्घाटित नहीं हुई।"

पाल ने लोगों को नौकरशाही की चुनौती के सन्दर्भ में अपने अपमानित पौरुष को प्रमाणित करने और आवश्यकता पड़ने पर अपनी प्यारी मातृभूमि के

लिए अपने जीवन का बलिदान करने का भावपूर्ण आह्वान किया। सन् 1905 ई. में स्वदेशी आन्दोलन के औपचारिक रूप से उद्‌घाटन ने विपिनचन्द्र को काफी विस्तृत क्षेत्र और अपनी राजनीतिक गतिविधियों के लिए व्यापक संभावनाएँ प्रदान कीं। इस वर्ष के अन्त तक वे अभिनव राष्ट्रीय आन्दोलन के महान् नेता व निर्मायक के रूप में उभरे। उसे उन्होंने एक सर्वथा नवीन नैतिक लहजा प्रदान कर दिया। यह पाल की चिरस्थायी कीर्ति है कि उन्होंने राष्ट्र की अभिनव चेतना को अधिकतम निष्ठा के साथ वाणी प्रदान की। अपनी रचनाओं और सार्वजनिक भाषणों के माध्यम से स्वातंत्र्य के नवीन सन्देश को उन्होंने लोगों के मानस में गहरे रूप में प्रविष्ट कराय। 13 जनवरी 1906 को कलकत्ता में एक जनसभा को सम्बोधित करते हुए पाल ने श्रोताओं से कहा कि उन्हें आन्दोलन में कुछ अति प्राकृतिक और दिव्य तत्व दृष्टिगोचर हो रहा था। इसी वर्ष 3 मार्च को कलकत्ता में ही आयोजित एक अन्य सभा में उन्होंने श्रोतावृन्द से कहा कि, 'अच्छे भाषणों की घड़ी व्यतीत हो चुकी थी तथा देश की मुक्ति के लिए क्रियाशीलता एवं बलिदान की वेला आ पहुँची थी।[33]

'वन्दे मातरम्' का प्रारम्भ

बंगभंग से उत्पन्न परिस्थिति में बलिदान के आदर्श के प्रसार के लिए एक दैनिक समाचार पत्र की आवश्यकता पाल ने अनुभव की। नवीन आदर्श के पक्ष में शिक्षित वर्ग को तैयार करने हेतु प्रचार का एक व्यापक और निर्भीक कार्यक्रम, जिसका राजनीति में उदारता में नहीं वरन् स्वयं लोगों के सहकारी प्रयत्नों में विश्वास हो, समय की पुकार थी। इधर बरीसाल कान्फ्रेंस को पुलिस द्वारा बलात् तितर-बितर किए जाने[34] के पश्चात् पाल ने नवीन भारतीय राष्ट्रवाद के मुखपत्र के रूप में दैनिक पत्र शुरु करने विचार को कार्यान्वित करने का निश्चय किया।

मितवादियों के पास 'बंगाली' और 'अमृत बाजार पत्रिका' जैसे अपने सशक्त मुखपत्र थे किन्तु उग्रवादियों के पास, अपने आदर्शों व नीतियों को निष्ठापूर्वक प्रस्तुत करने वाला कोई अखिल भारतीय पत्र नहीं था। राष्ट्रीय

आन्दोलन की इस विशिष्ट पृष्ठभूमि में विपिनचन्द्र पाल केवल पाँच सौ रुपए की राशि लेकर सम्मुख आए। श्री अरविन्द के अनुसार इस राशि से उन्होंने भारतीय राष्ट्रवाद के पूर्व विचारित अखिल भारतीय दैनिक मुखपत्र की स्थापना की और इसका नामकरण 'वन्दे मातरम्' किया।[35] इस असाधारण पत्र का प्रथम अंक पाल के सम्पादन में 6 अगस्त 1906 को, स्वदेशी आन्दोलन की प्रथम वर्षगांठ के अवसर पर प्रकाशित हुआ।[36] इसके प्रकाशन की मूल योजना को कुछ कारणवश बदलना पड़ा।[37] वैसे वन्दे मातरम् को श्री अरविन्द के सम्पादन में बाद में विशेष ख्याति प्राप्त हुई।

पाल के प्रचार दौरे और 'वन्दे मातरम्' राष्ट्रीय जागृति की उनकी वृहद् योजना के अंग थे। इसके लिए उन्होंने भगीरथ प्रयास किया। वे अभिनव चेतना के सन्देशवाहक थे। निद्रित राष्ट्र को उन्होंने जगाया। राष्ट्रीय जागृति के लिए उनके प्रयासों व उनकी सम्भावनाओं का जिक्र उनके एक समकालीन ने इस प्रकार किया– 'वे (पाल) भारत की नवीन चेतना के मूर्तरूप हैं। उस समय क्या होगा जब सर्वोच्च शिखरों को स्पर्श करने वाली रश्मियाँ समस्त पर्वतमाला को प्रकाश स्नात कर देंगी। जब वर्तमान समय में कुछ ही लोगों व श्रोताओं को भाव विह्वल करने वाले उनके उद्गार भारत की प्रत्येक सन्तान के हृदय व आत्मा में स्पन्दन पैदा करेंगे।'[38] पाल राष्ट्रवाद के जिस नवीन धर्म का मंत्र जनसाधारण को स्वदेशी आन्दोलन के दौरान दे रहे थे, ब्रिटिश नौकरशाही उससे भयभीत थी। यह तत्कालीन वॉयसराय लॉर्ड मिन्टो द्वारा भारतमंत्री को लिखे गए पत्र से स्पष्ट हो जाता है। 'मैं नहीं समझता कि हमें विपिनचन्द्र पाल को देश में राजद्रोहात्मक भाषण देते फिरने की इज़ाजत देनी चाहिए।' इस पत्र लेख के तीन महीने के भीतर मिन्टो ने पाल के निर्वासन का प्रस्ताव रखा।[39]

अभिनव राष्ट्रीय चेतना व आन्दोलन की पाल द्वारा आध्यात्मिक व्याख्या

पाल ने एक अवधारणा के रूप में राष्ट्रवाद के आध्यात्मिक स्वरूप की

बहुत विस्तार से व्याख्या की है। एक राष्ट्रवादी चिंतक के रूप में स्वदेशी युग के राष्ट्रीय जागरण और राष्ट्रवाद की अभिनव चेतना की उन्हों ने जो विवेचना की है, उसे समझना आवश्यक है। इसके आधार पर उनके लिए प्रयुक्त 'राष्ट्रवाद के पैगम्बर' जैसे विशेषण के औचित्य को परखा जा सकता है। उनकी इस चिंतनराशि को उनकी विचार यात्रा का द्वितीय चरण कहा जा सकता है।

(1) अभिनव आन्दोलन का उद्‌गम

1905 ई. से वेगवान धारा की तरह आगे बढ़ने वाले राष्ट्रीय आन्दोलन के उद्‌गम की व्याख्या पाल ब्रिटिश शासन के कूटनीतिक चातुर्य से पूर्ण व्यवहार के संदर्भ में करते हैं। भारतीयों को छोटी-मोटी सुविधाएँ देकर विदेशी शासन की बुराईयों से असंतुष्ट होने से रोकने के अब तक के प्रयासों का जिक्र करते हुए उन्होंने कहा–'काफी लम्बे समय तक हमारा लालन-पालन राजनीतिक लॉली पॉप पर हुआ है। हमें चुप रखने के लिए दीर्घ अवधि तक सुन्दर व आकर्षक शिशु चूसनिएं पकड़ा दी गईं।...लॉर्ड कर्जन ने वह चूसनी दूर फेंक दी और इससे हमें अपने भीतर विद्यमान क्षुधा की, स्वराज के लिए, राजनीतिक स्वायत्तता के लिए अभिलाषा की, राष्ट्रों के समाज में हमारा निश्चित स्थान ग्रहण करने की ललक की, मानवता के सार्वभौम जीवन में अपने अधिकार प्राप्त करने व उस जीवन को हमारी विशिष्ट संस्कृति, सभ्यता व आदर्शों की व्यवस्था से विस्तृत और गहरा बनाने की आकांक्षा की अनुभूति हुई। ईश्वर ने अपने विधान की रहस्यात्मकता में इस कार्य के लिए लॉर्ड कर्जन को मुख्य निमित्त चुना।'[40] पाल के अनुसार लॉर्ड कर्जन ने राष्ट्र की लुप्त चेतना को मात्र जागृत किया। उन्होंने उसका सृजन नहीं किया। चेतना का अस्तित्व तो पहिले से था। वह प्रच्छन्न थी और अन्तर्धारा के रूप में प्रवाहित थी। हाल ही के आन्दोलनों ने राष्ट्र में निहित निगूढ़ शक्तियों को प्रकट होने में सहायता दी है।[41] उन्होंने स्पष्ट किया कि ब्रिटिश राष्ट्र में हमारे विश्वास के धराशायी होने से नवीन आन्दोलन की उत्पत्ति हुई। हमारे सभी पूर्वकालिक आन्दोलनों पर आच्छादित विश्वास यह था कि हमारी मुक्ति इंग्लैंड का उपहार

होगी। हमें भरोसा था कि इंग्लैंड हमें अंगुली पकड़कर चलना सिखाएगा और शनैः- शनैः विश्वसमाज में हमारा उपयुक्त स्थान दिलाएगा।[42] यह विश्वास अब खत्म हो चुका था। पुराने विश्वास की भस्म से इस नवीन विश्वास (राष्ट्र की प्रतिभा में विश्वास) का जन्म हुआ है।

(2) अभिनव आन्दोलन को प्रकृति

नवीन आन्दोलन विदेशी सरकार के अन्यायों के प्रति विरोध का प्रकटीकरण मात्र न होकर, राष्ट्रोत्थान के संकल्प का प्रकटीकरण था। राष्ट्र को स्वावलम्बी बनाने के लक्ष्य से प्रेरित यह आन्दोलन स्वदेशी, स्वराज्य, बहिष्कार व राष्ट्रीय शिक्षा के चौखंभे पर आधारित था। चूँकि इसमें आर्थिक आत्मनिर्भरता का स्वर मुखर था अतः पाल ने बताया कि यद्यपि इसे निर्धनता की विकट भारतीय समस्या के हल के लिए प्रयुक्त किया गया किन्तु यह आर्थिक आन्दोलन मात्र नहीं है। यह आन्दोलन मूलतः आध्यात्मिक है। यह वेदान्त की उदात्त ब्रह्मविद्या का सामाजिक, आर्थिक व राजनीतिक जीवन में अनुप्रयोग है। यह स्वातंत्र्य सन्देश के प्रसार की आकांक्षा का द्योतक है। यह वेदान्त का सर्वोच्च सन्देश है और हमें उस सन्देश को प्रसारित करना है। उस आदर्श को सामाजिक, आर्थिक व राजनीतिक जीवन में चरितार्थ करना है।[43]

अभिनव राष्ट्रीय आन्दोलन के प्रेरक वेदान्त के सन्देश की व्याख्या उन्होंने इस प्रकार की–प्रत्येक मनुष्य के भीतर अपनी आत्मा में उसके अस्तित्व की आधारें व अनुभूति रूपी ईश्वरीय चेतना विद्यमान होती है। चूँकि परमात्मा शाश्वत रूप से स्वतंत्र है, आत्म अनुभूत है, अतः प्रत्येक मनुष्य भी शाश्वत स्वतंत्रता का भोक्ता है। स्वतंत्रता मनुष्य का जन्म सिद्ध अधिकार है। मनुष्य स्वयं सृष्टा की वास्तविकता से ही निर्मित है और ईश्वर की भाँति हम भी शाश्वत रूप से स्वतंत्र हैं। राजपुत्र या कृषक, ब्राह्मण या शूद्र, पुरुष या महिला, धनी या निर्धन, अज्ञ या सुधिजन हम सभी स्वतंत्र हैं।[44]

पाल ने स्पष्ट किया कि हमें इस स्वतंत्रता की अनुभूति नहीं होती क्योंकि

हम अज्ञान के आवरण में लिपटे हैं। हमें इसका अनुभव इस कारण भी नहीं होता कि स्वतंत्रता अभी हमारे सामाजिक जीवन में प्रतिष्ठित नहीं हुई है। स्वतंत्रता का यह आदर्श अभी राजनीतिक जीवन में व्यवहृत नहीं हो पाया है।...एक स्वतंत्र राज्य के स्वतंत्र नागरिक के जीवन में ही आत्म अनुभूति के उद्देश्य से ईश्वरीय स्वतंत्रता का अनुभव हो सकता है। इसीलिए मेरा कहना है कि यह नवीन आन्दोलन मात्र राजनीतिक आन्दोलन नहीं है। यह मूलतः एक आध्यात्मिक आन्दोलन है।[45] यह दृष्टव्य है कि आध्यात्मिक राष्ट्रवाद के सभी प्रणेताओं ने प्रभु कृपा में पूर्ण आस्था व्यक्त की। बंकिम के सन्तानधर्म से पाल के वेदान्ती राष्ट्रवाद तक यह विश्वास कहीं तिरोहित होता दिखायी नहीं देता। पाल ने नवीन आन्दोलन को ईश्वरीय कृपा का फल मानते हुए कहा—हमारा विश्वास प्रथमतः ईश्वर में और इतिहास में है, जिसके माध्यम से ईश्वर का प्रकटीकरण होता है। यह हमारे राष्ट्रीय जीवन की सीमाओं के अन्तर्गत ईश्वरीय चेतना और स्वयं ईश्वर का प्रकटीकरण है। चूँकि हमें इसमें आस्था है, अतः हमें अपने आन्दोलन की सफलता में विश्वास है।[46]

1901 में प्रकाशित अपनी पुस्तक 'न्यू स्पिरिट इन इंडिया' में पाल ने राष्ट्रीय आन्दोलन के दर्शन की आध्यात्मिकक अर्थों में व्याख्या की। उनके अनुसार प्रत्येक वृहद् मानवीय आन्दोलन, विशेषकर चिंतन के आन्दोलन के पीछे एक जीवनदर्शन होता है। भारत के नवीन राष्ट्रीय आन्दोलन के पीछे विद्यमान दर्शन मनुष्य के नागरिक व सामाजिक जीवन की व्याख्या में प्रयुक्त ब्रह्म का दर्शन, परम सत्ता का दर्शन है। यह व्यक्ति को ईश्वरीय चेतना के अवतार के रूप में देखता है एवं सामाजिक तथा नागरिक संस्थाओं को ईश्वर व मनुष्य के माध्यम से उसके प्रगतिशील प्रकटीकरण व अनुभूति के साधन के रूप में देखता है।

भारतीय नौकरशाही इस नवीन आन्दोलन की प्रेरक शक्ति को समझने में असमर्थ रही। यह सामाजिक विकास की एक लम्बी और सतत प्रक्रिया का नवीन दौर था। पाल का कहना था कि यह आन्दोलन अपने देश के साथ

अपनेपन की अनुभूति का परिणाम था। यह एक अन्तर्मुखी आन्दोलन था। नवीन आन्दोलन में अपमान और निराशा का भाव नहीं वरन् जाति का नवीन गौरव भाव और लोगों की नियति में अमर विश्वास निहित है।[47] नवीन आन्दोलन को भली भाँति समझने हेतु अपने राष्ट्र के उच्चतम आदर्शों की रंगावलि, धर्मशास्त्रों को उच्चतम शिक्षाओं व राष्ट्र के सामाजिक, आर्थिक, औद्योगिक व राजनीतिक जीवन की सर्वोच्च संभावनाओं के संदर्भ में विचार किया जाना आवश्यक था, ऐसी पाल की मान्यता थी।[48]

(3) प्रभाव

इस नवीन भावधारा का राष्ट्रीय जीवन पर बहुमुखी और दूरगामी प्रभाव परिलक्षित हुआ। पाल ने इसके प्रभाव की विवेचना करते हुए बताया कि इस आन्दोलन ने स्वयं को लोगों की गहन धार्मिक चेतना से सम्बद्ध करते हुए न केवल एक दृढ़ आध्यात्मिक लक्षण विकसित किया वरन् देश में एक पूर्ण व सुगठित राष्ट्रीय जीवन का विकास करने हेतु राष्ट्रीय धर्म के प्रतीकों की नींव रखी। साथ ही इसने भारतीय राजनीति में यथार्थवाद का स्वर मुखर किया। जिससे वह पहिले वंचित थी।[49]

ब्रिटिश शासन की श्रेष्ठता व जनहितकारी प्रवृत्ति में लोगों का विश्वास दृढ़ करने हेतु प्रारम्भ में लोगों को सम्मोहित किया गया था। हमें इस सम्मोहन के द्वारा इस बात का विश्वास दिलाया गया कि संख्या में तीस करोड़ होने के बावजूद भी हम दुर्बल हैं। पिछले पचास वर्षों से हमारे कानों में यही बात डाली गयी है कि हम दुर्बल हैं।[50] सभ्य कूटनीति के मक्कारी भरे तरीकों से अपरिचित साधारण लोगों ने शासकों के कथन पर विश्वास कर लिया। नवीन आन्दोलन ने सम्मोहन के प्रति प्रहारों का सृजन प्रारम्भ किया। इससे लोगों में अपनी शक्ति की चेतना एवं अपनी संस्कृति के प्रति सम्मान भाव जागृत हुआ और उनमें एक नये विश्वास का जन्म हुआ कि संसार की अन्य प्रजातियों की भाँति उनकी भी विशिष्ट नियति और मिशन है।[50A] नवीन राष्ट्रीय आन्दोलन ने पूर्ण

स्वायत्तता का नारा दिया। यह उस समय सर्वोच्च मनोवैज्ञानिक आवश्यकता थी। कल्पना और अवास्तविकता से रंगी कांग्रेस राजनीति की निरर्थकताओं का निवारण किसी अन्य सन्देश या आदर्श से होना सम्भव नहीं था।[51]

इस आन्दोलन ने समाज के सभी वर्गों में चेतना का संचार किया। अज्ञ व निष्क्रिय साधारण जन, पुरुष और महिलाएँ सभी इससे स्पन्दित हुए। एक बड़ी संख्या में लोगों के लिए यह धर्म बन गया और राष्ट्र की पुरानी भाग्यवादी प्रवृत्ति को यह सशक्त राजनीतिक शक्ति में बदलने में समर्थ हुआ। इसने लोगों में भौतिक कष्टों और यहाँ तक कि मृत्यु के प्रति भी उदासीनता की भावना उत्पन्न करने वाली तितिक्षा का विकास किया।[52] इन समस्त तथ्यों के सन्दर्भ में ही पाल ने कहा, ''यदि ब्रिटिश राजनेता देशभक्ति बलिदानों और क्रांतिकारी शौर्य के मृग्धकारी स्वरूप के बारे में शांतिपूर्वक सोचते तो स्वाधीनता के लिए जनसाधारण की तरंगित आकांक्षाओं का दमन करने हेतु दमनकारी उपायों की व्यर्थता समझ जाते।''[53]

अभिनव आन्दोलन एक अन्य प्रभाव यह हुआ कि इसने देश के पुराने राजनीतिक आन्दोलन व नैतिक व बौद्धिक बन्धनों से लोगों को मुक्त कर दिया[54] एवं हिन्दुओं की तथकथित मूर्ति पूजा को एक प्रबल स्वरूप परिवर्तन की स्थिति में ला दिया। नवीन राष्ट्रीय चेतना को अपने उपयुक्त प्रकटीकरण के लिए लोगों के धार्मिक अनुष्ठानों व अवधारणाओं के रूप में उपयुक्त साधन प्राप्त हुआ ऐसा पाल मानते हैं क्योंकि हिन्दू धर्म में वस्तुतः सामाजिक व आध्यात्मिक बातों का बड़े विचित्र ढ़ंग से संगुम्फन हुआ है। उदाहरण के लिए उनका कहना था कि जल के पवित्रीकरण का मंत्र 'गंगे च यमुने चैव...' विशाल संख्या में जनसाधारण के लिए नवीन अर्थ से युक्त हो गया है। एक गन्दे पोखर में घुटनों तक पानी में खड़ा, इसके पंकिल पानी से नहाता सांवला स्नानार्थी इस मंत्र को दोहराता है और इस तथ्य के प्रति सचेत है कि भारत के विभिन्न भागों में उसके लाखों भाई-बहिन इसी जल में नहा रहे हैं। यह चेतना राष्ट्र के साथ उसके सम्बन्धों का स्मरण करने एवं उससे एकता अनुभव में सहायक होती है।[55]

इस आन्दोलन से पूर्व अधिकांश लोगों में न राजनीतिक चेतना थी और न ही राजनीतिक इच्छा। न तो उनमें बोधगम्य आदर्श की प्रेरणा थी और न ही एक स्पष्ट व निश्चित प्रयोजन का विनिश्चय। नवीन आन्दोलन ने दोनों की सृष्टि की। इसने स्वराज या राष्ट्रीय स्वायत्तता का एक बोधगम्य आदर्श प्रस्तुत किया और एक निश्चित व व्यावहारिक उपाय भी सुझाया जिसे प्रत्येक पुरुष व महिला, इस आदर्श (आत्मसहायता, निष्क्रिय प्रतिरोध) के संवर्धन के लिए अपने जीवन क्षेत्र में प्रयुक्त कर सकता था।[56]

भारतीय लोगों को आत्मविस्मृति के अन्धेरे के उबार कर स्वराष्ट्र के प्रति प्रेम व श्रद्धा के उजाले में ले जाना, इस आन्दोलन की एक अन्य उल्लेखनीय उपलब्धि थी। पाल के अनुसार विदेशी लोगों और विदेशी शासन में आस्था के ह्रास से, विदेशी प्रशासन में विश्वास के क्षय से हमने घर के निकट देखना सीखा है। हमारी नजरें सरकारी कार्यालयों, संसद के सदनों, कलकत्ता व शिमला से परे हट गयी हैं। हमारी निगाहें भारत के रुग्ण और विवस्त्र, दीर्घकाल से कष्ट भोगते तीस करोड़ लोगों की ओर मुड़ी हैं और उनमें हमें एक नवीन संभावना के दर्शन होते हैं क्योंकि अब हम उन्हें प्रेम की दृष्टि से देखते हैं।[57]

चूंकि अभिनव राष्ट्रीय चेतना ने पूर्ण स्वराज्य को अपना अन्तिम आदर्श घोषित किया अतः उसकी निष्पत्तियाँ राष्ट्र के लिए संजीवनी स्वरूप सिद्ध हुईं। प्रथमतः तो आत्मसहायता व आत्म निर्भरता कार्यप्रणाली का मूल मंत्र बने गये और दूसरे स्वराज के आदर्श में निहित संवेदनशील देशभक्ति ने आत्म बलिदान की चेतना को तीव्र किया। सरकारी अव्यवस्था के विरुद्ध इसकी साहसी मुद्रा ने लोगों में नवीन साहस का संचार किया।[58] इसने जनसाधारण में यह चेतना उत्पन्न की कि परम सत्ता और 'नियति' उनकी राष्ट्रीय भवतिव्यता की संचालिका है।[59] **'नियति' का यह उल्लेख भारत में राजनीतिक संघर्ष में विशिष्ट रूप से एक नई बात थी। इसने स्पष्ट कर दिया कि शक्ति और प्रेरणा के लिए राष्ट्र का मानस उच्चतर शक्तियों की ओर उन्मुख हो गया**

था। पूर्वकालीन समय की भाँति अब न्याय और दयालुता के लिए मानव से याचना के बजाय शक्ति व प्रबोधन के लिए ईश्वर से प्रार्थना का प्रारम्भ हुआ।[60]

नवीन राष्ट्रीय आन्दोलन का प्रारम्भ 'वन्दे मातरम्' के घोष से हुआ। इस सम्बोधन ने आन्दोलन को धार्मिक प्रेरणा प्रदान की जिससे राष्ट्रीय कांग्रेस वंचित थी। इसने अभिनव आदर्शों को देश के हृदय में बहुत गहरे उतार दिया तथा लोगों में राष्ट्रीयता व देशभक्ति के नवीन संस्कार का प्रचलन किया। 'वन्दे मातरम्' का अर्थ वस्तुतः मातृभूमि को नहीं, माँ को नमन है। दिव्य के लिए प्रयुक्त यह (माँ) एक प्राचीन शब्द है और हिन्दुत्व में एक प्राचीन विचार है। उसमें ईश्वर के पितृत्व को ही नहीं, वरन् मातृत्व को भी मान्यता प्रदान की गयी है। यह हिन्दुओं द्वारा पूजित सभी देवियों का सामान्य अभिधान है। यह ईश्वर की सृजनात्मक शक्ति का प्रतीक है। 'वन्दे मातरम्' में निहित माँ ने उन सभी को एक नवीन संश्लेषण में ग्रथित कर दिया तथा पुरातन, पवित्र एवं प्रिय शब्द को एक नवीन उपास्या मातृभूमि पर लागू किया।

इस सम्बोधन ने राष्ट्र में देशभक्ति के एक नवीन पंथ का प्रारम्भ किया। यह नवीन देशभक्ति अमर पूर्वजों की पंक्ति से, प्रकृति का नियमन करने वाले प्राचीन व पारम्परिक देवताओं से, ऋषियों या प्रजाति के सन्त-महात्माओं से सम्बद्ध थी। समाज की विशिष्ट संस्कृति व चरित्र के निर्माण का श्रेय उन्हीं को है। अन्ततः यह देशभक्ति सार्वभौम मानवता से भी सम्बद्ध हो गयी। परम्परागत हिन्दू चिंतन में इसके प्रतीक महाविष्णु या नारायण हैं।[61] नवीन आन्दोलन द्वारा प्रवर्धित माँ के दिव्यत्व की चेतना की व्याख्या करते हुए पाल ने बताया कि माँ स्थायी और मूलस्वरूप में महाविष्णु के अंक में विश्राम करती है। यह उसका वास्तविक स्वरूप है--मानवता में शाश्वत रूप से विश्राम करता राष्ट्र। इन सभी कारणों से भारत में देशभक्ति अधिसंख्य लोगों के लिए वस्तुतः एक धर्म बन गयी। यह एक नवीन शक्ति थी और ऐसी किसी भी शक्ति से बलवत्तर व दूरगामी थी जिसका ब्रिटिश सरकार को अब तक सामना करना पड़ा था।[62]

अभिनव आन्दोलन से उद्‌भूत उपर्युक्त प्रवृत्तियों का हमारे समकालीन राष्ट्रीय जीवन में ओजस्विता, बलिदान की तत्परता व दृढ़ता के संचार की दृष्टि से अत्यन्त महत्वपूर्ण स्थान है। इनमें एक सबल स्वस्थ राष्ट्र निर्माण के आवश्यक उपादानों का समावेश है। स्वदेशी और बहिष्कार के रूप में सरकार की निरंकुशता के प्रति जनरोष व राष्ट्रीय मुक्ति के निश्चय का प्रकटीकरण हुआ। पाल के शब्दों में 'किसी देश में कोई आन्दोलन इससे अधिक उदात्त आदर्श से प्रेरित नहीं हुआ और अधीनस्थ लोगों की राजनीतिक मुक्ति के लिये इससे अधिक शांतिपूर्ण उपाय किसी आन्दोलन में नहीं अपनाए गए।[63] देश के कुंभीकृत पौरुष के जागरण हेतु नगाड़े पर चोट सही अर्थों में इसी आन्दोलन से पड़ी। इसके फलस्वरूप नवीन सम्भावनाओं के क्षितिज स्पष्टतः दृष्टिगोचर होने लगे। अन्तहीन प्रतीत होने वाली दासता की रजनी की कालिमा कुछ कम होती नजर आई। यह जनशक्ति के उदय व राष्ट्र के उभरते हुए आत्मविश्वास का स्पष्ट प्रमाण था। पाल द्वारा आन्दोलन की गई तार्किक व्याख्या में अधीनस्थ देशों की मुक्ति की पूर्व-पीठिका के लक्षणों को देखा जा सकता है।

यहाँ पर पुराने व नवीन आन्दोलन के तात्विक अन्तर पर विचार करना अप्रासंगिक न होगा। पुरानी पीढ़ी के राजनीतिक क्रियाकलापों और नवीन जन आन्दोलन के अन्तर को दर्शाते हुए पाल ने बताया कि दोनों में मूलभूत अन्तर है। प्रथम तो यह कि पूर्ववर्ती आन्दोलन की धर्म निरपेक्ष प्रकृति की तुलना में यह आध्यात्मिक चेतना व धार्मिक उत्साह से संयुक्त था और दूसरे हमारे प्रारंभिक सामाजिक व राजनीतिक क्रियाकलापों के अनुकरणात्मक चरित्र के विपरीत भारतीय जीवन और चिंतन की वास्तविकताओं की इसकी पकड़ सराहनीय थी।[64] स्वतंत्रता की इच्छा दासता के बोध पर निर्भर करती है ऐसा पाल मनाते हैं। बन्धन की चेतना जितनी तीव्र होगी, उससे मुक्ति की चेष्टा भी उतनी ही प्रबल होगी। पुरानी पीढ़ी का आन्दोलन जनसाधारण में यह चेतना उत्पन्न करने में असमर्थ रहा। उसकी गतिविधियों का यदि ध्यानपूर्वक विश्लेषण किया जाए तो विदित होगा कि वे शिक्षित वर्ग के लिए कुछ

रियायतें प्राप्त करने पर ज्यादा केन्द्रित थीं। नवीन आन्दोलन ने जनसाधारण को जागृत किया।

अभिनव राष्ट्रभक्ति और राष्ट्रवाद

एक राष्ट्र के रूप में भारत की विशिष्टता के संरक्षण के संकल्प से प्रेरित नवीन राष्ट्रवादी आन्दोलन ने न केवल हमारे सार्वजनिक जीवन में नये मूल्यों की स्थापना की वरन् राष्ट्रभक्ति व राष्ट्रवाद का एक नया आदर्श भी प्रस्तुत किया। पाल ने इस आदर्श की व्याख्या, इस सम्बन्ध में प्रचलित मितवादियों की धारणा के सन्दर्भ में की। वे मितवादियों की देशभक्ति की अवधारणा को अस्वीकार करते हैं क्योंकि उनके अनुसार उसका उत्स स्वदेशाभिमान नहीं था। 8 अप्रैल 1905 को 'न्यू इंडिया' में प्रकाशित लेख 'द न्यू पेट्रिओटिज़्म' में पाल ने मितवादियों के देशभक्ति के आदर्श को परानुकरण की आकांक्षा मात्र मानते हुए लिखा–विदेशी संस्थाओं व आदर्शों की माया से किंकर्त्तव्यविमूढ़ और चकित हम लोग उस समय यूरोप के सम्मोहन से ग्रस्त थे और हमारी सर्वोच्च आकांक्षा भारत में यूरोप की प्रतिकृति तैयार करना, भारतीय चिंतन और जीवन को 'सभ्य पश्चिम' के नमूने पर ढ़ालना था।

भारत के नाम पर हम यूरोप से प्रेम करते थे। इस कारण हम अपनी कल्पना शक्ति को भारतीय नहीं वरन् यूरोपीय आदर्शों, यूरोपीय कला, चिंतन व संस्कृति से पोषित कर रहे थे। हम भारत नाम से अभिहित प्रत्यय को प्रेम अवश्य करते थे किन्तु उसकी वास्तविकता से घृणा करते थे।...हमारी देशभक्ति का निर्माण स्व इतिहास, कला व साहित्य के प्रेम से निर्मित नहीं था और न ही हमारी जनता की वस्तु स्थिति से किसी प्रकार के लगाव पर आधारित था...। हमारे लोगों के प्रति हमारा प्रेम ईसाई मिशनरियों के गैर ईसाईयों के प्रति प्रेम के समान था जिनकी मुक्ति के लिए वे बहुत उत्सुक हैं।[65] इसकी तुलना में देशभक्ति के नवीन आदर्श की चर्चा करते हुए उन्होंने कहा–"राष्ट्र के प्रति यह नवीन प्रेम किसी महान् कविता या उपन्यास के सम्मोहन से उद्‌धृत अस्पष्ट भाव और रम्य कल्पना जैसे पुराने प्रेम की भाँति

नहीं है। वरन् यह एक वास्तविकता है। यह एक व्यक्तिनिष्ठ दृष्टिकोण नहीं अपितु कार्यों व प्रतीकों के माध्यम से यथार्थ अभिव्यक्ति व अनुभूति के लिए लालायित भावना है। सच्चे और वास्तविक प्रेम के मामले में ऐसा ही होता है।'[66]

अभिनव देशभक्ति का स्वरूप

नवीन चेतना से उद्भूत भारत के लिए प्रेम मातृभूमि के प्रति हार्दिक निष्ठा का द्योतक था। जन्म भूमि से अपनत्व की सहज अनुभूति इसका रागात्मक आधार था। यह स्वतः स्फूर्त प्रेम राष्ट्रीय जीवन के सभी पहलुओं को स्पर्श करता है। अपनी माटी से आती सौंधी गंध से महकते इस प्रेम की व्यापकता में जहाँ एक ओर सावन के झूले व कजरी की तान से उत्पन्न पुलक तो दूसरी ओर अभाव ग्रस्त जीवन के दुःखों को मौन रूप से झेलते देश के जनसाधारण की व्यथा के प्रति संवेदना है। पाल के काव्यमयी भाषा में इस प्रेम का अर्थ स्पष्ट किया है। उनके अनुसार ''अब भारत के प्रति प्रेम का अर्थ है इस महाद्वीप की भौगोलिक आकृति के लिए ही प्रेमभाव–इसकी सरिताओं और पर्वतों के लिए, इसके शस्य क्षेत्रों व शुष्क रेतीले मैदानों, इसके नगरों व देहातों के प्रति प्रेम चाहे वे कितने ही अपरिष्कृत हों। भारतीय वनस्पतियों व वन्यप्राणियों, इसके नैसर्गिक सौन्दर्य, यहाँ तक कि इसके वनस्पति जगत के कुरूप बाहुल्य के प्रति स्नेहपूर्ण आदर, इसके श्रमजीवी श्यामवर्ण जनसाधारण के लिए प्रेम, मैले वस्त्रों व अस्तव्यस्त केशराशि वाले देहाती बच्चों तथा सभ्यता व संस्कृति के प्रचलित अर्थ की दृष्टि से इनसे अनजान ग्राम्य बालाओं व ललनाओं के प्रति प्रेम, पंकिल घुमावदार ग्रामवीथियों, काई से आच्छादित दुर्गन्धमय देहाती पोखरों, तथा देश के निर्धन, मलेरिया पीड़ित कृषक समुदाय के लिए प्रेम, भारतीय भाषाओं, साहित्य, दर्शन व धर्मों, इसकी सभ्यता व संस्कृति के लिए प्रेम–ये सभी अभिनव राष्ट्रभक्ति की विशेषताएँ हैं।''[67] स्पष्ट है कि इस देशभक्ति की इयत्ताएँ बहुत विस्तृत हैं। राष्ट्र के साथ एकात्म होने में अहं या आत्म श्रेष्ठता की भ्रांति से उत्पन्न सभी बाधाओं

का इसमें समाहार हो जाता है। जब तक हम किसी व्यक्ति या इकाई से सर्वतोभावेन प्रेम नहीं करते उसके लिए त्याग करने व बलिदान देने की क्षमता का विकास नहीं हो सकता। अतः पाल ने देशभक्ति का ऐसा आदर्श प्रस्तुत किया जिससे 'भारत' संज्ञा से विभूषित यह देश हमारे अस्तित्व पर छा जाए।

देशभक्ति को धर्म की श्रेणी में रखते हुए पाल ने अपने लेख 'द कल्ट ऑफ पेट्रोओटिजम' में लिखा, चिंतनशील और सुसंस्कृत व्यक्तियों में से कुछ देशभक्ति की वास्तविक प्रकृति और महत्ता का अनुभव करते प्रतीत होते हैं। अधिकांश देशभक्ति का अर्थ स्वदेश से प्रेम मात्र से लेते हैं...। देशभक्ति मातृभूमि से प्रेममात्र नहीं वरन् एक संगठित उपासना है जिसके माध्यम से यह प्रेम विकसित होता है और पूर्णता प्राप्त करता है। यह उन लोगों का धर्म है जिन्हें अपने देश से प्रेम है।'[68]

अभिनव राष्ट्रवाद

पाल द्वारा स्थापित 'वन्दे मातरम्' स्वदेशी युग में नवीन राष्ट्रीय चेतना और विचारधारा का वाहक था। इसके माध्यम से प्रकट होने वाली विचारधारा के बारे में पाल की मान्यता थी कि यह नूतन राष्ट्रवाद मात्र नागरिक, आर्थिक या राजनीतिक आदर्श न होकर एक धर्म है। नागरिक, आर्थिक एवं राजनीतिक सभी आदर्श, राष्ट्रवाद के इस केन्द्रीय सिद्धान्त में समाहित हैं। यद्यपि इसकी क्रियान्वित राष्ट्र की विविध संस्थाओं के माध्यम से होती है, तथापि वह इन सभी से अलग-अलग और सामूहिक रूप से भी उच्चतर व परे होता है। यह राष्ट्रवाद एक धर्म है। अर्थशास्त्र जीवन पर सम्पत्ति की दृष्टि से विचार करता है। नीति शास्त्र उसे शुभ के दृष्टिकोण से परखता है। राष्ट्रवाद अर्थशास्त्र, राजनीति, कला व नैतिक मानदण्डों सभी पर पूर्णता की दृष्टि से विचार करताहै।'[69] इस प्रकार पाल राष्ट्रवाद की नवीन धारणा को बहुत व्यापक क्षेत्र प्रदान करते हैं। इसकी अन्तःस्थ अभिलाषा को उन्होंने मुमुक्षुत्व की श्रेणी में रखा। उनके अनुसार 'देश की वर्तमान राजनीतिक परिस्थिति का आलोचनात्मक परीक्षण और विश्लेषण करने में समर्थ लोगों को यह

मुमुक्षुत्व, बन्धन की यह गहरी अनुभूति तथा मुक्ति के लिए यह गम्भीर व अदम्य उत्कंठा, नवीन विचारधारा का विशिष्ट लक्षण प्रतीत होगा।"[70]

पाल का कहना था कि यह नवीन राष्ट्रवाद वेदान्त की भित्ति पर आधारित है। अनेक विचार सम्प्रदायों में विभक्त इस दर्शन (वेदान्त) में व्याप्त एक सामान्य विचार है। यह विचार मनुष्य और परमात्मा की मूलभूत एकता का विचार है। इस राष्ट्रवाद के पीछे यही वेदान्ती विचार कार्यरत है। इसने राष्ट्र के प्राचीन आध्यात्मिक आदर्शों को अनुभूत करने का प्रयास किया और यह कार्य सन्यासियों की निवृत्तिपरकता या मध्यकालीन अमूर्तीकरण के माध्यम से नहीं वरन् जीवन के वास्तविक सम्बन्धों और ठोस अंगों के आदर्शीकरण व आध्यात्मीकरण द्वारा किया जाना था। परिणामतः इसने एक सामाजिक, आर्थिक व राजनीतिक पुनर्निर्माण की माँग की जो समाज के प्रत्येक सदस्य के सर्वोच्च आध्यात्मिक जीवन में सहायक होगा।[71]

धर्मोत्साह की फेनिल तरंगों से युक्त राष्ट्रवाद की धारा का लक्ष्य देश को मुक्ति की ओर अग्रसर करना था। विदेशी शासन द्वारा रचे गए माया के पर्दे को दूर करके यह राष्ट्र को अपने वास्तविक 'स्व' से परिचित करना चाहती थी। अतः यह स्वाभाविक था कि इसने मितवादियों की ब्रिटेन परस्ती को राष्ट्रीय स्व के विकास के लिए घातक बताया। ब्रिटेन भक्ति के इस परिणाम की विवेचना करते हुए पाल ने अपने लेख 'लव, लॉजिक एण्ड पॉलिटिक्स में लिखा, 'ब्रिटिश चीजों के प्रति अनुराग हमारे वास्तविक राष्ट्रीय स्व के प्रति हमारी चेतना का नाश कर देगा, भले ही वह ब्रिटिश लोगों की आदर्श रमणीयता को उजागर करे। अतः यह उनके अनुसार हमारे राष्ट्रीय जीवन के लिए घातक है। यदि इसे पूर्णता प्राप्त करने का अवसर दिया गया तो वह उस जीवन को ही समाप्त कर देगा।[72] नवीन राष्ट्रवाद द्वारा विदेशी शासन की समाप्ति पर जोर दिए जाने का वेदान्ती आधार भी था। पाल के अनुसार सच्ची वेदान्ती संस्कृति में प्रतिभासिक विश्व को पूर्णतः नकारा नहीं जाता है वरन् उस पर विचार करते समय इस बात की चेतना पूर्णतः बनी रहती है कि यह प्रतिभासिक

है, वास्तविक नहीं। अतः हमारे नवीन राष्ट्रवाद में ब्रिटिश आधिपत्य को काल्पनिक अमूर्त प्रत्ययों द्वारा नहीं वरन् इस निर्विघ्न और पूर्ण चेतना के आधार पर नकारा गया है कि वह विदेशी है, राष्ट्रीय नहीं है और न कभी वह राष्ट्रीय हो सकता है।[73]

उपर्युक्त विवेचन के सन्दर्भ में यह प्रश्न उठना स्वाभाविक है कि पाल द्वारा नवीन राष्ट्रवाद की धार्मिक प्रकृति पर बल क्यों दिया गया? इसके उत्तर में कहा जा सकता है कि पाल इसके द्वारा जनता को दो तात्विक सिद्धान्त समझाना चाहते थे।[74] प्रथम सब चीजों का मूल्यांकन स्वयं जीवन को ध्यान में रखकर करना। 'धर्म, अर्थव्यवस्था, राजनीति, कला, नैतिकता आदि सबका मूल्यांकन समग्र को ध्यान में रखता है। आध्यात्मिकता को सब चीजों का मापदण्ड मानने से राजनीति राष्ट्रवादी के वृहतर धर्म का अंग बन जाती है। मोक्ष विद्या का ही एक प्रकरण हो जाती है।'[75] अतः राष्ट्रवाद की धार्मिक प्रवृत्ति को स्वीकार करने से भारत की राष्ट्रीय चेतना का पूर्ण तथा व्यापक प्रसार और विस्तार होगा, और तब वह सार्वभौम मानव जीवन के विकास में प्रभावशाली योग दे सकेगी। दूसरे, अपने में नैतिक गुणों का विकास करना। इसका अभिप्राय है कि न्याय तथा उदारता के लिए अंग्रेजों से प्रार्थना करने की अपेक्षा अपने को बलिष्ठ बनाना और अपने मन व आत्मा को ज्ञान से प्रदीप्त करना।[76] पाल का कहना था कि संयम के बिना राष्ट्र की सेवा नहीं की जा सकती। इस प्रकार जो राष्ट्रवाद धर्म की जड़ों से पोषण प्राप्त करना है–वह स्थायी सिद्ध होता है।[77]

दार्शनिक पाल-राष्ट्र व राष्ट्रवाद की आध्यात्मिक व्याख्या

पाल स्वदेशी आन्दोलन के अग्रणी नेता ही नहीं, एक गम्भीर चिंतक भी थे। दार्शनिक विषयों व अमूर्त चिंतन में उनकी गहरी पैठ का प्रमाण राष्ट्र व राष्ट्र की अवधारणा की उनके द्वारा की गयी विवेचना से मिलता है। हलचलपूर्ण राजनीतिक जीवन के बीच भी उन्होंने राजनीतिशास्त्र की इस महत्वपूर्ण

अवधारणा के बारे में गूढ़ चिंतन किया है। चूंकि उनका दृष्टिकोण आध्यात्मिक था, अतः इस सम्बन्ध में प्रचलित यूरोपीय अवधारणा की उन्होंने कड़ी आलोचना की और उसकी अपर्याप्तताओं की ओर ध्यान आकृष्ट किया। उन्होंने सामान्यतः राष्ट्रवाद का सूक्ष्म विश्लेषण करने के साथ ही इसकी भारतीय अवधारणा की विशिष्टताओं पर भी प्रकाश डाला है। कहने का अभिप्राय यह है कि न केवल राजनीतिक दृष्टि से अपितु दार्शनिक दृष्टि से भी पाल आधुनिक भारत में राष्ट्रवाद के पैगम्बर थे।

आधुनिक भारतीय राजनीतिक चिंतन की न्यूनताओं की चर्चा करते समय प्रायः यह तर्क दिया जाता है कि राजनीतिशास्त्र की मूलभूत अवधारणाओं के विवेचन के क्षेत्र में भारतीय चिन्तकों का योगदान नगण्य है यह बात अलग है कि एक अति सुन्दर कहानी अभी अनकही पड़ी है। उसे प्रतीक्षा है अपने व्यास की, जो उसका प्रस्तुतिकरण पूर्ण भव्यता से कर सके। यह हमारी अपनी भूल है कि हमारे चिन्तकों के कालजयी चिन्तन की ओर हमने पर्याप्त ध्यान नहीं दिया। उनके विचार मुक्ताओं को प्रकाश में लाने की आवश्यकता है। पाल के विचारों का अध्ययन करने पर भारतीय चिन्तन की व्यापकता और प्रौढ़ता का प्रमाण मिलता है। उन्होंने जिस दार्शनिक गहराई और मौलिकता का परिचय दिया है, वह ऐसी आलोचनाओं का उपयुक्त उत्तर है।

राष्ट्र क्या है?

पाल इस प्रश्न की मीमांसा अपनी तत्वशास्त्रीय मान्यताओं के सन्दर्भ में करते हैं। उनका संक्षेप में उल्लेख करना अप्रासंगिक न होगा। एक दार्शनिक के रूप में पाल ने इतिहास में दैवीय नियतिवाद को स्वीकार किया। उनकी दृष्टि में इतिहास गम्भीर घटनाओं का विच्छिन्न, निरुद्देशीय सम्मिश्रण नहीं था। वह दैवीय सोद्देश्यता का प्रकटीकरण था। इतिहास में एक अन्तःस्थ अर्थ व सर्वोच्च अभिप्राय है। भारत का इतिहास भी सर्वोच्च अर्थ का प्रकटीकरण था। आर्यों से लेकर मुस्लिम विजेताओं और ब्रिटेन के शासन तक भारतीय

इतिहास में सभी आन्दोलनों व परिवर्तनों की गहन महत्ता व आन्तरिक अभिप्राय एक राष्ट्र के रूप में हमारी दैव निर्दिष्ट नियति की अनुभूति थी।[78]

इस इतिहास दर्शन की पृष्ठभूमि में उन्होंने राष्ट्र का अर्थ स्पष्ट करते हुए बताया कि प्रत्येक वस्तु ईश्वरीय विचार का मूर्त रूप और प्रत्येक व्यक्ति ईश्वरीय चेतना का प्रतिनिधि होता है। अतः प्रत्येक राष्ट्र एक दिव्य आदर्श का प्रकटीकरण है। राष्ट्र व्यक्तियों का समुच्चय नहीं है। एक जहाज कम्पनी राष्ट्र नहीं होती। भाषण सुनने या गुब्बारे की उड़ान देखने के लिए समवेत जनसमुदाय राष्ट्र नहीं होता। राष्ट्र एक अवयवी होता है, उसका अवयवी जीवन होता है और सभी अवयवी संगठनों की भाँति राष्ट्र का अपना लक्ष्य होता है, जो उसी प्रकार के अन्य संगठनों व राष्ट्रों के क्रियाकलापों का नियमन करने वाले उद्देश्यों से भिन्न होता है। राष्ट्र का निर्माण करने वाली राष्ट्रीयता, उसकी विशिष्टता होती है।[79] उन्होंने राष्ट्र की आंगिक प्रकृति का स्पष्टीकरण इस प्रकार किया–राष्ट्र एक यांत्रिक संविदा नहीं है और न पृथक्-पृथक् व्यक्तियों का समूह है। वह एक अवयवी के नाते एक सर्वव्यापी बुद्धि व नैतिक सम्बन्ध सूत्र में आबद्ध होता है। राष्ट्र व्यक्ति का वृहद और आवर्धित स्व है। वह विराट पुरुष का बाह्यकरण है। आध्यात्मिक तथा नैतिक अवयवी के रूप में राष्ट्र अपनी अटल ऐतिहासिक स्मृतियों तथा भावी प्रयोजनों की चिरस्थायी अविच्छिन्नता में स्वयं को व्यक्त करता है।[80] 6 जुलाई 1906 को 'वन्दे मातरम्' शीर्षक से प्रकाशित लेख में पाल कहा, जिन व्यक्तियों के मेल से राष्ट्र बनता है उनका परस्पर तथा जिस समग्र के वे अवयव और अंग हैं, उसके साथ उनका सम्बन्धी अवयवी होता है। व्यक्ति राष्ट्ररूपी अवयवी के अंग होते हैं। अंग अपने उद्देश्यों की पूर्णता स्वयं अपने में प्राप्त नहीं कर सकते, जिस अवयवी से उनका सम्बन्ध है उसके सामूहिक जीवन में ही उसके उद्देश्यों की पूर्णता निहित होती है।...व्यक्ति जन्म लेते हैं, मरते हैं, किन्तु राष्ट्र सदैव जीवित रहता है।[81]

पाल प्रत्येक राष्ट्र को ईश्वर का मन्दिर मानते हैं। उनके अनुसार यदि मनुष्य व्यक्तिगत रूप से दिव्य चेतना का अवतार है तो विराट पुरुष की वही

चेतना जातियों व समुदायों के सामूहिक जीवन एवं मानवता के सार्वभौम जीवन में अवतरित होती है। अपने ऐतिहासिक विकास की विशिष्ट धारा के माध्यम से निरन्तर प्रकट होने वाली प्रत्येक प्रजाति व राष्ट्र की चेतना ईश्वरीय चेतना को भौतिक रूप से सजाती है। प्रत्येक सभ्यता एक विचार का प्रकाशन, एक दिव्य आदर्श व उद्देश्य का प्रकटीकरण है। प्रत्येक राष्ट्र की काया व्यक्ति की काया की भाँति ईश्वर का मन्दिर है।[82]

राष्ट्र और प्रजाति में अन्तर

राष्ट्र की व्याख्या करते हुए उन्होंने इस बात पर जोर दिया कि प्रजाति व राष्ट्र के बीच बहुत व्यापक अन्तर है। उनमें गहरा संरचनात्मक अन्तर होता है। प्रजाति मूलतः एकरूप वस्तु होती है। उसकी एक विशेष भौतिक संरचना, विशेष चिन्तन संरचना और एक विशेष सामाजिक संगठन होता है। यह त्रिपक्षीय संरचनात्मक सादृश्य प्रजाति के विचार का मूलभूत आधार है। उसकी तुलना में राष्ट्र अधिक जटिल और विषमांग इकाई होता है। राष्ट्र का निर्माण एकाधिक प्रजातियों मिलकर करती हैं। संसार के सभी विकसित राष्ट्रों में प्रजातीय सम्मिश्रण काफी बड़ी मात्रा में होता है। राष्ट्रीयताओं की वृद्धि सामाजिक विकास की एक उच्चतर अवस्था की ओर इंगित करती है और इनमें सामाजिक जीवन का प्रजातीय इकाईयों की अपेक्षा अधिक विकसित स्वरूप पाया जाता है। प्रादेशिक एकता राष्ट्र की एक आवश्यक शर्त है, प्रजाति की नहीं। वस्तुतः राष्ट्र के विचार का वास्तविक मूल्य इस तथ्य में निहित है कि वह मानवीय संगठन का कबीले अथवा प्रजाति की अपेक्षा बहुत व्यापक और विस्तृत सूत्र प्रदान करता है।[83]

वे यह स्वीकार करते हैं कि व्यक्तियों की भाँति राष्ट्र की भी आत्मा होती है और यह है लोगों के सामाजिक और ऐतिहासिक विकास में स्थायित्व का तत्व। जब हम राष्ट्रीयता की चर्चा करते हैं जो हम एक राष्ट्र की संरचना करने वाले लोगों की सुस्पष्ट वैयक्तिकता को मानकर चलते हैं। यह विशिष्टता उनके जीवन और इतिहास में स्थायित्व के तत्व का निर्माण करती है यही प्रत्येक समाज के ऐतिहासिक विकास में नियामक विचार है।[84]

राष्ट्रीय विशिष्टता की अवधारणा

राष्ट्र की आत्मा के साथ ही पाल ने राष्ट्रीय विशिष्टता की अवधारणा भी प्रस्तुत की है। स्वामी विवेकानन्द व श्री अरविन्द की भाँति वे भी यह स्वीकार करते हैं कि हर एक राष्ट्र की अपनी विशेष प्रकृति और मिशन होता है। विभिन्न राष्ट्रों का विशिष्ट भाव और प्रकृति व मिशन होता है। विभिन्न राष्ट्रों को विशिष्ट भाव और प्रकृति प्रदान करने वाली ये विशेषताएँ–प्रागैतिहासिक और मौलिक होती हैं। कोई व्यक्ति इन विशिष्टताओं के क्यों का स्पष्टीकरण नहीं कर सकता। उनके विषय में यही कहा जा सकता है कि विभिन्न राष्ट्रीयताओं के निर्माण और मूल में उनका अस्तित्व होता है। भाव और प्रकृति की ये विशिष्टताएँ अव्याख्येय और रहस्यपूर्ण होती हैं। इनमें से कुछ विभिन्न राष्ट्रों द्वारा अपने जीवन के प्रारम्भ से ही अपने बारे में विशेष दृष्टिकोण अपनाए जाने के फलस्वरूप मानसिक और नैतिक होती हैं।...राष्ट्रीय भाषाओं, राष्ट्रीय साहित्य, दर्शनशास्त्रों व धर्मों की विशिष्टताएँ विभिन्न लोगों के बीच विद्यमान मौलिक अन्तरों की देन होती हैं।[85] पाल की मान्यता थी कि प्रत्येक राष्ट्र की विशिष्टताओं का संरक्षण आवश्यक है। उसकी विशेषताओं को नष्ट करने से उस दिव्य विचार के कार्यान्वयन में बाधा उपस्थित होगी जिसका वह मूर्त रूप होता है।[85A]

राष्ट्रवाद और राष्ट्रत्व

पाल ने राष्ट्रवाद सम्बन्धी अपनी धारणा की व्याख्या करने से पूर्व यूरोप में प्रचलित इस धारणा के अर्थ और विकास व उसकी न्यूनताओं पर प्रकाश डाला है। फ्रांस की क्रांति के बाद वहाँ राष्ट्रवाद का प्रबल उद्घोष हुआ। वे मानते हैं कि यूरोप में इसका केवल राजनीतिक अर्थ ही है।[85B] वहाँ इस सिद्धान्त के उदात्त दर्शन का अभाव रहा है।[86] यूरोप में इसकी सर्वाधिक अनुगूंज पौलैंड, फिनलैंड, इटली आदि अधीनस्थ देशों[87] में सुनायी पड़ती है जो अपनी राजनीतिक स्वतंत्रता के लिए प्रयत्नशील हैं। उनके अनुसार यूरोप

में मैजिनी राष्ट्रवाद के एकमात्र मसीहा हुए हैं और राष्ट्रीयता (या राष्ट्रवाद) की उनके द्वारा दी गई परिभाषा यूरोपीय चिंतन में सर्वोत्तम परिभाषा है। वे (मैजिनी) राष्ट्रीयता को लोगों की विशिष्टता के रूप में परिभाषित करते हैं। पाल मानते हैं कि प्रत्येक व्यक्ति की अपनी निजी विशेषता होती है जिसका उसके सम्पर्क में आने वालों पर असर पड़ता है, यद्यपि शारीरिक गठन की दृष्टि से (अर्थात् अंग-उपांगों की दृष्टि से) सभी समान होते हैं। एक ही भाषा, एक ही पितृत्व और शैशवकाल से एक ही प्रशिक्षण होने के उपरान्त भी व्यक्तियों में परस्पर भिन्नता होती है। यही बात राष्ट्र व लोगों के साथ लागू होती है, जो उन्हें एक-दूसरे से पृथक् करती है।

पाल का कहना है कि सामूहिक जीवन और विभिन्न सामाजिक इकाईयों के बीच यह अन्तर राष्ट्र के विचार की आत्मा व सार है।[89] यद्यपि मैजिनी ने इस तथ्य को भलीभाँति समझ लिया था फिर भी यूरोपीय चिन्तन में इस क्षेत्र में उच्चतर संश्लेषण का अभाव दिखाई देता है। इसके कुछ विशेष कारण हैं। एक तो भौगोलिक भिन्नता के बावजूद यूरोप में नस्लगत समानता रही है और यूरोपीय राष्ट्रों के सामाजिक विकास का क्रम एक जैसा ही रहा है।[90] राष्ट्रवाद के किसी उच्च आदर्श का अभाव यूरोप में इस कारण रहा है कि व्यावहारिक दृष्टि से वे एक ही हैं। सामाजिक जीवन के गहनतर विश्लेषण के बिना इसे 'दर्शन की गरिमा या धर्म की पवित्रता प्रदान नहीं की जा सकती।' यूरोपीय देश अपनी प्रादेशिक सीमाओं के भीतर पृथक्-पृथक् राजनीतिक व आर्थिक हितों के टकराव में संलग्न हैं जिनमें सामंजस्य स्थापित करना कठिन है। यही कारण है कि यूरोप में देशभक्ति मुख्यतः एक भौगोलिक गुण है।[91] सामान्यतया उनकी अभिलाषा अपनी राजनीतिक स्वतंत्रता को बनाए रखना है और सभ्यता व मानवता के नाम पर विश्व के दुर्बल राष्ट्रों को अपनी राजनीतिक स्वाधीनता से बंचित रखना है। पाल के अनुसार 'अपने लोगों के लिए राजनीतिक स्वतंत्रता की इच्छा और दूसरे लोगों पर राजनीतिक प्रभुत्व की उत्कंठा, यूरोप में राष्ट्रीय महत्वाकांक्षाओं के सर्वाधिक महत्वपूर्ण उद्देश्य

रहे हैं। अतः यह अत्यन्त स्वाभाविक है कि यूरोप में राष्ट्रवाद मात्र राजनीतिक जीवन का शब्द है। परिणामतः इसमें नैतिक प्रेरणा या आध्यात्मिक शक्ति की न्यूनता रही है।"[92]

राष्ट्रवाद जन व्यक्तित्व के रूप में

इस विवेचन के सन्दर्भ में उन्होंने राष्ट्रवाद के सिद्धान्त की सूक्ष्म दार्शनिक तरीके से सविस्तार व्याख्या की। राष्ट्रवाद सम्बन्धी पाल की मूल अभिधारणाओं पर मैजिनी का बहुत व्यापक प्रभाव था। मैजिनी राष्ट्रीयता को प्रत्येक जन का 'विशेष मिशन' या 'अपना स्वयं का चिंतन' का अभिधान प्रदान करते हैं। उनका विचार है कि राष्ट्रीयता के निर्मायक विशेष मिशन को मानवता के सामान्य मिशन की पूर्ति की दिशा में सहयोग देना चाहिए राष्ट्रवाद की व्याख्या के क्षेत्र में मैजिनी को पथ-प्रदर्शक स्वीकार करने के बावजूद, पाल उनसे परे हटते नजर आते हैं। उन्होंने कहा, "मैजिनी ने राष्ट्रीयता' को 'लोगों की विशिष्टता' के रूप में परिभाषित किया है। अद्वैतात्मक हिन्दू प्रवृत्ति इसे सम्भवतः 'लोगों के व्यक्तित्व' का अभिधान प्रदान करना पसंद करेगी क्योंकि विशिष्टता का विचार, अधिकारों के यूरोपीय सिद्धान्त से जुड़ा हुआ है जिसमें अनिवार्यतः अलगाव और संघर्ष सन्निहित है।"[93] अतः उन्होंने हिन्दू राज्यतन्त्र और संस्कृति में राष्ट्रवाद के उच्चतर दर्शन को ढूंढ़ने का प्रयास किया जो मनुष्य को ऊँचा उठाने में एवं सार्वभौम के साथ उसका तादात्म्य स्थापित करने में समर्थ हो सकता था। यह ज्ञातव्य है कि हिन्दू संस्कृति व सभ्यता में एक उच्चतर दर्शन की इस खोज का मध्यकालीन भावना या किसी संकीर्ण हिन्दू धार्मिकता से कोई सम्बन्ध नहीं था। पाल ने भारत की साँस्कृतिक एकता के उद्गम स्थल की खोज करने के लिए हिन्दुत्व का अध्ययन किया ताकि मैजिनी का राष्ट्रवाद का अभिनव सिद्धान्त हमारे विशिष्ट सामाजिक ढ़ाँचे के अनुकूल ढ़ाला जा सके। इतिहास दर्शाता है कि हिन्दू राज्यतंत्र की सभी संस्थाओं व परम्पराओं के मूल में एक साँस्कृतिक एकता सदैव विद्यमान रही है जिसे भारत की 'आत्मा' या 'व्यक्तित्व' कहा जाता है और जो अनादि काल

से अनेक छोटी व उप भारतीय संस्कृतियों के माध्यम से फलती-फूलती रही है।[93A]

उन्होंने राष्ट्रवाद के तात्पर्य को समझाते हुए कहा—यूरोप में मानवीय विशिष्टता के नाम से अभिज्ञात तत्व की तुलना में लेटिन के परसोना शब्द से निर्मित व्यक्तित्व (पर्सनेलिटी) अर्थात् मुखावरण शब्द राष्ट्रवाद सम्बन्धी हमारी धारणा को अच्छी तरह अभिव्यक्त करता है। मुखावरण का कार्य होता है रूपरंग में ऊपरी विभेद उत्पन्न करना, जबकि वास्तविकता यह है कि तात्विक दृष्टि से इससे कोई अन्तर नहीं पड़ता। व्यक्तित्व के सिद्धान्त में निहित विभेद ऐसा विभेद है जो बाह्य रूपरंग या संगठन में एकरूपता का निवारण करता है, किन्तु किसी भी रूप में न तो जीवधारी की मूलभूत एकता को नष्ट करता है और न ही उसमें व्यवधान पैदा करता है। अतः मैं राष्ट्रीयता का उल्लेख मैजिनी का अनुसरण न करते हुए जनसाधारण की 'विशिष्टता' के बजाय उनके 'व्यक्तित्व' के रूप में करूँगा।[94]

भारत में राष्ट्र का विचार एवं भारतीय राष्ट्रीयता के तत्व

यूरोप में राष्ट्रवाद के उदय व उसके स्वरूप की व्याख्या करने के साथ ही पाल ने भारत में राष्ट्र के विचार के विकास के स्वरूप को दर्शाया है। इसके माध्यम से वे भारत की विशिष्टता को स्पष्ट करना चाहते हैं। उनके अनुसार हमारा इतिहास और विकास किंचित् भिन्न रहा है। हमने राष्ट्र के विचार का विकास यूरोपीय तरीके व अर्थ में नहीं किया। वस्तुतः हमारी भाषा में अंग्रेजी शब्द 'नेशन' का बोध कराने वाला शब्द नहीं है। हम आजकल राष्ट्र के लिए 'जाति' शब्द का प्रयोग कर रहे हैं किन्तु जाति का वास्तविक अर्थ है वंश या वर्ग।...वर्णाश्रम के माध्यम से हमने अन्तर्जातीय या अन्तर मानवजातीय एकता विकसित की है। एक अर्थ में हमने राष्ट्र के बिना भी राष्ट्रीय विशिष्टता का विकास किया। यह राजनीतिक संश्लेषण मात्र नहीं था।[95]

भारत ने इतिहास के विभिन्न उतार-चढ़ावों के बावजूद अपने विशिष्ट

चरित्र व विशिष्ट संस्कृति को बनाए रखा। बाह्य प्रभाव उन्हें नष्ट नहीं कर सके और "वह विशिष्ट चरित्र व संस्कृति राष्ट्रवाद के नाम से अभिज्ञात विचार तत्व की आत्मा व सार है। यह (राष्ट्रवाद) किसी भी रूप में मात्र राजनीतिक विचार या आदर्श नहीं हैं। यह हमारे सामूहिक जीवन और कार्यों के प्रत्येक पहलू को स्पर्श करने वाली वस्तु है। यह हमारी घरेलू, सामाजिक और आर्थिक संस्थाओं में बद्धमूल है।"[96] भारतीय राष्ट्रवाद की विकास प्रक्रिया के बारे में उनका कहना था कि हमारा सामाजिक जीवन अचल नहीं रहा है अपितु अत्यन्त प्रारम्भिक काल से लेकर आज तक बिना व्यवधान के विकास के एक दौर से गुजरा है। ऐतिहासिक युगों के दौरान सामाजिक या राष्ट्रीय समूहों से संघर्ष ने इसे ढ़ाला है।[96A] इस दृष्टि से देखने पर ज्ञात होगा कि भारत में इस्लाम का आगमन होने पर सामान्य संस्कृति की एकता को एक नवीन स्थिति का सामना करना पड़ा। साँस्कृतिक सहयोग इस परिस्थिति की आवश्यकता थी। भारत में नवीन राष्ट्रीय विकास का प्रारम्भ अब इस दिशा में हुआ। अब समस्या समान लोगों के आत्मसात्करण की न होकर, असमान लोगों के बीच सहयोग की जटिल व भिन्न समस्या थी।[96B]

इस प्रक्रिया में मानवीय एकता का एक नवीन आयाम उभरा। हिन्दू और मुसलमान दोनों एक-दूसरे के ऋणी बने और भारत में एक नवीन राष्ट्रत्व का विकास हुआ। राष्ट्रवाद का यह सामाजिक आधार भारत की विशिष्टता है। यह एक तथ्य है जिसकी कुंजी मैजिनी के विचारों में प्राप्त नहीं होती क्योंकि उनके सम्मुख तुलनात्मक दृष्टि से काफी सरल और एकरूप सामाजिक जीवन के आधार पर राष्ट्र निर्माण का कार्य था। सामान्यतः इसी वजह से यूरोपीय आलोचक भारतीय राष्ट्रवाद के स्वरूप को समझने में असमर्थ रहते हैं।[97]

पाल ने राष्ट्रवाद के नाम पर चलने वाले शून्यवादी और आतंकवादी तरीकों की भर्त्सना की और उन्हें अत्याचार का घृणिततम रूप बताया। उनका मत था कि इस प्रकार के उपाय यूरोपीय उदाहरणों से प्रेरित हैं और इनके पीछे

सच्चे भारतीय राष्ट्रवाद की प्रेरणा कार्यशील नहीं है।[97B] उनका कहना था कि 'हम सभी प्रकार के हिंसक तरीकों के विरोधी हैं क्योंकि हम इस बात से अभिज्ञ हैं कि वे हमारे उच्च लक्ष्य अर्थात् सामाजिक व नागरिक सम्बन्धों व क्रियाकलापों के उचित नियमन द्वारा मनुष्य में ईश्वर के प्रकटीकरण, को पूरा नहीं होने देंगे।[98]

इस सन्दर्भ में भारतीय राष्ट्रवाद के तत्वों की व्याख्या करते हुए उन्होंने बताया– "पार्थक्य नहीं साहचर्य, प्रतियोगिता नहीं सहयोग, न तो व्यक्तिवाद और न मार्क्स के अनुयायियों का अभिप्रेत वरन् सर्वोच्च एवं सच्चे अर्थ में समाजवाद, अधिकार नहीं कर्त्तव्य–हमारे सामाजिक राजनीतिक दर्शन के ये प्रारम्भिक सिद्धान्त हैं। भारतीय राष्ट्रवाद के ये मूलभूत विचार हैं।"[99] इन विचारों की महत्ता के बारे में पाल का कहना था कि जन के रूप में हमारी विशिष्टता इन विशेष लक्षणों या हमारे चिंतन और विकास के इन चिन्हों पर निर्भर है। संसार के अन्य राष्ट्रों से हमारी भिन्नता के ये प्राथमिक आधार हैं। अगले उच्चतर सामाजिक संश्लेषण की योजना तैयार करने में समर्थ बनने हेतु मानवता को इन विस्तृत सामाजिक सिद्धान्तों की आवश्यकता है।[100]

राष्ट्रवाद का लक्ष्य

पाल ने भारतीय राष्ट्रवाद के लक्ष्य को हिन्दू धर्म के नियामक विचार जगद्हिताय कृष्णहिताय के सन्दर्भ में प्रस्तुत किया। वे मानते हैं कि सामाजिक विकास के अत्यन्त प्रारम्भ से ही भारतीय इतिहास की प्रवृत्ति एक विशिष्ट संघीय आदर्श का विकास करना रहा है। अनगिनत सदियों से हमें इस संघीय विचार के लिए प्रशिक्षित किया गया है। विश्व के भावी इतिहास में हमारा नियत कार्य मानवता का इस सार्वभौम संघ की दिशा में नेतृत्व करना है। विपिनचन्द्र ने इस बात को पूर्णतः अनुभव कर लिया था। अतः उन्होंने माँ की स्थायी छवि महाविष्णु के अंक में विराजमान महालक्ष्मी के रूप में की–अर्थात् मानवता से शाश्वत रूप से सम्बद्ध राष्ट्र।[101] भारतीय राष्ट्रवाद के

सम्मुख विद्यमान आदर्श सहकारी अन्तरराष्ट्रीयतावाद का मानवतावादी आदर्श था, ऐसी पाल की मान्यता थी। उनकी दृष्टि में स्वतंत्रता के नाम पर पार्थक्य का प्रयत्न करना, हमारे राष्ट्रीय हितों के नाम पर दूसरे राष्ट्रों से स्वार्थपूर्ण प्रतियोगिता करना, सच्चे सामाजिक लक्ष्य के रूप में सामूहिकता के स्थान पर व्यक्तिवाद की स्थापना करना या अन्तरराष्ट्रीयतावाद और विश्वव्यापी संघ के व्यापक, निःस्वार्थ मानवतावादी आदर्श की तुलना में एक संकीर्ण, स्वार्थी, स्पर्द्धामूलक व युयुत्सु राष्ट्रवाद को प्राथमिकता प्रदान करने का अभिप्राय उसी राष्ट्रवाद का अपने हाथों से गला घोंटना था जिसके प्रति हममें से अधिकांश को शाश्वत निष्ठा थी।[102]

पाल के राष्ट्रवाद सम्बन्धी सिद्धान्त में निहित ये उदात्त भावनाएँ श्री अरविन्द के ग्रन्थ 'द आइडियल ऑफ ह्यूमन यूनिटी' की आधारभूत अवधारणा से साम्य रखती हैं। **यह आध्यात्मिक राष्ट्रवादियों की एक सामान्य विशेषता है कि वे दूसरे देशों की कीमत पर स्वराष्ट्र के उत्थान की कामना नहीं करते। प्रत्येक राष्ट्र में ईश्वरीय सत्ता का दर्शन करने वाली चिन्तनधारा में संकीर्णता के लिए कोई स्थान नहीं हो सकता था।**

देश के लिये प्रयुक्त माँ शब्द की महत्ता

राष्ट्रवाद के क्षेत्र में भारतीय चिंतन के वैशिष्ट्य की पाल ने अपनी एक महत्वपूर्ण पुस्तक 'द सोल ऑफ इंडिया'' में विस्तार से व्याख्या की हैं। बंकिम की मातृभक्ति को पुनः उद्घाटित करने वाली इस रचना में उन्होंने हिन्दू दर्शन की तत्वशास्त्रीय मान्यताओं के आधार पर राष्ट्रवाद के स्वरूप को स्पष्ट किया है। यह एक राजनीतिक सिद्धान्त मात्र नहीं, सर्वोच्च की राष्ट्रीय जीवन में अनुभूति है, ऐसा वे मानते हैं। भारत में स्व राष्ट्र के लिए माँ शब्द का प्रयोग किया जाता है। इसके निहितार्थों के विषय में उनका कहना था कि अपने देश के प्रति हमारे सर्वोच्च प्रेम और भक्ति की अभिव्यक्ति हमारी धरती को माँ के रूप में मानने के सिद्धान्त में हुई है। ऊपरी तौर पर यह सिद्धान्त भारत की विशिष्टता प्रतीत नहीं होता। अन्य लोगों ने भी अपनी भूमि को पैतृक सम्बन्धों के संदर्भ

में सम्बोधित किया है। प्राचीन रोमन लोग अपने देश को पितृभूमि कहते थे।[103] पितृभूमि या मातृभूमि जैसे सम्बोधन स्पष्टतः लाक्षाणिक हैं। इसके पीछे एक क्राव्यात्मक कल्पना का तत्व विद्यमान है। राष्ट्र सम्बन्धी हमारे सिद्धान्त को गढ़ने वाली कल्पना श्रेष्ठतर कोटि की है। वह काव्यात्मक नहीं वरन् धार्मिक थी। हमने अपनी धरती को केवल जननी-जन्मभूमि या मातृदेश के रूप में नहीं अपितु माँ के रूप में सम्बोधित किया।[104]

हिन्दुओं द्वारा अपने भौगोलिक आवास क्षेत्र को माँ के रूप में सम्बोधित किए जाने के सिद्धान्त की जड़ें हमें भूदेवी के प्राचीन वैदिक सिद्धान्त में ढूँढ़नी चाहिए। परवर्ती चिंतन ने इस पुरातन आदर्शवाद को पुनर्जीवित करने में ठोस रूप से सहायता प्रदान की। हमारे भौगोलिक आवास क्षेत्र से जुड़ा माँ का सिद्धान्त प्रकृति के प्राचीन सार्वभौम हिन्दू सिद्धान्त की देन है। विशेषतः शक्ति के रूप में प्रस्तुत की गयी प्रकृति।[105] मातृभूमि में निहित माँ भारतीय लोगों के लिए एक विचार या कल्पना मात्र नहीं वरन् एक विशिष्ट व्यक्तित्व है।

माँ सर्वव्यापी है

पाल राष्ट्रीय विकास के पीछे व्यक्तित्व विशेष के अस्तित्व पर जोर देते हैं[106] और वह इस सन्दर्भ में कि मानवीय इतिहास के पीछे यदि कोई कानून अथवा उद्देश्य है तो राष्ट्रीय अस्तित्व के पीछे व्यक्तित्व की उपस्थिति को मानना स्वाभाविक होगा। उनके अनुसार, "हिन्दुओं ने अपने इतिहास और विकास के पीछे कार्यरत ऐसे व्यक्तित्व की कल्पना की और इसे वे मातृभूमि में 'माँ' के रूप में सम्बोधित करते हैं।[107]

'वन्दे मातरम्' गीत में बंकिम ने माँ की सर्वव्यापी सत्ता का जो भव्य चित्रण प्रस्तुत किया है, पाल के विचारों में वही भाव स्पष्टतः देखा जा सकता है। बंकिम ने राष्ट्रीय जीवन के प्रत्येक क्षेत्र को माँ की चेतना से ही स्पन्दित माना है। सब कुछ उसी का प्रकटीकरण है, इस रूप में उसका यशोगान किया है।

पाल के अनुसार ये पर्वत, ये सरिताएँ, ये विस्तृत मैदान और पठार इन सभी के माध्यम से माँ के जीवन एवं प्रेम को निर्विघ्न और प्रगतिशील अभिव्यक्ति प्राप्त हुई है। हमारा इतिहास माँ की पवित्र जीवन कथा है। हमारे दर्शन माँ के मस्तिष्क के प्रकटीकरण हैं। हमारी कलाएँ, हमारे काव्य, चित्रकला, हमारा संगीत, स्थापत्य कला मूर्तिकला–ये सभी माँ के नानाविध भावनात्मक अनुभवों व मनःस्थितियों के निस्राव हैं। हमारा धर्म माँ की आत्मा की संगठित अभिव्यक्ति है। बाहरी लोग उसे भारत के रूप में जानते हैं किन्तु हम उसकी सन्तानें अगणित पीढ़ियों से हमारे पूर्वजों की भाँति आज भी उसे एक सत्ता के रूप में, प्रकृति के प्रकटीकरण, हमारी माँ के रूप में देखते हैं। हम उसकी सदैव इसी रूप में पूजा करते रहे हैं।[108]

पाल इस तथ्य के प्रति सचेत थे कि यूरोपियन व अमरीकन लोग मातृवंदना व भक्ति को सही रूप से नहीं समझ पाएंगे। उनका कहना था कि हमारे समाज में मातृपंथ को जन्म देने वाले हमारी भूमि के इस आदर्शीकरण को समझना उनके लिए अत्यधिक कठिन है। कुछ लोग इसे घोर अंधविश्वास और कुछ अशुभ धर्मान्धता के रूप में देखते हैं। किसी ने भी इसकी परम आध्यात्मिक महत्ता को नहीं पहिचाना है। यह मातृपंथ ईश्वर के मातृत्व के विशिष्ट हिन्दू सिद्धान्त पर आधारित है। हमारा मातृपंथ हमारी सामान्य आध्यात्मिक संस्कृति का भाग है। यह हमारे समाज केसामूहिक जीवन और कार्यों का आध्यात्मीकरण और आदर्शीकरण है। यह हमारी जातीय चेतना का आदर्श है।[109]

राष्ट्रीय ऐक्य के सूत्रधार श्रीकृष्ण

भारत में राष्ट्रीय विकास का आधार आध्यात्मिक रहा है, ऐसा पाल मानते हैं। राष्ट्रीय ऐक्य व संश्लेषण स्थापित करने का गुरुतर कार्य स्वयं श्री कृष्ण ने अपने हाथों से किया। श्री कृष्ण पूर्ण पुरुष या आधुनिक शब्दावलि में पिण्डीभूत ब्रह्माण्ड हैं।[110] वे भारत की आत्मा हैं,[111] पाल ने स्पष्ट किया कि आत्मा हमारे भीतर विद्यमान स्थायित्व के तत्व के लिए प्रयुक्त शब्द है। उसी

में हमें अपने इतिहास और विकास का स्पष्टीकरण ढूँढ़ना चाहिए। श्री कृष्ण मानवता के भारतीय आदर्श का प्रतिनिधित्व करते हैं। ऐतिहासिक दृष्टि से वे हम लोगों के सर्वोच्च शिक्षक रहे हैं। उन्होंने हमारे व्यक्तिगत और सामाजिक जीवन का सर्वोच्च दर्शन प्रदान किया है। उनके जीवन और शिक्षाओं से भारत ने अपने राष्ट्र निर्माण के रहस्यों को समझने एवं अपनी प्रजातियों की बाह्य विभिन्नताओं तथा अपने अनेक पंथों, धर्मों व दर्शन की उलझनों को सुलझाने का प्रयत्न किया है। वे अपने शाश्वत जीवन और प्रेम के प्रगतिशील प्रकटीकरण के रूप में सम्पूर्ण मानवता को अपने भीतर धारण करते हैं।[112]

श्रीकृष्ण का भारत के राष्ट्रीय विकास में एक अन्य दृष्टि से भी महत्वपूर्ण स्थान है। महाभारत और हरिवंश पुराण में प्रस्तुत विवरण के अनुसार वे भारत में प्रथम और महानतम राष्ट्र निर्माता के रूप में उभरते हैं। वे भारत में प्राचीन आर्य समाज का एक विस्तृत संघीय आधार पर पुनर्निर्माण करना चाहते थे ताकि उसमें देश की विभिन्न अनार्य प्रजातियों के लिए भी स्थान बन सके। इस प्रकार उन्होंने प्रजातियों व समुदायों की स्वतंत्रता और विशिष्टता में ताल-मेल बिठाते हुए भारतीय एकता व राष्ट्रीयता की नींव रखी।[113] पाल के अनुसार उनके नेतृत्व में लड़े गए महाभारत युद्ध का उद्देश्य हिन्दू परिसंघ का निर्माण करना था, जो संपूर्ण महाद्वीप को एक शक्तिशाली और सुव्यवस्थित संघ में संगठित कर सकेगा।[114] इस युद्ध का मुख्य उद्देश्य प्रदेश प्राप्त करना नहीं वरन् धर्म के आधार पर भारत में एक महान् सामाजिक, राजनीतिक संश्लेषण को कार्यरूप प्रदान करना था ताकि इस राष्ट्र की अनेक प्रजातियों व विभिन्न संस्कृतियों को आंगिक सम्पूर्णता प्रदान की जा सके। भारत युद्ध का निर्देशन करते समय आध्यात्म प्रेरित व सांस्कृतिक रूप से संयुक्त संघ का यह आदर्श श्रीकृष्ण की दृष्टि में था।[115] श्रीकृष्ण के जीवन कार्य की यह व्याख्या पाल द्वारा अपनी इस मान्यता के सन्दर्भ में की गई कि भारत अपने इतिहास के अति आरम्भिक काल से ही केवल भौगोलिक अभिव्यक्ति नहीं रहा है बल्कि उसका विकास एक राष्ट्र के रूप में हुआ है।

मातृभूमि की दिव्यता

राष्ट्रीय विकास की पाल द्वारा की गई इस आध्यात्मिक व्याख्या से मातृभूमि की दिव्यता स्वयंसिद्ध है। यह आध्यात्मिक राष्ट्रवाद का केन्द्रीय विचार है और इस चिंतनधारा के सभी चिंतकों ने इसे अपने-अपने ढ़ंग से प्रस्तुत किया है। बंकिम रचित 'वन्दे मातरम्' गीत में इस तथ्य का अत्यंत प्रभावशाली चित्रण किया गया है। यह धारा आगे भी निरन्तर प्रवाहमन रही। पाल ने इस सम्बन्ध में अपने विचार प्रकट करते हुए कहा कि 'हमारे लिए यह मातृभूमि विदग्ध यूरोपीय चिंतकों द्वारा भी एक भौगोलिक इकाई के दैवीकरण की संज्ञा से विभूषित प्रक्रिया से बहुत कुछ बढ़कर है। यह हमारे राष्ट्र के विचार का प्रतीक है। यह दिव्य विचार, यह शब्द वह देवी है। जिसका हम 'वन्दे मातरम्' घोष से अभिवादन करते हैं। वस्तुतः मातृभूमि उन सभी देवियों का संश्लेषण है जिनकी हम आज तक पूजा करते आए हैं।[116] मातृभूमि को वे परमात्मा का मन्दिर मानते हैं जिसका निर्माण मानवीय हाथों द्वारा नहीं हुआ है किन्तु जिसे स्वयं परमात्मा ने अपनी सदैव प्रगतिशील सेवा हेतु इतिहास के उद्‌भव से पूर्व नियोजित कर रखा है। उसे ऐतिहासिक विकास के माध्यम से स्वयं उसने सजाया, बढ़ाया और प्रदीप्त किया है।[117]

पाल ने देशवासियों से मातृभूमि के लिए कष्ट सहन करने का आह्वान किया। व्यक्ति को अपनी क्षमताओं व शक्तियों का नियोजन उसकी सेवा में करना था। अब तक राष्ट्र की सेवा के नाम पर जो कुछ किया गया था वह सर्वथा अपर्याप्त था क्यों कि 'अब तक बलिदान के नाम पर हमने केवल कुछ शब्दों, कुछ अभिलाषाओं को व्यक्त किया है व अपने समय में से कुछ घंटे दिए हैं या हमारी बचत में से कुछ सहस्र व्यय किए हैं जो अन्यथा अनावश्यक विलासिताओं पर नष्ट होते।[118] वास्तविक अर्थों में मातृभूमि की सेवा के लिए सर्वोच्च बलिदान की आवश्यकता थी। एक कठोर परीक्षा से गुजरना आवश्यक था। यह परीक्षा थी 'स्वयं का घर इंच-इंच करके धूल-धूसरित होते देखना, आत्म आरोपित दरिद्रता जनित अभावों से अपने प्रियजनों को मृत्यु

का ग्रास होते देखना व कला, सौन्दर्य, प्रेम व जीवन के अपने आदर्शों के सदैव अधूरे रहते देखना।[119] यद्यपि यह एक कठिन परीक्षा थी फिर भी मातृभूमि की सेवा के लिए आवश्यक बलिदान इसी श्रेणी में आते थे।

'वन्दे मातरम्' का अर्थ

मातृभूमि की सेवा और उपासना की ललक 'वन्दे मातरम्' शब्द द्वय से प्रकट हुई थी। पाल का कहना था कि 'वन्दे मातरम्' एक मंत्र है। इसके आध्यात्मिक अर्थ की व्याख्या करते हुए उन्होंने लिखा, मंत्र एक ध्वनि नहीं वरन् एक शक्ति, शब्द नहीं प्रेरणा, सत्य एवं श्रुति होता है। मंत्र एक शक्ति, दिव्य सत्ता की श्वास होती है। ईश्वर के चिंतन में शाश्वत, विश्व के विकास में स्वयं को प्रकट करता हुआ, काल के प्रवाह में एक संवृत्ति एवं तथ्य के रूप में प्रकट, यह कालातीत और विचार के रूप में चिरन्तन होता है। 'वन्दे मातरम्' एक मंत्र है। प्रत्येक मंत्र एक देवता का प्रकटीकरण, एक दिव्य विचार का मानवीकरण, ईश्वरत्व का प्रतीक और चिह्न होता है। वन्दे मातरम् भी एक देवता का प्रतिनिधित्व करता है और वह दिव्य सत्ता है मातृभूमि।[120]

स्वराज का आदर्श

स्वराज पाल प्रणीत राष्ट्रवादी दर्शन का एक अविच्छेद्य अंग है। वे राष्ट्र के जिस मिशन की बात करते हैं, ऐतिहासिक नियति का उल्लेख करते हैं, उसकी पूर्ति के लिए स्वराज आवश्यक था। मातृभूमि के लुप्त गौरव की पुनर्प्रतिष्ठा के लिए उन्होंने पूर्ण स्वराज का नारा दिया। राष्ट्र की भावी उन्नति की आधारशिला स्वराज था। पूर्ण स्वतंत्रता के बिना उद्धार की कोई आशा नहीं थी अतः उन्होंने मितवादियों की औपनिवेशिक स्वराज की धारणा का खंडन किया।

उनके अनुसार स्वराज शब्द भारतीय राष्ट्रवाद के मनोभाव को भली भाँति अभिव्यक्त करता है। सार्वभौम के साथ व्यक्ति का तादात्म्य, व्यक्ति स्वातंत्र्य को पूर्णतः पृथक् आत्मस्थित इकाई के रूप में नहीं वरन् सम्पूर्ण के

अन्तर्गत व उसके अंश के रूप में मान्यता—यह स्वराज के सिद्धान्त का सारांश व मूलभाव है। धर्म और सामाजिक जीवन के क्षेत्र में अतीत के प्रकाश में भारत ने अपने स्वाभाविक आत्म विकास की माँग की और इस माँग को स्वराज का नाम दिया गया।[121]

स्वराज एक राजनीतिक शब्द मात्र नहीं था। वस्तुतः इसे देश के सर्वोच्च दार्शनिक व धार्मिक साहित्य में से राजनीति द्वारा उधार लिया गया था। अतः पाल का कहना था कि इस सिद्धान्त का अभिप्राय स्वशासन (Self rule) से ध्वनित होने वाले अर्थ से कहीं अधिक व्यापक है। यह आंग्ल शब्द स्वतंत्रता की अपेक्षा भी व्यापक है। स्वतंत्रता मूलतः एक नकारात्मक सिद्धान्त है जबकि स्वराज भावात्मक सिद्धान्त है। वेदान्त में इस शब्द का प्रयोग उच्चतम आध्यात्मिक अवस्था का संकेत देने हेतु किया जाता है जिसमें ब्रह्म से अपने तादात्म्य की अनुभूति होने के पश्चात् व्यक्ति न केवल सभी बन्धनों से मुक्त हो जाता है वरन् विश्व में अन्य सभी से उसकी पूर्ण संगति स्थापित हो जाती है। स्वराज का अर्थ है सभी संघर्षों का अन्त। राजनीतिक दृष्टि से इसका अभिप्राय केवल बन्धनों का अभाव नहीं वरन् हितों की टकराहट से उत्पन्न होने वाले राष्ट्रीय का अन्तरराष्ट्रीय संघर्षों का समाधान है।[122]

कतिपय लोगों के यह कहने पर कि स्वराज को परिभाषित नहीं किया जा सकता, पाल का उत्तर था कि यह चिंतन की अस्पष्टता का परिणाम है क्योंकि परिभषा से परे तो केवल वही हो सकता है जो शाश्वत और असीम है। स्वराज इस श्रेणी में नहीं आता। वह दो शब्दों के संयोग से बना है स्व+राज। स्वराज में 'स्व' का अर्थ है राष्ट्र का आत्म या स्व। राष्ट्र व्यक्तियों का एक समूह है जो अन्य सामाजिक इकाईयों से अपने भौगोलिक आवास, इतिहास और विकास की दृष्टि से पृथक् होता है। अगर दार्शनिक शब्दावलि में कहें तो यह स्व निस्सन्देह सार्वभौम स्व, असीम का प्रकटीकरण है किन्तु यही बात अन्य राष्ट्रीय स्व पर लागू होती है। इन विभिन्न राष्ट्रीय स्व में एक-दूसरे से कई तत्वों के आधार पर विभेदीकरण होता है। ये तत्व उनकी राष्ट्रीयताओं का निर्माण करते

हैं। जिस क्षण हम अपने राष्ट्रीय स्व के इस अखंडनीय स्वरूप को समझ लेते हैं, स्वराज परिभाषा के क्षेत्र से परे की वस्तु नहीं रहता।[123]

पाल का कहना था कि राष्ट्रवादियों द्वारा घोषित स्वराज का आदर्श विचार और स्वरूप दोनों ही दृष्टियों से उपनिषदों के स्वराज से घनिष्ठ रूप से सम्बद्ध था। इसका विश्लेषण करते हुए उन्होंने बताया कि इस आदर्श में निहित मुख्य विचार इस प्रकार हैं–

1. सच्ची स्वतंत्रता अलगाव में नहीं वरन् शेष सृजन से साहचर्य और समरसता में निहित है। हमारे प्राचीन आध्यात्मिक अनुभव के अन्तर्गत स्वराज्य के सिद्धान्त में सन्निहित यह प्रथम विचार है। इस विषय पर औपनिषदिक विचार की यह प्रथम निष्पत्ति है।
2. इसमें अन्तर्ग्रस्त दूसरा विचार यह है कि विश्व में स्थित अन्य व्यक्तियों या पदार्थों से संघर्ष या द्वन्द्व की अवस्था में यह स्वतंत्रता कभी प्राप्त नहीं की जा सकती। संघर्ष और प्रतिद्वन्द्विता में स्वतंत्रता का जन्म नहीं हो सकता। जो सन्त भीतर विद्यमान आत्मा का विश्व के अन्य सभी प्राणियों व पदार्थों में दर्शन करता है और तत्पश्चात् संपूर्ण सृजन के साथ एकात्मता का अनुभव करता है वह सच्चे स्वराज में अवस्थित होता है।[124]

स्वराज के उपर्युक्त अर्थ के सन्दर्भ में पाल ने कहा कि हम इस आदर्श की अवहेलना नहीं कर सकते। हमारे स्वतंत्रता संघर्ष में हमें इस सत्य को विस्मृत नहीं करना चाहिए क्योंकि यही दृष्टिकोण हमारे आन्दोलन का सही अर्थों में आध्यात्मीकरण करेगा और साथ ही उसे सच्ची राष्ट्रीय चेतना प्रदान करेगा।[125] इसी कारण दूसरे लोगों व राष्ट्रों के मूल्य पर अपने विकास की कामना करने वाले यूरोपीय 'देशभक्तिपूर्ण राष्ट्रीय राज्य' के विचार को उन्हों ने निंदनीय बताया। उनका कहना था कि एक ऐसे स्वराज या राष्ट्र का निर्माण करना हमारा अभीष्ट है जो शेष विश्व को वास्तविक राष्ट्रीय स्वतंत्रता की

शिक्षा देगा एवं जो स्वतंत्रता तथा साहचर्य के आधार पर निर्मित सार्वभौम विश्व संघ में समस्त अन्तरराष्ट्रीय विवादों के समाधान का मार्ग दिखाएगा। राजनीति में आध्यात्मिकता से हमारा यही अभिप्राय है। यह आध्यात्मिकता एक सक्रिय गुण है। इसका अर्थ है–प्रत्येक व्यक्ति में एकमेवद्वितीय के, सार्वभौम के दर्शन और परिणामतः सभी व्यक्तिवादी संकीर्ण विचारों का परित्याग।[126]

स्वराज के आदर्श की प्रकृति को स्पष्ट करते हुए उन्होंने बताया कि हमारे समक्ष प्रकट स्वराज का आदर्श दैवी लोकतंत्र का आदर्श है। यह यूरोप व अमरीका में संघर्षशील, क्रूर, भौतिकवादी लोकतन्त्र से उच्चतर है । इसमें एक उच्चतर सन्देश निहित है। वह है मनुष्य ईश्वर स्वरूप हैं तथा भारतीय लोकतंत्र का समानता का आदर्श प्रत्येक व्यक्ति में दिव्य सम्भावनाओं व नियति की समानता है। चाहे वह हिन्दू, मुसमलान, बौद्ध या ईसाई हो। हिन्दू-मुस्लिम के भेदभाव के बिना अतीत में भारतीय लोगों के इस सामान्य प्रशिक्षण के कारण भारतीय चरित्र के आध्यात्मिक रुझान के फलस्वरूप हमें अपने सम्मुख यूरोपीय राष्ट्रों की सामान्य चेतना के लिए अब तक अज्ञात, उच्च कोटि के लोकतंत्रीय आदर्श को देखने का विशेष अवसर प्राप्त हुआ। हमारा स्वराज न तो हिन्दू होगा न मुस्लिम। यह भारतीय स्वराज होगा।[127]

जहाँ तक स्वराज के व्यावहारिक पक्ष का सम्बन्ध था, इसका अभिप्राय यह था कि राष्ट्र के प्रबंध व संचालन का अधिकार राष्ट्रवासियों को मिलना चाहिए। उन्हें अपने राष्ट्रीय जीवन की धारा का प्रवाह निश्चित करने वाले और जीवन के सभी पहलुओं से सम्बद्ध निर्णय स्वयं करने का अधिकार होना चाहिए। स्वराज स्वतंत्रता की माँग करता है क्योंकि 'स्वतंत्रता समस्त मानवीय सहयोग व साहचर्य की आत्मा व सार है। जहाँ अनुभूति या यथार्थ में से स्वतंत्रता का अभाव होता है वहाँ इन सम्बन्धों के वास्तविक नैतिक मूल्य का भी लोप हो जाता है। नैतिक जीवन की इस अत्यन्त प्राथमिक आवश्यकता व दशा में स्वराज के सिद्धान्त की गहन नैतिक महत्ता सन्निहित है।[128] पाल का मत

है कि समस्त भौतिक विकास की वांछनीयता एवं पार्थिव आवश्यकता के अलावा स्वराज राष्ट्र के लिए प्राथमिक नैतिक आवश्यकता थी क्योंकि राष्ट्र मानवीय साहचर्य का उज्जवल उदाहरण है।

चूँकि पाल स्वराज की एक आध्यात्मिक वस्तु मानते थे, इसकी चेतना एवं महत्ता के ज्ञान की पूर्व आवश्यकताओं का उल्लेख करते हुए उन्होंने कहा–'वर्तमान परराष्ट्र की चेतना के बिना स्वराज का ज्ञान नितांत असम्भव है। आत्म का ज्ञान अनात्म से सम्पर्क और उससे संघर्ष हुए बिना सम्भव नहीं है। परराष्ट्र के अभाव में स्वराज का ज्ञान नहीं होता। पर प्रत्यक्षतः स्व के विरुद्ध होता है। स्व और पर के बीच संघर्ष में, राजनीतिक कार्यों में आत्म और अनात्म के बीच संघर्ष में यथार्थ स्वशासन का सिद्धान्त पनपता है।'[129]

औपनिवेशिक स्वराज की धारणा का खंडन

मितवादियों के ब्रिटिश सत्ता के अधीन चिर अभिलाषित स्वशासन को पाल ने "असंभव आदर्श"[130] की संज्ञा दी। उन्होंने अनेक तर्क देकर इसकी अव्यावहारिकता को स्पष्ट किया। इसके क्या निहितार्थ हो सकते हैं और ऑस्ट्रेलिया व कनाडा जैसा औपनिवेशिक स्वशासन भारत में स्थापित होना क्यों असंभव है? ऐसे प्रश्नों पर उन्होंने इसके आर्थिक, प्रजातीय व राजनीतिक कारणों के आधार पर प्रकाश डाला है। अपने मद्रास अभिभाषणों में उन्होंने औपनिवेशिक स्वशासन की धारणा का तीन आधारों पर विरोध किया। प्रथमतः तो यह कि इंग्लैंड, भारत जैसे अश्वेत देश के साथ वैसा समानतापूर्ण व्यवहार नहीं करेगा जैसा वह ऑस्ट्रेलिया या कनाडा के साथ कर रहा था। दूसरे इंग्लैंड से अतिरिक्त जनसंख्या को उपनिवेशों में भेजा जा रहा था। यह कार्य उनके पारस्परिक आर्थिक हितों तथा विश्व के दूर दराज हिस्सों पर श्वेत आधिपत्य को सशक्त बनाने के उद्देश्य से प्रेरित था। भारत ऐसी व्यवस्था में साझीदार नहीं हो सकता था। तीसरे इंग्लैंड देश के कोष पर अपने नियंत्रण की माँग करेगा, जो भारत के हितों के विपरीत होगा। ब्रिटिश सर्वोच्चता के अधीन औपनिवेशिक स्वराज्य सैद्धान्तिक दृष्टि से भले ही निर्दोष आदर्श हो,

जो सार्वभौम बंधुत्व की भावना के अनुप्राणित हो किन्तु उसके अनुकूल सतयुग का आगमन अभी तक नहीं हुआ था। अतः यह प्रस्ताव व्यावहारिक नहीं था। न ही साम्राज्य के अन्तर्गत स्वशासन राष्ट्रवादी आकांक्षाओं के अनुकूल था क्यों कि इसकी परिणति भारत में ब्रिटिश आधिपत्य एवं विदेशी सत्ता द्वारा हमारे राजनीतिक जीवन के सूत्र संचालन में होगी।[131] अतः पाल ने इसे अव्यावहारिक करार दिया। मद्रास में उनके भाषणों की रोमांचकारी ओजस्विता के अलावा भारत के लिए संप्रभु स्वतंत्रता की स्थिति का प्रतिपादन करने वाले उनके स्वराज्य के विचार ने पुरानी पीढ़ी के हमारे नेताओं में बेचैनी और ब्रिटिश नौकरशाही में खलबली मचा दी।

गोखले द्वारा अपने पूना भाषण में राष्ट्रवादियों की स्वतंत्रता की माँग को 'पागलपन' करार दिए जाने पर अपनी तीखी प्रतिक्रिया व्यक्त करते हुए पाल ने मेनचेस्टर गार्डियन को एक लम्बा पत्र लिखा। इसमें कहा गया था—मैं जिस विचार सम्प्रदाय से सम्बद्ध हूँ, उसने औपनिवेशिक स्वशासन की धारणा को मान्यता देने से इन्कार कर दिया है। इसका कारण यह नहीं है कि औपनिवेशिक स्वशासन ठोस रूप में राष्ट्रीय स्वायत्तता के तुल्य नहीं है अपितु इसकी वजह यह है कि जहाँ तक भारत का सम्बन्ध है यह पूर्णतः गलत आदर्श है।...ब्रिटेन और भारत के बीच रंगभेद की अलंघ्य दीवार विद्यमान है। गोखले महाशय को भी यह सब मालूम होना चाहिए फिर भी वे और उनके मित्र औपनिवेशिक स्वराज्य की चर्चा करते हैं।[132]

स्वराज्य के आदर्श की प्राप्ति के उपाय

पाल ने इस विषय की चर्चा करते हुए बताया कि जिन उपायों व साधनों के द्वारा इस देश में स्वराज्य के आदर्श के फलीभूत होने की आशा है उन्हें राजनीति विज्ञान में निष्क्रिय प्रतिरोध की संज्ञा दी जाती है। निष्क्रिय प्रतिरोध का अभिप्राय है ऐसा प्रतिरोध जो आक्रामक नहीं हो। इसमें सक्रियता का अभाव नहीं, आक्रामकता का अभाव होता है। इसका अर्थ है लोगों द्वारा कानून की सीमाओं के भीतर रहते हुए प्रस्तुत किया जाने वाला प्रतिरोध।[133]

निष्क्रिय प्रतिरोध के प्रचार में दो चीजों का हमेशा ध्यान रखा जाएगा। एक तो कानून के लिए सम्मान बशर्ते कि कानून व्यक्ति के प्राथमिक अधिकारों का सम्मान करता हो और दूसरे सम्पूर्ण मानव जाति के अधिकारों का सम्मान। निष्क्रिय प्रतिरोध का सर्वाधिक महत्वपूर्ण साधन बहिष्कार आन्दोलन है।[134] बहिष्कार के महत्व को स्पष्ट करते हुए पाल ने कहा कि यह न केवल देशी उद्योगों के संरक्षण में मदद करता है वरन् यह राष्ट्र के पौरुष व लोगों में आत्म बलिदान की भावना विकसित करने में सहायक है। जो लोगों की इच्छा को सुदृढ़ बनाता है और उन्हें त्वरित लाभों का परित्याग करने में समर्थ बनाता है। बहिष्कार वैसे आर्थिक आधारों पर पूर्णतः उचित है किन्तु इसमें निहित मसलों के कारण यह हमारा ध्यान अधिक आकृष्ट करता है।[135]

पाल की मान्यता थी कि प्राथमिक चीज सरकार की प्रतिष्ठा है और बहिष्कार उस प्रतिष्ठा की जड़ों पर ही प्रहार करता है।...वह मायावी, वह भ्रामक वस्तु जिसे वे प्रतिष्ठा कहते हैं; उसे हम बहिष्कार के द्वारा समाप्त करना चाहते हैं।[136] इसके उद्देश्य को स्पष्ट करते हुए पाल ने कहा कि—बहिष्कार का लक्ष्य भारतीय जनता के निश्चय को इस दृष्टि से संगठित करना है कि उसे सरकार के निरंकुश स्वरूप को सुधारने हेतु प्रयुक्त किया जा सके।[137]

बहिष्कार के आध्यात्मिक अर्थ की व्याख्या करते हुए उन्होंने बताया कि हम शासकीय प्रासाद से मुँह फेरकर उसे जनसाधारण के कुटीर की ओर उन्मुख करने के इच्छुक हैं। जहाँ तक सरकार से अपील करने का सम्बन्ध है हम तुष्णीम भव की प्रवृति अपना कर, हमारे अपने लोगों से, स्वदेशवासियों से एक नवीन अपील, एक नवीन याचना करते हुए बन्द जुबान खोलना चाहते हैं। बहिष्कार आन्दोलन का यही मनोविज्ञान, नीतिशास्त्र और आध्यात्मिक महत्व है।[138]

बीसवीं सदी के प्रथम दशक में पाल राष्ट्रवाद के प्रेरक एवं सन्देशवाहक के रूप में राष्ट्रीय राजनीति में अपनी पूर्ण आभा से दीप्त हुए। उन्होंने राष्ट्रीय

आन्दोलन, स्वराज्य और हमारे राष्ट्रीय विकास की बड़े सूक्ष्म रूप से आध्यात्मिक व्याख्या प्रस्तुत की। राष्ट्र को उन्होंने पूर्ण स्वतंत्रता का संदेश दिया और मितवादियों की अवधारणाओं को पूर्णतः अमान्य ठहराया। राष्ट्रीय स्वातंत्र्य के उद्‌घोषक पाल की चिंतन यात्रा का तीसरा चरण भी काफी महत्वपूर्ण है जिसमें वे राष्ट्रवाद की सीमाओं से बाहर निकलकर सार्वभौम मानवतावाद के आदर्श की ओर उन्मुख होते नजर आते हैं। यह उनकी अन्तःस्थ आध्यात्मिक प्रवृति का एक वृहतर आयाम था। यद्यपि इस वजह से पाल गलतफहमी के शिकार हुए और उन्हें कटु आलोचना का पात्र बनना पड़ा किन्तु वे अपनी इस मान्यता पर दृढ़ रहे कि भारत और मानवता के कल्याण के लिए यह आवश्यक था कि एकांतिक राष्ट्रीय स्वतंत्रता के स्थान पर साम्राज्यीय संघ के आदर्श को व्यवहार में उतारने की कोशिश की जाए।

मानवतावादी पाल

पाल के विचारों का परवर्ती विकास : संघीय अन्तरराष्ट्रीयतावाद

पाल के परवर्ती विचार संघवाद की धारणा से ओतप्रोत हैं। उन्होंने हर एक तथ्य की यथा हिन्दू धर्म, भारतीय राष्ट्रवाद, राष्ट्रवाद में बंकिम द्वारा प्रतिपादित मातृपंथ सभी की इसी सन्दर्भ में व्याख्या की है। उनका विचार यह था कि न केवल एक राष्ट्र के रूप में भारत के अपने हित के लिए बल्कि संपूर्ण मानव जाति के स्थायी कल्याण के लिए अन्तरराष्ट्रीय संघ के अतिरिक्त और कोई उपाय नहीं है। उन्होंने एक स्वतंत्र इकाई के रूप में राष्ट्र के आदर्श को अस्वीकार किया और विचार व्यक्त किया कि अब परिस्थिति ऐसी बन चुकी है कि भारतीय राष्ट्रवादियों को उच्चतर आदर्शों को समझकर उनकी प्राप्ति की दिशा में आगे बढ़ना चाहिए।

स्वदेशी आन्दोलन के दौरान अभिव्यक्त उनके विचारों की तुलना में सभी लोगों को यह सर्वथा असंगत बात प्रतीत हुई। इस विचार को पूर्णतया समझने के लिए हिन्दू तत्वज्ञान के सन्दर्भ में उन्होंने राष्ट्रीयता की जो व्याख्या की है, उसे समझना आवश्यक है। उन्होंने स्वयं अपनी स्थिति स्पष्ट करते हुए

बताया कि स्वदेशी युग की धारणाएँ एक परिस्थिति विशेष की देन थी। वर्तमान परिस्थितियों (प्रथम विश्व युद्धोत्तरकालीन) में उनका कोई अर्थ नहीं है। स्वदेशी युग के बारे में उनका कहना था–'हमारे देशवासियों में राजनीतिक स्वतंत्रता की सुपुष्ट अभिलाषा तीव्र करने में हमने भी अपनी नम्र भूमिका निभायी। पूर्ण स्वायत्तता हमारे अभिनव राष्ट्रवाद का प्रथम घोष था। एक दशक पूर्व विद्यमान परिस्थिति में पूर्ण स्वतंत्रता का सन्देश सर्वोच्च मनोवैज्ञानिक आवश्यकता थी।[139]

विपिनचन्द्र जिन्हें स्वयं श्री अरविन्द ने भारतीय राष्ट्रवाद के "सशक्त पैगम्बर" का अभिधान प्रदान किया था, जिन्होंने पूर्ण राष्ट्रीय स्वतंत्रता के आदर्श की सिद्धि को– स्वराज्य को 'सबसे बड़ी राष्ट्रीय क्षुधा'[140] कहकर पुकारा, उनके द्वारा भारतीय राष्ट्रवाद के लिए वांछनीय आदर्श के रूप में साम्राज्यीय संघ का घटक बनने की आवश्यकता पर जोर दिया जाना स्वयं उनके अनुसार उनके राष्ट्रवादी मित्रों को विचित्र प्रतीत हो सकता है[141] जो इस विषय में उनके पूर्वकालिक विचारों से परिचित थे। उनमें निश्चित रूप से स्वतंत्रता के आदर्श पर जोर दिया गया था। इस सन्दर्भ में पाल ने कहा कि 1908-11 ई. के दौरान कुछ ऐसी नवीन शक्तियाँ और प्रवृत्तियाँ रंगमंच पर उभरी हैं, (उदाहरण के लिए राष्ट्रवाद, चीन व जापान की बढ़ती हुई शक्ति, आइरिश होमरूल आन्दोलन, पान इस्लाम आदि) जिन्होंने भारतीय राष्ट्रवाद के लिए सर्वोच्च एवं सर्वाधिक व्यावहारिक आदर्श के रूप में संघीय साम्राज्यवाद के अर्थ एवं भव्यता को मेरे सम्मुख उजागर किया है।[142]

उन्होंने साम्राज्य विचार या संघीय अन्तरराष्ट्रीयतावाद का सिद्धान्त मानवता के सर्वोच्च संगठन के रूप में प्रस्तुत किया, इसके प्रचलित अर्थ में नहीं। मानवी संगठन के आरोही क्रम के शीर्षस्थ संगठन या चरम परिणति के रूप में उन्होंने 'साम्राज्य विचार' प्रकट किया। यह उनके शब्दों से स्पष्ट है–'जैसाकि मैंने बारम्बार स्पष्ट करने का प्रयत्न किया है, साम्राज्य विचार का श्रेष्ठतर नैतिक मूल्य मानवीय संगठन का राष्ट्र विचार की अपेक्षा एक उच्चतर

और व्यापकतर सूत्र प्रस्तुत करने की इसकी क्षमता में निहित है।[143] पाल ने यह स्वीकार किया कि उनके द्वारा प्रतिपादित साम्राज्य विचार या साम्राज्यवाद का सही अर्थ जानने वाले भारत में तो क्या ब्रिटेन में भी नगण्य हैं। उनके अनुसार 'यह सच्चा साम्राज्यवाद उस उद्धत राष्ट्रवाद से बहुत भिन्न है, जो इतने वर्षों तक स्वयं को इस रूप में प्रस्तुत करता था।[144]

इस सम्बन्ध में अपना मत स्पष्ट करते हुए पाल ने लिखा– 'वास्तविक साम्राज्य विचार वस्तुतः एक राजनीतिक नहीं वरन् मूलतः एक सामाजिक विचार है। साम्राज्य की श्रेष्ठतर महत्ता सभ्यता और प्रगति के इसके तथाकथित मिशन में नहीं है जिसके आधार पर वर्तमान यूरोपीयन और अमरीकी साम्राज्यवादी गैर यूरोपीयन प्रदेशों और लोगों की विजय व शोषण का औचित्य सिद्ध करने की कोशिश करते हैं वरन् इस तथ्य में निहित है कि हमारे सामाजिक आन्दोलनों एवं चिंतन द्वारा अब तक अन्वेषित मानवीय साहचर्य का व्यापकतम सूत्र प्रस्तुत करता है। अतः यह उस सार्वभौम मानवता का वृहद्तम उपकरण और माध्यम है जिसकी ओर सामाजिक विकास अपने सर्वोच्च ध्येय के रूप में अग्रसर हो रहा है।[145]

साम्राज्य विचार राष्ट्र के विचार से व्यापक और विशाल है इसका उद्देश्य अत्यंत भिन्न हितों, संस्कृतियों व लक्षणों वाले पृथक्-पृथक् प्रदेशों का एक अवयवी संपूर्णता में एकीकरण करना है। यह भावात्मक रूप से राष्ट्र विचार की अपेक्षा उदात्त और भव्य विचार है।[146]

साम्राज्य विचार का विश्लेषण

साम्राज्य विचार की व्याख्या करते हुए पाल ने बताया कि परिवार मानवीय संगठन का प्रारम्भिक स्वरूप है, जिसमें विभिन्न रुचियों, मानसिक अभिधानों व प्रवृत्तियों वाले सदस्यों के हितों का सामंजस्य होता है। उसके पश्चात् है कबीला–जो समान पूर्वजों, समान परम्पराओं व आदतों, समान भाषा एवं संस्कृति वाले परिवारों का समूह होता है। परिवार की भाँति कबीले

के जीवन में पारिवारिक हितों के समस्त वास्तविक और सम्भव संघर्षों के टकरा व को दूर रखा जाता है। सामंजस्य के माध्यम से परिवार और कबीला उच्चतर सामाजिक विकास के साधन बनते हैं।[147] राष्ट्र, जिसमें अनेक कबीले संगठित होते हैं, इसी प्रकार मानवीय संगठन और सामाजिक संश्लेषण हेतु व्यापक आधार प्रदान करता है और साम्राज्य अनेक राष्ट्रों का संगठन होने के नाते मानवीय सहयोग व अन्तरराष्ट्रीय बन्धुत्व का व्यापक आधार प्रदान करता है। साम्राज्य के विचार का यही श्रेष्ठतर मूल्य है।[148]

पाल का कहना है कि प्रत्येक मानवीय संगठन वैयक्तिक स्वतंत्रता का वैसे प्रकट रूप से तो अतिक्रमण करता है किन्तु इसके बावजूद यह स्वतंत्रता की सीमाओं में विस्तार और उसकी शक्ति में वृद्धि करता है। वस्तुतः प्रत्येक नवीन मानवीय संगठन हमारे 'स्व' का विस्तार करता है। हमारे स्व का परिवार सेकबीले, कबीले से राष्ट्र और राष्ट्र से साम्राज्य तक विस्तार करके, हम इसका व्यापक इकाईयों के साथ तादात्म्य स्थापित करते हैं। इस प्रकार साम्राज्यीय सम्बन्ध व्यक्ति का परिवर्धन करता है और मात्र राष्ट्रीय सम्बन्ध की अपेक्षा काफी विशाल क्षेत्रं तक प्रसार का अवसर प्रदान करता है। यही कारण है कि एक साम्राज्यीय सम्पूर्णता की सदस्यता द्वारा राष्ट्र प्रकटतः अपनी एकांतिक संप्रभुता का बलिदान करके भी वस्तुतः काफी व्यापक स्वतंत्रता का आश्वासन प्राप्त कर लेते हैं।[149]

इसी सन्दर्भ में वे आगे चलकर कहते हैं कि 'मुझे राष्ट्रवाद और साम्राज्यवाद के बीच कोई आवश्यकतः संघर्ष या वैपरीत्य दिखायी नहीं पड़ता। यह साम्राज्यीय संघ उस सार्वभौम मानवता की दिशा में हमारी प्रगति की प्रक्रिया में अगला कदम है जो समस्त सामाजिक विकास की आदर्श परिणति है।'[150] पाल की मान्यता थी कि तत्कालीन ब्रिटिश साम्राज्य संघीय साम्राज्य नहीं था। उसका संगठन ऐसा था किउसके विभिन्न घटकों के बीच नीति, उद्देश्यों, हितों व केन्द्रीय सत्ता के स्वरूप सम्बन्धी किसी प्रकार की

एकता नहीं थी।[151] उनके अनुसार ब्रिटिश लोगों की रंग द्वेष की भावना ब्रिटिश साम्राज्य के सच्चे संघ निर्माण के मार्ग में सबसे बड़ी बाधा थी।

प्राचीन और अर्वाचीन साम्राज्यवाद के आदर्श में अन्तर

प्राचीन साम्राज्यवाद जो काफी बड़े भूभाग पर राजनीतिक प्रभुता स्थापित करने में निहित था, पाल ने उसे 'अपूर्ण साम्राज्यीय प्रत्यय[152] की संज्ञा दी है और वे उसे वर्तमान युग के लिए उपयोगी नहीं मानते क्योंकि वास्तविक साम्राज्य प्रत्यय का अर्थ उनके अनुसार केवल प्रशासनिक एकता न होकर पूर्ण सामाजिक संश्लेषण है। संश्लेषण का अभिप्राय 'परस्पर विरोधी और पृथकृतावादी हितों व अभावों का सामंजस्य' है।[153]

नवीन किस्म का साम्राज्य अतीतकालीन साम्राज्य की भाँति निरंकुश नहीं है वरन् मूलतः लोकतांत्रिक है। अपने अत्यधिक विकसित स्वरूप में वह विस्तृत भूभागों पर एक केन्द्रीय व स्वेच्छाचारी सत्ता के आधिपत्य का नहीं वरन् अनेक लघुकाय संप्रभु राज्यों के एक व्यापक आंगिक व स्वशासी सम्पूर्णता में संगठन का प्रतिनिधित्व करता है।[154]

पाल ने हिन्दू आध्यात्मवाद के आधार पर भी साम्राज्य प्रत्यय का औचित्य सिद्ध किया। उनके अनुसार हमारी प्रजाति की आध्यात्मिक प्रतिभा ने विभिन्नताओं और विभेदों के सभी प्रकारों व स्वरूपों के मूल में विद्यमान मूलभूत एकता को स्वीकार किया है। इस एकता के लिए भावावेश ने हमारे समस्त भूतकालीन विकास का सम्पूर्ण प्रयाण मार्ग निर्धारित किया है। इस आवेग से प्रेरित कुछ लोगों ने मनुष्य के इन्द्रिय बोध की वास्तविकताओं की अवहेलना की जिन पर हमारी चेतना की विभिन्नताएँ आधारित हैं। हिन्दुत्व एक संघीय धर्म है। हिन्दू समाज अनेक जातियों व धर्मों का संघ है। हिन्दू राजतंत्र संघीय राजतंत्र था।[155] इस आधार पर पाल ने साम्राज्यीय संघ की स्थापना की दिशा में भारत के नेतृत्व का दावा प्रस्तुत किया।

उनके अनुसार हिन्दुओं में मनुष्य मात्र की मूलभूत एकता की चेतना

सदैव से ही विद्यमान रही है। वर्ण, धर्म, जाति या देश के अन्तर के बिना प्रत्येक मनुष्य को हिन्दुओं ने नारायण स्वरूप ही माना है। इसी प्रकार विश्व के विभिन्न कबीलों, प्रजातियों व राष्ट्रों के सामूहिक जीवन को सर्वोच्च हिन्दू चिंतन ने नारायण के विभिन्न प्रकटीकरण और माध्यम माना है। नारायण या मानवता शरीर है। विभिन्न जनजातियाँ, प्रजातियाँ व राष्ट्रीयताएँ उसके अंग है। संपूर्ण अंगों में निहित है। अतः नारायण या सार्वभौम मानवता प्रत्येक जन जाति, प्रजाति और राष्ट्र में तार्किक रूप से निहित है।[156]

सभी ऐतिहासिक विकास प्रक्रियाओं में सार्वभौम मानवता नियामक विचार है। अतः विशिष्ट साँस्कृतिक इतिहास सार्वभौम साँस्कृतिक इतिहास के ही अंग हैं। अतः वे एक दूसरे से घनिष्ट रूप से सम्बन्धित हैं। उनकी एकता आधारभूत है।[157] पाल के अनुसार मानव जाति के एकीकरण का अन्तिम स्वरूप संघीय अन्तरराष्ट्रीयतावाद या संघीय साम्राज्य होगा। एक ऐसा भविष्य होगा जिसमें युद्ध के नगाड़ों की आवाज सुनायी नहीं पड़ेगी और राष्ट्रों की पताकाओं पर ये शब्द अंकित होंगे–मनुष्य की संसद में, विश्व संघ।[158]

पाल के अनुसार संघवाद–संगठित अन्तरराष्ट्रीयतावाद की अन्य संज्ञा है। संपूर्ण की एकता में अंगों की स्वतंत्रता संघीय विचार की आत्मा और सार है। यह उस अन्तरराष्ट्रीयतावाद का भी सार एवं आत्मा है–जिसकी ओर सामाजिक विकास की उच्चतर अवस्था के रूप में आधुनिक विश्व बढ़ रहा है। यदि राष्ट्रवादी आदर्श शक्ति या विवेक के अभाव के कारण सतत रूप से संघीय अन्तरराष्ट्रीयतावाद के इस लक्ष्य तक पहुँचने में असफल रहता है तो राष्ट्रवादी व्यक्ति निश्चित रूप से अपने प्रयोजन में असफल रहेगा।[159] उन्होंने यह विचार व्यक्त किया कि ब्रिटिश सम्बन्धों के माध्यम से भारत संघीय अन्तरराष्ट्रीयतावाद के आदर्श को सहज रूप से प्राप्त कर सकता था। अतः उन्होंने कहा–हिन्दू राष्ट्रवाद संघीय अन्तरराष्ट्रीयता की असीम संभावनाओं को देखते हुए ब्रिटिश सम्पर्क का समर्थन करता है। संघवाद के सतत विकास के माध्यम से ब्रिटिश सम्पर्क की निरन्तरता किसी भी रूप में सर्वोच्च एवं सच्चे राष्ट्रीय आदर्श के मार्ग में व्यवधान नहीं बनेगी।[160]

संघीय अन्तरराष्ट्रीयतावाद के आदर्श के सन्दर्भ में पाल ने यह कहा कि भारत के राष्ट्रवादी आन्दोलन के लक्ष्य के रूप में इन बातों का समावेश होगा–आदर्श रूप में–(1) हिन्दू राष्ट्रवाद (2) संघीय अन्तरराष्ट्रीयतावाद (3) सार्वभौम अन्तरराष्ट्रीयतावाद का समर्थन। व्यावहारिक तौर पर–1. हिन्दू संस्कृति व सभ्यता के विशिष्ट चरित्र व प्रतिभा के संरक्षण का प्रयास, 2. अन्य विश्व सभ्यताओं के सहानुभूतिपूर्ण व आदरपूर्ण अध्ययन को प्रोत्साहन, 3. ब्रिटिश साम्राज्य के नाम से अभिज्ञात वर्तमान संघ के लिए संघीय संविधान के क्रमिक निर्माण के माध्यम से ब्रिटिश सम्बन्धों की निरंतरता बनाए रखना। 4. सार्वभौम संघ की उन्नति। एक शब्द में कहें तो इसका ध्येय है–परमात्मा, मानवता व मातृभूमि की सेवा।[161]

अधिकांश लोगों को उलझन में डालने वाले पाल के विचारों के इस परवर्ती विकास के बारे में यह उल्लेखनीय है कि उनके विचारों में सार्वभौम मानववाद की ओर स्पष्ट झुकाव प्रारम्भ से ही था। इसकी चरम परिणति साम्राज्यीय संघ से विचार में हुई। 'वन्दे मातरम्' के 16 अक्टूबर 1906 के अंक में उन्होंने लिखा–"हम आज का दिन मानवता में अपनी पूर्णता प्राप्त करने वाली देश भक्ति को समर्पित करते हैं जो मनुष्य के समक्ष ईश्वर का एक मात्र शाश्वत प्रकटीकरण है।...राष्ट्र का वह व्यापक और दिव्यतर जीवन धन्य है जिसमें व्यक्ति को अपनी सर्वोच्च पूर्णता की उपलब्धि होती है और धन्य है मानवता का वह सार्वभौम जीवन जिसमें समस्त राष्ट्रीय जीवन और आकांक्षाओं की पूर्ति निहित है।" राष्ट्रभक्ति व राष्ट्रवाद के चरम आदर्श के रूप में भी उन्होंने इसी मानवता की चर्चा की। उनके शब्दों में, देशभक्ति शुभ है किन्तु उसे दिव्य और उत्तम का अभिधान तभी प्रदान किया जा सकता है जब वह सार्वभौम मानवता के उद्देश्यों को आगे बढ़ाए। मानवता से विच्छेदित हुई राष्ट्रीयता, शक्ति व कल्याण का नहीं वरन् दुर्बलता व बुराई का स्रोत है।[162]

पाल द्वारा प्रतिपादित साम्राज्यीय संघ के विचार के सिलसिले में एक अन्य तथ्य का उल्लेख आवश्यक है। 1917 ई. में लिखित अपनी पुस्तक 'ए

साइकोलॉजिकल स्टडी ऑफ मिसेज एनीबीसेंट' में उन्होंने इस बात का जिक्र किया है कि ब्रिटिश साम्राज्य व भारत के सम्बन्धों के स्वरूप विषयक साम्राज्यीय संघ के विचार का प्रतिपादन उन्हीं के समान डब्लू.टी. स्टीड (सम्पादक रिव्यू ऑफ रिव्यूज) ने 1911 ई. में किया था। ब्रिटेन के साम्राज्यीय हितों व भारत की राष्ट्रीय आकांक्षाओं के बीच सामंजस्य स्थापित करने के लिए पाल इसे सर्वोत्तम उपाय मानते थे।[163]

निरन्तर आरोहीक्रम की ओर अग्रसर पाल की विचारधारा की तार्किक परिणति सार्वभौम मानवतावाद के रूप में हुई। वैसे यह कोई अनोखी बात नहीं थी। विराट आदर्शों की ओर झुकाव आध्यात्मिक राष्ट्रवाद के प्रणेताओं की सामान्य विशेषता रही है। उनके साम्राज्य विचार को उसके दार्शनिक निहितार्थ के आधार पर ठीक ढंग से समझा जा सकता है। विश्वजनीनता की उनकी अन्तःस्थ प्रवृत्ति का यह राजनीतिक क्षेत्र में दार्शनिक शब्दावलि में प्रकटीकरण था। परस्पर विरोधी हितों व संकीर्णताओं के संघर्ष से त्रस्त समकालीन विश्व को विद्यमान व्यवस्था के विकल्प की महती आवश्यकता है। पाल का चिंतन उस दिशा में मार्गदर्शक बन सकता है। किन्तु यह भी एक दुःखद तथ्य है कि स्वदेशी आन्दोलन के मुख्य सूत्रधार पाल का जीवन ग्रीक त्रासदी की याद दिलाता है। 1932 ई. में उनकी इहलीला की समाप्ति तक राष्ट्र उन्हें भूल चुका था और इस ओर किसी का ध्यान ही नहीं गया। घोर आर्थिक विपन्नता, एकाकीपन और उपेक्षा की कराल रात्रि में भटकते पाल विदा हो गए।

टिप्पणियां एवं सन्दर्भ–

1. श्री अरविन्दो ऑन हिमसेल्फ एण्ड द मदर, पृ. सं.-62

   स्पीचेज ऑफ श्री अरविन्दो, पृ. सं.-6

2. विनयकुमार सरकार–विलेजेज एण्ड टाऊन्स एज सोशियल पैर्टन, पृ. सं.-213 हरिदास एवं उमा मुकर्जी कृत–बी.सी. पाल एण्ड इंडियाज स्ट्रगल फोर स्वराज्य, पृ. सं.-2-3 पर उद्धृत

3. उपर्युक्त

4. पाल, राजा राममोहनरॉय के प्रति अत्यन्त श्रद्धावनत थे। इटालियन विचारक दाँते से उनकी तुलना करते हुए पाल ने लिखा–'यूरोप की मध्यकालीन संस्कृति के समस्त उदात्ततम और गहनतम तत्वों का निष्कर्ष प्रस्तुत करने वाले और यूरोपीयन पुनर्जागरण का पूर्वाभास देने वाले दाँते की भाँति राममोहन ने भी प्राचीन भारतीय संस्कृति के सभी विशुद्ध और स्थायी तत्वों को अपने में समाहित कर लिया था।''

   पाल–''राजा राममोहनरॉय''–न्यू इंडिया, वॉल्यूम 1, नं. 1, अगस्त 12, 1901, पृ. सं.-12, अमलेन्दुप्रसाद मुकर्जी कृत–सोशियल एण्ड पॉलिटिकल आइडियाज ऑफ विपिनचन्द्र पाल में उद्धृत, पृ. सं.-5

5A. ब्रह्मसमाज में शामिल होने के कारण उनके वैष्णव पिता ने क्रुद्ध होकर पाल को पैतृक संपत्ति से पूर्णतः वंचित कर दिया।

5B. विपिन चन्द्रपाल–मेमोरीज ऑफ माई लाइफ एण्ड टाइम्स, अध्याय 15, खंड 2

6. अमलेन्दुप्रकाश मुकर्जी–पूर्वोक्त, पृ .सं.-7

7. यह बात पुलिस के उपअधीक्षक शमसुल आलम द्वारा कही गयी थी, जिनकी बाद में 24 जनवरी, 1910 को उच्च न्यायालय से बाहर निकलते समय गोली मारकर हत्या कर दी गयी थी। श्री अरविन्द से व्यक्तिगत रूप से भेंट करने के बाद उन्होंने उक्त बात कही थी। श्री अरविन्द ने एक बंगाली पत्रिका 'संजीवनी' को दी गयी भेंट वार्ता में यह बात उद्धृत की थी। मुकर्जी–पूर्वोक्त, पृ .सं.-7 पर पाद टिप्पणी के रूप में प्रस्तुत

8. वेलेन्टाइन शिरोल–इंडियन अनरेस्ट, पृ .सं.-10

9. इस सम्बन्ध में दृष्टव्य–पाल का लेख 'इमर्सन' बंगदर्शन न्यू सीरिज, 7 वां अंक, पृ .सं.-323-32

10. यद्यपि प्रारम्भ में पाल विवेकानन्द की दार्शनिक विदग्धता के प्रति शंकालु थे और उन्होंने स्वामीजी के नववेदान्तवाद को ब्रह्मसमाज की मूलभूत शिक्षाओं का प्रभाव सिद्ध करने का प्रयास किया, तथापि पाल अन्ततः इस निष्कर्ष पर पहुँचे कि जहाँ केशवचन्द्र सेन और प्रतापचन्द्र मजूमदार ने व्यावहारिक तौर पर नवीन व आध्यात्मीकृत ईसाईयत का सन्देश फैलाया और ब्रह्मसमाज का सन्देश ईसाई चिंतन की परिचित शब्दावलि में प्रस्तुत किया, वहाँ विवेकानन्द ने प्रथम बार हिन्दुत्व को एक ओर तो जाति और रिवाजों की बेड़ियों से मुक्त करके और दूसरी ओर उसे व्यावहारिक जीवन के मामले में आधुनिक विश्व के सर्वाधिक प्रगतिशील विचारों व क्रियाकलापों से सम्बद्ध करके पुनर्जीवित करने का प्रयास किया। पाल–'फ्रीडम मूवमेन्ट इन बैंगॉल : एज पर्सनल नेरेटिव–फॉरवर्ड (कांग्रेस एण्ड विंटर नम्बर) दिसम्बर 26, 1926, पृ.सं.-3 मुकर्जी कृत– पूर्वोक्त में उद्धृत, पृ.सं.-23
11. पाल–'एन इन्ट्रोडक्शन टू द स्टडी ऑफ हिन्दूइज्म, पृ.सं.-6
12. अपने राजनीतिक चिंतन के प्रारम्भिक दौर में पाल अन्य अनेक लोगों की भाँति ब्रिटिश शासन की क्षमता में सुस्पष्ट विश्वास व्यक्त करते दृष्टिगोचर होते हैं। कांग्रेस के तीसरे अधिवेशन में बोलते हुए उन्होंने कहा–'मैं ब्रिटिश सरकार के प्रति वफादार हूँ क्योंकि मुझे स्वशासन से प्रेम है। मैं ब्रिटिश सरकार के प्रति निष्ठावान हूँ क्योंकि मुझे इस कांग्रेस से प्रेम है। रिपोर्ट ऑफ थर्ड इंडियन नेशनल कांग्रेस, पृ.सं.-120
13. सुरेन्द्रनाथ के प्रति कृतज्ञता प्रकट करते हुए उन्होंने लिखा है–'उन दिनों सुरेन्द्रनाथ गम्भीर प्रकृति वाले बंगाली युवकों के आदर्श थे। हमारी पीढ़ी उनकी चिर ऋणी और असीम आभारी है। हम जीवन में जो कुछ बन सके, सब उन्हीं की देन है। पाल–मेमोरीज–पूर्वोक्त, पृ.सं.-268
14. मुकर्जी–पूर्वोक्त, पृ.सं.-54

15. उपर्युक्त, पृ.सं.-55-56
16. पाल–"पॉलिटिकल इवोल्यूशन इन बंगाल"–द बंगाली, नवम्बर 15, 1924, उपर्युक्त में उद्धृत
17. पाल–मेमोरीज–पूर्वोक्त, पृ.सं.-271
18. जिस समय पाल अमरीका पहुँचे, स्वामी विवेकानन्द भी अपनी दूसरी पश्चिम यात्रा के सिलसिले में अमरीका में ही थे। यद्यपि दूरी की वजह से पाल की उनसे मुलाकात नहीं हो पायी तथापि उनकी ख्याति से वे भली भाँति परिचित हो गए।
–पाल–उपर्युक्त, पृ.सं.-277
19A. पाल–स्वदेशी एंड स्वराज पृ.सं.-5 'कम्पोजिट पेट्रिओटिजम' नामक लेख में स्वयं लेखक द्वारा अपना पूर्व कथन उद्धृत
19B. हरिदास एवं उमा मुकर्जी कृत पूर्वोक्त में उद्धृत, पृ.सं.-6-7
20. सुरेन्द्रनाथ बैनर्जी–ए नेशन इन मेकिंग, पृ.सं.-184
21. आई.एन. टोपा–द ग्रोथ एंड डिवेलपमन्ट ऑफ नेशनेलिस्ट थॉट इन इंडिया, पृ.सं.-147
22. सुरेन्द्रनाथ बैनर्जी–उपर्युक्त, पृ.सं.- 187
23. स्पीचेज एंड राइटिंग्ज ऑफ गोपालकृष्ण गोखले, खंड 2, पृ.सं.-191
24. रोमां रोलां–प्रोफेट्स ऑफ न्यू इंडिया, पृ.सं.-498
25. सुरेन्द्रनाथ बैनर्जी–उपर्युक्त, पृ.सं.- 173
26. पाल–"एनलॉजीज विद पार्टीशन सिच्यूएशन" द इंगलिश मेन, दिसम्बर 8, 1929
27. एच.पी. घोष–अरविन्दो : द प्रोफेट ऑफ पेट्रिओटिजम्, पृ.सं.-7
28. रिपोर्ट एंड प्रोसिडिंग्ज ऑफ 22nd कांग्रेस, पृ.सं.-2

29. अपने भाषण में लालाजी ने कहा–"यह बताना हमारा कर्त्तव्य है कि हममें यह चेतना जागृत हो गयी है कि हम भिखारी नहीं, एक साम्राज्य के प्रजाजन है जिसमें लोग नैसर्गिक कानून सम्मत अपने अधिकारों की प्राप्ति के लिए संघर्ष कर रहे हैं। ...अपना भाग्य विधाता स्वयं बनने और स्वतंत्रता प्राप्त करने के हमारे प्रयत्न पूर्णतः न्यायोचित हैं। रिपोर्ट एंड प्रोसीडिंग्ज ऑफ 21st कांग्रेस, पृ.सं.-13

30. डॉ. आर.सी. मजूमदार कृत "स्ट्रगल फॉर फ्रीडम" पृ.सं.-369 पर उद्धृत

31. कॉनफिडेन्शियल हिस्ट्री शीट नं. 49 बी.सी. पाल–एब्सट्रेक्ट नं. 6 ऑफ 1907 एपनडिक्स 8, हरिदास एवं उमा मुकर्जी कृत पूर्वोक्त में उद्धृत, पृ.सं.-72

31A. उपर्युक्त, पृ.सं.-71

32. श्रीनिवास शास्त्री-माई मास्टर गोखले, पृ.सं.-58

33. उपर्युक्त, पृ.सं.-41

34. बंगाल की प्रांतीय कॉन्फ्रेस अश्विनीकुमार दत्त की अध्यक्षता में बरीसाल में आयोजित हुई। पुलिस ने बर्बर शक्ति प्रयोग द्वारा इसे भंग किया। इसे भंग किया जाना लोगों की स्वदेशी आन्दोलन से परे हटाने की सरकार की योजना का अंग था।

35. श्री अरविन्दो ऑन हिमसेल्फ एंड द मदर, पृ.सं.-50

36. सुरेशचन्द्र देव का अप्रकाशित बंगाली लेख–वन्दे मातरम् के उद्भव विषयक, हरिदास एवं उमा मुकर्जी कृत पूर्वोक्त में उद्धृत, पृ.सं.-44-45

37. विपिनचन्द्र की मूल योजना तो बहिष्कार की वर्षगांठ के अवसर पर 7 अगस्त, 1906 को 'वन्दे मातरम्' प्रारम्भ करने की थी, किन्तु बाद में पाल द्वारा इसी दिन सिलहट में आयोजित सुरमा घाटी कॉन्फ्रेंस में भाग

लेने का निश्चय किए जाने के फलस्वरूप, उन्होंने मूलभूत योजना को बदल दिया और 'वन्दे मातरम्' का प्रथम अंक एक दिन पहिले प्रकाशित हुआ। वह प्रथम अंक हाथ में लिए पाल उसी दिन प्रातः चिटगाँव मेल से सिलहट के लिए रवाना हुए।

–सुरेशचन्द्र देव का पूर्वोक्त लेख

38. ए. फिनर ब्रोकवे द्वारा पाल से भेंट वार्ता लेने के बाद 'लेबर लीडर लंदन' में मार्च 17, 1911 को 'द ट्रुथ अबाउट इंडिया : इंटरव्यू विद बी.सी. पाल' शीर्षक से लिखित लेख
39. इंडिया, मिन्टो एण्ड मोर्ले 1905-1910–मेरी काऊन्टेस मिंटो, पृ .सं.-123, 147
40. पाल–'मद्रास स्पीचेज' स्वदेशी एंड स्वराज पृ .सं.-123
41. उपर्युक्त, पृ .सं.-124
42. उपर्युक्त, पृ .सं.-125-27
43. उपर्युक्त, पृ .सं.-147
44. उपर्युक्त
45. उपर्युक्त
46. उपर्युक्त, पृ .सं.-147-48
47. पाल–स्पिरिट ऑफ इंडियन नेशनेलिजम, पृ .सं.-31-32
48. पाल–लाइफ एंड अटरेन्सेज, पृ .सं.-30
49. पाल–स्पिरिट ऑफ इंडियन नेशनेलिजम, पृ .सं.-41
50. पाल–लाइफ एंड अटरेन्सेज, पृ .सं.-33

50A. पाल–नेशनेलिटी एंड एम्पायार, पृ .सं.-144-145

51. उपर्युक्त, 158
52. पाल–स्पिरिट ऑफ इंडियन नेशनेलिजम, पृ .सं.-56

53. उपर्युक्त
54. उपर्युक्त, पृ.सं.-54
55. उपर्युक्त, पृ.सं.-35-36
56. उपर्युक्त, पृ.सं.-10
57. पाल–लाइफ एंड अटरेन्सेज, पृ.सं.-29
58. पाल–स्पिरिट ऑफ इंडियन नेशनेलिजम, पृ.सं.-1
59. जनसाधारण की इस चेतना का एक गद्यगीतात्मक उदाहरण देते हुए पाल ने लोगों की विदेशी सरकार के दमन के विरुद्ध प्रतिक्रिया की झलक प्रस्तुत की है। राष्ट्र ने नौकरशाही को प्रत्युत्तर दिया–क्या तुम विधाता द्वारा सृजित सम्बन्धों को काट दोगे? क्या तुम इतने शक्तिशाली हो? हमारा निर्माण और विनाश तुम्हारे हाथों में है? क्या तुम्हें मिथ्याभिमान है?...तुम चाहे कितने ही शक्तिशाली हो, परमात्मा सर्वोच्च है। यह मत भूलो कि दुर्बल की भी अपनी शक्ति होती है। हमारी शक्ति नष्ट करके तुम भी जीवित नहीं रहोगे। बोझ अधिक होने पर नाव डूब जाती है–उपर्युक्त, पृ.सं.-32
60. उपर्युक्त
61. उपर्युक्त, पृ.सं.-13
62. उपर्युक्त, पृ.सं.-14
63. उपर्युक्त, पृ.सं.-4
64. उपर्युक्त, पृ.सं.-31-32
65. पाल–स्वदेशी एंड स्वराज्य, पृ.सं.-17-19
66. उपर्युक्त
67. उपर्युक्त, पृ.सं.-19-20
68. उपर्युक्त, पृ.सं.-3-4
69. उपर्युक्त, पृ.सं.-292

70. उपर्युक्त, पृ .सं.-65
71. पाल–स्पिरिट ऑफ इंडियन नेशनेलिजम, पृ .सं.-38-40
72. पाल–स्वदेशी एंड स्वराज, पृ .सं.-68
73. उपर्युक्त, पृ .सं.-69
74. डॉ. वी.पी. वर्मा–आधुनिक भारतीय चिंतन, पृ .सं.-225
75. पाल–स्पिरिट ऑफ इंडियन नेशनेलजिम, पृ .सं.-47 डॉ. वर्मा कृत उपर्युक्त में उद्धृत
76. उपर्युक्त
77. डॉ. वी.पी. वर्मा–उपर्युक्त
78. डॉ. वी.पी. वर्मा–'द पॉलिटिकल फिलोसॉफी आव बी.सी. पाल' मॉर्डन रिव्यू–दिसम्बर 1958, पृ .सं.-480-481
79. पाल–स्वदेशी एंड स्वराज्य, पृ .सं.-291
80. डॉ. वी.पी. वर्मा–पूर्वोक्त
81. डॉ. वी.पी. वर्मा–पूर्वोक्त में उद्धृत, पृ .सं.-224-25
82. पाल–स्वदेशी एंड स्वराज्य, पृ .सं.-85
83. पाल–नेशनेलिटी एंड एम्पायर, पृ .सं.-29
84. पाल–श्रीकृष्ण, पृ .सं.-3-5
85A. उपर्युक्त , पृ .सं.-291
85B. पाल–नेशनेलिटी एंड एम्पयार, पृ .सं.-73
86. उपर्युक्त, पृ .सं.-77
87. उस समय पौलैंड रूस के अधिकार में व इटली ऑस्ट्रिया के अधीन था।
88. नेशनेलिटी एंड एम्पायर, पृ .सं.-73
89. उपर्युक्त, पृ .सं.-75

90. उपर्युक्त, पृ.सं.-76

91. उपर्युक्त, पृ.सं.-77

92. उपर्युक्त, पृ.सं.-77-78

93. उपर्युक्त, पृ.सं.-24-25

94. पाल–'वॉट इज नेशनेलिटी'–स्टेन्डर्ड बियरर खंड 2, जून 5, 1922, पृ.सं.-40

94. उपर्युक्त, पृ.सं.-29

95. उपर्युक्त, पृ.सं.-78-79

96. उपर्युक्त, पृ.सं.-81

96A. पाल–'इंडियन नेशनेलिजम एंड सोशियल रिकंस्ट्रक्शन' स्टैन्डर्ड बियर अक्टूबर 31, 1922

96B. उपर्युक्त, जून 26, 1922

97. पाल–''वॉट इज नेशनेलिटी–पूर्वोक्त

98. स्पिरिट ऑफ इंडियन नेशनेलिजम, पृ.सं.-50

99. नेशनेलिटि एंड एम्पयार, पृ.सं.-86

100. उपर्युक्त

101. उपर्युक्त, पृ.सं.-115

102. उपर्युक्त, पृ.सं.-86

103. पाल–द सोल ऑफ इंडिया, पृ.सं.-144

104. उपर्युक्त, पृ.सं.-145

105. उपर्युक्त, पृ.सं.-153-154

106, 107. उपर्युक्त, पृ.सं.-166

108. उपर्युक्त, पृ.सं.-188

109. उपर्युक्त, पृ.सं.-189 एवं 193

110. उपर्युक्त, पृ.सं.-282
111. द सोल ऑफ इण्डिया–ऑथर्स एपीलॉजिया (II)
112. पाल–श्रीकृष्ण, पृ.सं.-5-6
113. उपर्युक्त, पृ.सं.-10
114. द सोल ऑफ इण्डिया–लेटर II द नेम एण्ड द थिंग, पृ.सं.-123
115. उपर्युक्त, पृ.सं.-123-24
116. पाल का 'स्वराज्य' के 1 अप्रेल 1909 के अंक में प्रकाशित लेख रेम्जे मैकडानल्ड कृत 'द अवेकनिंग ऑफ इंडिया' पृ.सं.-199 पर उद्धृत
117. पाल–स्वदेशी एंड स्वराज, पृ.सं.-84
118. (द टेस्ट ऑफ पेट्रिओटिजम), पृ.सं.-1-2
119. उपर्युक्त, पृ.सं.-2
120. उपर्युक्त, पृ.सं.-289
121. पाल–स्पिरिट ऑफ इंडियन नेशनेलिजम्, पृ.सं.-46-48
122. उपर्युक्त
123. पाल–स्वराज : वॉट इज इट एंड हाऊ टू अटेन, पृ.सं.-8
124. उपर्युक्त, पृ.सं.-2
125. उपर्युक्त, पृ.सं.-3
126. उपर्युक्त, पृ.सं.-5
127. पाल–लाइफ एंड अटरेन्सेज, पृ.सं.-93
128. पाल–नेशनेलिटी एंड एम्पायर इन्ट्रोडक्शन, पृ.सं.-16
129. लाइफ एंड अटरेन्सेज, पृ.सं.-84
130. उपर्युक्त, पृ.सं.-43
131. पाल–मद्रास स्पीचेज, पृ.सं.-41-43

132. ए.पी. मुकर्जी कृत–पूर्वोक्त में उद्धृत, पृ.सं.-71

यह एक रोचक बात है कि एक ब्रिटिश संवाददाता पाल की मान्यता का तार्किक निरूपण कर सकने में समर्थ हुआ जो प्रचलित सुविधाजनक व्याख्याओं से भिन्न था। मैनचेस्टर गार्डियन में उसने लिखा–'पाल ने औपनिवेशिक विचार का दृढ़तापूर्वक खंडन किया है। उसका कारण यह नहीं है कि वह अवांछनीय था वरन् इस वजह से कि भारत के मामले में वह पूर्णतः अवास्तविक और अव्यावहारिक है। प्रत्येक चिंतनशील ब्रिटेनवासी इस बात को समझ सकता हैं–उपर्युक्त में उद्धृत, पृ.सं.-71

133. पाल–लाइफ एंड अटरेन्सेज, पृ.सं.-107
134. उपर्युक्त, पृ.सं.-112-112
135. उपर्युक्त, पृ.सं.-120
136. उपर्युक्त, पृ.सं.-132
137. उपर्युक्त
138. उपर्युक्त
139. नेशनेलिटि एण्ड एम्पायर, पृ.सं.-157-158
140. लाइफ एण्ड अटरेन्सेज, पृ.सं.-17
141. नेशनेलिटि एण्ड एम्पायर, पृ.सं.-6 इंट्रोडक्शन
142. उपर्युक्त, पृ.सं.-11
143. उपर्युक्त, पृ.सं.-116
144. उपर्युक्त, पृ.सं.-117
145. उपर्युक्त, पृ.सं.-6
146. उपर्युक्त, पृ.सं.-11
147. उपर्युक्त, पृ.सं.-14

148. उपर्युक्त
149. उपर्युक्त
150. उपर्युक्त, पृ.सं.-20
151. उपर्युक्त
152. उपर्युक्त, पृ.सं.-15
153. पाल—रेसपान्सिबल गवर्नमेंट, पृ.सं.-7
154. पूर्वोक्त, पृ.सं.-40
155. 25 अक्टूबर, 1916 को लखनऊ में दिफ-ए-आम के तत्वावधान में दिए गए भाषण के दौरान प्रकट विचार। 'रेसपोन्सिबल गवर्नमेंट' नामक पुस्तक में संगृहीत, पृ.सं.-53
156. पूर्वोक्त, पृ.सं.-35
157. पूर्वोक्त, पृ.सं.-22-23
158. पूर्वोक्त, पृ.सं.-114
159. पूर्वोक्त, पृ.सं.-42
160. पूर्वोक्त, पृ.सं.-46
161. पूर्वोक्त, पृ.सं.-47-48
162. लाइफ एण्ड अटरेन्सेज, पृ.सं.-111
163. नेशनेलिटी एण्ड एम्पायर, पृ.सं.-30

❑❑❑

8.

चिन्तन सरोवर के मुक्ता कण

व्यक्ति की अन्तःस्थ श्रेष्ठतम क्षमताएँ कठिन परीक्षा की वेला में ही उभर कर सामने आती हैं। सम्मुख विद्यमान चुनौती का सफलतापूर्वक सामना करने के लिए उसे अपने अन्तर में अवस्थित चेतना से ही शक्ति एवं प्रेरणा प्राप्त होती है। यही बात राष्ट्रों के बारे में भी सत्य है। उन्नीसवीं सदी के मध्य तक राष्ट्रीय स्वतंत्रता का पूर्णतः लोप हो जाने के बाद भारत को साँस्कृतिक दृष्टि से अपने अस्तित्व की रक्षा के लिए कटिबद्ध होना पड़ा। आसन्न संकट का मुकाबला करने हेतु हमें अपनी जातीय प्रतिभा के अनुकूल दर्शन की आवश्यकता थी, जो एक ओर तो हमें अपने उदात्त आदर्शवाद से प्रेरित कर सके तथा दूसरी ओर अपनी दार्शनिक विचक्षणता के कारण दृढ़ वैचारिक आधार भी प्रदान कर सके।

महान् चुनौती की प्रतिक्रिया में महत्तर विचार उद्‌भूत होते हैं, यह एक सार्वभौम तथ्य है। फ्राँस की घोर दुर्दशा ने वॉल्तेयर व रूसो के दर्शन की

आधारभूमि तैयार की, इटली की राजनीतिक विच्छिन्नता ने राष्ट्र के एकीकरण के दाँते के स्वप्न का सृजन किया। संकट की देन महान् विचार उसके निवारक भी होते हैं। हमारे राष्ट्रीय जीवन में प्रबल संकट की घड़ी तब आई जब ब्रिटेन के राजनीतिक आधिपत्य की स्थापना के पश्चात् हमें उसका साँस्कृतिक उपनिवेश बनाने की पुरजोर कोशिश की जा रही थी और उसमें आंशिक सफलता भी मिली। किन्तु भारत की नियति 'मय' और 'इंका' सभ्यताओं की नहीं हो सकी क्योंकि हमारे पास जातीय जीवन का ठोस आधार था, हम एक महान् परम्परा के उत्तराधिकारी थे, हमारी विशिष्ट राष्ट्रीय प्रतिभा और चेतना थी। वे सभी म्लान भले ही हो गयी हों, निष्प्राण नहीं हुई थीं। एक राष्ट्र के रूप में जब हमारा अस्तित्व ही खतरे में पड़ गया तो हमने अपनी जीवन शक्ति के स्रोतों को ढूँढना प्रारम्भ किया और इस प्रयास की देन थी–आध्यात्मिक राष्ट्रवाद।

आध्यात्मिक राष्ट्रवाद : राष्ट्रीय जागृति का शंखनाद

राजनीति दर्शन को आधुनिक भारतीय चिंतन की यह विशिष्ट देन है। न केवल अमूर्त चिंतन वरन् हमारे राष्ट्रीय आन्दोलन की महान् प्रेरक शक्ति के रूप में भी इसका अवदान अमूल्य है। यह एक विचारधारा मात्र नहीं, जातीय जीवन का दर्शन था। यह हमारे अस्तित्व रक्षण के प्रयत्नों की तार्किक परिणति थी। इसने यह सिद्ध कर दिया कि चिंतन की गहराईयों में उतरने की भारत की क्षमता चुक नहीं गयी है और वह विचार शक्ति के सहारे आत्मरक्षा के लिए कटिबद्ध है। आधुनिक भारतीय राजनीतिक चिंतन की यह विशिष्ट धारा अपने उद्गम, निष्पत्तियों व मौलिक अवधारणाओं की दृष्टि से सूक्ष्म अध्ययन की अपेक्षा रखती है।

यह न तो धार्मिक उन्माद का प्रकटीकरण था, न ही वैचारिक उलझन का परिणाम था, न ही अमूर्त प्रत्ययवाद था बल्कि एक राष्ट्र के जीवन मूल्यों, संस्कृति के आधारों का निर्माण करने वाली शक्तियों व

प्रवृत्तियों का राजनीतिक क्षेत्र में प्रकटीकरण था। इसका व्यावहारिक जीवन से गहरा सम्बन्ध था। अत्यंत विस्तृत आयामों वाली इस विचारधारा की आधारभूत मान्यताओं का अध्ययन करने पर जो तथ्य उभरते हैं वे इसकी विशिष्टता का दिग्दर्शन कराते हैं।

यह व्यावहारिक जीवन से असंपृक्त दार्शनिकों की नहीं वरन् राष्ट्रीय जीवन के साथ एकाकार हो चुके चिन्तकों की देन है। वेदान्ती तत्वज्ञान की भित्ति पर आधारित यह विचारधारा विश्वजनीनता के उत्तुंग शिखरों का स्पर्श करती है। इसमें अमूर्त चिंतन की शुष्कता नहीं, भावधारा की स्निग्धता है। यह पार्थिव जीवन से असम्बद्ध सैद्धान्तिक ऊहा-पोह नहीं एक पराभूत राष्ट्र की मुक्ति का सन्देश है। फलतः इसमें राजनीति शास्त्र की सैद्धान्तिक अवधारणा की परिबद्धता नहीं, एक राष्ट्रीय जीवनादर्श व निर्माणकारी सन्देश की विराटता है। एक परिस्थिति विशेष की प्रतिक्रिया स्वरूप उद्‌भूत होने पर भी यह सामयिकता के पाश से बद्ध न होकर कालजयी चिंतन की महिमा से समन्वित है। इसके प्रणेता वस्तुतः विभूतियों की कोटि के थे जिन्हें अपनी संस्कृति, जातीय जीवन के आदर्शों व होतव्यता की गहरी समझ थी।

बर्क, मिल व स्पेन्सर की विचारधारा से पोषित शिक्षित वर्ग की मानसिकता के लिए अपनी थाती अनजान ही बनी रही, उसके महत्व का आकलन कर सकना तो दूर की बात थी किन्तु यह स्मरण रखा जाना चाहिए कि अपने धर्मग्रन्थ, पुराण और निंजधरी कथाएँ ही व्यक्ति को सही अर्थों में राष्ट्र के साथ तादात्म्य स्थापित कर सकने में समर्थ बन सकते हैं। होमर की 'ऑडेसी व इलियड', दाँते की 'डिवाइन कॉमेडी' एवं मिल्टन का 'पेरेडाइज लोस्ट' जिस प्रकार यूरोपीय मानस को अपील करते हैं, हमें कदापि नहीं कर सकते क्योंकि उनके हमारे संस्कार व जीवन दृष्टि मूलतः भिन्न हैं। आध्यात्मिक राष्ट्रवाद के प्रणेता भारतीय लोकमानस में बहुत गहराई तक पैठ पाने में इसी कारण समर्थ हुए कि वे सभी भारतीय दर्शन व धर्मशास्त्रों के गम्भीर अध्येता व

अनुरागी थे। श्री अरविन्द का इंग्लैंड से लौटने के बाद संस्कृत सीखना इसका उल्लेखनीय उदाहरण है। भारतीय दर्शन व संस्कृत वाङ्मय के गहन अध्ययन के कारण ही बंकिम से लेकर पाल तक इस विचारधारा के सभी चिंतकों में वह सूक्ष्म अन्तर्दृष्टि विकसित हो सकी कि वे यूरोपीय सत्ता व शक्ति से हतप्रभ हुए बिना पूर्ण आत्मविश्वास से राष्ट्रवाद के भारतीय आदर्श का निरूपण करने में समर्थ हुए। बंकिम की दूरदर्शिता, विवेकानन्द की ओजस्विता, रामतीर्थ की भाव प्रवणता, टिळक की कर्मशूरता, अरविन्द की अपूर्व मातृभक्ति और पाल के सार्वभौम मानवतावाद की आधारभूमि भारतीय चिंतन व साहित्य का उनका गहरा अध्ययन था। टिळक का 'गीता रहस्य', श्री अरविन्द के 'फाउन्डेशन्स ऑव इंडियन कल्चर' व 'द आइडियल ऑफ ह्यूमन यूनिटी' जैसे ग्रंथ, विवेकानन्द और रामतीर्थ के विचारों में निहित तत्वशास्त्रीय मान्यताएँ–हमारे दर्शन की सतत प्रवाहमान धारणाओं को प्रतिबिम्बित करते हैं। जनसाधारण के जीवन रक्त में मिले हुए इन आदर्शों की जब उन्होंने राष्ट्रीय संदर्भ में व्याख्या की तो लोगों का प्रेरित होना स्वाभाविक था। बंकिम साहित्य में निहित सन्देश, विवेकानन्द के भाषणों, वार्तालाप आदि में प्रकट विभिन्न विषयों पर प्रेरक विचार और टिळक का कर्मयोग, भारतीय संस्कृति के आधारभूत मूल्यों का स्पष्टीकरण है। जनसाधारण उनके विचारों के मर्म को सहज रूप में आत्मसात कर सके और ये चिंतक राष्ट्रीय आन्दोलन को तीव्रता व गतिशीलता प्रदान करने में सफल हुए।

अपने विकासक्रम में यह विचारधारा दो सोपानों से होकर गुजरी। प्रथम सोपान साहित्यिक व साँस्कृतिक क्षेत्र के महारथियों द्वारा इस बिरवे को रोपा जाना और द्वितीय राष्ट्रीय आन्दोलन के अग्रणी नेताओं व मेधावी दार्शनिकों द्वारा इसका पोषण व संवर्धन था। दो सर्गों वाली इस भव्य कथा के आदिपर्व में बंकिम, स्वामी विवेकानन्द और रामतीर्थ तथा उत्तरपर्व में लोकमान्य टिळक, श्री अरविन्द व विपिनपाल रंगमंच पर उभरते हैं। जीवन और समाज के प्रति इन

सभी का दृष्टिकोण भावात्मक था। प्रथम चरण में इसके प्रणेताओं का कार्य सूक्ष्म विचार तरंगों का प्रसार करना व उनकी क्रियान्विति का दिशा-निर्देश देना था। दूसरे चरण में जननेताओं के अथक प्रयत्नों व बलिदानों से इन विचारों ने कार्यरूप ग्रहण किया। किन्तु यह स्मरणीय है कि दो चरणों का उल्लेख करने का अभिप्राय टिळक व उनके सहयोगियों का चिंतकों के रूप में किसी प्रकार से अवमूल्यन करना नहीं है। इसका तात्पर्य केवल इतना ही है कि बंगला साहित्य के भीष्म बंकिम और राष्ट्र के प्रति आंजनेय भक्ति के मूर्त रूप विवेकानन्द व रामतीर्थ अपनी-अपनी विशिष्ट अवस्थिति और परिस्थितियों के कारण प्रत्यक्षतः राष्ट्रीय आन्दोलन में सक्रिय नहीं हो सके। उनके अग्निगर्भ विचार सदैव प्रेरक शक्ति व मार्गदर्शक के रूप में कार्य करते रहे। लोकमान्य व उनके साथियों का कार्य जनआन्दोलन के सूत्रधार के रूप में भिन्न प्रकार का रहा। देश की स्वतंत्रता के लिए प्रभूत आत्म बलिदान और कष्ट सहन की दृष्टि से द्वितीय सोपान के इन चिंतकों का इतिहास में विशेष स्थान है। लोकमान्य द्वारा उठाए गए भीषण दुःख समकालीन इतिहास की निजंधारी कथा बन चुके हैं। अपने राजनीतिक कार्यक्रम के फलस्वरूप ब्रिटिश सरकार से उनका संघर्ष होना स्वाभाविक था।

आध्यात्मिक राष्ट्रवाद के सैद्धान्तिक और व्यावहारिक पक्ष की इन्द्रधनुषी छटा

सभ्यता के उषाकाल से ही भारत की राष्ट्रीय जीवन धारा के गंतव्य और पथ का निर्धारण करने वाली तत्वशास्त्रीय मान्यताओं से प्रेरित इस विचारधारा के सैद्धान्तिक और व्यावहारिक पहलुओं का अध्ययन करने पर मुख्यतः जो तथ्य उभरते हैं, उनके विवेचन से इसकी भव्यता और उदात्तता को भली भाँति समझा जा सकता है।

(1) नैतिक मूल्यों एवं चारित्रिक परिशुद्धता पर बल

इस सन्दर्भ में सर्वप्रथम उल्लेखनीय तथ्य तो इस विचारधारा की प्रबल

मूल्यपरकता है। इसमें नैतिक मूल्यों के परिरक्षण की ओर विशेष आग्रह परिलक्षित होता है। व्यावहारिकता के नाम पर आधारभूत मूल्यों के साथ समझौते की इसमें कोई गुंजाइश नहीं है। बंकिम का सम्पूर्ण साहित्य, विवेकानन्द और रामतीर्थ के उद्‌बोधन, टिळक, अरविन्द व पाल का स्वराज्य दर्शन सभी नैतिकता की चेतना से अनुप्राणित हैं। इन चिंतकों ने चारित्रिक शुद्धता व नैतिकता के संरक्षण पर विशेष रूप से जोर दिया। सशक्त राष्ट्र का निर्माण देशवासियों की चारित्रिक दृढ़ता पर ही निर्भर करता है जो उनमें शौर्य, तितिक्षा प्रभृति गुण और उत्सर्ग व बलिदान की क्षमता उत्पन्न करते हैं। बंकिम की सभी रचनाओं में इसे सर्वोपरि महत्व दिया गया है। न केवल दार्शनिक रचनाओं वरन्‌ उनके उपन्यासों में भी यही स्वर मुखर है। अपने निजी जीवन में ये चिंतक स्वयं इन गुणों के मूर्तरूप थे। सभी चिंतक नैतिक मूल्यों के प्रति पूर्ण निष्ठा को व्यक्ति व राष्ट्र के जीवन रस के रूप में प्रस्तु करते हैं। प्रतिकूलत म परिस्थितियों में भी 'आपद्‌ धर्म' की आड़ में नैतिक मूल्यों की परमेष्ठता पर उन्होंने आँच नहीं आने दी। सात्विकता की शुभ्रधवलिमा से स्नात यह विचारधारा शाश्वत मूल्यों की चेतना से स्पंदित है। उनके चिंतन एवं कार्यों में कहीं विरोधाभास नजर नहीं आता। नैतिक श्रेष्ठता व चारित्रिक परिशुद्धता की महती आवश्यकता का प्रमाण बंकिम प्रणीत 'सन्तान धर्म' में अत्यनत प्रभावी रूप से उजागर हुआ है। सन्तान धर्म को राष्ट्र की सेवा की पात्रता प्राप्त करने की आवश्यक शर्तों का आलेख कहा जा सकता है। चूँकि यह विचारधारा देशभक्ति को ईशभक्ति की श्रेणी में रखती है, अतः उस पथ के पथिक को क्षुद्रतओं से ऊपर उठना अनिवार्य था। अरविन्द की भवानी मंदिर योजना, रामतीर्थ द्वारा राष्ट्र सेवक के लिए निर्धारित शर्तें, विवेकानन्द का मातृमंत्र में दीक्षित युवकों का आह्वान, सभी में नैतिक गुणों व चरित्रबल के विकास की आवश्यकता का स्वर मुखर है।

(2) प्रभुकृपा में पूर्ण विश्वास

यह विचारधारा राष्ट्र मुक्ति के यज्ञ का स्तोत्र थी। इसके प्रतिपादकों को अपने कार्य की गुरुता व लक्ष्यसिद्धि में भीषण बाधाओं का अच्छी तरह भान

था। भौतिक उपाय उस दिशा में सहायक उपकरण हो सकते थे, किन्तु अन्ततः एक दिव्य शक्ति की कृपा से ही सफलता प्राप्त हो सकना सम्भव था, ऐसा इन चिंतकों का विश्वास था। प्रभुकृपा में पूर्ण विश्वास की छटा से यह विचारधारा शोभित है। आनंदमठ के सन्तान, भवानी मंदिर के सन्यासी इन चिंतकों की इस आस्था को व्यक्त करते हैं। अरविन्द, टिळक व पाल ने अनेक स्थलों पर स्पष्टतः कहा कि ईश्वरीय अनुकम्पा से हम कृतकार्य होंगे। उनकी यह धारणा धर्मरक्षा के लिए प्रभु अवतरण के गीतोक्त वचन की देन थी। उन्होंने यह विश्वास व्यक्त किया कि एक दिव्य शक्ति हमारे आन्दोलन का संचालन कर रही थी, राष्ट्र की भवितव्यता का निर्धारण कर रही थी। आस्था ही दृढ़ता की जननी है। प्रभुकृपा में अटल विश्वास से राष्ट्र के मानस से भीरुता का निवारण इस चिंतनधारा का एक लक्ष्य था। उस समय प्रयाण का प्रत्येक कदम स्वयं में परीक्षा था। उसके लिए अनंत आशावाद व प्रेरणा की आवश्यकता थी। उसका स्रोत जगत् नियंता की कृपा में आस्था ही हो सकता है। विवेकानंद, रामतीर्थ व अरविन्द तो प्रत्यक्षतः ईश्वरीय नगर के तीर्थयात्री थे और टिळक व पाल का मानसिक अभिधान आध्यात्मिकता से ओतप्रोत था, अतः प्रभुकृपा में पूर्ण आस्था उनके लिए सहज विश्वास की वस्तु थी। राष्ट्रवासियों में भी वे यही भावना भरना चाहते थे कि प्रभु हमारे साथ हैं, ताकि वे कठिनाईयों से विचलित नहीं हों। ब्रिटिश सत्ता की अपराजेयता के मिथक से त्रस्त राष्ट्र के लिए प्रभुकृपा में विश्वास ही संघर्ष में सम्बल प्रदान करने में सक्षम था। इस विश्वास ने स्वाधीनता संघर्ष को ओज प्रदान किया और भौतिक साधनों की कमी ने हमें हतोत्साहित नहीं होने दिया। यही कारण है कि आध्यात्मिक राष्ट्रवाद एक राजनीतिक विचारधारा की सीमा से परे मार्ग दर्शक दीपस्तम्भ बन गया।

(3) मातृभूमि की दिव्यता में विश्वास

यह आध्यात्मिक राष्ट्रवाद का केन्द्रीय विचार है। इसकी अन्य मान्यताएँ इसी मूलवृक्ष से जीवन रस प्राप्त करने वाली शाखा-प्रशाखाएँ हैं। इसमें

मातृभूमि को भूखंड के रूप में नहीं, एक चेतन दिव्य सत्ता के रूप में प्रस्तुत किया गया है। वही राष्ट्रीय जीवन का स्वरूप निर्धारित करने वाली शक्ति है और सर्वत्र उसी की चेतना की विविध रूपों में अभिव्यक्ति हो रही है। वही जीवन को अर्थवत्ता प्रदान करती है। यह ईश्वर के मातृत्व का देश पर आरोपण था। दिव्य शक्ति का प्रकट स्वरूप होने के कारण मातृभूमि उपास्य देवी है। व्यक्ति की सभी चेष्टाएँ उसी की सेवा में समर्पित होनी चाहिए।

देश को 'माँ' का सम्बोधन देकर इस विचारधारा ने सम्पूर्ण राष्ट्र सिद्धान्त को गरिमामय बना दिया। राष्ट्रीय विकास के विभिन्न चरणों की व्याख्या भी माँ की चेतना के प्रसार के विभिन्न स्तरों के रूप में की गयी। यह करुणामयी देवी सभी की रक्षिका एवं पोषिका है। अत्यन्त भाव विभोर शब्दावलि में इन चिंतकों ने 'माँ' का यशोगान किया है। 'वन्दे मातरम्' जैसा भव्य मातृस्तोत्र अन्यत्र ढूँढ पाना कठिन है। 'सन्तान धर्म' में मातृभूमि के साथ व्यक्ति का पूर्ण तादात्म्य स्थापित कर दिया गया है लेकिन यह हीगेलीयन अवधारणा का विलीनीकरण नहीं, माँ के लिए सन्तान का उत्सर्ग है। तत्कालीन परिस्थिति में मातृभूमि को उपास्य देवी के रूप में प्रस्तुत किए बिना जड़ता का निवारण नहीं हो सकता था। नष्टप्रायः देश का उद्धार करने में सक्षम और विस्मयकारी सफलता प्रदान करने वाली देशभक्ति ही राष्ट्र को जुझारू तेवर प्रदान कर सकती थी। यह मातृभूमि को महान् दैवी शक्ति के रूप में प्रस्तुत करने पर ही संभव था। प्रतीकों के माध्यम से जनमानस को उच्च लक्ष्यों की ओर अभिमुख करने का यह अनुपम प्रयास था। देवीस्वरूपा पावन मातृभूमि के प्रति तीव्र अनुराग ने ही राष्ट्र के लिए प्रभूत बलिदानों की परम्परा का सृजन किया।

(4) त्याग और बलिदान पर बल

मातृभूमि को उपास्या देवी मानने की यह स्वाभाविक परिणति थी। आध्यात्मिक राष्ट्रवादियों ने इस बात पर बल दिया कि मातृभूमि के सम्मुख

'स्व' के प्रत्येक विचार का परित्याग करना आवश्यक है। वह आधे-अधूरे समर्पण से संतुष्ट नहीं हो सकती। व्यक्ति को अपनी समस्त शक्तियों का नियोजन उसकी सेवा में करना है, अपना सर्वोत्तम उसे अर्पित करना है। आनंदमठ के सन्तानों का व्रत, विवेकानंद के आह्वान, रामतीर्थ के आग्रह सभी में यही भाव सन्निहित है। त्याग व बलिदान से तपःपूत जीवन ही माँ के लिए अर्पित हो सकता था। पार्थिव जीवन की सार्थकता मातृभूमि के सवर्तोभावेन उत्कर्ष के लिए अपनी हस्ती को मिटाने में है। यह जीवन तो माँ की धरोहर है ऐसी समझ व्यक्ति के अंतर्मन को आलोकित करती रहे तभी राष्ट्र का कल्याण सम्भव था।

इन सभी चिंतकों ने राष्ट्रोन्नति के लिए त्याग व बलिदान की अपील की। राष्ट्ररूपी नंदिनी के लिए रघु बनना आवश्यक था। वही जीवन धन्य था जो मातृभूमि की सेवा में अर्पित हो। सभी रूपों में माँ के साथ जुड़े रहने की रसखानीय भक्ति भावना इस त्याग व बलिदान का उत्स है। मातृभूमि के लिए सर्वस्व बलिदान की ललक को 'मातृमंत्र' की संज्ञा दी गईं। इस मंत्र में दीक्षित संतान ही राष्ट्र के लुप्त गौरव की पुनर्प्रतिष्ठा कर सकते थे। आध्यात्मिक राष्ट्रवाद इस प्रकार मातृसेवा की एक जीवनव्यापी कठोर साधना का प्रतिपादन करता है जिसमें प्रतिफल की अपेक्षा के लिए कोई स्थान नहीं है। निःशब्द रह कर हर पीड़ा को झेलना है। मातृभूमि के लिए कष्टसहन ही जीवन का पुरस्कार है।

(5) मसीहा विश्वासिता

आध्यात्मिक राष्ट्रवादियों ने देश के डगमगाते आत्मविश्वास को स्थिर करने के लिए मसीहा विश्वासिता का सिद्धान्त प्रतिपादन किया। उन्होंने इस बात पर जोर दिया कि एक राष्ट्र के रूप में भारत का विशेष मिशन है जो परमात्मा ने उसे सौंपा है। मानवता के विशाल जीवन में हर एक राष्ट्र को विधाता द्वारा अलग-अलग भूमिका सौंपी गयी है। उसी के अनुरूप उसके जातीय चरित्र का विकास होता है। भारत की भूमिका विश्व में आध्यात्मज्ञान

का प्रकाश विकीर्ण करना था। भौतिकवाद के आधिपत्य से त्रस्त विश्व को इस मंगलकारी सन्देश की आवश्यकता थी। इस धारणा में यह बात निहित थी कि भले ही वर्तमान समय में भारत पराधीन है, दीन-हीन है किंतु वह भाग्यतजित देश नहीं है। विश्व उसकी ओर निहार रहा था। इसी आधार पर उन्होंने राष्ट्रीय स्वतंत्रता की माँग की। इस सिद्धान्त से राष्ट्रवासियों को किंचित् परितोष का अनुभव हुआ। पराधीन भारत मानवता के प्रति अपने दायित्व की पूर्ति नहीं कर सकता था।

(6) राष्ट्र की विशिष्ट प्रतिभा में विश्वास

आध्यात्मिक राष्ट्रवादियों ने मितवादियों की इस धारणा को पूर्णतः अमान्य ठहराया कि भारत में ब्रिटिश शासन दैवी विधान है और उसी के मार्गदर्शन में यह सभ्य संसार में उचित स्थान प्राप्त कर सकेगा। यह उनकी दृष्टि में आंग्लीकृत भारतीयों की हीनभावना व हताशा का द्योतक था। स्वामी विवेकानंद, टिळक व श्री अरविन्द ने परानुकरण को सर्वदा अमंगलकारी बताया और इस तथ्य पर बल दिया कि भारत के पास उपनिषदों व अन्य आर्ष ग्रंथों में विद्यमान जो जीवनदर्शन है, वही हमारे राष्ट्र के मेरुदंड हैं, हमारी पहिचान है, अस्मिता हैं। हमारी विशिष्ट राष्ट्रीय प्रतिभा है, उसके अनुरूप आचारण ही राष्ट्र के पुनरुद्धार की आधारशिला बन सकता थी। भारत के अपने विशिष्ट संस्कार हैं और हमारी संस्कृति हर दृष्टि से श्रेष्ठतर थी। उससे मुँह मोड़कर यदि हम स्वयं को पश्चिम के ढ़ाँचे पर ढ़ालने का प्रयास करेंगे तो यह आत्मघात के अतिरिक्त कुछ नहीं होगा। भारत के राष्ट्रीय 'स्व' के प्रति अडिग आस्था ने ही उन्हें उद्धत साम्राज्यवाद का सामना करने हेतु प्रेरित किया। भारत को जो धरोहर प्राप्त हुई है उसी के संरक्षण से हम अपना खोया गौरव पुनः प्राप्त कर सकेंगे। ऐसा उनका विश्वास था।

(7) राष्ट्रवाद का धर्म के रूप में प्रस्तुतिकरण

आध्यात्मिक राष्ट्रवादियों द्वारा राष्ट्र की आध्यात्मिक इकाई या चेतनसत्ता के प्रकटीकरण के रूप में की गयी व्याख्या से एक निष्पत्ति यह

निकली कि राष्ट्रवाद एक राजनीतिक सिद्धान्त नहीं, वरन् एक धर्म था जिसे लोगों को अपने जीवन में उतारना था। राष्ट्रवाद का यह धर्म किसी प्रकार की प्रजातिगत अहम्मन्यता व राष्ट्रीय दर्प का प्रतिपादन नहीं करता वरन् इसे नैतिक शक्ति के रूप में मानता है। यह शक्ति मनुष्य के उदात्तीकरण में, विराट मानवता के साथ उसके तादात्म्य में सहायक होगी। चूँकि राष्ट्र व्यक्ति के आत्मप्रसार की उच्चतर अवस्था है अतः स्वदेश प्रीति भी उच्च कोटि की चीज है। श्री अरविन्द ने तो इसे अवतार की संज्ञा दी। वे इसे सात्विक धर्म और सनातन धर्म के रूप में भी प्रस्तुत करते हैं। यह राष्ट्रवाद मनुष्य की एकता के आदर्श की ओर उन्मुख है।

व्यावहारिक पक्ष

आध्यात्मिक राष्ट्रवाद में सन्निहित उपर्युक्त सैद्धान्तिक बातों के साथ ही इसका व्यावहारिक पक्ष भी बहुत महत्वपूर्ण है। इस चिंतनधारा के प्रतिपादक यथार्थ की कठोर भूमि पर खड़े थे। अतः राष्ट्र को पतन एवं क्षय की ओर ढ़केलने वाले कारण उनकी दृष्टि से ओझल नहीं रह सके। उन्होंने निस्तेज हो चुके राष्ट्र में चेतना का संचार करने के लिए आवश्यक बातों पर भी गहराई से विचार किया। इस दृष्टि से इस पर विचार करने से इसकी निम्नलिखित विशेषताएँ उभरती हैं–

1. इसमें राष्ट्रीय परम्पराओं के प्रति गौरवभाव सन्निहित था।
2. यह राष्ट्रीय पुनरुत्थान का दर्शन था।
3. इसने भारत की सामाजिक संरचना का सांगोपांग अध्ययन किया।
4. यह जनाभिमुख विचारधारा थी।
5. इसने हिंसक तरीकों को निंदनीय ठहराया।
6. यह मुस्लिम विरोधी विचारधारा नहीं थी। यह समन्वयात्मक दर्शन था।

इन चिंतकों ने राष्ट्रीय आन्दोलन को देश के महान् ऐतिहासिक अतीत से जोड़ दिया और देश के सम्मुख भारत की साँस्कृतिक विरासत व उसके वैशिष्ट्य का चित्र प्रस्तुत किया। इससे लोगों को इस बात का बोध हुआ कि हम किस महान् परम्परा के उत्तराधिकारी हैं और हमें किसी के सम्मुख लज्जित होने की आवश्यकता नहीं है। अंग्रेजों द्वारा सोची समझी चाल के अन्तर्गत फैलाई गई इस भ्राँति का उन्होंने निवारण कर दिया कि भारत में सभ्यता का प्रकाश उन्होंने फैलाया है।

यह विचारधारा राष्ट्रीय पुनरुत्थान का दर्शन था। सभी चिन्तकों ने राष्ट्रोन्नति के विविध उपायों की विस्तार से व्याख्या करके देश के सम्मुख एक भावात्मक कार्यक्रम प्रस्तुत किया।

इन विचारकों ने राष्ट्रीय अवनति के आन्तरिक व बाह्य कारणों की सूक्ष्म जाँच की। इसमें उन्होंने समाजशास्त्रीय विश्लेषण का उत्तम उदाहरण प्रस्तुत किया। स्वामी विवेकानंद और स्वामी रामतीर्थ ने इस प्रश्न पर बहुत गहराई से विचार किया और राष्ट्र को उनसे उबरने का आह्वान किया।

उस समय वृद्धिमान परानुकरण की प्रवृत्ति को इन चिंतकों ने राष्ट्र के लिए अत्यन्त खतरनाक प्रवृत्ति बताया और उसने विरत रहने का सत्परामर्श दिया।

आध्यात्मिक राष्ट्रवाद की एक उल्लेखनीय विशेषता इसकी जनाभिमुखता थी। देशवासियों की दीन-हीन अवस्था का अन्त करने की सभी चिंतकों ने तीव्र उत्कंठा व्यक्त की। मितवादी राष्ट्रीयता की इसी कारण उन्होंने आलोचना की कि ये नेतागण जनसाधारण की ओर से उदासीन थे। आध्यात्मिक राष्ट्रवादियों ने सदियों से दुःख का बोझ ढ़ोते सामान्यजन के दुःख-दर्द को स्वर दिया और उन्हीं की सेवा को ईश्वर की सेवा बताया। उनकी दृष्टि में उनकी अवस्था में सुधार हुए बिना बाकी सारी बातें निरर्थक थीं। वे देश के जनसाधारण से एकात्मक हो चुके थे। उनकी व्यथा से वे द्रवित हुए और उनके लिए शोणिताश्रु बहाए।

ब्रिटेन के संरक्षण में औपनिवेशिक स्वशासन की माँग को इन चिंतकों ने मितवादियों की सबसे बड़ी भूल बताया। इसके राजनीतिक व आर्थिक पहुलओं की अनदेखी करके ऐसी माँग उनकी दृष्टि में राष्ट्र के भवितव्य के प्रति उदासीनता का प्रमाण था। आध्यात्मिक राष्ट्रवादियों ने पूर्ण स्वराज्य से कम किसी स्थिति को त्याज्य बताया क्योंकि वहीं हमें उन सभी बन्धनों से मुक्त करेगा, जिन्होंने राष्ट्र की प्रगति को अवरुद्ध कर रखा था। उनका कहना था कि लघुता में आनंद नहीं है। अपने भाग्य-विधाता स्वयं बने बिना हम राष्ट्रनिर्माण की दिशा में अग्रसर नहीं हो सकते थे। ब्रिटेन व भारत के हितों में आधारभूत विरोध था, अतः उससे किसी प्रकार के न्याय की अपेक्षा रखना दुराशा मात्र थी। साम्राज्यवादी शासन की प्रकृति को भलीभाँति स्पष्ट करते हुए उन्होंने स्वतंत्रता के जीवन की माँग की। श्री अरविन्द, लोकमान्य टिळक व विपिनपाल ने बीसवीं सदी के प्रारम्भ में पूर्ण स्वराज्य को भावी महानता की आधारशिला बताते हुए एक सांगोपांग स्वराज्य दर्शन राष्ट्र के सम्मुख प्रस्तुत किया। उसके आध्यात्मिक व लौकिक पहलुओं का स्पष्टीकरण करते हुए देशवासियों से इसकी प्राप्ति हेतु प्राणापण से सचेष्ट होने का आह्वान किया। उस युग में यह बड़ी साहसिक माँग थी और इसने राष्ट्रीय आन्दोलन को तेजस्विता प्रदान की।

राष्ट्रीय आन्दोलन में हिंसक तरीकों को उन्होंने अमान्य ठहराया और तीव्र शब्दों में उनकी भर्त्सना की। एक विचारणीय बात यह है कि इनका विचार दर्शन हिन्दू तत्व शास्त्र से प्रभावित था, अतः इन पर यह आरोप लगाया गया कि स्वराज्य आन्दोलन के दौरान हिन्दू धर्म और इतिहास पर बल देकर उन्होंने राजनीति में रूढ़िवादिता और रहस्यवाद के तत्वों को प्रविष्ट कराया और मुसलमानों को राष्ट्रीय आन्दोलन से विमुख किया। इस तर्क को मान्य नहीं समझा जा सकता। इन विचारकों ने राष्ट्रीय आन्दोलन को गतिशीलता प्रदान करने व उसे एक धार्मिक विश्वास का उत्साह प्रदान करने के लिए धार्मिक

प्रतीकों का प्रयोग अवश्य किया किन्तु उनका मुसलमानों से कोई विरोध नहीं था।

अन्ततः यह प्रश्न उपस्थित होता है कि आध्यात्मिक राष्ट्रवाद के प्रतिपादन का तार्किक आधार क्या था?

राष्ट्रवाद की अवधारणा को आध्यात्मिक शब्दावलि और प्रतीकों के रूप में प्रस्तुत किए जाने के कुछ ठोस व्यावहारिक कारण थे। विदेशी शासन के विरुद्ध कोई आन्दोलन सफलता की आशा तभी कर सकता था, जब वह जनसाधारण द्वारा समर्थित हो और उन्हें आन्दोलन के साथ जुड़ने के लिए प्रेरित करे। मितवादी बौद्धिक वाद-विवाद में तल्लीन रहते थे। उनकी मांगों, तर्कशैली व कार्य-प्रणाली ने जनमानस को उद्वेलित नहीं किया उनके उदाहरण, उद्धरण, प्रतीक व आदर्श यूरोपीय चिंतन व इतिहास पर निर्भर थे। उनका आन्दोलन नवीन बुद्धिजीवी वर्ग की घुटन व अतृप्त आकांक्षाओं का प्रतीक बनकर रह गया था। फलतः जनसाधारण उससे न तो प्रभावित हुए न प्रेरित।

उन्हें स्फूर्त और क्रियाशील बनाने हेतु विद्यमान विदेशी शासन की बुराई और उसके अवसान से होने वाले लाभों को, मुक्ति की आवश्यकता को जनमानस के हृदयस्थ बिम्बों के अनुरूप प्रकट करना आवश्यक था। अन्यथा सभी बातें बैठक खाने के वाद-विवाद की श्रेणी में ही रहतीं। विशाल देश की जनता को आन्दोलन के साथ जोड़ने के लिए उन्हें प्रेरित करने वाली सोद्देश्यता को साकार करना जरूरी था। यही कारण था कि आध्यात्मिक राष्ट्रवाद के प्रणेताओं ने राष्ट्र, राष्ट्रवाद, उसके लक्ष्य व उसकी प्राप्ति के उपायों को ऐसे रूप में प्रस्तुत किया कि जनसाधारण एक धर्मयुद्ध की भावना से प्रेरित होकर, सभी आशंकाओं, भय व निर्बलता आदि के भावों का त्याग करके कृत निश्चय होकर एक महान् उद्देश्य की पूर्ति में सक्रिय साझीदार बनें।

राष्ट्र का सोया निगूढ़ जीवनोत्साह गम्भीर गर्जन के साथ कर्मक्षेत्र में

पूर्णतः सक्रिय दिखाई दे, यह तभी सम्भव था कि जब राष्ट्रवाद को बौद्धिक धरातल व उसके स्वरूप से ऊपर उठाकर उसे एक ईश्वरीय शक्ति व सन्देश के रूप में लोगों के सामने रखा जाए। आन्दोलन में भाग लेने को मातृभूमि की सेवा के पुनीत कर्तव्य के रूप में प्रस्तुत किया जाए। जो एकता, संगठन, बलिदान और सतत कष्ट सहने की क्षमता आन्दोलन की सफलता के लिए आवश्यक थे, वे सभी गुण उसी तेजोमय कर्त्तव्यशीलता से उत्पन्न हो सकते थे जो गरिमामयी मातृभूमि की सेवा में समर्पित साधक को संचालित करने वाली भावनाओं की देन है। इसलिए आन्दोलन के समस्त कार्य, उसके विभिन्न चरणों व उद्देश्यों को एक विराट यज्ञ के रूप में प्रस्तुत किया गया, जिसमें समिधा डालना प्रत्येक व्यक्ति का पावन कर्तव्य था। भारतीय मानस यज्ञ की महत्ता, समिधा की पवित्रता जैसी बातों को भलीभाँति आत्मसात् कर सकता था। यह यज्ञ राष्ट्रमुक्ति का यज्ञ था, बन्धनों को तोड़ने का भगीरथ प्रयास था। उसमें जनशक्ति को नियोजित करने हेतु आध्यात्मिक राष्ट्रवादियों ने अपनी विशिष्ट कार्य प्रणाली व चिंतन शैली का सहारा लिया और वे सफल हुए।

नैतिक मूल्यों से सर्वथा वंचित आज की प्रपंची राजनीति के दलदल में धँसे देश के लिए यह विचारधारा आशा की एकमात्र किरण है। हमारी आज की सभी कठिनाईयाँ चारित्रिक संकट की देन है। भावात्मक एकता का कहीं नामो-निशान नहीं। विघटनकारी तत्वों की चुनौती से राष्ट्र संभ्रम में है। दृष्टि धुंधली हो चुकी है। राष्ट्र के व्यापक हितों को समझने में हम असमर्थ हो चुके हैं। मूल्यनिष्ठ आध्यात्मिक राष्ट्रवाद ने देशभक्ति का जो कीर्तिमान स्थापित किया, वह हमारे लिए अनमोल विरासत है। उत्सर्ग की भावना के अभाव में राष्ट्रीय जीवन में दिशाहीनता आ गई है। ऐसी स्थिति में हम आध्यात्मिक राष्ट्रवाद के प्रणेताओं द्वारा निर्दिष्ट पथ के पथिक बनकर राष्ट्र के भविष्य को उज्ज्वल बना सकते हैं। सार्वभौम मानवतावाद अन्तरराष्ट्रीय जगत की समस्याओं के निदान

का एक प्रभावी सूत्र प्रदान करता है। अपनी पुराकालीन महानता के अनुरूप तेजोमय भारत के निर्माण का दीक्षामंत्र आध्यात्मिक राष्ट्रवाद विग्रह पीड़ित राष्ट्र के लिए संजीवनी स्वरूप है।

□□□

सन्दर्भ ग्रन्थ सूची

मूल ग्रन्थ

बंकिमचन्द्र चटर्जी–
1. बंकिम ग्रन्थावलि–3 खंड (सम्पादक ओंकार शरद) साहित्य भवन, प्रा. लि. इलाहाबाद, 1974
2. बंकिम रचनावलि (विविध प्रबंध) वासुमती संस्करण
3. बंकिम निबंधावलि–हिन्दी ग्रन्थ रत्नाकर कार्यालय, बम्बई, 1928
4. बंकिम–कृष्ण चरित्र, कलकत्ता, 1886 धर्मतत्व, कलकत्ता, 1888

स्वामी विवेकानन्द–
1. विवेकानन्द साहित्य (दस खंड) जन्म शती संस्करण, अद्वैत आश्रम नागपुर, 1963
2. भारत में विवेकानन्द–अद्वैत आश्रम नागपुर, 1959

स्वामी रामतीर्थ–
1. स्वामी रामतीर्थ के लेख व उपदेश–"आत्मज्ञान के अरण्य में" व 'अरण्य संवाद' शीर्षक से प्रकाशित–(आठ खंड) रामतीर्थ प्रतिष्ठान, लखनऊ, 1971

लोकमान्य टिळक–
1. लोकमान्य टिळकाँचे केसरी तींल लेख (मराठी) 3 भागों में केसरी-मराठा संस्थान, पुणें 1926
2. लोकमान्य टिळक याँची आठवणी व आख्यायिका (मराठी) 3 खंड–संग्राहक–सदाशिव विनायक बापट–नारायण पेठ पुणें, 1924
3. टिळक सूक्ति संग्रह (मराठी)
4. नरसिंघ चिंतामण केळकर– लोकमान्य टिळक याँचे चरित्र (मराठी) 3 खंड
5. लोकमान्य टिळक–गीता रहस्य (हिन्दी अनुवाद) पन्द्रहवाँ संस्करण, पूना 1973
6. स्पीचेज एण्ड राइटिंग्ज ऑफ टिळक–जी.ए. नटेसन एण्ड कम्पनी मद्रास
7. ग्लीनिंग्ज फ्रॉम टिळक्स राइटिंग्ज एण्ड स्पीचेज
8. स्पीचेज ऑफ बाल गंगाधर टिळक–आर.आर. श्रीवास्तव फैजाबाद, 1917

9. केसरीचा, इतिहास म्हणजे राष्ट्राचा ज्वलंत इतिहास--केसरी कार्यालय, पुणें 1981

श्री अरविन्द– 1. वन्दे मातरम् अर्ली पॉलिटिकल राइटिंग्ज I
2. फाउन्डेशन्स ऑफ इंडियन कल्चार
3. द हारमनी ऑफ वर्च्यू
4. द अवर ऑफ गॉड
5. द आइडियल ऑफ ह्यूमन यूनिटी
6. द ह्यूमन साइकल
7. कर्मयोगी–अर्ली पॉलिटिकल राइटिंग्ज II
8. सोशियल एण्ड पॉलिटिकल आइडियाज

सभी ग्रन्थ श्री अरविन्द आश्रम पांडेचेरी द्वारा प्रकाशित– जन्मशती संसकरण, 1972

श्री अरविन्दो ऑन हिमसेल्फ एण्ड द मदर, उपर्युक्त, 1948

विपिनचन्द्र पाल– 1. एन. इंट्रोडक्शन टू द स्टडी ऑफ हिन्दूइजम्–एस.पी. गुप्ता, कलकत्ता, 1908
2. मद्रास स्पीचेज–'गणेश एण्ड कं.', मद्रास 1907
3. राजा राममोहनरॉय–द थिइस्टिक एन्डेवर सोसायटी, कलकत्ता, 1909
4. द स्पिरिट ऑफ इंडियन नेशनेलिजम–द हिन्द नेशनेलिस्ट एजेन्सी, लंदन 1910
5. द सोल ऑफ इंडिया–चौधरी एण्ड चौधरी; कलकत्ता, 1911
6. श्रीकृष्ण (ए कम्पेनियन वॉल्यूम टू सोल ऑफ इंडिया) टेगोर एंड कं. मद्रास
7. नेशनेलिटी एंड एम्पायर–थेकर स्पिंक एंड कं., कलकत्ता, 1916
8. मिसेज एनीबीसेंट–ए साइकोलॉजिकल स्टडी, गणेश एंड कं. मद्रास, 1917
9. रेसपॉन्सिबल गवर्नमेन्ट–मेसर्स बनर्जी, दास एंड कं. कलकत्ता, 1916
10. इंडियन नेशनेलिजम : इट्स प्रिन्सीपल्स एंड पर्सेनेलिटिज–एस.आर. मूर्ति एंड कं., मद्रास, 1918

11. स्वराज 'द गोल एंड द वे–उपेन्द्र पब्लिशिंग हाऊस, मद्रास, 1921
12. स्वराज : वाट इज इट एंड हाऊ टू अटेन इट–वाधवानी एंड कं., बम्बई, 1922
13. मेमोरीज ऑफ माई लाइफ एंड टाइम्स (दो खंड) युगयात्री प्रकाशक, लि. कलकत्ता, 1951
14. स्वदेशी एंड स्वराज (द राइज ऑफ न्यू पेट्रिओटिजम) युगयात्री प्रकाशक लिमिटेड कलकत्ता, 1954
15. करेक्टर स्केचेज–युगयात्री प्रकाशक कलकत्ता, 1957
16. लाइफ एंड अटरेन्सेज–गणेश एंड कं., मद्रास, 1918

सहायक ग्रन्थ

अम्बिकाचरण मजूमदार – इंडियन नेशनल इवोल्यूशन, जी.ए. नटेसन एंड कं., मद्रास, 1915

ए.आर. देसाई – सोशियल बेकग्राऊन्ड ऑफ इंडियन नेशनेलिजम, पोपुलर बुक डिपो, बम्बई 1954

अमलेश त्रिपाठी – ए एक्स्ट्रीमिस्ट चैलेन्ज

अनिल सील – द इमःजन्स ऑफ इंडियन नेशनेलिजम, केम्ब्रिज यूनिवर्सिटी, प्रेस 1968

अनिल समर्थ – शिवाजी एंड द इंडियन नेशनल मूवमन्ट : सागा ऑफ लिविंग लीजेन्ड, सोमैया पब्लिकेशन्स, बम्बई 1974

ए.बी. पुराणी – लाइफ ऑफ श्री अरविन्दो, अरविन्द आश्रम पाँडेचेरी, 1958

आसपेक्ट्स ऑफ श्री अरविन्दोज विजन, भारतीय विद्याभवन, बम्बई 1966

वामनबिहारी मजूमदार – हिस्ट्री ऑफ इंडियन सोशियल एंड पॉलिटिकल आइडियाज (फ्रॉम राममोहन टू दयानन्द) बुक लैंड प्रा. लि. पटना, 1967

भूपेन्द्रनाथ दत्त – पेट्रिअट् प्रोफेट स्वामी विवेकानन्द, नवभारत पब्लिशर्स, कलकत्ता, 1954

पं. बृजनाथ शर्मा – स्वामी राम, हिज लाइफ एंड लेगसी, रामतीर्थ पब्लिकेशन्स लीग लखनऊ, 1936

भागवत एंड प्रधान – लोकमान्य टिळक ए बायोग्राफी, जेको पब्लिशिंग हाऊस, बम्बई, 1958

भुवनेश्वरनाथ मिश्र – अरविन्द चरितामृत, अरिवन्द सोसाइटी पाँडेचेरी, 1963

बी.आर. नंदा – गोखले : इंडियन मॉडरेट्स एंड ब्रिटिश राज ऑक्सफोर्ड यूनिवर्सिटी प्रेस, 1977

सी.वाई. चिंतामणि – इंडियन पॉलिटिक्स सिन्स म्युटिनी, जार्ज एलन एंड अनविन 1904 (आंध्र यूनिवर्सिटी वाल्टेयर 1937)

सी.एच. फिलिप्स – हिस्टोरियन ऑफ इंडिया पाकिस्तान एंड सीलोन, लंदन, 1964

चेम्बर्स ट्वेन्टिएथ सेंचुरी डिक्शनरी – एलाइड पब्लिशर्स देहली 1965 संस्करण

डी.जी. कर्वे एंड डी.वी. आम्बेकर – स्पीचेज एंड राइटिंग्ज ऑफ गोपालकृष्ण गोखले, एशिया पब्लिशिंग हाऊस, बम्बई, 1964

डी.पी. सिंघल – नेशनेलिजम इन इंडिया एंड अदर हिस्टोरिकल एसेज

डेनियल अर्गोनोव – मॉडरेट्स एंड एक्स्ट्रमिस्टस इन द इंडियन नेशनल मूवमेंट एशिया पब्लिशिंग हाऊस, 1967

डी.पी. करमाकर – बाल गंगाधर टिळक : ए स्टडी, बम्बई, 1956

डी.बी. ताम्हनकर – लोकमान्य टिळक : फादर ऑफ इंडियन अनरेस्ट एंड मेकर ऑफ मॉर्डन इंडिया–जॉन मुरे लंदन, 1956

डेगोवर्ट डी. रान्स – द डिक्शनरी ऑफ फिलोसोफी–पैग्विंन सीरिज

डी.वी. अथाले – ए स्टडी ऑफ स्वामी विवेकानन्द सदाशिव पेठ, पुणें, 1926

द लाइफ ऑफ लोकमान्य टिळक, सदाशिव पेठ पुणें, 1921

दादाभाई नोरो जी – पॉवर्टी एंड अनब्रिटिश रूल इन इंडिया, पब्लिकेशंस डिवीजन, 1969

धनंजय कीर – लोकमान्य टिळक–फादर ऑफ इंडियन फ्रीडम स्ट्रगल, पॉपुलर बुक डिपो, बम्बई 1969

एमिली सी. ब्राऊन – हरदयाल हिन्दू रिवोल्यूशनरी एंड नेशनेलिस्ट, मनोहर बुक सर्विस, नई दिल्ली–1976

एडवर्ड थाम्पसन एंड – राइज एंड फुलफिलमंट ऑफ ब्रिटिश रूल इन

जी.टी. गेराट इंडिया–सेन्ट्रल बुक डिपो इलाहाबाद, 1966

अर्ल ऑफ रोनाल्ड शे – द हार्ट ऑफ आर्यावर्त–कान्स्टेबल एंड कं. लि. लंदन, 1925

गोविन्द सखाराम सरदेसाई – मराठों का नवीन इतिहास खंड I, शिवलाल अग्रवाल एंड कं. आगरा, 1963

जार्ज मेक्मन – टरमोइल एंड ट्रैजेडी इन इंडिया 1914 एंड आफ्टर

जी.एन. शर्मा – पॉलिटिकल एंड सोसायटी : राममोहन रॉय टू नेहरू– परिमल प्रकाशन औरंगाबाद, 1976

गिरिजा के. मुकर्जी – हिस्ट्री ऑफ इंडियन नेशनल कांग्रेस, मीनाक्षी प्रकाशन, मेरठ, 1974

हान्स कोहन – नेशनेलिजम इट्स मीनिंग एंड हिस्टरि

हरिदास एंड उमा मुखर्जी – वन्दे मातरम् एंड इंडियन नेशनेलिजम, फिर्मा के.एल. मुखोपाध्याय, कलकत्ता, 1957

श्री अरविन्दो एंड न्यू थॉट इन इंडियन पॉलिटिक्स– फिर्मा के.एल. मुखोपाध्याय, कलकत्ता, 1960

बी.सी. पाल एंड इंडियाज स्ट्रगल ऑफ स्वराज फिर्मा के.एल. मुखोपाध्याय, 1958

एच.डब्लू. नेविनसन – द न्यू स्पिरिट इन इंडिया–हार्पर एंड ब्रदर्स लंदन, 1908

हान्स कोहन – ए हिस्ट्री ऑफ नेशनेलिजम इन द ईस्ट, जार्ज राटलिज एंड सन्स, लंदन, 1928

एच.पी. घोष – अरविन्दो द प्रोफेट ऑफ पेट्रिओटिजम

आर.एन. टोपा – द ग्रोथ एंड डिवलपमन्ट ऑफ नेशनेलिस्ट थॉट इन इंडिया

जे.आर. मैकडानल्ड – द अवेकनिंग इन इंडिया, लंदन, 1910

काशीनाथ गोविन्द जोगलेकर – छत्रपति शिवाजी, प्रकाशन विभाग (भारत सरकार) 1972

डॉ. करणसिंह – प्रोफेट ऑफ नेशनेलिजम भारतीय विद्याभवन बम्बई, 1967

टूवर्ड्स ए न्यू इंडिया–विकास पब्लिकेशन्स, नयी दिल्ली, 1976

लाला लाजपतराय – यंग इंडिया–पब्लिकेशन्स डिवीजन 1968

लियोनार्ड ए गोर्डन – बंगाल एंड द नेशनल मूवमन्ट–मनोहर बुक डिपो, नयी दिल्ली

मन्मथनाथ गुप्त – अंडमान की गूंज–हिन्दी पॉकेट बुक्स, नई दिल्ली

महादेव गोविन्द रानाडे – द राइज ऑफ मराठा पॉवर पब्लिकेशन्स डिवीजन, 1974

मेरी लुई बर्क – विवेकानन्द इन अमेरिका न्यू डिस्कवरीज–अद्वैत आश्रम, कलकत्ता, 1966

स्वामी विवेकानन्द हिज सैकंड वॉयेज टू द वेस्ट (न्यू डिस्कवरीज), अद्वैत आश्रम, कलकत्ता, 1973

मोनी बागची – वन्दे मातरम्–भारतीय विद्याभवन, 1977

मगनलाल बुच – राइज एंड ग्रोथ ऑफ इंडियन लिबरेलिजम (फ्रॉम राममोहन टू गोखले)

राइज एंड ग्रोथ ऑफ इंडियन मिलिटेन्ट नेशनेलिजम–यंगफ्रेंड्स बड़ौदा, 1939

मेरी काऊन्टेस मिन्टो – इंडिया मिन्टो एंड मॉर्ले 1905-1910 मैकमिलन एंड कं. 1934

मेक्सी – पॉलिटिकल फिलोसाफीज, मैकमिलन एंड कं., 1956, न्यूयॉर्क

मेकाईवर – द मॉर्डन स्टेट, ऑक्सफोर्ड यूनिवर्सिटी प्रेस, 1926

नीरद सी. चौधरी – द ऑटोबायोग्राफी एन अननॉन इंडियन, जेको पब्लिशिंग हाऊस, बम्बई, 1969

नंदा मुकर्जी – विवेकानन्द 'ज इन्फ्ल्युअन्स ऑन सुभाष बोस जयश्री प्रकाशन, कलकत्ता, 1974

स्वामी विवेकानन्द – श्री रामकृष्ण एंड स्पिरिच्युअल रिनेसां–रामकृष्ण मिशन इन्स्टीट्यूट, कलकत्ता, 1960

नेताजी सुभाष बोस – तरूणाई के सपने–भारतीय ज्ञानपीठ, काशी, 1977

एन.जी. जोग – लोकमान्य बाल गंगाधर टिळक, पब्लिकेशन्स डिवीजन, 1962

एन.सी. केळकर – लाइफ एंड टाइम्स ऑफ लोकमान्य टिळक–एस. गणेशन मद्रास

एन.आर. ईनामदार – पॉलिटिकल थॉट एंड लीडरशिप ऑफ लोमान्य

(संपादक) टिळक–कनसेप्ट पब्लिशिंग कं., नयी दिल्ली, 1983

पूरनसिंह – द स्टोरी ऑफ स्वामी राम, रामतीर्थ प्रतिष्ठान लखनऊ, 1974

आर.आर. दिवाकर – महायोगी, भारतीय विद्या भवन, बम्बई

रशब्रुक विलियम्ज (सं) – ग्रेटमेन ऑफ इंडिया, लन्दन, 1929

रोमारोलां – प्रोफेट्स ऑफ न्यू इंडिया

विवेकानन्द (अज्ञेय कृत अनुवाद) लोकभारती प्रकाशन इलाहाबाद, 1968

डॉ. राधाकुमुद मुकर्जी – कल्चर एंड आर्ट ऑफ इंडिया, जार्ज एलन एंड अनविन, लन्दन, 1959

नेशनेलिजम इन हिन्दू कल्चर

डॉ. रामधारीसिंह दिनकर – संस्कृति के चार अध्याय–उदयाचल पटना; 1972

डॉ. रमेशचन्द्र मजूमदार – ब्रिटिश पेरेमाऊन्टसी इन इंडिया एंड रिनेसां भारतीय विद्या भवन, बम्बई, 1965

हिस्ट्री ऑफ फ्रीडम मूवमन्ट इन इंडिया (3 खंड) फिर्मा के.एल. मुखोपाध्याय, कलकत्ता; 1972

सुरेन्द्रनाथ बैनर्जी – ए नेशन इन मेकिंग (बीइंग रेमिनिसेन्सेज ऑव फिफ्टी इयर्स ऑफ पब्लिक लाइफ) ऑक्सफोर्ड यूनिवर्सिटी प्रेस, कलकत्ता, 1963

श्रीनिवास शास्त्री – माई मास्टर गोखले, मॉडल पब्लिकेशन्स, मद्रास, 1946

एस.के. बोस – बंकिमचंद्र चटर्जी–पब्लिकेशन्स डिवीजन; 1974

सिस्टर निवेदिता – द मास्टर एज आई सॉ हिम–उद्बोधन ऑफिस कलकत्ता, 1939

शंकर घोष – रिनेसां टू मिलिटेन्ट नेशनेलिजम–एलाइड पब्लिशर्स, नई दिल्ली, 1972

पॉलिटिकल आईडियाज एंड मूवमेंट्स इन इंडिया, एलाइड पब्लिशर्स, नई दिल्ली

सुबोधचन्द्र सेनगुप्त – बंकिमचंद्र चटर्जी–साहित्य अकादमी नई दिल्ली, 1977

सत्येन्द्रनाथ मजूमदार – विवेकानन्द चरित–अद्वैत आश्रम नागपुर

शिशिरकुमार मित्रा – द लिबरेटर : श्री अरविन्दो इंडिया एंड द वर्ल्ड, जैको पब्लिशिंग हाऊस, बम्बई, 1972

एस.आर. शर्मा – स्वामी रामतीर्थ–भारतीय विद्या भवन, बम्बई; 1970

स्पीचेज एंड राइटिंग्ज ऑफ सुरेन्द्रनाथ बैनर्जी – जी.ए. नटेशन, एंड कं., मद्रास

डॉ. शिवप्रसादसिंह – उत्तरयोगी–लोकभारती प्रकाशन, इलाहाबाद, 1974

टी.वी. पर्वते – बाल गंगाधर टिळक–शिवलाल अग्रवाल एंड कं., आगरा, 1968

थियोडर एल.शे. – द लेगसी ऑफ लोकमान्य–ऑक्सफोर्ड यूनिवर्सिटी प्रेस, बम्बई, 1956

थियोडर डी ब्रे – सोर्सेज ऑफ इंडियन ट्रेडीशन–मोतीलाल बनारसीदास, दिल्ली

टी. वाल्टर वाल बैंक – इंडिया इन न्यू इरा (संक्षिप्त संस्करण)

डॉ. विश्वनाथप्रसाद वर्मा – द लाईफ एंड फिलोसाफी ऑफ लोकमान्य टिळक–लक्ष्मीनारायण अग्रवाल एंड कं., आगरा, 1978

पॉलिटिकल फिलोसाफी ऑफ श्री अरविन्दो–मोतीलाल बनारसीदास, दिल्ली, 1976

आधुनिक भारतीय राजनीतिक चिन्तन, लक्ष्मीनारायण अग्रवाल एंड कं., आगरा, 1973

विवेकानन्द सेन्टेनरी वॉल्यूम– अद्वैत आश्रम, नागपुर, 1963

युगपुरुष विवेकानन्द (सम्पादित) – विवेकानन्द ज्ञानमंदिर बेतूल, 1976

विवेकानन्दजी के संग में – शरदचन्द्र चक्रवर्ती (सम्पादक) अद्वैत आश्रम, नागपुर, 1959

संस्कृत वाङ्मय

ऋग्वेद, अथर्ववेद (पृथ्वी सूक्त) महाभारत (भीष्म पर्व)

वृहद् स्तोत्र रत्नाकर, विष्णु पुराण, कूर्म पुराण, वायु पुराण, मत्स्य पुराण, भागवत पुराण, 'वृहद्' नारदीय पुराण, गरुड़ पुराण, पद्म पुराण